समाजशास्त्र के मूल तत्व
FUNDAMENTALS OF SOCIOLOGY

समाजशास्त्र के मूल तत्व
FUNDAMENTALS OF SOCIOLOGY

लेखक
देवेन्द्र पाल सिंह तोमर
समाजशास्त्र विभाग
जनता वैदिक कॉलेज
बडौत (बागपत)
(उ. प्र.)

डिस्कवरी पब्लिशिंग हाउस
नई दिल्ली–110 002

प्रथम संस्करण: 2007
Reprint : 2012

ISBN: 978-93-5056-676-3
डिस्कवरी पब्लिशिंग हाउस
4831/24, अन्सारी रोड, दरियागंज
नई दिल्ली—110 002
दूरभाष—23279245
फैक्स—23253475
e-mail: dphbooks@rediffmail.com
dphtemp@indiatimes.com

मुद्रक
डायनमिक प्रिन्टर्स

प्राक्कथन

मनुष्य एक सामाजिक प्राणी है वह सामाजिक प्राणी इसलिए है चूँकि समाज से अलग वह अपना जीवन व्यतीत नहीं कर सकता। समाज के अभाव में कोई भी मनुष्य अपने जीवन की कल्पना नहीं कर सकता। जो समाज से बाहर अपना जीवन व्यतीत करने की क्षमता रखता हैं वह या तो समाज-विरोधी है या फिर पशु। समाज से अलग मानव-जीवन की कल्पना प्रभु का स्थान प्रतीत होता है। एक व्यक्ति का जन्म समाज में ही होता है, समाज ही उसका पालन-पोषण करता है, समाज ही उसे सही शिक्षा-दीक्षा प्रदान करता है।

समाजशास्त्र में समाज का मतलब मानव समाज से है। कहने का तात्पर्य यह है कि समाजशास्त्र मे मानव समाज का अध्ययन किया गया है। इसका कारण यह भी हो सकता है कि समस्त प्राणियों में मानव एक विवेकशील प्राणी है। मानव के विवेकशील होने की वजह उसकी संस्कृति है। यह संस्कृति सिर्फ मनुष्य में ही पाई जाती है, अन्य प्रणियों में नहीं।

प्रस्तुत पुस्तक में समाजशास्त्र के मूल तत्वों का विस्तृतरूप से वर्णन किया गया है। हमें उम्मीद है कि यह पुस्तक हमारे पाठकों के लिए अत्यंत उपयुक्त साबित होगी।

–लेखक

विषय-सूची

1

सामाजिक समूह एवं सामाजिक संरचना
(Social Group and Social Structure)

प्रस्तावना (Introduction)

समूह मनुष्य के जीवन में एक अत्यन्त महत्वपूर्ण वास्तविकता है। वह जन्म से लेकर मृत्युपर्यन्त न केवल विभिन्न प्रकार के समूहों में रहता है बल्कि, निरंतर नए समूहों का निर्माण भी करता है। समूहों के माध्यम से ही व्यक्ति अपनी विभिन्न प्रकार की आवश्यकताओं की पूर्ति करता है। समूहों से पृथक् व्यक्ति के अस्तित्व की साधारणतः कल्पना नहीं की जा सकती। विभिन्न समूहों के माध्यम से ही व्यक्ति का समाजीकरण और व्यक्तित्व का विकास होता है। समूह हमें आदिम से आदिम समाजों में और यहां तक कि कुछ पशुओं में भी देखने को मिलते हैं। मनोवैज्ञानिकों की मान्यता है कि व्यक्ति अपनी एक मूलप्रवृत्ति 'ग्रिगेरियस इन्सटिंक्ट' (Gregarious Instinct) के कारण ही समूह में रहता है। समूहों के माध्यम से ही एक पीढ़ी के विचारों तथा अनुभवों को दूसरी पीढ़ी को हस्तातंरित किया जाता है। साधारणतः समूह शब्द का प्रयोग कुछ व्यक्तियों के संगठन के लिए किया जाता है जिसमें परिवार, भीड़, सामाजिक वर्ग, धार्मिक वर्ग, व्यावसायिक वर्ग, विभिन्न प्रजातियों, आदि सम्मिलित किए जाते हैं। वास्तव में, विभिन्न प्रकार के समूहों से ही सामाजिक संरचना का जटिल प्रतिमान बनता है।

मनुष्य के लिए समूह से पृथक् रहना संभव नहीं है। हम सभी किसी न किसी परिवार, पड़ौस, ग्राम, नगर, व्यावसायिक समूह, धार्मिक समूह, आदि के सदस्य अवश्य होते हैं। जैविकीय आधार पर हम विभिन्न आयु-समूहों तथा लिंग के आधार पर पुरुष या स्त्री समूहों के सदस्य होते हैं। इसी प्रकार डॉक्टर, अध्यापक, इंजीनियर, व्यापारी, मजदूर, साहित्यकार अथवा कलाकार के रूप में हम किसी न किसी समूह के सदस्य होते हैं। स्पष्ट है कि प्रत्येक समाज में अगणित समूह पाये जाते हैं।

इतना अवश्य कहा जा सकता है कि सभ्यता की दृष्टि से कम विकसित समाजों में समूहों की संख्या अपेक्षाकृत कम होती है। सभ्यता के विकास के साथ-साथ समाजों में समूहों की संख्या भी बढ़ती जाती है।

सामाजिक के विभिन्न अंशों में पाये जाने के कारण की कुछ व्यक्तियों का संबंध कम समूहों के साथ तथा कुछ का अधिक समूहों के साथ होता हैं। कुछ लोग अन्य की अपेक्षा सामूहिक जीवन में अधिक सक्रियता के साथ भाग लेते हैं। मनुष्य समूह में रहकर ही विभिनन प्रकार के भौतिक तथा सामाजिक पर्यावरणों के साथ सफल समायोजन कर पाता है। समूह में ही उसकी सीखने की क्षमता का पूर्ण विकास होता है। सामाजिक जीवन के द्वारा ही व्यक्ति अपने पूर्वजों के संचित एवं परीक्षित अनुभव प्राप्त करता है। समूह में रहकर ही व्यक्ति भिन्न-भिन्न परिस्थतियों में काम करना सीख लेता है, विषम परिस्थितियों में भी साधारणत: नहीं घबराता है। इससे व्यक्तित्व के विकास में काफी सहायता मिलती है। स्पष्ट है कि समूह का व्यक्ति के जीवन में अत्यंत महत्वपूर्ण स्थान है।

सामाजिक समूह की अवधारणा (Concept of Social Group)

मनुष्य अपना जीवन अकेले न बिताकर अन्य मनुष्यों के साथ समूहों के अन्तर्गत बिताता है। इसके सर्वप्रमुख दो कारण हैं–**प्रथम**, वह सामाजिक प्राणी होने के कारण समूह में रहना पसन्द करता है; तथा **दूसरे**, उसे अपनी आवश्यकताओं की पूर्ति के लिए अन्य व्यक्तियों पर आश्रित होना पड़ता है। मनुष्य की जन्म से लेकर मृत्यु तक अनेक आवश्यकताएं होती हैं। इन आवश्यकताओं की पूर्ति के लिए समूह में रहना आवश्यक है, क्योंकि इनकी पूर्ति मनुष्य स्वयं नहीं कर सकता। इस कारण मनुष्य अनेक समूहों में रहना आवश्यक है, क्योंकि इनकी पूर्ति मनुष्य स्वयं नहीं कर सकता। इसी कारण मनुष्य अनेक समूहों का सदस्य है। उदाहरण के लिए– हम सभी अपने परिवार, क्रीड़ा समूह, मित्र-मण्डली, जाति तथा राष्ट्र के सदस्य हैं। इस सन्दर्भ में **एडवर्ड सेपियर** का कथन है कि समूह का निर्माण इस तथ्य पर आधारित है कि कोई न कोई स्वार्थ उस समूह के सदस्यों को एक सूत्र में बांधे रहता है। विभिन्न प्रकार के समूहों से ही समाज का निर्माण होता है।

सामाजिक समूह का अर्थ (Meaning of Social Group)

सामान्य अर्थों में समूह का अर्थ व्यक्तियों के संग्रह से लगा लिया जाता है। हम खेल के मैदान में, जलसे में, बाजार में व्यक्तियों की भीड़ को देखते हैं लेकिन उनहें समूह की संज्ञा नहीं दी जा सकती। इसका कारण यह है कि उन व्यक्तियों में सामाजिक सम्बन्धों व चेतना का अभाव होता है। पारस्परिक चेतना व सामाजिक

सम्बन्ध अन्योन्याश्रित हैं। चेतना के अभाव में परस्पर सम्बन्ध स्थापित नहीं होते। समूह के लिए अन्तर्क्रिया (Interaction) तथा संचार (Communication) का होना आवश्यक है। उदाहरण के लिए–बाजार में सामान्य दृष्टिकोण के व्यक्तियों के संग्रह को समूह नहीं कहा जा सकता है। किन्तु यदि किसी कारण से (चाहे पॉकेटमार के पकड़ने से या अन्य किसी कारण से) ये संगृहीत लोग आपस में अन्तर्किया करते हैं तो उनमें सामाजिक सम्बन्धों का जन्म होता है। तब उस समय वह संग्रह समूह में परिवर्तित हो जाएगा चाहे उसकी प्रकृति अस्थायी ही क्यों न हो।

सामाजिक समूह की परिभाषाएं (Definitions of Social Group)

प्रमुख विद्वानों ने सामाजिक समूह की परिभाषाएं निम्न प्रकार से दी हैं :

(1) **बॉटोमोर** (Bottomore) के अनुसार : "सामाजिक समूह व्यक्तियों के उस योग को कहते हैं जिसमें (i) विभिन्न व्यक्तियों के बीच निश्चित सम्बन्ध होते हैं और (ii) प्रत्येक व्यक्ति समूह के प्रति और उसके प्रतीकों के प्रति सचेत होता है। दूसरे शब्दों में, एक सामाजिक समूह में कम से कम अल्पविकसित संरचना और संगठन (नियमों और संस्कारों सहित) तथा उसके सदस्यों में चेतना का एक मनोवैज्ञानिक आधार होता है।"

(2) **मैकाइवर** एवं **पेज** (Maclver and Page) के अनुसार : "समूह से हमारा तात्पर्य ऐसे व्यक्तियों के संग्रह से है जो एक-दूसरे के साथ सामाजिक सम्बन्ध स्थापित करते हैं।"

(3) **बोगार्डस** (Bogardus) के अनुसार : "एक सामाजिक समूह का अर्थ हम दो या अधिक व्यक्तियों के ऐसे संग्रह से लगा सकते हैं जिनके ध्यान के कुछ सामान्य लक्ष्य होते हैं, जो एक-दूसरे को प्रेरणा देते हैं, जिसमें सामान्य वफादारी पाई जाती है और जो समान क्रियाओं में भाग लेते हैं।

(4) **ऑगबर्न** एवं **निमकॉफ** (Ogburn and Nimkoff) के अनुसार : "जब कभी दो या दो से अधिक व्यक्ति एकत्र होकर एक-दूसरे को प्रभावित करते हैं तो वे एक सामाजिक समूह का निर्माण करते हैं।"

(5) **गिलिन एवं गिलिन** (Gillin and Gillin) के अनुसार : "सामाजिक समूहों के विकास हेतु एक ऐसी अनिवार्य स्थिति होती है, जिसमें सम्बन्धित व्यक्तियों में अर्थपूर्ण अन्त: उत्तेजना और अर्थपूर्ण प्रत्युत्तर सम्भव हो सके एवं जिसमें उन सबका सामान्य उत्तेजकों अथवा हितों पर ध्यान टिका रहे और सामान्य चालकों, प्रेरकों व संवेगों का विकास हो सके।"

सामाजिक समूह को विभिन्न परिभाषाओं के आधार पर कहा जा सकता है कि सामाजिक समूह हेतु दो या दो से अधिक व्यक्तियों में अन्तर्क्रिया एवं सामाजिक सम्बन्धों को होना अनिवार्य है। वस्तुतः समूह के तीन तत्व होते हैं–

(1) दो या दो से अधिक व्यक्तियों का संग्रह,

(2)उनमें प्रत्यक्ष या अप्रत्यक्ष सम्बन्धों का होना,

(3) उनकी क्रियाओं का आधार सामान्य हित या उद्देश्य का होना।

कुछ अन्य परिभाषाएं
(Some Other Definitions)

अन्य शब्दों में एक सामाजिक समूह का कम-से-कम प्रारंभिक ढांचा ओर संगठन (नियमों, संस्कारों सहित) होता है। इस प्रकार एक परिवार, गांव, राष्ट्र, मजदूर संगठन अथवा राजनीतिक दल एक सामाजिक समूह है। **आर.बी. केटल** ने बतलाया है कि समूह व्यक्तियों के उस एकत्रीकरण को कहते हैं जिसमें प्रत्येक व्यक्ति की कुछ आवश्यकताओं की पूर्ति के लिए सभी का सहयोग लिया जाय। **हेरी एम. जॉनसन** भी समूह के निर्माण के लिए व्यक्तियों में आपसी सहयोग को आवश्यक मानते हैं।

मर्टन के अनुसार, समूह के लिए निम्न बातों का होना आवश्यक है।

(1) दो या दो से अधिक व्यक्तियों का होना।

(2) इनमें सामाजिक संबंध का पाया जाना। यह संबंध व्यक्तियों में बार-बार अंतःक्रिया से ही बनता है।

(3) व्यक्ति के किसी समूह का सदस्य माना जाने के लिए यह आवश्यक है कि वह स्वयं अपने को किसी समूह विशेष का सदस्य समझे, उसके प्रति 'हम की भावना' रखे। साथ ही यह भी आवश्यक है कि समूह के अन्य सदस्य तथा दूसरे समूह भी उसे उस समूह विशेष सदस्य समझें।

बिलियम के अनुसार, "एक सामाजिक समूह व्यक्तियों के उस निश्चित संग्रह को कहते हैं जो परस्पर संबंधित क्रियाएं करते हैं और जो इस अंतःक्रिया की इकाई के रूप में ही स्वयं या दूसरे के द्वारा मान्य होते हैं।"

सेण्डरसन के अनुसार, "समूह दो या दो से अधिक उन व्यक्तियों का संग्रह है जिनके मध्य मनोवैज्ञानिक अंतःक्रिया का निश्चित प्रतिमान पाया जाता है। वे अपने एक विशिष्ट सामूहिक व्यवहार के कारण अपने सदस्यों तथा सामान्य रूप से दूसरे के द्वारा ही एक वास्तिविक वस्तु माने जाते हैं।

मैरिल तथा **एल्ड्रिज** के अनुसार, "सामाजिक समूह दो या अधिक व्यक्तियों का एक ऐसा समूह है जिसमें एक लंबी अवधि से संचार होता रहा है और जो एक सामान्य प्रकार्य या प्रयोजन के अनुसार कार्य करते हैं।

हाट एवं **रीस** (Hatt and Reiss) के अनुसार, "समूह अंत:क्रिया में संलग्न व्यक्तियों का एक संगठित संग्रह है।"

स्माल (Small) के अनुसार, "समूह का अर्थ व्यक्तियों की किसी भी लघु या वृहत् इकाई से है जिनके मध्य इस प्रकार के संबंध हों कि उन्हें एक संबंध इकाई के रूप में देखा जाने लगे।

एबवर्ड सापित ने बताया है कि समूह का निर्माण केवल इस तथ्य पर आधारित है कि कोई-न-कोई विशेष स्वार्थ उस समूह के सदस्यों को एक सूत्र में बांधे रखता है।

उपर्युक्त परिभाषा के आधार पर हम इस निष्कर्ष पर पहुंचते हैं कि *जब दो या दो से अधिक व्यक्ति पारस्परिक रूप से एक-दूसरे को प्रभावित करते हैं तथा किन्हीं सामान्य हितों के लिए एक-दूसरे के साथ अर्थपूर्ण अंत:क्रियाओं के द्वारा संबंध स्थापित करते हैं तो एक समूह का निर्माण होता है।*

सामाजिक समूह की विशेषताएं
(Characteristics of Social Group)

फिचर तथा **अन्य** विद्वानों ने सामाजिक समूह की निम्नांकित विशेषताओं का उल्लेख किया है :

(1) **समझौता**–किसी भी समूह के उद्देश्यों, कार्य-प्रणाली, स्वार्थ-पूर्ति, नियमों, अदि को लेकर आपस में समझौता हो।

(2) **सामूहिक आदर्श**–प्रत्येक समूह में सामूहिक आदर्श एवं प्रतिमान पाए जाते हैं जो सदस्यों के पारस्परिक व्यवहारों को निश्चित करते हैं एवं उन्हें एक स्वरूप प्रदान करते हैं। प्रत्येक सदस्य से यह अपेक्षा की जाती है कि वह समूह के आदर्शों एवं प्रतिमानों जैसे प्रथाओं, कानूनों, लोकाचारों, जनरीतियों, आदि का पालन करे।

(3) **ढांचा**–प्रत्येक समूह की एक संरचना या ढांचा होता है अर्थात् उसके नियम, कार्य-प्रणाली, अधिकार, कर्तव्य, पद एवं भूमिकाएं, आदि तय होते हैं और सदस्य उन्हीं के अनुसार आचरण करते हैं।

(4) **व्यक्तियों का समूह**–किसी भी समूह का निर्माण एक अकेले व्यक्ति द्वारा नहीं हो सकता। इसके लिए दो या दो से अधिक व्यक्तियों का होना

आवश्यक है। इस संदर्भ में **गिलिन** एवं **गिलिन** लिखते हैं, "समूह की आधारभूत विशेषता दो या दो से अधिक व्यक्तियों के बीच प्रत्यक्ष अथवा अप्रत्या संपर्क का होना है।

(5) **कार्य विभाजन**–प्रत्येक समूह का निर्माण किसी-न-किसी उद्देश्य के कारण ही होता है। इस उद्देश्य की प्राप्ति के लिए समूह के सदस्यों में कार्य-विभाजन कर दिया जाता है।

(6) **समूह में एकता**–कोई समूह, समूह के रूप में उसी समय तक कायम रह सकता है जब तक उसके सदस्यों में एकता की भावना पायी जाती हो। इसके अभाव में समूह टूट जाता है। अतः सदस्यों में एकता एवं 'हम की भावना' होना आवश्यक है।

(7) **एच्छिक सदस्यता**–समूह की सदस्यता ऐच्छिक होती है। व्यक्ति सभी समूहों का सदस्य नहीं बनता वरन् उन्हीं समूहों की सदस्यता ग्रहण करता है जिनमें उसके हितों, आवश्यकताओं एवं रुचियों की पूर्ति होती हो।

(8) **सामान्य रुचि**–किसी भी समूह की स्थापना उन्हीं व्यक्तियों द्वारा होती है जिनकी रुचि एवं हित सामान्य हों। विरोधी हितों वाले व्यक्ति समूह का निर्माण नहीं कर सकते।

(9) **स्तरीकरण**–समूह में सभी व्यक्ति समान पदों पर नहीं होते वरन् वे अलग-अलग प्रस्थिति एवं भूमिका निभाते हैं। अतः समूहों में पदों का उतार-चढ़ाव पाया जाता है। पदों के उच्चता एवं निम्नता के इस क्रम को ही संस्तरण कहते हैं।

(10) **आदान-प्रदान**–एक समूह के सदस्य अपने विचारों का ही आदान-प्रदान नहीं करते वरन् एक-दूसरे के कष्ट में सहयोग एवं सहायता भी करते हैं। सहयोग एवं आदान-प्रदान से ही समूह के सदस्य अपने सामान्य हितों की पूर्ति कर पाते हैं।

(11) **स्थायित्व**–समूह में थोड़ी-बहुत मात्रा में स्थायित्व भी पाया जाता है। यद्यपि कुछ समूह अपने उद्देश्यों की पूर्ति के बाद ही समाप्त हो जाते हैं फिर भी वे इतने अस्थिर नहीं होते कि आज बने और कल समाप्त हो गए।

(12) **सामाजिक संबंध**–समूह में केवल व्यक्तियों का होना ही पर्याप्त नहीं है वरन् उनके बीच सामाजिक संबंधों का होना भी अनिवार्य है।

(13) **जागरूकता**–मैकाइवर एवं पेज ने पारस्परिकता एवं जागरूकता को समूह के आवश्यक तत्व के रूप में स्वीकार किया है। एक समूह के सदस्यों में परस्पर सहानुभूति एवं सहयोग की भावना पायी जाती है।

समूह निर्माण (निर्धारण) के आधार
(Bases of Group Formation)

मानव की आवश्यकताएं, स्वार्थ, आदर्श एवं रुचियां असंख्य हैं। इनकी पूर्ति के लिए वह अनेकानेक समूहों का निर्माण करता है। सामाजिक समूह को जन्म देने वाली परिस्थितियां भी अनेक हैं। परिस्थितियों एवं आवश्यकताओं के बदलने के साथ-साथ समूह निर्माण के कारणों एवं आधारों में भी परिवर्तन आता रहता है। उन सभी आधारों को ज्ञात करना एक कठिन कार्य है हो समूह के निर्माण में सहायक हैं। फिर भी समाज वैज्ञानिकों ने कुछ सिद्धांतों एवं आधारों का उल्लेख किया है। *समूह निर्माण के आधारों में हम सामान्य उद्देश्य (Common Purpose) सामान्य हित (Common Interest) समूह चेतना, शारीरिक समीपता, समान भाषा, सामान्य निवास, आदि का उल्लेख कर सकते हैं।* **सोरोकिन, जिमरमैन** तथा **गेलपिन** ने समूह निर्माण के निम्नांकित आधारों का उल्लेख किया है :

(1) सामान्य शत्रु,

(2) साथ-साथ रहकर कार्य करना,

(3) सामान्य रीति-रिवाज तथा रूढ़ियां,

(4) एक ही भूमि का स्वामित्व,

(5) रक्त संबंध अथवा एक ही पूर्वज में विश्वास,

(6) विवाह,

(7) पड़ौस,

(8) सामान्य व्यवसाय,

(9) सामान्य उत्तरदायित्व,

(10) जादू-टोने या धर्म में समान विश्वास,

(11) समान भाषा,

(12) एक ही स्वामी के अधीन कार्य करना,

(13) एक सामाजिक संस्था से संबंधित होना,

(14) पारस्परिक सहयोगा।

मर्टन ने समूह निर्धारण के 26 आधारों का उल्लेख किया है जिन्हें आपने समूह की विशेषताएं माना है। इनके आधार पर, विभिन्न प्रकार के समूह निर्मित होते हैं। आपने बतलाया है कि इन लक्षणों के आधार पर कुछ इस प्रकार के समूह बन जायेंगे जो अन्य प्रकार के समूहों की सीमाओं का स्पर्श करेंगे।

समहों का वर्गीकरण : कुछ प्रकार
(Classification of Groups : Some Types)

समाज में पाए जाने वाले विभिन्न समूहों को वर्गीकृत करना एक कठिन कार्य है। फिर भी समाजशास्त्रियों ने विभिन्न आधारों पर बने मानस समूहों का वर्गीकरण प्रस्तुत किया है। *वर्गीकरण के आधार के रूप में सदस्यों की संख्या, स्थायित्व, हम की भावना, आकांक्षा, प्रकार्य तथा सामाजिक संबंधों की गहनता को विशेष महत्व दिया गया है।*

(1) **सामाजिक संबंधों का आधार**--यह भी समूहों के वर्गीकरण का सर्वाधिक महत्वपूर्ण आधार है। यहां सामाजिक संबंधों की गहनता के आधार पर समूहों को वर्गीकृत करने का प्रयत्न किया गया है। इस दृष्टि से **चार्ल्स कूले** के द्वारा प्रस्तुत वर्गीकरण अत्यन्त महत्वपूर्ण है। अपने संबधों की घनिष्ठता के आधार पर **'प्राथमिक समूह'** की अवधारणा को प्रतिपादित किया। बाद के समाजशास्त्रियों ने प्राथमिक समूह से भिन्न विशेषताओं वाले समूह को द्वैतीयक समूह के नाम से संबोधित किया।

(2) **सदस्यों की संख्या के आधार पर**--समूह छोटे भी हो सकते हैं तथा बड़े भी। एक समूह में सामाजिक संबंध किस प्रकार के होंगे--यह सदस्यों की संख्या पर ही निर्भर करता है। *जार्ज सिमेल, जॉनसन तथा होमन्स ने छोटे समूहों को समाज के आधार के रूप में महत्वपूर्ण माना है।* छोटे समूहों के माध्यम से ही समाज में व्यक्तियों के संबंध में विश्वसनीय जानकारी मिलती है। होमस्न ने स्वयं पांच छोटे समूहों का अध्ययन किया। आपने बताया कि मनुष्य की समाज में ऐतिहासिक निरंतरता केवल छोटे समूहों के रूप में है। व्यापार, गिल्ड्स, धर्म, वर्ग, राष्ट्र, साम्राज्य, संस्कृतियां, सभ्यताएं सभी विघटित की गयीं, तोड़ी गयीं, उन्हें नष्ट किया गया, लेकिन प्रत्येक सामाजिक विघटन के मध्य भी छोटे समूह अपने अस्तित्व को बनाए रख सके। हम किसी भी ऐसे समाज को नहीं जानते जिसमें ये नहीं पाये जाते हों। छोटे समूह विध्वंसकारी शक्तियों के बावजूद भी अपने को जीवित रख सके, यह सत्य इतना महत्वपूर्ण है कि हमें यह कहने को प्रेरित करता है कि छोटा समूह मौलिक सामाजिक इकाई है। छोटे समूहों की विशेषताओं पर प्रकाश डालते हुए आपने बतलाया है कि इसके सदस्यों में सक्रियता दिखलायी पड़ती है, इनमें अंत:क्रिया का प्रतिमान काफी सुदृढ़ता लिये होता है। ये प्रमुखतः भावना-प्रधान होते हैं तथा इनके सदस्य सामाजिक आदर्श-प्रतिमानों के कारण एकता के सूत्र में बंधे रहते हैं।

सदस्यों की संख्या के आधार पर मैकाइवर तथा पेज ने राष्ट्र एवं प्रांत जैसे बड़े समूहों का उल्लेख किया है। इन विद्वानों ने समान हितों के आधार पर बड़े समूहों के अस्तित्व को स्वीकार किया है। मर्टनं ने अंत:क्रिया की कमी के कारण राष्ट्र को समूह के रूप में स्वीकार नहीं किया है। फिर भी इतना तो निश्चित है कि एक राष्ट्र के सदस्यों में हम ही भावना पायी जाती है और साधारणत: लोग राष्ट्रीय हितों के प्रति जागरूक रहते हैं।

(3) *स्थायित्व के आधार पर समूहों को स्थायी एवं अस्थायी समूहों के रूप* में वर्गीकृत किया जा सकता है। कुछ समूह सार्वभौमिक प्रकृति के होते हैं, जैसे परिवार, नातेदारी समूह तथा शिक्षण संस्था, आदि जिनकी हर समय आवश्यकता बनी रहती है। ये समूह स्थिर समूहों की श्रेणी में आते हैं। दूसरी ओर कुछ अस्थिर समूह भी पाए जाते हैं; जैसे भीड़ एवं श्रोता समूह जो बहुत ही कम समय के लिए समूह के रूप में बने रहते हैं। कुछ समूह किसी विशिष्टि उद्देश्य को लेकर बनाए जाते हैं और उद्देश्य की पूर्ति होते ही वे स्वत: समाप्त हो जाते हैं। **बॉटोमोर** ने स्थिर और अस्थिर समूहों के बीच समूह के एक विशेष प्रकार–अर्द्धसमूह या आभासी समूह (Quasi-group) का उल्लेख किया है। आपने बतलाया है कि यह व्यक्तियों का एक ऐसा योग है, जिसमें संरचना अथवा संगठन का अभाव होता है जिसके सदस्य समूह के अस्तित्व के प्रति अनभिज्ञ अथवा कम जागरूक हो सकते हैं। सामाजिक वर्ग, प्रस्थिति समूह, आये और लिंग समूह अर्द्ध-समूहों के उदाहरण हैं। ये अर्द्ध–समूह कभी भी संगठित सामाजिक समूहों में परिवर्तित हो सकते हैं। उदाहरण के रूप में, कोई भी सामाजिक वर्ग कभी भी राजनीतिक दल के रूप में संगठित हो सकता है।

अंत:समूह एवं बाह्य समूह (In-group and Out-group)

(4) *हम की भावना के आधार पर : अंत:समूह एवं बाह्य–समूह–यह वर्गीकरण समनर के द्वारा प्रस्तुत किया गया है। आपने इस आधार पर दो प्रकार के समूह बताए हैं*–(अ) **अंत:समूह** (In-group), तथा (ब) **बाह्य समूह** (Out-group)। *अंत: समूह को 'हम–समूह' और बाह्य समूह को 'वे समूह'* के नाम से भी जाना जाता है। एक अंत:समूह के सदस्यों में आपस में हम की भावना पायी जाती है। इसी भावना के कारण अंत:समूहों के सदस्यों में एकता दिखायी पड़ती है। एक अंत:समूह के सदस्य अपने समूह को सर्वश्रेष्ठ तथा अनय समूहों को हीन मानते हैं। एक अंत:समूह के सदस्य व्यवहार के सामान्य नियमों का पालन करते हैं और इन्हीं नियमों के द्वारा

वे एक-दूसरे से बंधे रहते हैं। जब हम बाह्य समूह पर विचार करते हैं तो पाते हैं कि इस समूह में भी वे सभी विशेषताएं पायी जाती हैं जो एक अंत:समूह में होती हैं। *अत: अंत:समूह और बाह्य समूह एक-दूसरे के विपरीत विशेषताओं वाले समूह न होक केवल 'हम' और 'वे' की भावना पर आधारित होते हैं।* दोनोंसमूहों का सापेक्ष दृष्टि से महत्व पाया जाता है। स्वयं का राष्ट्र हमारे लिए अंत:समूह है और अन्य राष्ट्र बाह्य समूह है, परंतु जो राष्ट्र हमारे लिए बाह्य समूह है, वही उसके सदस्यों के लिए अंत:समूह है।

अंत:समूह एवं बाह्य समहों का कोई निश्चित विशिष्ट आकार नहीं होता है। एक अंत:समूह परिवार जितना छोटा एवं विश्व जितना विस्तृत भी हो सकता है। एक अंत:समूह में वे सब लोग आ जाते हैं जिन्हें 'हम' सर्वनाम के अंतर्गत सम्मिलित किया जाता है अर्थात् जिन्हें हम अपना समझते हैं। हमारा परिवार, कक्षा कॉलेज, देश हमारे लिए अंत:समूह हैं। जिन समूहों को हम अपना नहीं समझते, वे बाह्य समूह के अंतर्गत आते हैं। अंत:समूह के सदस्य एक दूसरे से साधारणत: सहयोगी एवं मैत्रीपूर्ण व्यवहार करते हैं, परंतु बाह्य समूह के सदस्यों के प्रति घृणा, द्वेष, प्रतिद्वन्द्विता, भय तथा संदेश तक की भावनाएं पायी जाती हैं। विभिन्न राजनीतिक दलों, श्रमिक संघों एवं राष्ट्रों में कई बार एक-दूसरे के प्रति इस प्रकार की भावनाएं दिखायी पड़ती हैं। **ऑगबर्न** तथा **निमकॉफ** का विचार है कि हममें आने अंत:समूह के सदस्यों के लिए सहानुभूति एवं सहकारिता की भावना पायी जाती है, जबकि इसके विपरीत बाह्य समूह के प्रति विरोधी भावना पायी जाती है। उनके प्रति भय, संदेश, घृणा, आदि के भाव होते हैं।

राबर्ट बीरस्टीड ने समूह के बारे में लिखा है कि अंत:समूह और बाह्य समूह कोई वास्तिविक समूह नहीं हैं। एक व्यक्ति 'हम' और 'वे' सर्वनामों का प्रयोग करता हुआ स्वयं इन्हें बना लेता है। इन समूहों के संबंध में **बीरस्टीड** ने दो महत्वपूर्ण तथ्यों की ओर हमारा ध्यान आकर्षित किया है। **प्रथम,** अंत:समूह बाह्य समूह को दकियानूस और पिछड़ा हुआ समझता है। हमें अपने समूह के सभी सदस्यों को हम समान मानकर चलते हैं। अंत:समूह के सदस्यों के प्रति हमारे व्यवहार में अंतर पाया जाता है जबकि बाह्य समूह के सदस्यों के प्रति हमारे व्यवहार में समानता पायी जाती है। **द्वितीय,** बाह्य समूह के काल्पनिक एवं वास्तिविक खतरे से अंत:समूह में एकता एवं सुदृढ़ता बढ़ती है। जब कभी किसी बाह्य समूह के खतरे का डर होता है तो अंत:समूह में एकता सुदृढ़ हो जाती है।

(5) **प्रकार्यात्मक आधार पर**–व्यक्तियों की विभिन्न आवश्यकताओं की पूर्ति हेतु भिन्न-भिन्न प्रकार के समूह निर्मित हो जाते हैं, व्यक्ति की शैक्षणिक, व्यावसायिक, राजनीतिक, बौद्धिक, कलात्मक एवं मनोरंजनात्मक आवश्यकताओं की पूर्ति इसी आधार पर बने समूहों के माध्यम से होती है। नगरों में अनेक शिक्षण संस्थाएं, व्यावसायिक संघ, राजनीतिक दल, क्लब, संगीत मण्डली, आदि दिखायी पड़ते हैं। **गिडिंग्स** तथा *गिलिन और गिलिन नामक विद्वानों ने इन समूहों को एच्छिक तथा अनैच्छिक समूहों के रूप में समझाया है।*

प्रकार्यात्मक समूह सामाजिक परिवर्तन लाने की दृष्टि से महत्वपूर्ण भूमिका निभाते हैं। **मोरेनो** की मान्यता है कि प्रकार्यात्मक दृष्टि से बड़े समूहों में पाये जाने वाले छोटे मैत्री समूह सामाजिक परिवर्तन लाने की दृष्टि से काफी महत्वपूर्ण हैं। आज विशेषतः नगरीय क्षेत्रों में व्यक्ति अपने जातीय समूह से उतना घनिष्ठ रूप से संबंधित नहीं है जितना इन प्रकार्यात्मक समूहों से है।

संदर्भ समूह (Reference Group)

(6) **आकांक्षा का आधार (संदर्भ समूह)**–यह भी समूह निर्धारण का एक महत्वपूर्ण आधार है। मर्टन ने इस आधार पर **संदर्भ समूह** (Reference Group) की विस्तृत विवेचना प्रस्तुत की है। *आपने उस समूह को संदर्भ समूह माना है जिसका कोई व्यक्ति सदस्य तो नहीं है, परंतु सदस्य बनने की आकांक्षा रखता है। यह आकांक्षा उसकी मनोवृत्तियों, मूल्यांकनों तथा व्यवहारों को प्रभावित करती है।* **स्टाउफर** तथा नके साथियों ने अमरीकी सिपाहियों की आकांक्षाओं, व्यवहार तथा कुण्ठाओं का अध्ययन किया और उन्हें संदर्भ समूह के साथ जोड़ने का प्रयत्न किया। संदर्भ समूह को परिभाषित करते हुए **शैरिफ एवं शैरिफ** (Sheriff and Sheriff) लिखते हैं, "संदर्भ समूह वे समूह हैं जिसमें व्यक्ति अपने को समूह के सदस्य के रूप से संबंधति करता है अथवा मानोवैज्ञानिक रूप से संबंधित होने की आकांक्षा रखता है।" **ऑटो क्लाइनबर्ग** (Atto Klineberg) के अनुसार, "यह वह समूह होता है जिसके आदर्श, मूल्य, आचरण, प्रतिमान, आदि को हम आदर्श मान लेते हैं और इसलिए उस समूह से कम से कम मनोवैज्ञानिक तौर पर संबंध बनाए रखना चाहते हैं या संबंध बनाए रखना चाहते हैं या संबंध बनाए रखने की आकांक्षा हम में होती है।" मर्टन की मान्यता है कि सापेक्ष-हीनता के कारण संदर्भ समूह का निर्माण होता है।

सापेक्ष-हीनता का तात्पर्य यह है कि व्यक्ति के मन में अपने समूह के प्रति हीनता के भाव जागृत होते हैं और वह किसी अन्य समूह को ऊंचा समझने लगता है, उसे अपने समूह की तुलना में श्रेष्ठ मानते लगता है। यह अन्य समूह जिसे वह श्रेष्ठ मानता है, जिसका वह सदस्य बनना चाहता है, जिसके अनुरूप व्यवहार करने का, जिसके मूल्यों एवं जीवन के तरीके को अपनाने का वह प्रयत्न करता है, व्यक्ति का संदर्भ समूह है।

संदर्भ समूह सदैव सापेक्ष-हीनता के कारण ही नहीं बनते बल्कि महत्वाकांक्षा के कारण भी व्यक्ति अपनी किसी प्रस्थिति से संतुष्ट होते हुए भी किसी लक्ष्य विशेष की प्राप्ति के लिए अथवा अपनी किसी महत्वाकांक्षा की पूर्ति के लिए किसी समूह को अपना संदर्भ समूह बना लेता है। जब व्यक्ति अपनी सामाजिक प्रस्थिति में लंबवत् परिवर्तन (Vertical Change) की इच्छा रखता है तो परिणामस्वरूप, संदर्भ समूह उत्पन्न होता है। व्यक्ति को ऐसी स्थिति में संदर्भ समूह की जीवन की विधि को अपने में आत्मसात् करना होता है और ऐसा करने के लिए उसे अपना पूर्वाभासी समाजीकरण करना पड़ता है। उदाहरण के रूप में, एक छात्र जो आगे चलकर नेता बनना चाहता है, प्रारंभ से ही भाषण देने, लोगों को मार्गदर्शन करने एवं अपने व्यक्तित्व में नेतृत्व के अनेक गुणों को विकसित करने का प्रयत्न करता है।

मैकाइवर एवं **पेज** ने हितों की पूर्ति, भू-भाग, सदस्यों के सामान्य व्यवहार, प्रस्थिति, प्रतिष्ठा, आर्थिक स्तर, अवसर की भिन्नता एवं शारीरिक लक्षण, आदि को आधार मानकर समूह का व्यापक वर्गीकरण प्रस्तुत किया है। उनके वर्गीकरण के प्रमुख तीन आधार हैं :

(1) संयुक्त प्रादेशिक इकाइयां (Inclusive territorial unities); जैसे समुदाय, जनजाति, गांव, पड़ोस, आदि।

(2) हित चेतन इकाइयों वाले समूह जिनका संगठन स्पष्ट नहीं होता (Group based on interest conscious unities without definite organization); जैसे अभिजात वर्ग, प्रतिस्पर्द्धा वर्ग, भीड़, आदि।

(3) हित चेतन संगठन जिनका स्पष्ट और निश्चित संगठन है (Interest conscious units with definite organization); जैसे पड़ौस, मित्र-मण्डली, कीड़ा-समूह, क्लब, आदि। इस वर्गीकरण को तालिका द्वारा निम्न प्रकार से प्रकट किया गया है :

समूह (Groupings)	समूह के वर्गीकरण का आधार (Basis of Groupings)
(1) **प्रमुख वर्ग**–प्रादेशिक एकता, सामान्य स्वरूप–समुदाय, विशिष्ट स्वरूप–जनजाति, राष्ट्र, प्रदेश, नगर, गांव, पड़ौस, आदि	(1) **प्रमुख आधार**–(अ) अधिकांश हितों की पूर्ति, (ब) निश्चित भू-भाग
(2) **प्रमुख वर्ग**–असंगठित हितों के प्रति जागरूक इकाइयां।	(2) **प्रमुख आधार**–(अ) सदस्यों का सामान्य व्यवहार, (ब) अनिश्चित सामाजिक संगठन।
(क) **सामान्य स्वरूप**–सामाजिक वर्ग, विशिष्ट स्वरूप–जाति, वर्ग, अभिजात वर्ग।	(क) **अतिरिक्त आधार**–(अ) एक समूह से दूसरे समूह समूह में जाने की क्षमता, (ब) प्रस्थिति, प्रतिष्ठा, आर्थिक स्तर एवं अवसर में भिन्नता।
(ख) **सामान्य स्वरूप**–प्रजाति समूह, विशिष्ट स्वरूप–प्रजाति, रंग के आधार पर निश्चित समूह, राष्ट्रीय समूह।	(ख) **अतिरिक्त आधार**–समूह की उत्पत्ति, एक स्थान पर रहने की अवधि, शारीरिक लक्षण, आदि।
(ग) **सामान्य स्वरूप**–भीड़ श्रोता-समूह विशिष्ट स्वरूप–समान रुचि वाली (Like Interest) भीड़ सामान्य रुचि (Common Interest) वाली भीड़।	(ग) **अतिरिक्त आधार**–(अ) अस्थायी हित, (ब) निश्चित सामाजिक संगठन।
(3) **प्रमुख प्रकार**–संगठित हितों के प्रति जागरूक इकाइयां।	(3) **प्रमुख आधार**–(अ) हितों की निश्चित सीमा, (ब) निश्चित सामाजिक संगठन।
(क) **सामान्य प्रकार**–प्राथमिक समूह, विशिष्ट प्रकार–परिवार, क्लब गोष्ठी।	(क) **अतिरिक्त आधार**–(अ) सदस्यता की निश्चित सीमा, (ब) सदस्यों के बीच व्यक्तिगत संबंध।
(ख) **सामन्य स्वरूप**–महासमितियां, विशिष्ट प्रकार–राज्य, चर्च, श्रमिक संगठन, आदि।	(ख) **अतिरिक्त आधार**–(अ) तुलनात्मक दृष्टि असीमित सदस्यता, (ब) निश्चित औपचारिक संगठन, (स) अव्यक्तिगत संबंध।

प्राथमिक समूह का अर्थ (Meaning of Primary Group)

चार्ल्स कूले ने 1990 ई. में अपनी कृति **'सामाजिक संगठन'** (Social Organization) में प्राथमिक समूह की अवधारणा का प्रयोग किया। इन्होंने अपनी दूसरी कृति **'प्रारम्भिक समाजशास्त्र'** (Introductory Sociology) में द्वितीयक समूह का उल्लेख किया है। कूले की प्राथमिक समूह की अवधारणा; **टॉनीज** द्वारा प्रतिपादित गेमाइनशाफ्ट (Gemeinschaft) तथा गेसेलशाफ्ट (Gesellschaft) की अवधारणा के बहुत निकट है।

मानव के जीवन में स्नेह, प्रेम, सहानुभूति आदि भाव महत्वपूर्ण स्थान रखते हैं। इन भावों के विकास में प्राथमिक समूह की मुख्य भूमिका है। ऐसे गुणों के कारण समाज के संगठन को स्थायित्व प्राप्त होता है। मानव जब जन्म लेता है तो उकसा रूप पूर्णतः जैविक होता है। सर्वप्रथम वह परिवार के सम्पर्क में आता है तथा परिवार उसे सामाजिक प्राणी बनता है। चूंकि परिवार मनुष्य के जीवन में प्रथम या प्राथमिक है, इसलिए इसे प्राथमिक समूह कहा जाता है। प्राथमिक समूह से अभिप्राय उन समूहों से है जिनमें प्रत्यक्ष, अनौपचारिक, घनिष्ठ एवं प्राथमिक सम्बन्ध पाए जाते हैं।

प्राथमिक समूह की परिभाषा (Definition of Primary Group)

चार्ल्स कूले के शब्दों में, "प्राथमिक समूहों से मेरा तात्पर्य उन समूहों से है जिनकी विशेषता आमने-सामने का घनिष्ठ सम्बन्ध और सहयोग हैं। इस प्रकार के समूह अनेक अर्थों में 'प्राथमिक' होते हैं और वह भी मुख्यतः इस अर्थ में कि व्यक्ति के सामाजिक स्वभाव व आदेर्शों के निर्माण में वे मूलभूत होते हैं। मनोवैज्ञानिक रूप से इन घनिष्ठ सम्बन्धों का परिणाम सभी व्यक्तियों का एक सामान्य सम्पूर्णता में इस प्रकार मिल जाना है कि अनेक उद्देश्यों की पूर्ति के लिए एक ही व्यक्ति के विचार और उद्देश्य सम्पूर्ण समूह का सामान्य जीवन और उद्देश्य बन जाते हैं। इस सम्पूर्णता की अभिव्यक्ति करने के लिए सम्भवतः सबसे सरल ढंग यह है कि इसे 'हम' शब्द द्वारा सम्बोधित किया जाए। इस सम्पूर्णता में इस प्रकार की सहानुभूति व पारस्परिक एकरूपता की भावना पाई जाती है, जिनके लिए 'हम' एक स्वाभाविक अभिव्यक्ति है।"

कूले की परिभाषा प्राथमिक समूह की मुख्य विशेषताओं का बोध कराती है। उन्होंने प्राथमिक समूह को एक ऐसा समूह माना है जिसके सदस्यों के मध्य आमने-सामने का सम्बन्ध होता है। आमने-सामने के सम्बन्धों के कारण सदस्य परस्पर घनिष्ठ सम्बन्धों से बंधे होते हैं। ये समूह मनुष्य के सामाजिक स्वभाव बनाने में तथा उसके जीवन में आदर्शों का निर्माण करने में भी प्राथमिक होते हैं। उदाहरण के लिए–परिवार को ही लिया जाए, जिसे कूले ने प्रथम प्राथमिक समूह माना है। परिवार के सदस्यों में आमने-सामने के सम्बन्ध पाए जाते हैं। इसके कारण सभी सदस्य एक-दूसरे से घनिष्ठ सम्बन्धों में बंधे रहत हैं। वे एक-दूसरे की सहायता या सहयोग भी करते हैं। परिवार समाजीकरण करने वाला सर्वप्रथम समूह होता है। इसी से व्यक्ति भाषा, खाने-पीने के ढंग, व्यवहार के ढंग, आचार-विचार सीखता है। अन्य शब्दों में, मनुष्य के सामाजिक स्वभाव का निर्माण प्राथमिक समूह ही करते हैं।

प्राथमिक सम्बन्धों में घनिष्ठता होने के कारण सदस्यों का व्यक्तित्व समूह के व्यक्तित्व में मिल जाता है। इससे सम्पूर्ण रूप से 'हम' की भावना का जन्म होता है। 'हम' की भावना एक ऐसी अभिव्यक्ति है जो यह दर्शाती है कि समूह के प्रति सदस्यों में कितनी निष्ठा, लगाव और सहानुभूति है। इसलिए इस समूह का सुख-दु:ख उनका अपना सुख-दुख बन जाता है।

कूले ने तीन महत्वपूर्ण प्राथमिक समूहों का उल्लेख किया है—परिवार, खेल-साथियों का समूह या क्रीड़ा समूह तथा पड़ौस। इन्हें प्राथमिक मानने का कारण इनका सभी युगों में तथा सभी समाजों में पाया जाना है। ये समूह मनुष्य के व्यक्तित्व के निर्माण में आधारभूत तथा प्राथमिक योगदान प्रदान करते हैं। ये समूह व्यक्ति (जो जैविक प्राणी होता है) में सामाजिक गुणों को भरने (सामाजिक बनाने) में भी प्राथमिक होते हैं।

किंग्स्ले डेविस ने कूले की प्राथमिक समूह की परिभाषा की समीक्षा करते हुए हमारा ध्यान दो बातों की ओर दिलाया है—

प्रथम, कूले ने वास्तविक समूहों (जैसे परिवार, क्रीड़ा समूह, पड़ोस आदि) को प्राथमिक समूह कहा है तथा,

द्वितीय, कूले ने एक ओर तो "आमने-सामने की समिति" वाक्यांश का प्रयोग किया है और दूसरी ओर सम्बन्धों के कुछ विशिष्ठ गुणों; जैसे सहानुभूति तथा पारस्परिक तादात्म्य पर बल दिया है। **डेविस** के अनुसार इन दोनों से प्राथमिक समूह के बारे में कुछ भ्रान्ति उत्पन्न होती है। ये दोनों बातें कुछ अंशों में प्रत्येक समूह में पाई जाती हैं। इतना ही नहीं, अप्रत्यक्ष सम्बन्ध (जैसे पत्र व्यवहार द्वारा दो व्यक्तियों में मित्रता) तथा मित्रतापूर्वक एवं घनिष्ठ प्रत्यक्ष सम्बन्ध (जैसे वेश्यावृत्ति-ग्राहक या सैनिकों का अभिवादन) भी औपचारिक एवं अवैयक्तिक प्रकृति के हो सकते हैं।

प्राथमिक समूहों की प्रकृति या विशेषताएं
(Nature or Characteristics of Primary Groups)

डेविस के अनुसार प्राथमिक समूहों की प्रकृति को तीन पहलुओं के सन्दर्भ में स्पष्ट किया जा सकता है। ये पहलू निम्नलिखित हैं :

(अ) प्राथमिक समूहों की बाह्य विशेषताएं या भौतिक दशाएं (Extenal of Physical Characteristics of Primary Groups)

किग्स्ले डेविस ने अग्रांकित तीन प्रमुख भौतिक दशाओं को प्राथमिक समूह के लिए अनिवार्य माना है :

(1) **सीमित आकार** (Limited Size) : प्राथमिक समूह आकार में लघु होते हैं। सदस्यों की कम संख्या के कारण ही सदस्यों में घनिष्ठता होती है। किंग्सले डेविस का कथन है कि प्राथमिक समूह को आकार में छोटा होना ही चाहिए, कयोंकि यह असम्भव है कि एक ही समय में बहुत से व्यक्तियों से बुद्धिमत्तापूर्ण सम्बन्ध स्थापित किया जा सके। **फेयरचाइल्ड** का विचार है कि प्राथमिक समूह में तीन–चार से लेकर पचास–साठ व्यक्ति तक पाये जा सकते हैं।

(2) **शारीरिक समीपता** (Physical Proximity) : प्राथमिक समूहों के लिए शारीरिक समीपता का होना आवश्यक है। जिसे कूले ने आमने–सामने का सम्बन्ध कहा है उसी के लिए किंग्स्ले डेविस 'शारीरिक समीपता' शब्द का प्रयोग करते हैं। पारस्परिक घनिष्ठता के लिए यह आवश्यक है कि सदस्य एक–दूसरे को प्रत्यक्ष रूप से जानें। परस्पर जानने से एक–दूसरे के विचारों से परिचित होने का अवसर मिलता है। इससे एक–दूसरे की भावनाओं को समझा जा सकता है तथा 'हम की भावना' का विकास होता है।

(3) **सम्बन्धों की लम्बी अवधि** (Longer Duration of Relations) : सम्बन्धों की घनिष्ठता पर्याप्त रूप से उनकी अवधि पर निर्भर करती है। सम्बन्धों की अवधि जितनी लम्बी होती है, सम्बन्ध उतने ही घनिष्ठ होते हैं। प्राथमिक समूह में स्थिरता पायी जाती है। इसके दो मुख्य कारण हैं–**प्रथम,** यह कि सभी सदस्य एक–दूसरे को भली–भांति जानते हैं, जिससे सम्बन्ध घनिष्ठ बने रहते हैं। घनिष्ठ सम्बन्धों के कारण समूह में स्थिरता रहती है तथा **द्वितीय,** यह है कि प्राथमिक समूह के लक्ष्य सामान्य होते हैं। इसके अतिरिक्त सम्बन्धों में निरन्तरता (लम्बी अवधि), सदस्यों की एकता तथा आत्मीयता के कारण अन्य समूहों से प्राथमिक समूह अधिक स्थिर होता है।

(ब) प्राथमिक सम्बन्धों की प्रकृति (Nature of Primary Relations)

प्राथमिक समूहों के लिए बाह्य विशेषताओं के साथ–साथ आन्तरिक या मानसिक विशेक्षताएं भी महत्व रखती हैं। आन्तरिक विशेषताओं के अन्तर्गत सदस्यों में पाए जाने वाले सम्बन्ध आते हैं। डेविस ने प्राथमिक सम्बन्धों की पांच प्रमुख विशेषताएं बताई हैं। ये निम्नलिखित हैं :

(1) **सम्बन्ध स्वयं साध्य होता है** (Relationship is an End in Itself) : प्राथमिक समूह में जो सम्बन्ध स्थापित किए जाते है, उनमें किसी विशेष उद्देश्य को प्राप्त करने की भावना निहित नहीं होती। किसी उद्देश्य की प्राप्ति के लिए प्राथमिक समूह में सम्बन्ध स्थापित नहीं किए जाते हैं, अपितु सम्बन्ध ही अन्तिम लक्ष्य होता है।

(2) **सम्बन्ध सर्वांगीण (संयुक्त) होता है** (Relationship is Inclusive) : प्राथमिक समूह के कार्य में हर एक सदस्य हृदय तथा इच्छा से भाग लेता है। प्रत्येक सदस्य एक-दूसरे को प्रत्यक्ष रूप से जानते तथा पहचानते हैं। अतएव एक सदस्य दूसरे सदस्य के प्रति जागरूक होता है। सभी सदस्य आपस में मिलकर लक्ष्यों को प्राप्त करने का प्रयत्न करते हैं। इसीलिए प्राथमिक समूहों में पाए जाने वाले सम्बन्ध सर्वांगीण होते हैं अन्य शब्दों में, प्रत्येक व्यक्ति दूसरे के जीवन की सम्पूर्ण दशाओं को जानता हैं।

(3) **लक्ष्यों में सादृश्यता** (Identity of Ends) : प्राथमिक समूह के सदस्यों में घनिष्ठ सम्बन्ध पाया जाता है। इस घनिष्ठता का मुख्या आधार है सदस्यों के लक्ष्यों या उद्देश्यों में समानता। प्रत्येक सदस्य यह प्रयत्न करता है कि वह अपने लक्ष्यों या हितों को पूरा करने हेतु किसी दूसरे के हितों का हनन या अवहेलना न करे।

(4) **सम्बन्ध व्यक्तिगत होता है** (Relationship is Personal) : प्राथमिक समूहों में सदस्य एक-दूसरे को प्रत्यक्ष रूप से जानते हैं। इसी कारण, सम्बन्धों में आडम्बर या दिखावा नहीं होता और न ही इनका हस्तान्तरण किया जा सकता है। सम्बन्ध अवैयक्तिक तथा औपचारिक नहीं होते वरन् वैयक्तिक एवं घनिष्ठ होते हैं।

(5) **सम्बन्ध स्वजात होता है** (Relationship is Spontaneous) : प्राथमिक समूहों में सम्बन्धों का विकास स्वत: होता है। प्रत्येक सदस्य के साथ दूसरे सदस्य का जो सम्बन्ध होता है उसका आधार है स्वयं की इच्छा। यह सम्बन्ध किसी प्रकार के दबाव, प्रलोभन या शर्त द्वारा स्थापित नहीं होता है। व्यक्ति अपनी प्रसन्नता व इच्छा से समूह के लिए या सदस्यों के लिए अपना सब-कुछ त्याग करने के लिए तैयार रहता है।

(स) मूर्त समूह तथा प्राथमिक सम्बन्ध
(Concrete Groups and Primary Relationship)

किंग्स्ले डेविस का कहना है कि प्राथमिक समूहों की जिन बाहरी अथवा भौतिक दशाओं तथा प्राथमिक सम्बन्धों के जिन गुणों का वर्णन किया गया हैं, वे सभी

अनिवार्य रूप से मूर्त रूप में विद्यमान नहीं होते। दूसरे शब्दों में कहा जा सकता है कि डेविस ने प्राथमिक समूहों की विवेचना आदर्श-प्रारूप (Ideal-type) के रूप में की हैं अतः यह अनिवार्य नहीं है कि सभी विशेषताएं वास्तविक समूहों में पाई ही जाएं। कई बार लघु समूहों में भी प्रेम एवं घनिष्ठता के स्थान पर घृणा एवं संघर्ष जैसी विशेषताएं पाई जाती हैं। वास्तव में, प्राथमिक सम्बन्ध केवल अन्तिम लक्ष्य होते हैं जिनकी ओर आगे बढ़ने के लिए कुछ वास्तविक प्रकार की अन्तर्कियाएं तो होती हैं लेकिन उन लक्ष्यों तक हम पहुंच नहीं पाते।

प्राथमिक समूहों को प्राथमिक क्यों कहा जाता है? (Why Primary Group are Regarded as Primary?)

चार्ल्स कूले ने प्राथमिक समूहों के तीन प्रमुख उदाहरण दिए हैं : (1) परिवार, (2) पड़ोस तथा (3) क्रीड़ा समूह। **कूले** ने इन प्राथमिक समूहों को प्राथमिक क्यों कहा है? यह एक ऐसा प्रश्न है जिसका उत्तर हम अनेक दृष्टिकोणों को सामने रखकर दे सकते हैं प्राथमिक समूहों को निम्नलिखित कारणों से प्राथमिक कहा जाता है :

(1) **प्राथमिक समूह महत्व की दृष्टि से प्राथमिक हैं :** प्राथमिक समूहों के व्यक्तित्व निर्माण में विशेष महत्व होने के कारण भी इन्हें प्राथमिक कहा गया है। ये समपूर्ण सामाजिक जीवन के लिए आदर्श स्वरूप होते हैं।

(2) **प्राथमिक समूह आत्म-नियन्त्रण की दृष्टि से भी प्राथमिक है :** प्राथमिक समूह व्यक्ति में आत्म-नियन्त्रण की भावना उत्पन्न करते हैं। वास्तव में, ये सामाजिक नियन्त्रण के अनौपचारिक साधन हैं। व्यक्ति सहानुभूति व त्याग की भावना के कारण ही, प्राथमिक समूह के नियमों को नहीं तोड़ता है। **कूले** का कहना है कि प्राथमिक समूहों द्वारा पाशविक प्रेरणाओं का मानवीकरण किया जाना ही, इनके द्वारा ही जाने वाली प्रमुख सेवा है।

(3) **प्राथमिक समूह समय की दृष्टि से प्राथमिक हैं :** प्राथमिक समूहों को समय की दृष्टि से प्राथमिक कहा गया है। सर्वप्रथम बच्चा इन्हीं समूहों के सम्पर्क में आता है। उदाहरण के लिए—सर्वप्रथम बच्चा परिवार, क्रीड़ा समूह या मित्र-मण्डली तथा पड़ौस के सम्पर्क में ही आता है। अन्य समूहों से उसका सम्पर्क बाद में होता है।

(4) **प्राथमिक समूह मौलिक संघों का प्रतिनिधितव करने की दृष्टि से प्राथमि हैं:** मौलिक मानव संघों को प्रतिनिधि होने के कारण भी प्राथमिक समूहों को प्राथमिक माना गया है। **किम्बल यंग** के अनुसार प्राथमिक

समूह सम्भवतः उतने ही प्राचीन हैं जितना कि मानव जीवन। ये सरलतम रूप से ऐसे प्राथमिक समुदाय का निर्माण करते हैं जो ऐतिहासिक रूप से व्यक्ति की मुख्य आवश्यकताओं को पूर्ण करने में महत्वपूर्ण इकाई है।

(5) **प्राथमिक समूह सम्बन्धों की प्रकृति के आधार पर प्राथमिक हैं :** प्राथमिक समूह में प्राथमिक सम्बन्ध पाये जाते हैं। लक्ष्यों में सादृश्यता, स्वयं साध्य होना तथा सम्बन्धों का स्वजात, व्यक्तिगत एवं सर्वांगीण होना प्राथमिक सम्बन्धों की प्रमुख विशेषताएं हैं। परिवार, क्रीड़ा समूह तथा पडौस जैसे प्राथमिक समूहों में ये विशेषताएं स्पष्ट देखी जा सकती हैं। साथ ही, प्राथमिक समूहों को इसलिए भी प्राथमिक कहा गया है क्योंकि इन्हीं से व्यक्ति में सहिष्णुता, दया, प्रेम और उदारता को मनोवृत्ति जन्म लेती है।

(6) **प्राथमिक समूह समाजीकरण की दृष्टि से प्राथमिक हैं :** प्राथमिक समूह व्यक्ति का समाजीकरण करने में महत्वपूर्ण भूमिका निभाते हैं। परिवार, पड़ोस तथा क्रीड़ा समूह बच्चों को सामाजिक प्राणी बनाने में (अर्थात् समाज की मान्यताओं के अनुरूप व्यवहार सिखाने में) विशेष महत्व रखते हैं। इन्हीं से व्यक्ति अपने समूह की परम्पराओं, मान्यताओं एवं संस्कृति के बारे में ज्ञान प्राप्त करता है। वास्तव में, हमारी रूढ़ियों तथा परम्पराओं का जन्म भी इसी समूह में होता है।

प्राथमिक समूहों का महत्व (Importance of Primary Groups)

प्राथमिक समूहों का सामाजिक जीवन में अत्यन्त महत्वपूर्ण स्थान हैं। **लैण्डिस** ने इनके महत्व पर प्रकाश डालते हुए कहा है कि प्राथमिक समूहों से व्यक्ति में सहिष्णुता, दया, प्रेम और उदारता की मनोवृत्ति जन्म लेती है। यह उदारता व्यक्ति में प्रत्यक्ष शिक्षण की अपेक्षा अनुकरण तथा समूह की मनोवृत्तियों को सीखने से पनपती है। यद्यपि इसमें प्रत्यक्ष शिक्षण भी होता है, पर इसके मुख्य लक्षण पारस्परिक ध्यान व स्नेह हैं। दूसरे व्यक्तियों के लिए प्रेम और सहानुभूति की भावना प्रतियोगिता एवं स्वयं के स्वार्थ से ऊपर होती है। दु:ख के समय पारिवारिक सहायता उपयुक्त रूप से दी जाती है। समूह के सदस्य एक-दूसरे के बारे में चर्चा करते हैं और अनुपस्थित सदस्य के बारे में रुचि लेते हैं और चिन्तित होते हैं।

निस्सन्देह मनुष्य प्राथमिक समूहों के कारण ही समाज के योग्य बनता है। यदि प्राथमिक समूह मानव जीवन में उपस्थित न रहें तो वह समाज में अपयुक्त नहीं बन सकेगा। मनुष्य को अपने जीवनकाल में किसी न किसी प्राथमिक समूह का सदस्य बनना ही पड़ता है। प्राथमिक समूह ही मनुष्य की प्राथमिक आवश्यकताओं

की पूर्ति करते हैं। **गिलिन** एवं **गिलिन** ने इी ही कहा है कि प्राथमिक समूह अत्यन्त महत्वपूर्ण होता है। यह व्यक्तियों के अनुभवों तथा मानव समाज के विकास में प्राथमिक होता है। अतः हम कह सकते हैं कि प्राथमिक समूह सम्पूर्ण सामाजिक जीवन के आदर्श स्वरूप होते हैं।

किम्बल यंग ने व्यक्तित्व का विकास होता है। वह इनसे अपनी प्रथाओं, परम्पराओं तथा संस्कृति के बारे में ज्ञान प्राप्त करता है। **मैकाइवर** एवं **पेज** का कहना है कि हम सबसे पहले प्राथमिक समूह की सामाजिक भावनाओं को सृजनात्मक अभिव्यक्ति प्रदान करते हैं। हमारी सामाजिक रूढ़ियों तथा परम्पराओं का जन्म भी इन्हीं समूहों में होता है।

कूले के शब्दों में, "प्राथमिक समूहों द्वारा पाशविक प्रेरणाओं का मानवीकरण किया जाना ही सम्भवतः इनके द्वारा की जाने वाली प्रमुख सेवा है।" इसका तात्पर्य यह हुआ है कि मनुष्य के अन्तर्मन में पाशविक प्रेरणाएं (जैसे घृणा, हिंसा, प्रतिशोध आदि) हुआ करती हैं और इन्हीं प्रेरणाओं पर प्राथमिक समूह विजय पाना सिखाता है तथा स्नेह, त्याग, प्रेम आदि भावों को उत्पन्न करता है। संक्षेप में, प्राथमिक समूह के महत्व को निम्न प्रकार स्पष्ट किया जा सकता है :

(1) प्राथमिक समूह सामाजिक नियन्त्रण का मुख्य साधन हैं। व्यक्ति सहानुभूति व त्याग की भावना के कारण प्राथमिक समूह के नियमों को नहीं तोड़ता। ये समूह उसके समाजीकरण के द्वारा उसकी पाशविक प्रवृत्तियों को समाप्त कर उसके व्यवहार पर नियन्त्रण लगाते हैं।

(2) प्राथमिक समूह मानव के सम्पूर्ण व्यक्तित्व का निर्माण करते हैं। जन्म लेने के पश्चात् ही इन समूहां का प्रभाव पड़ना प्रारम्भ हो जाता है। जीवन भर व्यक्ति का व्यवहार इन समूहों द्वारा प्रभावित होता रहता है।

(3) प्राथमिक समूह इस प्रकार का वातावरण बनाते हैं जिनमें व्यक्ति को भावात्मक सुरक्षा मिलती है। **ब्रूम** का कथन है कि, "प्राथमिक समूह व्यक्ति और समाज के मध्य सबसे महत्वपूर्ण कड़ी हैं। प्राथमिक समूहों की सहायता से व्यक्ति को भावात्मक सुरक्षा प्राप्त होती है और इन्हीं के माध्यम से व्यक्ति अपने उच्चतर लक्ष्यों को प्राप्त करता है।"

(4) प्राथमिक समूह सामाजीकरण के प्रमुख अभिकरण हैं। **एच.ई. बार्नस** का कथन है कि समाजीकरण की प्रक्रिया के विकास में प्राथमिक समूह अत्यन्त महत्वपूर्ण कार्य करते हैं। वे स्वाभाविक रूप से व्यक्ति के समाजीकरण, स्थापित संस्थाओं से एकीकरण व सुरक्षा में भी महत्वपूर्ण होते हैं।

(5) प्राथमिक समूह हमें उचित-अनुचित का ज्ञान कराते हैं। ये सामूहिक मान्यताओं के अनुरूप व्यक्तित्व की रचना में महत्वपूर्ण योगदान देते हैं। उदाहरणार्थ–परिवार अपने सदस्यों को सामान्यत: समाज में उचित व्यवहार करना सिखाता है।

द्वैतीयक समूह (Secondary Groups)

चार्ल्स कूले से प्राथमिक समूह की अवधारणा का उल्लेख किया है न कि द्वैतीयक समूह की। इतना अवश्य है कि प्राथमिक समूह की अवधारणा के कारण ही द्वैतीयक समूह की अवधारणा का विकास हो सका है। द्वैतीयक समूह सभ्य और विकसित समाज की देन है जहां संबंधों में आत्मीयता एवं घनिष्ठता का अभाव पाया जाता है तथा जीवन औपचारिकताओं से भरा होता है। सामाजिक जटिलता में वृद्धि ने द्वैतीयक समूहों को जन्म दिया है।

द्वैतीयक समूह: अर्थ एवं परिभाषा
(Secondary group : Meaning and Definition)

जार्ज सी. होमस तथा **किंग्सले डेविस,** आदि विद्वानों ने द्वैतीयक समूह पर प्रकाश डाला है। **प्रो. डेविस** ने द्वैतीयक समूह के संबंध में लिखा है, *"द्वैतीयक समूहों को स्थूल रूप में सभी प्राथमिक समूहों के विपरीत कहकर परिभाषित किया जा सकता है।"*

बीरस्टीड ने बताया है, *"वे सभी समूह द्वैतीयक हैं जो प्राथमिक नहीं हैं।"* इन दोनों परिभाषाओं से स्पष्ट है कि *प्राथमिक समूह में पायी जाने वाली विशेषताओं के विपरीत प्रकार की विशेषाताओं का व्यक्त करने वाले समूह ही द्वैतीयक समूह हैं।*

ऑगबर्न एवं **निमकॉफ** ने लिखा है, *"द्वैतीयक समूह उन्हें कहते हैं जिनमें प्राप्त अनुभवों में घनिष्ठता का अभाव होता है। आकस्मिक संपर्क ही द्वैतीयक समूह का सारतत्व है।"*

लुण्डबर्ग उन समूहों को द्वैतीयक समूह मानते हैं जिसमें सदस्यों के संबंध अवैयक्तिक, हित प्रधान एवं व्यक्तिगत योग्यता पर आधारित होते हैं।

फेयर चाइल्ड के अनुसार, "समूह मानते हैं जिनमें समाजिक संपर्क और औपचारिक संगठन की मात्रा में प्राथमिक समूहों की घनिष्ठता से भिन्न हो, द्वैतीयक समूह है।"

उपर्युक्त परिभाषाओं से ज्ञात होता है कि *द्वैतीयक समूह वे समूह हैं जिनमें सदस्यों को जानना यह, आवश्यक नहीं है। ऐसे समूहों में शारीरिक निकटता भी अनिवार्य नहीं है। ये संबंध अनौपचारिक प्रकार के, जीवन के किसी एक पक्ष से*

संबंधित अस्थायी प्रकार के, विशेष हितों पर आधारित और हस्तान्तरणीय होते हैं। यहां एक व्यक्ति के स्थान पर दूसरे का हस्तातंरण सुगमता से किया जा सकता हैं ये समूह विशेष उद्देश्यों की पूर्ति हेतु बनाए जाते हैं, उद्देश्यों के पूर्ण होने पर ये समाप्त हो जाते हैं इन समूहों में उच्च तथा निम्न प्रकार की प्रस्थितियां देखने को मिलती हैं। द्वैतीयक समूह के सदस्यों के संबंधों में स्थायित्व तथा निरंतरता का अभाव पाया जाता है। ऐसे समूहों के सदस्य अपने आपको दृढ़ भावात्मक संबंधों में बंधा हुआ नहीं पाते हैं, इनमें स्नेह, सहानुभूति तथा दूसरों के हित को अपना समझने की प्रवृत्ति साधारणतः नहीं पायी जातीं स्कूल, कॉलेज, राजनीतिक दल, मजदूर संघ एवं राष्ट्र, आदि द्वैतीयक समूहों के ही उदाहरण हैं। इनमें विशेष नियमों के आधार पर सदस्यता प्राप्त की जाती है। द्वैतीयक समूहों का आकार और क्षेत्र काफी विस्तृत होता है। इन समूहों की सदस्य संख्या हजारों, लाखों तक हो सकती है। इनमें साधारणतः संचार के माध्यम द्वारा सदस्यों में संपर्क स्थापित होता है। द्वैतीयक समूहों के सदस्यों में घनिष्ठता का अभाव पाया जाता है। इन समूहों में व्यक्ति को नहीं बल्कि, उसके कार्य को महत्व दिया जाता है।

सभी द्वैतीयक संपर्क समझौते की प्रकृति के होते हैं इस प्रकार के संपर्क में सदस्य समझौते की शर्तों के अनुसार बंधे रहते हैं। सदस्यों के व्यवहार में औपचारिक नियम, विधियां एवं परंपराएं पायी जाती हैं। इनके माध्यम से सदस्यों के व्यवहार को नियंत्रित किया जाता है। सदस्यों के अधिकार व कर्तव्य समझौते की शर्तों द्वारा निर्धारित होते हैं। इन समूहों का संगठन योजनाबद्ध प्रकार का होता है।

द्वैतीयक समूह के सफल संचालन के लिए आवश्यक है कि सदस्यों में समूह के प्रति कुछ अपनत्व, त्याग एवं निष्ठा का भाव हो। इनके अभाव में कोई भी विश्वविद्यालय, श्रमिक संघ अथवा राजनीतिक दल पूर्ण कुशलता के साथ काम नहीं कर सकता। **प्रो. किंग्सले डेविस** ने बताया है कि समूह में निष्ठा और एकात्मकता अपने आप विकसित नहीं होती, विशेष रूप से ऐसे संचार के द्वारा जो निकट व्यक्तिगत संबंधों में पाया जाता है। इस कारण बड़े द्वैतीयक समूहों के अस्तित्व के लिए प्राथमिक समूह अनिवार्य हैं। आज अनेक अध्ययनों के आधार पर डेविस का यह कथन प्रमाणित होता जा रहा है। प्राथमिक समूह में 'मैं' के स्थान पर व्यक्ति 'हम' की भावना से प्रेरित होता है। यहां व्यक्ति में अनेक मानवोचित गुणों जैसे प्रेम, सहानुभूति, दया, त्याग, आदि का विकास होता है जिनकी आवश्यकता द्वैतीयक समूहों में होती रहती है। यदि प्राथमिक समूहों में व्यक्ति का समाजीकरण उत्तमता के साथ हुआ है, तो वह द्वैतीयक समूहों के कार्य-संचालन में अधिक सफल हो सकता है, अधाक सक्रियता के साथ उनमें भाग ले सकता है। इन्हीं

सब बातों को देखते हुए चार्ल्स कूले ने परिवार को समाज का आधार और क्रीड़ा समूह को भावी नागरिक का सर्वोत्तम विद्यालय माना है।

उपर्युक्त विवेचन से द्वैतीयक समूह की कुछ विशेषताएं स्वत: ही स्पष्ट हो जाती हैं। ये विशेषताएं निम्न प्रकार हैं :

द्वैतीयक समूहों की विशेषताएं (Characteristics of Secondary Groups)

(1) संबंधों में औपचारिकता पायी जाती है। यहां व्यक्ति के बजाय प्रस्थिति का महत्व ज्यादा होता है।

(2) इन समूहों में शारीरिक निकटता का अभाव पाया जाता है।

(3) यहां सबंधों में घनिष्ठता का अभाव पाया जाता है। यहां व्यक्ति के बीच 'छुओ और जाओ' (Touch and go) के संबंध होते हैं।

(4) ये समूह सदस्यों की विशिष्ट आवश्यकताओं को लेकर बनते हैं। अत: इनका स्वत: विकास नहीं होता। जैसे ही आवश्यकताएं बदलती हैं, उनके साथ ही इन समूहों की प्रकृति में भी परिवर्तन आ जाता है।

(5) ये समूह जान-बूझकर कुछ उद्देश्यों की प्राप्ति के लिए संगठित किए जाते हैं।

(6) इन समूहों में सदस्यों का एक-दूसरे को व्यक्तिगत रूप से जानना आवश्यक नहीं है। यहां संचार के साधनों द्वारा सदस्यों के बीच संबंध स्थापित होते हैं।

(7) इनका आकार प्राथमिक समूहों की तुलना में काफी विस्तृत होता है।

(8) इन समूहों में सदस्यों के उत्तरदायित्व सीमित होते हैं।

(9) इनमें संबंध संविदा या समझौते की प्रकृति के होते हैं जो निश्चित नियमों एवं शर्तों के आधार पर बनते हैं।

(10) ये समूह व्यक्ति के जीवन के किसी पहलू विशेष से संबंधित होते हैं, अत: ये व्यक्तित्व के किसी एक पक्ष को ही साधारणत: प्रभावित कर पाते हैं।

द्वैतीयक समूह : प्रकार्यात्मक एवं अपकार्यात्मक पक्ष
(Secondary Groups : Functional and Dysfunctional Aspect)

प्रकार्यात्मक पक्ष–सभ्यता के विकास के साथ-साथ द्वैतीयक समूहों की संख्या भी बढ़ती जा रही है। आज मनुष्य अनेक द्वैतीयक समूहों की सदस्यता ग्रहण करता है और इनके माध्यम से अपनी विविध प्रकार की आवश्यकताओं की पूर्ति करता है। जीवन के विभिन्न क्षेत्रों में सफलता प्राप्त करने, अपने व्यक्तित्व का चहुंमुखी

विकास करने और अपनी प्रतिभा को व्यक्त करने के लिए व्यक्ति को द्वैतीयक समूहों की निश्चित रूप से आवश्यकता पड़ती है। वह विभिन्न प्रकार के द्वैतीयक समूहों के माध्यम से ही अपनी शैक्षणिक योग्यता को बढ़ा सकता है, राजनीतिक, साहित्यिक एवं सांस्कृतिक गतिविधियों में सम्मिलित हो सकता है। व्यक्ति द्वैतीयक समूहों के माध्यम से ही विशेषीकृत ज्ञान प्राप्त कर सकता है–वकील, डॉक्टर या प्रोफेसर बन सकता है। *सामाजिक जीवन में द्वैतीयक समूहों का महत्व इस प्रकार है:*

(1) **सामाजिक नियंत्रण में सहायक**–आज के जटिल औद्योगिक समाजों में इन समूहों के माध्यम से ही सामाजिक नियंत्रण बनाए रखा जा सकता है। प्रथाएं, परंपराएं, रूढ़ियां और धर्म आज विविधतापूर्ण जटिल समाजों में प्रभावशाली ढंग से सामाजिक नियंत्रण नहीं रख सकते। यहां तो पुलिस, अदालत, कानून तथा प्रशासनिक संगठनों के माध्यम से ही व्यवस्था बनाए रखी जा सकती है।

(2) **सामाजिक परिवर्तन एवं प्रगति में सहायक**–ये समूह सामाजिक परिवर्तन के माध्यम से सामाजिक प्रगति में योग देते हैं। इन समूहों के प्रभाव से व्यक्ति तार्किक दृष्टिकोण को अपनाता है, भाई-भतीजावाद से कुछ सीमा तक मुक्त होता है और प्रथाओं, रूढ़ियों एसं अंधविश्वासों से छुटकारा प्राप्त करता है। इन समूहों में व्यक्ति विभिन्नि प्रकार के व्यवहारों से परिचित होता है और उन्हें ग्रहण करने का प्रयत्न करता है। ये समूह व्यक्ति को प्रतिस्पर्द्धा की ओर प्रेरित करते हैं, उसे आगे बढ़ने को प्रोत्साहित करते हैं, भविष्य के प्रति आशावान बनाते हैं तथा अपने प्रयत्नों के आधार पर नवीन प्रस्थितियां अर्जित करने के लिए नए-नए अवसर प्रदान करते हैं।

(3) **व्यक्ति में जागरूकता पैदा करते हैं**–ये समूह व्यक्ति और समाज में जागरूकता उत्पन्न करने में भी महत्वपूर्ण योग देते हैं। ये व्यक्ति में विवेक का जाग्रत करते हैं, तार्किक दृष्टिकोण अपनाने में उसकी सहायता करते हैं। इन समूहों के माध्यम से व्यक्ति में अपने अधिकारों के प्रति सजग रहने की भावना का विकास होता है। इन्हीं समूहों के माध्यम से स्त्रियों को प्रगति करने का अवसर मिला है।

(4) **श्रम-विभाजन एवं विशेषीकरण तथा श्रम को प्रोत्साहित**–ये समूह व्यक्ति को श्रम के महत्व से परिचित कराते हैं, उसे कर्मठ बनाते हैं, श्रम का पुरस्कार देकर उसे अधिक प्रयत्न करने के लिए प्रेरित करते हैं। ये समूह व्यक्ति में जोखिम उठाने की क्षमता का विकास भी करते हैं, उसकी गतिशीलता में वृद्धि करते हैं। इन समूहों के माध्यम से व्यक्ति में उदारता

एवं सहिष्णुता भी आ जाती है क्योंकि वह इनमें विभिन्न प्रकार के लोगों के साथ मिलकर काम करता है। द्वैतीयक समूहों की सदस्यता से व्यक्ति बदलती हुई परिस्थितियों के साथ सुगमता से समायोजन कर पाता है। द्वैतीयक समूह श्रम-विभाजन एवं विशेषीकरण को महत्व देते हैं जिससे व्यक्ति के ज्ञान एवं कुशलता में वृद्धि होती है।

अपकार्यात्मक पक्ष–*उपर्युक्त विवेचन से हमें यह नहीं समझ लेना चाहिए कि द्वैतीयक समूह सामाजिक व्यवस्था की दृष्टि से पूर्णत: प्रकार्यात्मक ही हैं। वास्तविकता यह है कि इनका अपकार्यात्मक पक्ष भी है*। औद्योगीकरण, नगरीकरण एवं जनसंख्या के बढ़ने से महानगरीय क्षेत्र में द्वैतीयक समूहों के योग से वृहद् समाज का रूप उभर कर सामने आया है। इन महानगरों में द्वैतीयक समूहों की संख्या बहुत अधिक पायी जाती हैं यहां चारों ओर भीड़ से घिरे संख्या बहुत अधिक पायी जाती है। यहां चारों ओर भीड़ से घिरे रहने तथा हर समय अपने को सैकड़ों-हजारों लोगों के बीच पाते हुए भी व्यक्ति अपने को अकेला महसूस करता है, उसमें सूनापन पाया जाता है, उसे कहीं आत्मीयता दिखायी नहीं पड़ती। वह यहां सर्वत्र संबंधों में घनिष्ठता का अभाव पाता है। व्यक्ति समाज में रहता हुए भी अलगाव (Alienation) महसूस करता है। यहां व्यक्ति यह अनुभव करता है कि आप कोई नहीं है, सब पराए हैं, परिचित होते हुए भी अपरिचित हैं। यहां स्वार्थ के कारण ही व्यक्ति एक-दूसरे से संबंधित हैं द्वैतीयक समूहों के प्रभाव से पड़ौस और परिवार भी अछूते नहीं रहे हैं। यहां भी व्यक्ति अपने स्वयं के हित को प्रधानता देने लगे हैं, उनमें व्यक्तिवादिता दिनोंदिन बढ़ती जा रही हैं यह सारी स्थिति व्यक्ति में एक घुटन पैदा करती है, मानसिक असुरक्षा उत्पन्न करती है। वह अनेक तनावों और कुण्ठाओं से अपने को ग्रसित पाता है। यह स्थिति विघटनात्मक तत्वों को जन्म देती है, पारिवारिक संबंधों तक में शिथिलता लाती हैं **बीरस्टीड** ने बताया है कि यह बार-बार सिद्ध किया जा चुका है–सर्वप्रथम महान् फ्रेंच समाजशास्त्री ईमाइल दुर्खीम के द्वारा कि उनमें आत्महत्या की मात्रा सर्वाधिक होती है जिनके प्राथमिक समूह संबंध सर्वाधिक शिथिल होते हैं।

स्पष्ट है कि व्यक्ति के जीवन में प्राथमिक संबंधों का अत्यधिक महत्व है। प्राथमिक समूहों में व्यक्ति घनिष्ठता एवं आमने-सामने के वैयक्तिक संबंधों में एक-दूसरे से इस प्रकार बंधा रहता है कि वह अपने जीवन में एकाकीपन का अनुभव नहीं करता, अपने को अकेला नहीं पाता। यह स्थिति व्यक्ति के मानसिक स्वास्थ्य के लिए अत्यंत हितकर एवं आवश्यक है। यही कारण है कि बड़े-बड़े द्वैतीयक समूहों में प्राथमिक समूह बन जाते हैं, मित्रों के समूह बन जाते हैं।

प्राथमिक और द्वैतीयक समूहों के संपूर्ण विवेचन के आधार पर हम यह कह सकते की स्थिति में हैं कि *जटिल समाजों में द्वैतीयक संबंधों का विकास न तो प्राथमिक समूह की आवश्यकता को कम करता है और न ही इसकी सदस्यता को।* .... घनिष्ठता और प्राथमिक समूह अनुक्रिया की आवश्यकता निरंतर बनी रहती हैं यहां ही हममें साथ-साथ रहने और अपनत्व की भावना पायी जाती है। यहीं हम जो कुछ हैं, उसी रूप में हमारा मूल्यांकन होता है और न केवल इस रूप में कि हम क्या कर सकते हैं। यही कारण है कि बड़े-बड़े द्वैतीयक समूहों में भी छोटे-छोटे प्राथमिक समूह बन जाते हैं। आज के जटिल औद्योगीकृत समाजों में बदलती हुई परिस्थितियों के संदर्भ में आवश्यकता इस बात की है कि छोटे और बड़े समूहों, प्राथमिक एवं द्वैतीयक समूहों का समाजशास्त्रीय दृष्टिकोण से अध्ययन किया जाय, उन पर शोध-कार्य किये जायें ताकि सामाजिक जीवन की वास्तविकताओं के संबंध में यथार्थ ज्ञान प्राप्त हो सके। इसी से सामाजिक जीवन के बदलते हुए स्वरूप को समझा जा सकता है।

प्राथमिक एवं द्वैतीयक समूहों में अंतर
(Difference Between Primary and Secondary Groups)

प्राथमिक एवं द्वैतीयक समूह की परिभाषा, विशेषताओं, प्रकृति एवं महत्व, आदि से ज्ञात होता है कि इन दोनों में स्पष्ट भेद हैं। हम यहां इन भेदों को तालिका द्वारा इस प्रकार प्रकट कर सकते हैं :

	प्राथमिक समूह	द्वैतीयक समूह
1.	आकार छोटा होता है।	आकार बड़ा होता है।
2.	सदस्यों की संख्या कम होती है।	सदस्यों की संख्या अधिक होती है।
3.	सदस्यों में शारीरिक समीपता पायी जाती है।	सदस्यों में शारीरिक समीमता हो भी सकती है और नहीं भी।
4.	सदस्यों में स्थायी संबंध पाए जाते हैं।	सदस्यों में अस्थायी संबंध होते हैं।
5.	संबंधों में निरंतरता पायी जाती है।	निरंतरता नहीं पायी जाती है।
6.	संबंध अनौपचारिक होते हैं।	संबंध औपचारिक होते हैं।
7.	संबंध स्वत: निर्मित होते हैं।	संबंध जान-बूझकर बनाए जाते हैं।
8.	संबंध सर्वांगीण होते हैं।	संबंध विशिष्ट उद्देश्यों को लेकर बनाए जाते हैं।
9.	संबंध वैयक्तिक होते हैं।	संबंध अवैयक्तिक होते हैं।
10.	ऐसे समूहों में नियंत्रण प्राथमिक एवं अनौपचारिक साधनों द्वारा होता है।	ऐसे समूहों में नियंत्रण के द्वैतीयक एवं औपचारिक साधन काम में लिए जाते हैं।

11.	सभी लोगों के उद्देश्य एक ही होते हैं।	सभी अपने-अपने हितों में रुचि रखते हैं।
12.	संबंध स्वयं-साध्य होते हैं।	संबंध स्वयं-साध्य नहीं होते।
13.	संबंधों में घनिष्ठता एवं आत्मीयता पायी जाती हैं।	इनमें घनिष्ठता एवं आत्मीयता का अभाव पाया जाता है।
14.	ये सरल, ग्रामीण एवं आदिम समाजों में अधिक पाए जाते हैं।	ये जटिल, नगरीय एवं आधुनिक समाजों की विशेषता है।
15.	इनकी सदस्यता अनिवार्य है।	इनकी सदस्यता अनिवार्य नहीं है।
16.	इनमें 'हम की भावना' पायी जाती है।	इनमें 'हम की भावना' का सामान्यत: अभाव होता है।
17.	इनमें संबंध आंतरिक होते हैं, दिखावे के नहीं।	इनमें संबंध बाह्य व दिखावे के होते हैं।
18.	इनका मानव के व्यक्तित्व पर गहरा प्रभाव पड़ता है।	व्यक्तित्व निर्माण में इनकी भूमिका अपेक्षतया कम महत्वपूर्ण है।
19.	ये व्यक्ति के संपूर्ण जीवन को प्रभावित करते हैं।	ये व्यक्ति के संपूर्ण जीवन की अपेक्षा एक पक्ष विशेष को ही प्रभावित करते हैं।
20.	इनमें आमने-सामने के संबंध पाए जाते हैं।	इनमें अप्रत्यक्ष संबंध पाए जाते हैं।
21.	सदस्यों के बीच समानता के आधार पर संबंध पाए जाते हैं।	संबंध आसमान होते हैं क्योंकि सदस्यों के पद व भूमिका में अंतर पाया जाता है।
22.	ये सामूहिक को जन्म देते हैं।	ये व्यक्तिवाद को जन्म देते हैं।
23.	प्राथमिक समूह अति प्राचीन हैं।	ये आधुनिक औद्योगिक युग की देन हैं।
24.	इनमें व्यक्ति अपना व्यक्तित्व समूह के साथ घुला मिला देता है।	इनमें व्यक्तित्व पृथक् बना रहता है।
25.	इनका कार्य-क्षेत्र सीमित होता है।	इनका कार्य-क्षेत्र असीमित होता है।
26.	इनका आधार नैतिकता तथा परंपरागत नियम है।	इनका आधार कानून एवं संविधान है।
27.	ये सार्वभौमिक हैं।	ये सार्वभौमिक नहीं हैं।
28.	इन समूहों में व्यक्ति सरलता से अनुकूलन कर लेता है।	इनमें अनुकूलन करने में व्यक्ति को कठिनाई महसूस होती है।
29.	एक व्यक्ति बाल्यकाल में ही इनके संपर्क में आ जाता है और ये उसके समाजीकरण में महत्वपूर्ण भूमिका निभाते हैं।	इनके संपर्क में व्यक्ति बाल्यकाल के बाद में आता है और समाजीकरण में इनकी भूमिका अपेक्षतया कम महत्वपूर्ण होती है।
30.	इनकी संख्या बहुत कम है।	द्वैतीयक समूहों की संख्या काफी है।
31.	प्राथमिक समूह में कोई द्वैतीयक समूह नहीं होते।	एक द्वैतीयक समूह में कई प्राथमिक समूह हो सकते हैं।

प्राथमिक एवं द्वैतीयक समूह के भेद को हम चित्र द्वारा इस प्रकार प्रकट कर सकते हैं :

प्राथमिक समूह **द्वैतीयक समूह**

(गहरा कालापन घनिष्ठ संबंधों का तथा रेखाचित्र शिथिल संबंधों का सूचक है।)

प्राथमिक समूह	द्वैतीयक समूह
• **उदाहरण** : परिवार, पड़ौस, क्रीड़ा-समूह, मित्र-मण्डली, गपशप समूह, साझेदारी, गेंग, जनजाति-परिषद्, लघु समुदाय।	• **उदाहरण** : सेना, राजनीतिक दल, बड़े व्यापारिक संगठन, मजदूर संघ, विश्वविद्यालय, कॉलेज, राष्ट्र आदि।
• **विशेषताएं** : • (1) **भौतिक विशेषताएं** : शारीरिक समीपता, लघु आकार, संबंधों की निरंतरता। • (2) **मानसिक विशेषताएं** : उद्देश्यों की समानता, संबंध स्वयं-साध्य, वैयक्तिक संबंध, संबंधों की संपूर्णता, संबंध स्वत: विकसित, अत्यधिक नियंत्रण शक्ति, भावनात्मक लगाव, घनिष्ठता, सहयोग, आमने-सामने के संबंध, मानसिक सुरक्षा।	• **विशेषताएं** : बड़ा आकार, शारीरिक निकटता का अभाव, सीमित उत्तरदायित्व, समझौते पर आधारित संबंध, औपचारिकता, घनिष्ठता का अभाव, विशिष्ट उद्देश्यों से निर्मित, भावात्मक लगाव नहीं, प्रतिस्पर्द्धा, जान-बूझकर निर्मित, आमने-सामने के संबंधों का अभाव।

स्टीवर्ट एवं गिलिन ने प्राथमिक एवं द्वैतीयक समूहों के भेद के बारे में दो महत्वपूर्ण बातों का उल्लेख किया है :

(1) *प्राथमिक व द्वैतीयक समूह केवल 'आदर्श-प्रारूप' (Ideal Types) हैं जिनका उद्देश्य अध्ययन और विश्लेषण को सुगम बनाना है।* वास्तविक जीवन में अधिकांश संबंध न तो प्राथमिक होते हैं न द्वैतीयक ही वरन् उनमें दोनों की ही विशेषताओं का समावेश होता है।

(2) *प्राथमिक समूहों का निर्माण द्वैतीयक समूहों से होता है :* सेना, विश्वविद्यालय, फैक्ट्री एवं उद्योग द्वैतीयक समूह हैं जिनमें अनेक छोटे-छोटे प्राथमिक समूह, मित्र-मण्डली व गपशप समूहों के रूप में देखे जा सकते हैं।

आभासी या अर्द्ध-प्राथमिक समूह (Quasi Primary Groups)

कुछ ऐसे समूह भी हैं जिनमें प्राथमिक एवं द्वैतीयक समूहों की मिश्रित विशेषताएं पायीज जाती हैं जिन्हें कूले अर्द्ध-प्राथमिक समूह कहते हैं। इन्हें *अर्द्ध-प्राथमिक समूह इसलिए कहा जाता है कि ये समूह सदस्यों की संख्या, घनिष्ठता एवं आमने-सामने के संबंधों की दृष्टि से तो प्राथमिक होते हैं, किन्तु संरचना व संगठन*

की दृष्टि से द्वैतीयक समूहों के निकट होते हैं। ये समूह स्वत: विकसित नहीं होते वरन् जान-बूझकर इनका निर्माण किया जाता है। इनका लक्ष्य कुछ विशिष्ट हितों की पूर्ति करना होता है। अर्द्ध-प्राथमिक समूह को परिभाषित करते हुए **कूले** लिखते हैं, *''ये घनिष्ठ, आमने-सामने के संबंधों द्वारा संगठित वे समूह हैं जो अपनी संगठन संबंधी विशेषताओं और विशेष उद्देश्य के कारण सीमित आकार के होते हैं।'' कूले ने अर्द्ध-प्राथमिक समूहों में स्काउट ग्रुप, लघु विचार गोष्ठी, सामाजिक वर्ग, क्लब, ग्रामीण मनोरंजन केन्द्र, आदि को गिना है।* कुद विद्वानों ने आभाषी समूहों का भी उल्लेख किया है।

बॉटोमोर ने आभासी समूहों (Quasi Groups) को परिभाषित करते हुए लिखा है, *''आभासी समूह एक ऐसा योग है जिसमें संरचना एवं संगठन की कमी होती है और जिसके सदस्य समूह के अस्तित्व के प्रति, अनभिज्ञ तथा कम जागरूक हो सकते हैं।'' आप आभासी समूहों में, सामाजिक वर्ग, प्रस्थिति समूह, आयु और लिंग समूह तथा भीड़ को सम्मिलित करते हैं।*

गिन्सबर्ग ने भी आभासी समूह का उल्लेख अपनी कृति '*Sociology*' में किया है। *आप आभासी समूह का प्रयोग मनुष्य के ऐसे संकलन के लिए करते हैं जिसका कोई निश्चित ढांचा नहीं होता, फिर भी उसके सदस्यों में समान रुचियां एवं व्यवहार प्रतिमान पाए जाते हैं।* **मर्टन** ने आभासी समूह को मनुष्यों का एक ऐसा संकलन माना है जिनमें समान शारीरिक एवं सामाजिक लक्षण पाए जाते हैं, किन्तु वे परस्पर अंत:क्रिया नहीं करते और इनमें घनिष्ठ सामाजिक संबंध नहीं पाया जाता।

ए.सी. मेयर ने अर्द्ध-समूहों को दो भागों में विभक्त किया है :

(1) **वर्गीकृत अर्द्ध-समूह** (Classified Quasi-Group)—ऐसे समूहों में सदस्यों की सामाजिक प्रस्थिति एवं हित समान होते हैं तथा वे कभी भी संगठित होकर समूह का निर्माण कर सकते हैं।

(2) **अंत:क्रियात्मक अर्द्ध-समूह** (Interactive-Quasi-Group)—इन समूहों में संगठन तो होता है, किन्तु अहं की प्रबल भावना के कारण सदस्यों में अंतक्रिया नकारात्मक होती है और जब अंत:क्रिया सकारात्मक रूप ले लेती है तो अपने संगठन के आधार पर ये अर्द्ध-समूह में परिवर्तित हो जाते हैं।

प्राथमिक एवं अर्द्ध-प्राथमिक समूह में अंतर

(1) प्राथमिक समूहों का निर्माण स्वत: होता है, अर्द्ध-प्राथमिक का जान-बूझकर निर्माण किया जाता है।

(2) प्राथमिक समूह अर्द्ध-प्राथमिक की अपेक्षा अधिक स्थायी होते हैं।

(3) प्राथमिक समूह में संबंध प्रत्यक्ष व आमने-सामने के होते हैं, अर्द्ध-प्राथमिक में नहीं।

(4) प्राथमिक समूह व्यक्ति की संपूर्ण क्रियाओं को प्रभावित करते हैं जबकि अर्द्ध-प्राथमिक समूह कुछ विशेष हितों एवं व्यवहारों को ही।

(5) प्राथमिक समूह में संबंध घनिष्ठ होते हैं, अर्द्ध-प्राथमिक में नहीं।

(6) प्राथमिक समूह में अर्द्ध-प्राथमिक समूहों की अपेक्षा अधिक एकीकरण पाया जाता है।

(7) प्राथमिक समूह में सदस्यों की संख्या कम होती है, अर्द्ध-प्राथमिक में ज्यादा।

(8) प्राथमिक समूह का आकार छोटा होता है, अर्द्ध-प्राथमिक का बड़ा।

2

सामाजिक गतिशीलता
(Social Mobility)

सामाजिक परिवर्तन की अवधारणा
(Concept of Social Change)

सामाजिक सम्बन्धों के स्थापित स्वरूपों, सामाजिक मूल्यों, संरचनाओं या उप-व्यवस्थाओं में परिवर्तन ही सामाजिक परिवर्तन कहलाता है। सामाजिक परिवर्तन समग्र अथवा आंशिक हो सकता है, यद्यपि, अधिकतर यह आंशिक ही होता है। जिस प्रकार परीक्षण प्रणाली में परिवर्तन शिक्षा प्रणाली में आंशिक परिवर्तन माना जाता है, उसी प्रकार मन्दिरों में अस्पृश्यों के प्रवेश को वर्जित करने वालों को दण्ड के विधान का क्रियान्वयन, विवा विच्छेद की वैधानिक अनुमति, अल्पायु विवाह पर रोक सम्बन्धी विधान, आदि को समाज में आंशिक सामाजिक परिवर्तन कहा जा सकता है। बैंकों का राष्ट्रीयकरण, कोयले के खानों का राष्ट्रीयकरण, आदि समाज की आर्थिक प्रणाली में आंशिक परिवर्तन के उदाहरण हैं, क्योंकि यह परिवर्तन अन्य क्षेत्रों में निजी सम्पत्ति के स्वामित्व की व्यवस्था के साथ-साथ विद्यमान रहता है। कठिनाई तो समाज के समग्र परिवर्तन यरा समाजिक व्यवस्था में परिवर्तन को पहचानने में आती है। यदि हम कहें कि समाज के न केवल कुछ पक्षों में बल्कि प्रत्येक पक्ष में परिवर्तन हो गया है तो इसे समग्र परिवर्तन कहा जायेगा लेकिन ऐसा कभी होता नहीं है। इसी प्रकार परिवार व्यवस्था, बैंकिंग व्यवस्था, जाति व्यवस्था या फैक्ट्री व्यवस्था के कुछ पक्षों में परिवर्तन हो सकता है। लेकिन इनमें से किसी भी व्यवस्था में समग्र परिवर्तन कभी नहीं होता। कोई भी सामाजिक व्यवस्था समग्र रूप में कभी परिवर्तित नहीं होती। सामाजिक परिर्वन सदैव अथवा अधिकांशत: आंशिक ही होता है।

पर्सी कोहेन ने कहा है कि समाज में लघु अथवा वृहद् या मौलिक (Fundamental) परिवर्तनों में अन्तर किया जा सकता है। समाज या समाजिक

व्यवस्था के मूल अथवा महत्वपूर्ण लक्षणों में परिवर्तन को 'वृहद्' परिवर्तन कहा जाता है। यदि जेल को एक सामाजिक व्यवस्था के रूप में लें तो इसकी महत्वपूर्ण व्यवस्थाएं हैं : बन्दियों को प्रशिक्षण देना, बन्दियों के लिए भोजन, मनोरंजन एवं स्वास्थ्य रक्षा का प्रबन्ध करना, जेल नियमों को तोड़ने वाले अपराधियों को दण्ड देना, अपराधियों का मित्रों व परिवार जनों से सम्पर्क कराना, तथा जेल से भागने को रोकने के लिए प्रबन्ध करना, आदि। अब मान लिया जाये कि समस्त सुरक्षा बल हटा लिए जाते हैं और कैदियों को दिन के समय बाजार जाने की स्वतंत्रता दे दी जाये लेकिन रात को जेल में रहना आवश्यक हो तो जेल व्यवस्था में यह परिवर्तन जेल के अन्य पक्षों को भी प्रभावित करेगा। ऐसा होने पर इसको जेल व्यवस्था में 'मूलभूत और वृहद्' परिवर्तन कहा जायेगा। इसी प्रकार अन्तर्जातीय सम्बन्धी प्रतिबन्धों को हटा दिया जाये तो असे जाति व्यवस्था में 'प्रमुख' परिवर्तन कहा जायेगा। सामाजिक व्यवस्था में मूल लक्षणों को पृथक करना कठिन नहीं होता। उदाहरणार्थ, लोकतांत्रिक राजनैतिक व्यवस्था में चुनाव व्यवस्था में परिवर्तन चनाव परिणामों को प्रभावित करते तो यह कहा जायेगा कि चुनाव व्यवस्था राजनैतिक व्यवस्था का 'मूल' लक्षण है।

सामाजिक विकास की अवधारणा एवं सूचक
(The Concept and Indicators of Social Development)

सामाजिक विकास एक ओर मानव आवश्यकताओं और आंकाक्षाओं के बीच और दूसरी ओर सामाजिक नीतियों और कार्यक्रमों के बीच अच्छा सामंजस्य स्थापित करने के लिए एक नियोजित संस्थत्मक प्रक्रिया है। यह समाज में व्यक्तियों के लिए आर्थिक प्रगति को अच्छी जीवन स्थितियों मे परिवर्तित करता है। यह गरीबी, निरक्षरता, अज्ञानता, असमानता, विवेकहीनता, तथा समाज में प्रचलित दमन आदि के विरुद्ध एक युद्ध की घोषणा है। इसका उद्देश्य न केवल निर्बलों तथा विशेषाधिकार वंचितो का उत्थान करना है, बल्कि सभी नागरिको के जीवन की गुणवत्ता को सुधारना है। यदि सामाजिक विकास की पूर्वाश्यकता सभी नागरिकों को अपने समाज निर्माण में भागीदारी है, तो लोगों का यह भी विशेषाधिकार है कि सामान्य प्रयत्नों में भागीदारी के लाभों का भी वे लाभ उठायें।

गतिशीलता एक सामाजिक तथ्य है। समाजशास्त्र में सामाजिक गतिशीला का अध्ययन सामाजिक संस्तरण एवं सामाजिक परिवर्तन के सन्दर्भ में किया गया है। सामाजिक गतिशीलता सामाजिक परिवर्तन का ही एक अंश है। सामाजिक परिवर्तन से हमारा तात्पर्य सामाजिक सम्बन्धों, सामाजिक संरचना एवं प्रकार्यों तथा संगठनों में होने वाले परिवर्तनों से है जबकि सामाजिक गतिशीलता से तात्पर्य किसी व्यक्ति

या समूह की सामाजिक प्रस्थिति या पद में परिवर्तन से है। उदाहरण के लिए, एक प्राध्यापक भारतीय प्रशासनिक सेवा की परीक्षा पास कर यदि कलेक्टर बन जाता है, ब्यावर शहर का निवासी मुम्बई में जाकर बस जाता है, किसी खेतिहर मज़दूर को लॉटरी में दस लाख रूपए मिलने पर वह धनवान बन जाता है तो ये सभी परिवर्तन सामाजिक गतिशीलता के अन्तर्गत आएंगे। आदिम, परम्परात्मक, ग्रामीण एवं सरल समाजों में सामाजिक गतिशीलता बहुत कम पायी जाती है। इसकी तुलना में आधुनिक, जटिल, नगरीय एवं औद्योगिक समाजों में सामाजिक गतिशीलता अधिक पायी जाती है। आदिम, ग्रामीण एवं परम्परात्मक समाजों में धर्म, नातेदारी, जाति, प्रथा एवं परम्पराओं की पकड़ मजबूत होती है, वहां विज्ञान एवं प्रौद्योगिकी के नित नए प्रयोग नहीं होते तथा जीवन में स्थिरता पायी जाती है, अत: गतिशीलता के अवसर कम ही होते हैं। वास्तव में, सामाजिक गतिशीलता आधुनिक औद्योगिक-नगरीय समाजों की ही विशेषता है। यातायात एवं संचार के नीवन साधनों न सामाजिक गतिशीलता को तीव्रता प्रदान की है और लोग गांवों से नगरों में, एक प्रान्त से दूसरे प्रान्त में व एक देश से दूसरे देश में तथा एक व्यवसाय से दूसरे व्यवसाय में सरलता से आ-जा सकते हैं। औद्योगिक नगरवाद एक विश्वव्यापी घटना है जिसने दुनिया की जनसंख्यात्मक रचना को परिवर्तित कर दिया है। इसने कार्य की दशाओं, नए व्यवसायों तथा नए अवसरों को जन्म दिया है, साथ ही समाज को नए प्रकार का संस्तरण, वर्ग-व्यवस्था, श्रम-विभाजन एवं सामाजिक विभेदीकरण प्रदान किया है। औद्योगीकरण क कारण उत्पादन प्रणाली एवं आर्थिक संगठन में ही क्रान्ति नहीं आयी अपितु इसने नयी राजनीतिक एवं सामाजिक व्यवस्था को भी जन्म दिया है। वैयक्तिक स्वतन्त्रता, समानता एवं भाई-चारे की भावना में वृद्धि हुई, प्रतिस्पर्द्धा बढ़ी और हर व्यक्ति प्रतिस्पर्द्धा में भाग लेकर अपनी प्रस्थिति को ऊंचा उठाने का प्रयत्न करने लगा। इसका स्वाभाविक परिणाम यह हुआ कि सामाजिक गतिशीलता की दर बढ़ी और लोगों का पद, स्थान एवं व्यवसाय बदलना सरल हो गया । इस प्रकार आधुनिक सामाजिक गतिशीलता औद्योगिक-नगरीय संस्कृति की देन है जिसने नवीन मूल्यों, वर्गों एवं सामाजिक-आर्थिक संरचना प्रदान की है। आधुनिक औद्योगिक संस्तरण को समझने के लिए सामाजिक गतिशीलता का अध्ययन आवश्यक है। सामाजिक वर्गों के अध्ययन में रुचि ने भी सामाजिक गतिशीलता के अध्ययन का महत्व प्रदान किया है।

मिलर (Miller) का मत है कि हम सामाजिक गतिशीलता के अध्ययन के द्वारा सामाजिक संस्तरण एवं सामाजिक ढांचे में होने वाले परिवर्तन एवं उसी गति को ज्ञात कर सकते हैं इस दृष्टि से सामाजिक गतिशीलता को अध्ययन समाजशास्त्र

में अपना महत्वपूर्ण स्थान रखता है। हम यहां सामाजिक गतिशीलता के अर्थ, प्रकार, स्रोत एवं अन्य पक्षों पर विचार करेंगे।

सामाजिक गतिशीलता का अर्थ एवं परिभाषा (Meaning and Definition of Social Mobility)

सामाजिक गतिशीलता का तात्पग्र एक व्यक्ति या समूह द्वारा एक पद, स्थान या व्यवसाय ग्रहण करने से है। विभिन्न विद्वानों ने सामाजिक गतिशीलता को इस प्रकार से परिभाषित किया है :

बोगार्डस (Bogardus) के अनुसार, "सामाजिक पद में कोई भी परिवर्तन सामाजिक गतिशीलता है।"

फिचर (Fitcher) के अनुसार, "सामाजिक गतिशीलता व्यक्ति, समूह या श्रेणी (Category) के एक सामाजिक पद या स्तृत (Stratum) से दूसरे में गति करने को कहते हैं।"

हार्टन तथा हण्ट (Horton and Hunt) के अनुसार, "सामाजिक गतिशीलता का तात्पर्य उच्च या निम्न सामाजिक प्रस्थितयों में गमन करना है।"

सोरोकिन (Sorokin) लिखते हैं, "सामाजिक गतिशीलता से हमारा तात्पर्य सामाजिक समूहों तथा स्तरों के झुण्ड में एक सामाजिक पद से दूसरे सामाजिक पद में परिवर्तन होना हैं।"

फेयरचाइल्ड (H.P. Fairchild) ने लोगों के एक सामाजिक समूह से दूसरे सामाजिक समूह में गमन को ही सामाजिक गतिशीलता कहा है।"

एस. एम. दुबे (S.M. Dubey) के अनुसार, "सामाजिक गतिशीलता एक बहुत ही विस्तृत शब्द है जिसके अन्तर्गत या तो व्यक्ति या सर्म्पण समूह की आर्थिक, राजनीतिक या व्यावसायिक प्रस्थिति में ऊपर या नीचे की ओर परिवर्तन को सम्मिलित किया जाता है।"

प्रो. पीटर (Peter) के अनुसार, "समाज के सदस्यों के सामाजिक जीवन में होने वाले स्थिति, पद, पेशा या/और निवास-स्थान सम्बन्धी परिवर्तनों को सामाजिक गतिशीलता कहते हैं।"

इस परिभाषाओं से स्पष्ट है कि–

(i) सामाजिक गतिशीलता का सम्बन्ध व्यक्ति या समूह के पद या प्रस्थिति से हैं;

(ii) सामाजिक गतिशीलता में व्यक्ति या समूह की सामाजिक प्रस्थित में परिवर्तन आता है;

(iii) यह परिवर्तन एक समूह या समाज की संरचना के अन्तर्गत ही होता है;

(iv) सामाजिक गतिशीलता की कोई निश्चित दिशा नहीं है, यह ऊपर व नीचे की ओर समानान्तर भी हो सकती है।

एक व्यक्ति चुनाव जीत कर मन्त्री बन जाता है, एक छात्र अध्ययन समाप्त कर कोई अधिकारी बन जाता है, एक मजदूर लखपति बन जाता है तो ये सभी स्थितियां सामाजिक गतिशीलता को प्रकट करती हैं। जाति-व्यवस्था वाले समाजों की तुलना में प्रजातन्त्रीय व्यवस्था में सामाजिक गतिशीलता के अवसर अधिक होते हैं।

प्रत्येक समूह व समाज की एक संरचना होती है जिसमें विभिन्न प्रस्थितियां व पद होते हैं। प्रस्थितियां व पद उच्चता व निम्नता के क्रम में होते हैं, असे ही सामाजिक स्तरीकारण के नाम से जाना जाता है। स्तरीकरण में परिवर्तन सामाजिक गतिशीलता है। उदाहरण के लिए, जातीय संस्तरण में विभिन्न जातियों की प्रस्थिति ऊंची व नीची है। ब्राह्मण क्षत्रियों से ऊंचे हैं और वैश्य क्षत्रियों से नीचे। यदि कोई व्यक्ति अपनी जातीय प्रस्थिति बदलकर उच्च या निम्न प्रस्थिति ग्रहण कर लेता है तो यह सामाजिक गतिशीलता कहलाएगी।

जब एक व्यक्ति क्लर्क से अफसर बन जाता है तो इस परिवर्तन को हम सामाजिक गतिशीलता कहेंगे क्योंकि इसमें उसकी प्रस्थिति बदल गयी है। सामाजिक गतिशीलता उच्चता व निम्नता तथा क्षैतिज किसी भी दिशा में हो सकती है। स्पष्ट है कि जब किसी व्यक्ति या समूह की सामाजिक स्थिति में परिवर्तन होता है तो उसे सामाजिक गतिशीलता कहते हैं।

सामाजिक गतिशीलता के प्रकार (Types of Social Mobility)

सोरोकिन ने सामाजिक गतिशीलता के दो प्रमुख प्रकारों का उल्लेख किया है:

(1) क्षैतिज या समरैखिक सामाजिक गतिशीलता (Horizontal Social Mobility),

(2) उदग्र या रैखिक सामाजिक गतिशीलता (Vertical Social Mobility)।

हम यहां इन दोनों प्रकार की सामाजिक गतिशीलता का उल्लेख करेंगे।

(1) क्षैतिज या समरैखिक सामाजिक गतिशीलता (Horizontal Social Mobility)

क्षैतिज या समरैखिक सामाजिक गतिशीलता में एक व्यक्ति उसी स्तर के एक समूह से गमन करता है। इसे परिभाषित करते हुए **गोल्ड एवं कॉब** (Gould and Kolb) लिखते हैं, "बिना सामाजिक वर्ग पद में परिवर्तन किए प्रस्थिति एवं भूमिकाओं के विशेषरूप से व्यावसायिक क्षेत्र में परिवर्तन को क्षैतिज गतिशीलता कहते हैं।"

फिचर के अनुसार, "क्षैतिज सामाजिक गतिशीलता का अर्थ एक ही सामाजिक स्तर के एक ही प्रकार के सामाजिक समूह या स्थिति से दूसरे में आगे या पीछे गमन करना है।"

बर्ट्रोण्ड के अनुसार, "सामाजिक स्तृत को बिना परिवर्तित किए एक साजिक पद से दूसरे में गमन करना क्षैतिज सामाजिक गतिशीलता के रूप में जाना जाता हैं"

सोरोकिन के अनुसार, "क्षैतिज सामाजिक गतिशीलता का अर्थ एक व्यक्ति या सामाजिक वस्तु का एक ही स्तर में स्थित एक समूह से दूसरे समूह में स्थानान्तरण है।"

उपर्युक्त परिभाषाओं से स्पष्ट है कि क्षैतिज सामाजिक गतिशीलता में एक व्यक्ति समान सामाजिक स्तर के समूहों या पदों में गमन करता है। उदाहरण के लिए, एक व्यक्ति द्वारा एक गांव छोड़कर दूसरे गांव में चले जाना, श्रमिक द्वारा एक फैक्टरी छोड़कर दूसरी फैक्टरी में काम करना, एक प्रोफेसर का एक विश्वविद्यालय में एवं एक इन्जीनियर का एक मिल से दूसरे मिल में उसी वेतन और पद पर काम करना क्षैतिज सामाजिक गतिशीलता है। क्षैतिज सामाजिक गतिशीलता में गमन करने वाले व्यक्ति या सामाजिक समूह की स्थिति में कोई उल्लेखनीय परिवर्तन नहीं होता है। सोरोकिन ने क्षैतिज् सामाजिक ग़तिशीलता के अनेक उदाहरण प्रजाति, लैंगिक एवं आयु-समूह, क्षेत्रीय समूह, परिवार, नातेदारी, धर्म, व्यवसाय, राजनीतिक दल, आदि से दिए हैं।

क्षैतिज या समरैखिक गतिशीलता के प्रकार (Types of Horizontal Social Mobility)

सोरोकिन ने क्षैतिज या समरैखिक सामाजिक गतिशीलता के निम्नांकित प्रकारों का उंल्लेख किया है :

(i) **अन्तः पारिवारिक एवं अन्तः नातेदारी गतिशीलता :** विवाह या तलाक के बाद स्त्री का एवं गोद लेने पर लड़के का एक परिवार एवं नातेदारी समूह में प्रवेश इस प्रकार की गतिशीलता के उदाहरण हैं।

(ii) **अन्तः व्यवसायी तथा बाह्य व्यवसायी गतिशीलता :** एक ही प्रकार के एक व्यवसाय को त्याग कर दूसरे को ग्रहण करना अन्तः व्यवसायी गतिशीलता है। उदाहरण के लिए, एक मजदूर एक कपड़े की मिल को छोड़कर दूसरे कपड़े की मिल में काम करने चला जाता है तो यह अन्तः व्यवसायी गतिशीलता है। एक व्यवसाय को छोड़कर दूसरे भिन्न प्रकार के व्यवसाय में काम करना बाह्य व्यवसायी गतिशीलता कहलाती है। उदाहरण

के लिए, यदि कृषि मजदूर खेती करना छोड़कर कारखाने में मजदूरी करने लगे तो यह गतिशीलता इसी श्रेणी के अन्तर्गत आएगी। भारत जैसे जाति-प्रधान समाज में जहां प्रत्येक जाति का एक परम्परात्मक व्यवसाय होता है, वर्ग-व्यवस्था पर आधारित समाजों की तुलना में इस प्रकार की गतिशीलता कम पायी जाती है।

(iii) **अन्तः राज्यीय गतिशीलता :** इस प्रकार की गतिशीलता में व्यक्ति एक राज्य को छोड़कर दूसरे राज्य में जाकर निवास करने लगता है और वहां की नागरिकता ग्रहण कर लेता है।

(iv) **प्रजातीय, लैंगिक तथा आयु-समूहों में क्षैतिज गतिशीलता :** प्रजाति लिंग एवं आयु जैविकीय तथ्य हैं। इनके आधार पर सामाजिक गतिशीलता का विचार कठिन प्रतीत होता है क्योंकि ये विशेषताएं शारीरिक एवं वंशानुगत हैं, इसलिए इनमें परिवर्तन सम्भव नहीं हैं। किन्तु प्रजाति, लिंग और आयु-समूह जब सामाजिक समूहों के रूप में संगठित हो जाते हैं तो इनके सन्दर्भ में सामाजिक गतिशीलता पर विचार किया जा सकता है। उदाहरण के लिए, कोई ऐसा संगठन है जिसमें केवल गोरी प्रजाति के लोगों को ही सदस्यता प्राप्त होती है और नए विधानों या प्रावधानों द्वारा नीग्रो प्रजाति के लोगों को भी उस संगठन का सदस्य बना दिया जाता है तो यह प्रजातीय गतिशीलता कहलाएगी। इसी प्रकार से किसी संगठन में केवल पुरुषों को सदस्यता प्राप्त हो तथा स्त्रियों के लिए भी द्वार खोल दिए जाएं तो यह लैंगिक सामाजिक गतिशीलता की श्रेणी में आएगा। यदि किसी देश में 21 वर्ष मतदाता के लिए न्यूनतम आयु है और यदि उसे घटाकर 18 वर्ष कर दी जाती है तो यह आयु-समूह में सामाजिक गतिशीलता का उदाहरण होगा।

(v) **क्षेत्रीय समूहों में गतिशीलता :** एक क्षेत्र या समुदाय को छोड़कर दूसरे में निरन्तर आना-जाना इसका उदाहरण है। गांव छोड़कर नगरों में जाकर बसना क्षेत्रीय गतिशीलता है। नगरीकरण एवं औद्योगिकरण के कारण वर्तमान में यह गतिशीलता खूब बढ़ रही है।

(vi) **अन्तः धार्मिक गतिशीलता :** इस प्रकार की गतिशीलता उन समाजों में पायी जाती है जहां धार्मिक स्वतन्त्रता प्राप्त होती है। इसमें व्यक्ति एक धर्म को त्यागकर दूसरे धर्म को ग्रहण कर लेता है। भारत में जनजातियों के लोगों द्वारा ईसाई धर्म को ग्रहण करना इसका उदाहरण है।

(vii) **अन्तर्दलीय गतिशीलता :** कांग्रेस की सदस्यता त्यागकर भारतीय जनता पार्टी की सदस्यता ग्रहण करना या किसी भी एक राजनीतिक दल की सदस्यता त्यागकर दूसरे राजनीतिक दल की सदस्यता प्राप्त करना अन्तर्दलीय गतिशीलता कहलाती है।

(viii) **अन्तर्राष्ट्रीय गतिशीलता :** एक भाषा एवं संस्कृति वाले समूह या व्यक्ति द्वारा दूसरी भाषा या संस्कृति वाले राष्ट्र की सदस्यता ग्रहण करना अन्तर्राष्ट्रीय गतिशीलता का उदाहरण है। वर्तमान यातायात, एवं संचार के साधनों में वृद्धि करना, विभिन्न राष्ट्रों क मैत्रीपूर्ण सम्बन्धों, आदि के कारण इस प्रकार की गतिशीलता में वृद्धि हुई है।

(2) उदग्र या रैखिक सामाजिक गतिशीलता
(Vertical Social Mobility)

जब किसी व्यक्ति या समूह द्वारा एक सामाजिक स्तर से दूसरे सामाजिक स्तर में गमन होता है तो उसे उदग्र या रैखिक सामाजिक गतिशीलता कहते हैं। इसे परिभाषित करते हुए **गोल्ड** एवं **कॉब** लिखते हैं, "यदि किसी प्रस्थिति एवं भूमिका में ऐसा परिवर्तन जिसमें सामाजिक वर्ग पद में भी परिवर्तन सम्मिलित हो तो उसे उदग्र या रैखिक सामाजिक गतिशीलता कहते हैं जिसके उपवर्ग में ऊपर एवं नीचे की ओर गतिशीलता सम्मिलित है।"

बर्ट्रांण्ड के अनुसार, "एक सामाजिक स्तृत (Strata) से दूसरे में ऊपर या नीचे की ओर गमन को उदग्र सामाजिक गतिशीलता कहते हैं।"

फिचर के अनुसार, "उदग्र गतिशीलता को लोगों का एक सामाजिक प्रस्थिति से दूसरी एवं एक सामाजिक वर्ग से दूसरे में गमन के रूप में परिभाषित किया जा सकता है।"

सोरोकिन भी एक व्यक्ति या सामाजिक वस्तु के एक स्तृत से दूसरे में स्थानान्तरण को उदग्र सामाजिक गतिशीलता कहते हैं।

इन परिभाषाओं से स्पष्ट है कि उदग्र या रैखिक सामाजिक गतिशीलता में व्यक्ति या समूह एक सामाजिक स्तर से दूसरे सामाजिक स्तर में चले जाते हैं। यह सामाजिक स्तर पहले वाले से ऊंचा या नीचा हो सकता है। उदाहरण के लिए, गरीब व्यक्ति का धनवान बन जाना, श्रमिक का कारखाना-मालिक बन जाना, ठेला-गाड़ी पर आलू बेचने वाले का कपड़े का थोक विक्रेता बन जाना उदग्र सामाजिक गतिशीलता है। सोरोकिन ने गतिशीलता की दिशा के आधार पर उदग्र या रैखिक सामाजिक गतिशीलता को भी उपभागों में बांटा है :

(i) **ऊर्ध्वगामी** (Upward of Ascending),

(ii) **अधोगामी** (Downward or Desceding)।

इसे वह क्रमशः सामाजिक उत्थान (Social Climbing) तथा सामाजिक पतन (Social Sinking) भी कहते हैं। ऊर्ध्वगामी व अधोगामी सामाजिक गतिशीलता के उदाहरण हम राजनीतिक आर्थिक एवं व्यावसायिक क्षेत्र में स्पष्ट रूप से देख सकते हैं। भारत में 1977 के पूर्व कांग्रेस सरकार सत्ता में थी। 1977 में जनता पार्टी सत्ता में आयी तो जो लोग कांग्रेस पार्टी के शासन में सत्ता में थे, वे सत्ताहीन हो गए। 1980 में जब पुन : कांग्रेस (आई) सत्ता में आयी तो विपक्षी दल के लोग सत्ताहीन हो गए। इसी प्रकार से एक भिखारी लाखों रूपए की लॉटरी खुलने पर लखपति बन जाता है और कोई करोड़पति गरीब बन जाता है; प्राथमिक स्कूल का अध्यापक भारतीय प्रशासनिक सेवा की प्रतियोगी परीक्षा पास कर जिलाधीश बन जाता है। साहित्यकार उपेन्द्रनाथ अश्क द्वारा परचून की दुकान खोलना; फिल्म कलाकार सुनीलदत्त, अभिताभ बच्चन एवं वैजयन्तीमाला का चुनाव लड़कर संसद में प्रवेश, आदि सभी उदग्र सामाजिक गतिशीलता के उदाहरण हैं। व्यक्तिगत रूप से उदग्र सामाजिक गतिशीलता तो हम अपने दैनिक रूप में सदैव ही देखते हैं। कभी-कभी हमें सामूहिक रूप से (सम्पूर्ण समूह द्वारा) भी सामाजिक गतिशीलता देखने को मिलती है।

ऊर्ध्वगामी सामूहिक सामाजिक गतिशीलता का सर्वश्रेष्ठ उदाहरण हम भारतीय जाति-व्यवस्था में देख सकते हैं। कई बार मध्यम वर्ग की जाति-व्यवस्था में ऊंचा उठने का प्रयास करती हैं। श्रीनिवास ने संस्कृतिकरण की प्रक्रिया द्वारा जातियों की ऊर्ध्वगामी गतिशीलता को व्यक्त किया है।

श्रीनिवास के अनुसार संस्कृतिकरण वह प्रक्रिया है जिसके द्वारा कोई निम्न जाति या जनजाति अपने से ऊंची या द्विज जाति के संस्कारों, विश्वासों, विचारों तथा रहन-सहन के ढंग को अपना लेती है। संस्कृतिकरण करने वाली जाति की सामाजिक स्थिति ऊंची उठ जाती है। इस प्रकार संस्कृतिकरण निम्न जातियों में उदग्र सामाजिक गतिशीलता को व्यक्त करता है। समाजशास्त्रियों ने भारत के विभिन्न भागों में निम्न जातियों द्वारा संस्कृतिकरण कर अपनी सामाजिक स्थित को ऊंचा उठाने के प्रयत्नों का उल्लेख किया है। श्रीनिवास ने दक्षिणी भारत के कुर्ग लोगों द्वारा ब्राह्मणों और लिंगायतों के सम्पर्क में आकर अपने को क्षत्रिय कहलाने के प्रयत्नों का उल्लेख किया है। इसी प्रकार से राजस्थान एवं मध्य प्रदेश की कुछ जनजातियां जैसे, भील, गोड़ एवं औरावं भी संस्कृतिकरण का सहारा लेकर अपने क्षत्रिय होने का दावा कर रही हैं।

आजादी के बाद निम्न और अछूत जातियों को संविधान द्वारा अनेक सामाजिक, राजनीतिक, आर्थिक, धार्मिक एवं शैक्षणिक सुविधाएं प्रदान की गयी हैं। अब वे शिक्षा प्राप्त कर नए व्यवसाय एवं उच्च नौकरियां प्राप्त कर रही हैं। पंचायत से लेकर संसद तक के चुनावों में अनुसूचित जातियों एवं जनजातियों के लिए स्थान सुरक्षित किए गए हैं आर्थिक दृष्टि से भी .निम्नजातियों ने अपनी स्थिति को सुदृढ़ बनाया है। इस प्रकार भारत में निम्न जातियों में ऊर्ध्वगामी गतिशीलता देखने को मिलती है। दूसरी ओर ब्राह्मण और कई उच्च जातियों के व्यक्ति निम्न जातियों के उच्च अधिकारियों के अधीन चपरासी या क्लर्क, आदि पदों पर कार्य कर रहे हैं जो कि उच्च जातियों की अधोगामी गतिशीलता का सूचक है।

ऊर्ध्वगामी गतिशीलता के कारक (Factors of Upward Mobility) : **फिचर** ने ऊर्ध्वगामी गतिशीलता के लिए निम्नांकित कारकों को उत्तरदायी माना है :

(1) **संघर्ष का महत्व** : जब समाज में अपनी योग्यता एवं प्रयत्नों से बने व्यक्तियों (Selfmade man) एवं प्रतिस्पर्द्धा को महत्व दिया जाता है तब भी ऊर्ध्वगामी गतिशीलता बढ़ती है।

(2) **अवसर की उपलब्धि** : जब समाज में शिक्षा प्राप्त करने तथा व्यवसाय एवं कार्यों में योग्यता बढ़ाने के अवसर उपलब्ध होते हैं तब भी लोग अपने गुणों, योग्यता और क्षमता में वृद्धि करके ऊंचा उठने का प्रयास करते हैं।

(3) **समानता और विषमता के प्रतिमान** : यदि किसी समाज में धर्म, प्रजाति, आदि के आधार पर भेदभाव किया जाता है या आयु और लिंग के आधार पर असमानता पायी जाती है तब उसमें ऊर्ध्वगामी गतिशीलता की सम्भावना कम होती है। लेकिन जब किसी समाज में निम्न वर्ग में वृद्धि होती है तो ऊर्ध्वगामी गतिशीलता की सम्भावना अधिक होती है क्योंकि यह वर्ग ऊंचा उठने के लिए संघर्ष एवं प्रतिस्पर्द्धा में भाग लेता है।

(4) **आप्रवास** (Immigration) : आप्रवास के कारण बाहर से अपने वाले व्यक्ति स्थानीय लोगों को ऊपर की ओर धकेल देते हैं। ग्रामीण लोग जो शहरों में व्यवसाय की खोज में आते हैं, वहां निम्न स्थिति एवं व्यवसायों को ग्रहण कर लेते हैं। इसी प्रकार से शरणार्थी और बाहर से आने वाले लोग भी मूल निवासियों की तुलना में निम्न स्थिति को ग्रहण करने को तैयार हो जाते हैं। भारत से इंग्लैण्ड और अमरीका जाने वाले लोगों की सामाजिक स्थिति वहां के मूल निवासियों से निम्न है। इस प्रकार आप्रवास स्थानीय लोगों में ऊर्ध्वगामी गतिशीलता उत्पन्न करता है।

(5) **उच्च वर्ग में कम प्रजनन क्षमता :** सामान्यत: यह देखा जाता है कि सभी समाजों में उच्च वर्ग के लोगों की संख्या कम होती है तथा उनमें प्रजनन क्षमता भी कम होती है, इसलिए उसकी पूर्ति के लिए उनमें निम्न वर्ग की व्यक्ति समय-समय पर सम्मिलित होते रहते हैं। इससे उनकी सामजिक स्थिति ऊंची उठ जाती है।

उदग्र सामाजिक गतिशीलता के सामान्य सिद्धान्त (General Principles of Vertical Social Mobility)

सोरोकिन ने उदग्र सामाजिक गतिशीलता के अग्रांकित सामान्य सिद्धान्तों का उल्लेख किया है :

(1) उपलब्ध ऐतिहासिक एवं अन्य प्रकार के तथ्य यह प्रकट करते हैं कि उदग्र गतिशीलता की तीव्रता तथा मात्रा में वृद्धि या कमी की कोई निश्चित और शाश्वत प्रवृत्ति नहीं देखी जा सकती। यही कारण है कि इसके सन्दर्भ में निश्चयपूर्वक भविष्यवाणी नहीं की जा सकती।

(2) उदग्र सामाजिक गतिशीलता लगभग सभी समूहों में धीरे-धीरे आती है तथा इसमें एक निश्चित व्यवस्था पायी जाती है। इसको सामाजिक चुनावों तथा व्यक्तियों के वितरण द्वारा नियन्त्रण में रखा जाता है।

(3) शायद ही कोई ऐसा समाज है जो पूर्णतया बन्द हो और जिसमें आर्थिक, राजनीतिक और व्यावसायिक उदग्र गतिशीलता विद्यमान न हो। सामान्यत: जनजातीय समाजों एवं जाति पर आधारित समाजों को बन्द समाजों की श्रेणी के अन्तर्गत रखा जाता हैं इनमें व्यक्ति अपनी योग्यता और गुणों में वृद्धि करके सामाजिक स्थिति को ऊंचा नहीं उठा सकता किन्तु वास्तव में हम देखते हैं कि जाति-व्यवस्था इतनी कठोर नहीं रही है। वर्तमान में तो संस्कृतिकरण के द्वारा निम्न जातियों ने अपनी सामाजिक स्थिति को ऊंचा उठाया ही है किन्तु भूतकाल में ऐसे उदाहरण हैं जब लोगों ने अपना वर्ण परिवर्तित किया। विश्वामित्र क्षत्रिय से ब्राह्मण बने थे और वेदों के रचयिता व्यास मुनि का जन्म एक मछुआरे के घर में हुआ था।

(4) ऐसा कोई भी समाज कभी नहीं रहा है जिसमें उदग्र सामाजिक गतिशीलता बिल्कुल अबाध या बे-रोकटोक हो और एक संस्तरण से दूसरे संस्तरण में जाने पर कोई प्रतिबन्ध न हो। लगभग सभी समाजों में उच्चता और निम्नता का एक क्रम देखने को मिलता है, साथ ही वहां कुछ ऐसे नियम भी पाए जाते हैं जो निम्न वर्ग के लोगों के ऊंचा उठने पर प्रतिबन्ध लगाते हैं क्योंकि इससे समाज में व्यवस्था और सन्तुलन बना रहता है।

(5) उदग्र सामाजिक गतिशीलता की तीव्रता, मात्रा एवं व्यापकता प्रत्येक समाज में अलग-अलग होती है। चूंकि प्रत्येक समाज की अपनी आर्थिक, राजनीतिक, सामाजिक एवं धार्मिक परिस्थितियां भिन्न-भिन्न होती हैं, अत: उनमें उदग्र गतिशीलता की दर भी भिन्न-भिन्न होती है। जाति-व्यवस्था की अपेक्षा वर्ग-व्यवस्था में गांवों की अपेक्षा नगरों में उदग्र गतिशीलता अधिक पायी जाती है। इसी प्रकार से भारत में आर्थिक उदग्र गतिशीलता की अपेक्षा राजनीतिक उदग्र गतिशीलता अधिक पायी जाती है। विधायकों और सांसदों द्वारा दलबदल इस तथ्य को स्पष्ट करता है।

(6) एक ही समाज की विभिन्न समयों में आर्थिक, राजनीतिक और व्यावसायिक उदग्र गतिशीलता की दर एवं व्यापकता में अन्तर पाया जाता है। उदाहरण के लिए, प्राचीन भारत में कठोर जाति-व्यवस्था के कारण प्रत्येक जाति की आर्थिक एवं राजनीतिक स्थति लगभग निश्चित थी। किन्तु प्रजातन्त्र की स्थापना के बाद तथा औद्योगीकरण व नगरीकरण के कारण वर्तमान में भारत में आर्थिक और राजनोतिक गतिशीलता में वृद्धि हुई है।

उदग्र सामाजिक गतिशीलता के स्त्रोत
(The channels of Vertical Social Mobility)

सोरोकिन ने सामाजिक, आर्थिक एवं राजनीतिक क्षेत्र में उदग्र सामाजिक गतिशीलता के लिए कुछ स्त्रों का उल्लेख किया है जो इस प्रकार हैं :

(1) **स्कूल** (School) : शिक्षण एवं प्रशिक्षण के द्वारा भी लोगों को अपनी सामाजिक स्थिति ऊंची उठाने एवं उदग्र गतिशीलता का अवसर प्राप्त होता है। वर्तमान युग में तो शिक्षा और प्रशिक्षण व्यक्ति को उच्च पद दिलाने का लाइसेन्स कहा जा सकता है। एक व्यक्ति चाहे निम्न जाति, परिवार, वर्ग एवं कुल में पैदा हुआ हो लेकिन वह चिकित्सक, वैज्ञानिक एवं इन्जीनियर की डिग्री प्राप्त कर एवं उच्च शिक्षण और प्रशिक्षण के द्वारा अपनी सामाजिक प्रस्थिति को ऊंचा उठा सकता है।

(2) **राजनीतिक संस्थाएं** (Political Institutions) : सरकारी नौकरी एवं राजनीतिक दल भी उदग्र सामाजिक गतिशीलता में सहायक हैं। सरकारी नौकरी से विभागीय परीक्षाएं पास करने पर तथा वरिष्ठता क्रम के अनुसार कर्मचारियों को पदोन्नतियां प्रदान की जाती है। योग्य एवं कुशल लोगों को सरकार द्वारा राज्यपाल, राजदूत, न्यायाधीश एवं महत्वपूर्ण पदों पर नियुक्तियां दी जाती हैं जो उनकी स्थिति को ऊंचा उठाने में सहायक होती हैं। राजनीतिय दल भी व्यक्ति की सामाजिक स्थिति को ऊंचा उठाते हैं।

अटलबिहारी वाजपेयी, चन्द्रशेखर, चरणसिंह, जगजीवनराम, ज्योतिबसु, नन्बूद्रीपाद, आदि की सामाजिक स्थिति को ऊंचा उठाने में राजनीतिक दलो की भूमिका भी महत्वपूर्ण रही है। जब कोई राजनीतिक दल चुनाव हार जाता है तो उसके नेता एवं कार्यकर्ताओं की स्थिति में गिरावट आती है।

(3) **सेना** (Army) : सैनिक शासन, गृह-युद्ध एवं अन्तर्राष्ट्रीय युद्ध, आदि के समय सेना, सामाजिक गतिशीलता को बढ़ावा देती हैं। युद्ध में साहस, शौर्य व वीरता दिखाने वाले सैनिकों एवं अधिकारियों को शीघ्र पदान्नतियां प्रदान की जाती हैं, उन्हें विभिन्न पदक एवं पदवियों से सम्मानित किया जाता है। युद्ध में विजय प्राप्त करने वाले राष्ट्र में यह स्थिति विशेष रूप से देखी जा सकती है। किन्तु युद्ध में हारने वाले राष्ट्र की स्थिति गुलाम जैसी हो जाती है और विजेता राष्ट्र उन पर जुर्माना एवं कई प्रकार की शर्तें थोप देता है। सैनिक शासन में सेना के अधिकारियों को अपनी स्थिति को ऊंचा उठाने का अच्छा अवसर मिलता है।

(4) **धार्मिक संस्था** (Religious Institution) : जिन समाजों में धर्म का अधिक महत्व है, वहां धर्म सामाजिक गतिशीलता को बढ़ावा देने में महत्वपूर्ण भूमिका निभाता हैं भारत जैसे धर्म-प्राण देश में ब्राह्मणों की सामाजिक स्थिति इसलिए भी ऊंची रही है कि धार्मिक कर्मकाण्ड, पूजा-पाठ, संस्कार, भजन एवं ईश्वरर आराधना, आदि क्षेत्र में उनका एकाधिकार रहा है। धर्म के सहारे ही उन्हें अपनी सामाजिक स्थिति को ऊंचा उठाने का अवसर प्राप्त होता रहा है।

(5) **व्यावसायिक संगठन** (Professional Organisations) : व्यावसायिक संगठन भी उदग्र सामाजिक गतिशीलता में सहायक होते हैं। एक व्यक्ति अपनी व्यावसायिक योग्यता एवं कुशलता बढ़ाकर भी समाज में ऊंचा पद ग्रहण कर सकता है। एक व्यक्ति श्रेष्ठ अभिनेता, डॉक्टर, वकील, इन्जीनियर, कलाकार, संगीतज्ञ एवं शिक्षक बनकर समाज में प्रसिद्ध एवं प्रतिष्ठा प्राप्त कर सकता है। विभिन्न व्यावसायिक संगठनों जो कि समाज में प्रतिष्ठत हैं, की सदस्यता ग्रहण करके भी व्यक्ति समाज में ऊंचा उठ सकता है।

(6) **सम्पत्ति उत्पादक संगठन** (Wealth-making Organisation) : समाज में कई ऐसे उत्पादक संगठन हैं जो लोगों को धन कमाने का अवसर प्रदान करते हैं। चाय बागान, मिल, कारखाने, खानें, फैक्टरियां, वस्त्र उद्योग, जूट उद्योग एवं ऐसे ही हजारों संगठन हैं जो समाज में सम्पत्ति अर्जन करने

की दृष्टि से महत्वपूर्ण हैं। इन संगठनों की सफलता व्यक्ति को समाज में उच्च आर्थिक एवं राजनीतिक स्थिति प्रदान करती है। भारत में बिड़ला, डालमिया, टाटा, बाटा, शाहू, दुगड़, बांगड़, आदि की उच्च सामाजिक-आर्थिक स्थिति का कारण उनका सफल सम्पत्ति उत्पादक संगठनों का स्वामित्व है।

(7) **परिवार** (Family) : समाज में हमारी सामाजिक प्रस्थिति क्या होगी, यह इस बात पर भी निर्भर है कि हमने किस परिवार में जन्म लिया है। नेहरू परिवार में जन्म लेना ही एक प्रतिष्ठा की बात है। इसी प्रकार से राजघराने एवं ब्राह्मण परिवार में जन्म लेने वाले व्यक्ति की सामाजिक स्थिति अपराधी, शराबी एवं अछूत परिवार के लोगों की तुलना में सामान्यतः ऊंची है।

एल्विन बर्ट्रांण्ड ने उदग्र सामाजिक गतिशीलता के लिए निम्नांकित पांच स्त्रोतों का उल्लेख किया है :

(1) **शैक्षणिक उपलब्धि** (Education Achievement) : आज शिक्षा उदग्र सामाजिक गतिशीलता की कुंजी बन गयी है। उच्च व तकनीकी शिक्षा प्राप्त लोगों के व्यावसायिक एवं सामाजिक तौर से ऊंचा उठने के अच्छे अवसर होते हैं। कई देशों में तो इस बात को भी महत्व दिया जाता है कि आपने शिक्षा किस स्कूल व विश्वविद्यालय में प्राप्त की तथा किसी शिक्षक के संरक्षण में। सोफिया, सेण्ट जेवियर, सेण्ट एन्स्लम स्कूलों तथा दिल्ली, राजस्थान एवं हीटलबर्ग विश्वविद्यालयों की प्रतिष्ठा ऊंची है। डॉ. दुबे, घुरिये, नगेन्द्र बी. आर. चौहान, योगेन्द्रसिंह, कापड़िया, आदि प्रतिष्ठित समाजशास्त्रियों के संरक्षण में शिक्षा प्राप्त छात्र अपने को गौरवान्वित समझते सामाजिक गतिशीलता हैं।

(2) **शक्ति पर नियन्त्रण** (Control of Power) : समाज एवं राजनीतिक क्षेत्र में अधिकाधिक शक्ति एवं अधिकारों को प्राप्त करने पर भी उदग्र सामाजिक गतिशीलता बढ़ती है। शक्ति एवं अधिकार समाप्त होने पर व्यक्ति की प्रतिष्ठा गिर जाती है।

(3) **विविध कारक** (Miscellaneous Factors) : उदग्र सामाजिक गतिशीलता को बढ़ावा देने वाले कुछ और कारक भी हैं, जैसे, अविवाहित स्त्री उच्च घराने में विवाह करके उच्च सामाजिक प्रतिष्ठा प्राप्त कर लेती है। एक व्यक्ति संगीत, खेल-कूद, नृत्य, अभिनय, नेतृत्व एवं युद्ध में अपनी श्रेष्ठता का प्रदर्शन करके भी उच्च सामाजिक पद प्राप्त कर सकता है। इसी प्रकार

से शारीरिक सौन्दर्य एवं बल तथा असाधारण नैतिकता भी व्यक्ति को उच्च स्थिति प्रदान करते हैं। उच्च वर्ग के लोगों की कॉलोनी में निवास करने पर भी व्यक्ति की सामाजिक स्थिति में परिवर्तन आ जाता है।

(4) **व्यावसायिक उन्नति** (Occupational Improvement) : प्रत्येक समाज में एक व्यवसाय की उच्च या निम्न सामाजिक प्रतिष्ठा होती है। जूते गांठने का कार्य फल बेचने से निम्न है और फल बेचना पुरोहितगिरी से एवं कपड़े रंगने का कार्य डॉक्टरी से निम्न है। एक व्यक्ति उच्च सामाजिक प्रस्थिति वाले व्यवसाय को अपनाकर अपनी सामाजिक स्थिति को ऊंचा उठा सकता है। किन्तु ऐसे अवसर भी बन्द समाजों की अपेक्षा खुले समाजों में ही अधिक होते हैं।

(5) **आर्थिक सफलता** (Economic Success) : व्यवसाय एवं शिक्षा तथा मुद्रा का घनिष्ठ सम्बन्ध है, फिर भी ये तीनों पृथक-पृथक हैं। एक व्यक्ति प्रचुर मात्रा में धन अर्जित कर उदग्र सामाजिक गतिशीलता प्राप्त कर सकता हैं समाज में धन का महत्व है, यह हम सभी जानते हैं।

अन्तः तथा अन्तर पीढ़ी गतिशीलता
(Intra and intergenerational Mobility)

पीढ़ी को आधार मानकर गतिशीलता के दो प्रकारों का उल्लेख किया जा सकता है–

(i) अन्तः पीढ़ी गतिशीलता तथा

(ii) अन्तर पीढ़ी गतिशीलता।

पीढ़ी शब्द की कई व्याख्याएं की गई हैं। कई बार हम एक व्यक्ति के सम्पूर्ण जीवन काल को एक पीढ़ी कहते हैं और उसकी सन्तति को विभिन्न पीढ़ियों द्वारा सम्बोधित करते हैं। उदाहरण के लिए हम कहते हैं–मोतीलाल नेहरू की पीढ़ी जवाहरलाल नेहरू की पीढ़ी, आदि।

पीढ़ी शब्द का प्रयोग एक आयु-समूह के लोगों के लिए भी किया जाता है। उदाहरण के लिए, हम कहते हैं–नई पीढ़ी, स्कूल जाने वाली पीढ़ी, कॉलेज जाने वाली पीढ़ी, वर्तमान पीढ़ी, हमारी पीढ़ी,युवा पीढ़ी, पुरानी पीढ़ी, आदि। भारत की प्राचीन आश्रम व्यवस्था के अन्तर्गत एक पीढ़ी का कार्यकाल 25 वर्ष माना गया है। इस प्रकार पीढ़ी शब्द की कोई स्पष्ट व्याख्या नहीं की गई है।

अन्तर पीढ़ी गतिशीलता (Intergenerational Mobility) : अन्तर पीढ़ी गतिशीलता का तात्पर्य है एक पीढ़ी में धारण किए गए पद को त्यागकर दूसरी

पीढ़ी के पदों को ग्रहण करना। अन्तर पीढ़ी गतिशीलता प्राकृतिक एवं स्वाभाविक है। आश्रम व्यवस्था अन्तर पीढ़ी गतिशीलता का स्पष्ट उदाहरण है जिसमें एक व्यक्ति ब्रह्मचर्य आश्रम गृहस्थ आश्रम, वानप्रस्थ आश्रम और संन्यास आश्रम से गुजरता है। यह गतिशीलता व्यवस्थित, सरल तथा जटिलताओं से मुक्त है। एक व्यक्ति बाल्यावस्था में स्कूल में अध्ययन करता है, किशोर होने पर वह कॉलेज में पढ़ता है और युवा होने पर व्यवसाय या नौकरी करता हैं उसकी यह गतिशीलता अन्तर पीढ़ी गतिशीलता कहलाएगी। विवाह करके व्यक्ति द्वारा पति व पिता का तथा स्त्री द्वारा पत्नी व मां का पद ग्रहण करना भी अन्तर पीढ़ी गतिशीलता ही है।

अन्त : पीढ़ी गतिशीलता (Intragenerational Mobility) : यदि एक व्यक्ति एक पीढ़ी में एक पद को त्यागकर दूसरा पद ग्रहण करता है तो उसे हम अन्तः पीढ़ी गतिशीलता कहेंगे। उदाहरण के लिए 21 वर्ष की आयु का विद्यार्थी अपना अध्ययन समाप्त कर व्यवसायी बन जाता है या कोई नौकरी कर लेता है तो यह अन्तः पीढ़ी गतिशीलता कहलाएगी। इसी प्रकार से व्यक्ति द्वारा चुनाव जीतकर विधायक और उसके बाद मुख्यमन्त्री बनना भी अन्तः पीढ़ी गतिशीलता है।

प्रत्येक समाज में हमें अन्तः पीढ़ी और अन्तर पीढ़ी गतिशीलता देखने को मिलती है। गतिशीलता के उदग्र एवं क्षैतिज स्वरूपों की व्याख्या भी हम अन्तः और अन्तर पीढ़ी गतिशीलता के सन्दर्भ में कर सकते हैं।

मुक्त (खुली) एवं बन्द गतिशीलता (Open and Closed Mobility)

सामाजिक स्तरीकरण के आधार पर गतिशीलता के दो प्रमुख स्वरूप हैं–मुक्त एवं बन्द गतिशीलता। गतिशीलता के ये दोनों ही स्वरूप एक-दूसरे के विपरीत है।

मुक्त (खुली) गतिशीलता (Open Mobility) : इस प्रकार की गतिशीलता वाल समाजों में विभिन्न स्तर समूहों की सदस्यता का आधार जन्म या आनुवंशिकता न होकर व्यक्ति के गुण, योग्यता एवं उपलब्धियां होती हैं। परिणामस्वरूप व्यक्ति की किसी भी स्तर समूह की सदस्यता का निर्धारण जीवन भर के लिए नहीं होता है। वह एक स्तर एवं पद से दूसरे एवं पद में गमन कर सकता है। आज व्यक्ति एक स्थिति-समूह (Status-group) का सदस्य है, आगे आने वाले समय में वह अपनी योग्यता, गुणों एवं परिश्रम के आधार पर उपलब्धियों को बढ़ाकर किसी उच्च स्तर, पद या समूह की सदस्यता ग्रहण कर सकता है। मुक्त व्यवस्था वाले समाजों में गतिशीलता को स्वीकार किया जाता है, और बढ़ावा दिया जाता है। एक व्यक्ति अपनी प्रस्थिति और पद में वृद्धि और प्रगति के लिए स्वतन्त्र होता हैं इसलिए ही इसे खुली या मुक्त गतिशीलता के नाम से पुकारा जाता है। मुक्त गतिशीलता हमें वर्ग-व्यवस्था पर आधारित संस्तरण की व्यवस्था वाले समाजों में देखने का

मिलती है। यूरोप के अधिकतर समाजों एवं अमेरिका में मुक्त गतिशीलता अधिक पायी जाती है क्योंकि वहां सामाजिक संस्तरण वर्ग के आधार पर निर्मित है। वहां वर्ग की सदस्यता का निर्धारण प्रमुखत: व्यक्ति की आर्थिक स्थिति के आधार पर होता है। राजनीतिक सत्ता या शक्ति तथा सांस्कृतिक क्षेत्र में प्राप्त विशिष्ट उपलब्धियां भी व्यक्ति में गतिशीलता उत्पन्न करने में योग देती है।

बन्द गतिशीलता (Closed Mobility) : इस प्रकार की गतिशीलता बन्द स्तरीकरण वाली समाज व्यवस्था की विशेषता है। ऐसे समाजों में व्यक्ति के पद एवं स्तर समूह का निर्धारण जन्म या आनुवंशिकता के आधार पर होता है जिसे वह अपने जीवनकाल में नहीं बदल सकता है। अत: एक समूह को त्यागकर दूसरे समूह की सदस्यता ग्रहण करने का प्रश्न ही नहीं उठता है। बन्द स्तरीकरण वाली व्यवस्था का श्रेष्ठ उदाहरण भारत की जाति-प्रथा है। इसके अन्तर्गत व्यक्ति की जाति का निर्धारण जन्म के समय ही हो जाता है। व्यक्ति आजीवन उसी जाति का सदस्य बना रहता है जिसमें उसका जन्म हुआ है। जातियां बदलना सम्भव नहीं है। प्रत्येक जाति की समाज में स्थिति, अधिकार, दायित्व एवं कार्य निश्चित होते है। जाति-प्रथा में व्यक्ति की गतिशीलता के अवसर नगण्य होते हैं। किन्तु वर्तमान में नगरीकरण, औद्योगीकरण, पाश्चात्य सभ्यता, शिक्षा और संस्कृति, नवीन संविधान, प्रजातन्त्र एवं कानूनों के प्रभावों के कारण जातीय कठोरता कम हुई है और एक जाति के व्यक्ति दूसरी जातियों के व्यवसायों, मूल्यों, व्यवहारों, प्रथाओं, आदि को अपना रहे हैं। डॉ. एम. एन. श्रीनिवास का मत है कि भारत में निम्न जातियां 'संस्कृतिकरण' की प्रक्रिया द्वारा अपनी सामाजिक स्थिति ऊंची उठा रही हैं और अपने को उच्च जातियों में सम्मिलित करने के लिए प्रयत्नशील हैं।

गतिशीलता को निश्चित करने वाले आधार (कारक)
(Bases (Factors) Affecting Mobility)

किसी भी समाज में सामाजिक गतिशीलता की दर क्या होगी, यह बहुत कुछ उसकी सामाजिक दशाओं पर निर्भर है। **बर्ट्राण्ड** ने सामाजिक गतिशीलता की दर को प्रभावित करने वाले चार आधारों-अवसर संरचना, जंनाकिकी प्रक्रियाएं, स्वाचालित यन्त्रों का प्रभाव एवं महत्वाकांक्षा का स्तर, का उल्लेख किया है।

(1) **जनांकिकी प्रक्रियाएं** (Demographic Processes) : सामाजिक गतिशीलता के लिए उत्तरदायी दूसरा आधार जनसंख्यात्मक है। इसमें से *एक कारक है अप्रवास* (Immigration)। सामान्यत: जब किसी देश या समाज में दूसरे समाज से लोग आकर बसते हैं तो वहां के मूल निवासियों को सामाजिक संस्तरण में ऊपर की ओर ढकेलते (Push) हैं क्योंकि

नवआगन्तुक समाज एवं व्यवसाय में निम्न स्थिति को स्वीकार करने के लिए तैयार हो जाते है, अमरीका, यूरोप एवं एशिया के कई देशों में ऐसा ही हुआ है।

जनसंख्यात्मक कारक द्वारा सामाजिक गतिशीलता को प्रभावित करने का *दूसरा तरीका जनसंख्या की आन्तरिक गतिशीलता* (Internal migration) हैं। ग्रामीण लोग अपनी सामाजिक स्थिति को ऊंचा उठाने के लिए नगरों में आकर बस जाते हैं। इसी प्रकार से नौकरी में पदोन्नति होने पर अथवा अधिक वेतन पाने के लिए भी लोग एक क्षेत्र से दूसरे क्षेत्र एवं शहरों में चले जाते हैं।

सामाजिक गतिशीलता को प्रभावित करने वाला *तीसरा जनसंख्यात्मक आधार है जन्म-दर में भिन्नता।* कुछ समाजों में उच्च वर्ग के लोग इतनी सन्तानें पैदा नहीं करते जितनी मात्रा में उनमें स्थान रिक्त होते हैं। इससे समाज में शून्यता की स्थिति पैदा हो जाती है। अत: रिक्त स्थानों की पूर्ति के लिए निम्न वर्गों से लोग भर्ती किए जाते हैं।

(2) **अवसर संरचना** (The Opportunity structure) : **होजेज** (Hodges) का मत है कि किसी भी समाज में सामाजिक गतिशीलता की मात्रा एवं दर समाज में विद्यमान अवसर संरचना पर निर्भर करती है। कुछ समाजों में सामाजिक वर्ग-व्यवस्था की प्रकृति ही ऐसी होती है कि वह सामाजिक गतिशीलता को रोकती है। सरल सामाजिक संरचना भी गतिशीलता में बाधक है। जाति-व्यवस्था वाले समाज में तो उदग्र सामाजिक गतिशीलता को हतोत्साहित किया जाता है। सरल, कृषक एवं परम्परात्मक समाजों में भी सामाजिक गतिशीलता के कुछ अवसर होते हैं, अधिक नहीं क्योंकि वहां जाएं तो भी जाएं कहां? दूसरी ओर जटिल समाजों में व्यापार, शिक्षा, सेना एवं अन्य क्षेत्रों में नौकरशाही की व्यापक व्यवस्था होने के कारण सामाजिक गतिशीलता के अवसर अधिक हाते हैं।

(3) **स्वाचालित यन्त्रों का प्रभाव** (The Impact of Automation) : स्वचालित यन्त्रों के कारण बड़ी मात्रा में उत्पादन होने लगा है। स्वचालित यन्त्रों ने सामाजिक गतिशीलता को दो प्रकार से प्रभावित किया है। एक तरफ इसने श्रमिक वर्ग में बेकारी उत्पन्न की है और वे जीवनयापन के लिए दूसरे प्रकार के व्यवसायों की ओर प्रवृत्त हुए हैं। दूसरी तरफ इसने नए श्वेत वस्त्रधारी व्यवसायों (White Collar Jobs) को जन्म देकर उदग्र सामाजिक गतिशीलता के द्वार खोल दिए हैं। ज्यों-ज्यों स्वचालित यन्त्रों

का प्रयोग एवं विकास होगा, उसके साथ-साथ इस प्रकार की गतिशीलता में भी वृद्धि होगी।

(4) **महत्वाकांक्षा का स्तर** (Aspirations Level) : खुले वर्ग वाले समाजों में सामाजिक गतिशीलता इस बात पर भी निर्भर करती है कि वहां लोगों में महत्वाकांक्षाएं कितनी ऊंची हैं और उन्हें पूरा करने के लिए वे कितना प्रयत्न करते हैं। उच्च महत्वाकांक्षाएं होने पर व्यक्ति उन्हें प्राप्त करने के लिए कठोर प्रयत्न भी करते हैं। यही कारण है कि अमरीका में मध्यम वर्ग में सामाजिक गतिशीलता अधिक पायी जाती है क्योंकि उनकी महत्वाकांक्षाएं उच्च हैं, अत: उनके लिए वे प्रयत्नशील भी रहते हैं।

ब्रूम तथा **सेल्जनिक** ने सामाजिक गतिशीलता को प्रभावित करने वाले पांच आधारों का उल्लेख किया है:

(1) **व्यावसायिक एवं आर्थिक संरचना में परिवर्तन** : उदाहरण के लिए जब नए व्यवसाय खुलते हैं तो नए पदों का सृजन किया जाता है एवं पुराने पद समाप्त हो जाते हैं।

(2) **सन्तानोत्पत्ति की दर में अन्तर आना** : जब कोई वर्ग सन्तानोत्पत्ति के द्वारा रिक्त पदों की पूर्ति नहीं कर सकता तो अन्य वर्गों द्वारा उसी पूर्ति की जाती है।

(3) **प्रवासी लोगों का केन्द्रीकरण** : अर्थात् जब लोग एक ही स्थान पर बस जाते हैं तो वहां भी गतिशीलता उत्पन्न हो जाती है।

(4) **शिक्षा में वृद्धि** होने पर भी उदग्र गतिशीलता बढ़ती है।

(5) लोगों की महत्वाकांक्षा में वृद्धि होने पर भी सामाजिक गतिशीलता बढ़ती है।

सोरोकिन ने इनके अतिरिक्त कुछ अन्य आधारों का भी उल्लेख किया है:

(1) समाज में कुछ समूह एवं संगठन ऐसे होते हैं जिनमें सदस्यों की भर्ती चुनाव एवं नियुक्तियों द्वारा एक निश्चित अवधि के लिए की जाती है। अवधि समाप्त होने पर नए लोगों की भर्ती की जाती है। अवधि समाप्त होने पर नए लोगों की भर्ती की जाती है तो उन्हें सामाजिक गतिशीलता का अवसर मिलता है।

(2) रोमन चर्च में पदारियों की मृत्यु होने पर नए पादरियों की भर्ती चर्च के निम्न स्तर के सदस्यों में से की जाती है, इससे उनमें उदग्र गतिशीलता पनपती है। इस प्रकार कुछ संगठनों एवं समूहों में उदग्र गतिशीलता निहित होती हैं।

(3) माता-पिता तथा बच्चों में असमानता होने पर या जीवन में भारी परिवर्तन होने पर व्यक्ति अपने निर्धारित दायित्वों को पूरा नहीं कर पाता। अत: समूह में विघटन होने लगता है जिसे रोकने के लिए सदस्यों की विद्यमान स्थितियों में परिवर्तन किया जाता है।

(4) समूह एवं व्यक्तियों के सामाजिक-सांस्कृतिक पर्यावरण में परिवर्तन आते रहते हैं जिससे उनकी स्थिति भी बदलती रहती है और समाजों में उदग्र गतिशीलता उत्पन्न होती है।.

सामाजिक गतिशीलता के प्रभाव (Impact of Social Mobility)

सोरोकिन ने सामाजिक गतिशीलता के तीन प्रभावों का उल्लेख किया है :

(1) इससे समाज की प्रजातीय संरचना परिवर्तित होती है।

(2) इससे मानव व्यवहार एवं मनोविज्ञान में परिवर्तन आता है।

(3) इससे सामाजिक प्रक्रियाएं जैसे, सहयोग, सामंजस्य, प्रतिस्पर्द्धा प्रतियोगिता एवं एकीकरण तथा सामाजिक संगठन प्रभावित होता है। **दुर्खीम** ने 'आत्महत्या' के अध्ययन के दौरान सामाजिक गतिशीलता का उल्लेख करते हुए लिखा है कि ऊर्ध्वगामी एवं अधोगामी गतिशीलता समाज में नियमहीनता को जन्म देती है जिसके परिणामस्वरूप, आत्महत्या की दर बढ़ जाती है। **होलिंग्सहेड** (Holingshed), ऐलिस, ऐरवी, आदि ने अपने अध्ययन में पाया कि सामाजिक गतिशीलता बीमारियों एवं नसों के टूटने के लिए उत्तरदायी है।

सामाजिक गतिशीलता का प्रभाव **सामाजिक संगठनों** पर भी पड़ता है। गतिशीलता वैयक्तिता एवं प्रतियोगिता की भावना को विकसित करती है। गतिशीलता की दर बढ़ने पर प्राथमिक समूहों की दृढ़ता (Solidarity) समाप्त होने लगती है जो कि गतिशील समाज में साामाजिक नियन्त्रण की व्यवस्था को भी प्रभावित करती है। सामाजिक गतिशीलता प्राथमिक समूहों की संरचना विशेषत: परिवार एवं मित्रता को विघटित करती है जबकि द्वैतीयक समूह पर इसका प्रभाव कम पड़ता है। सामाजिक गतिशीलता प्रस्थिति प्रतिमान, राजनीतिक व्यवस्था, आय उपभोग प्रतिमान एवं मूल्य व्यवस्था को भी प्रभावित करती है। वर्तमान समय में समाजशास्त्रियों ने सामाजिक गतिशीलता की समस्या को सीमान्त मानव (Marginal man) एवं सन्दर्भ समूह (Reference group)के परिप्रेक्ष्य में देखने का प्रयास किया है। आज के गतिशील समाजों में जब एक व्यक्ति एक प्रस्थिति या व्यवसाय से दूसरी प्रस्थिति या व्यवसाय को अपनाता है तो उसे नए व्यवहरों एवं मूल्यों का सामना करना पड़ता है। ऐसा व्यक्ति अपने पूर्व के प्रभावों एवं आदतों से पूरी तरह मुक्ति नहीं पा सकता। दूसरी

ओर उसे नयी परिस्थितियों से भी अनुकूलन करना होता है। ऐसा व्यक्ति पूरी तरह से न तो पुराने का समूह का सदस्य रह पाता है। वह इन दोनों के बीच की स्थिति में होता है। इस स्थिति को **'सीमान्तता'** (Marginality) एवं ऐसे व्यक्ति को **'सीमान्त मानव'** (Marginal man) कहा गया है। गतिशीलता व्यक्ति की समूह-सदस्यता में परिवर्तन के लिए भी उत्तरदायी है। इस समस्या के दो पक्ष हैं–

(i) व्यक्ति अपने प्राथमिक समूह को त्याग देता हैं या त्यागने की इच्छा रखता है;

(ii) व्यक्ति दूसरे समूह की सदस्यता की कामना करता है।

यहीं **'सन्दर्भ समूह'** की अवधारणा उत्पन्न होती है। हेमेन, स्टाउफर, सचमेन मज्जफर शेरीफ एवं कई विद्वानों ने व्यक्ति पर सन्दर्भ समूहों के प्रभावों का उल्लेख किया है। सीमान्त मानव एवं सन्दर्भ समूहों के प्रभावों का उल्लेख किया है। सीमान्त मानव एवं सन्दर्भ समूह की अवधारणाएं परस्पर सम्बन्धित हैं और आधुनिक औद्योगिक समाजों में सामाजिक गतिशीलता का परिणाम हैं।

सामाजिक गतिशीलता व्यक्ति को उच्च प्रस्थिति प्राप्त करने एवं **प्रतिस्पर्द्धा** के लिए प्रेरित करती है। ये स्थितियां व्यक्ति में तनाव एवं निराशा भी पैदा करती हैं। यह आवश्यक नहीं है कि प्रतिस्पर्द्धा में सदैव ही योग्य व्यक्तियों को पुरस्कृत किया जाता हो। जब अयोग्य व्यक्ति उच्च पद पा जाते हैं तो योग्य व्यक्तियों में **तनाव एवं निराशा** पैदा होती है। इसी प्रकार से जब समाज-व्यवस्था व्यक्ति से ऊंचा उठने की मांग करती है किन्तु उसमें योग्यता न होने पर वह ऐसा नहीं कर सकता तब व्यक्ति में निराशा एवं तनाव उत्पन्न होता है। इसी प्रकार समाज में कुछ पद अधिक महत्वपूर्ण होते हैं, इन्हें पाने के लिए व्यक्ति अपनी अन्य भूमिकाओं की अवेहलना करके कठोर प्रयत्न करता है। ऐसी दशा में व्यक्ति के व्यक्तित्व में **असन्तुलन** पैदा होता है। अधोगामी गतिशीलता भी व्यक्ति में निराशा, तनाव एवं उदासीनता पैदा करती है और वह समाज में सामंजस्य बनाए रखने में कठिनाई महसूस करता है।

सामाजिक गतिशीलता एवं सामाजिक परिवर्तन
(Social Mobility and Social Change)

सामाजिक गतिशीलता सामाजिक परिवर्तन की सामान्य एवं विस्तृत प्रक्रिया का ही अंग है। क्षैतिज या उदग्र सामाजिक गतिशीलता सामाजिक संरचना में परिवर्तन लाती है तथा इसके द्वारा परिवर्तन की गति एवं मात्रा भी तीव्र होती है। सामाजिक परिवर्तन में समाज की संरचना, समूहों, संगठनों, संस्थाओं एवं सम्बन्धों में परिवर्तन आता है जबकि सामाजिक गतिशीलता में व्यक्ति या समूह के पदों में परिवर्तन आता है।

सामाजिक गतिशीलता एवं सामाजिक परिवर्तन में घनिष्ठ सम्बन्ध है। परिवर्तन एवं गतिशीलता को प्रोत्साहित एवं हतोत्साहित करने वाले कारकों में भी समानता है। सामाजिक परिवर्तन का क्षेत्र व्यापक है जिसमें सामाजिक व्यवहारों, प्रथाओं, सम्बन्धों, संगठनों, भूमिकाओं, आदि में परिवर्तन को सम्मिलित किया जाता है जबकि सामाजिक गतिशीलता में केवल व्यक्ति या समूह की स्थिति में होने वाले परिवर्तन को। इन दोनों में निम्नांकित अन्तर हैं :

(1) **कार्य-कारण के आधार पर :** सामाजिक परिवर्तन सामाजिक गतिशीलता को सम्भव बनाता है। इस प्रकार सामाजिक परिवर्तन सामाजिक गतिशीलता का कारण है और सामाजिक गतिशीलता सामाजिक परिवर्तन का परिणाम है। उदाहरण के लिए, स्वतन्त्रता के पश्चात् सरकार द्वारा निम्न जातियों की सामाजिक दशा को उन्नत करने के लिए अनेक प्रयास किए गए जिससे जाति-व्यवस्था में परिवर्तन आए और निम्न जातियों को उच्च पद पर प्रस्थितियां प्राप्त करने के अवसर मिले। किन्तु कई बार सामाजिक गतिशीलता भी सामाजिक परिवर्तन की गति को तीव्र कर देती है।

(2) **गति के आधार पर :** सामाजिक परिवर्तन की अपेक्षा सामाजिक गतिशीलता कही गति धीमी होती है, प्रमुख रूप से जाति-व्यवस्था वाले समाजों में ऐसा अधिक होता है क्योंकि वहां गतिशीलता का विरोध किया जाता है। उदाहरण के लिए, यदि कोई व्यक्ति अपनी जाति छोड़कर उच्च जाति की सदस्यता ग्रहण करना चाहता है तो लोग उसका विरोध करते हैं।

(3) **व्यापकता के आधार पर :** सामाजिक परिवर्तन सामाजिक गतिशीलता की अपेक्षा अधिक व्यापक और विस्तृत है। सामाजिक गतिशीलता में व्यक्ति या समूह की प्रस्थिति या पद में होने वाले परिवर्तन को ही सम्मिलित करते हैं जबकि सामाजिक परिवर्तन में सामाजिक ढांचे एवं प्रकार्य में होने वाले परिवर्तनों को।

(4) **सम्बन्ध के आधार पर :** सामााजिक परिवर्तन चूंकि एक व्यापक अवधारणा है, अतः सामाजिक गतिशीलता उसका एक अंग है। इनके सम्बन्ध की हम सम्पूर्णता तथा अंग (Whole and part) के रूप में प्रकट कर सकते हैं।

(5) **सामूहिकता के आधार पर :** सामाजिक परिवर्तन का सम्बन्ध किसी समूह, समाज या समाज के बहुत बड़े भाग में परिवर्तन से है न कि किसी व्यक्ति के व्यक्तिगत सम्बन्धों या व्यवहारों में परिवर्तन से। सामाजिक

गतिशीलता में अपेक्षतया व्यक्ति पर अधिक जोर दिया जाता है। उदाहरण के लिए, सम्पूर्ण जाति-व्यवस्था में परिवर्तन सामाजिक परिवर्तन है जबकि एक व्यक्ति द्वारा एक व्यवसाय छोड़कर दूसरा व्यवसाय ग्रहण करना सामाजिक गतिशीलता है।

भारत में सामाजिक गतिशीलता के प्रतिमान (Patterns of Social Mobility in India)

भारतीय समाज में भी क्षैतिज और उदग्र दोनों ही प्रकार की गतिशीलता पायी जाती है। एक परम्परात्मक समाज होने के नाते उदग्र गतिशीलता के उदाहरण यहां कम ही दिखायी देते हैं। इसके स्थान पर क्षैतिज गतिशीलता एवं उसके विभिन्न प्रकारों जैसे, क्षेत्रीय, अन्तः पारिवारिक एवं अन्तः नातेदारी, अन्तः एवं ब्राह्य व्यावसायिक, अन्तःप्रान्तीय, अन्तः नातेदारी, अन्तः एवं बाह्य व्यावसायिक, अन्तः प्रान्तीय, अन्तः धार्मिक, अन्तर्दलीय एवं अन्तर्राष्ट्रीय गतिशीलता, आदि जिनका कि उल्लेख हम पूर्व में कर चुके हैं, का प्रचलन भारत में अपेक्षतया अधिक है। आजादी के बाद भारत में प्रजातन्त्र की स्थापना की गयी, इससे भी भारत में प्रजातन्त्र की स्थापना की गयी, इससे भी भारत में सामाजिक गतिशीलता में वृद्धि हुई है। शिक्षा के प्रसार, औद्योगिक एवं नगरीकरण ने लोगों में गतिशीलता उत्पन्न की और ग्रामीण लोग नगरीय उद्योगों में काम करने के लिए आने लगे। फलस्वरूप नगरीकरण में वृद्धि हुई और वर्तमान में 27.8 प्रंतिशत जनसंख्या नगरों में रह रही है। गांवों की अपेक्षा नगरों में सामाजिक गतिशीलता अधिक पायी जाती है क्योंकि नगरों में शिक्षा प्राप्त करने, आर्थिक सफलता और व्यावसायिक उन्नति के अवसर अधिक पाए जाते हैं तथा व्यवसाय पर जाति का प्रभाव भी कम है। गांवों प्रद्रत प्रस्थिति का अधिक महत्व हैं जो गतिशीलता में बाधा उत्पन्न करती है। इसके स्थान पर नगरों में अर्जित प्रस्थिति का महत्व अधिक हैं वहां व्यक्ति का मूल्यांकन उसी जाति, परिवार, गोत्र, आदि से न कर उसी शिक्षा, योग्यता और गुणों के आधार पर किया जाता है। वहां व्यक्तियों में उच्च महत्वकांक्षाएं पायी जाती है और उन्हें पाने के लिए वे प्रयत्नशील भी रहते हैं। सामाजिक गतिशीलता उत्पन्न करने के लिए नगरों में घटित होने वाले सामाजिक परिवर्तन की शक्तियां भी उत्तरदायी हैं। नगर के लोगों में सामाजिक संस्तरण की सीढ़ियों को लांघ कर ऊंचा उठने की तीव्र इच्छा होती है जिससे कि वे अधिक धन एवं प्रतिष्ठा प्राप्त कर सकें।

भारत में उदग्र एवं रैखिक गतिशीलता अपेक्षतया कम पायी जाती है क्योंकि जाति-व्यवस्था के प्रचलन के कारण हमारे समाज में इस प्रकार की गतिशीलता के अवसर नही पाए जाते। जातीय कठोरता के बावजूद भी समय-समय पर मध्य

स्तर की जातियों ने जाति संस्तरण में ऊंचा उठने (गतिशीलता) का प्रयत्न किया है। इस प्रक्रिया को डॉ. एम. एन. श्रीनिवास ने 'संस्कृतिकरण' की संज्ञा दी है। संस्कृतिकरण को परिभाषित करते हुए श्रीनिवास लिखते हैं, "संस्कृतिकरण वह प्रक्रिया है जिसके द्वारा कोई निम्न जाति या जनजाति या और दूसरा समूह अपने से ऊंचे विशेषकर द्विज जाति के संस्कारों, विश्वासों तथा रहन-सहन के ढंग को अपना लेता है।" जो जाति संस्कृतिकरण करती हैं, वह अपने आसपास की दूसरी जातियों की तुलना में ऊंची उठ जाती है। यद्यपि, इससे सम्पूर्ण जाति संरचना में कोई परिवर्तन नहीं होता किन्तु संस्कृतिकरण करने वाली जाति की स्थिति में परिवर्तन (Positional change) आ जाता है। संस्कृतिकरण के कई प्रारूप हैं। कई बार ब्राह्मणों की जीवन-विधि को अपनाया जाता है तो कहीं पर क्षत्रिय, वैश्य या प्रभुजाति को आदर्श मानकार उनकी जीवन-विधि को अपनाया गया है। संस्कृतिकरण करने वाली जाति मांस-मदिरा का त्याग कर देती है, जनेऊ पहननने लगती है, विधवा-पुनर्विवाह निषेध का पालन करती है, बाल-विवाह करना प्रारम्भ कर देती है, मन्दिर जाना, हरि-कथा में भाग लेना और विवाह सम्पन्न कराने के लिए ब्राह्मणों को आमन्त्रित करती है, उच्च जातियों के देवी-देवता जैसे, राम, कृष्ण, हनुमान, सत्यनारायण, सीता, राधाा, पार्वती, आदि की पूजा करने लगती है। वह एक या दो पीढ़ी पूर्व से अपना सम्बन्ध किसी उच्च जाति से जोड़ती है और इस प्रकार की कहानियां गढ़ती है जिनमें वह अपनी उत्पत्ति किसी उच्च जाति के पूर्वज से बताती है। इस प्रकार संस्कृतिकरण की प्रक्रिया द्वारा एक निम्न जाति जातीय संरचना में ऊपर उठने का प्रयत्न करती है। श्री निवास ने दक्षिण में कुर्ग में तथा पश्चिमी भारत के भीलों एवं मध्य भारत के गोंड एवं औराव लोगों में सामाजिक गतिशीलता के रूप में संस्कृतिकरण की प्रक्रिया की चर्चा की है। विभिन्न समाजशास्त्रियों ने भारत के अन्य भागों में भी इस प्रक्रिया के घटित होने पर उल्लेख किया है। उपर्युक्त विवेचन से स्पष्ट है कि भारतीय समाज में क्षैतिज एवं उदग्र दोनों प्रकार की सामाजिक गतिशीलता पायी जाती है।

एम. एन. श्रीनिवास ने बिल्कुल ठीक ही लिखा है कि अंग्रेजों के भारत-आगमन के पर्व भारतीय समाज परम्परागत समाज रहा है जो सामान्यत: स्थिर मालूम पड़ता है। परन्तु सूक्ष्म अध्ययन से स्पष्टत: ज्ञात होता है कि इस परम्परागत संरचना में भी विभिन्न जातियों क लिए स्थानीय सोपान-क्रम (संस्तरण) में ऊपर या नीचे की ओर गतिशीलता के अवसर मौजूद थे। *स्टैन ने मध्यकालीन भारत का उदाहरण देते हुए बताया है कि उस समय पारिवारिक गतिशीलता के विशेष प्रयत्न हुए हैं, न कि सामूहिक गतिशीलता के*। इस कारण यह है कि जब किसी पुराने राजवंश

का पतन होता था तो कोई नया राजवंश विजय प्राप्त कर अस्तित्व में आता था। नया राजवंश गैर-क्षत्रिय होने पर अपने आपको क्षत्रिय घोषित कर देता, अपने क्षत्रिय होने के प्रमाण भाटों से एकत्रित करा लेता। इतिहास में इस प्रकार की गतिशीलता के उदाहरण मिलते हैं। पणिक्कर का मानना है कि महापदम नन्द के पश्चात् जो क्षत्रिय राजवंश इतिहास में आए, उनमें से अधिकतर गैर-क्षत्रिय जातियों से सम्बन्धित थे। **सुरजीत सिन्हा** ने कुछ ऐसे उदाहरण प्रस्तुत किए हैं जब कुछ जनजातियों ने विजय प्राप्त कर राजगद्दी हासिल की तो साथ ही उन्होंने अपने आपको क्षत्रिय होने का दावा भी प्रस्तुत किया।

अंग्रेजों के शासन-काल में सामाजिक गतिशीलता के कुछ नए रूप उभर कर सामने आए। उस समय शिक्षा का प्रचार-प्रसार तेजी से हुआ। पाश्चात्य सभ्यता एवं संस्कृति का भी भारतीय समाज पर प्रभाव पड़ा। इससे परम्परागत भारतीय समाज में जाति-पांति के बंधन कुछ कमजोर पड़ने लगे। लोग उच्च शिक्षा प्राप्त कर नए-नए व्यवसायों एवं नौकरियों में अपने आपको लगाने लगे। *जाति और व्यवसाय का सम्बन्ध टूटने लगा।* अब इन्जीनियर, वकील, प्रोफेसर आदि बनने लगे। *नए व्यवसायों ने सामाजिक गतिशीलता को बढ़ाने में योग दिया। अनेक नए वर्गों का उदय हुआ।* हम यह कह सकते हैं कि पश्चिमी शिक्षा, नगरीय आवास तथा वैतनिक नौकरी ने एक ओर प्रत्येक जाति में नए विभाजन पैदा कर दिए हैं तो दूसरी ओर विभिन्न जातियों के बीच सामाजिक दूरी को कम किया है। अब **शिक्षा और नए व्यवसायों ने** लोगों को अपनी सामाजिक प्रस्थिति और साथ ही अपने रहन-सहन की दशाओं को सुधारने के अवसर दिए हैं, *प्रदत्त की बजाए अर्जित प्रस्थिति के महत्व को बढ़ा दिया*, यद्यपि वे अब भी अपनी जाति से जुड़े हुए हैं।

उपर्युक्त कारण से *सामाजिक व्यवस्था* (Social System) *में दो महत्त्वपूर्ण परिवर्तन आए हैं। अब विभिन्न जातियों के व्यक्ति नए व्यवसायों को अपनाने लगे हैं और समान सामाजिक प्रस्थिति प्राप्त करने लगे हैं।* ऐसा उनकी उच्च शैक्षणिक उपलब्धियों के कारण सम्भव हुआ। वे उच्च प्रतिष्ठा-प्राप्त क्लबों के सदस्य बनते हैं। दूसरी ओर, एक ही जाति के व्यक्ति शिक्षा, व्यवसाय तथा आय सम्बन्धी अन्तरों के कारण अपने आपको विभिन्न स्तरों में पाते हैं। इसका तात्पर्य यह हुआ कि उच्च जाति का व्यक्ति अपने को उन्हीं मण्डलों (समूहों) में विचरण करता हुआ पाता हैं जिनमें निम्न जाति का व्यक्ति। इसका कारण यह है कि दोनों एक ही व्यवसाय या नौकरी में लगे हुए हैं। दूसरी ओर, एक ही जाति के व्यक्ति अपने आपको आपस में अजनबी पाते हैं जिनमें शायद ही सामाजिक सम्पर्क हो क्योंकि शिक्षा, व्यवसाय तथा आय की दृष्टि से वे विभिन्न सामाजिक स्तरों से जुड़े होते हैं। स्पष्ट

है कि *शिक्षा और नए-नए व्यवसायों ने सामाजिक गतिशीलता को बढ़ाने में योग दिया है।* भारत ने सामाजिक गतिशीलता सम्बन्धी बहुत से अध्ययन यह बताते है कि *जाति और व्यवसाय का परम्परागत सम्बन्ध अब समाप्त होता जा रहा है।* अत: व्यक्ति या कोई जातीय समूह पूर्णत: अपने परम्परागत व्यवसाय से जुड़ा हुआ नहीं है। अध्ययनों के आधार पर यह निष्कर्ष निकाला जा सकता है कि *उच्च और मध्यम जातियों ने अपने जातीय व्यवसायों को त्याग दिया है और नए व्यवसायों को अपना लिया है।* ऐसा वर्तमान समय में उनकी शिक्षा और प्रशिक्षण के कारण सम्भव हुआ है। लेकिन अधिकतर लोग जो दस्तकारी (शिल्पकारी) जातियों से सम्बन्धित हैं और साथ ही हरिजन जातियां अब भी अपने परम्परागत व्यवसायों में लगी हुई हैं क्योंकि उन्होंने आधुनिक शिक्षा और प्रशिक्षण प्राप्त नहीं किया है। इन जातियों के उन लोगों ने अपने व्यवसाय अवश्य बदल लिए हें जो नगरीय क्षेत्रों में जाकर बस गए हैं। ऐसे लोग कारखानों में, दुकानों पर और निर्माण-कार्यों से सम्बन्धित अकुशल व्यवसायों में लगे हुए हैं।

डॉ. श्रीनिवास ने अपने अध्ययन के आधार पर बताया है कि भूतकाल में जातियों के एक-दूसरे से पृथक् होने की और वर्तमान में एक-दूसरे से जुड़ने की प्रक्रिया ज्यादा तेज है। आज हित-समूह (Interest Group) के रूप में कई जातीय-संघ भी बनते जा रहे हैं और कहीं-कहीं तो जातियों के महा-संघ भी बन रहे हैं। ये संगठन आरोही गतिशीलता (Vertical Mobility) की दिशा में बढ़ रहे है। यह बात **डॉ. रजनी कोठरी** तथा **रूडोल्फ** एवं **रूडोल्फ** के अध्ययनों से भी स्पष्ट है।

औद्योगीकरण, नगरीकरण एवं प्रजातन्त्रीकरण ने भारतीय समाज के परम्परागत ढांचे को परिवर्तित किया है। इन प्रक्रियाओं ने सामाजिक गतिशीलता के अवसर व मात्रा बढ़ा दी है। परम्परागत भारतीय समाज में यह देखने में आता था कि जिनकी सांस्कारिक प्रस्थिति ऊंची थी, उनकी आर्थिक प्रस्थिति और शक्ति प्रस्थिति भी ऊंची थी अर्थात् उच्च सांस्कारिक प्रस्थिति वाले लोग आर्थिक दृष्टि से सम्पन्न थे, शक्ति की दृष्टि से भी उनकी प्रस्थिति ऊंची थी। डॉ. योगेन्द्र सिंह ने इस सम्बन्ध में लिखा है कि औद्योगिकरण, नगरीकरण, प्रजातन्त्रीकरण, सामाजिक विधान, शिक्षा, आदि के फलस्वरूप सांस्कारिक उच्चता, अर्थ और शक्ति का यह समायोजन अब बिखरने लगा है, टूटता जा रहा हैं तात्पय्र यह है कि अब निम्न जाति के लोगों को भी धन कमाने, शक्ति के पद प्राप्त करने तथा अपनी प्रतिष्ठा को उन्नत करने के अवसर मिलने लगे हैं। इससे उनकी वर्गीय प्रस्थिति में अन्तर आया है, उनमें आरोही गतिशीलता देखने को मिलती है, यद्यपि, वे जातीय सोपान में सामूहिक रूप से ऊपर नहीं उठ पाए हैं।

अध्ययन यह बताते है कि ग्रामीण क्षेत्रों में लोग अपनी पहचान जाति के रूप में बताते हैं जबकि नगरीय क्षेत्रों में व्यक्तिगत नाम या व्यवसाय के रूप में। अन्य शब्दों में, नगरीकरण एवं औद्योगीकरण ने उन्हें व्यक्ति के रूप में और न कि केवल जाति के रूप में सोचने के लिए प्रेरित किया हे। पूना के एक अध्ययन में जब लोगों से पूछा गया कि उच्च प्रस्थिति वाले समूह कौन-से हैं, तो ग्रामीण लोगों ने सामान्यत: प्रस्थिति-समूहों के रूप में जातियों का उल्लेख किया जबकि नगरीय लोगों ने अपने को व्यावसियक समूहों के साथ जोड़ा, उच्च और निम्न व्यावसायिक समूहों का उल्लेख किया, न कि जातियों का।

भगवान प्रसाद ने उत्तर प्रदेश के पांच बड़े नगरों में नगरीय मध्यम वर्ग में एक अध्ययन किया जिसमें उन्होंने 500 परिवारों से तथ्य एकत्रित किए। अध्ययन के आधार पर आपने निष्कर्ष निकाला कि मध्यम वर्ग के विभिन्न आय-समूहों की व्यावसायिक गतिशीलता में अन्तर पाया जाता है। निम्न मध्यम वर्ग के लोग उन्नीसवीं शताब्दी और प्रारम्भिक बीसवीं शताब्दी के प्रचलित व्यवसायों को अपना रहे थे जबकि उच्च मध्यम वर्ग के लोग काफी मात्रा में तकनीकी तथा ठेकेदारी सम्बन्धी कार्यों में अपने को लगा रहे थे।

नगरीकरण ने स्त्रियों, उनकी शिक्षा तथा उनके नौकरी करने के सम्बन्ध में लोगों की अभिवृत्तियों को काफी प्रभावित किया है। साथ ही नगरीकरण का एक महत्वपूर्ण प्रभाव यह हुआ कि लोगों की आय में वृद्धि हुई जिससे वे रेडियो, कार तंथा आरामदायक जीवन जीने के लिए बहुत-सी अंन्य वस्तएं खरींदने लगे। ऐसा करके वे अपने जीवन में गुणात्मक वस्तुएं खरीदने लगे। ऐसा करके वे अपने जीवन में गुणात्मक सुधार ला रहे थे।

विभिन्न अध्ययनों से ज्ञात होता है कि नगरीय क्षेत्रों में लोग अपनी मौजूदा आय से असन्तुष्ट हैं और अपनी आय तथा रहन-सहन के स्तर को ऊंचा उठाने के लिए कठिन परिश्रम करने से इच्छुक हैं। लोगों में इस बात की जागृति है कि शिक्षा और उद्योगों की स्थापना प्रगति के लिए अनिवार्य है। भारत में मध्यम वर्ग का उदय अंग्रेजों के शासन-काल में नवीन शिक्षा के प्रसार और भारतीयों के राज्य प्रशासन और नवीन पेशों या व्यवसायों में अपने आपको लगाने का परिणाम है। भारत में मध्यम वर्ग लोगों के वेतनिक समूह से विकसित हुआ जिसने प्रशासकीय, लिपिक तथा अध्यापन से सम्बन्धित पद उन्नीसवीं, शताब्दी के आखिरी पचास वर्षों में प्राप्त किए। नवीन मध्यम वर्ग का उदय सामाजिक गतिशीलता का एक प्रमुख उदाहरण है, जिसमें विभिन्न जातियों के लोग पाए जाते हैं, यहां तक कि निम्न जातियों के भी।

शिक्षा और नगरीकरण के कारण स्त्रियों की स्थिति में क्रान्तिकारी परिवर्तन आया है, अब वे मध्यवर्गीय व्यवसायों में प्रवेश करने लगी हैं। नगरीय सेवा व्यवसायों में स्त्रियों को स्कूल में अध्यापिकाओं, नर्सों, टेलीफोन ऑपरेटरों, बिक्री-सहायकों, आदि के रूप में नौकरी प्राप्त करने के अवसर मिले हैं। इससे स्त्रियों की सामाजिक गतिशीलता में आश्चर्यजनक वृद्धि हुई है।

उपर्युक्त विवेचन से स्पष्ट है कि भारत में क्षैतिज एवं उदग्र दोनो प्रकार की सामाजिक गतिशीलता पायी जाती है। इतना अवश्य है कि यहां उदग्र गतिशीलता (Vertical Mobility) तुलनात्मक दृष्टि से एक छोटे समूह तक ही सीमित है जो उच्च-शिक्षा-प्राप्त है, लेकिन यह समूह वर्गसोपान में ऊपर उठने में समर्थ है, चाहे जातीय सोपान में उसकी स्थिति कैसी ही क्यों न हो।

लेकिन भारत में साक्षरता की धीमी प्रगति और लोगों द्वारा नए-नए उद्योगों की स्थापना में पहल के अभाव के कारण भारत का विस्तृत जन-समूह न केवल गरीब है, बल्कि साथ ही जातीय परम्पराओं से जुड़ा हुआ है।

सामाजिक गतिशीलता के परिणाम
(Conseqences of Social Mobility)

सामाजिक गतिशीलता के अच्छे और बुरे दोनों ही परिणाम निकलते हैं। इसका सकरात्मक परिणाम यह है कि :

(i) इससे योग्य व्यक्ति उचित स्थान प्राप्त करने में सफल हो जाते हैं,

(ii) इससे लोगों को प्रयत्न करने की प्रेरणा मिलती है;

(iii) इससे समाज के विकास का मार्ग प्रशस्त होता है;

(iv) इससे समाज में प्रगति के अवसर बढ़ जाते हैं;

(v) यह सामाजिक न्याय के सिद्धान्त पर आधारित है;

(vi) इससे परम्परात्मक एवं विकासशील समाजों में पिछड़े लोगों के लिए कल्याणकारी कार्य करके उन्हें आगे बढ़ाने एवं नवीन सामाजिक व्यवस्था में सम्मिलित करने की प्रेरणा मिलती है।

किन्तु सामाजिक गतिशीलता सदैव ही लाभकारी परिणाम उत्पन्न नहीं करती वरन् यह कभी-कभी समाज के लिए कई दुष्परिणामों के लिए भी उत्तरदायी होती है। इसके प्रमुख दुष्परिणाम इस प्रकार हैं :

(i) जो लोग सामाजिक गतिशीलता के कारण समाज में ऊंचा उठना चाहते हैं, यदि उन्हें अपने लक्ष्यों की प्राप्ति नहीं होती है तो वे समाज में विरोधी

रुख अपना लेते हैं, विद्यमान व्यवस्था को तोड़ने को प्रयत्न करते हैं। फलस्वरुप, प्रचलित समाज व्यवस्था के समर्थकों एवं विरोधियों में संघर्ष पैदा हो जाता है। जातीय दंगे इसका एक प्रमुख उदाहरण है।

(ii) गतिशीलता की दौड़ में लगे लोग अनावश्यक रूप से परेशान और चिन्तित रहने लगते हैं, इससे मानसिक रोगों में वृद्धि होती है।

(iii) समाज में गतिशीलता से नए पद प्राप्त करने वालों एवं पुराने पदधारियों के बीच तनाव एवं गुटबन्दी पैदा होती है।

सामाजिक गतिशीलता आधुनिक युग में प्रत्येक समाज की अनिवार्य आवश्यकता हो गयी है और कोई भी समाज इससे मुक्त नहीं रह सकता।

3

सन्दर्भ-समूह, सामाजिक संरचना एवं प्रकार्य
(Reference-Group, Social Structure and Function)

सन्दर्भ समूह की अवधारणा (Concept of Referemce Group)

सन्दर्भ समूह की अवधारणा समाजशास्त्रीय साहित्य में एक प्रमुख एवं महत्वपूर्ण अवधारणा मानी जाती है। इस अवधारणा का सर्वप्रथम प्रयोग मनोविज्ञान में **हाइमन** द्वारा 1942 में किया गया। इनकी प्रसिद्ध पुस्तक **प्रस्थिति का मनोविज्ञान** (The Psychology of Status) एक ऐसी कृति है जिसके प्रकाशन के बाद सन्दर्भ समूह की अवधारणा समाजशास्त्र में अधिक प्रचलित हुई। समाजशास्त्र में इस अवधारणा को व्यवस्थित रूप से विकसित करने का श्रेय प्रसिद्ध अमेरिकी समाजशास्त्री **रोबर्ट के. मर्टन** (Robert K. Merton) को दिया जाता है जिसने **दि अमेरिकन सोल्जर** (The American Soldier) नामक पुस्तक से सामग्री लेकर अपने सैद्धान्तिक विचारों को व्यावहारिक रूप से समझाने का प्रयास किया है।

मर्टन के अनुसार सन्दर्भ समूह की अवधारणा एक उपयोगी अवधारणा है क्योंकि यह केवल व्यवहार की ही व्याख्या करने में सहायक नहीं है अपितु 'स्व' के मूल्यांकन के अध्ययन में भी सहायक है। इन्होंने इस अवधारणा की व्याख्या 'सापेक्षिक वंचना' (Relative Deprivation) के आधार पर की है। **समनर** (Sumner) द्वारा प्रतिपादित **अन्तः समूह** तथा **बाह्य समूह** (In-group and Out group) की अवधारणा **जेम्स** (James), **कूले** (Cooley) तथा **मीड** (Mead) द्वारा विकसित 'सामाजिक स्व' के विचारों तथा अभी हाल में ही सन्दर्भ समूह व्यवहार पर **हाइमन** (Hyman), **शैरिफ** (Sherif) तथा **न्यूकोम्ब** (Newcomb) द्वारा किए गए व्यवस्थित अध्ययनों ने सन्दर्भ समूह की अवधारणा को विकसित करने में विशेष योगदान दिया है।

हम सब लोग समूहों में रहते हैं तथा अपने मूल्यांकन अन्य लोगों या समूहों (जो कि हमारे समान सामाजिक स्तर रखते हैं अथवा हमसे उच्च सामाजिक स्तर रखते है) की तुलना में करते हैं। जब हम अपने समूह के मानदण्ड़ों का अनुपालन न कर किसी अन्य समूह के मानदण्डों को स्वीकार करते हैं तथा उसके साथ तादात्म्य स्थापित करना चाहते हैं, तो उस समूह को हम सन्दर्भ समूह कहते हैं। इस प्रकार, व्यक्तियों का वह समूह जिसे हम आदर्श मानकर उसकी मान्यताओं के अनुसार अपने आपको ढालना चाहते हैं, सन्दर्भ समूह कहा जाता है। कई बार सन्दर्भ समूह के स्थान पर कोई व्यक्ति विशेष भी ऐसा हो सकता है जिसकी तरह हम बनने का प्रयास करते हैं। इसीलिए सन्दर्भ समूह शब्द को, समूहों के लिए ही नहीं अपितु व्यक्तियों अथवा सामाजिक श्रेणियों (Social Categories) के लिए भी प्रयोग किया गया है।

शैरिफ (Sherif) के अनुसार, "सन्दर्भ समूह वे समूह हैं जिनमें व्यक्ति मनोवैज्ञानिक रूप से अपने को सम्बन्धित करता है अथवा सम्बन्धित करने की आकांक्षा करता है। दूसरे शब्दों में, यह कहा जा सकता है कि सन्दर्भ समूह वे समूह हैं जिन्हें आदर्श मानकर व्यक्ति अपना मूल्यांकन करता है तथा स्वयं उन समूहों की तरह बनने का प्रयास करता है।" इसी प्रकार, **न्यूकोम्ब** (Newcomb), **टर्नर** (Turner) तथा **कनवर्स** (Converse) के अनुसार, "सन्दर्भ समूह वह समूह हैं जिसका प्रयोग कोई व्यक्ति तुलना के लिए मापदण्ड के रूप में करता है अर्थात् जिससे वह अपने मूल्य प्राप्त करता है।"

इस प्रकार सन्दर्भ समूह वे समूह हैं जिनके मूल्यों को हम प्राप्त करना चाहते हैं, जिनके सदस्यों की तरह हम बनना चाहते हैं तथा जिन्हें हम आदर्श मानते हैं। अगर हम सन्दर्भ समूह की परिभाषा अधिक विस्तृत अर्थ में तुलनात्मक समूह के रूप में करें तो वे समूह भी जिनके प्रति व्यक्ति घृणा की भावना रखता है अथवा जिन्हें वह अच्छा नहीं मानता सन्दर्भ समूह की श्रेणी में आ जाते हैं। **न्यूकोम्ब** ने, वास्तव में, इसी अर्थ में सन्दर्भ समूह को दो श्रेणियों–**सकारात्मक सन्दर्भ समूह** (Positive Reference Group) तथा **नकारात्मक सन्दर्भ समूह** (Negative Reference Group)– में विभाजित किया है। सकारात्मक सन्दर्भ समूह वे समूह हैं जिन्हें व्यक्ति अच्छा समझता है तथा जिनके अनुसार वह अपने आपको बदलने का प्रयास करता है, जबकि नकारात्मक सन्दर्भ समूह वे समूह हैं जिन्हें व्यक्ति अच्छा नहीं मानता तथा उस समूह में प्रचलित मान्यताओं का विरोध करता है।

विश्व के प्रत्येक भाग में किसी-न-किसी प्रकार के समूह अवश्य पाये जाते हैं। व्यक्ति का व्यवहार बहुत कुछ मात्रा में इस बात पर निर्भर करता है कि वह

किस समूह का सदस्य है अथवा किस समूह से अपने को संबंधित मानता है। प्राथमिक समूहों (जैसे–परिवार, पड़ौस, मित्र–मण्डली, आदि) के सदस्यों के व्यवहार में आत्मीयता, सहानुभूति व सहयोग देखने को मिलता है, उनके संबंधों में घनिष्ठता एवं आंतरिकता पायी जाती है। दूसरी ओर द्वैतीय का समूह जैसे किसी मिल, फैक्ट्री, राजनीतिक दल, आदि के सदस्यों के व्यवहारों में इन बातों का अभाव पाया जाता है। उनके संबंध अप्रत्यक्ष, अवैयक्तिक तथा औपचारिक प्रकार के होते हैं। यहां संबंधों का उतना महत्व नहीं है जितना व्यक्ति द्वारा किये जाने वाले कार्य का। यहां व्यक्ति का एक-दूसरे के प्रति व्यवहार दूर के रिश्ते के समान होता है जिसमें निकटता और आत्मीयता का अभाव पाया जाता है। भीड़ और श्रोता–समूह के सदस्यों के व्यवहार में भी रात-दिन का अंतर देखने को मिलता है। इसी प्रकार व्यक्ति के व्यवहार पर उसके संदर्भ–समूह (Reference-Group) का भी काफी प्रभाव पड़ता है। यह बात अवश्य है कि अलग–अलग व्यक्तियों के संदर्भ–समूह भिन्न–भिन्न होते हैं। यह भी संभव है कि कई व्यक्तियों का एक संदर्भ–समूह हो। इतना निश्चित है कि वह संदर्भ–समूह जिससे व्यक्ति अपने को संबंधित मानता है, अर्थात् जिसका वह सदस्य तो नहीं है, परंतु जिसका सदस्य बनने की वह आकांक्षा या अभिलाषा रखता है, उसके सम्मुख एक व्यवहार–प्रतिमान प्रस्तुत करता है।

'संदर्भ–समूह' नामक अवधारणा को विकसित करने का श्रेय यद्यपि, अनेक आधुनिक विचारकों को है, परंतु सर्वप्रथम इसका प्रयोग हाईमैन ने 1942 में एक लेख '*The Psychology of Status*' में किया। अन्य विद्वानों में, जिन्होंने संदर्भ–समूह की अवधारणा का समय–समय पर प्रयोग किया, शैरिफ एवं शैरिफ तथा केण्ट्रिल, न्यूकॉम्ब, मर्टन, एवं किट्ट, जहोदा व टर्नर, आदि के नाम विशेष रूप से उल्लेखनीय हैं।

श्री एवं **श्रीमती शैरिफ** ने संदर्भ–समूह का अर्थ स्पष्ट करते हुए बताया है, "संदर्भ–समूह वे समूह हैं जिनसे व्यक्ति अपने को उनके एक अंग के रूप में संबंधित करते की आकांक्षा रखता है। बोलचाल की भाषा में, संदर्भ–समूह वे समूह हैं जिनके साथ व्यक्ति एकात्मकता या घनिष्ठ संबंध स्थापित करता है या करने की आकांक्षा रखता है।"

न्यूकॉब तथा **टर्नर** के अनुसार एक संदर्भ–समूह वह समूह है जिसका व्यक्ति तुलना के लिए एक प्रामाणिक समूह के रूप में प्रयोग करता है, अर्थात् एक ऐसा समूह जिससे व्यक्ति अपने मूल्य प्राप्त करता है।

ऑटोक्लाइनबर्ग ने बताया है कि हम अक्सर अपने व्यवहारों एवं मनोवृत्तियों को एक सांचो में ढालते हैं जो सांचा उस समूह का नहीं होता है जिसके हम

सदस्य हैं बल्कि, उस समूह का होता है जिसके साथ हमारा केवल मनोवैज्ञानिक संबंध होता है। यह वह समूह होता है जिसके आदर्श, मूल्य, आचरण-प्रतिमान, आदि को व्यक्ति आदर्श मान लेता है तथा इसीलिए उस समूह से मनोवैज्ञानिक तौर पर अपना संबंध बनाये रखना चाहता है या संबंध बनाये रखने की आकांक्षा रखता है। ऐसे समूह को 'संदर्भ-समूह' के नाम से पुकारते हैं।

डॉ. एस.सी. दुबे के अनुसार संदर्भ-समूह वह समूह होता है जिसके नियमों, व्यवहार-प्रतिमानों, मनोवृत्तियों, आदर्शों एवं मूल्यों को व्यक्ति आदर्श मानकर अपने आचरण या व्यवहार में ढालने का प्रयत्न करता है। यह वह समूह है जिसका अस्तित्व प्रायः व्यक्ति के मस्तिष्क में होता है।

उपर्युक्त परिभाषाओं के आधार पर हम कह सकते हैं कि *संदर्भ-समूह वह समूह है जिसका व्यक्ति सामान्यतः सदस्य तो नहीं होता, परंतु जिसका सदस्य बनने की वह आकांक्षा रखता है।* यह वह समूह है जिसके साथ व्यक्ति मनोवैज्ञानिक रूप से अपने को संबंधित मानता है। इस समूह के मूल्य, आदर्श, व्यवहार-प्रतिमान, आदि व्यक्ति के व्यवहार को काफी कुछ सीमा तक प्रभावित करते हैं। उदाहरण के रूप में, शूद्र जाति के उस व्यक्ति के लिए ब्राह्मण अथवा क्षत्रिय अथवा वैश्य जातीय समूह संदर्भ-समूह होगा जिसका वह सदस्य तो नहीं है, परंतु जिसका सदस्य बनने की वह आकांक्षा रखता है तथा जिसके साथ वह मनोवैज्ञानिक रूप से अपने का संबंधित मानता है जिसके अनुरूप अपने आचरण को ढालने का वह प्रयत्न करता है।

संदर्भ-समूह के आवश्यक तत्व एवं विशेषताएं
(Essential Elements and Characteristics)

(1) व्यक्ति के लिए वह समूह आदर्श समूह होता है जिसे वह अपने लिए संदर्भ-समूह के रूप में स्वीकार करता है, परंतु यह आवश्यक नहीं है कि वह समूह समाज की दृष्टि से भी आदर्श समूह हो ही। यह व्यक्ति की स्वयं की इच्छा पर निर्भर करता है कि वह किसी समूह को आदर्श मानकर अपना प्रेरणा-स्रोत बनाये, किस के अनुरूप बनने का प्रयत्न करे और किसे अपना संदर्भ-समूह माने।

(2) स्थिर या परंपरावादी समाजों में किसी समूह को अपना संदर्भ-समूह मानकर अपनी सामाजिक स्थिति को ऊंचा उठाने के अवसर सामान्यतः कम ही होते हैं। ऐसे बंद प्रकृति के समाजों में प्रदत्त प्रस्थिति का महत्व अधिक होता है। ऐसी स्थिति में सदस्यता वाले समूह और संदर्भ-समूह में साधारणतः कोई अंतर नहीं होता, दोनों एक ही होते हैं। आज के आधुनिक

गतिशील समाजों में किसी अन्य समूह को अपना संदर्भ-समूह मानकर उसके अनुरूप अपने व्यवहार को ढालकर अपनी सामाजिक स्थिति को ऊंचा उठाने की संभावना अधिक पायी जाती है।

(3) वर्तमान समय में मनुष्य को अनेक समस्याओं एवं परिस्थितियों का सामना करना पड़ता है। आज व्यक्ति यह चाहता है कि वह अपने को किसी ऐसे समूह से संबंधित कर ले जिसकी समाज में प्रतिष्ठा हो तथा साथ ही जिसके माध्यम से उसकी आवश्यकताओं और अभिलाषाओं का ही परिणाम है। आज के गतिशील समाज में व्यक्ति के सम्मुख यह समस्या रहती है कि वह विभिन्न समूहों में से किस समूह को अपना संदर्भ-समूह बनाने का प्रयत्न करता है जो आज की बदलती हुई परिस्थितियों में उसकी महत्वाकांक्षाओं की पूर्ति में योग दे सके।

(4) व्यक्ति किस समूह को आदर्श या उच्च मानकर उसे अपना संदर्भ-समूह बनायेगा, यह इस बात पर निर्भर करता है कि उसकी दृष्टि में कौन-सा समूह प्रतिष्ठित है, किस समूह में उसकी महत्वाकांक्षाओं की पूर्ति संभव है तथा किस समूह के व्यवहार-प्रतिमानों को वह सुगमता से अपने में आत्मसात कर सकता है। स्पष्ट है कि अलग-अलग व्यक्तियों की महत्वाकांक्षाओं में भिन्नता होने के कारण संदर्भ-समूह भी अलग-अलग ही होंगे। कहने का तात्पर्य यह है कि एक ही समाज में विभिन्न व्यक्तियों के अलग-अलग संदर्भ-समूह हो सकते हैं और उसी समाज में अनेक व्यक्तियों (जिनकी महत्वाकांक्षाओं या अभिलाषाओं में समानता हो) के लिए एक ही संदर्भ-समूह हो सकता है।

(5) व्यक्ति की यह एक स्वाभाविक विशेषता है कि वह अपनी सामाजिक प्रतिष्ठा को ऊंचा उठाने के लिए अपने समूह के वातावरण, परिस्थिति एवं व्यवहार प्रतिमान को छोड़कर किसी ऐसे समूह का सदस्य बनना चाहता है जो उच्च समझा जाता हो। वह उसके वातावरण के अनुरूप अपने को ढालने एवं उसका सदस्य बनने का प्रयत्न करता है। वह इस तरह वर्तमान में नहीं रह कर भविष्य में रहने की चेष्टा करता है। वह अपने लिए ऐसे लक्ष्य निर्धारित कर लेता है जिनकी पूर्ति उसके स्वयं के समूह में अर्थात् उसके सदस्यता वाले समूह में संभव नहीं होती। ऐसी दशा में वह अपने से किसी ऊपर वाले या उच्च समूह में ही इन लक्ष्यों की पूर्ति को संभव देखता है। परिणाम यह होता है कि वह किसी ऐसे समूह को ही अपना संदर्भ-समूह बना लेता है और अपने सदस्यता वाले समूह के अनुरूप

आचरण नहीं करके ऐसे समूह के अनुरूप ही आचरण करने का प्रयत्न करता है।

(6) संदर्भ-समूह व्यक्ति, स्थिति, समय, स्थान, आदि से संबंधित एक सापेक्ष समूह है। आज कोई व्यक्ति जिस समूह को अपना संदर्भ-समूह मानता है, यह आवश्यक नहीं है कि वही समूह भविष्य में हमेशा ही उसका संदर्भ-रामूह बना रहे। व्यक्ति की आवश्यकताओं, इच्छाओं तथा महत्वाकांक्षाओं में परिवर्तन के साथ-साथ उसका संदर्भ-समूह भी बदल सकता है। समय, स्थिति एवं स्थान के बदलने पर व्यक्ति किसी अन्य समूह को अपना संदर्भ-समूह बना सकता है।

(7) संदर्भ-समूह का अस्तित्व प्राय: व्यक्ति के मस्तिष्क में होता है अर्थात् व्यक्ति ऐस समूह का सामान्यत: सदस्य नहीं होता यद्यपि, सदस्य बनने की आकांक्षा या इच्छा रखता है। व्यक्ति मनोवैज्ञानिक दृष्टि से अपने को एसे समूह से संबंधित मानकर उसके मूल्यों, आदर्शों व व्यवहारों-प्रतिमानों को अपने में ढालने और उन्हीं के अनुरूप आचरण करने का प्रयत्न करता है।

(8) व्यक्ति का संदर्भ-समूह सामान्यत: उसके मूल समूह अर्थात् सदस्यता वाले समूह से सामाजिक प्रतिष्ठा की दृष्टि से ऊंची स्थिति का होता है। प्राय: व्यक्ति अपने लिए अपनी वर्तमान प्रस्थिति से ऊंची प्रस्थिति प्राप्त करने की कामना करता है और उस दिशा में प्रयत्न करता है। वह अपने को दूसरों की दृष्टि में ऊंचा उठाना चाहता है, अपनी भौतिक परिस्थितियों को अच्छा बनाना चाहता है, उच्च प्रतिष्ठा प्राप्त करना चाहता है। इसी प्रयत्न में वह अपने समूह से उच्च समझे जाने वाले किसी समूह को अपना संदर्भ-समूह स्वीकार कर लेता है।

मर्टन की संदर्भ-समूह की अवधारणा
(Metron's Concept of Reference-Group)

मर्टन तथा **रोस्सी** ने अमरीकन सैनिकों के एक अध्ययन के आधार पर लिखी गयी अपनी पुस्तक **'दी अमेरिकन सोल्जर'** में सर्वप्रथम संदर्भ-समूह की अवधारणा को विकसित करने का प्रयत्न किया। मर्टन ने बताया कि व्यक्ति का संदर्भ-समूह उसका अंत:समूह (In-Group) अर्थात् वह समूह हो सकता है जिसका कि वह सदस्य है (Membership Group) व्यक्ति का संदर्भ-समूह कोई बाह्य-समूह (Out-Group) भी हो सकता है जिसका कि वह सदस्य नहीं है (Non-membership Group)। प्रथम स्थिति में उसके स्वयं के समूह के सदस्य (अंत:समूह) संदर्भ

या निर्देश-तंत्र (Frame of Reference) के रूप में कार्य करते हैं। इसी समूह के कुछ सदस्यों को वह अपने व्यवहार का निर्देशक मानकर उनके अनुरूप अपने को ढालने का प्रयत्न करता है। द्वितीय स्थिति में किसी अन्य समूह के सदस्य (बाह्य-समूह) व्यवहार के निर्देशक के रूप में चुन लिये जाते हैं। यह बाह्य-समूह या इसके सदस्य ही उसके लिए निर्देश-तंत्र के रूप में कार्य करते हैं। अपने स्वयं के समूह या किसी बाह्य-समूह के सदस्यों को अपने से उच्च या प्रतिष्ठित मानकर वह उन्हें आदर्श के रूप में स्वीकार कर लेता है, उनके संदर्भ में ही वह अपने व्यवहार का मूल्यांकन करता है और अपने व्यवहार को उन्हीं के अनुरूप बदलकर अपनी सामाजिक स्थिति को ऊंचा उठाने का प्रयत्न करता है।

संदर्भ-समूह के प्रकार (Types of Reference-Group)

(1) सदस्यता-समूह या अंतःसमूह संदर्भ-समूह के रूप में (Membership-Group as a Reference Group)

जिन समूहों में सामाजिक गतिशीलता की संभावना जितनी अधिक होती है, उसके सदस्यों में उच्च आशाएं व महत्वाकांक्षाएं भी उतनी ही अधिक होती हैं। यह बात **'दी अमेरिकन सोल्जर'** नामक पुस्तक के अध्ययन से ज्ञात हुई। सैनिक लोग अपनी पदोन्नति के अवसरों पर मूल्यांकन अपने ही समूह के अन्य सदस्यों की आकांक्षाओं एवं उपलब्धियों को ध्यान में रखकर करते हैं। जिन सदस्यों की पदोन्नति हो जाती है, जिन्हें वीरता के लिए कोई विशेष पुरस्कार प्राप्त हो जाता है, जिनकी स्थिति उपलब्धियों के आधार पर उच्च हो जाती है, वे उसी समूह के अन्य सदस्यों के लिए आदर्श बन जाते हैं। ये अन्य सदस्य उनसे प्रेरणा प्राप्त कर उनके अनुरूप बनने और आगे बढ़ने का प्रयत्न करते हैं। यहां सदस्यता वाला समूह ही संदर्भ-समूह बन जाता है। यहां व्यक्ति अपनी स्थिति का मूल्यांकन अपने सदस्यता-समूह के अन्य सदस्यों से अपनी तुलना करके करता है।

(2) बहुल संदर्भ-समूह (Multiple Reference-Group)

मर्टन ने बहुल संदर्भ-समूह के दो प्रकारों का उल्लेख किया है : प्रथम परस्पर विरोधी संदर्भ-समूह तथा द्वितीय, परस्पर एक-दूसरे को शक्ति प्रदान करने वाले संदर्भ-समूह।

(i) **परस्पर विरोधी संदर्भ-समूह** (Conflicting Reference-Group)—जब व्यक्ति के जीवन में दो या दो से अधिक परस्पर विरोधी संदर्भ-समूह होते हैं तो उसे इनमें से एक को चुनने की समस्या का सामना करना पड़ता है। ऐसी स्थिति में वह परिस्थितियों की समानता से प्रभावित होकर

संदर्भ-समूह का चुनाव करता है। मीड ने बताया है कि समान स्थिति वाले अंत:समूह एवं बाह्य-समूह अधिकतर संदर्भ-समूह के रूप में कार्य करते हैं। सामान्यत: व्यक्ति किसी ऐसे समूह को अपने लिए संदर्भ-समूह के रूप में नहीं चुनता जो उसके लिए पूरी तरह से भिन्न परिस्थिति वाला हो या अनजाना हो।

(ii) **परस्पर एक-दूसरे को शक्ति प्रदान करने वाले संदर्भ-समूह** (Mutually Sustaining Reference-Group)—सामान्यत: व्यक्ति समान आयु-समूह तथा समान वैवाहिक स्थिति समूह तथा समान शैक्षिक स्तर वाले समूहों को अपना संदर्भ-समूह बना लेता है। ये तीन प्रकार की श्रेणियों ऐसे तीन समूहों को व्यक्त करती हैं जो व्यक्ति के लिए परस्पर शक्ति प्रदान करने वाले संदर्भ-समूहों के रूप में कार्य करते हैं। इन तीनों ही समूहों में व्यक्ति तुलना के आधार पर परिस्थितियों की समानता पाता है। मर्टन ने यह भी बताया कि व्यक्ति जिस समूह से जितना अधिक व निरंतर संपर्क में रहेगा, वह समूह उस व्यक्ति के जीवन को उतना ही अधिक प्रभावित करेगा। व्यक्ति पर पारस्परिक रूप से सहारा देने वाले संदर्भ-समूहों का प्रभाव काफी अधिक पड़ता है।

(3) असदस्यता या गैर-सदस्यता समूह संदर्भ-समूह के रूप में (Non-membership Group as a Reference-Group)

मर्टन की मान्यता है कि यह आवश्यक नहीं है कि व्यक्ति केवल उसी समूह से संबंधित हो जिसका कि वह सदस्य है। यह भी संभव है कि व्यक्ति किसी ऐसे समूह से भी संबंधित हो सकता है जिसका कि वह सदस्य नहीं है। वह ऐसे किसी समूह का सदस्य बनने की आकांक्षा अपने मन में संजो सकता है। यदि ऐसा कोई समूह उसके विचारों, मूल्यों, स्थिति एवं व्यवहार को प्रभावित करता है तो वह समूह उसके लिए गैर-सदस्यता संदर्भ-समूह होगा। व्यक्ति इस समूह का सदस्य तो नहीं है, परंतु सदस्य बनने की इच्छा रखता है और अपने आपको उसके अनुरूप बनाने का प्रयत्न करता है।

(4) सकारात्मक तथा नकारात्मक संदर्भ-समूह (Positive and Negative Reference-Group)

मर्टन का कहना है कि व्यक्ति की दृष्टि से संदर्भ-समूह सदैव सकारात्मक ही हो, यह आवश्यक नहीं है। किसी संदर्भ-समूह का व्यक्ति पर नकारात्मक प्रभाव भी पड़ सकता है। कहने का तात्पर्य यह है कि व्यक्ति अपने लिए किसी ऐसे समूह का चुनाव भी कर सकता है जिसका उस पर स्वस्थ प्रभाव पड़े और कभी

किसी ऐसे का भी जिसका उस पर अस्वस्थ प्रभाव पड़े। प्रथम को सकारात्मक तथा द्वितीय को नकारात्मक संदर्भ-समूह कहा जाता है। माता-पिता के प्रति युवकों का विद्रोह व्यवहार का ऐसा प्रतिमान है जो नकारात्मक संदर्भ-समूह का ही परिणाम है।

(5) तुलनात्मक संदर्भ-समूह एवं आदर्शमूलक संदर्भ-समूह (Comparative and Normative Reference-Groups)

मर्टन ने संदर्भ-समूह के प्रकार्यात्मक प्रारूप के आधार पर संदर्भ-समूह के दो प्रकारों का उल्लेख किया है :

(i) तुलनात्मक संदर्भ-समूह,

(ii) आदर्शमूलक संदर्भ-समूह।

मर्टन के अनुसार व्यक्तियों के व्यवहार का हम दो प्रकार से अध्ययन कर सकते हैं, प्रथम, तुलनात्मक रूप में और द्वितीय, आदर्शात्मक रूप में। इसी आधार पर मर्टन ने संदर्भ-समूहों को उपर्युक्त दो भागों में बांटा है।

तुलनात्मक संदर्भ-समूह उस समूह को कहा गया है जिसकी परिस्थिति व गुणों को व्यक्ति अपने स्वयं के समूह से भिन्न रूप में समझने का प्रयत्न करता है। **आदर्श मूलक संदर्भ-समूह** उस समूह को माना गया है जिसके व्यवहार-प्रतिमान को आदर्श मानकर व्यक्ति स्वयं के लिए अपनाता है और उसी के मूल्यों एवं आदर्शों को ग्रहण करता है। यहां हमें इस बात को भी ध्यान में रखना है कि संदर्भ-समूह के बारे में एक ऐसी स्थिति की कल्पना भी की गयी है जिसमें व्यक्ति अपने को समूह या समाज से कटा हुआ पाता है, स्वयं को 'वंचित' (Deprivated), 'अलगावित' (Alienated) एवं एकान्तवासी' (Isolated) महसूस करता है। ऐसी दशा में व्यक्ति को यह निश्चय करना पड़ता है कि तुलनात्मक एवं आदर्शमूलक संदर्भ-समूहों में से वह किस समूह के साथ अपना संबंध स्थापित करे।

संदर्भ-समूह के प्रकारों के अतिरिक्त मर्टन ने इस अवधारणा से संबंधित निम्नलिखित बातों पर भी प्रकाश डाला है :

(i) **'दूसरे विशिष्ट'** (Significant Others)—मर्टन की मान्यता है कि व्यक्ति के सम्मुख कुछ ऐसे लोगों की प्रतिमा होती है जिन्हें समाज में प्रतिष्ठित या उच्च समझा जाता है। चूंकि वह स्वयं संस्तरण की प्रणाली में नीचे की सीढ़ी पर है, अतः वह ऊपर उठने की आकांक्षा रखता है और इस उद्देश्य की पूर्ति हेतु वह प्रयत्न करता है, प्रतिष्ठित समझे जाने वाले लोगों को वह अपना आदर्श मान लेता है और इन लोगों अथवा ऐसे किसी समूह

के मूल्यों एवं व्यवहारों को वह अपना लेता है। ऐसा करके वह स्वयं ऊपर उठना चाहता है, सामाजिक प्रतिष्ठा प्राप्त करना चाहता है, अपनी स्थिति को ऊंचा उठाना चाहता है। व्यक्ति जिन लोगों को प्रतिष्ठित मानकर जिनके अनुरूप स्वयं को बनाने का प्रयत्न करता है, मर्टन के अनुसार वे '**दूसरे विशिष्ट**' के नाम से जाने जाते हैं वह इन्हें अपना आदर्श मानकर ऊपर उठने हेतु प्रयास करता है।

(ii) **अनुरूपता (समरूपता) एवं प्रतिरूपता (असमता)** (Conformity and Non-conformity)–जब व्यक्ति किसी गैर-सदस्यता वाले समूहों को अपना संदर्भ-समूह बना लेता है तो वह ऐसे समूह के मूल्यों, आदर्शों एवं व्यवहार-प्रतिमान को अपना लेता है। इसका तात्पर्य यह हुआ कि वह संदर्भ-समूह के साथ समरूपता स्थापित कर लेता है। इसका एक परिणाम यह निकलता है कि वह अपने सदस्यता वाले समूह के मूल्यों, आदर्शों एवं व्यवहार-प्रतिमान की अवहेलना या उपेक्षा करता है, अपने सदस्यता-समूह से असमानता या प्रतिरूपता स्थापित करता है। ऐसे समूह का सदस्य होते हुए भी वह उसकी अपेक्षाओं के अनुरूप आचरण नहीं करता। संदर्भ-समूह से समरूपता और अपने स्वयं के समूह से असमता स्थापित करने को वहीं तक उचित समझा जाता है जहां तक वह सामाजिक व्यवस्था की दृष्टि से अपकार्यात्मक न हो। संदर्भ-समूह से समरूपता स्थापित करने का यह अर्थ नहीं लगा लिया जाना चाहिए कि उसका ऐ करना अनिवार्यत: अपकार्यात्मक ही होगा। यदि उसके ऐसा करने से सदस्यता-समूह के स्थापित मूल्यों को बहुत अधिक ठेस पहुंचती है तभी इसे सामाजिक व्यवस्था के लिए अपकार्यात्मक माना जायेगा अन्यथा नहीं।

(iii) **संदर्भ व्यक्ति या समूह का चुनाव** (Selection of Reference Individual or Group)–मर्टन ने बतलाया है कि व्यक्ति अपने लिए संदर्भ-समूह का ही चुनाव नहीं करता बल्कि संदर्भ-व्यक्ति का भी चुनाव करता है।

संदर्भ-व्यक्ति का चुनाव करते समय आदर्श-भूमिका (Role-model) को ध्यान में रखा जाता है। कोई व्यक्ति अन्य व्यक्तियों को भूमिकाएं निभाते हुए देखता है और जिस व्यक्ति की भूमिकाएं उसे श्रेष्ठ लगती हैं, वह उसे अपना आदर्श मान लेता है, उसी के अनुरूप स्वयं भी भूमिकाएं निभाने का प्रयत्न करता है। जिस व्यक्ति की भूमिकाओं को श्रेष्ठ मानकर उन्हें वह स्वयं अपने जीवन में निखारने का प्रयत्न करता है, वह व्यक्ति उसके

लिए 'संदर्भ-व्यक्ति' हुआ। यदि कोई विद्यार्थी अपने किसी शिक्षक के पढ़ाने के ढंग एवं छात्रों के साथ उसके व्यवहार करने के तरीके से प्रभावित होकर स्वयं भी शिक्षक बनता है और शिक्षक के रूप में उसी भांति भूमिकाएं निभाने का प्रयत्न करता है जिस भांति उस शिक्षक-विशेष ने निभायी थीं तो जिस शिक्षक की भूमिकाओं से प्रभावित होकर उसे अपने आदर्श के रूप में स्वीकार किया, वह शिक्षक ही उसके लिए संदर्भ-व्यक्ति हुआ।

संदर्भ-समूह का चुनाव बहुत कुछ इस बात पर निर्भर करता है कि व्यक्ति किस समूह को सामाजिक प्रतिष्ठा की दृष्टि से ऊंचा मानता है, सामाजिक-संस्तरण की प्रणाली में किस समूह को अपने समूह की तुलना में उन्नत समझता है। व्यक्ति की यह स्वाभाविक इच्छा रहती है कि वह अपनी स्थिति को ऊंचा उठाये, उसे लोग प्रतिष्ठित समझें। इस हेतु वह अपने लिए किसी ऐसे समूह का चुनाव कर लेता है जो समाज में उच्च समझा जाता है। वह ऐसे समूह को आदर्श मानकर उसके मूल्यों, व्यवहार के तरीकों, आदि को अपना लेता है और ऐसा करके वह सामाजिक-संस्तरण की प्रणाली में ऊपर उठना चाहता है। सामाजिक दृष्टि से ऊपर उठने या सम्मान पाने की इच्छा व्यक्ति को किसी समूह का चुनाव करने के लिए प्रेरित करती है जिसका कि वह सदस्य नहीं है। यही उसका संदर्भ-समूह होगा।

(iv) **संदर्भ-समूह के चुनाव को प्रभावित करने वाले तथ्य** (Facts Influencing the Selection of Reference-Group)—**मर्टन** ने उन तथ्यों की एक सूची दी है जो व्यक्ति के लिए अपने समूह या किसी दूसरे समूह को संदर्भ-समूह के रूप में चुनाव को प्रभावित करती हैं।

समूहों की सदस्यता के लिए सामाजिक नियमों का स्पष्ट या अस्पष्ट होना, समूह में सदस्य जिस सीमा तक लिप्त हैं, समूह में सदस्यता की वास्तविक अवधि, समूह में सदस्यता की अपेक्षित अवधि, समूह के अस्तित्व की वास्तविक अवधि, समूह के अस्तित्व की अपेक्षित अवधि, किसी समूह या उसक निर्मायक भागों का निरपेक्ष अवधि, किसी समूह या उसके निर्मायक भागों का सापेक्षिक आकार, समूह की खुली या बंद प्रकृति, वास्तविक तथा महत्वपूर्ण सदस्यों का अनुपात, सामाजिक विभेदीकरण की मात्रा, स्तरीकरण का प्रकार एवं विस्तार सामाजिक एकता का प्रकार एवं मात्रा, समूह की एकता, समूह के भीतर सामाजिक अंतःक्रिया की सीमा, समूह में सामाजिक संबंधों की प्रकृति, समूह के आदर्श-नियमों (Norms) के प्रति अपेक्षित समरूपता की मात्रा, विचलित या पथभ्रष्ट व्यवहार के प्रति

सहनशीलता, आदर्शात्मक नियंत्रणों की व्यवस्था, समूह में भूमिकाओं का खुला अवलोकन किये जाने की सीमा, समूह की परिस्थिति संरचना, समूह की स्वायत्तता या निर्भरता की मात्रा, समूह के स्थायित्व की मात्रा, समूह के संरचनात्मक संदर्भ के स्थायित्व की मात्रा, समूह में स्थायित्व करने के तरीके, समूह की सापेक्षिक प्रतिष्ठा, समूह की सापेक्षिक शक्ति।

संदर्भ-समूह का मानव-व्यवहार पर प्रभाव : प्रकार्यात्मक एवं अपकार्यात्मक पक्ष
(Effects of Reference-Group on Human Behavious : Functional and Dysfunctional Aspects)

मर्टन ने संदर्भ-समूह के प्रकार्यों एवं अपकार्यों का उल्लेख किया है जो इस प्रकार हैं :

(1) **संदर्भ-समूह और सामाजिक गतिशीलता** (Reference Group and Social Mobility)–संदर्भ-समूह और सामाजिक गतिशीलता के बीच निकट का संबंध पाया जाता है। एक समाज विशेष में सामाजिक गतिशीलता को बढ़ाने में संदर्भ-समूह सिद्धांत सहायक प्रमाणित हुआ है। **प्रो. वाई. बी. दामले** ने भारत की जाति गतिशीलता को संदर्भ-समूह सिद्धांत के आधार पर समझाने का प्रयत्न किया है। भारतीय जाति-व्यवस्था में सापेक्षिक गतिशीलता पायी जाती है। यद्यपि इस व्यवस्था के अंतर्गत कोई अछूत या शूद्र ब्राह्मण जाति का सदस्य तो नहीं बन सकता और न ही वह ऐसी आकांक्षा करता है, परंतु ऊंची जाति वाले समूहों के प्रति वह सकारात्मक दृष्टिकोण अवश्य अपना सकता है। वह ब्राह्मणीय या क्षत्रिय या वैश्यी अभिरूप (Model) को अपनाकर उस समूह-विशेष के अनुरूप अपने व्यवहार को बदलकर या उसकी जीवन-विधि को अपनाकर अपनी सामाजिक प्रतिष्ठा को ऊंचा उठाने का प्रयत्न करता है। यहां जाति-संस्तरण की प्रणाली में सबसे उच्च और सबसे निम्न जातियों को छोड़कर बीच की जातियों में गतिशीलता को व्यापक रूप में मान्यता प्राप्त हुई है। अनेक निम्न जातीय समूहों ने **प्रो. श्रीनिवास** द्वारा प्रतिपादित 'संस्कृतिकरण' (Sanskritization) नामक प्रक्रिया के माध्यम से क्षत्रिय या वैश्य जातियों को अपना संदर्भ-समूह मानकर उनके अनुरूप अपने व्यवहार को ढालकर अपने को उच्च जातियों का घोषित किया है और कहीं-कहीं उन्हें सफलता भी मिली है। **पोकॉक** नामक विद्वान ने गुजरात के पट्टीदारों के अध्ययन के आधार पर बताया है कि उन्होंने व्यापार द्वारा धन कमाकर अनुलोम

विवाहों के द्वारा अपनी जाति की स्थिति को ऊंचा उठाने का प्रयत्न किया, क्षत्रिय होने का दावा प्रस्तुत किया एवं अपने को क्षत्रिय अभिरूप के अनुरूप बनाने का प्रयास किया। इस प्रयास में उन्हें सफलता भी मिली। **प्रो. श्रीनिवास** ने रामपुरा गांव के कुर्ग लोगों के अध्ययन के आधार पर भी इसी प्रकार के निष्कर्ष निकाले।

(2) **व्यक्ति की सामाजिक स्थिति को ऊंचा उठाने में सहायक**–जब व्यक्ति अपने लिए किसी संदर्भ-समूह को चुन लेता है और उसके मूल्यों, आदर्शों एवं आचरणों को अपने व्यक्तित्व में ढालने का प्रयत्न करता है तो इस बात की संभावना रहती है कि कालांतर में उसकी सामाजिक स्थिति ऊंची उठ जाये; उसे संदर्भ-समूह के अन्य सदस्यों के समान ही सामाजिक प्रतिष्ठा प्राप्त हो जाये। उच्च स्थिति प्राप्त करने या अपनी सामाजिक प्रतिष्ठा को बढ़ाने की दृष्टि से ही व्यक्ति अपने समूह से उच्च समझे जाने वाले किसी समूह को अपना संदर्भ-समूह बनाता है।

(3) **व्यक्ति के अग्रिम समाजीकरण** (Anticipatory Socialization) **में सहायक**–व्यक्ति अपने संदर्भ-समूह की अभिवृत्तियों, मूल्यों, आदर्शों, आचरणों एवं व्यवहारों-प्रतिमानों को अपना लेता है। वह उसी प्रकार का व्यवहार करने लगता है जिस प्रकार के व्यवहार की उसके संदर्भ-समूह के सदस्यों से अपेक्षा की जाती है। वह उस समूह के अनुरूप व्यवहार करना पहले से ही प्रारंभ कर देता है जिसका सदस्य बनने की वह आकांक्षा रखता है। जब वह ऐसे किसी समूह का सदस्य बन जाता है, तो उसे अनुकूलन में सहायता मिलती है क्योंकि उस समूह के अनुरूप उसका अग्रिम या पूर्वाभ्यासी समाजीकरण पहले ही हो चुका होता है।

लेकिन हमें यहां यह भी ध्यान में रखना है कि इस प्रकार का अग्रिम समाजीकरण मुक्त सामाजिक संरचना (Open Social Structure) वाले समाजों में ही प्रकार्यात्मक है क्योंकि यहां व्यक्ति के एक समूह से दूसरे समूह में प्रवेश पर कोई प्रतिबंध नहीं होता। अत: व्यक्ति जिस किसी समूह को अपने लिए संदर्भ-समूह के रूप में चुनता है, जिसका सदस्य बनने की वह महत्वाकांक्षा रखता है, उसका सुगमता से सदस्य बन सकता है। इस प्रकार का अग्रिम समाजीकरण बंद सामाजिक संरचना (Closed Social Structure) वाले समाजों में अपकार्यात्मक या दुष्कार्यात्मक है क्योंकि यहां व्यक्ति किसी उच्च समझे जाने वाले समूह को अपना संदर्भ-समूह तो बना लेता है, उससे प्रेरणा तो प्राप्त करता है, उसके अनुरूप व्यवहार-

प्रतिमान भी अपना लेता है, फिर भी वह उसका सदस्य नहीं बन सकता। ऐसी स्थिति में व्यक्ति को निराशा होती है। पाश्चात्य देशों की वर्ग व्यवस्था मुक्त सामाजिक संरचना का और भारत की जाति-प्रणाली बंद सामाजिक संरचना का उदाहरण प्रस्तुत करती है।

(4) **सदस्यता-समूह से संबंधों का टूटना या अलगाव**—मर्टन ने बताया है कि सदस्यता वाले समूहों में सामाजिक संबंधों के बिगड़ने तथा असदस्यता वाले समूहों के आदर्शों के प्रति सकारात्मक मनोभावों (अभिवृत्तियों) के बीच निरंतर एवं संचय अंत:क्रिया देखी जा सकती है। इसका तात्पर्य यह है कि जब किसी व्यक्ति की प्रेरणा का स्रोत उसका सदस्यता-समूह नहीं रहकर कोई अन्य समूह (संदर्भ-समूह) बन जाता हैं जिसके आदर्शों, मूल्यों व व्यवहार-प्रतिमानों को वह अपने लिए अपना लेता है तो इसका परिणाम यह निकलता है कि वह अपने स्वयं के समूह (सदस्यता-समूह) से दूर होता जाता है। उसक अन्य सदस्यों के साथ संबंधों में तनाव आने लगता है, उनसे संबंध टूटने के आदर्शों, मूल्यों व व्यवहार-प्रतिमानों की उपेक्षा करे। उसके व्यवहार को समूह विरोधी मान लिया जाता है। अत: वह अपने सदस्यता-समूह से कट जाता है, अलगाव महसूस करता है। यह संदर्भ-समूह का अपकार्यात्मक पक्ष है।

भारत में संस्कृतिकरण एवं पश्चिमीकरण की प्रक्रियाओं को ध्यान में रखते हुए जाति गतिशीलता का अध्ययन किया जाय तो ज्ञात होगा कि जहां संस्कृतिकरण में ब्राह्मण, क्षत्रिय या वैश्य समूह संदर्भ-समूह के रूप में रहे, वहां पश्चिमीकरण में पश्चिमी शासक, प्रशासक एवं विचारक संदर्भ-समूह के रूप में रहे।

कुछ ब्राह्मणों ने तो पश्चिमीकरण के अभाव में अपने को अब्राह्मणीय बना लिया और कुद नीची जातियों ने तो संस्कृतिकरण की प्रक्रिया के माध्यम से किसी उच्च जाति को अपना संदर्भ-समूह मानकर उसके अनुरूप बनने का प्रयत्न किया और कहीं-कहीं उन्हें इस प्रयत्न में सफलता भी मिली।

केरल में व्यक्तिगत नाममों तथा जातिगत नामों के परिवर्तन के रूप में संदर्भ-समूह व्यवहार को देखा जा सकता है। वहां नाइयों ने अपने को न्यायी ब्राह्मण तथा नीची समझे जाने वाली जातियों (माली, तेली, कुम्बी, आदि) ने अपने को क्षत्रिय कहना प्रारंभ कर दिया है। यहां व्यक्तियों ने अपनी स्थिति को ऊंचा उठाने का प्रयत्न किया न कि संपूर्ण जातीय समूह ने।

प्रो. श्रीनिवास ने कुर्ग लोगों के अपने अध्ययन के आधार पर बताया है कि इन्होंने आर्थिक एवं राजनीतिक शक्ति के माध्यम से अपनी स्थिति को समूह के

रूप में ऊपर उठा लिया। इसी प्रकार के उदाहरण देश के अन्य भागों में भी पाये जाते हैं।

भोजन, पोशाक, निवास, शिक्षा, व्यवसाय, इत्यादि पर भी संदर्भ-समूह का स्पष्टत: प्रभाव देखा जा सकता है। व्यक्ति इनमें अपने संदर्भ-समूह के अनुरूप परिवर्तन कर लेता है। सामाजिक प्रतिष्ठा के आधार पर व्यक्ति जिस समूह को अपना संदर्भ-समूह मान लेता है, उसी के व्यवहार-प्रतिमानों को अपनाकर उसके अनुरूप बनने का प्रयत्न करता है। यहां एक बात हमें अवश्य ध्यान में रखनी है कि प्रो. दामले तथा प्रो. श्रीनिवास ने जहां ब्राह्मणीय, क्षत्रिय या वैश्यी अभिरूप (मॉडल) की बात की है, वहां साथ ही देश के विभिन्न भागों में गांवों, नगरों, महानगरों, मैदानों तथा पहाड़ी प्रदेशों में संदर्भ-समूह के अलग-अलग मॉडल (अभिरूप) रहे हैं। कई स्थानों पर कुछ जातियों ने वर्ग का रूप भी धारण कर लिया है, वहां किसी वर्ग-विशेष को संदर्भ-समूह के रूप में अपनाकर अपनी श्रेणी को ऊंचा उठाने का प्रयत्न किया गया है।

उपर्युक्त विवेचन से स्पष्ट है कि संदर्भ-समूह का मानव व्यवहारों पर अनेक रूपों में प्रभाव पड़ा है, जीवन के विभिन्न क्षेत्रों पर प्रभाव पड़ा है। इसके प्रकार्यात्मक एवं अकार्यात्मक दोनों ही पक्ष रहे हैं।

सामाजिक संरचना एवं प्रकार्य (Social Structure and Function)

सामाजिक संरचना एवं प्रकार्य समाजशास्त्र में महत्वपूर्ण अवधारणाएं हैं। इन्हें समझे बिना हम सामाजिक परिवर्तन, सामाजिक विघटन, सामाजिक प्रकार्य जैसी महत्वूपर्ण अवधारणाओं को नहीं समझ सकते। समाजशास्त्र में सामाजिक संरचना की अवधारणा का सर्वप्रथम प्रयोग हरबर्ट स्पेन्सर ने अपनी पुस्ता *'Principles of Sociology'* में किया। दुर्खीम ने अपनी कृति *'The Rules of Sociological Method'* में इस अवधारणा का प्रयोग किया, किन्तु दोनों ही विद्वानों ने सामाजिक संरचना की स्पष्ट व्याख्या नहीं की। इस अवधारणा पर विस्तृत विचार व्यक्त करने वालों में रैडक्लिफ ब्राउन, कार्ल मानहीम, नैडेल, मर्टन, पारसंस, जॉनसन तथा मैकाइवर, आदि प्रमुख विद्वान हैं। यहां हम सर्वप्रथम सामाजिक सरंचना पर और फिर प्रकार्य पर विचार करेंगे।

सामाजिक संरचना (Social Structure)

सामाजिक संरचना को समझने से पूर्व संरचना या ढांचा किसे कहते हैं, यह जान लेना अति आवश्यक है। प्रत्येक भौतिक वस्तु की एक संरचना होती है जो कई इकाइयों या तत्वों से मिलकर बनी होती है। ये इकाइयां परस्पर व्यवस्थित रूप

से संबंधित होती हैं तथा इन इकाइयों में स्थिरता पायी जाती है। इसे हम मानव शरीर की संरचना हाथ, पांव, नाक, कान, आंख एवं मुंह, आदि कई अंगों (इकाइयों) से मिलकर बनी होती है। ये सभी अंग अपने-अपने स्थान पर स्थिर भी हैं और परस्पर एक-दूसरे से व्यवस्थित रूप से जुड़े हुए भी। इस प्रकार प्रत्येक संरचना में चार विशेषताएं देखने को मिलती हैं :

(1) ये इकाइयां अपने-अपमे स्थान पर स्थिर रहती हैं, यदि इनमें स्थायित्व न हो तो संरचना बनती-बिगड़ती रहेगी।

(2) प्रत्येक संरचना का निर्माण कई अंगों, तत्वों या इकाइयों से होता है। उदाहरण के लिए, मकान की संरचना ईंट, पत्थर, चूना, सीमेण्ट, आदि कई इकाइयों से बनी होती है।

(3) संरचना का संबंध वस्तु की बाहरी आकृति या स्वरूप से होता है, न कि उनकी आंतरिक रचना से। शरीर और मकान की संरचना से हमें इनकी बाह्य आकृति दिखायी देती है, आंतरिक नहीं।

(4) इन इकाइयों में परस्पर स्थायी एवं व्यवस्थित संबंध पाये जाते हैं, जैसे ईंट, चूना, पत्थर, आदि की व्यवस्थित रूप से जमाने पर ही मकान की संरचना बनती है। केवल ईंट, चूना व पत्थर के ढेर से मकान की संरचना नहीं बनती।

जिस प्रकार से किसी शरीर या भौतिक वस्तु की संरचना होती है उसी प्रकार से समाज की भी एक संरचना होती है जिसे हम सामाजिक संरचना कहते हैं। समाज की संरचना भी कई इकाइयों; जैसे परिवार, संस्थाओं, संघों, प्रतिमानित संबंधों मूल्यों एवं पदों, आदि से मिलकर बनी होती है। ये सभी इकाइयों परस्पर व्यवस्थित रूप से संबंधित होती हैं एेर अपने-अंपने स्थान पर अपेक्षतया स्थिर होती हैं। इन सभी के संयोग से सामज का एक बाह्य स्वरूप प्रकट होता है जिसे हम सामाजिक संरचना कहते हैं। सामाजिक संरचना को स्पष्ट: समझने के लिए हम यहां इसकी परिभाषा एवं विभिन्न विद्वानों के विचारों का उल्लेख करेंगे।

सामाजिक संरचना का अर्थ एवं परिभाषा
(Meaning and Definition of Social Structure)

कार्ल मानहीम के अनुसार, ''सामाजिक संरचना परस्पर क्रिया करती हुई सामाजिक शक्तियों का जाल है जिससे अवलोकन और चिंतन की विभिन्न प्रणालियों का जन्म होता है।'' मानहीम सामाजिक संरचना को सामाजिक शक्तियों का जाल मानते हैं। 'जाल' से उनका तात्पर्य व्यवस्थित प्रतिमानों (Arranged Pattern) से

है। एक जाल का निर्माण कई धागों से होता है, ये धागे जाल की इकाइयां हैं, इनके क्रमबद्ध एवं व्यवस्थित रूप से जमने पर ही जाल बनता है। सामाजिक शक्तियों से उनका तात्पर्य नियंत्रण के उन साधनों से है जो सामाजिक जीवन को स्थिरता प्रदान करते हैं। ये शक्तियों परस्पर अंत:क्रिया करती रहीत हैं और समाज में निरीक्षण एवं चिंतन की पद्धतियों को भी जन्म देती हैं। मानहीम की यह परिभाषा संरचना की अन्य विशेषताओं को प्रकट करने में असफल रही है।

पारसंस के अनुसार, ''सामाजिक सरंचना परस्पर संबंधित संस्थाओं, एजेन्सियों और सामाजिक प्रतिमानों तथा साथ ही समूह में प्रत्येक सदस्य द्वारा ग्रहण किये गये पदों तथा कार्यों की विशिष्ट क्रमबद्धता को कहते हैं।'' पारसन्स की इस परिभाषा से तीन बातें स्पष्ट होती हैं :

(1) सामाजिक संरचना का निर्माण सामाजिक संस्थाओं, एजेन्सियों, प्रतिमानों एवं व्यक्तियों द्वारा ग्रहण किये गये पदों एवं भूमिकाओं रूपी इकाइयों से होता है।

(2) ये सभी इकाइयों एक-दूसरे से संबंधित होती हैं।

(3) सामाजिक संरचना में एक विशिष्ट क्रमबद्धता पायी जाती है। इन विशेषताओं से यह भी स्पष्ट है कि सामाजिक संरचना एक अमूर्त धारणा है, क्योंकि समाज की संरचना का निर्माण सामाजिक संबंधों, संस्थाओं, प्रतिमानों, पदों एवं भूमिकाओं से होता है और ये सभी अमूर्त हैं।

गिन्सबर्ग के अनुसार, ''सामाजिक संरचना का अध्ययन सामाजिक संगठन के प्रमुख स्वरूपों अर्थात् समूहों, समितियों तथा संस्थाओं के प्रकार एवं इन सबके संकुल (Complex) जिनसे कि समाज का निर्माण होता है, से संबंधित है।'' गिन्सबर्ग ने अपनी परिभाषा में सामाजिक संरचना एवं सामाजिक संगठन में कोई भेद नहीं किया है। उनका मत है कि सामाजिक संरचना का निर्माण समूहों, समितियों एवं संस्थाओं से मिलकर होता है।

मैकाइवर तथा **पेज** के अनुसार, ''समूह निर्माण के विभिन्न तरीके संयुक्त रूप में सामाजिक संरचना के जटिल प्रतिमान का निर्माण करते हैं .... सामाजिक संरचना के विश्लेषण में सामाजिक प्राणियों की विविध प्रकार की मनोवृत्तियों तथा रुचियों के कार्य प्रकट होते हैं।'' इस प्रकार मैकाइवर तथा पेज ने समूह निर्माण के विभिन्न तरीकों को ही सामाजिक संरचना का आधार माना है। वे सामाजिक संरचना को अमूर्त मानते हैं। क्योंकि समाज का ताना-बाना सामाजिक संबंधों से बुना होता है और सामाजिक संबंध अमूर्त होते हैं। वे इसे स्पष्ट करते हुए पुनः लिखते हें, ''न तो हम सामाजिक संरचना को देखते हैं और न ही देख सकते

हैं। हम समाज को देख नहीं सकते, उसके बाह्य पक्षों को भले ही देख लें, क्योंकि समाज मानवीय संबंधों का संगठन है जो कि मनुष्यों द्वारा ही बनाया जाता है, स्थिर रहता और उनके द्वारा ही सदैव परिवर्तित किया जाता है।''

मजूमदार एवं **मदान** लिखते हैं, ''पुनरावृत्तीय सामाजिक संबंधों के तुलनात्मक स्थायी पक्षों से सामाजिक संरचना बनती है। इस परिभाषा से स्पष्ट है कि जो सामाजिक सबंध बार-बार दोहराये जाते हैं और तुलनात्मक रूप से स्थायी होते हैं, वे समाज की सरंचना का निर्माण करते हैं।

कोजन एवं **रोजनबर्ग** लिखते हैं, ''संरचना का तात्पर्य सामाजिक इकाइयों के तुलनात्मक स्थिर एवं प्रतिमानित संबंधों से है। इस परिभाषा में भी इस बात पर जोर दिया गया है कि सामाजिक संरचना का निर्माण सामाजिक इकाइयों से होता है। ये इकाइयां व्यवस्थित रूप से जमी होती हैं और इनमें स्थिरता पायी जाती है। समूह संस्थाएं, पद, भूमिकाएं, आदि सामाजिक इकाइयां ही हैं।

हैरी जॉनसन के अनुसार, किसी वस्तु का ढांचा (संरचना) उसके अंगों (Parts) के अपेक्षाकृत स्थायी अन्तर्सम्बन्धित कृत्यों से निर्मित होती है, इसका ढांचा भी इन कृत्यों (Acts) में पायी जाने वाली नियमितता या पुनरावृत्ति के अंशों में ढूंढ़ा जाना चाहिए।

जॉनसन की इस परिभाषा से स्पष्ट है कि प्रत्येक संरचना कई इकाइयों या अंगों से मिलकर बनती है और इन अंगों में परस्पर स्थायी संबंध पाये जाते हैं। स्थायित्व के अभाव में न तो संरचना लंबे समय तक बनी रह सकेगी और न ही विभिन्न अंग परस्पर सहयोग दे पायेंगे। सामाजिक संरचना का निर्माण भी लोगों द्वारा परस्प संबंधित क्रियाओं या कृत्यों (Acts) द्वारा होता है, ये क्रियाएं बार-बार दुहरायी जाती हैं और इनमें नियमबद्धता पायी जाती है।

नैडेल का मत है कि समाजशास्त्रीय साहित्य में सामाजिक संरचना शब्द का प्रयोग अनेक अर्थों में हुआ है। इसका प्रयोग व्यवस्था, संगठन, संकुल (Complex), प्रतिमान (Pattern), प्रारूप (Type) एवं समाज, आदि के पर्यायवाची के रूप में किया गया है। यह सामाजिक संरचना की अवधारणा को स्पष्ट करती है। यह तुलनात्मक रूप में यद्यपि स्थिर होती है, लेकिन इसका निर्माण करने वाले अंग स्वयं परिवर्तनशील होते हैं।

रैडक्लिफ ब्राउन के अनुसार, "सामाजिक संरचना के अंग (Components) या भाग मनुष्य ही हैं और स्वयं संरचना संस्था द्वारा परिभाषित और नियमित संबंधों में लगे हुए व्यक्तियों की एक क्रमबद्धता है।" वे कहते हैं, "वास्तविक जीवन में हम देखते हैं कि मनुष्य परस्पर सामाजिक संबंधों द्वारा बंधे हुए हैं। वास्तविक

रूप से पाये जाने वाले इन संबंधों के द्वारा ही सामाजिक संरचना का निर्माण होता है। मनुष्यों के पारस्परिक संबंध स्वतन्त्र नहीं होते वरन् संस्थाओं एवं नियमों द्वारा परिभाषित, नियमित एवं नियन्त्रित होते हैं। **इग्गन** (Eggen) तथा **फोर्टेस** (Fortes) अन्त: वैयक्तिक संबंधों को ही सामाजिक संरचना के अंग मानते हैं जबकि इवान्स प्रिचार्ड समूह के अन्त:संबंधों को।

उपर्युक्त परिभाषाओं के आधार पर यह कहा जा सकता है कि *सामाजिक संरचना समाज की विभिन्न इकाइयों, समूहों, संस्थाओं, समितियों, सामाजिक संबंधों से निर्मित एक प्रतिमानित एवं क्रमबद्ध ढांचा है।* सामाजिक संरचना अपेक्षतया एक स्थिर अवधारणा है जिसमें अपवाद रूप में ही परिवर्तन होते हैं।

सामाजिक संरचना की विशेषताएं
(Characteristics of Social Structure)

सामाजिक संरचना को अधिक स्पष्ट: समझने के लिए हम यहां उसकी विशेषताओं का उल्लेख करेंगे:

(1) **सामाजिक संरचना में विघटन के तत्व भी पाये जाते हैं**–सामाजिक संरचना मानव की अनेक आवश्यकताओं की पूर्ति करती है, किन्तु कोई भी सामाजिक संरचना अपने आप से श्रेष्ठ नहीं होती और न ही उसमें पूर्ण संगठन पाया जाता है। कई बार यह समाज मे विघटन भी पैदा करती है। मर्टन तथा दुर्खीम का मत है कि कई बार सामाजिक संरचना स्वयं समाज में नियमहीनता (Anomie) पैदा करती है। सामाजिक संरचना में संगठन एवं विघटन दोनों ही पैदा करने वाले तत्व पाये जाते हैं।

(2) **सामाजिक संरचना अर्मूत होती है**–मैकाइवर और पारसन्स सामाजिक संरचना को एक अर्मूत धारणा मानते हैं। उनका मत है कि सामाजिक संरचना का निर्माण विभिन्न संस्थाओं, एजेंसियों, प्रतिमानों, प्रस्थितियों एवं भूमिकाओं से मिलकर होता है। ये सभी इकाइयां अमूर्त हैं, इनका भौतिक वस्तु की भांति कोई ठोस आकार या रूप नहीं है, उन्हें देखा या छुआ नहीं जा सकता है। अत: इनसे निर्मित सामाजिक संचरना भी अर्मूत होती है। समाज का निर्माण सामाजिक संबंधों से होता है, ये संबंध अर्मूत हैं, सामाजिक संरचना भी अमूर्त होती है, किन्तु **रैडक्लिफ ब्राउन** सामाजिक संरचना की इकाई व्यक्ति को मानते हैं, लेकिन अधिकांश समाजशास्त्री सामाजिक संरचना की व्याख्या एक अर्मूत धारणा के रूप में ही करते हैं।

(3) **सामाजिक संरचना अखण्ड व्यवस्था नहीं है**–प्रत्येक सामाजिक संरचना का निर्माण विभिन्न इकाइयों से होता है। ये इकाइयां, व्यक्ति, समूह संस्थाएं,

समितियां, आदि हैं। इस प्रकार प्रत्येक संरचना कई खण्डों से मिलकर बनी होती है, अतः वह अखण्ड नहीं है। फिर भी ये इकाइयां जब परस्पर एक क्रम में जुड़ जाती हैं तो एक बनावट या प्रतिमान को प्रकट करती हैं। उदाहरण के लिए, कमरे का निर्माण ईंट, चूना, पत्थर, खिड़की व दरवाजे, आदि से मिलकर होता है। इन्हें एक विशिष्ट क्रम में जोड़ने पर कमरे का प्रतिमान या स्वरूप प्रकट होता है।

(4) **सामाजिक संरचना की इकाइयों में एक क्रमबद्धता पायी जाती है**—किसी भी सामाजिक संरचना का निर्माण मात्र इकाइयों के झुण्ड या योग से नहीं होता वरन् उन्हें एक विशिष्ट क्रम में जोड़ने से होता है। क्रम के अभाव में संरचना नहीं बन सकती है। जैसे ईंट, चूने व पत्थर के ढेर से मकान नहीं बन सकता जब तक कि उन्हें एक क्रम में न जोड़ा जाए।

(5) **सामाजिक संरचना अपेक्षाकृत एक स्थायी अवधारणा है**—सामाजिक संरचना अपेक्षाकृत एक स्थायी अवधारणा है। इसके दो अर्थ हैं—

(अ) सामाजिक संरचना का निर्माण करने वाली इकाइयां अपेक्षतया स्थायी होती हैं। उदाहरण के लिए, समाज का निर्माण करने वाले विभिन्न समूह, समितियां एवं संस्थाएं, जैसे परिवार धर्म, आर्थिक व शैक्षणिक संगठन एवं विवाह, आदि समाज में अपेक्षयता स्थायी रूप से पाये जाते हैं। इनमें छोटा-मोटा परिवर्तन होने से संपूर्ण संरचना प्रभावित नहीं होती।

(ब) सामाजिक संरचना इस अर्थ में भी स्थायी होती है कि इसका निर्माण करने वाली विभिन्न इकाइयों के पारस्परिक संबंधों में भी स्थायित्व पाया जाता है। इस प्रकार सामाजिक संरचना में स्थायित्व दो अर्थों में पाया जाता है—एक तो इकाइयां स्वयं स्थायी होती हैं तथा दूसरे, इकाइयों के पारस्परिक संबंधों में भी स्थिरता पायी जाती है।

(6) **सामाजिक संरचना समाज के बाह्य स्वरूप को बोध कराती है**—सामाजिक संरचना का निर्माण विभिन्न इकाइयों से होता है। ये इकाइयां जब एक क्रमबद्ध व्यवस्था में जुड़ जाती हैं तो एक ढांचे का निर्माण होता है। इसमें हम इकाइयों के कार्यों को सम्मिलित नहीं करते हैं। जिस प्रकार से शरीर के विभिन्न अंग; जैसे हाथ, पांव, नाक, कान, आंख, सिर, पेट, आदि एक व्यवस्थित क्रम में परस्पर जुड़ते हैं तो शरीर रूपी ढांचे का निर्माण होता है, जिसके बाह्य रूप को स्पष्टतः देखा जा सकता है। इसी प्रकार का निर्माण करने वाली इकाइयां भी क्रमबद्ध रूप से जुड़ने पर एक

बाह्य ढांचे का निर्माण करती हैं, जिसे सामाजिक संरचना कहते हैं। सामाजिक इकाइयों की कार्य-विधि से नहीं है।

(7) **सामाजिक संरचना का निर्माण अनेक उप-संरचनाओं से होता है**—प्रत्येक सामाजिक संरचना का निर्माण कई उप-संरचनाओं (Sub-structures) से मिलकर होता है। जिस प्रकार से शरीर रूपी संरचना का निर्माण मस्तिष्क, पाचन व श्वसन संस्थानों, आदि से होता है जिसमें अनेक अंग होते हैं। उसी प्रकार सामाजिक संरचना का निर्माण भी विभिन्न उप-संरचनाओं; जैसे परिवार, जाति, वर्ग, चर्च, शिक्षण संस्था, धार्मिक संस्था, आर्थिक संस्था, आदि के द्वारा होता है जिनकी स्वयं की अपनी एक संरचना होती है। इस प्रकार उप-संरचनाएं मिलकर सामाजिक संरचना का निर्माण करती हैं जिनकी प्रत्येक की अपनी भी एक संरचना होती है।

(8) **सामाजिक संरचना अन्तःसंबंधित इकाइयों का एक व्यवस्थित स्वरूप है**—सामाजिक संरचना का निर्माण विभिन्न इकाइयों से होता है, ये इकाइयां अस्त-व्यस्त और बिखरी हुई नहीं होतीं वरन् उनमें परस्पर संबंध पाया जाता है। उदाहरण के लिए, घ्रड़ी का निर्माण करने वाली सभी इकाइयों का परस्पर जोड़ने पर ही घड़ी की संरचना बनती है।

(9) **सामाजिक संरचना में सामाजिक प्रक्रियाएं भी महत्वपूर्ण होती हैं**—सामाजिक संरचना के निर्माण में सहयोगी एवं असहयोगी प्रक्रियाओं; जैसे सहयोग, अनुकूलन, व्यवस्थापन, एकीकरण, सात्मीकरण, प्रतिस्पर्द्धा एवं सहयोग, आदि की भूमिका भी महत्वपूर्ण है। ये सामाजिक प्रक्रियाएं ही सामाजिक संरचना के स्वरूप को तय करने में महत्वपूर्ण भूमिका निभाती हैं। सामाजिक प्रक्रियाओं का बाह्या रूप सामाजिक संरचना को तय करता है।

(10) **सामाजिक संरचना स्थानीय विशेषताओं से प्रभावित होती है**—प्रत्येक समाज की एक संरचना होती है और वह दूसरे समाज से भिन्न होती है। इसका कारण यह है कि प्रत्येक सामाजिक संरचना किसी-न-किसी सांस्कृतिक व्यवस्था से प्रभावित होती है, वहां की भौगोलिक परिस्थितियों का भी उस पर प्रभाव पड़ता है। विभिन्न स्थानों की संस्कृति, राजनीतिक दशा एवं भौगोलिक परिस्थितियों में अन्तर पाया जाता है, अतः सामाजिक संस्थाएं भी इनसे प्रभावित होने के कारण भिन्न-भिन्न प्रकार की होती है। रैडक्लिफ ब्राउन ने सामाजिक संरचना की धारणाा में स्थानीय विशेषताओं को भी उपयोगी एवं महत्वपूर्ण माना है।

(11) **सामाजिक संरचना में प्रत्येक इकाई का एक पूर्व-निश्चित स्थान व पद होता है**–सामाजिक संरचना में प्रत्येक इकाई का पद एवं स्थान निर्धारित होता है, उस स्थान पर रहकर ही वह सामाजिक संरचना का निर्माण करती है। अन्य स्थान पर होने पर संरचना का निर्माण करती है। अन्य स्थान पर होने पर संरचना बिगड़ जाती है। जिस प्रकार से शरीर संरचना में हाथ, पांव, नाक, कान, आंख का एक स्थान तय है और यदि हाथ का स्थान पांव, नाक का स्थान कान व आंख का स्थान जीभ ले ले तो शरीर संरचना विकृत हो जाएगी, उसी प्रकार सामाजिक संरचना में राज्य, चर्च, परिवार, विवाह, धर्म, न्याय-व्यवस्था, शिक्षण संस्था, आदि सभी का स्थान पूर्व-निर्धारित है, यदि ये एक-दूसरे का स्थान ग्रहण कर लें तो सामाजिक संरचना में विकृति आ जायेगी।

सामाजिक संरचना के प्रमुख रूप
(Principal Types of Social Structure)

पारसन्स ने सामाजिक मूल्यों के आधार पर सामाजिक संरचना के चार रूपों का उल्लेख किया है। उन्होंने चार प्रकार के सामाजिक मूल्य माने हैं :

(अ) **सार्वभौमिक सामाजिक मूल्य**–जो सारे समाज में फैले होते हैं और सभी लोगों पर लागू होते हैं। उदाहरण के लिए, सच्चाई और ईमानदारी सभी समाजों में उत्तम गुणों के रूप में स्वीकार किये जाते हैं।

(ब) **विशिष्ट सामाजिक मूल्य**–जो किसी समाज विशेष तक ही सीमित होते हैं। उदाहरण के लिए, प्रतिव्रत का आदर्श हिन्दुओं में ही पाया जाता है।

(स) **अर्जित सामाजिक मूल्य**–जिनका संबंध व्यक्ति के प्रयत्नों द्वारा प्राप्त किये गये पदों से होता है।

(द) **प्रदत्त सामाजिक मूल्य**–जिनका संबंध जन्म एवं परम्परा द्वारा निर्धारित पदों से होता है। इन चार प्रकार के सामजिक मूल्यों के आधार पर सामाजिक संरचना के भी चार रूप पाये जाते हैं। वे इस प्रकार है। :

(i) **सार्वभौमिक प्रदत्त प्रतिमान**–इस प्रकार के प्रतिमानों में दो प्रकार के प्रतिमान, सार्वभौमिक एवं प्रदत्त आते हैं। कुछ समाज ऐसे हैं जिनमें प्रदत्त प्रतिमानों को सार्वजनिक रूप से स्वीकार किया जाता है। ऐसे समाजों में परम्परात्मक आदर्शों एवं कर्तव्यों की ओर अधिक झुकाव पाया जाता है।

(ii) **सार्वभौमिक अर्जित प्रतिमान**–इस प्रकार के प्रतिमानों में भी सार्वभौमिक एवं अर्जित इन दो प्रतिमानों का समावेश होता है। इस प्रकार के प्रतिमानों में व्यक्ति के प्रयत्नों एवं गुणों द्वारा प्राप्त पदों की सार्वभौमिक रूप से स्वीकार किया जाता है। उदाहरण के लिए, सभी पूंजीवादी समाजों में संपत्ति के संचय एवं अर्जन को महत्व दियास जाता है। वर्ग-व्यवस्था इस प्रकार के समाजों की विशेषता है।

(iii) **विशिष्ट प्रदत्त प्रतिमान**–इस प्रकार के प्रतिमान रक्त संबंध व स्थानीय समुदायों पर आर्धारित होते हैं। इस प्रकार की सामाजिक संरचना में व्यक्तिगत गुणों को अधिक महत्व दिया जाता है और सामाजिक संगठन को बनाये रखने के लिए नैतिकता एवं प्रत्येक व्यक्ति द्वारा किसी-न-किसी कार्य को करना आवश्यक माना जाता है। ऐसी सामाजिक संरचना वाले समाज का उदाहरण स्पेन है।

(iv) **विशिष्ट अर्जित प्रतिमान**–इस प्रकार के मूल्य सार्वभौमिक के स्थान पर विशिष्ट मूल्यों पर अधिक जोर देते हैं। उदाहरण के लिए, परिवार, गोत्र एवं वंश का महत्व भारत एवं चीन में अधिक पाया जाता है।

जॉनसन ने सामाजिक संरचना के दो स्तरों–प्रकार्यात्मक उप-प्रणाली तथा संरचनात्मक उप-प्रणाली का उल्लेख किया है।

(1) **प्रकार्यात्मक उंप-प्रणालियां** (Functional Sub-Systems)–प्रत्येक समाज को अपने अस्तित्व के लिए समस्याओं का निवारण या आवश्यकताओं की पूर्ति करनी होती है। वे हैं–प्रतिमानों को बनाये रखना एवं तनावों को दूर करना (Patten Maintenance and Tension Management), अनुकूलन (Adaptation), उद्देश्य प्राप्ति (Goal Attainment), एकीकरण (Integration)। ऐसा न होने पर वह समाज अपना अस्तित्व एवं विशिष्ट स्वरूप खो देता है। इनमें से प्रत्येक समस्या के लिए एक प्रकार्यात्मक उप-प्रणाली होगी। उदाहरण के लिए, 'अर्थव्यवस्था' (Economy) वह प्रकार्यात्मक उप-प्रणाली है जो समाज के अनुकूलन से संबंधित है। अर्थव्यवस्था वस्तुओं एवं सेवाओं को उत्पन्न करती है और समूह एवं समितियों की आवश्कताओं की पूर्ति करती है।

परिवार रूपी प्रकार्यात्मक उप-प्रणाली समाज में समाजीकरण के द्वारा दिन-प्रतिदिन के तनावों को दूर करने एवं सामाजिक प्रतिमानों को बनाये

रखने का कार्य करती है। एवं शिक्षण संस्थाएं, धार्मिक समूह, मनोरंजन के समूह, अस्पताल और अन्य स्वास्थ संगठन भी समाज में तनावों को दूर करने एवं प्रतिमानों को बनाये रखने में योग देते हैं।

उद्देश्यों की पूर्ति में सरकार रूपी उप-प्रणाली महत्वपूर्ण है। सरकार शक्ति के द्वारा समाज के उद्देश्यों की पूर्ति करती है। प्रजातंत्र में दबाब समूह जनमत तैयार करते हैं और संसद के लिए बिलों का मसौदा बनाते हैं और वे भी समाज के उद्देश्यों की पूर्ति में योग देते हैं। इस प्रकार राज्य व्यवस्था (Polity) उद्देश्य-प्राप्ति की महत्वपूर्ण उप-प्रणाली है।

इन सभी में एकीकरण एवं समन्वय स्थापित करने में वकालत का व्यवसाय, धार्मिक नेता, पत्रकार, सामाजिक कार्यकर्ता, आदि महत्वपूर्ण भूमिका निभाते हैं।

सैद्धान्तिक दृष्टि से समाज की प्रत्येक उप-प्रणाली को एक स्वतन्त्र सामाजिक प्रणाली के लिए अन्य उप-प्रणालियों को पर्यावरण के रूप में देखा जा सकता है और सभी उप-प्रणालियों का एक-दूसरे के साथ व्यवस्थित रूप से विनियम होता रहता है।

(2) **संरचनात्मक उप-प्रणालियां** (Structural Sub-Systems)–समाज की प्रकार्यात्मक उप-प्रणालियां अर्मूत होती हैं, जबकि संरचनात्मक उप-प्रणालियां मूर्त समूहों से बनी हुई होती हैं; जैसे नातेदारी-तन्त्र परिवारों, गोत्रों और वंश-समूहों से बना होता है। इसके अतिरिक्त, चर्च, शिक्षा प्रणाली, आदि भी संरचनात्मक उप-प्रणालियां है। संरचनात्मक उप-प्रणालियां मूर्त एवं वास्तविक होती हैं।

प्रकार्य की अवधारणा (Concept of Function)

सामान्यत: प्रकार्य का अर्थ हम या समूह द्वारा किये जाने वाले कार्य या उसके योगदान से लगाते हैं, किन्तु समाज में प्रकार्य का अर्थ संपूर्ण सामाजिक संरचना द्वारा जो सकारात्मक योगदान दिया जाता है, से लगाया जाता है। प्रकार्य की अवधारणा को हम शरीर के उदाहरण से स्पष्ट: समझ सकते हैं। शरीर की संरचना का निर्माण विभिन्न इकाइयों या अंगों जैसे हाथ, पांव, नाक, कान, पेट, हृदय, फेफड़े, आदि से मिलकर होता है। शरीर के ये विभिन्न अंग शरीर-व्यवस्था को बनाये रखने और अनुकूलन में अपना जो योगदान देते हैं, जो कार्य करते हैं, उसे ही इन इकाइयों का प्रकार्य कहा जाएगा।

परिभाषा (Definition)–प्रकार्य को इसी अर्थ में परिभाषित करते हुए **रैडक्लिफ ब्राउन** लिखते हैं, "किसी सामाजिक इकाई का प्रकार्य उन इकाई का

वह योगदान है जो वह सामाजिक व्यवस्था की क्रियाशीलता के रूप में सामाजिक जीवन को देती है।" वे पुनः लिखते हैं, "प्रकार्य एक आंशिक क्रिया द्वारा उस संपूर्ण क्रिया को दिया दिया जाने वाला योगदान है जिसका कि वह एक भाग है।"

जॉनसन (Johnson) के अनुसार, "किसी भी आंशिक संरचना; जैसे एक उप समूह, एक भूमिका, एक सामाजिक नियम अथवा एवं सांस्कृतिक मूल्य का वह योगदान जो वह एक सामाजिक व्यवस्था या उप-व्यवस्था की एक या अधिक आवश्यकताओं की पूर्ति हेतु करे 'प्रकार्य' कहा जाता है।" इस परिभाषा से स्पष्ट है कि प्रकार्य सामाजिक संरचना की इकाई का वह योगदान है जो सामाजिक व्यवस्था की आवश्यकताओं की पूर्ति के लिए दिया जाता है।

क्लूखौन (Dluckhohn) लिखते हैं कि "संस्कृति का कोई भी भाग तभी 'प्रकार्यात्मक होता है जब वह इस प्रकार की अनुक्रिया (Response) करे कि उसे सामजिक रूप से ग्रहण किया जा सके तथा व्यक्ति सामज से अपना अनुकूलन करने के लिए उसे सुविधापूर्ण समझे।" इस परिभाषा से स्पष्ट है कि प्रकार्य इकाई का वह कार्य है जो व्यक्ति के सामाजिक अनुकूलन में सहयोग दे और जिसे समाज के अन्य व्यक्ति भी ग्रहण कर सकते हों।

मर्टन (Merton) के अनुसार, "प्रकार्य वे अवलोकित परिणाम हैं जो कि सामाजिक व्यवस्था के अनुकूलन या सामंजस्य को बढ़ाते हैं।"

उपर्युक्त परिभाषाओं से स्पष्ट है कि *प्रकार्य समाज व संस्कृति की इकाई का वह योगदान है जो इनकी निरन्तरता और व्यवस्था बनाये रखने में सहायक होता है। प्रकार्य द्वारा सामाजिक इकाई समाज की आवश्यकताओं को पूरा करने तथा उसमें सामंजस्य एवं अनुकूलन करने में सहायक होती है।*

प्रकार्य की विशेषताएं (Characteristics of Function)

विभिन्न परिभाषाओं के आधार पर प्रकार्य की निम्नांकित विशेषताएं प्रकट होती हैं :

(1) प्रकार्य एक गतिशील अवधारणा है। एक समाज में जो कार्य समाज के लिए उपयोगी हो सकता है, वही प्रकार्य कहलाता है, किन्तु वही कार्य किसी अन्य समय में अनुपयोगी होने पर कार्य की श्रेणी में नहीं आयेगा।

(2) प्रकार्य कभी-कभी तो स्पष्ट और प्रकट होते हैं, किन्तु कभी-कभी अप्रकट भी। जब समाज द्वारा मान्य और इच्छित उद्देश्यों को प्राप्त किया जाता है तो उन्हें प्रकट कार्य कहते हैं, किन्तु कभी-कभी ऐसे परिणाम भी अस्तित्व में आते हैं, जिनके बारे में कभी सोचा ही नहीं गया था, इन्हें अप्रगट प्रकार्य कहते हैं।

(3) कुछ विद्वान यह मानते हैं कि सामाजिक संरचना की इकाइयों के प्रकार्यों पर ही समाज का अस्तित्व टिका हुआ विघटित हो जाएगा। उदाहरण के लिए, शरीर के विभिन्न अंग अपना-अपना कार्य बंद कर दें तो शरीर का बने रहना संभव नहीं होगा।

(4) समाज मे प्रकार्यों की संख्या तय नहीं है। इनकी गणना करना व सूची बनाना असम्भव है, फिर भी मोटे तौर पर उन्हें बड़े शीर्षकों; जैसे धार्मिक, सामाजिक, राजनीतिक, आदि के अन्तर्गत रखा जा सकता है।

(5) सामाजिक संरचना की इकाइयों द्वारा किय जाने वाले सभी कार्यों को प्रकार्य नहीं कहते हैं वरन् केवल उन्हीं कार्यों को जो सामज द्वारा अपेक्षित होते हैं। उदाहरण के लिए, हम शिक्षण संस्थाओं से यह अपेक्षा करते हैं कि वे शिक्षा प्रदान करे तथा समाजीकरण में योग दें। इस अपेक्षा के अनुसार किया गया कार्य ही शिक्षण संस्था का प्रकार्य कहलाएगा।

(6) प्रत्येक प्रकार्य का कोई-न-कोई उद्देश्य अवश्य होता है। प्रकार्य का प्रमुख उद्देश्य सामाजिक एवं मानवीय आवश्यकयकताओं की पूर्ति करना है।

(7) प्रकार्य सामाजिक संगठन एवं व्यवस्था को बनाये रखने में सहायक होते हैं। ये समाज में अनूकूलन और सामंजस्य में योग देते हैं।

(8) प्रकार्य का संबंध सामाजिक संरचना का निर्माण करने वाली इकाइयों से है।

(9) प्रकार्य इकाइयों द्वारा किये जाने वाले उन्हीं कार्यों को कहेंगे जो समाज द्वारा स्वीकृत और मान्य हों।

(10) प्रकार्य इस बात को स्पष्ट करते हैं कि समाज के सभी कार्यों का समाज की विभिन्न इकाइयों में विभाजन कर दिया जाता है। ये सभी इकाइयां अपना-अपना कार्य करती हुई परस्पर सहयोग करती हैं एवं संबंधित रहती हैं जिससे समाज में एकता व संगठन बना रहता है। प्रकार्यों से इकाइयों में परस्पर प्रकार्यात्मक संबंध एवं प्रकार्यात्मक एकता (Functional Unity) पैदा होती है।

(11) प्रकार्य का संबंध इकाइयों द्वारा समाज को दिये जाने वाले सकारात्मक योगदान से है। सकारात्मक योगदान का तात्पर्य इकाइयों के कार्यों से समाज में व्यवस्था और संगठन बना रहता है तथा ये प्रकार्य सामाजिक हित एवं प्रगति में सहायक होते हैं।

(12) सामाजिक संरचना की इकाइयों द्वारा किये जाने वाले सभी प्रकार्य समाज के लिए पूरी तरह लाभदायक नहीं होते। कुछ पूर्णतः लाभदायक होते हैं,

कुछ आंशिक तो कुछ कभी-कभी समाज की उन्नति में गतिरोध भी पैदा कर देते हैं।

प्रकार्य एवं प्रकार्यवाद की अवधारणा का समाजशास्त्र में महत्वपूर्ण स्थान है। **प्रो. डेविस** कहते हैं कि समाजशास्त्र में आज जो भी कुछ है उसका तीन-चौथाई भाग प्रकार्यवाद है। प्रकार्य एवं प्रकार्यवाद के बारे में विचार प्रकट करने वालों मे स्पेन्सर, दुर्खीम, रैडक्लिफ ब्राउन, मैलिनोवस्की डेविस, आदि प्रमुख हैं, किन्तु इनमें मर्टन का स्थान सर्वोपरि है। हम स्पेन्सर, दुर्खीम, ब्राउन, मैलिनोस्वकी तथा मर्टन के विचारों का यहां उल्लेख करेंगे।

स्पेन्सर का योगदान (Contribution of Spencer)

प्रकार्यवाद का सर्वप्रथम उल्लेख अंग्रेज उद्विकासवादी विद्वान हरबर्ट स्पेन्सर की रचना 'Principles of Sociology' में मिलता है। अपने सावयव (Organism) तथा समाज मे कुछ आधारभूत समानताओं का उल्लेख किया। आप समाज को सावयव की भांति से मिलकर होता है और ये अंग परस्पर एक-दूसरे से जुड़े हुए हैं, प्रत्येक अंग का शरीर में एक विशिष्ट कार्य है, विशिष्ट अंगों द्वारा किये जाने वाले कार्यों से ही शरीर व्यवस्था सुचारू रूप से चलती है। यही बात समाज में भी देखी जा सकती है। समाज का निर्माण भी विभिन्न इकाइयों से हुआ है जो परस्पर व्यवस्थित रूप से संबंध हैं और ये इकाइयां समाज-व्यवस्था को चलाने में अपना महत्वपूर्ण योगदान दे रही हैं। स्पेन्सर का मत है कि जिस प्रकार से शरीर का उद्विकास सरलता से जटिलता की ओर त था समानता से विभिन्नता की ओर हुआ है, उसी प्रकार से समाज भी उद्विकासीय प्रक्रिया से गुजरा है। इस प्रकार स्पेन्सर ने प्रकार्यवाद को उद्विकासीय प्रकार्यात्मक प्रक्रिया (Evolutionary Functional Process) के रूप में देखा क्योंकि वे डार्विन के उद्विकासवाद से बहुत प्रभावित थे।

वैज्ञानिक रूप में प्रकार्यवाद को प्रतिष्ठित करने का श्रेय दुर्खीम को है। आपने अपनी रचना *'The Division of Labvour in Society'* तथा *'The Rules of Sociological Method'* में प्रकार्यवाद का विशद् विश्लेषण किया। दुर्खीम ने भी समाज को एक जीवधारी की भांति ही माना। जिस प्रकार से शरीर को जीवित रखने के लिए कुछ आवश्यकताओं की पूर्ति आवश्यक है, वैसे ही समाज को जीवित रखने के लिए भी कुछ आवश्यकतओं की पूर्ति जरूरी है। समाज की आवश्यकताओं की पूर्ति जिन गतिविधियों द्वारा होती है, उन्हें ही आप प्रकार्य कहते हैं। परिवार, धर्म, नातेदारी, राजनीतिक तथा आर्थिक संगठन समाज व्यवस्था को चलाने में अपना जो योगदान देते हैं, वही उनका प्रकार्य है। दुर्खीम ने ऑस्ट्रेलिया

की जनजातियों का अध्ययन कर धर्म का प्रकार्य ढूंढ़ा। वे कहते हैं कि धर्म का प्रकार्य समाज में एकता स्थापित करना है। दुर्खीम ने सामाजिक संस्थाओं के सामान्य तथा व्याधिकीय प्रकार्यों (Normal and Pathological) का भी उल्लेख किया।

रैडक्लिफ ब्राउन का प्रकार्यवाद (Functionalism of Radcliffe Brown)

ब्राउन ब्रिटेन के मानवशास्त्री थे; उन पर दुर्खीम का प्रभाव था। उन्होंने भी अपने प्रकार्यवाद को स्पष्ट करने के लिए दुर्खीम की भांति ही सावयव तथा समाज की समानता का सहारा लिया। ब्राउन का मत है कि मानव समाज के अस्तित्व के लिए कुछ आवश्यक दशाएं हैं, जिस प्रकार से जीवों अथवा सावयव को जीवित रखने के लिए कुछ आवश्यक आंवश्यकताओं की पूर्ति जरूरी है। उन्होंने बताया कि शरीर की एक संरचना होती है जो अंगों के निश्चित संबंधों से बनती है। जब तक एक सावयव जीवित रहता है, उसकी संरचना में निरंतरता बनी रहती है, उसे ही जीवन कहते हैं। शरीर को जीवन प्रदान करने में प्रत्येक कोष्ठ (Cell) या अंग की क्रिया (Activity) होती है और हर क्रिया का कोई न कोई प्रकार्य होता है।

यही बात हम समाज में भी दे सकते हैं। सामाजिक संरचना में भी किसी क्रिया अथवा अंग जैसे दण्ड, दाह-संस्कार, धर्म, परिवार, राजनीतिक संगठन, शिक्षण संस्था द्वारा सामाजिक जीवन की निरंतरता बनाये रखने में जो योगदान दिया जाता है, वह उनका प्रकार्य है। वे प्रकार्य को परिभाषित करते हुए लिखते हैं, *''किसी सामाजिक इकाई का प्रकार्य उस इकाई का वह योगदान है जो वह सामाजिक व्यवस्था की क्रियाशीलता के रूप में सामाजिक जीवन को देती है।''* इस प्रकार ''प्रकार्य एक आंशिक क्रिया द्वारा उस संपूर्ण क्रिया को दिया जाने वाला योगदान है जिसका कि वह एक भाग है।''

प्रकार्य की इस परिभाषा से स्पष्ट है कि प्रत्येक समाज व्यवस्था में एक प्रकार की एकता होती है जिसे हम प्रकार्यात्मक एकता (Functional Unity) कहते हैं। प्रकार्यात्मक एकता एक ऐसी दशा है जिसमें समाज व्यवस्था के सभी अंग साथ-साथ कार्य करते हैं और उनमें पर्याप्त मात्रा में समानता या आंतरिक एकता बनी रहती है अर्थात् उनमें इस प्रकार का संघर्ष नहीं होता कि जिस पर नियंत्रण नहीं पाया जा सके। इस प्रकार समाज व्यवस्था में प्रकार्यात्मक रूप से परस्पर निर्भर इकाइयां होती हैं और *प्रकार्य किसी भी इकाई का वह योगदान है जो संपूर्ण को बनाये रखने में उसके द्वारा दिया जाता है*। ब्राउन के अनुसार प्रकार्यात्मक पद्धति का उद्देश्य किसी भी समूह, समाज, संगठन और संस्कृति की इकाइयों को ज्ञात कर उनके प्रकार्यों को बताना है।

मैलिनोवस्की का प्रकार्यवाद (Functionalism of Malinowski)

मैलिनोवस्की ने उद्विकासवाद के विरुद्ध प्रकार्यवादी सिद्धांत को जन्म दिया। आपने सांस्कृतिक व्यवस्था को समझाने के लिए प्रकार्यवाद का सहारा लिया। आपके अनुसार मानव और पशुओं में प्रमुख अंतर यह है कि मानव के पास संस्कृति है। इस संस्कृति का निर्माण उसने अनी अनेक आवश्यकताओं की पूर्ति के लिए किया है। मैलिनोवस्की कहते हैं कि मानव की सात आधारभूत आवश्यकताएं हैं। वे हैं–शरीर पोषण (Metabolism), प्रजनन (Reproduction), शारीरिक आराम (Bodily Comfort), सुरक्षा (Safety), गति (Movement), वृद्धि (Growth) तथा स्वास्थ्य (Health)। इन आवश्यकताओं की पूर्ति के लिए ही मानव ने संस्कृति के विभिन्न तत्वों का निर्माण किया। इसलिए संस्कृति का कोई भी तत्व बेकार नहीं है। वह मानव की किसी न किसी आवश्यकताअें की पूर्ति अवश्य करता है। संस्कृति मानव की विभिन्न आवश्यकताअें की पूर्ति करके ही उसका शारीरिक, मानसिक ओर अंततः बौद्धिक अस्तित्व कायम रखती है। सांस्कृतिक तत्वों के प्रकार, स्वरूप तथा संगठन में भिन्न-भिन्न समाजों में अंतर हो सकता है। संस्कृति की विभिन्न इकाइयों में एक प्रकार का संगठन पाया जाता है क्योंकि वे सभी अंततः मानव की आवश्यकताओं की पूर्ति करने के कारण परस्पर संबंधित हैं। मानव की संस्थाएं संस्कृति से घनिष्ठ रूप से संबंधित हैं। संस्कृति के अध्ययन द्वारा हम संस्थाओं को और संस्थाओं के अध्ययन द्वारा समाज को समझ सकते हैं। आपने बताया कि कुछ संस्थाएं; जैसे परिवार, विवाह, नातेदारी, धर्म, राजनीतिक एवं आर्थिक संस्थाएं ऐसी हैं जो सभी समाजों में पायी जाती हैं क्योंकि मौलिक आवश्यकताएं सभी समाजों में पूरी करनी होती हैं। चूंकि मैलिनोवस्की सांस्कृतिक तत्वों के प्रकार्यों पर अधिक जोर देते हैं, अतः उनके दृष्टिकोण को प्रकार्यवाद कहते हैं।

मैलिनोवस्की के प्रकार्यवाद की सबसे बड़ी कमजोरी यह है कि इसमें मनुष्य को आवश्यकताओं का पुतला मात्र मान लिया गया है। इस दृष्टिकोण को स्वीकार करना मानस की उच्चतम भावनाओं और आदर्शों की अवहेलना करना है।

प्रकार्य के बारे में मर्टन के विचार
(Merton's Views Regrading Function)

अमरीकन समाजशास्त्री रॉबर्ट मर्टन ने अपनी पुस्तक *'Social Theory and Social Structue'* में प्रकार्यवाद को एक सुनिश्चित एवं सुपरिभाषित रूप प्रदान किया। मर्टन ने सर्वप्रथम प्रकार्य शब्द की व्याख्या की। उनका मत है कि अंग्रेजी के **'फंक्शन'** (Function) शब्द का पांच भिन्न अर्थों में प्रयोग हुआ है–

(1) फंक्शन का प्रयोग एक सामाजिक पद पर आसीन व्यक्ति के **कार्य-कलापों** के रूप में भी हुआ है; जैसे भारतीय राष्ट्रपति के क्या कार्य (Functions) हैं ?

(2) गणित में फंक्शन शब्द का प्रयोग एक चर (Variable) का दूसरे चर से संबंध बताने के अर्थ में किया जाता है।

(3) फंक्शन का अर्थ सार्वजनिक उत्सव से है; जैसे हम कहते हैं, हमारा महाविद्यालय वार्षिक उत्सव (Annual Function) मनाने जा रहा है।

(4) फंक्शन शब्द का प्रयोग व्यवसाय के लिए भी किया गया है, जैसे ब्लण्ट ने जातियों के विभिन्न व्यवसायों के लिए फंक्शन शब्द का प्रयोग किया है (Functions of the Castes)।

(5) जीव विज्ञान में शरीर के संचालन में उसके **अंगों** द्वारा **दिये जाने वाले योगदान** को फंक्शन कहा जाता है, जैसे शरीर में हृदय का क्या 'फंक्शन' है ? समाजशास्त्र में '**फंक्शन**' शब्द का प्रयोग इसी अर्थ में हुआ है।

मर्टन कहते हैं कि केवल प्रकार्य शब्द का ही विभिन्न अर्थों में प्रयोग नहीं हुआ है वरन् प्रकार्य को प्रकट करने के लिए भी कई अन्य शब्दों; जैसे उपयोगिता (Utility) उद्देश्य (Purpose), प्रेरणा (Motive), लक्ष्य (Aim), तथा परिणाम (Consequences), आदि का प्रयोग हुआ है। मर्टन ने प्रकार्यात्मक विश्लेषण के लिए एक पैराडायम (Paradigm) भी प्रस्तुत किया है। *प्रकार्यवाद के क्षेत्र में मर्टन ने प्रकार्य-अकार्य, प्रगट तथा अप्रगट प्रकार्य, आदि अवधारणाओं को जन्म दिया।* उन्हीं का हम यहां उल्लेख करेंगे।

प्रकार्य एवं अकार्य (अप्रकार्य) (Function and Dysfunction)

प्रकार्य शब्द का विभिन्न अर्थों में प्रयोग हुआ है। उत्सव, व्यवसाय, सामाजिक पद पर आसीन व्यक्ति के कर्तव्य, चर (Variable) एंव शरीर के अंगों का शरीर को चलाने में योगदान आदि के लिए प्रकार्य शब्द का प्रयोग किया जाता है। किन्तु समाजशास्त्र में प्रकार्य एवं अकार्य (अप्रकार्य या अपकार्य) शब्द का प्रयोग एक विशिष्ट अर्थ में हुआ है। इसे परिभाषित करते हुए **मर्टन** लिखते हैं, *''प्रकार्य वे अवलोकित परिणाम हैं जो कि सामाजिक व्यवस्था के अनुकूलल या सामंजस्य को बढ़ाते हैं।'' अकार्य वे अवलोकित परिणाम हैं जो कि व्यवस्था के अनुकूलन या सामंजस्य को कम करते हैं।* **जॉनसन** ने प्रकार्य व अकार्य को परिभाषित करते हुए लिखा है, *''यदि कोई भी आंशिक ढांचा, कोई उप-समूह, भूमिका, सामाजिक मानदण्ड अथवा सांस्कृतिक मूल्य, सामाजिक प्रणाली या उप-प्रणाली की एक या अधिक सामाजिक आवश्यकताओं की पूर्ति में योग दे तो यह कहा जाता है कि यह*

प्रकार्यमय है, यदि वह इन से एक में या अधिक आवश्यकताओं को पूरा होने में बाधा उपस्थि करे तो उसे अकार्य कहा जाता है।''

मर्टन ने गैर-प्रकार्य का भी उल्लेख किया हैं इसे परिभाषित करते हुए आपने लिखा है, ''गैर-प्रकार्य (Non-function) वें अवलोकित परिणाम हैं जो सामाजिक व्यवस्था में अब अनुद्देश्यपूर्ण या असंगत हो गये।''

इन परिभाषाओं से स्पष्ट है कि यदि सामाजिक संरचना की कोई भी इकाई भूमिका, मूल्य, आदि उस संरचना की आवश्यकताओं की पूर्ति एवं उसके अनुकूलन तथा सामंजस्य में योग देते हैं तो उसे हम उस इकाई, भूमिका एवं मूल्य का प्रकार्य कहेंगे। लेकिन यदि वह इकाई सामाजिक संरचना की आवश्यकता पूर्ति, अनुकूलन एवं सामंजस्य में बाधक होती है तो उसे उसका अकार्य कहेंगे। जब हम किसी आंशिक ढांचे के प्रकार्यों की बात करते हैं तो हम यह कहना चाहते हैं कि उस आंशिक ढांचे से संबंधित कार्य (क्रिया) के सामाजिक प्रणाली के लिए कुछ प्रतिफल होते हैं। प्रकार्य और अकार्य को हम यहां उदाहरण द्वारा स्पष्ट करेंगे।

भारत में **संयुक्त परिवार प्रणाली** पायी जाती है। इसमें लड़कियां विवाह के बाद परिवार छोड़कर चली जाती हैं। लड़के उसी घर में रहते हैं और उनकी बहुएं भी उसी घर में रहती हैं। इस प्रकार तीन या अधिक पीढ़ी के लोग संयुक्त परिवार में निवास करते हैं। संयुक्त परिवार में सत्ता कर्ता या मुखिया के हाथ में होती है। सभी सदस्य धन कमाकर उसे ही देते हैं। संयुक्त परिवार के ये नियम परिवार के लिए प्रकार्यात्मक हैं। इससे भूमि के टुकड़े नहीं होते, संयुक्त परिवार की शक्ति बढ़ती है, परिवार में एक-दूसरे के सहयोग से कार्य सरलता से उत्पन्न हो जाते हैं, बच्चों का लालन-पालन सरलता से हो जाता है, समाजीकरण एवं संस्कृति का पीढ़ी-दर-पीढ़ी हस्तांतरण आसान हो जाता है बूढ़े, बीमार एवं असमर्थ सदस्यों के जीवन की सुरक्षा बनी रहती है आदि। किन्तु दूसरी ओर इस व्यवस्था के कुछ अकार्य भी हैं। यदि कोई कर्ता परिवार के सदस्यों के साथ भेदभाव बरतता है या कोई सदस्य परिवार की संपत्ति को नष्ट कर देता है; परिवार के सदस्य कलह करते हैं तो उनकी यह भूमिका अकार्य कहलायेगी।

प्रकार्य और अकार्य का अभिप्राय अच्छे व बुरे से नहीं है। इसका मूल्यों से प्रत्यक्ष संबंध नहीं हैं। प्रकार्य और अकार्य की धारणा गतिशील है। एक व्यवस्था के लिए जो नियम प्रकार्यात्मक हैं, वे ही दूसरी व्यवस्था के लिए अपकार्यात्मक हो सकते हैं और दूसरे समय में उसी के लिए दिये जाने वाले योगदान से हैं। यदि इकाइयों द्वारा निभायी जाने वाली भूमिका का परिणाम व्यवस्था के लिए लाभप्रद है तो वह प्रकार्य कहलायेगा और यदि परिणाम हानिकारक है तो अकार्य।

प्रकार्य एंव अकार्य में अंतर
(Distinction Between Function and Dysfunction)

(1) प्रकार्य सामाजिक हित में होते हैं, अत: प्रकार्य करने वाले की प्रशंसा की ज़ाती है, उसे पुरस्कृत किया जाता है जबकि अकार्य करने वाले की समाज आलोचना करता है, कानून एवं नियमों द्वारा उन्हें रोकने का प्रयत्न किया जाता है तथा अकार्य करने वाले को दण्डित किया जाता है।

(2) प्रकार्य सकारात्मक प्रकृति के होते हैं, उन्हें समाज में उचित माना जाता है जबकि अकार्य नकारात्मक प्रकृति के होने के कारण अनुचित माने जाते हैं।

(3) प्रकार्य लाभकारी होते हैं जबकि अकार्य हानिकारक।

(4) प्रकार्यों द्वारा समाज व्यवस्था व संगठन की आवश्यकताओं की पूर्ति होती है, किन्तु अकार्यों द्वारा सामाजिक हितों को ठेस पहुंचती है।

(5) प्रकार्य सामाजिक नियमों के अनुकूल होते हैं जबकि अकार्य सामाजिक नियमों के विरोधी।

(6) प्रकार्य इकाई द्वारा किये जाने वाले वे कार्य हैं जो संपूर्ण संगठन अथवा व्यवस्था को बनाये रखने तथा अनुकूलन में सहायक होते हैं। इसके विपरीत, अकार्य वे कार्य या परिणाम हैं जो व्यवस्था या संगठन के लिए हानिकारक होते हैं। उसके संचालन में बाधा उपस्थित करते हैं।

(7) प्रकार्य वे कार्य हैं जिन्हें सामाजिक मान्यता प्राप्त होती है जबकि अकार्यों को सामाजिक मान्यता प्राप्त नहीं होती है इसका कारण यह है कि वे समाज-विरोधी एवं संगठन के लिए हानिकारक होते हैं।

प्रकट तथा अप्रकट प्रकार्य
(Manifest and Latent Functions)

मर्टन ने प्रकट तथा अप्रकट प्रकार्य में भेद किया है। इन्हें परिभाषित करते हुए **मर्टन** लिखते हैं, *"प्रकट प्रकार्य प्रत्यक्ष दृष्टिगोचर होने वाले वे परिणाम हैं जो सामाजिक व्यवस्था में अनुकूलन तथा समायोजन लाते हैं तथा उस व्यवस्था में सम्मिलित सदस्यों द्वारा मान्य तथा इच्छित होते हैं।"*

"अप्रकट प्रकार्य वे परिणाम हैं जो सामाजिक व्यवस्था में समायोजन या अनुकूलन तो लाते हैं, किन्तु व्यवस्था के सदस्यों द्वारा न तो मान्य होते हैं और न इच्छित ही।" *जॉनसन लिखते हैं, "प्रकट प्रकार्य वे होते हैं जो अभीष्ट और अभिज्ञात होते हैं, अप्रकट प्रकार्य न तो अभीष्ट होते हैं और न अभिज्ञात ही।"*

जब कई प्रकार्यों के परिणाम पहले से ही **निश्चित एवं स्वीकृत** होते हैं तो ऐसे प्रकार्य प्रकट प्रकार्य कहलाते है। किन्तु कई बार प्रकार के ऐसे परिणाम भी मिलते हैं जिनके बारे में कभी सोचा ही नहीं गया था उन्हें हम अप्रकट प्रकार्य कहते हैं। इसे हम एक उदाहरण द्वारा स्पष्ट कर सकते हैं। लगभग सभी समाजों में निकटाभिगमन निषेध (Incest Taboo) पाया जाता है। इस नियम के अनुसार निकट के रिश्तेदारों, जैसे भाई-बहन, पिता-पुत्री, माता-पुत्र, आदि में यौन संबंधों की मनाही होती है कि यदि ऐसी छूट दी जाएं तो बदसूरत व अपंग बच्चे पैदा होंगे। कुछ लोग कहते हैं कि यह मानव की मूल प्रवृत्ति है कि वह ऐसे संबंध स्थापित नहीं करता है। इस नियम के प्रकट प्रकार्यों की तुलना में अप्रकट प्रकार्य अधिक महत्वपूर्ण हैं। यदि इस प्रकार के संबंधों को लेकर पिता-पुत्र, माता-पुत्री, भाई-भाई व अन्य सदस्यों में तनाव और संघर्ष पैदा हो जायेगा। अन्य परिवारों में विवाह करने से लोगों के सामाजिक-सांस्कृतिक संबंधों एवं सहयोग का भी विस्तार होता है। साथ ही परिवार में प्रेम एवं सहयोग का वातावरण बना रहता है। निकटाभिगमन निषेध का एक अप्रकट प्रकार्य परिवार और समाज के लिए यह है कि इससे पति-पत्नि के बीच यौन संबंध होते हैं। दृढ़ यौन संबंधों के कारण माता-पिता मिल-जुलकर बच्चों की देखभाल कर सकते हैं उनके समाजीकरण के कार्य का निर्वाह अच्छी तरह से कर पाते हैं।

प्रकट तथा अप्रकट प्रकार्यों को हम एक उदाहरण द्वारा आसानी से समझ सकते हैं: एक व्यक्ति इंजीनियर बनने के लिए इंजीनियरिंग की पढ़ाई पढ़ रहा है। उसका प्रकट प्रकार्य इंजीनियर बनकर पैसा कमाना एवं सामाजिक प्रतिष्ठा प्राप्त करना है। किन्तु इसका अप्रकट प्रकार्य भी हो सकता है जैसे इंजीनियर बनने के बाद उसका विवाह किसी संपन्न परिवार की पढ़ी-लिखी एवं सुन्दर लड़की से हो जाता है। साथ ही उसे दहेज में कार, आभूषण एवं नकद धनराशि भी प्राप्त होती है जिसके बारे में उसने कभी सोचा ही नहीं और न ही इस उद्देश्य से वह इंजीनियर बनना चाहता था।

प्रकट और अप्रकट प्रकार्य में अन्तर
(Distinction Between Manifest and Latent Functions)

प्रकट तथा अप्रकट प्रकार्यों में निम्नांकित भेद हैं :

(1) प्रकट प्रकार्य वे होते हैं जो बाह्य रूप से स्पष्ट होते हैं और जिन्हें पूर्ण करने के लिए कर्ता सजग प्रयास करता है, जबकि अप्रकट प्रकार्य बाह्य रूप से स्पष्ट नहीं होते, परिणाम निकलने पर ही उनका ज्ञान होता है। अप्रकट प्रकार्यों के लिए कर्ता सजग प्रयास नहीं करता है।

(2) प्रकट प्रकार्य सम्भावित परिणाम होते हैं जिनके बारे में कर्ता पहले से ही जागरूक एवं आशान्वित होता है। जबकि अप्रकट प्रकार्य ऐसे परिणाम हैं जिनके बारे में व्यक्ति ने पहले कभी सोचा भी नहीं था उनके प्रयत्नों का ऐसा फल मिलेगा।

(3) प्रकट प्रकार्य कर्ता द्वारा स्वीकृत एवं मान्य (Recognized) होता है जबकि अप्रकट प्रकार्य कर्त्ता द्वारा न तो पूर्व स्वीकृत होता है और न ही मान्य।

एक बात उल्लेखनीय है कि प्रकट तथा अप्रकट प्रकार्यों का अन्तर सदैव ही स्पष्ट एवं चरम नहीं होता। कोई एक प्रकार्य विशेष कुछ व्यक्तियों के लिए अप्रकट हो सकता है तो दूसरों के लिए प्रकट। प्रकट और अप्रकट प्रकार्यों का विभेद सापेक्षिक है। किसी भी सामाजिक व्यवस्था में एक प्रकार्य कुछ के लिए प्रकट है तो दूसरों के लिए अप्रकट।

प्रकट तथा अप्रकट प्रकार्य का महत्व
(Importance of Manifest and Latent Functions)

प्रश्न उठता है कि प्रकट और अप्रकट प्रकार्य के भेद करने की उपयोगिकता क्या है। इसका उत्तर देते हुए मर्टन कहते हैं कि प्रकट और अप्रकट प्रकार्य का भेद कई दृष्टियों से महत्वपूर्ण है:

(1) इसी प्रकार से प्रकट और अप्रकट कार्यों का भेद जानना **समाज सुधारकों की दृष्टि** से भी आवश्यक है।

(2) कई बार हमें ऊपरी दृष्टि से एक व्यवहार अतार्कित लगता है, किन्तु उसका सामाजिक दृष्टि से महत्व होता है। उदाहरण के लिए, **होपी जनजाति** के लोग वर्षा लाने के लिए गांव के बाहर आग जलाकर धुआं करते हैं। उनका विश्वास है कि यह धुआं बादलों के समान है, अतः वर्षा लायेगा। इस उत्सव का प्रकट प्रकार्य महत्वपूर्ण नहीं है, किन्तु अप्रकट प्रकार्य अधिक महत्वपूर्ण है। जब लोग एकत्र होते हैं तो उनमें एक-दूसरे के सुख-दुख में एक होने के भाव पनपते हैं तथा संबंधों में घनिष्ठता पैदा होती है।

(3) **वेबलिन** का मत है कि महंगी वस्तुएं खरीदने का प्रकट प्रकार्य यह है कि वस्तुएं अच्छी है, किन्तु अप्रकट प्रकार्य यह है कि इससे व्यक्ति की सामाजिक प्रतिष्ठा बढ़ती है।

(4) प्रकट और अप्रकट प्रकार्य का भेद समाजशास्त्रियों के लिए **सामाजिक शोध** की दृष्टि से भी उपयोगी है।

सामाजिक संरचना तथा प्रकार्य
(Social Structure and Function)

सामाजिक संरचना व प्रकार्य की अवधारणा को स्पष्ट: समझने के बाद अब हम यहां इन दोनों के पारस्परिक संबंधों का उल्लेख करेंगे। संरचना व प्रकार्य के संबंधों के बारे में विद्वानों में मतभेद है। एक तरफ स्पेन्सर एवं लेवी जैसी विचारक हैं जो यह मानते हैं कि इन दोनों में घनिष्ठ संबंध है और सामाजिक संरचना का अस्तित्व विभिन्न इकाइयों द्वारा किये जाने वाले प्रकार्यों पर ही निर्भर है। यदि ये इकाइयां अपने स्थान पर रहती है अपना-अपना प्रकार्य न करें तो सामाजिक संरचना टूट जायेगी, दूसरी ओर कुछ विचारकों का मत है कि ये दोनों एक-दूसरे से पृथक हैं। संरचना का निर्माण विभिन्न इकाइयों की क्रमबद्धता से होता है और यह केवल बाह्य स्वरूप को ही प्रकट करती है। इकाइयों के प्रकार्यों से संरचना का कोई संबंध नहीं है। इस संदर्भ में हम यहां प्रमुख विद्धानों के विचारों का उल्लेख करेंगे।

(1) स्पेन्सर के विचार (Views of Spencer)

स्पेन्सर ने सामाजिक संरचना एवं प्रकार्य के संबंधों को समझाने के लिए शरीर का उहारण दिया है। स्पेन्सर समाज एवं सावयव (Organism) की सादृश्यता का उल्लेख करते हैं। प्रत्येक शरीर या सावयव की एक संरचना होती है जिसका निर्माण हाथ, पांव, नाक, कान, आंख, सिर, पेट, आदि विभिन्न अंगों (इकाइयों) से मिलकर होता है। शरीर रचना में प्रत्येक अंग का एक निश्चित स्थान एवं प्रकार्य होता है। एक के स्थान पर न तो दूसरे को लगाया जा सकता है और न एक का कार्य दूसरा अंग कर ही सकता। इसी तरह आंख का कार्य आंख और मुंह का कार्य मुंह ही कर सकता है। स्पष्ट है कि शरीर की संरचना के विभिन्न अंग अपने-अपने स्थान पर रहकर अपना निर्धारित कार्य करते है, जिससे शारीरिक संरचना बनी रहती है। यदि स्थिति सामाजिक संरचना की भी है। सामाजिक संरचना का निर्माण करने वाली विभिन्न इकाइयां भी अपने-अपने स्थान पर रहकर अपना पूर्व-निर्धारित कार्य करती हैं जिससे सामाजिक संरचना का अस्तित्व बना रहता है और वह छिन्न-भिन्न नहीं हो पाती।

स्पेन्सर का विचार है कि सामाजिक संरचना की निर्मायक इकाइयों में परिवर्तन होने से सामाजिक संरचना में भी परिवर्तन होता है। यदि इन इकाइयों के प्रकार्यों में जटिलता उत्पन्न होती है तो सामाजिक संरचना भी जटिल हो जाती है क्योंकि इकाइयों के प्रकार्य ही सामाजिक संरचना को एक एक निश्चित स्वरूप प्रदान करते हैं। उदाहरण के लिए, एक, एक समाज की आर्थिक संस्था पूंजीवादी है। यदि आर्थिक संस्था में परिवर्तन होता है और वह साम्यवादी हो जाती है तो इसका प्रभाव

समाज की संरचना पर भी पड़ेगा और वह भी उसी के अनुरूप परिवर्तित होगी। इसी प्रकार यदि संरचना की इकाइयों के प्रकार्यों में परिवर्तन होता है तो इसका प्रभाव भी सामाजिक संरचना पर पड़ेगा, जैसे संयुक्त परिवार के स्थान पर यदि एकाकी परिवार बढ़ते हैं तो परिवार के प्रकार्यों में भी परिवर्तन होगा और इससे समाज की संरचना भी प्रभावित होगी।

स्पेन्सर का यह भी मत है कि अंगों के प्रकार्यों में जटिलता आने पर संरचना में भी जटिलता आती है। उदाहरण के लिए, जब प्राचीन समय में परिवार ही शासन, धर्म, राजनीति और अर्थव्यवस्था से संबंधित कार्य किया करता था तो उस समय की सामाजिक संरचना भी सरल थी, किन्तु जब ये सभी कार्य पृथक्-पृथक् संस्थाओं द्वारा किये जाने लगे, समाज में श्रम विभाजन और विशेषीकरण पनपा तो सामाजिक संरचना की जटिल हो गयी। इससे स्पष्ट है कि जब इकाइयों के कार्यों की जटिलता में वृद्धि होती है तो सामाजिक संरचना भी जटिल हो जाती है।

(2) दुर्खीम के विचार (Views of Durkheim)

दुर्खीम भी सामाजिक संरचना और प्रकार्य में घनिष्ठ संबंधों को स्वीकार करते हैं। वे कहते हैं कि सामाजिक संरचना का निर्माण विभिन्न सामाजिक तथ्यों (Social Facts) रूपी इकाइयों से होता है और प्रत्येक सामाजिक तथ्य सामाजिक संरचना के लिए कोई न कोई प्रकार्य करता है। विभिन्न प्रकार्यों के आधार पर ही सामाजिक तथ्य परस्पर संबंद्ध होते हैं और सामाजिक संरचना तथ्यों द्वारा निर्मित सामाजिक संरचना का स्वरूप यान्त्रिक था। उस समय सरल प्रकार का था, जनसंख्या कम थी, लोगों की आवश्यकताएं भी सीमित थीं, अत: श्रम विभाजन की जरूरत नहीं थी। इसलिए विभिन्न इकाइयों के कार्य भी सीमित थे, किन्तु जब जनसंख्या की वृद्धि हुई, वस्तुओं की मांग बढ़ी और लोगों की आवश्यकताओं में वृद्धि हुई तो समाज में श्रम-विभाजन व्यवसाय अस्तित्व में आये और विभिन्न अंगों को विभिन्न कार्य सौंपे गये। इससे श्रम-विभाजन और विशेषीकरण बढ़ा। प्राचीन समय में एक ही संस्था अनेक प्रकार के कार्य कर लिया करती थी, जैसे परिवार धार्मिक, आर्थिक, राजनीतिक एवं सामाजिक सभी प्रकार के कार्य कर लेता था, किन्तु श्रम-विभाजन होने पर इन कार्यों को अलग-अलग संस्थाओं द्वारा किया जाने लगा। कार्यों का विभाजन होने के कारण विभिन्न इकाइयों में पारस्परिक निर्भरता भी बड़ी। क्योंकि एक ही इकाई अपने सभी आवश्यकताएं स्वयं ही पूरा नहीं कर सकती, अत: दूसरी इकाइयों कां सहयोग आवश्यक हो गया। श्रम-विभाजन और विशेषीकरण वाली सामाजिक संरचना को दुर्खीम सावयवी संरचना (Organic Structure) कहते हैं। जिस प्रकार से शरीर रचना का निर्माण करने वाले विभिन्न पायी जाती है, उसी

प्रकार से आधुनिक सामाजिक संरचना के विभिन्न अंगों में भी श्रम-विभाजन और विशेषीकरण होने पर भी पारस्परिक निर्भरता है। दुर्खीम के विचारों से स्पष्ट है कि बाह्य रूप से सामाजिक संरचना और प्रकार्यों में चाहे भिन्नता दिखायी देती हो, किन्तु वास्तव में वे एक-दूसरे से घनिष्ठ रूप से संबंधित और परस्पर निर्भर रहते हैं।

(3) मर्टन के विचार (Views of Merton)

मर्टन स्पेन्सर और दुर्खीम के इन विचारों को स्वीकार नहीं करते हैं कि सामाजिक संरचना और प्रकार्य एक-दूसरे से घनिष्ठ रूप से संबंधित हैं। वे कहते हैं कि संरचना और प्रकार्य के घनिष्ठ संबंधों को मान लेने का तात्पर्य है कि सरचना के सभी अंग संरचना के लिए प्रकार्यात्मक प्रकार्य (Positive Function) ही करते हैं जिससे कि सामाजिक संरचना का अस्तित्व बना रहता है, किन्तु वास्तविकता यह नहीं है वरन् वास्तव में कुछ इकाइयां सकारात्मक और अच्छे कार्य करती हैं तो कुछ नकारात्मक और बुरे कार्य। इकाइयों द्वारा संरचना को बनाये रखने में दिये जाने वाले योगदान को ही मर्टन प्रकार्य (Function) कहते हैं, किन्तु जब संरचना में कुछ इकाइयां ऐसी भी होती हैं जो संरचना को हानि पहुंचाती हैं और उसके अनुकूलन में बाधा उपस्थित करती हैं अथवा उसको विघटन की ओर ले जाती हैं जो संरचना को हानि पहुंचाती है और उसके अनुकूलन में बाधा उपस्थित करती हैं अथवा उसको विघटन की ओर ले जाती हैं तो यह इकाइयों का अकार्य (Dysfunction) कहलायेगा। इसी प्रकार कुछ इकाइयां ऐसी भी हो सकती हैं जो आंशिक रूप से प्रकार्यात्मक (Partially functional) और आंशिक रूप से अकार्यात्मक (Partially Dysfunctional) भी हो सकती हैं। इस प्रकार प्रकार्य, अकार्य तथा आंशिक अकार्य और अकार्यों के बीच ही सामाजिक संरचना बनी रहती है। अत: केवल प्रकार्य के संदर्भ में ही सामाजिक संरचना की व्याख्या करना उचित नहीं है। मर्टन संरचना और प्रकार्य को व्याख्या करना उचित नहीं है। मर्टन संरचना और प्रकार्य को व्याख्या करना उचित नहीं है। मर्टन संरचना और प्रकार्य को भिन्न मानते हैं। वे कहते है जबकि प्रकार्य का संबंध इकाइयों द्वारा किये जाने वाले कार्यों के परिणामों से है। इकाइयों के कार्यों में परिवर्तन होने से संरचना अधिक प्रभावित नहीं होती है। प्रकार्य का सामाजिक संरचना से उतना घनिष्ठ संबंध नहीं है जितना सामाजिक संगठन और सामाजिक व्यवस्था से है।

लेवी भी सामाजिक संरचना और प्रकार्यों की घनिष्ठता को स्वीकार करते हैं। उनका मत है कि समाज के विभिन्न अंगों द्वारा अपने निर्धारित कार्य करने से ही सामाजिक संरचना में स्थिरता और निरन्तरता बनी रहती है। सामाजिक संरचना में

स्थिरता और निरन्तरता बनी रहती है। सामाजिक संरचना का निर्माण करने वाली इकाइयों के प्रकार्य प्रत्येक समाज और संस्कृति में अलग-अलग होते हैं। उदाहरण के लिए, भारत में परिवार और जाति द्वारा किये जाने वाले कार्य पश्चिमी देशों के समाज में पाये जाने वाले परिवार और जाति के कार्यों से भिन्न हैं। क्योंकि दोनों की सामाजिक-सांस्कृतिक परिस्थितियां भिन्न हैं। स्पष्ट है कि संरचना के कुछ अंग ऐसे भी होते हैं जो ऐसे कार्य भी करते हैं जिन्हें समाज में मान्य और स्वीकृत कार्यों को करने वाली इकाइयां अधिक होती हैं जिससे सामाजिक संरचना का अस्तित्व और निरन्तरता बनी रहती है। लेवी का मत है कि प्रत्येक समाज में किये जाने वाले कार्यों में भिन्नता होती है फिर भी कुछ कार्य ऐसे हैं जैसे शारीरिक आवश्यकताओं की पूर्ति, प्रस्थिति तथा भूमिका का वितरण, संचार की व्यवस्था, लक्ष्यों का निर्धारण, समाजीकरण की व्यवस्था, नियन्त्रण की व्यवस्था, आदि जो कि सभी समाजों में पाये जाते हैं।

उपर्युक्त विवरण से स्पष्ट है कि सामाजशास्त्र में सामाजिक संरचना और प्रकार्य की अवधारणाएं महत्वपूर्ण हैं। यदि सामाजिक संरचना की इकाइयां अपनी निर्धारित प्रकार्य करती रहती हैं तो समाज व्यवस्थित और संगठित रहता है, किन्तु सदैव ही ऐसा नहीं होता, कुछ इकाइयां ऐसी भी होती हैं जो समाज के लिए अकार्यात्मक होती हैं। फिर भी प्रकार्य करने वाली इकाइयों की ही समाज में बहुलता रहती है जिसके परिणामस्वरूप समाज संगठित बना रहता है। इस प्रकार स्पष्ट है कि सामाजिक संरचना और प्रकार्य का परस्पर घनिष्ठ संबंध है।

4

मानव संस्कृति और सभ्यता
(Man Culture and Civilization)

प्रस्तावना (Introduction)

मानव एक सामाजिक प्राणी है। मानव के पास संस्कृति भी है। इसी कारण उसे एक सामाजिक-सांस्कृतिक व तार्किक प्राणी माना जाता है। पशुओं के पास संस्कृति नहीं होती, यद्यपि, वे भी समाज में ही रहते हैं। मानव संस्कृति का विकास कर सकता है तथा इसे एक पीढ़ी से दूसरी पीढ़ी में हस्तान्तरित भी कर सकता है। इसीलिए संस्कृति को मानव-निर्मित कहा जाता है। वस्तुत: मानव की सफलता की कुंजी संस्कृति ही है तथा इसी के आधार पर वह अपने समाज को पशु समाज से अलग करता है। शायद ठीक ही कहा जाता है कि,"जहां मानव है वहीं संस्कृति होती हैं।" मानव चाहे अफ्रीका के अन्धकारमय प्रायद्वीप में चाहे यूरोप, अमेरिका या एशिया में, चाहे वे नगरों में हों या गांवों व जंगलों में, हर स्थान पर वे संस्कृति का निर्माण कर लेते हैं। प्रस्तुत अध्याय में समाज, संस्कृति, समाजीकरण, व्यक्ति एवं समाज में सम्बन्ध, सामाजिक नियन्त्रण, मानदण्ड, मूल्य तथा अनुशासित के बारे में समझाने का प्रयास किया गया है।

(अ) समाज एवं संस्कृति (Society and Culture)

प्रत्येक समाज की अपनी एक विशिष्ट संस्कृति होती है। कई बार 'संस्कृति' शब्द का प्रयोग इस रूप में किया जाता है कि उसे समाज से भिन्न करना कठिन हो जाता है। विस्तृत अर्थों में 'संस्कृति' शब्द का प्रयोग सभी सीखी हुई आदतों, सामाजिक समूह की जीवन-पद्धति अथवा समूह की सामाजिक विरासत के रूप में किया जाता है। इस अर्थ में, 'संस्कृति' शब्द समाज को अपने में समाहित करता है। परन्तु समाज तथा संस्कृति दो भिन्न अवधारणाएं हैं। वे वस्तुत: सामाजिक जीवन के दो पहलू हैं। इन दोनों पहलुओं में भेद करना कठिन है तथा इसीलिए हम सामान्यत:

'सामाजिक-सांस्कृतिक' शब्द का प्रयोग इस वास्तविकता को व्यक्त करने के लिए करते हैं।

'समाज' एवं 'संस्कृति' में इतना गहरा सम्बन्ध है कि कुछ विद्वान् इन दोनों शब्दों को एक ही या एक-दूसरे का पूरक मानते हैं क्योंकि बिना समाज के संस्कृति का निर्माण नहीं हो सकता है और बिना सांस्कृतिक मूल्यों, प्रतिमानों, प्रथाओं, परम्पराओं के समाज में रहने वाले व्यक्ति समाजीकृत नहीं हो सकते हैं। **हर्षकोविट्स** (Herskovits) संस्कृति को मानव निर्मित पर्यावरण मानते हैं। इनका कहना है कि एक समाज का निर्माण लोगों से होता है और लोग जिस प्रकार का व्यवहार करते हैं वह व्यवहार करते हैं वह उनकी संस्कृति है। वास्तव में, हम समाज का अध्ययन उसकी संस्कृति से संस्कृति का अध्ययन समाज में रहने वाले व्यक्तियों के रहन-सहन एवं जीवन-पद्धति से कर सकते हैं।

समाज एवं संस्कृति दोनों ही समाजशास्त्र की दो भिन्न अवधारणाएं हैं। एक समाज का अर्थ व्यक्तियों के ऐसे समूह से है जो एक ही संस्कृति व भौगोलिक क्षेत्र में सम्मिलित होते हैं। अनेक समाजों में संस्कृति के कुछ अंग सामान्य हो सकते हैं। उदाहरणार्थ, अमेरिका और इंग्लैण्ड अथवा भारत और नेपाल में अनेक सांस्कृतिक तत्व एक समान हैं परन्तु वे भिन्न समाज हैं। संस्कृति का अर्थ वे मूल्य, ज्ञान, विश्वास व व्यवहार हैं जो पीढ़ी-दर-पीढ़ी हस्तान्तरित होते रहते हैं तथा जिनसे उस समाज को पहचाना जाता है। संस्कृति में सम्पूर्ण मानव निर्मित पर्यावरण आ जाता है जिसे सामाजिक जीवन की धरोहर के रूप में युगों तक सुरक्षित रखा जाता है और निरन्तर उसे अधिक सम्पन्न बनाने का प्रयत्न किया .जाता है।

स्मेलसर (Smelser) ने संस्कृति को सामाजिक जीवन को जोड़ने वाला सीमेंट बताया है। इससे ही किसी समूह या समाज के सदस्यों में परस्पर जुड़े होने की भावना विकसित होतह हैं इन दोनों में घनिष्ठ सम्बन्धों के कारण ही कुछ विद्वान् इन्हें एक दूसरे की पूरक अवधारणाएं मानते हैं क्योंकि बिना समाज के संस्कृति को निर्माण नहीं हो सकता और बिना सांस्कृतिक मूल्यों, आदर्शों, प्रथाओं, परम्पराओं आदि के समाज में रहने वाले व्यक्ति समाजीकृत नहीं हो सकते हैं। हर्षकोविट्स जैसे विद्वान, संस्कृति मानव निर्मित पर्यावरण मानते हैं तथा इस बात पर बल देने हैं कि एक समाज का निर्माण व्यक्तियों से होता है और व्यक्ति जिस प्रकार का व्यवहार करते हैं वह उनकी संस्कृति है। वस्तुतः समाज का अध्ययन हम उसकी संस्कृति से और संस्कृति का अध्ययन समाज में रहने वाले व्यक्तियों के रहन-सहन व जीवन-पद्धति से कर सकते हैं।

(ब) संस्कृति की अवधारणा (Concept of Culture)

मनुष्य एक सामाजिक प्राणी है। **मजूमदार** (Majumdar) ने तो संस्कृति को ही मनुष्य का जीवन माना है। मनुष्य अपनी आवश्यकताओं की पूर्ति संस्कृति के माध्यम से करते हैं। संस्कृति में धर्म, कला, विज्ञान, विश्वास, रीति-रिवाज, रहन-सहन तथा मानव द्वारा निर्मित सभी वस्तुएं सम्मिलित की जाती हैं। यही वस्तुएं उसका सांस्कृतिक पर्यावरण कहलाती हैं। भौगोलिक पर्यावरण के विपरीत सांस्कृतिक पर्यावरण मानव निर्मित होता है। प्रत्येक समाज की अपनी सामूहिक जीवन प्रणाली होती है। उसकी कला, विश्वास, ज्ञान आदि विशेष ढंग के होते हैं जिसे हम सामानय अर्थों में संस्कृति के अन्तर्गत रख सकते हैं। मनुष्य ने अपनी आवश्यकताओं की पूर्ति के लिए अनेक साधनों का निर्माण किया है। इन साधनों को दो प्रमुख रूपों में बांटा जा सकता है–भौतिक तथा अभौतिक। दोनों का सम्बन्ध संस्कृति से ही है।

संस्कृति का अर्थ (Meaning of Culture)

'संस्कृति' शब्द दो शब्दों से मिलकर बना है–'**सम**' तथा '**कृति**'। 'सम' उपसर्ग का अर्थ है '**अच्छा**' तथा 'कृति' शब्द का अर्थ है '**करना**'। इस अर्थ में यह 'संस्कार' का समानार्थक है। हिन्दू जीवन में जन्म से मृत्यु तक अनेक संस्कार होते हैं जिससे जीवन परिशुद्ध होता है। व्यक्ति की आन्तरिक व बाह्य क्रियाएं संस्कारों के अनुसार ही होती हैं। अंग्रेजी का 'कल्चर' (Culture) शब्द लैटिन भाषा के 'Colere' शब्द से बना है जिसका अर्थ 'जोतना' अथवा 'भूमि पर हल चलाना' (To cultivate or to till the soil) है। मध्यकाल में इस शब्द का प्रयोग फसलों के उत्तरोत्तर परिमार्जन (Progressive refinement) के लिए किया जाता था। इसी से खेती करने की कला के लिए 'कृषि' (Agriculture) शब्द बना है। परन्तु अठारहवीं तथा उन्नीसवीं शताब्दियों में इस शब्द का प्रयोग व्यक्तियों के परिमार्जन के लिए भी किया जाने लगा। जो व्यक्ति परिष्कृत अथवा पढ़ा-लिखा था, उसे सुसंस्कृत कहा जाता था। इस युग में यह शब्द अभिजात वर्गों (Aristocratic classes) के लिए प्रयोग होता था जिन्हें असंस्कृत (Uncultured) जनसाधारण से अलग किया जाता था। जर्मन के 'कल्चर' (Kultur) शब्द का प्रयोग आज भी सभ्यता के उच्च शिखर पर पहुंचने के लिए किया जाता है। परन्तु सामाजिक विज्ञानों में यह शब्द इस अर्थ में प्रयोग नहीं किया जाता है।

वस्तुतः संस्कृति एक जटिल अवधारणा है। इसे एक ऐसी व्यवस्था माना जा सकता है जिसमें व्यवहार के ढंग, भौतिक तथा अभौतिक प्रतीक, परम्पराएं, ज्ञान,

विश्वास, अविश्वास आदि सन्निहित होते हैं। संस्कृति सदैव एक ऐसी वस्तु है जिसे अपनाया जा सके, जिसका उपयोग किया जा सके, जिस पर विश्वास हो, जिस पर अनेक व्यक्तियों का अधिकार हो तथा जो अपने अस्तित्व का बनाये रखने के लिए सम्पूर्ण समूह के जीवन पर निर्भर करती हो।

संस्कृति की परिभाषाएं (Definitions of Culture)

प्रमुख विद्वानों ने संस्कृति की परिभाषाएं इस प्रकार दी हैं :

(1) **टॉयलर** (Tylor) के अनुसार : "संस्कृति वह जटिल समग्रता है, जिसमें ज्ञान, विश्वास, कला, आचार, कानून, प्रथा और ऐसी ही दूसरी क्षमताओं और आदतों का समावेश रहता है, जिसे मानव समाज के सदस्य होने के रूप में प्राप्त करता है।"

(2) **बीरस्टीड** (Bierstedt) के अनुसार : "संस्कृति एक जटिल सम्पूर्णता है जिसमें वे सभी ढंग सम्मिलित हैं जिन पर हम विचार करते हैं व कार्य करते हैं और वह सब-कुछ जो समाज के सदस्य होने के नाते हम अपने पास रखते हैं।"

(3) **मैलिनोव्स्की** (Malinowski) के अनुसार : "संस्कृति प्राप्त आवश्यकताओं की एक व्यवस्था और उद्देश्यपूर्ण क्रियाओं की संगठित व्यवस्था है।"

(4) **मैकाइवर** एवं **पेज** (Malinowski and Page) के अनुसार : "संस्कृति हमारे नित्य प्रतिदिन के रहन-सहन, साहित्य, धर्म, कला, मनोरंजन तथा आनन्द में पाये जाने वाले विचारों के ढंग में हमारी प्रकृति की अभिव्यक्ति है।"

संस्कृति की विभिन्न परिभाषाओं से स्पष्ट हो जाता है कि इसमें दैनिक जीवन में पाई जाने वाली समस्त वस्तुएं आ जाती हैं। यह अर्जित व्यवहारों की वह व्यवस्था है जिसका प्रयोग विशिष्ट समाज के द्वारा होता है। मनुष्य भौतिक, मानसिक तथा प्राणिशास्त्र रूप में जो कुछ पर्यावरण से सीखता है उसी को संस्कृति कहा जाता है। संस्कृति में समस्त रीति-रिवाज, प्रथाएं रूढ़ियां आदि आ जाती हैं, चाहे वे कल्याणकारी हों अथवा न हों।

मानव संस्कृति निर्माता के रूप में (Man as a Creator of Culture)

लेस्ली ह्वाइट ने मानव की उन पाँच विशेषताओं का उल्लेख किया है जिनके कारण मानव द्वारा संस्कृति का निर्माण संभव हुआ है। हम यहां उन विशेषताओं का संक्षेप में उल्लेख करेंगे :

(1) **प्रतीकों के निर्माण की क्षमता**–मानव द्वारा संस्कृति निर्माण को संभव बनाने में उसके द्वारा उपयोग किये जाने वाले प्रतीकों एवं भाषा का भी अमूल्य योगदान रहा है। भाषा एवं प्रतीकों के माध्यम से वह अपने विचारों का सरलता से आदान-प्रदान कर सकता है तथा पुरानी पीढ़ी द्वारा नयी पीढ़ी को ज्ञान का हस्तातंरण भी। मानव ही प्रतीकों को अर्थ प्रदान कर सकता है और इसी आधार पर उसने भाषा का विकास किया है। मानव एवं पशु जगत में एक मुख्य भेद यह भी है कि केवल मानव के पास ही भाषा है जबकि पशुओं के पास नहीं। भाषा के द्वारा ही वह संस्कृति का विकास, संशोधन परिमार्जन एवं विस्तार कर सका है।

(2) **तीक्ष्ण एवं केन्द्रित की जा सकने वाली दृष्टि**–मानव किसी भी वस्तु को टकटकी लगाकर लंबे समय तक देख सकता है। इसके परिणामस्वरूप उसके द्वारा अवलोकन का कार्य संभव हो सका है। इस अवलोकन के आधार पर ही उसने ज्ञान एवं विज्ञान का विकास किया, प्राकृतिक एवं सामाजिक घटनाओं को देखा, निष्कर्ष निकाले और सिद्धांतों का निर्माण किया।

(3) **मेधावी मस्तिष्क**–मानव की सबसे बड़ी क्षमता उसके मेधावी मष्तिष्क में निहित है। उसका मस्तिष्क अन्य प्राणियों की तुलना में कहीं अधिक तर्कशील, विचारशील एवं क्रियाशील है। मानव अपने मेधावी मस्तिष्क के कारण ही अनेक आविष्कार किये हैं। कुछ विद्वानों की मान्यता है कि मानव मस्तिष्क एवं पशु मस्तिष्क में केवल मात्रा का अंतर है, प्रकार का नहीं। इस प्रकार के विचार रखने वालों में किंगसले डेविस, डार्विन एवं लिंटन, आदि प्रमुख हैं। डार्विन का तो मत है कि मानसिक क्षमताओं में मानव और उच्चकोटि के स्तनधारी प्राणियों में कोई आधारभूत अंतर नहीं है, किन्तु इस मत को स्वीकार नहीं किया जा सकता क्योंकि यह मात्रा का अंतर ही होता तो पशु भी कभी-न-कभी संस्कृति का निर्माण कर ही सकते थे। अतः मानव एवं पशुओं के मस्तिष्क में मात्रा का ही नहीं अपितु प्रकार का भी अंतर है। इस अंतर के कारण ही मानव तर्क कर सकता है औ कार्यकारण संबंध ज्ञात कर सकता है। इसी आधार पर मानव ने संस्कृति का विकास किया है।

(4) **स्वतंत्रतापूर्वक घुमाये जा सकने वाले हाथ**–मानव के हाथों की बनावट विशेा प्रकार की है, इस कारण उन्हें किसी भी दिशा में आसानी से घुमाया जा सकता है। हाथ की बनावट में अँगूठे की विशिष्ट स्थिति होने के कारण

किसी भी वस्तु को पकड़ना सरल हो जाता है। अन्य प्राणियों के हाथों में अंगुलियों और अंगूठे का यह तालमेल नहीं है। यही कारण है कि मानव अपने हाथों द्वारा अनोखे निर्माण कार्य कर सका है। उसने अनेक यंत्रों, कल-कारखानों, सड़कों, भवनों एवं कलाकृतियों का निर्माण किया है। लेखन कार्य हाथों की विशिष्ट संरचना के कारण ही संभव हुआ है जिसके परिणामस्वरूप उसने मानव ज्ञान को संजोया है और न केवल उसे सुरक्षित ही रखा है वरन् उसे बढ़ाया भी है।

(5) **सीधे खड़े हो सकने की क्षमता**—मानव ही एकमात्र ऐसा प्राणी है कि वह सीधा खड़ा हो सकता है, वह अपने दो पाँवों से चलने-फिरने का काम लेता है तथा हाथों की सहायता से अन्य कार्य कर सकता है। अन्य प्राणी अपने इन चारों अंगों से चलने एवं शरीर का भार संभाले का कार्य करते हैं।

मानव संस्कृति की विशेषताएं (Characteristics of Man Culture)

संस्कृति की विभिन्न परिभाषाओं का उल्लेख किया जा चुका है। यहाँ उसे और अधिक स्पष्टतः समझने के लिए हम उसकी विशेषताओं पर विचार करेंगे।

(1) **संस्कृति अधि-वैयक्तिक एवं अधि-सावयवी है** (Culture is Both Super Organic)—क्रोबर ने संस्कृति की इन विशेषताओं का उल्लेख किया है। अधि-वैयक्तिक का अर्थ है कि संस्कृति का निर्माण किसी व्यक्ति विशेष ने नहीं किया है और वह संस्कृति के एक भाग का ही उपयोग कर पाता है, संपूर्ण का नहीं। संस्कृति का निर्माण समूह द्वारा ही होता है। कभी-कभी समाज में कुछ महान सामाजिक कार्यकर्ता, वैज्ञानिक एवं नेता आदि पैदा होते हैं। वे समाज और संस्कृति के पुरातन मूल्यों, विचारों, प्रथाओं, धर्म, आदि में अनेक परिवर्तन लाते हैं और उनके स्थान पर नवीन मूल्य, विचारों, प्रथाओं एवं धर्म की स्थापना करते हैं। तब ऐसा प्रतीत होता है जैसे वे ही संपूर्ण संस्कृति के वाहक एवं निर्माता हैं, किन्तु यह विचार भी त्रुटिपूर्ण है क्योंकि इन महान व्यक्तियों ने जो विचार ग्रहण किये, वे भी उनसे पूर्व समाज में विद्यमान थे। अतः कोई भी व्यक्ति संपूर्ण संस्कृति का निर्माता नहीं हो सकता है। यह केवल अपनी ओर से उसमें कुछ योगदान ही देता है। प्रत्येक संस्कृति का निर्माण, विकास, विस्तार एवं परिमार्जन होता है। प्रत्येक संस्कृति का निर्माण, विकास, विस्तार एवं परिमार्जन होता रहता है जिसे रोकने या वश में करने की क्षमता किसी व्यक्ति विशेष में नहीं होती है। इस अर्थ में भी संस्कृति अधि-वैयक्तिक है।

(2) **संस्कृति में संतुलन एवं संगठन होता है**–संस्कृति का निर्माण विभिन्न इकाइयों से मिलकर होता है। सांस्कृतिक इकाइयाँ जिन्हें हम संस्कृति तत्व (Culture trait) एवं संस्कृति संकुल (Culture complex) कहते हैं, परस्पर एक-दूसरे से पृथक नहीं हैं वरन् एक-दूसरे से बंधे हुए हैं। ये सभी इकाइयाँ संगठित रूप से मिलकर ही संपूर्ण संस्कृति की व्यवस्था को बनाये रखती हैं। **समनर** का मत है कि संस्कृति की विभिन्न इकाइयों में "एकरूपता की ओर खिंचाव" होता है जिसके परिणामस्वरूप सभी इकाइयां संगठित होकर एक सामूहिकता या समग्रता का निर्माण करती हैं, उसे ही संस्कृति कहते हैं। लघु समाजों में संस्कृति के विभिन्न पक्षों में एकता स्पष्टत: देखी जा सकती है क्योंकि वहाँ संस्कृति में तनाव एवं संघर्ष पैदा करने वाली शक्तियां अधिक क्रियाशील नहीं होतीं।

(3) **संस्कृति मानव निर्मित**–संस्कृति केवल मनुष्य समाज में ही पायी जाती है। मनुष्य में कुछ ऐसी मानसिक एवं शारीरिक विशेषताएं है, जैसे विकसित मस्तिष्क, केन्द्रित की जा रही सकने वाली आँखें, हाथ और उसमें अंगूठे की स्थिति, गर्दन की रचना, आदि जो उसे अन्य प्राणियों से भिन्न बनाती है और इसी कारण वह संस्कृति को निर्मित एवं विकसित कर सका है और अपने विकसित मस्तिष्क के कारण ही मानव नये-नये आविष्कार करता और उन्हें मानव-जाति के अनुभवों में संयोता है। संस्कृति का धनी होने के कारण ही मनुष्य अन्य प्राणियों से श्रेष्ठ है और वह अति-प्राणी (Super-organic) कहलाने का अधिकारी है।

(4) **संस्कृति सीखी जाती है–हॉबल** कहते हैं कि संस्कृति सीखा हुआ व्यवहार है। संस्कृति मनुष्य को अपने माता-पिता द्वारा उसी प्रकार वंशानुक्रमण में प्राप्त नहीं होता, जिस प्रकार से शरीर रचना प्राप्त होती है। संस्कृति मानव के सीखे हुए व्यवहार प्रतिमानों (Behaviour patterns) का योग है। एक मनुष्य अपने जन्म के साथ किसी संस्कृति से लेकर पैदा नहीं होता वरन् जिस समाज में पैदा होता है, उसकी संस्कृति को धीरे-धीरे समाजीकरण की प्रक्रिया द्वारा सीखता है। सीखने की क्षमता में ही नहीं वरन् पशुओं में भी होती है, किन्तु पशु द्वारा सीखा हुआ व्यवहार संस्कृति नहीं बन पाता। पशु द्वारा सीखा हुआ व्यवहार संस्कृति नहीं बन पाता। पशु द्वारा सीखा हुआ व्यवहार मानव की तरह सामूहिक व्यवहार का अंग नहीं है अपितु केवल पशु का व्यक्तिगत व्यवहार है। सामूहिक व्यवहार ही प्रथाओं, जनरीतियों, परम्पराओं, रूढ़ियों, आदि को जन्म देते हैं और ये केवल मानव समाज में ही पाये जाते हैं, पशुओं में नहीं।

(5) **संस्कृति में अनुकूलन करने की क्षमता होती है**–संस्कृति में समय, स्थान, समाज एवं परिस्थितियों के अनुरूप अपने आपको ढालने की क्षमता होती है। परिवर्तनशीलता संस्कृति का गुण है। विभिन्न भौगोलिक परिस्थितियों के अनुसार संस्कृति अपने आपको बदलती रहती है। पहाड़ी भागों, मैदानों, रेगिस्तान एवं बर्फीले प्रदेशों में निवास करने वाले लोगों की संस्कृति में पर्याप्त अन्तर पाये जाते हैं। इसका कारण यह है कि संस्कृति ने अपने आपको भौगोलिक परिस्थितियों के अनुरूप ही ढाला है। शीत प्रदेशों में रहने वाले लोगों के मकान एवं वस्त्रों की बनावट उष्ण प्रदेशों में रहने वालनों से भिन्न होती है। संस्कृति में परिवर्तनशीलता एवं अनुकूलता का गुण देखा जा सकता है। भारत में वर्तमान समय की संस्कृति वैदित युग से भिन्न है क्योंकि समय के साथ-साथ संस्कृति ने अपने को बदला है।

(6) **संस्कृति हस्तांरित की जाती है**–संस्कृति चूंकि सीखी जा सकती है इसलिए ही नयी पीढ़ी के द्वारा संस्कृति का ज्ञान प्राप्त करती है। इस प्रकार एक समूह से दूसरे समूह को, एक पीढ़ी से दूसरी पीढ़ी को संस्कृति हस्तांतरित की जाती है। मानव को अन्य प्राणियों से श्रेष्ठ घोषित करने में उसकी भाषा का भी महत्वपूर्ण हाथ है। भाषा के कारण ही वह अपने ज्ञान को नयी पीढ़ी को भाषा के कारण ही वह अपने ज्ञान को नयी पीढ़ी को भाषा, लेखन एवं संकेतों के माध्यम से ही हस्तांतरित करता है। नयी पीढ़ी को अपने पूर्वजों द्वारा अर्जित ज्ञान का भण्डार प्राप्त होता है जिसमें वे स्वयं का अनुभव भी जोड़ते जाते हैं। इस प्रकार से मानव ज्ञान एवं संस्कृति का कोष दिनों-दिन बढ़ता जाता है।

(7) **प्रत्येक समाज की एक विशिष्ट संस्कृति होती है**–एक समाज की भौगोलिक एवं सामाजिक परिस्थितियाँ दूसरे समाज से भिन्न होती हैं। अत: प्रत्येक समाज में अपनी एक विशिष्ट संस्कृति पायी जाती है। समाज अपनी आवश्यकताओं की पूर्ति के लिए अनेक आविष्कार करता है। आविष्कारों का योग संस्कृति को एक नया रूप प्रदान करता है। हर समाज की आवश्यकताएं भी भिन्न-भिन्न होती हैं जो संस्कृति मे घटित होने वाले परिवर्तन दूसरी संस्कृति में घटित होने वाले परिवर्तनों से भिन्न होते हैं।

(8) **संस्कृति में सामाजिक गुण निहित होता है**–संस्कृति किसी व्यक्ति विशेष की देन नहीं होती वरन् संपूर्ण समाज की देन है। उसका जन्म और विकास समाज के कारण ही हुआ है। समाज के अभाव में संस्कृति की कल्पना नहीं की जा सकती। कोई भी संस्कृति पाँच, दस या सौ, दो सौ

व्यक्तियों का प्रतिनिधित्व करती है। संस्कृति की कल्पना या समूह के अधिकांश लोगों का प्रतिनिधित्व करती है। संस्कृति सामूहिक आदतों, व्यवहारों एवं अनुभवों की ही उपज होती है। संस्कृति के अंग जैसे प्रथाएं, जनरीतियां, भाषा, परंपरा, धर्म, विज्ञान, कला, दर्शन, आदि किसी एक व्यक्ति की विशेषताओं को प्रकट नहीं करते वरन् संपूर्ण समाज के जीवन विधि (Way of life) का प्रतिनिधित्व करते हैं।

(9) **संस्कृति समूह के लिए आदर्श होती है**–एक समूह के लोग अपनी संस्कृति को आदर्श मानते हैं और वे उसके अनुसार अपने व्यवहारों एवं विचारों को ढालते हैं। जब संस्कृति को आदर्श बताने का प्रयास करता है, उसकी अच्छाइयों का उल्लेख करता है। उदाहरणार्थ, हिन्दू संस्कृति की तुलना मुस्लिम संस्कृति से करने के दौरान एक हिंदू अपनी संस्कृति को ही श्रेष्ठ बताता है।

(10) **संस्कृति मानव आवश्यकताओं की पूर्ति करती है**–संस्कृति की यह विशेषता है कि वह मानव की आवश्यकताओं की पूर्ति करती है। मानव की अनेक सामाजिक, शारीरिक एवं मानसिक आवश्यकताएँ हैं। उनकी पूर्ति के लिए ही मानव ने संस्कृति का निर्माण किया है। प्रकार्यवादियों ने संस्कृति के प्रकार्यों (Functions) पर अधिक बल दिया है। प्रकार्यवादियों में मैलिनोवस्की एवं रैडक्लिफ ब्राउन का नाम विशेष रूप से उल्लेखनीय है।

(11) **संस्कृति मानव-व्यक्तित्व के निर्माण में मौलिक होती है**–एक मनुष्य का पालन-पोषण किसी सांस्कृतिक पर्यावरण में ही होता है। जन्म के बाद बच्चा अपनी संस्कृति को सीखकर उसे आत्मसात करता है। एक संस्कृति में पले हुए व्यक्ति का व्यक्तित्व दूसरी संस्कृति के व्यक्ति से भिन्न होता है। इसका कारण यह है कि संस्कृति में प्रचलित रीति-रिवाजों, धर्म, दर्शन, कला, विज्ञान, प्रथाओं एवं व्यवहारों की छाप व्यक्ति के व्यक्तित्व पर होती है। यही कारण है कि भारतीय संस्कृति में पला हुआ व्यक्ति जापानी संस्कृति में पले हुए व्यक्ति से भिन्न होता है।

भौतिक तथा अभौतिक संस्कृति
(Material and Non-material Culture)

अमरीकरन समाजशास्त्री **ऑगबर्न** ने संस्कृति को भौतिक और अभौतिक दो भागों में बांटा है। उनके इस वर्गीकरण को अन्य वैज्ञानिकों ने भी स्वीकार किया है।

भौतिक संस्कृति (Material Culture)

भौतिक संस्कृति के अंतर्गत मानव द्वारा निर्मित सभी भौतिक एवं मूर्त वस्तुओं को सम्मिलित किया जाता है *जिन्हें हम देख सकते हैं, छू सकते हैं और इन्द्रियों द्वारा जिनका आभास कर सकते हैं।* भौतिक संस्कृति में हम घड़ी, पेन, पंखा, मोटर, मशीन, औजार, वस्त्र, वाद्य-यंत्र, रेल, जहाज, वायुयान, टेलीफोन, आदि अनेक वस्तुओं को गिन सकते हैं। भौतिक संस्कृति के सभी तत्वों को गिनना सरल नहीं है। सरल एवं आदिम समाजों की अपेक्षा जटिल एवं आधुनिक समाजों में इनकी संख्या अधिक है। इसी प्रकार से पुरानी पीढ़ी की अपेक्षा नयी पीढ़ी के पास भौतिक संस्कृति अधिक है। भौतिक संस्कृति की विशेषताओं को हम संक्षेप में इस प्रकार व्यक्त कर सकते हैं:

(1) भौतिक संस्कृति में परिवर्तन शीघ्र होते हैं।

(2) भौतिक संस्कृति मूर्त होती है।

(3) भौतिक संस्कृति की उपयोगिता एवं लाभ का मूल्यांकन सरल है।

(4) भौतिक संस्कृति संचयी है, अतः इसके अंगों में निरन्तर वृद्धि होती जाती है।

(5) चूंकि भौतिक संस्कृति मूर्त है, अतः उसे मापा जा सकता है।

(6) एक स्थान से दूसरे स्थान पर संस्कृति का प्रसार होने पर भौतिक संस्कृति में बिना परिवर्तन हुए ही उसे ग्रहण किया जा सकता है। उदाहरण के लिए, अमरीकन फर्नीचर की डियाजन, पेन, वेष-भूषा एवं मशीनों को हम बिना परिवर्तन के ज्यों का त्यों ग्रहण कर सकते हैं।

अभौतिक संस्कृति (Non-Material Culture)

मैकाइवर एवं अन्य कई समाज-वैज्ञानिकों ने संस्कृति में केवल अभौतिक तत्वों को ही सम्मिलित किया है। **सोरोकिन** इसे भावात्मक संस्कृति कहते हैं। *अभौतिक संस्कृति के अंतर्गत उन सभी सामाजिक तथ्यों को सम्मिलित किया जाता है जो अमूर्त हैं, जिनका कोई माप तौल, आकार व रंग-रूप नहीं होता, इन्द्रियों द्वारा जिनका स्पर्श नहीं होता वरन् जिन्हें हम केवल महसूस कर सकते है,* वह हमारे विचारों एवं कार्यों में निहित है। *सामान्यतः अभौतिक संस्कृति में हम सामाजिक विरासत में प्राप्त विचार, विश्वास, मानदण्ड, व्यवहार, प्रथा, रीति-रिवाज-कानून, मनोवृत्तियां, साहित्य, ज्ञान, कला, भाषा, नैतिकता, आदि को सम्मिलित करते हैं।* अभौतिक संस्कृति समाजीकरण एवं सीखने की प्रक्रिया द्वारा पीढ़ी-दर-पीढ़ी हस्तांतरित होती है। अभौतिक संस्कृति की विशेषताओं को हम संक्षेप में इस प्रकार प्रकट कर सकते हैं:

(1) अभौतिक संस्कृति अमूर्त होती।

(2) चूंकि अभौतिक संस्कृति अमूर्त होती है, अतः उसकी माप नहीं की जा सकती।

(3) अभौतिक संस्कृति–जटिल होती है।

(4) अभौतिक संस्कृति की उपयोगिता एवं लाभ का मूल्यांकन भौतिक वस्तुओं की तरह प्रकट नहीं किया जा सकता।

(5) अभौतिक संस्कृति में परिवर्तन बहुत कम और धीमी गति से होते हैं।

(6) सांस्कृतिक प्रसार के दौरान अभौतिक संस्कृति के तत्वों को उसी रूप में ग्रहण नहीं किया जाता वरन् उनमें थोड़ा बहुत परिवर्तन आ जाता है।

(7) अभौतिक संस्कृति का संबंध मानव के आध्यात्मिक एवं आंतरिक जीवन से है।

भौतिक व अभौतिक संस्कृति में अन्तर
(Distinction Between Material and Non-Material Culture)

भौतिक एवं अभौतिक संस्कृति संपूर्ण संस्कृति के दो अंग हैं। इनमें निम्नांकित अंतर पाये जाते हैं:

(1) भौतिक संस्कृति **सरल** होती है, जबकि अभौतिक संस्कृति की प्रकृति **जटिल** है।

(2) भौतिक संस्कृति का *मूल्यांकन लाभ एवं उपयोगिता के आधार पर* किया जाता है, अभौतिक संस्कृति का **मूल्यांकन** भौतिक वस्तुओं की तरह *उपयोगिता से नहीं किया जा सकता* क्योंकि इसका संबंध मानव के आत्मिक पक्ष से है जिसे महसूस किया जा सकता है, किन्तु मापा नहीं जा सकता।

(3) अभौतिक संस्कृति **अमूर्त** होती है जबकि भौतिक संस्कृति **मूर्त** होती है।

(4) अभौतिक संस्कृति का संबंध मानव के **आन्तरिक जीवन** से है जबकि भौतिक संस्कृति का संबंध **बाह्य जीवन** से।

(5) अभौतिक संस्कृति में वृद्धि **धीमी गति से** होती है जबकि भौतिक संस्कृति में **तीव्र गति** से। उदाहरण के लिए, पिछले डेढ़ सौ वर्ष में कितने ही भौतिक आविष्कार हुए, कितने ही प्रकार की नई मशीनें एवं नयी वस्तुएं बनीं जबकि हमारे विचारों, प्रथाओं, लोकरीतियों, आदि में कोई विशेष परिवर्तन नहीं हुआ है।

(6) अभौतिक संस्कृति भौतिक संस्कृति की अपेक्षा **धीमी गति से** परिवर्तित होती है, अतः वह भौतिक संस्कृति की अपेक्षा **स्थिर** होती है।

(7) अभौतिक संस्कृति की अपेक्षा भौतिक संस्कृति **शीघ्र ग्राह्य** है। जब दो भिन्न सांस्कृतिक समूह संपर्क में आते हैं तो एक-दूसरे की भौतिक संस्कृति शीघ्र स्वीकार कर ली जाती है, बजाय उनकी प्रथाओं एवं रीति-रिवाजों के।

(8) भौतिक संस्कृति के मूर्त होने से उसका **सरलता से माप** किया जा सकता है जबकि अभौतिक संस्कृति के अमूर्त होने से उसका *माप-तौल नहीं किया जा सकता।*

(9) भौतिक संस्कृति **संचयी** होती है, आविष्कारों के कारण उसमें वृद्धि होती जाती है, अभौतिक संस्कृति में भौतिक के समान *संचय एवं वृद्धि नहीं होती है।*

संस्कृति के लक्षण (Attributes of Culture)

संस्कृति को समझने के लिए **मजूमदार** एवं **मदान** ने संस्कृति के कुछ लक्षणों का उल्लेख किया है, जो निम्नांकित हैं:

(1) **संस्कृति और संस्कृति संकुल** (Culture and Culture Complex)—संस्कृति से हमारा तात्पर्य संपूर्ण जीवन-पद्धति से है। इसका निर्माण कई तत्वों से मिलकर होता है, जैसे पूजा, आराधना, कर्मकाण्ड तथा उपकरण, आदि संस्कृति के तत्व हैं। संस्कृति के कुछ तत्व जब अर्थपूर्ण ढंग से जुड़े हुए होते हैं और संपूर्ण संकुल कहते हैं। विभिन्न संस्कृति तत्वों के बीच अन्त:संबंधों के समरूप को भी संस्कृति संकुल कहते हैं। संस्कृति संकुल पर भी हम आगे विस्तार से चर्चा करेंगे।

(2) **संस्कृति बनाम व्यक्ति** (Culture Versus Individual)—**लिण्टन** का मत है कि जो लोग परम्परावादी होते हैं, उनके लिए संस्कृति की भूमिका का निर्देशक-सी होती है। संस्कृति उनके लिए व्यवहार के प्रतिमान तय करती है। यही नहीं बल्कि, संस्कृति उनके व्यक्तिगत और सामाजिक अस्तित्व के लिए आवश्यक सुविधाएं भी प्रदान करती है। संस्कृति मनुष्य के लिए मुक्तिदायिनी है। यह उसे जैविक निर्धारणवाद से मुक्त करती है, किन्तु ऐसा तभी संभव है जब व्यक्ति इसका मूल्य चुकाए, संस्कृति के प्रति अपने दायित्वों को पूरा करे। यदि एक व्यक्ति समाज से लाभ प्राप्त करना चाहता है तो उसे समाज की स्वीकृत जीवन-पद्धति का अनुसरण भी करना पड़ता है। आम आदमी ऐसा ही करता भी है। इसी रूप में संस्कृति मानव की निर्देशक है। यह उसे मुक्त भी करती है और अपने अधीन भी रखती है। मनुष्यों से सदैव यह अपेक्षा की जाती है कि वे समाज को जुड़ता से बचाएं। ऐसा करने के लिए जो तरीके अपनाए जाने चाहिए, वे स्वयं

संस्कृति ही बताती है, उसी की सीमा में रह कर उनका प्रयोग करना होता है। आवश्यकता इतनी है कि कोई व्यक्ति आगे आए और इन साधनों को काम में ले। **टॉयनबी** ऐसे लोगों को 'सृजनशील अल्पसंख्यक' कहता है। ये लोग अपने नये विचारों का परीक्षण संस्कृति के अंतर्गत ही करते हैं। ये संस्कृति को नष्ट नहीं करना चाहते वरन् अपनी रचनात्मक शक्ति द्वारा उसे बदलना चाहते हैं। उपर्युक्त विवरण से स्पष्ट है कि व्यक्ति के लिए संस्कृति एक निर्देशक और व्यक्तियों को अपनी रचनात्मक शक्ति का उपयोग करने की स्वतन्त्रता प्रदान करती है।

(3) **संस्कृति का ईथॉस और ईडॉस पक्ष** (Ethos and Idos Aspect of Culture)–मानवशास्त्री **क्रोबर** ने संस्कृति के दो पक्षों ईथॉस और ईडॉस का उल्लेख किया है। उनका मत है कि प्रत्येक संस्कृति का निर्माण इन दोनों पक्षों से मिलकर होता है। संस्कृति के निर्मायक तत्वों से उसका जो औपचारिक एवं बाह्य रूप प्रकट होता है, उसे ईडॉस (संमूर्तता) पक्ष कहा जाता है। संस्कृति का एक दूसरा पक्ष भी होता है जो उसके गुणों, प्रेरक मान्यताओं (Themes) या लय और उसकी अभिरूचियों को प्रभावित एवं निर्धारित करते हैं, इसे संस्कृति का **ईथॉस** (अमूर्त) पक्ष कहते हैं। **वटेसन** का भी मत है कि प्रत्येक संस्कृति को दो पक्षों में विभक्त किया जा सकता है। इनमें से ईथॉस कहा जाने वाला पक्ष वह है जिसकी रचना संस्कृति की भावात्मकता से होती है। ईडॉस कहे जाने वाले दूसरे पक्ष में संस्कृति के वे पक्ष आते हैं जिनका ज्ञान इन्द्रियों के माध्यम से किया जा सकता है। इस प्रकार हम देखते हैं कि प्रत्येक संस्कृति के दो पहलू होते हैं–एक बाह्य और औपचारिक स्वरूप जो हमें स्पष्ट दिखायी देता है और दूसरा बाह्य स्वरूप को निर्धारित करने वाला आंतरिक गुण एवं सिद्धांत। भारतीय संस्कृति का **ईथॉस** पक्ष (अमूर्त) आध्यात्मवाद है तो **ईडॉस** पक्ष (मूर्त) में जाति, वर्ण व्यवस्था, ग्राम पंचायत व्यवस्था, संयुक्त परिवार प्रथा, आदि आते हैं।

(4) **संस्कृति के प्रकट तथा अप्रकट तत्व** (Explicit and Implicit Elements of Culture)–**क्लूखौन** ने संस्कृति के तत्वों को **'प्रकट'** और **'अप्रकट'** दो भागों में बांटा है। मानव इन्द्रियों के द्वारा हम संस्कृति के प्रकट या बाह्य रूप का ही अवलोकन करते हैं। आंख और कान की सहायता से हम देखकर एवं सुनकर संस्कृति के बाह्य अथवा 'प्रकट' तत्वों के बारे में ही जानकारी प्राप्त कर सकते हैं। दूसरी ओर संस्कृति में कुछ ऐसे 'अप्रकट' तत्व भी होते हैं जिनका अवलोकन और अनुभव प्रशिक्षित व्यक्ति

ही कर सकते हैं। संस्कृति के 'अप्रकट' तत्वों का ज्ञान केवल दक्ष मानवशास्त्रियों द्वारा ही संभव है। इसका कारण यह है कि ये तत्व मानव व्यवहार में निहित अभिप्रेरकों एवं मनोवेगों के रूपों में होते हैं जिनसे कर्ता स्वयं भी प्रायः परिचित नहीं होता और न ही वह कभी ऐसी आवश्यकता पर विचार ही करता है। किसी भी संस्कृति के अध्ययन के दौरान उनके प्रकट एवं अप्रकट दोनों ही तत्वों का उल्लेख किया जाना चाहिए। **कीसिंग** ने भी संस्कृति के इन दोनों पक्षों का उल्लेख किया है वे प्रकट तत्व के अंतर्गत उन पक्षों को गिनते हैं जिन्हें छुआ जा सके, देखा एवं सुना जा सके। ये संस्कृति के मूर्त तत्व के होते हैं, जैसे औजार, भवन, एवं मानव-निर्मित भौतिक वस्तुएं, आदि। अप्रकट तत्व में वे या, मूल्य, प्रेरणा, विश्वास, प्रकार्य एवं समन्वय, आदि को सम्मिलित करते हैं जिनका कोई मूर्त रूप नहीं होता।

(5) **संस्कृति निर्धारणवाद** (Culture Determinism)–कार्ल मार्क्स ने बताया कि सांस्कृतिक विचारधाराएं, सामाजिक एवं राजनीतिक संरचनाएं सभी आर्थिक कारणों के द्वारा ही निर्धारित होते हैं। इसके विपरीत संस्कृति-निर्धारणवादियों का मत है कि समाज, आर्थिक संगठन और राजनीतिक व्यवस्थाएं सभी कुछ संस्कृति के द्वारा ही निर्धारित होते हैं। **टॉयलर** का मत है कि समाज के सदस्य होने के नाते मनुष्य को संस्कृति प्राप्त होती है, किन्तु संस्कृति-निर्धारणवादी मानते हैं कि संस्कृति की अभिवृद्धि एवं क्रियाशीलता स्वयं संस्कृति के अपने नियमों द्वारा संचालित होती है। संस्कृति की व्याख्या करने के लिए मानव शारीरिकी, मानव-मनोविज्ञान और मानव-समाज इतने सक्षम नहीं है। संस्कृति निर्धारणवाद समाज के सभी पक्षों, धर्म, राजनीति, अर्थव्यवस्था, आदि को परिवर्तित एवं निर्धारित करने में संस्कृति को ही प्रमुख मानते हैं। संस्कृति निर्धारणवादियों में **लेसली ह्वाइट** प्रमुख हैं। उनका मत है कि संस्कृति के विकास में ऊर्जा ने महत्वपूर्ण भूमिका निभयी है। ऊर्जा के साधनों में परिवर्तन के साथ-साथ संस्कृति और समाज में भी परिवर्तन होता है, किन्तु संस्कृति निर्धारवादी संस्कृति को ही सब कुछ मानकर अतिवादी हो गये हैं। मानव केवल संस्कृति का दास ही नहीं उसका निर्माता और वाहक भी है।

(6) **संस्कृति और सभ्यता** (Culture and Civilization)–सभ्यता और संस्कृति में क्या अन्तर एवं संबंध है। इस बारे में भी विद्वानों में मत भिन्नता है। उद्‌विकासवादी विचारक **मॉर्गन** का मत है। ये हैं: जंगली अवस्था, बर्बावस्था एवं सभ्यता की अवस्था। इस प्रकार मॉर्गन के अनुसार सभ्यता

समाज के उद्विकास की एक अवस्था है जिनमें नगरों का जन्म हुआ, लेखन कला, धातुकर्म एवं विज्ञान, आदि का विकास हुआ। इस प्रकार मानवशास्त्रियों ने सभ्यता का प्रयोग एक विशेष प्रकार की संस्कृति के लिए किया है।

जर्मन आदर्शवाद और इनसे प्रभावित मैकाइवर जैसे अमेरिकन समाजशास्त्री और सभ्यता के बीच एक विशेष प्रकार का अन्तर करते हैं। ये संस्कृति को मनुष्य की नैतिक, आध्यात्मिक और बौद्धिक उपलब्धि मानते हैं। इनकी दृष्टि में संस्कृति प्रतीकों और मूल्यों की परिचायक है। यह प्राथमिक और आधारभूत वस्तु है, हमारे अन्तर में विद्यमान है। और जो कुछ हम हैं, वहीं संस्कृति है। यह प्रगति और अवनति दोनों के लिए उत्तरदायी है। सभ्यता गौण है। यह हमसे बाहर स्थित है। प्रौद्योगिकी, भौतिक संस्कृति और सामाजिक संस्थाओं से इसकी रचना होती है। यह सांस्कृतिक जीवन के लिए साधन या उपकरण है। यह संचयशील है। अपने आप न तो इसकी प्रगति होती है और न अवनति ही। संस्कृति अमूर्त है तो सभ्यता मूर्त। सभ्यता एवं संस्कृति के अन्तर एवं संबंधों की व्याख्या आगे विस्तार से की गयी है।

संस्कृति के उपादान (Components of Culture)

संस्कृति का निर्माण करने वाले प्रमुख अंग या उपादान निम्नांकित हैं:

(1) सांस्कृतिक तत्व (Culture Trait)

संस्कृति की वह छोटी से छोटी इकाई जिसका और अधिक विभाजन नहीं किया जा सके, सांस्कृतिक तत्व कहलाता है। जिस प्रकार से पदार्थ की छोटी से छोटी इकाई परमाणु है, शरीर की छोटी से छोटी, इकाई कोष तथा सामाजिक संरचना की परिवार है, उसी प्रकार कोष तथा सामाजिक संरचना की परिवार है, उसी प्रकार से "संस्कृति की सबसे छोटी अविभाज्य इकाई संस्कृति-तत्व है।" इसकी परिभाषा करते हुए **डॉ. दुबे** लिखते हैं, "संस्कृति-तत्वों को हम संस्कृति के गठन की सरलतम व्यावहारिक इकाइयाँ मान सकते हैं।" **हरस्कोविट्स** इसे एक निर्दिष्ट संस्कृति में पहचानी जाने वाली सबसे छोटी इकाई मानते हैं। **क्रोबर** भी इसे 'संस्कृति का अल्पतम परिभाषित तत्व' कहते हैं। **जेकब्स** तथा **स्टर्न** के अनुसार, "सांस्कृतिक तत्व संस्कृति की वह आविष्कृत तथा हस्तांतरित इकाइयां हैं जिनको विवरण या सैद्धान्तिक अध्ययन के लिए विभिन्न भागों में विभाजित नहीं किया जा सकता।"

उपर्युक्त परिभाषाओं से स्पष्ट है कि सांस्कृतिक तत्व किसी भी संस्कृति की सबसे छोटी एवं अविभाज्य इकाई है। संस्कृति के भौतिक एवं अभौतिक दोनों ही

पक्ष हैं, इसलिए सांस्कृतिक तत्व भी भौतिक व अभौतिक दोनों ही प्रकार के होते हैं। भौतिक पक्ष में हम घड़ी, रेड़ियो, पेन, पंखा, साइकिल, चाकू, टेबल, रूमाल, आदि अनेक वस्तुओं को सम्मिलित करते हैं। अभौतिक क्षेत्र में किसी भी संकेत वस्तुओं को सम्मिलित करते हैं। अभौतिक क्षेत्र में किसी भी संकेत, शब्द, विचार, किसी एक रीति, प्रथा, आदि को सांस्कृतिक तत्व कहेंगे।

सांस्कृतिक तत्व के अविभाज्य होने का यह तात्पर्य नहीं है कि उसका और विभाजन नहीं हो सकता वरन् इसका यह अर्थ है कि उसका विभाजन होने पर वह अर्थपूर्ण नहीं रह जायेगा। उदाहरण के लिए, पेन एक सांस्कृतिक तत्व है। यदि हम इसका और विभाजन कर इसकी निब, पोला, आदि को अलग कर देते हैं तो यह विभाजन अर्थपूर्ण इकाई के रूप में नहीं होगा। अत: सांस्कृतिक तत्वों की रचना में भी जटिलता होती है और उनका निर्माण भी तत्वों से मिलकर होता है जैसे घड़ी का निर्माण कई पुर्जों से होता है, रेडियों और पंखे में भी कई पुर्जे होते है, साइकिल के भी अनेक पुर्जे हैं। अत: स्पष्ट है कि सांस्कृतिक तत्व मानव के काम आने की दृष्टि से सबसे सरल, छोटी, और आगे विभाजित न होने वाली इकाई है।

मानवशास्त्रियों ने संस्कृति के विभिन्न अंगों की व्याख्या की है। सन् 1917 में **विसलर** ने अपनी पुस्तक **'मैन एण्ड कल्चर'** में अमेरिका की इण्डियन संस्कृतियों का अध्ययन प्रस्तुत किया, उसी दौरान आपने संस्कृति की रचना का उल्लेख किया और उसके दो मुख्य अंग बताये–प्रथम संस्कृति तत्व एवं द्वितीय संस्कृति-संकुल। विसलर के बाद अनेक मानवशस्त्रियों ने 'संस्कृति के विभिन्न अंगों एवं संरचना का उल्लेख किया। सांस्कृतिक तत्व की कुछ प्रमुख विशेषताएं इस प्रकार हैं:

(अ) प्रत्येक सांस्कृतिक तत्व का एक इतिहास होता है जो उसकी उत्पत्ति को प्रकट करता है। उदाहरण के लिए, हवाई जहाज का भी एक इतिहास है जो इसके निर्माण एवं विकास की कहानी बताता है।

(ब) सांस्कृतिक तत्व, संस्कृति की तरह ही स्थिर नहीं होता है वरन् उसमें परिवर्तन एवं गतिशीलता पायी जाती है। किसी अन्य सांस्कृतिक समूह के संपर्क में आने पर ये तत्व बदलते रहते हैं और कभी-कभी में आने पर ये तत्व बदलते रहते हैं और कभी-कभी सांस्कृतिक तत्वों में परिवर्तन संस्कृति रचना में परिवर्तन ला देता है।

(स) सांस्कृतिक तत्व पृथक्-पृथक् नहीं रहते वरन् अन्य तत्वों के साथ घुल-मिलकर रहते हैं। अनेक सांस्कृतिक तत्वों का अध्ययन संपूर्ण संस्कृति को अर्थपूर्ण बनाता है।

सांस्कृतिक तत्व का अध्ययन संपूर्ण संस्कृति को समझने के लिए आवश्यक है। ये ही वे मूल आधार हैं जिन पर संपूर्ण संस्कृति टिकी हुई है। इनके आधार पर ही दो संस्कृतियों की तुलना संभव है। लिगफोर्ड, क्रोबर, रे एवं क्लिमेक, आदि ने सांस्कृतिक तत्वों के आधार पर ही विभिन्न संस्कृतियों का अध्ययन किया। टॉयलर एवं बोआस ने भी सांस्कृतिक तत्वों के आधार पर विभिन्न संस्कृतियों का तुलनात्मक अध्ययन कियसा। किसी भी संस्कृति का अध्ययन सांस्कृतिक तत्वों के सहारे करना इतना सरल नहीं है क्योंकि सांस्कृतिक तत्व एक-दूसरे से इतने घुले-मिले होते हैं कि उन्हें अलग करके मूल्यांकन करना बड़ा कठिन है।

(2) **संस्कृति संकुल (Culture Complex)**

जिस प्रकार कई कोषों (Cells) से मिलकर एक अंग बनता है, कई परिवारों से एक समुदाय बनता है, कई परमाणुओं से एक अणु बनता है, उसी प्रकार कई सांस्कृतिक तत्वों से मिलकर एक सांस्कृतिक-संकुल बनता है, किन्तु ये सांस्कृतिक तत्व अव्यवस्थित रूप से संबंद्ध न होकर अर्थपूर्ण ढंग से परस्पर बंधे होते हैं। **डॉ. दुबे** इसे परिभाषित करते हुए लिखते हैं, "संस्कृति संकुल, जैसा कि इसके नाम से ही स्पष्ट है, समान धर्मों अथवा पूरक संस्कृति-संकुल सांस्कृतिक तत्वों का वह समग्र समूह है जो कि इनके अर्थपूर्ण ढंग से परस्पर संबंधित होने से बनता है।"

उपर्युक्त परिभाषाओं से स्पष्ट है कि *जब सांस्कृतिक तत्व परस्पर अर्थपूर्ण ढंग से जुड़ जाते हैं और वे मानव आवश्यकताओं की पूर्ति करते हैं तो उसे हम सांस्कृतिक-संकुल कहते हैं।* उदाहरण के लिए, हॉकी का खेल एक सांस्कृतिक संकुल है जो गेंद, स्टिक, गोल के खम्भे, रेफ्री की सीटी, खिलाड़ियों की पोशाक, खेल के विभिन्न नियमों, फील्ड को प्रदर्शित करने वाली झण्डियों, आदि अनेक सांस्कृतिक तत्वों से मिलकर बना है। ये सब तत्व परस्पर विशेष अर्थों में उसी तरह से जुड़े हुए हैं जिस प्रकार से कई फूल मिलकर गुलदस्ते का निर्माण करते हैं। नागाओं में नरमुंण्ड प्राप्ति (Head hunting) एक सांस्कृतिक-संकुल है जिसमें अनेक धार्मिक एवं सामाजिक क्रियाओं के रूप से सांस्कृतिक तत्व सम्मिलित हैं। इसी प्रकार से हम युद्ध, यौन-संगठन, भाषा, विवाह, आदि को सांस्कृतिक-संकुल के रूप में देख सकते हैं।

सांस्कृतिक-तत्वों एवं संकुलों से मिलकर ही एक संस्कृति विशेष का विकास होता है। **पारसन्स** ने प्यूबलो इण्डियनों के धार्मिक अनुष्ठानों और **बेनेडिक्ट** ने उत्तरी अमेरिका में संरक्षक प्रेतात्मा (Guardian Spirit) के चारों ओर केन्द्रित अनुष्ठानों और विश्वासों के संकुलों का अध्ययन किया है।

(3) संस्कृति प्रतिमान (Culture Pattern)

गेस्टाल्ट' मनोविज्ञान के सिद्धांतों एवं मैलिनोवस्की के संस्कृति-सिद्धांत से प्रभावित होकर **रूथ बेनेडिक्ट** ने अपनी पुस्तक **"पैटर्न्स ऑफ कल्चर"** में संस्कृति प्रतिमान की अवधारणा को विकसित किया। संस्कृति प्रतिमान की अवधारणा संस्कृति की मूलभूत प्रेरणाओं और आदर्शों का अध्ययन करती है जो कि संस्कृति को एक विशेष दिशा एवं स्वरूप देते हैं। रूथ बेनेडिक्ट ने संस्कृति प्रतिमान की अवधारणा का उल्लेख तीन संस्कृतियों प्यूबलो, डोबू एवं क्वाकिउट्ल के अध्ययन के दौरान किया है। एक संस्कृति प्रतिमान में संस्कृति तत्व एवं संकुल एक विशेष प्रकार से व्यवस्थित होते हैं। जिस प्रकार से घड़ी, रेडियो, मकान, आदि की विभिन्न इकाइयां एक निश्चित तरीके से सुसज्जित हैं, उनमें एक क्रम एवं व्यवस्था है, उसी प्रकार से संस्कृति-संकुल जब एक विशिष्ट ढंग से व्यवस्थित हो जाते हैं तो वे संस्कृति-प्रतिमान का निर्माण करते हैं। कई संस्कृति प्रतिमानों के व्यवस्थित संगठन से एक संपूर्ण संस्कृति निर्मित होती है। **हरस्कोविट्स** के अनुसार, "संस्कृति-प्रतिमान एक संस्कृति के तत्वों का वह डिजाइन है जो कि उस समाज के सदस्यों के व्यक्तिगत व्यवहार प्रतिमान के माध्यम से व्यक्त होता हुआ जीवन के इस तरीके को संबद्धता, निरंतरता एवं विशिष्टता प्रदान करता है।" बेनेडिक्ट प्रतिमानों को 'आदर्श' या प्रेरक सिद्धांत के रूप में स्वीकार करती हैं, जो मानव व्यवहार को निर्धारित करते हैं। प्रत्येक संस्कृति में हमें कुछ मूलभूत प्रेरणाएं, आदर्श या सिद्धांत देखने को मिलेंगे जो दूसरी संस्कृतियों से भिन्न होंगे। इन आदर्शों या सिद्धांतों को सभी लोग स्वीकार करते हैं एवं उन्हें सीखते हैं जिससे लोगों के व्यवहारों में एकरूपता उत्पन्न होती है। उदाहरण के लिए, प्यूबलो इण्डियन लोगों की संस्कृति में सुव्यवस्था एवं अनुशासन पर जो दिया जाता है एवं व्यक्तिगत दिखावे को अनुचित माना जाता है। इसके विपरीत, डोबू संस्कृति में भिन्न प्रकार के आदर्श, सिद्धांत एवं जीवन-प्रणाली दिखायी देते हैं। वहाँ के लोग शंकालु, धोखेबाज, अपने को एवं अपनी धारणाओं को दूसरों से श्रेष्ठ मानने वाले तथा संघर्षशील प्रकृति के हैं। क्वाकिउट्ल संस्कृति के लोग अपनी महत्ता के स्वप्न देखते हैं और बड़प्पन दिखाने के लिए विभिन्न प्रकार के प्रदर्शन करते हैं और बड़प्पन दिखाने के लिए विभिन्न प्रकार के प्रदर्शन करते हैं। बड़प्पन और दिखावे की परंपरा ने यहां के लोगों के जीवन को काफी व प्रभावित किया है।

इस संदर्भ में डॉ. दुबे बेनेडिक्ट से भिन्न मत प्रकट करते हुए लिखते हैं कि "संसार की बहुत थोड़ी संस्कृतियां ऐसी होगी जिनमें एक विशिष्ट सिद्धांत संस्कृति के प्रत्येक पक्ष को अनुप्राणित एवं पूर्ण रूप में संचालित करता हो।" संस्कृतियां

ऊपरी तौर पर जितनी सरल एवं आकर्षक प्रतीत होती हैं, वास्तव में वे उससे अधिक जटिल हैं, उनके जीवन की विभिन्न गतिविधियों एवं प्रवृत्तियों को किसी एक सिद्धांत अथवा आदर्श के द्वारा नहीं समझा जा सकता।

(4) संस्कृति क्षेत्र (Culture Area)

किसी भी संस्कृति के अध्ययन में उसके भौगोलिक पक्ष की अवहेलना नहीं की जा सकती। प्रत्येक संस्कृति एवं निश्चित भौगोलिक क्षेत्र तक ही विस्तृत होती है। यदि हम एशिया या यूरोप महाद्वीप की यात्रा करें तो हमें अनेक प्रकार की संस्कृतियों के क्षेत्र देखने को मिलेंगे। यदि हम इन संस्कृतियों की तुलना करें तो पायेंगे कि इन संस्कृतियों में जो भौगोलिक दृष्टि से निकट हैं, दूर की संस्कृतियों की तुलना मे अधिक समानता है। इससे स्पष्ट है कि सांस्कृतिक तत्वों, संकुलों एवं प्रतिमानों का प्रसार एक निश्चित भौगोलिक क्षेत्र तक होता है जिसे हम सांस्कृतिक क्षेत्र कहते हैं। *सांस्कृतिक क्षेत्र की अवधारणा का प्रयोग सर्वप्रथम विसलर ने अमरीकी इण्डियन संस्कृतियों के अध्ययन के दौरान किया था।* हरस्कोविट्स, क्रोबर, सापिर, आदि ने भी सांस्कृतिक क्षेत्र की अवधारणा का प्रयोग संस्कृतियों के अध्ययन में किया और विभिन्न महाद्वीपों को सांस्कृतियों के अध्ययन में किया और विभिन्न महाद्वीपों को सांस्कृंतिक क्षेत्रों में विभाजित किया। सांस्कृतिक क्षेत्र को परिभाषित करते हुए **डॉ. दुबे** लिखते हैं, "कतिपय संस्कृति तत्व या सांस्कृतिक-संकुल एक विशेष भौगोलिक क्षेत्र में फैलकर संस्कृति-क्षेत्र का निर्माण करते हैं।" **हरस्कोविट्स** के अनुसार, "वह क्षेत्र जिसमें समान संस्कृतियां पायी जाती हैं एक संस्कृति क्षेत्र कहलाता है।" **हॉबल** के शब्दों में, "एक संस्कृति क्षेत्र भौगोलिक क्षेत्र के उस भाग के रूप में परिभाषित किया जा सकता है जिससे संस्कृति इतनी मात्रा में समानता प्रकट करती है जिससे संस्कृति इतनी मात्रा में समानता प्रकट करती है कि उसे उन संस्कृतियों से पृथक कर देती है जो क्षेत्र के बाहर हैं।"

विसलर एवं क्रोबर ने अमरीका के आदिवासी क्षेत्रों को पंद्रह स्वतंत्र सांस्कृति क्षेत्रों में विभाजित किया। ऐसा ही प्रयास अफ्रीका के लिए हरस्कोविट्स ने किया और उसे नौ सांस्कृतिक क्षेत्रों में विभाजित किया। विसलर का कहना है कि यदि हम नयी दुनिया के आदिवासियों को उनके सांस्कृति तत्वों के आधार पर विभाजित करें तो हमें खाद्य क्षेत्र, वस्त्र और धर्म क्षेत्र देखने को मिलेंगे। चूंकि संस्कृति की तुलना में सीखने के अवसर अधिक होते हैं। संस्कृति-तत्व एवं संकुल एक स्थान से दूसरे स्थान पर प्रसारित हो हैं किन्तु दूर तक फैसले के दौरान वे अपनी कई मूल बिशेषताएं खो देते हैं एवं नवीन स्थानीय विशेषताएं अपना लेते हैं। अतः संस्कृति-तत्व एवं संस्कृति-संकुल मूल रूप में एक सीमित क्षेत्र में वह केंद्र, ढूंढ़ा

जा सकता है जहां संस्कृति-तत्वों के प्रसार में घने जंगल, रेगिस्तान, महासागर, पर्वत, आदि प्रमुख बाधाएं हैं तथा यातायात एवं संचार के साधन सहायक हैं।

संस्कृति क्षेत्र की अवधारणा सांस्कृतिक समानताओं के भौगोलिक क्षेत्र को प्रकट करती है जिसके आधार पर विभिन्न संस्कृतियों की तुलना की जा सकती है। **हरस्कोविट्स** लिखते हैं, "संस्कृति क्षेत्र महत्वपूर्ण है, चूंकि यह, यह दिखाता है कि किस प्रकार से आन्तरिक संगठन की भांति भूमि के विस्तार में भी मानव सभ्यता की एकताएं कायम रहती हैं।" संस्कृति-क्षेत्र की अवधारणा से उन केन्द्रों को ज्ञात करना सरल हो जाता है जहाँ संस्कृति-तत्व एवं संस्कृति-संमुल अपने युद्ध रूप में पाये जाते हैं। वर्तमान में संस्कृति क्षेत्र की सीमा निर्धारण का कार्य कठिन होता जा रहा है क्योंकि यातायात एवं संचार के साधनों ने इसकी सीमा तोड़ दी है। आज संपूर्ण विश्व में अनेक समान संस्कृति तत्व पनप रहे हैं। यहाँ यह ध्यान रखना जरूरी है कि संस्कृति-क्षेत्र की अवधारणा संस्कृतियों के अध्ययन के लिए उपयोगी यंत्र है, एक युक्ति है जो विद्यार्थियों को एक संस्कृति विशेष का विस्तार ज्ञात करने एवं उससे संबंधित आंकड़ों के संकलन में योग देती है।

संस्कृति का संगठन (एकीकरण) (Integration of Culture)

संस्कृति की संरचना कई सांस्कृतिक तत्वों, संकुलों और प्रतिमानों से मिल कर बनी होती है, किन्तु इन इकाइयों को संकलित कर देने मात्र से ही किसी संस्कृति का निर्माण नहीं होता है वरन् उनाक परस्पर एक-दूसरे से अर्थपूर्ण ढंग से जुड़ा होना भी आवश्यक है। उनका एक संगठन होना चाहिए। जिस प्रकार से साइकिन या घड़ी के पुर्जों को एकत्रित कर एक स्थान पर ढ़ेर लगा देने मात्र से ही साइकिल या घड़ी का निर्माण नहीं हो जाता वरन् उनमें पारस्परिक संबद्धता एवं निर्भरता भी होनी चाहिए। ऐसी स्थिति में ही साइकिल या घड़ी का एक संगठन बनेगा। यही बात हम संस्कृति के संदर्भ में भी कह सकते हैं।

उद्विकासवादियों एवं प्रसारवादियों ने सांस्कृतिक-तत्वों के ऐतिहासिक अध्ययन पर बल दिया। इसके विपरीत, एकीकरण या संगठनवादियों (Integrationists) ने सांस्कृतिक-तत्वों के 'प्रकार्य' (function) पर जोर दिया है। एकीकरणवादियों का मत है कि वह संस्कृति के प्रत्येक तत्व का कोई न कोई प्रकार्य अवश्य होता है और अन्य सांस्कृतिक तत्वों न कोई प्रकार्य अवश्य होता है और अन्य सांस्कृतिक तत्वों से भी उसका संबंध होता है। इसी कारण उस तत्व का संस्कृति मे अस्तित्व पाया जाता है। सांस्कृतिक तत्वों के प्रकार्यों के कारण ही वे परस्पर संगठित या एकीकृत हो जाते हैं इसे ही हम सांस्कृतिक संगठन या एकीकरण कहते हैं। जिस प्रकार से शरीर के अंगों का एकीकरण होता है, ठीक उसी प्रकार से संस्कृति के

तत्वों का एकीकरण न होकर कुछ शिथिल होता है। प्राणीशास्त्रीय एवं सांस्कृतिक एकीकरण में भेद बताते हुए **क्रोबर** लिखते हैं, "सांस्कृतिक एकीकरण या मानवीय सामाजिक एकीकरण कुछ लचीला व ढीला होता है। यह विभिन्न अंगों, अधिकतर भीतर की ओर प्रवाहित होने वाले अंगों को कार्य के लिए उचित बनाने के लिए व्यवस्थापन है।"

सांस्कृतिक विलम्बना (पिछड़न) (Cultural Lag)

अमरीकन समाजशास्त्री **ऑगबर्न** (W. F. Ogburn) ने सांस्कृतिक विलम्बना या सांस्कृतिक पिछड़ना की उपकल्पना के माध्यम से सामाजिक परिवर्तन में सांस्कृतिक कारकों की भूमिका को समझाने का प्रयत्न किया है। अंग्रेजी के 'Lag' शब्द का अर्थ है–लगड़ाना या एक वस्तु का दूसरी से पीछे रह जाना अथवा एक वस्तु का दूसरी वस्तु के साथ आगे बढ़ने में विलम्ब या देर करना। ऑगबर्न ने सांस्कृतिक विलम्बना की अवधारणा का प्रयोग लगभग इन्हीं अर्थों में किया है। ऑगबर्न ने अपनी पुस्तक 'Social Change' में 1922 में सामाजिक परिवर्तन के 'सांस्कृतिक विलम्बना नामक सिद्धांत का प्रतिपादन किया। उन्होंने संस्कृति।

भौतिक को दो भांगों में बांटा–भौतिक एवं अभौतिक संस्कृति। भौतिक संस्कृति के अन्तर्गत हजारों भौतिक वस्तुओं; जैसे वायुयान, रेल, पंखा, घड़ी, बर्तन, फर्नीचर, वस्त्र, पुस्तकें, आदि आते हैं जबकि अभौतिक में धर्म, कला दर्शन, ज्ञान, विज्ञान, विश्वास, साहित्य, आदि आते हैं। ऑगबर्न की मान्यता है कि पिछले कुछ वर्षों में दोनों ही संस्कृतियों में बहुत विकास हुआ है। उनका मत है कि अभौतिक संस्कृति में बहुत परिवर्तन हुए हैं। इस कारण भौतिक संस्कृति तीव्र गति से बदलती है। पिछले कुछ वर्षों में आविष्कारों के कारण भौतिक संस्कृति में बहुत परिवर्तन हुए हैं। इस कारण भौतिक संस्कृति आगे बढ़ गयी और उससे संबंधित या उस पर निर्भर अभौतिक संस्कृति में परिवर्तन की गति मंद रही, इस स्थिति को ही ऑगबर्न सांस्कृतिक पिछड़न कहते हैं। अभौतिक संस्कृति में परिवर्तन होने में पर्याप्त समय लगता है। यह समय कितना लगेगा और अभौतिक संस्कृति भौतिक संस्कृति से कितना पिछड़ जायेगी, यह अभौतिक संस्कृति की प्रकृति पर निर्भर करता है। यह पिछड़न कई वर्षों तक भी रह सकती है जिससे संस्कृति में व्यवस्था उत्पन्न हो जाती है।

सांस्कृतिक विलम्बना को स्पष्ट करते हुए **फेयर चाइल्ड** लिखते हैं, "संस्कृति के अन्तः संबंधित अथवा अन्योन्याश्रित दो भागों के परिवर्तन की गति में समकालीनता के अभाव को 'सांस्कृतिक पिछड़न' कहा जायेगा जिससे संस्कृति में अव्यवस्था या कुसमायोजन उत्पन्न हो जाता है।"

इस परिभाषा से स्पष्ट कि *भौतिक संस्कृति का आगे बढ़ जाना व अभौतिक का पीछे रह जाना ही 'सांस्कृतिक विलम्बना' कहलाता है।* यह दशा संस्कृति में असंतुलन की दशा है। इस असंतुलन को सामाप्त करने के लिए सामंजस्य तथा अनुकूलन का प्रयत्न किया जाता है, इस दौरान समाज में भी परिवर्तन होते हैं। इसी प्रकार से जब इन दो संस्कृतियों में असंतुलन पैदा होता है तो समाज पर भी उसका प्रभाव पड़ता है, उसमें भी परिवर्तन आते हैं।

ऑगबर्न लिखते हैं, "आधुनिक संस्कृति के विभिन्न भाग समान गति से परिवर्तित नहीं हो रहे हैं। कुछ भागों में दूसरों की अपेक्षा अधिक तीव्र गति से परिवर्तन हो रहे हैं और चूंकि संस्कृति के सभी भाग एक दूसरे पर निर्भर और एक दूसरे से संबंधित हैं, अत: संस्कृति के एक भाग में होने वाले तीव्र परिवर्तन से दूसरे भागों में भी अभियोजन (Readjustment) की आवश्यकता होती है।" स्पष्ट है कि भौतिक संस्कृति अभौतिक संस्कृति (भौतिक) आगे बढ़ जाती है तथा दूसरी (अभौतिक) पिछड़ जाती है। उदाहरण के रूप में, वर्तमान समय में मशीनों एवं कलपूर्जों का विकास तो खूब हुआ, किन्तु उसी गति से अभौतिक संस्कृति के तत्वों जैसे धर्म, साहित्य, दर्शन व कला का विकास नहीं हुआ है। परिणामस्वरूप अभौतिक संस्कृति पिछड़ गयी है। सांस्कृतिक पिछड़न को स्पष्ट करने के लिए **ऑगबर्न** ने कई उदाहरण दिय हैं; जैसे वर्तमान समय में वैज्ञानिक प्रगति के कारण मशीनीकरण एवं औद्योगीकरण में प्रगति हुई है, अनेक नये व्यवसाय पनपे हैं, किन्तु उनकी तुलना में श्रम-कल्याण के नियमों एवं संस्थाओं का विकास धीमी गति से हुआ है। इसी प्रकार से सड़क यातायात तो बढ़ा है, किन्तु सड़क के नियम बाद में बने, कृषि करने के नवीन यंत्रों एवं साधनों का विकास तो हुआ है पर भूमि सुधार के कानून तो देर से बने हैं। इस प्रकार भौतिक और अभौतिक संस्कृति में असंतुलन पैदा हो गया है। और उनमें अनुकूलन नहीं हो पाया है।

लम्ले ने सांस्कृतिक पिछड़न को स्पष्ट करते हुए लिखा है कि ऐसा मालूम पड़ता है कि बहुत-से पैदल चलने वाले व्यक्ति या सेना की एक टुकड़ी कदम मिलाकर नहीं चल रही हो या एक संगृहीत समूह में कुछ लोग पिछले वर्ष का और कुछ पिछली शताब्दी का अथवा और अधिक प्राचीन काल का सांस्कृतिक संगीत बजा रहे हों।

भारत में सांस्कृतिक विलम्बना सिद्धांत की उपयुक्तता (Relevance of Cultural Lag Theory in India)

प्रश्न उठता है कि क्या भारतीय समाज में सांस्कृतिक विलम्बना की अवधारणा लागू होती है अथवा नहीं। इस संदर्भ में **बॉटोमोर** का मत है कि सांस्कृतिक पिछड़न

का यह सिद्धांत भारत में पूरी तरह लागू होता है, विगत वर्षों में भारत में यातायात के साधन बढ़े हैं, नवीन उद्योगों की स्थापना हुई है, मशीनों की सहायता से उत्पादन होने लगा है, कृषि में उन्नत बीजों, खादों एवं यंत्रों का प्रयोग होने लगा है, ये सभी संस्कृति के भौतिक पक्ष में परिवर्तन है, किन्तु दूसरी ओर भारत में धर्म, दर्शन, प्रथाओं, विश्वासों, रीति-रिवाजों, संस्थाओं, आदि में उसी गति से परिवर्तन नहीं हुए हैं, अतः अभौतिक संस्कृति पिछड़ गयी है। आधुनिक शिक्षा प्राप्त महिलाएं अंग्रेजी में गिटर-पिटर करती हैं, आधुनिक ढंग से बाल संवारती और वस्त्र पहनती हैं, ऊंची एड़ी के सैंडिल पहनकर रसोई में गैस के चूल्हे पर कुकर में खाना पकाती हैं, रूप सज्जा के लिए क्रीम पाउडर, लैक्टो केलोमिन, आई-ब्रो एवं अन्य प्रसाधनों का प्रयोग करती हैं। घर में टी.वी. देखतीहैं और टेलीफोन पर बात करती हैं, किन्तु उनके विचारों में (जो कि अभौतिक संस्कृति है) भौतिक प्रगति के अनुरूप परिवर्तन नहीं हो पाये हैं। वे अब भी घूंघट निकालती हैं, करवा चौथ का व्रत रखती हैं, अपने पति के नाम का उच्चारण नहीं करती हैं, बच्चों को घर से बाहर भेजने पर नजर से बचाने के लिए उनके काला टीका लगाती हैं तथा कई धार्मिक अन्धविश्वासों के अनुसार आचरण करती हैं। स्त्री-पुरुष के समानता के विचार पुस्तकों में ही अच्छे लगते हैं, दैनिक जीवन के लिए उसका पति ही परमेश्वर है।

इसी प्रकार से हमने उत्पादन के लिए नवीन मशीनों का उपयोग किया है, किन्तु दीपावली पर इन मशीनों की भी लक्ष्मी के रूप में पूजा करते हैं। ट्रकों द्वारा सामान ले जाने एवं ट्रैक्टर द्वारा खेती का कार्य किया जाता है, लेकिन इन्हें खरीद कर घर लाने पर इनकी पूजा की जाती है, इन पर स्वास्तिक का चिन्ह बनाया जाता है। नजर से बचाने के लिए इन पर काली चोटी या जूता लटकाया जाता है तथा 'बुरी नज़र वाले तेरा मुंह काला' जैसे वाक्य लिखाये जाते हैं। यातायात के लिए हम बस, रेल, जहाज और हवाई जहाज का प्रयोग करते हैं, किन्तु आज भी जाति-प्रथा एवं छूतछात से हम मुक्ति नहीं पा सके हैं। हम मंगलवार, पूर्णिमा एवं एकादशी का व्रत स्वास्थय के कारण नहीं रखते वरन् इनके पीछे हमारी धार्मिक भावनाएं हैं। हम ईश्वर को प्रसन्न करने के लिए व्रत रखते हैं।

कई अध्यापक, इंजीनियर, डाक्टर और शिक्षित लोग बीमार पड़ने पर कुशल डाक्टर की सेवाओं का उपयोग करेंगे, किन्तु साथ ही वे अपने स्वस्थ होने के लिए पूजा-पाठ, हवन एवं ताबीज भी करवायेंगे तथा ज्योतिषी से अपने ग्रहों एवं नक्षत्रों की स्थिति भी पूछेंगे। **डॉ. एम. एन. श्रीनिवास** ने लिखा है कि केरल व तमिलनाडु के ऋतु विज्ञान की प्रयोगशाला में काम करने वाले वैज्ञानिक दिन के उस भाग में जब राहु ग्रह का प्रभाव हो तो कोई भी शुभ कार्य शुरू नहीं करेंगे।

राजनेताओं व व्यापारियों पर भी हम ज्योतिष का प्रभाव देख सकते हैं। विवाह से पूर्व हम लड़के व लड़की की जन्म-कुण्डलियों का मिलान कराते हैं। घर से बाहर निकलने पर शुभ-अशुभ का हिसाब लगाते हैं, छींक होने या बिल्ली के द्वारा रास्ता काट जाने पर पुनः घर लौट आते हैं। भारतीय छात्र आधुनिक शिक्षा ग्रहण कर रहे हैं, किन्तु परीक्षा में पास होने और उत्तम अंक लाने के लिए व्रत रखते हैं और हनुमानजी को प्रसाद चढ़ाते हैं। उपर्युक्त सभी उदाहरणों से स्पष्ट है कि भारत में भौतिक संस्कृति ने तो बहुत प्रगति की है किन्तु उससे संबंधित अभौतिक सांस्कृत तत्व उसी के अनुरूप में परिवर्तित नहीं हो पाये हैं। इसका कारण यह है कि भौतिक संस्कृति में नवीन तत्वों को ग्रहण करना और उनका उपयोग करना तो सरल है किन्तु विचारों, विश्वासों, मूल्यों, मनोवृत्तियों एवं प्रथाओं में उसी गति से परिवर्तन स्वीकार करना कठिन है। इस स्थिति ने भारत में सांस्कृतिक विलम्बना उत्पन्न कर दी है।

संस्कृतिक विलम्बना के कारण (Causes of Cultural Lag)

इस संदर्भ में यह प्रश्न उठता है कि सांस्कृतिक विलम्बना क्यों उत्पन्न होती है ? ऐसा क्यों होता है कि संस्कृति का भौतिक पक्ष तीव्रता से परिवर्तित हो जाता है, किन्तु अभौतिक पक्ष मंद गति से या बिल्कुल ही परिवर्तित नहीं होता ? **ऑगबर्न** ने सांस्कृतिक विलम्बना की स्थिति के लिए उत्तरदायी कुछ कारणों का भी उल्लेख किया है:

(1) **संस्थाओं द्वारा परिवर्तन का विरोध**–मैरिल का मत है कि कई बार सामाजिक संस्थाओं द्वारा भी नवीन परिवर्तनों का विरोध किया जाता है। समाज में प्रचलित एवं स्थापित संस्थाएं प्राचीन सामाजिक मूल्यों पर आधारित होती हैं, अतः वे नवीन प्रौद्योगिक विकास का विरोध करती हैं जो कि सांस्कृतिक विलम्बना के लिए उत्तरदायी है।

(2) **रूढ़िवादिता**–लगभग सभी समाजों में लोगों में परंपरा एवं रूढ़ियों के प्रति लगाव पाया जाता है। नवीन भौतिक वस्तुओं को चाहे वे शीघ्र ही स्वीकार कर लें, किन्तु परंपरा से चले आ रहे विश्वासों, रीति-रिवाजों, व्यवहारों, विचारों, मूल्यों और आदर्शों में नवीन परिवर्तनों को बहुत कम ही स्वीकार किया जाता है।

(3) **परिवर्तन के प्रति विचारों में भिन्नता**–समाज में परिवर्तन के प्रति विभिन्न लोगों के धारणा में भी अंतर पाया जाता है। कुछ व्यक्ति परिवर्तनों का उत्साहपूर्वक स्वागत करते हैं, कुछ उनके प्रति उदासीन होते हैं तो

कुछ उनका विरोध करते हैं। इसका परिणाम यह होता है कि संस्कृति में असंतुलन पैदा हो जाता है।

(4) **नवीनता के प्रति भय**–मानव की यह प्रवृत्ति है कि वह नवीनता को एकदम स्वीकार नहीं करता, उसे शंका की दृष्टि से देखता है। जब तक समाज के प्रतिष्ठित व्यक्तियों द्वारा उनका परीक्षण कर उनकी उपादेयता को सिद्ध नहीं कर दिया जाता, तब तक सामान्य व्यक्ति परिवर्तनों एवं नवीनता के प्रति उपेक्षा ही बरतता है।

(5) **अतीत के प्रति निष्ठा**–भौतिक संस्कृति की तुलना में अभौतिक संस्कृति में मंद गति से परिवर्तन आने का एक कारण लोगों की अतीत के विचारों एवं परंपराओं के प्रति निष्ठा भी है। वे यहं सोचते हैं कि ये हमारे पूर्वजों की देन हैं, इन्हें मानना हमारा नैतिक कर्तव्य तथा पूर्वजों के प्रति अपनी निष्ठा व्यक्त करना है। सदियों से प्रचलित होने के कारण उनमें पीढ़ियों का अनुभव जुड़ा हुआ है और समाज में उनकी उपयोगिता सिद्ध को चुकी है। भारत जैसे देश में नवीनता के प्रति कोई सम्मान नहीं पाया जाता। इसके स्थान पर अतीत के गौरव को बनाये रखना प्रतिष्ठा प्रदान करने वाला माना जाता है।

(6) **निहित स्वार्थ**–निहित स्वार्थों के कारण भी कई बार परिवर्तन का विरोध किया जाता है। सामन्तों ने भारत में प्रजातंत्र का और पूंजीपतियों ने समाजवाद का विरोध अपने निहित स्वार्थों के कारण ही किया है। मजदूर लोग ऐसी मशीनों का विरोध करते हैं जिनसे मजदूरों की छंटनी होती है क्योंकि इससे उनमें बेकारी पनपती है। इस प्रकार प्रत्येक वर्ग के अपने स्वार्थ हैं जिनकी रक्षा के लिए वे सदैव भौतिक और अभौतिक परिवर्तनों का विरोध करते हैं।

(7) **नवीन विचारों की जांच में कठिनाई**–सांस्कृतिक विलम्बना का एक कारण यह भी है कि समाज में आने वाले नवीन विचारों की परीक्षा कहाँ और केसे की जाय। प्राचीन विचारों की उपयोगिता से तो सभी व्यक्ति परिचित होते हैं, किन्तु नवीन विचार भी उनके लिए लाभदायक सिद्ध होंगे, यह जानना कठिन होता है।

सभ्यता (Civilization)

सभ्यता का अर्थ (Meaning of Civilization)

अंग्रेजी भाषा के 'Civilized' शब्द की उत्पति लैटिन भाषा के 'Civitas' और 'Civis से हुई है जिसका अर्थ 'नगर' या 'नगर निवासी' है जो एक स्थान पर स्थायी

रूप से रहते तथा शिक्षित हैं और जिनका व्यवहार जटिल है। **फिचर** कहते हैं, एक सभ्य समाज के लोग घुमन्तु जीवन व्यतीत करने की अपेक्षा बड़ी संख्या निवासी बनाकर रहते हैं। उनकी लिखित भाषा होती है, उनमें कार्य विभाजन एवं विशेषीकरण पाया जाता है, उनका व्यवहार औपचारिक रूप से आदिम समाजों की अपेक्षा संस्थाकृत एवं जटिल होता है।

फेयरचाइल्ड भी मॉगर्न की तरह उच्च एवं विकसित संस्कृति को ही सभ्यता कहते हैं। वे कहते हैं कि "हम असभ्य व्यक्तियों के संदर्भ में ही सभ्य व्यक्तियों की चर्चा कर सकते हैं। उच्च सभ्यता का निर्णय बौद्धिक, ललित कला, प्रौद्योगिकी और आध्यात्मिक उपलब्धियों के आधार पर ही किया जा सकता है।"

टॉयलर का मत है "सभ्यता मानव जाति की वह विकसित अवस्था है जिसमें उच्च श्रेणी के वैयक्तिक एवं सामाजिक संगठन पाये जाते हैं जिसका उद्‌देश्य मानव के गुणों, शक्ति और प्रसन्नता में वृद्धि करना है।"

ब्रूम एवं **सेल्जनिक** का मत है कि "एक सभ्य समाज वह है जिसमे उच्च प्रौद्योगिकी, श्रम-विभाजन एवं विशेषीकरण पाया जाता है। यह एक 'अच्छा' समाज भी हो सकता है और नहीं भी, इनकी संस्कृति सरल प्रौद्योगिक्की वाले समाज से उच्च श्रेणी की हो भी सकती है और नहीं भी।"

मैकाइवर एवं **पेज** "सभ्यता में उन भौतिक तत्वों को गिनते हैं जो हमारी आवश्यकताओं की पूर्ति करते हैं और जो हमारे उद्‌देश्यों को प्राप्त करने के लिए साधन के रूप में प्रयुक्त होते हैं।" टाइपराइटर, टेलीफोन, प्रेस, फैक्ट्री, बैंक, डाक-तार, यातायात के साधन, अस्त्र-शस्त्र, आदि सभी का उपयोग हम मानवीय आवश्यकताओं एवं उद्‌देश्यों की पूर्ति के लिए करते हैं और ये हमें आनन्द एवं संतुष्टि प्रदान करते हैं। वे सभी सभ्यता की श्रेणी में आते हैं। वे लिखते हैं, "सभ्यता से हमारा अर्थ उस संपूर्ण यंत्र पद्धति और संगठन से है जिसको मनुष्य ने अपने जीवन की दशाओं को नियन्त्रित करने के लिए निर्मित किया है।"

गिलिन और **गिलिन** ने संस्कृति के अधिक जटिल और विकसित रूप को ही संभ्यता कहा है।

उपर्युक्त परिभाषाओं के आधार पर सभ्यता की निम्नांकित विशेषताएं प्रकट होती हैं:

(1) सभ्यता में हम मानव द्वारा निर्मित भौतिक वस्तुओं को सम्मिलित करते हैं।

(2) सभ्यता मूर्त होती है।

(3) सभ्यता मानवीय आवश्यकताओं की पूर्ति का साधन है। यह मानव को आनन्द और संतुष्टि प्रदान करती है।

(4) सभ्यता संस्कृति के विकास के उच्च स्तर को व्यक्त करती है।

(5) सभ्यता **प्रगतिशील** है और सदैव आगे की ओर बढ़ती रहती है।

(6) सभ्यता में **परिवर्तन** शीघ्र होते हैं।

(7) सभ्यता का **हस्तांतरण एवं प्रसार सरलता** से किया जा सकता है।

सभ्यता और संस्कृति में अन्तर
(Distinction Between Civilization and Culture)

सभ्यता एवं संस्कृति परस्पर घनिष्ठ रूप से संबंधित हैं। अत: कई बार दोनों का प्रयोग समान अर्थों में किया जाता है, किन्तु इन दोनों में पर्याप्त अंतर है। **मैकाइवर** एवं **पेज** ने इन दोनों में पाये जाने वाले भेद को, इस प्रकार किया है :

(1) **सभ्यता साधन है जबकि संस्कृति साध्य है**–संस्कृति से मानव को संतुष्टि एवं आनन्द का अनुभव होता है। संस्कृति को प्राप्त करना अपने आप में एक उद्देश्य, एक साध्य है। इस संस्कृति रूपी में प्रयोग किया जाता है। उदाहरणार्थ, धर्म, कला, एवं संगीत, आदि हमें मानसिक शान्ति एवं आनंद प्रदान करते हैं, इन्हें प्राप्त करने के लिए हम कई पवित्र भौतिक वस्तुओं, कलाकारी के उपकरणों एवं यंत्रों का प्रयोग करते हैं जो कि सभ्यता के अंग हैं।

(2) सभ्यता के प्रति कोई मानसिक लगाव नहीं होता जबकि एक व्यक्ति संस्कृति के प्रति मानसिक लगाव रखता है और उसका आदर करता है।

(3) सभ्यता का मूल्यांकन करना सरल है, किन्तु संस्कृति का नहीं।

(4) सभ्यता में गहराई का अभाव होता है, उसका ज्ञान प्रत्येक व्यक्ति प्राप्त कर सकता है, किन्तु संस्कृति का नहीं।

(5) **सभ्यता की माप सरल है, परन्तु संस्कृति की नहीं**–सभ्यता को मापना सरल है क्योंकि इसका संबंध भौतिक वस्तुओं की उपयोगिता से है। सभ्यता को वस्तुओं के गुणों एवं कुशलता के आधार पर मापा जा सकता है। सभ्यता साधन है जिसके द्वारा हम अपनी आवश्यकताओं की पूर्ति करते हैं। अत: वस्तु की उपयोगिता एवं गुणों के आधार पर हम यह कह सकते हैं कि कौन–सी वस्तु किसकी तुलना में अधिक उपयोगी है। उदाहरणार्थ, बैलगाड़ी की तुलना में रेल और कुएं से पानी खींचने के चरस की अपेक्षा पम्पिंग सेट अधिक उपयोगी है। वस्तुओं के गुणों एवं उपयोगिता का मूल्यांकन हम इस आधार पर करते हैं कि वे हमारे उद्देश्यों की पूर्ति मे कहाँ तक सहायक हैं। इसके विपरीत, संस्कृति की माप संभव नहीं है।

मूल्यों में भिन्नता के कारण कोई ऐसा सर्वमान्य पैमाना नहीं है जिसके आधार पर किसी संस्कृति को मापा जा सके और एक की तुलना में दूसरी को अच्छी या बुरी कहा जा सके।

(6) **सभ्यता सदैव आगे बढ़ती है, किन्तु संस्कृति नहीं**–सभ्यता उन्नतिशील है और वह एक दिशा में उस समय तक निरन्तर प्रगति करती है जब तक कि उसके मार्ग में कोई बाधाएं न आयें। सभ्यता की प्रत्येक उपलब्धि का पूरा-पूरा लाभ उठाने एवं उसमें सुधार करने का कार्य तब तक जारी रहता है जब तक कि उसमें श्रेष्ठ कोई नया आविष्कार न हो जाए। प्रारंभ में सभ्यता इतनी समृद्ध नहीं थी, आविष्कारों एवं खोजों के कारण उसमें कई नवीन तत्व जुड़ते गये और आज वह पहले की अपेक्षा कई गुना समृद्ध है। बैलगाड़ी से प्रारंभ होकर आज हमने रेल, वायुयान एवं रॉकेट तक का निर्माण किया है, किन्तु संस्कृति के बारे में यह बात नहीं कही जा सकती। हम यह कह सकते हैं कि शेक्सपियर के नाटक आज के नाटकों से अच्छे या बुरे थे। वैदिककालीन साहित्य, मनोरंजन, नैतिक आदर्श, प्रथाएं, धर्म, कला, चित्रकारी, आदि को आज के युग से कम या अधिक श्रेष्ठ नहीं कहा जाता सकता क्योंकि संस्कृति की प्रगति की कोई दिशा निर्धारित नहीं है।

(7) **सभ्यता बिना प्रयत्न के आगे बढ़ती है, परन्तु संस्कृति नहीं**–सभ्यता का हस्तांतरण संस्कृति की अपेक्षा सरल है। संस्कृति का संचार समान मस्तिष्क वालों में ही हो सकता है। कोई भी व्यक्ति जिसे कला का बिल्कुल ज्ञान नहीं है, कला की प्रशंसा नहीं कर सकता, जो संगीत में रुचि नहीं रखना वह संगीत की प्रशंसा नहीं कर सकता, लेकिन सभ्यता के लिए यह आवश्यकता नहीं है। हमने किसी वस्तु के निर्माण और आविष्कार में कोई भी सहयोग नहीं दिया हो, फिर भी हम उसका उपयोग कर सकते हैं, लाभ उठा सकते हैं। रेल, ट्रैक्टर, वायुयान, जहाज, छापाखाना, टेलीविजन, तार, आदि का आविष्कार हमने नहीं किया फिर भी उनका उपयोग कर सकते हैं। यही कारण है कि सभ्यता का प्रसार एवं सरलता से हो जाता है। सभ्यता संस्कृति की वाहक है। संस्कृति मानव आत्मा की अभिव्यक्ति है, इसकी प्रगति तभी संभव है जब हमारी आत्मा उत्कृष्ट प्रयन्त करे और जो कुछ श्रेष्ठ है, उसे अभिव्यक्त करे।

(8) संस्कृति का प्रसार केवल एक ही दिशा में एक पीढ़ी से दूसरी पीढ़ी को होता है जबकि सभ्यता का प्रसार चारों ओर होता है।

(9) **सभ्यता को बिना किसी प्रयत्न एवं हानि के ग्रहण किया जा सकता है, किन्तु संस्कृति को नहीं**–एक समाज से दूसरे समाज में सभ्यता का हस्तारण बिना किसी परिवर्तन के किया जा सकता है किन्तु संस्कृति का नहीं। उदाहरण के लिए, रेल, वायुयान, टाइपराइटर, उत्पादन की मशीनें, सिलाई मशीन, मोटर, स्कूटर, आदि का एक समाज़ से दूसरे समाज में वैसा का वैसा हस्तांतरण हो सकता है, किन्तु एक सामज के रीति-रिवाजों, धर्म, दर्शन, मूल्यों, कला, विचारों एवं विश्वासों को बिल्कुल उसी रूप में हस्तांरित नहीं किया जा सकता। उनमें थोड़ा बहुत परिवर्तन अवश्य आप जाता है, कुछ नये तत्व जुड़ जाते हैं तो कुछ पुराने तत्व छूट जाते हैं।

(10) **सभ्यता बाह्य है जबकि संस्कृति आन्तरिक**–सभ्यता का संबंध जीवन की भौतिक वस्तुओं से है जिनका अस्तित्व मूर्त रूप में मानव आस्तित्व के बाहर है। उदाहरणार्थ, पेन, घड़ी, रेडियो, रेल, वायुयान, पंखा ये सभी सभ्यता के अंग हैं जो मानव के बाह्य जीवन और व्यवहार से संबंधित हैं। संस्कृति का संबंध मानव के आंतरिक गुणों से है, उसके विचारों, विश्वासों, मूल्यों, भावनाओं एवं आदर्शों से है।

(11) **सभ्यता में परिवर्तन व सुधार संस्कृति की अपेक्षा सरल है**–सभ्यता का संबंध भौतिक वस्तुओं से है जिसमें नवीन आविष्कारों एवं खोजों के कारण परिवर्तन एवं सुधार सरल है, जैसे हमने हल के स्थान पर ट्रैक्टर का, बैलगाड़ी के स्थान पर रेल, वायुयान एवं रॉकेट का आविष्कार किया। किन्तु संस्कृति का संबंध व्यक्ति के विचारों, आंतरिक गुणों एवं मनोभावों से है, अतः कठिन परिश्रम के बिना संस्कृति में परिवर्तन एवं सुधार संभव नहीं है।

(12) सभ्यता मूर्त है जबकि संस्कृति अमूर्त है।

(13) सभ्यता शारीरिक सुख प्रदान करती है जबकि संस्कृति का संबंध मानव के मानसिक एवं आध्यात्मिक सुख से है।

(14) सभ्यता में रैखिक परिवर्तन होता है जबकि संस्कृति में चक्रीय।

सभ्यता और संस्कृति का संबंध
(Relation Between Civilization and Culture))

सभ्यता एवं संस्कृति में अनेक भेदों के बावजूद भी ये आपस में इतनी घुली-मिली हुई हैं कि इनमें कठोर विभाजन करना कभी-कभी कठिन हो जाता है। ये दोनों परस्पर एक-दूसरे को प्रभावित करती रहती और एक-दूसरे से प्रभावित होती रहती

है। एक तत्व जिसे हम सभ्यता की श्रेणी में रखते हैं संस्कृति का प्रतीक भी होता हें रेल, वायुयान, टेलीविजन, आदि सभ्यता के प्रतीक हें, किन्तु इनके निर्माण की कला संस्कृति का अंग है। कारखाना सभ्यता का सूचक है, किन्तु कारखाने की स्थापना के समय किया जाने वाला यज्ञ-हवन एवं धार्मिक पूजा-पाठ संस्कृति का प्रयोग साथ-साथ करते हैं। सभ्यता में परिवर्तन संस्कृति में परिवर्तन लाता है और संस्कृति सभ्यता को भी परिवर्तित करती है। इन दोनों के संबंध को **मैकाइवर** एवं **पेज** ने इस प्रकार प्रकट किया है :

(1) **संस्कृति हमारी सभ्यता की दिशा को प्रभावित करती है**–जिस प्रकार सभ्यता संस्कृति के लिए पर्यावरण बनाती है, उसी प्रकार से संस्कृति भी सभ्यता की दिशा को प्रभावित करती है। प्रत्येग युग में समाज के लोगों का एक विशेष वैचारिक दृष्टिकोण, अभिवृत्ति एवं दर्शन होता है। हम किस प्रकार की शक्ति का प्रयोग करेंगे, एवं कैसे करेंगे, किस प्रकार की वस्तुओं का आविष्कार करेंगे, और उनका उपयोग किस तरह से करेंगे, हम किन साधनों का प्रयोग किस प्रकार से करेंगे, यह सब उस समय एवं युग की संस्कृति पर निर्भर करता है। उदाहरण के लिए वस्त्र सभ्यता का अंग है। वस्त्रों से हम किस प्रकार की पोशाक बनायेंगे, पेण्ट-कोट पहनेंगे या धोती-कुर्ता, यह हमारी संस्कृति द्वारा ही तय होता है। अत: संस्कृति की सभ्यता का मार्गदर्शन और उसे प्रभावित करती है।

(2) **सभ्यता संस्कृति की वाहक है**–सभ्यता के द्वारा ही संस्कृति एक समाज से दूसरे समाज को एवं एक पीढ़ी से दूसरी पीढ़ी तक पहुँचायी जाती है। उदाहरण के लिए, छापेखाने के आविष्कार के कारण ही साहित्यक परंपराएँ एवं पढ़ने लिखने की कला का हस्तांतरण एवं प्रचार-प्रसार होता रहा है। छापेखाने का आविष्कार नहीं हुआ होता तो प्राचीन साहित्य, नामक, कविता, आदि हम तक नहीं पहुँच पाते। यातायात एवं संचार के साधनों ने भी संस्कृति के प्रचार-प्रसार में योग दिया है। रेडियो, टेलीविजन, रेल, मोटर, वायुयान, डाक-तार आदि के विकास ने संस्कृति के विकास में योग दिया है। स्पष्ट है कि सभ्यता संस्कृति की वाहक है।

(3) **सभ्यता सांस्कृतिक क्रियाओं को शक्ति प्रदान करती है**–सभ्यता के कई तत्व ऐसे हैं जो संस्कृति के वाहक की भूमिका बहुत ही कम निभा पाते हैं। उदाहरणार्थ, उत्पादन की मशीनें वाहक के स्थान पर प्राकृतिक स्रोतों का अधिकाधिक दोहन करके मानवीय आवश्यकताओं की पूर्ति करती हैं और अप्रत्यक्ष रूप से प्रकृति को शक्ति एवं अवसर प्रदान करती

हैं। मशीनों के अभाव में मानव का अधिकांश समय अपनी मौलिक आवश्यकताओं की पूर्ति में ही बीत जाता। मशीनों के आविष्कार एवं प्रौद्योगिकी के विकास ने मानव शक्ति एवं समय की बचत की जिसका उपभोग वह संस्कृति के उत्थान के लिए कर सका।

(4) **सभ्यता संस्कृति का पर्यावरण है**–संस्कृति की विशेषताएँ सभ्यता द्वारा निर्मित पर्यावरण से प्रभावित होती हैं। बैलगाड़ी युग की संस्कृति आज के मशीनी युग की संस्कृति से भिन्न थी क्योंकि दोनों युगों की सभ्यता के भौतिक उपकरणों में अंतर है। औद्योगीकरण एवं नगरीकरण के कारण जिस सभ्यता ने जन्म लिया है, उसने हमारी संस्कृति को नयी दिशा दी है। औद्योगीकरण से पूर्व के समाज में प्रचलित परिवार, विवाह, प्रथाएँ, धर्म, लोकाचार, विचार, विश्वास, नैतिकता, व्यवहार एवं मूल्य, आज के औद्योगिक एवं जटिल समाजों से भिन्न थे। मानव राकेट के सहारे चंद्रमा तक पहुँचा जिसने हमारे धार्मिक विचारों को ही बदल दिलया। अब चंद्रमा को देवता नहीं वरन् एक उपग्रह माना जाता है। स्पष्ट है कि सभ्यता संस्कृति के लिए पर्यावरण बनाती है।

उपर्युक्त विवरण से स्पष्ट है कि सभ्यता एवं संस्कृति में भेद होते हुए भी दोनों में घनिष्ठ पारस्परिक संबंध है। इन्हें एक-दूसरे से पृथक करना कभी-कभी कठिन एवं अवांच्छनीय भी हो जाता है। ये दोनों ही परस्पर एक-दूसरे को प्रभावित करती एवं एक-दूसरे से प्रभावित होती हैं। मानव ने अपनी आवश्यकताओं की पूर्ति के लिए दोनों का ही निर्माण और विकास किया है। संस्कृति ने मानव को पशु-स्तर से ऊँचा उठाया है तो सभ्यता ने इसे श्रेष्ठ प्राणी होने का गर्व प्रदान किया है। मानव समाज का जीवन पर संस्कृति का प्रभाव निम्नलिखित रूपों में पड़ता है:

संस्कृति का समाज/मानव जीवन पर प्रभाव
(Effect of Culture on Society/Human Life)

(1) **संस्कृति ही प्रस्थिति एवं भूमिका का निर्धारण करती है**–एक व्यक्ति अपने समाज में कौन-से पद एवं प्रस्थितियां प्राप्त कर सकता हे। अर्जित एवं प्रदत्त प्रस्थितियों को प्राप्त करने के नियम एवं उनसे संबंधित व्यक्ति की भूमिका, शक्ति, अधिकार, कर्तव्य एवं दायित्व का निर्धारण संस्कृति ही करती है।

(2) **संस्कृति व्यवहारों में एकरूपता लाती है**–एक संस्कृति से संबंधित सभी व्यक्तियों के व्यवहारों, रीति-रिवाजों, प्रथाओं, लोकाचारों, मूल्यों, आदर्शों एवं नैतिकता में समानता पायी जाती है। सभी व्यक्ति उनको समान रूप

से मानते हैं और उनके अनुरूप आचरण करते हैं, इससे समाज में समानता एवं एकरूपता पैदा होती है।

(3) **संस्कृति सामाजिक नियंत्रण में सहायक होती है**–प्रत्येक संस्कृति में प्रथाएं, रीति-रिवाज, लोकाचार, परंपराएं, आदि होते हैं। ये ही व्यक्ति के आचरण एवं व्यवहार को तय करते हैं तथा व्यक्ति पर नियंत्रण बनाये रखते हैं। वैयक्तिक नियंत्रण से ही सामाजिक नियंत्रण बना रहता है।

(4) **संस्कृति समस्याओं का समाधान करती है**–जब भी व्यक्ति के सम्मुख कोई समस्या या संकट आता है तो वह उसका हल अपनी संस्कृति से प्राप्त अनुभवों, ज्ञान एवं नियमों के अनुसार ढूंढ़ता है।

(5) **संस्कृति व्यक्तित्व निर्माण में मौलिक है**–प्रत्येक मनुष्य किसी-न-किसी संस्कृति में जन्म लेता है। उसका पालन-पोषण किसी सांस्कृतिक पर्यावरण में ही होता है। प्रत्येक व्यक्ति अपनी संस्कृति को ग्रहण करता है और अपने व्यक्तित्व में उसको आत्मसात कर लेता है। इसीलिए ही कहा जाता है कि व्यक्ति संस्कृति का आत्म-वैषयिक (Subjective) पक्ष है। व्यक्तियों में भिन्नता सांस्कृतिक भिन्नता के कारण ही होती है।

(6) **संस्कृति मानव को मूल्य एसं आदर्श प्रदान करती है**–प्रत्येक व्यक्ति अपनी संस्कृति के आदर्शों एवं मूल्यों के अनुरूप ही समाज में व्यवहार करता है। आदर्शों एवं मूल्यों की अवहेलना करने पर व्यक्ति को सामाजिक तिरस्कार का सामना करना पड़ता है।

(7) **संस्कृति मानव की आदतों का निर्धारण करती है**–चूंकि प्रत्येक मनुष्य किसी-न-किसी पूर्व-प्रचलित संस्कृति में ही जन्म लेता है, अतः संस्कृति ही व्यक्ति के खान-पान और वेशभूषा से संबंधित तथा आदतों का निर्धारण करती है।

(8) **संस्कृति नैतिकता का निर्धारण करती है**–समाज में उचित एवं अनुचित का निर्धारण संस्कृति के प्रतिमानों के आधार पर ही होता है। संस्कृति ही व्यक्ति में नैतिकता एवं उचित और अनुचित के भाव उत्पन्न करती है।

(9) **संस्कृति अनुभव एवं कार्यकुशलता को बढ़ाती है**–संस्कृति का पीढ़ी-दर-पीढ़ी हस्तांतरण होता है। अतः नयी पीढ़ी को पुरानी पीढ़ी का अनुभव एवं कौशल प्राप्त होता है।

(10) **संस्कृति व्यति को सुरक्षा प्रदान करती है**–संस्कृति में मानव व्यवहार से संबंधित सभी पक्ष पूर्व-निर्धारित होते हैं जिनके पीछे पूर्वजों का अनुभव होता है। अतः उसे हर बार अपने आचरणों को तय करने के बारे में सोचना

नहीं पड़ता वरन् वह स्वत: ही समाज सम्मत आचरणों को सीखता जाता है और उनके अनुसार व्यवहार करता रहता है। इससे व्यक्ति को मानसिक एवं सामाजिक सुरक्षा महसूस होती है।

(11) **संस्कृति समस्याओं का समाधान करती है**–मानव जन्म से ही एक जैविकीय इकाई होता है। समाजीकरण की प्रक्रिया के द्वारा वह अपनी संस्कृति को सीखता है। संस्कृति को आत्मसात करना ही समाजीकरण है। इस प्रकार संस्कृति मानव को पशु-स्तर से उठाकर मानव की संज्ञा प्रदान करती है।

(12) **संस्कृति मानव आवश्यकताओं की पूर्ति करती है**–संस्कृति का सर्वाधिक महत्वपूर्ण पक्ष यह है कि यह मानव की विभिन्न शारीरिक, सामाजिक एवं मानसिक आवश्यकताओं की पूर्ति करती है। मानव की आवश्यकता पूर्ति के लिए ही समय-समय पर अनेक आविष्कार होते रहे और वे संस्कृति के अंग बनते गये।

संस्कृति को समाज की देन
(Contribution of Society to Culture)

संस्कृति ही समाज की निर्धारक नहीं है, वरन् समाज भी संस्कृति के विकास में महत्वपूर्ण भूमिका निभाता है। समाज के बिना संस्कृति अर्थहीन है, उसके निर्माण के लिए समाज ही उत्तरदायी है। संस्कृति के विकास में समाज की भूमिका को हम इस प्रकार व्यक्त कर सकते हैं।

(1) **संस्कृति में संतुलन**–परिवर्तन प्रकृति का नियम है। कई बार परिवर्तन की गति इतनी तीव्र होती है कि वह संपूर्ण संस्कृति को ही अस्त-व्यस्त कर देती है, किन्तु समाज में कुछ ऐसी विशिष्टताएँ भी होती हैं जो ऐसे संकट के क्षणों में भी संस्कृति की आत्मा को जीवित रखती हैं। वही प्राचीनता और नवीनता के बीच संतुलन बनाये रखती हैं। भारतीय संस्कृति आज भी सदियों से जीवित और संतुलित है। इसके जीवनकाल में कई उतार-चढ़ाव आए, परिवर्तन की आँधियाँ आयीं, किन्तु इसकी मूल आत्मा आज भी वही है जिसकी रक्षा यहां के समाज ने की है।

(2) **संस्कृति का हस्तातंरण**–संस्कृति को एक पीढ़ी से दूसरी पीढ़ी में, एक समाज से दूसरे समाज और समूहों में फैलाने, प्रसार और हस्तातंरण में समाज महत्वूपर्ण भूमिका निभाता है। वर्तमान में यातायात और संचार के विकसित साधनों; जैसे रेल, मोटर, हवाई जहाज, रेडियो, टी.वी., सिनेमा एवं पत्र-पत्रिकाओं के माध्यम से विश्व के विभिन्न समाजों की संस्कृतियों

का बहुत आदान-प्रदान, प्रचार व प्रयार हुआ है। इससे संस्कृति अजर-अमर तो बनती ही है, साथ ही हम एक 'विश्व-संस्कृति' की भी कल्पना करने लगे हैं।

(3) **संस्कृति शिक्षण**–संस्कृति की एक विशेषता यह है कि वह सीखी जाती है। विभिन्न व्यक्तियों, समूहों एवं पीढ़ियों के लोगों को समाज ही संस्कृति की शिक्षा देता है। समाजीकरण की प्रक्रिया द्वारा व्यक्ति को अपनी संस्कृति का ज्ञान कराया जाता है।

उपर्युक्त विवेचन से स्पष्ट है कि समाज और संस्कृति का घनिष्ठ संबंध है औरा ये परस्पर एक-दूसरे के रक्षण, विकास परिमार्जन एवं संबंर्धन में सहयोग प्रदान करते रहते हैं। समाज ही संस्कृति का निर्माता है।

संस्कृति की अवस्थाएं (Phases of Culture)

मानव की संस्कृति के विकास की कहानी हजारों लाखों वर्ष पुरानी है। संस्कृति-विकास की अवस्थाएं कौन-कौन सी हैं, इस बात को लेकर विद्वानों में मतभेद है। मॉर्गन ने संस्कृति के विकास की तीन अवस्थाओं का उल्लेख किया है–आरण्य, बर्बर एवं सभ्यता की अवस्था। **आरण्य अवस्था** में मानव की उत्पत्ति हुई, उसने आग जलाना सीखा, तीर-धनुष का आविष्कार किया और शिकार करना प्रारंभ किया। **बर्बर अवस्था** में उसने बर्तन बनाना, पशुपालन, कृषि कार्य तथा लोहे के औजार बनाना शुरू किया। **सभ्य अवस्था** में मानस ने भाषा एवं लेखन कार्य, व्यापार, मशीनों का प्रयोग, आदि शुरू किया और आज पश्चिमी संस्कृति इस अवस्था की चरम सीमा पर है। हरबर्ट स्पेन्सर ने संस्कृति की चार अवस्थाएं बताई हैं–

(i) शिकारी एवं कन्द-मूल-फल एकत्रित करने की अवस्था,

(ii) पशु चारण अवस्थाए

(iii) कृषि अवस्था,

(iv) औद्योगिक अवस्था।

डॉ. दुबे ने संस्कृति की छ: अवस्थाओं का उल्लेख किया है :

(i) **आदि पाषाण युग**–जब मानव ने पत्थर के भद्दे औजारों का निर्माण किया।

(ii) **पुरापाषाण युग**–इस युग में मानव ने पहले भद्दे और बाद में सुडौल और तीक्ष्ण अस्त्र-शस्त्रों का निर्माण किया। आभूषण तथा कला का प्रारंभ हुआ, मृत व्यक्ति का शव संस्कार किया जाने लगा।

(iii) **नवपाषाण युग**—इस युग में अधिक तीक्ष्ण औजारों का निर्माण हुआ, कृषि का प्रारंभ तथा कला व संस्कृति का अभूतपूर्व विकास हुआ।

(iv) **ताम्र युग**—इस युग में तांबे को गलाने व ढालने का कार्य होने लगा।

(v) **कांस्य युग**—इस युग में कांसे के बर्तन, औजार एवं मूर्तियां बनीं।

(vi) **लौह युग**—यह वर्तमान युग है, इस युग में शिल्प उद्योग में नयी दिशाएं तथा संस्कृति का अभूतपूर्व विकास हुआ है।

संस्कृति से संबंधित कुछ महत्वपूर्ण अवधारणाएं हैं—**संस्कृति परिवर्तन, संस्कृति संपर्क, संस्कृति संक्रमण** तथा **संस्कृति सापेक्षवाद**। हम यहां इन सभी अवधारणाओं को स्पष्ट करेंगे :

संस्कृति परिवर्तन (Culture Change)

संस्कृति के दो पक्ष हैं—भौतिक और अभौतिक। इन दोनों में या दोनों में से किसी एक पक्ष में होने वाले परिवर्तनों को सांस्कृतिक परिवर्तन कहते हैं। यदि मकान, कार , पेन, वस्त्र, पंखे, आदि के डिजायन में कोई परिवर्तन होता है अथवा मानव द्वारा निर्मित हजारों प्रकार की वस्तुओं में कोई परिवर्तन होता है तो वह भौतिक संस्कृति में परिवर्तन कहलायेगा। यदि मानव द्वारा निर्मित अभौतिक तत्वों जैसे कला, साहित्य, ज्ञान, दर्शन, प्रथा, कानून, विज्ञान, फैशन, आदि में कोई परिवर्तन होता है तो वह अभौतिक संस्कृति में परिवर्तन होगा। सांस्कृतिक परिवर्तन को परिभाषित करते हुए **प्रो. डेविस** लिखते हैं, "सास्कृतिक परिवर्तन में वे सब परिवर्तन शामिल होते हैं जो संस्कृति की किसी भी शाखा में होते हैं, जैसे कला, विज्ञान, साहित्य, दर्शन, फैशन, कानून, आदि में तथा सामाजिक संगठन के रूपों और नियमों में होने वाले परिवर्तन।"

पारसन्स ने सांस्कृतिक परिवर्तन को परिभाषित करते हुए लिखा है, "सांस्कृतिक परिवर्तन का संबंध केवल विभिन्न मूल्यों, विचारों और प्रतीकात्मक अर्थपूर्ण व्यवस्थाओं में परिवर्तन से है।" स्पष्ट है कि संस्कृति के किसी भी पक्ष में होने वाले परिवर्तन को सांस्कृतिक परिवर्तन कहते हैं।

प्रश्न उठता है कि संस्कृति में परिवर्तन क्यों होता है। **समनर** ने इसके तीन कारण बताये हैं:

(i) **संस्कृति का शत-प्रतिशत हस्तांतरण असंभव है**—चूंकि संस्कृति सीखी जाती है, अत: उसे एक पीढ़ी से दूसरी पीढ़ी को हस्तांतरित किया जा सकता है। पुरानी पीढ़ी अपने अनुभव, ज्ञान, साहित्य, कला, धर्म, प्रथा और परंपरा नयी पीढ़ी को सिखाती है, किन्तु दोनों पीढ़ियों की आवश्यकता

एवं परिस्थिति में अन्तर होने के कारण नयी पीढ़ी पुरानी पीढ़ी की संस्कृति को शत-प्रतिशत ग्रहण नहीं करती और अपनी ओर से भी संस्कृति में कुछ नवीन तत्व जोड़ती है जिससे संस्कृति में परिवर्तन आता है।

(ii) **बाह्य दशाओं में परिवर्तन**–मानव की बाह्य दशाओं में परिवर्तन होता है। विज्ञान के सहारे मानव ने बाह्य परिस्थितियों में बहुत कुछ परिवर्तन किया है। यातायात के साधनों, कृषि के तरीकों, उत्पादन के तरीकों, आदि में नवीन आविष्कारों ने आमूल-चूल परिवर्तन कर दिये हैं। इससे संस्कृति भी परिवर्तन से अछूती नहीं रही है।

(iii) **अनुकूलन का प्रयत्न**–जब बाह्य परिस्थितियों में परिवर्तन पैदा होता है और नवीन दशाएं उत्पन्न होती हैं तो उनसे अनुकूलन करने के लिए भी मानव नयी संस्कृति मे जन्म देता है।

संस्कृति के भौतिक और अभौतिक पक्षों के परिवर्तन में भी असंतुलन पाया जाता है। **ऑगबर्न** का मत है कि अभौतिक संस्कृति की अपेक्षा भौतिक संस्कृति शीघ्र बदलती है, इससे अभौतिक संस्कृति भौतिक से पीछे रह जाती है। इसे वे 'सांस्कृतिक विलम्बना' (Cultural Lag) कहते हैं।

सांस्कृतिक संपर्क (Cultural Contact)

जब दो भिन्न संस्कृतियां एक-दूसरे के संपर्क में आती हैं तो उसे सांस्कृति संपर्क कहते हैं। सांस्कृतिक संपर्क के कारण ही संस्कृतिकरण या पर-संस्कृतिग्रहण (Acculturation) की प्रक्रिया शुरू होती है और संस्कृतियां परस्पर एक-दूसरे को प्रभावित करती हैं। पर-संस्कृतिग्रहण में एक सांस्कृतिक समूह दूसरी संस्कृति के बहुत से तत्वों को ग्रहण करता है, इससे उसकी जीवन-पद्धति में परिवर्तन आ जाता है। उदाहरण के लिए, हिन्दू और मुस्लिम संस्कृतियों में संपर्क के कारण पर-संस्कृतिग्रहण की प्रक्रिया हुई जिससे दोनों ही संस्कृतियों ने परस्पर एक-दूसरे से बहुत कुछ सीखा और ग्रहण किया। सांस्कृति संपर्क के कारण ही संस्कृतियों का फैलाव होता है। प्रसारवादियों का मत है कि सांस्कृतिक प्रसार के कारण ही संस्कृति में संवर्द्धन होता है। लोगों का निकट एवं निरन्तर संपर्क सांस्कृतिक संपर्क को बढ़ावा देता है। इसी प्रकार से परदेश जाकर रहने अथवा विजेता द्वारा हारे हुए लोगों पर अनपी संस्कृति थोपन पर भी सांस्कृतिक संपर्क बढ़ता है।

संस्कृति-संक्रमण या पर-संस्कृतिग्रहण (Acculturation)

संस्कृति-संक्रमण (संस्कृतिकरण या पर-संस्कृतिग्रहण) भी आत्मसात का ही एक अंग है। दो संस्कृतियां जब परस्पर संपर्क में आती हैं तो वे एक-दूसरे को

प्रभावित करती हैं। उनमें से कोई एक-दूसरे के या दोनों ही परस्पर कुछ सांस्कृतिक तत्वों को ग्रहण करती हैं तो उसे प्रसार कहते हैं, किन्तु जब कुछ सांस्कृतिक तत्वों के स्थान पर बहुत सारे सांस्कृतिक तत्व अपना लिये जाते हैं तो उसे हम पर-संस्कृतिग्रहण कहते हैं। पर-संस्कृतिग्रहण करने वाले समूह की जीवन-विधि (Way of life) ही बदल जाती है।

पर-संस्कृतिग्रहण के अर्थ, विशेषताओं, दशाओं एवं परिणामों के लिए पुस्तक में 'पर-संस्कृतिग्रहण' शीर्षक के अन्तर्गत वर्णित सामग्री देखें।

संस्कृति संक्रमण (संस्कृतिकरण या पर-संस्कृतिग्रहण) की दशाएं (Conditions of Acculturation)–दो भिन्न सांस्कृतिक समूहों में संपर्क होने से ही पर-संस्कृतिग्रहण नहीं होता, यद्यपि, वह पर-संस्कृतिग्रहण की एक आवश्यक दशा है। इसके अतिरिक्त कुछ अन्य दशाएं भी आवश्यक हैं, जैसे–

(1) पर-संस्कृतिग्रहण उन संस्कृतियों में अधिक एवं शीघ्र होगा जिनमें परस्पर समानता अधिक एवं अन्तर कम होता है। दो संस्कृतियों के उद्देश्यों में समानता होने पर भी पर-संस्कृतिग्रहण के अधिक अवसर रहते हैं।

(2) दोनों सांस्कृतिक समूहों में संपर्क हो और दोनों एक-दूसरे को प्रेरणा दें।

(3) पर-संस्कृतिग्रहण में परिवर्तन की इच्छा (Desire for change) भी एक महत्वपूर्ण पक्ष है। परिवर्तन चाहने की इच्छा होने पर-संस्कृतिग्रहण शीघ्र एवं तीव्र गति से होगा। परिवर्तन के प्रति उदासीन होने पर-संस्कृतिग्रहण में अवरोध पैदा होता है।

(4) संपर्क में आने वाले व्यक्तियों की सामाजिक स्थिति भी महत्वपूर्ण है क्योंकि व्यक्ति उन्हीं तथ्यों का हस्तांतरण त्कर सकता है जिससे वह परिचित है। प्रत्येक व्यक्ति अपनी संस्कृति का प्रतिनिधित्व एक सीमा तक ही करता है, संपूर्ण संस्कृति का नहीं।

संस्कृति संक्रमण (संस्कृतिकरण) के परिणाम (Result of Acculturation)–पर-संस्कृतिग्रहण के परिणामस्वरूप संस्कृतियों में परिवर्तन, परिवर्द्धन एवं परिमार्जन होता है, संस्कृति का प्रसार होता है, एक संस्कृति दूसरी संस्कृति के तत्व ग्रहण कर लाभान्वित होती है, परस्पर सहयोग एवं भाई-चारे की भावना में वृद्धि होती है, किन्तु पर-संस्कृतिग्रहण सदैव ही लाभप्रद नहीं होता, वरन् अनेक बार तो अनियंत्रित रूप से दूसरी संस्कृति के तत्वों को अपनाना घातक भी सिद्ध होता है। दबाव से स्वीकार कराये गये सांस्कृतिक परिवर्तन भी विनाशकारी स्थिति पैदा करते हैं और ऐसी स्थिति में विद्रोह की संभावना रहती है। पर-संस्कृतिग्रहण के प्रभावों का उल्लेख हम दो रूपों में कर सकते हें–

(i) व्यक्ति पर प्रभाव, एवं

(ii) संपर्क में आने वाली संस्कृतियों पर प्रभाव।

संस्कृति संक्रमण (पर-संस्कृतिग्रहण) के कारण व्यक्ति पर भी अनेक प्रभाव पड़ते हैं। व्यक्ति को नवीन संस्कृति से अनुकूलन करना पड़ता है। इस दौरान उसे मानसिक तनाव का सामना करना होता है। युवा व्यक्ति पहले ही किसी संस्कृति के अनुरूप ढल चुके होते हें, अपने मूल्य एवं जीवन-विधियां तय कर चूके होते हैं। अतः नवीन संस्कृति से संपर्क उनके लिए मानसिक तनाव का कारण होता है। नवजात शिशु के सम्मुख भी बफादारी में संघर्ष (Conflict of Loyalities) पैदा हो जाता है। कई बार व्यक्ति हतोत्साहित हो जाते हैं। व्यक्ति अपनी परिचित भाषा, संस्कृति एवं संस्थाओं के मध्य में ही रहना चाहता है, दूसरी संस्कृति से संपर्क का खतरा मोल नहीं लेना चाहता है, किन्तु जो लोग नयी संस्कृति से सफलतापूर्वक अनुकूलन कर लेते हैं, वे अपनी संस्कृति में अन्य लोगोकं के नेता बन जाते हैं तथा प्रतिष्ठा भी प्राप्त कर लेते हैं।

संस्कृति संक्रमण (पर-संस्कृतिग्रहण) का संस्कृति पर भी प्रभाव पड़ता है। दोनों संस्कृतियों में सांस्कृतिक तत्वों का आदान-प्रदान होता है तथा आगे चलकर सात्मीकरण भी हो जाता है। यदि संपर्क में आने वाली संस्कृतियों में भिन्नता अधिक है तो परस्पर कम सांस्कृतिक तत्व ही अपनाये जायेंगें यदि दूसरी संस्कृति में जाकर बसने वाला समूह छोटा है तो वह अपनी संस्कृति के तत्व अधिक खोयेगा और संपर्क में आने वाली संस्कृति से अधिक ग्रहण करेगा तथा बदले में उसे कम दे पायेगा। पर-संस्कृतिग्रहण में आश्रित समझी जाने वाली संस्कृति धीरे-धीरे नष्ट होने लगती है। यह स्थिति असम की नागा जनजाति की संस्कृति पश्चिमीकृत हुई है।

सांस्कृतिक सापेक्षवाद (Cultural Relatives)

मानव समाज और पशु समाज में एक अंतर यह है कि पशु समाज प्रारंभ से अब तक एक-सा रहा है। जिस प्रकार का जीवन वह सैकड़ों वर्ष पूर्व व्यतीत कर रहा था, वैसा ही आज भी कर रहा है, जबकि मानव समाज ने अपनी सांस्कृतिक उपलब्धियों में निरंतर विकास और परिवर्तन किया है। सांस्कृतिक विकास के द्वारा ही उसने प्रकृति पर अधिकाधिक नियंत्रण प्राप्त करने का प्रयास किया है। मानव की इसी विशेषता के कारण हमें सांस्कृतियों का पाया जाना।

हर्सकोविट्स ने सांस्कृतिक सापेक्षवाद का उल्लेख किया है। सांस्कृतिक सापेक्षवाद को मानव ने जीवन-शैली, भाषा, सामाजिक प्रतिमान, नैतिकता तथा संस्थाओं के द्वारा व्यक्त किया है : सांस्कृतिक सापेक्षवाद को हम अभिवादन के

उदाहरण द्वारा व्यक्त कर सकते हैं। भारत में अभिवादन के लिए हाथ जोड़ते हैं, पश्चिमी समाजों में हाथ मिलाते और टोप उतारते हैं, जापान में शरीर को झुकाया जाता है तो अफ्रीका की मसाई जनजाति के लोग एक-दूसरे पर थूकते हैं।

इसी प्रकार से विवाह की विधियां भी हिन्दुओं, मुसलमानों और ईसाइयों में भिन्न-भिन्न हैं। इस प्रकार प्रत्येक व्यक्ति का व्यवहार उसकी संस्कृति के अनुरूप होता है और विभिन्न समाजों की संस्कृतियों में भिन्नता पायी जाती है, अतः मानव व्यवहारों में भी भिन्नता दिखायी देती है। प्रत्येक मनुष्य के अनुभव, निर्णय और व्यवहार अपनी संस्कृति के अनुरूप ही होते हैं, इसे ही सांस्कृतिक सापेक्षवाद कहा जाता है।

5

सामाजिक स्तरीकरण एवं समुदाय के प्रकार (Social Stratification and Types of Community)

प्रस्तावना (Introduction)

सामाजिक स्तरीकरण (संस्तरण) एवं सामाजिक गतिशीलता ऐसी सार्वभौकिमक प्रक्रियाएं हैं जो किसी-न-किसी रूप में प्रत्येक समाज में पाई जाती हैं। आपने देखा होगा कि हममें से प्रत्येक व्यक्ति किसी-न-किसी जाति तथा एक निश्चित आय वाले समूह, जिसे वर्ग कहा जाता है, का सदस्य है। विभिन्न जातियों एवं वर्गों का सामाजिक स्तर एक-जैसा नहीं होता है। इनमें एक निश्चित संस्तरण पाया जाता है। इसी को हम सामाजिक स्तरीकरण कहते हैं। समाजशास्त्र में सामाजिक स्तरीकरण का अध्ययन विशेष महत्व रखता है क्योंकि इसी के आधार पर समाज में तनाव तथा विरोध विकसित होते हैं। इसी के अध्ययन से हमें पता चलता है कि किसी समाज के व्यक्तियों को उपलब्ध जीवन अवसरों (Life chances), सामाजिक प्रस्थिति (Social status) एवं राजनीतिक प्रभाव (Political influence) में कितनी असमानता है। सभी समाजों में व्यक्ति एवं समूह परम्परा से जो स्थान उन्हें मिला हुआ है, उसको ऊंचा करना चाहते हैं।

उदाहरणार्थ–अगर काई क्लर्क है तो वह हैड क्लर्क बनना चाहता है, अगर कोई अध्यापक है तो वह प्रधानाध्यापक बनना चाहता है, अगर कोई पुलिस में सिपाही है तो वह दरोगा बनना चाहता है। इन सबका सम्बन्ध सामाजिक गतिशीलता से है। इस प्रकार, सामाजिक स्तरीकरण का सम्बन्ध समाज में पाई जाने वाली असमानता अथवा ऊंच-नीच की व्यवस्था से है, जबकि सामाजिक गतिशीलता किसी व्यक्ति अथवा समूह द्वारा अपना सामाजिक स्तर ऊंचा करने के प्रयास से सम्बन्धित प्रक्रिया है। इस अध्याय में इन दोनों प्रक्रियाओं का समझाने का प्रयास किया गया है।

(अ) सामाजिक स्तरीकरण (Social Stratification)

सामाजिक स्तरीकरण वह प्रक्रिया है जिसके द्वारा सम्पूर्ण सामाजिक व्यवस्था विभिन्न स्तरों में विभाजित हो जाती है। वैसे सैद्धान्तिक रूप से सदैव यह सोचा गया है कि समाज में समस्य व्यक्तियों की प्रस्थिति समान हो, परन्तु ऐसा होना सम्भव नहीं है। प्रत्येक मानव भिन्न बुद्धि, योग्यता, लिंग तथा कुशलता का अधिकारी है। इस दशा में यदि सभी को एक स्तर पर रख जाए तो समाज की प्रगति नहीं हो पाएगी। अत: स्तरीकरण सार्वभौमिक है यद्यपि, इसका रूप प्रत्येक समाज में भिन्न हो सकता है। समाज चाहे सरल हो या जटिल, उसमें स्तरीकरण अवश्य ही पाया जाता है। कुछ पूर्व साम्यवादी देश यह दावा करते रहे हैं कि वहां पर सभी लोगों की प्रस्थिति समान थी, पर यह सत्य नहीं है। वहां अधिक योग्य व्यक्ति सामान्य व्यक्तियों से कुछ अधिक ही सुविधा पाते रहे हैं तथा चीन जैसे देश में राजनीतिक क्षेत्र में ऊंच-नीच आज भी स्पष्ट देखी जा सकती है। सोरोकिन ने स्तरविहीन समाज को मात्र कल्पना माना है।

सामाजिक स्तरीकरण की उत्पत्ति के सम्बन्ध में विचारकों के भिन्न-भिन्न विचार हैं। गमप्जलोविज व ओपन मेयर आदि विचारकों की यह धारणा है कि इसकी उत्पत्ति एक समूह द्वारा दूसरे समूह को जीतने की परम्परा से हुई। विजय के परिणामस्वरूप विजी समूह को विजित समूह क ऊपर अधिकार प्राप्त हो जाता है तथा वह उच्च बन जाता है। इसके विपरीत, विजित समूह अधीन अथवा निम्न वर्ग हो जाता है। **सिसिल नार्थ** ने भी इस मत का समर्थन किया है तथा अपनी पुस्तक सोशल डिफरेंशियेशन (Social differentiation) में कहा है कि जब तक मनुष्य शान्तिपूर्ण ढंग से रहते रहे, उस समय तक समाज में किसी भी प्रकार की स्थायी वर्ग-व्यवस्था की उत्पत्ति नहीं हुई। **सोरोकिन** (Sorokin) ने भी इस मत का समर्थन किया है। उनका मत है कि विजय तथा संघर्ष को स्तरीकरण का कारण माना जा सकता है पर उन्होंने इसे स्तरीकरण का एकमात्र अथवा महत्वपूर्ण कारक न मानकर केवल एक सहायक कारक माना है। उसकी उत्पत्ति का कारण चाहे कुछ भी हो, यह एक शाश्वत तथ्य है कि प्रत्येक समाज अपने सदस्यों को उच्चता, निम्नता व समाजनता के आधार पर विभेदीकृत करता है। **मरडॉक** (Murdock) ने 250 समाजों में से 74 समाजों में आयु व लिंग के आधार स्तरीकरण पाया। जातीय आधार अथवा वर्ग के आधार पर श्रेणीबद्धता अथवा स्वतन्त्र व दासों में श्रेणीबद्धता सामाजिक स्तरीकरण है।

सामाजिक स्तरीकरण समाज का विभिन्न स्तरों में विभाजन है। इन स्तरों में ऊंच-नीच या संस्तरण पाया जाता है। इसके अन्तर्गत कुछ विशेष स्थिति वाले

व्यक्तियों को अधिक अधिकार, प्रतिष्ठा एवं जीवन अवसर उपलब्ध होते हैं, जबकि इससे निम्न स्थिति वाले व्यक्तियों या समूहों को ये सब कम मात्रा में उपलब्ध होते हैं। इस प्रकार समाज के विभिन्न समूहों में पाई जाने वाली आर्थिक, राजनीतिक व सामाजिक असमानता को ही स्तरीकरण कहा जाता है। यह वह प्रक्रिया है जिसके द्वारा मनुष्यों और समूहो को प्रस्थिति के पदानुक्रम में श्रेणीबद्ध किया जाता है यह एक दीर्घकालीन उद्देश्य वाली सचेत प्रक्रिया है।

सामाजिक स्तरीकरण की परिभाषाएं (Definitions of Social Stratification)

समाजशास्त्रियों द्वारा सामाजिक स्तरीकरण को विभिन्न प्रकार से परिभाषित किया गया है। कुछ कतिपय प्रमुख परिभाषाएं इस प्रकार हैं :

(1) **सदरलैण्ड** एवं **वुडवर्ड** (Sutherland and Woodward) **के अनुसार** : "साधारणतः स्तरीकारण अन्तर्किया अथवा विभेदीकरण की वह प्रक्रिया है जिसके द्वारा कुछ व्यक्तियों को दूसरों की तुलना में उच्च स्थिति प्राप्त हो जाती है। इस परिभाषा से स्पष्ट हो जाता है कि स्तरीकरण का आधार प्रस्थिति है। समाज को प्रस्थिति के आधार पर विभाजित किया जाता है।

(2) **जिसबर्ट** (Gisbert) **के अनुसार** : "सामाजिक स्तरीकरण का अर्थ समाज को कुछ ऐसी स्थायी श्रेणियों तथा समूहों में बांटने की व्यवस्था से है जो कि उच्चता एवं अधीनता के सम्बन्धों से परस्पर सम्बद्ध होते हैं।" इस परिभाषा में उच्चता एवं अधीनता क अधार पर समूह को विभाजित किया जाना ही स्तरीकरण माना गया है। इसमें दो बातें महत्वपूर्ण हैं–

प्रथम, यह कि जिस आधार से समूह को स्तरीकृत किया जाता है वह स्थिर रहता है, तथा

द्वितीय, उच्चता तथा निम्नता के आधार पर विभिन्न समूह प्रतिष्ठित होते हैं और वे परस्पर सम्बन्ध रखते हुए सामाजिक व्यवस्था को बनाए रखते हैं।

(3) **फैडरिको** (Federico) के अनुसार : "सामाजिक स्तरीकरण व्यक्तियों और समूहों, जो धन-दौलत, प्रतिष्ठा एवं शक्ति के वितरण को असमान रूप से बांटते हैं, को श्रेणीबद्ध करने की व्यवस्था है।"

(4) **ऑगबर्न** एवं **निमकॉफ** (Ogburn and Nimkoff) के अनुसार : "वह प्रक्रिया, जिसके द्वारा व्यक्तियों एवं समूहों को थोड़े-बहुत स्थायी प्रस्थिति के उच्चता व निम्नता के क्रम में श्रेणीबद्ध किया जाता है, स्तरीकरण

कहलाती है।" अतः इनके द्वारा प्रस्थितियों के संस्तरण की श्रेणीबद्ध व्यवस्था संस्तरण कही जा सकती है।

(5) **डेविस** (Davis) **के अनुसार** : "सामाजिक स्तरीकरण का अर्थ साधारणतः उन समूहों से लगाया जाता है जो सामाजिक व्यवस्था में विभिन्न स्थितियों को धारण किए हुए हैं तथा जिन्हें भिन्न-भिन्न मात्रा में प्रतिष्ठा प्राप्त होती है।

(6) **पारसन्स** (Parsons) **के अनुसार** : "प्रतिष्ठा (सम्मान) के आधार पर श्रेणीबद्धता की व्यवस्था को हम समाज का स्तरीकरण कह सकते हैं।" इनके अनुसार प्रतिष्ठा के आधार पर (अर्थात् कम या ज्यादा प्रतिष्ठा मिलने के आधार पर)लागों को श्रेणीयों में बांटने वाली व्यवस्था समाजिक स्तरीकरण कहलाती है। इसी सन्दर्भ में हरालाम्बोस एवं हैल्ड (Haralambos and Healdf) ने कहा है कि "सामान्य मूल्य व्यवस्था के आधार पर सामाजिक व्यवस्था की इकाइयों की श्रेणीबद्धता को, इसके मूल्यांकन पहलू में, स्तरीकरण कहा जाता है।"

उपर्युक्त परिभाषाओं से स्पष्ट हो जाता है कि स्तरीकरण वह प्रक्रिया है जिसके द्वारा सम्पूर्ण सामाजिक व्यवस्था विभिन्न स्तरों में विभाजित होती है। इन स्तरों को उच्चता तथा निम्नता के आधार पर विभाजित किया जाता है और इनके आधार पर उनके अधिकारों और कर्तव्यों में अन्तर आ जाता है। संक्षेप में, कहा जा सकता है कि सामाजिक स्तरीकरण की व्यवस्था समाज को धन-सम्पदा, पद प्रतिष्ठा और शक्ति के आधार पर भिन्न-भिन्न स्तरों में विभक्त कर देती है।

सामाजिक स्तरीकरण एवं विभेदीकरण
(Social Stratification and Differentiation)

सामाजिक स्तरीकरण को अधिक स्पष्टः समझने के लिए विभेदीकरण की अवधारणा को समझ लेना भी आवश्यक है। सामाजिक विभेदीकरण वह प्रक्रिया है जिसके द्वारा व्यक्तियों और समूहों को कुछ मूर्त आधारों पर विभाजित किया जाता है। उदाहरणार्थ, यदि आयु, लिंग बुद्धि, व्यक्तित्व धर्म, प्रजाति, शिक्षा, भाषा एवं संपत्ति, आदि के आधार पर व्यक्तियों को अनेक वर्गों में विभाजित कर दिया जाय तो इस प्रक्रिया को हर सामाजिक विभेदीकरण भी समाज में आदिकाल से चला आ रहा है, प्राचीन समय से ही आयु, लिंग एवं रंग के आधार पर व्यक्तियों में भेद किया जाता है रहा है। सामाजिक विभेदीकरण का अर्थ स्पष्ट करते हुए **लम्ले** लिखते हैं, "विभेदीकरण से हमारा अर्थ उस प्रक्रिया से है जिसके द्वारा व्यक्ति

भिन्नताओं का पोषण करते हैं जिन्हें एक साथ रखने पर आरकेस्ट्रा के विभिन्न वादकों की तरह एक पूर्णतया समन्वययुक्त संपूर्ण की रचना होती है।"

न्यूमेयर के अनुसार सामाजिक विभेदीकरण वह प्रक्रिया है जिसमें अनेक जैविकीय, वंशानुगत और शारीरिक विशेषताओं जैसे आयु, लिंग प्रजाति, सपिण्डता, व्यक्तिगत व्यवसाय, सांस्कृतिक पृष्ठभूमि, सामाजिक स्थिति, सामाजिक उपलब्धियों, समूह की रचना और सामाजिक भिन्नता उत्पन्न हो जाती है। इस प्रकार सामाजिक भिन्नताएं विभेदीकरण की प्रक्रिया का आधार भी हैं और उपज भी। इन परिभाषाओं से स्पष्ट है कि व्यक्ति एवं समूहों में पायी वाली विभिन्नताएं समाज में विभेदीकरण स्पष्ट करने के लिए हम उसकी *विशेषताओं का यहां उल्लेख करेंगे:*

(1) सामाजिक विभेदीकरण अवैयक्तिक है, इसका संबंध समूह एवं सामाज को भिन्नता के आधार पर विभाजित करने से है, उनमें विरोध या संघर्ष पैदा करने से नहीं।

(2) विभेदीकरण एवं सार्वभौमिक प्रक्रिया है, यह आदिकाल से सभी समाजों में प्राप्त रही है।

(3) विभेदीकरण एक तटस्थ अवधारणा है, उससे श्रेष्ठता एवं निम्नता के भाव प्रकट नहीं होते। उदाहरण के लिए, हम लोगों को उनके लिंग के आधार पर स्त्री व पुरुष में तथा आयु के आधार पर बालक, युवा और वृद्ध में विभाजित करते हैं तो यह विभेदीकरण कहलायेगा। इससे यह स्पष्ट नहीं होता कि स्त्री व पुरुष, बालक, युवा एवं वृद्ध में कौन श्रेष्ठ है और कौन निम्न।

(4) सामाजिक विभेदीकरण एक जागरूक प्रक्रिया है। इसका अर्थ है–समाज का प्रत्येक व्यक्ति विभेदीकरण के प्रति जागरूक है। हर व्यक्ति यह जानता है। कि वह लिंग, आयु रंग एवं अन्य आधारों पर दूसरों से भिन्नता रखता है।

(5) सामाजिक विभेदीकरण का निर्धारण बाह्य एवं स्पष्ट कारकों द्वारा किया जाता है। उदाहरण के रूप में, लिंग, आयु, प्रजाति, सामाजिक प्रतिष्ठा एवं आर्थिक प्रगति के आधार पर हम व्यक्तियों में परस्पर भेद कर सकते हैं। ये आधार ही विभेदीकरण को विकसित करते हैं।

स्तरीकरण एवं विभेदीकरण में अन्तर
(Distinction between Stratification and Differentiation)

सामाजिक स्तरीकरण एवं विभेदीकरण दोनों ही समाज को विभिन्न समूहों में विभाजित करने की प्रक्रियाएं हैं। ये एक-दूसरे की पूरक होते हुए भी परस्पर भिन्नता

लिये हुए हैं। इन दोनों में निम्न अंतर हैं:

(1) **ओल्सन** का मत है कि स्तरीकरण एवं वैयक्तिक प्रक्रिया है जबकि विभेदीकरण अवैयक्तिक। स्तरीकरण में व्यक्ति एक-दूसरे से प्रतिस्पर्द्धा, विरोध एवं संघर्ष करते हैं जबकि विभेदीकरण में व्यक्तियों में परस्पर भिन्नता होते हुए भी विरोध एवं संघर्ष नहीं पाया जाता है। उदाहरण के रूप में, स्त्रियां पुरुषों से इस कारण विरोध प्रकट नहीं करतीं कि वे स्त्रियां है तथा बालक युवा एवं बृद्ध लोगों से इसलिए रोष प्रकट नहीं करते कि वे बालक हैं ?

(2) सामाजिक स्तरीकरण का उद्देश्य कुछ विशेष परिस्थितियों को धारणा करने वाले व्यक्तियों को अधिक अधिकार, सुविधाएं एवं सुरक्षा प्रदान करना है। इसीलिए यह एक जागरूक एवं जानबूझकर अपनायी जाने वाली प्रक्रिया है। दूसरी ओर निभेदीकरण एक स्वत: एवं स्वाभाविक रूप से उत्पन्न होने वाली प्रक्रिया है। इसका विकास जान-बूझकर योजनाबद्ध रूप से नहीं किया जाता है।

(3) सामाजिक विभेदीकरण में तो केवल व्यक्तियों एवं समूहों के बीच भिन्नता ज्ञात होती है जबकि स्तरीकरण से भिन्नता के साथ-साथ उच्चता, निम्नता, विशेषाधिकार, सुविधाएं एवं अधीनता का ज्ञान भी होता है।

(4) स्तरीकरण की तुलना में विभेदीकरण की प्रक्रिया अधिक प्राचीन है। पहले विभेदीकरण अस्तित्व में पाया और उसके बाद ही स्तरीकरण प्रारंभ हुआ।

(5) सामाजिक विभेदीकरण के लिए समूहों का स्थायी होना आवश्यक नहीं जबकि स्तरीकरण में उच्चता और निम्नता के निर्धारण के लिए स्थायी समूहों का होना आवश्यक है।

(6) सामाजिक विभेदीकरण चूंकि स्पष्ट आधारों पर किया जाता है (जैसे आयु, एवं लिंग भेद), अत: यह एक सरल प्रक्रिया है। दूसरी ओर स्तरीकरण का आधार पर पक्षपात की भावना एवं सामाजिक प्रतिष्ठा है जिन्हें ज्ञात करना सरल नहीं है, अत: यह एक जटिल प्रक्रिया है।

(7) सामाजिक स्तरीकरण का संबंध उपयोगिता से है, इसके द्वारा योग्य व्यक्तियों को उच्च पद एवं अधिक सुविधाएं प्रदान की जाती हैं जबकि विभेदीकरण उपयोगिता के आधार पर नहीं किया जाता है।

सामाजिक स्तरीकरण एवं विभेदीकरण को हम चित्र द्वारा इस प्रकार प्रकट कर सकते हैं:

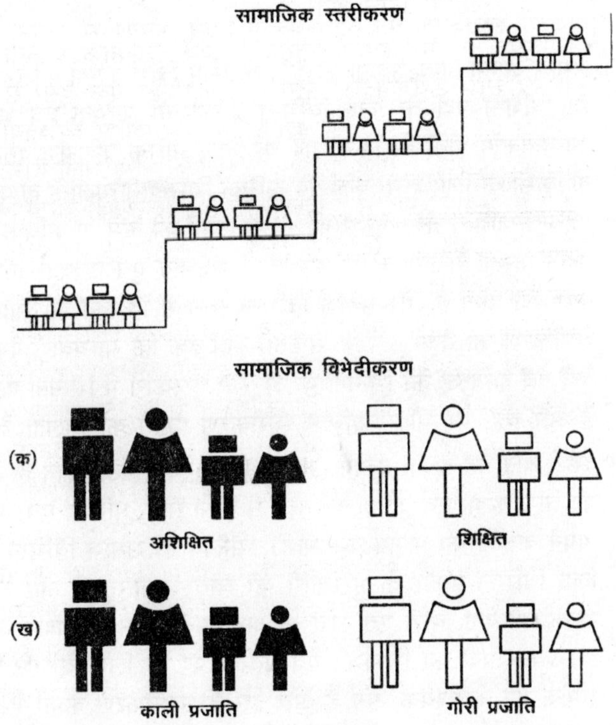

चित्र 1 : सामाजिक स्तरीकरण।

सामाजिक स्तरीकरण की आवश्यकता
(Necessity of Social Stratification)

मानव ने आदिकाल से ही समाज से ही समाज में समानता पैदा करने एवं विभिन्नता को समाप्त करने का प्रयास किया है। समाजवादी समाज की स्थापना उसकी इसी कल्पना पर निर्भर है, किन्तु वास्तव में ऐसे समाज की स्थापना संभव नहीं क्योंकि सामाजिक संरचना का निर्माण विभिन्न, उच्च एवं निम्न प्रस्थितियों से होता है। इन प्रस्थितियों पर विभिन्न व्यक्तियों को बैठाकर उनसे कार्य लेना पड़ता है। विभिन्न प्रस्थितियों की धारण करने के लिए भिन्न-भिन्न योग्यता वाले व्यक्तियों की आवश्यकता होती है और पदों के अनुरूप कार्य की प्रेरणा भी लोगों को देनी होती है। इसके लिए समाज में स्तरीकरण को जन्म देना होता है। दूसरे शब्दों में, स्तरीकरण लोगों को पद प्राप्त करने एवं उनके अनुरूप भूमिका निभाने की प्रेरणा

देता है। समाज में स्तरीकरण की आवश्यकता निम्न कारणों से उत्पन्न होती है:

(1) समाज अपनी आवश्यकता की पूर्ति के लिए विभिन्न पदों की रचना करता है। विभिन्न पदों के लिए विभिन्न प्रकार की योग्यता एवं क्षमता की आवश्यकता होती है। किसी पद के लिए अधिक प्रशिक्षण देना होता है तो किसी के लिए कम। कोई पद अधिक जिम्मेदारी वाला है तो कोई कम। पद एवं दायित्व के अनुसार ही समाज लोगों को कम या अधिक पुरस्कार प्रदान करता है। इस कारण समाज में भेदभाव एवं उच्चता-निम्नता का क्रम पैदा होता है और समाज विभिन्न स्तरों में विभक्त हो जाता है। इस स्तरीकरण को रोका नहीं जा सकता। यहां तक कि साम्यवादी देशों में भी पदों एवं दायित्वों की भिन्नता के अनुसार पुरस्कारों में भिन्नता पायी जाती है और वहां पर भी सामाजिक स्तरीकरण देखने को मिलता है।

(2) दूसरी बात यह है कि प्रत्येक पद पर ऐसे आदमी बैठाने होते हैं जो अपने पद के उत्तरदायित्व को अच्छी तरह से निभा सकें, परिश्रम एवं लगन द्वारा अपने कर्तव्य का पालन कर सकें। इसलिये ही समाज विभिन्न पदों के लिए विभिन्न प्रकार के पुरस्कारों की व्यवस्था करता है और लोगो को उनकी योग्यता, बुद्धि एवं रुचि के अनुसार विभिन्न पद प्रदान करता है। इस प्रकार पदों का विभाजन एवं प्रत्येक पद के लिए विशिष्ट पुरस्कार समाज का आवश्यक अंग है और इसे ही स्तरीकरण कहते हैं।

जब किसी समाज में विभिन्न पद हों और उनसे संबंधित अधिकारों एवं स्वाभाविक है। स्तरीकरण के द्वारा समाज यह विश्वास दिलाता है कि सबसे अधिक महत्वपूर्ण पदों पर योग्य व्यक्तियों को रखा जायेगा। इस प्रकार व्यक्तियों में निहित योग्यता एवं बुद्धि की भिन्नता को समाज संस्थात्मक रूप दे देता है।

सामाजिक स्तरीकरण के आधार (Base of Social Stratification)

सामाजिक स्तरीकरण के विभिन्न स्वरूपों के संक्षिप्त विवेचन से यह स्पष्ट हो जाता है कि यह सर्वत्र एक-सा न होकर भिन्नता लिए हुए होता है। समाजशास्त्रियों के अनुसार सामाजिक स्तरीकरण के अनेक आधार होते हैं। इसके कुछ कतिपय प्रमुख आधार इस प्रकार हैं :

(1) **प्राणीशास्त्रीय आधार** (Biological Bases) **:** इसके अन्तर्गत निम्नलिखित प्रमुख आधार आते हैं :

(i) **आयु** (Age) **:** सामान्यतः आयु से व्यक्ति की मानसिक परिपक्वता का संकेत मिलता है। इस आधार पर स्तरीकरण के सामान्यतः चार

स्तर हैं–शिशु, किशोर, युवा व प्रौढ़। किसी भी समाज में इन स्तरों की प्रस्थिंति समान नहीं होती हैं। आयु, प्रदत्त प्रस्थिति का एक प्रमुख आधार है तथा प्रत्येक समाज में आयु के आधार पर प्रतिष्ठा की अपनी विशिष्ट परम्परा है।

(ii) **प्रजाति** (Race) : प्रजाति का अभिप्राय मनुष्यों के उस समूह से है जिसमें कुछ जन्मजात शारीरिक लक्षण होते हैं। प्रजातिवाद में कुछ प्रजातियां स्वयं को शेष प्रजातियो से श्रेष्ठ ठहराने का प्रयास करती हैं। वे अन्य प्रजातियों को अपने से निकृष्ट सिद्ध करने का भी प्रयास करती हैं। इसका ज्वलंत उदाहरण वर्तमान समय में गोरे व काले (सफेद व नीग्रो) लोगों के मध्य संघर्ष हैं।

(iii) **लिंग** (Sex) : लिंग के आधार पर दो स्तर (स्त्री व पुरूष) माने जाते हैं। मातृवशीय समाजों में स्त्रियों की प्रस्थिति पुरूषों की अपेक्षा उच्च मानी जाती है। इसके विपरीत, पितृवंशीय समाजों में पुरूष की स्थिति स्त्रियों से उच्च मानी जाती है।

(2) **सामाजिक-सांस्कृतिक आधार** (Socio-cultural Bases) : मानव समाजों में सामाजिक-सांस्कृतिक आधारों पर स्तरीकरण निम्नलिखित दशाओं में विकसित हुआ है :

(i) **नृजातीय आधार** (Ethnic Bases) : जब एक जातीय समूह दूसरे जातीय समूह अथवा समूहों पर कम अथवा अधिक स्थायी रूप से हावी हो जाता है तब नृजातीय स्तरीकरण बन जाता है। सम्भवत: सामाजिक स्तरीकरण-पूर्व समाजों में नृजातीय स्तरीकरण ही प्रचलन में था। यदि भारत का ही उदाहरण लिया जाए तब इस देश में अनेक प्रजातियों, भाषाओं, धर्मों व सामाजिक भेदों के व्यक्तियों का एक संगठन समाज लगभग 5,000 वर्षों से चला जा रहा है। प्रारम्भ में यह व्यवस्था नृजातीय स्तरीकरण के सिद्धान्त पर ही आधारित थी।

(ii) **अनृजातीय आधार** (Non-ethnic Bases) : इटैलियन समाजशास्त्रों विलफ्रैडो पेरेटो (Vilferdo Pareto) के अनुसार प्रत्येक सामाजिक संरचना में ऊंच-नीच का एक संस्तरण अवश्य ही होता है। प्राय: प्रत्येक समाज दो प्रमुख स्तरों-उच्च व निम्न स्तर-में विभक्त किया जा सकता है। प्रथम स्तर अर्थात् उच्च स्तर के व्यक्तियों के हाथ में शक्ति केन्द्रित होती है। वे समाज के शासक होते हैं। प्रथम स्तर

अर्थात् उच्च स्तर के व्यक्तियों के हाथ में शक्ति केन्द्रित होती है। वे समाज के शासक हाते हैं। इसी वर्ग के पास अधिक चतुर, बुद्धिमान, कुशल व समर्थ सदस्य होते हैं। पेरेटो ने इस वर्ग का अभिजात वर्ग की संज्ञा दी है। इनके शब्दों में इतिहास कुलीनतन्त्रों का कब्रिस्तान है। इसमें जाति एवं वर्ग के आधार पर स्तरीकरण भी सम्मिलित किया जा सकता है।

(3) **आर्थिक आधार** (Economic Bases) : इनमें निम्नलिखित दो आधारों को सम्मिलित किया जा सकता है :

(i) **सम्पत्ति** (Wealth) : आधुनिक पूंजीवादी समाजों में सम्पत्ति अत्यधिक महत्वपूर्ण है। कार्ल मार्क्स ने कहा था कि पूंजीवादी समाज के सदस्य दो वर्गों में विभक्त किए जा सकते हैं–पूंजीपति वर्ग व अपूंजीपति (सर्वहारा)वर्ग। प्रथम वर्ग अल्पसंख्यक होता है एवं उसका उत्पादन के साधनों पर अधिकार होता है। अपूंजीपति वर्ग बहुसंख्यक होता है। वह पूंजीपति वर्ग द्वारा स्थापित उद्योगों में उत्पादन कार्य में सक्रिय भाग लेता है। दोनों वर्गों में स्पष्ट असमानता पाई जाती है।

(ii) **व्यवसाय** (Occupation) : वर्तमान औद्योगिक समाजों में व्यवसाय भी समाजिक स्तरीकरण का प्रमुख आधार है। कुछ व्यवसाय व पद ऐसे हैं जो समाज के लिए अधिक महत्वपूर्ण हैं, तथा ऐसे पदों पर नियुक्त व्यक्तियों को अधिक प्रतिष्ठा एवं सुविधाएं प्राप्त होती हैं। इसके विपरीत, निम्न व्यवसायों व पदों में लगे व्यक्तियों का निम्न स्थान दिया जाता है।

(4) **राजनीतिक आधार** (Political Bases) : इस आधार पर समाज को दो वर्गों मं विभक्त किया जाता है–शासक व शासित। सभी समाजों में शासक वर्ग की स्थिति अवश्य ही शासित वर्ग से उच्च होती है।

(5) **धार्मिक आधार** (Religious Bases) : धार्मिक आधार पर भी समाज में ऊंच-नीच पायी जाती है। धार्मिक कार्यों को सम्पन्न करने वाले व्यक्तियों एवं धार्मिक नेताओं की प्रस्थिति अन्यों की अपेक्षा ऊंची होती है। इसका उदाहरण रोमन कैथोलिक चर्च का विश्व में फैला हुआ संस्तरण है।

(6) **सांस्कृतिक आधार** (Cultural Bases) : इसका उदाहरण भाषा, बौद्धिक कुशलता, कलात्मकता आदि आधारों पर समाज का स्तरीकरण है।

सामाजिक स्तरीकरण के प्रकार्य
(Funtions of Social Stratification)

सामाजिक स्तरीकरण के प्रकार्य वादी विश्लेषण के सन्दर्भ में, जो कि **किंग्स्ले डेविस एवं विलबर्ट ई. मूरे** (Kingsley Davis and Wilbert E.Moore) द्वारा प्रस्तुत किया गया है, स्तरीकरण समाज के अस्तित्व के लिए अनिवार्य है। इस मान्यता से प्रारम्भ करते हुए कि कोई भी समाज वर्गविहीन नहीं है अथवा अस्तरीकृत नहीं है, प्रकार्यवादियों द्वारा उस सार्वभौमिक आवश्यकता की व्याख्या का प्रयास किया जाता है जो किसी भी सामाजिक व्यवस्था में स्तरीकरण उत्पन्न करती है। स्तरीकरण की सार्वभौमिक विद्यमानता की व्याख्या करने के लिए मुख्यत: प्रकार्यवादी आवश्यकता यह है कि प्रत्येक समाज को सामाजिक संरचना में व्यक्तियों का स्थान निर्धारित करने तथा उन्हें प्रेरित करने की आवश्यकता होती है। इस प्रकार सामाजिक विषमता अचेतन रूप से विकसित एक ऐसी युक्ति है जिससे समाज इस बात की सुनिश्चित व्यवस्था करता है कि सर्वाधिक महत्वपूर्ण स्थितियों पर सर्वाधिक योग्य व्यक्ति ही रहें। अत: सामाजिक स्तरीकरण के मुख्य प्रकार्य इस प्रकार हैं :

(1) **श्रम-विभाजन की व्यवस्था** (System of Division of Labour) : सामाजिक स्तरीकरण द्वारा समाज कुछ स्तरों में विभक्त होता है। प्रत्येक स्तर के कतिपय निश्चित प्रकार्य होते है। इन कार्यों को प्रत्येक सदस्य पूरा करता है। उदाहरण के लिए, जातिगत स्तरीकरण में प्रत्येक जाति का एक विशिष्ट कार्य है तथा जातियों में इन कार्यों के आधार पर परस्पर सहयोग एवं अन्तर्सम्बन्ध पाए जाते हैं।

(2) **कठिन परिश्रम हेतु प्रेरणा पदान करना** (To Motivate for Hard Work): प्रत्येक सामाजिक संस्तरण में कतिपय विशिष्ट व उच्च मूल्य होते है जिनकी प्राप्ति हेतु लोगों को कठिन परिश्रम करना पड़ता है। स्तरीकरण उच्च पद की प्राप्ति के लिए कठिन परिश्रम की प्रेरणा प्रदान करता है।

(3) **कुशलता व योग्यता में वृद्धि के लिए प्रेरणा** (Inspiration for Increase in Efficiency and Ability) : सामाजिक स्तरीकरण द्वारा प्रत्येक समाज अपने सदस्यों की कुशलता व योग्यता में अभिवृद्धि करने हेतु उन्हें विभिन्न प्रकार से प्रोत्साहन प्रदान करता है। जो सदस्य अपने समाज के मूल्यों का निष्पादन भली-भांति करते हैं उन्हें अधिक प्रतिष्ठा एवं ऊंचे गिने जाने वाले व्यक्तियों द्वारा सामाजिक मान्यता प्रदान की जाती है।

(4) **प्रतियोगिता की सम्भावना** (Possibility of Competition) : समाज द्वारा कतिपय पदों के लिए उच्च प्रतिष्ठा व अन्य पुरस्कार दिए जाने पर प्रतियोगिता का होना अवश्यम्भावी है। प्रतियोगिता के कारण अधिक योग्य व्यक्तियों की ऊपर उठने की सम्भावना अधिक होती है तथा इससे उनकी योग्यता का सदुपयोग हो जाता है।

(5) **सामाजिक नियन्त्रण** (Social Control) : सामाजिक स्तरीकरण के अन्दर प्रत्येक स्तर पर अपने कतिपय विशिष्ट कानून व नियन्त्रणकारी शक्तियां होती हैं। इसके अन्तर्गत ही प्रत्येक सदस्य अपनी भूमिका अदा करता है। अतः यह नियन्त्रण का कार्य भी करता है।

(6) **मनोवैज्ञानिक सन्तोष प्रदान करना** (To Provide Psychological Satisfaction) : सामाजिक स्तरीकरण में व्यक्ति अपनी प्रस्थिति से सन्तुष्टि प्राप्त करता हैं यह व्यवस्था प्रत्येक व्यक्ति को मानसिक सुरक्षा प्रदान करके अर्जित एवं प्रदत्त प्रस्थिति के अनुकूल निभाने के लिए प्रेरित करती है।

सामाजिक स्तरीकरण की विशेषताएं
(Characteristics of Social Stratification)

टयूमिन ने सामाजिक स्तरीकरण की निम्नांकित विशेषताओं का उल्लेख किया है:

(1) **सामाजिक स्तरीकरण परिणामिक है**–टयूमिन कहते हैं कि सामाजिक स्तरीकरण (Consequential) है। यह समाज में असमानता उत्पन्न करता है। इस असमानता को हम जीवन जीने के (Life chances) अवसर तथा जीवन शैली (Life style) में देख सकते हैं। प्रत्येक व्यक्ति के जीवन जीने के अवसर एवं शैली स्तरीकरण के स्वरूपों के आधार पर भिन्न-भिन्न होते हैं। किसी व्यक्ति को कितनी शक्ति, संपत्ति एवं मानसिक संतोष प्राप्त होगा, यह समाज में उसके स्तर पर निर्भर है। विभिन्न स्तरों में मृत्यु-दर, लम्बी आयु, शारीरिक एवं मानसिक रोग, संतानों की संख्या, वैवाहित संघर्ष, तलाक, पृथकता, आदि की मात्रा में भिन्नता पायी जाती है। एक व्यक्ति किस प्रकार के मकान एवं पड़ौस में रहेगा, किस प्रकार के मनोरंजन के साधन अपनायेगा, माता-पिता से उसके संबंध कैसे होंगे, किस प्रकार की शिक्षा एवं पुस्तकों का वह प्रयोग करेगा, यह उसके सामाजिक स्तर पर निर्भर करता है। प्रत्येक स्तर के जीवन अवसर एवं शैली से भिन्नता पायी जाती है।

(2) **सामाजिक स्तरीकरण की प्रकृति सामाजिक है**–सामाजिक स्तरीकरण कुछ व्यक्तियों तक ही सीमित नहीं होता वरन् संपूर्ण समाज में व्याप्त होता है। समाज के सभी लोग समान मूल्यों एवं व्यवहार के समान प्रतिमानों को स्वीकार करते हैं। सामाजिक स्तरीकरण को आयु, रंग एवं यौन भेद के आधार पर ही नहीं वरन् समाज में व्यक्तियों को प्राप्त विभिन्न पदों एवं प्रस्थितियों के आधार पर भी समझा जा सकता है। समाजीकरण के द्वारा व्यक्ति सामाजिक को स्वीकार करता है। सामाजिक संस्थाएं जैसे धर्म, शिक्षा, परिवार, विवाह एवं राजनीतिक, आदि भी समाज में स्तरीकरण उत्पन्न करती हैं।

(3) **सामाजिक स्तरीकरण प्रत्येक समाज में पाया जाता है**–आदिकाल से लेकर आज तक कोई ऐसा समाज नहीं पाया गया जिससे स्तरीकरण न हो। इसके आधारों एवं स्वरूपों में अंतर हो सकता है, किन्तु सामाजिक स्तरीकरण सर्वत्र ही विद्यमान रहा है। **बोटोमोर** लिखते हैं, "समाजों का वर्गों अथवा स्तरों में विभाजन जिससे प्रतिष्ठा एवं शक्ति का सोपान बनता है, सामाजिक संरचना का एक सार्वभौमिक तत्व है।"

(4) **सामाजिक स्तरीकरण पुरातन है**–स्तरीकरण समाज में अति प्राचीन काल से ही विद्यमान शक्ति, जन्म, आदि प्रदत्त गुण थे तो वर्तमान समय में अर्जित गुणों का अधिक महत्व है। मार्क्स की मान्यता है कि प्रत्येक युग में समाज में दो वर्ग रहे हैं–एक श्रमिक और दूसरा पूंजीपति। इस प्रकार वर्ग स्तरीकरण प्रत्येक समाज में सदैव ही विद्यमान रहा है।

(5) **सामाजिक स्तरीकरण के विभिन्न स्वरूप हैं**–विश्व के सभी समाजों और सभी कालों में सामाजिक स्तरीकरण का समान स्वरूप नहीं रहा है वरन् देश एवं काल के अनुसार इसके अनेक अनुरूप देखे जा सकते हैं। अति प्राचीन काल में सामाजिक स्तरीकरण का सरलतम आधार यौन-भेद, आयु-भेद और शारीरिक शक्ति था। भारत में जाति-प्रथा के आधार पर स्तरीकरण पाया जाता है तो यूरोप में वर्ग व्यवस्था एवं अर्जित गुणों को अधिक महत्व दिया गया है। मध्य युग में दास एवं स्वामी स्तरीकरण के दो प्रमुख स्वरूप रहे हैं। अफ्रीका एवं अमरीका में प्रजाति भेदभाव का लंबे समय से प्रचलन रहा है। इस प्रकार सभी समाजों में स्तरीकरण का प्रचलन किन्हीं सामान्य नियमों द्वारा न होकर स्थान, परिस्थिति एवं संस्कृति द्वारा प्रभावित रहा है।

टयूमिन की मान्यता है कि ये पांच विशेषताएं ऐसी हैं जिनके आधार पर समाज में स्तरीकरण के अध्ययन के महत्व को सिद्ध किया जा सकता है।

सामाजिक स्तरीकरण के आधार (Bases of Social Stratification)

स्तरीकरण प्रत्येक समाज में पाया जाता है, किन्तु उसके आधार समान नहीं हैं। फिर भी विद्वानों ने कुछ सामान्य आधारों का उल्लेख किया। **पारसन्स** ने व्यक्ति की प्रस्थिति निर्धारित करने वाले छः कारकों का उल्लेख किया है जो स्तरीकरण को भी तय करते हैं। वे हैं–नातेदारी समूह की सदस्यता, व्यक्तिगत विशेषताएं, अर्जित उपलब्धियां, द्रव्यमान, (Possession), सत्ता तथाा शक्ति। **सोरोकिन** तथा **बेबर** स्तरीकरण के प्रमुख तीन आधारों–आर्थिक, राजनीतिक एवं व्यावसायिक का उल्लेख करते हैं जबकि **कार्ल मार्क्स** केवल आर्थिक आधार को ही महत्वपूर्ण मानते हैं। इस आधार पर समाज में दो प्रकार के वर्ग पनपते हैं: पूंजीपति एवं श्रमिक। स्तरीकरण के सभी आधारों को हम प्रमुख रूप से दो भागों में बांट सकते हैं–

(1) प्राणीशास्त्रीय आधार, एवं

(2) सामाजिक-सांस्कृतिक आधार पर।

(1) **प्राणीशास्त्रीय आधार** (Biological Basis)–समाज में व्यक्तियों एवं समूहों की उच्चता एवं निम्नता का निर्धारण प्राणीशास्त्रीय आधारों पर भी किया जाता है। प्रमुख प्राणीशास्त्रीय व बौद्धिक कुशलता आदि को ले सकते हैं।

(i) **शारीरिक व बौद्धिक कुशलता**–वर्तमान समय में व्यक्ति की प्रस्थिति एवं स्तर का निर्धारण उसकी शारीरिक एवं मानसिक कुशलता, योग्यता एवं क्षमता के आधार पर होने लगा है। जो लोग अकुशलता, पागल, क्षीणकाय, आलसी एवं अयोग्य होते हैं, उनका स्तर उन लोगों से नीचा होता है जो बुद्धिमान, परिश्रमी, हष्ट-पुष्ट एवं कुशल होते हैं। साम्यवादी देशों में भी इन गुणों के आधार पर स्तरीकरण देखा जा सकता है।

(ii) **जन्म**–जन्म भी सामाजिक स्तरीकरण उत्पन्न करता है। जो लोग उच्च कुल, वंश जाति में जन्म लेते हैं, वे अपने को दूसरों से श्रेष्ठ मानते हैं।

(iii) **लिंग**–लिंग के आधार पर स्त्री और पुरुषों के रूप में समाज का स्तरीकरण सबसे प्राचीन है। लगभग सभी समाजों में पुरुषों की

स्थिति स्त्रियों से ऊंची मानी जाती है। कई पद ऐसे हैं जो केवल पुरुषों के लिए ही निर्धारित हैं; जैसे सेना में स्त्रियों को नहीं लिया जाता, परंपरा के अनुसार संवैधानिक रूप से ऐसी कोई अड़चन नहीं है।

(iv) **आयु**–प्रत्येक समाज में कई पद ऐसे होते हैं जो एक निश्चित आयु के व्यक्तियों को ही प्रदान किये जाते हैं। आय के आधार पर समाज में प्रमुख चार स्तर–शिशु, किशोर, प्रौढ़ और वृद्ध पाये जाते हैं। सामान्यत: महत्वपूर्ण पद बड़ी आयु के लोगों को प्रदान किय जाते हैं। भारत में परिवार, जाति एवं ग्राम पंचायत के मुखिया का पद वयोवृद्ध व्यक्ति को ही दिया जाता रहा है। यह माना जाता है कि आयु और अनुभव का घनिष्ठ संबंध है। इसलिए उत्तरदायित्व के कार्य अनुभवी एवं वयोवृद्ध व्यक्तियों को सौंपे जाते हैं।

(v) **प्रजाति**–प्रजाति के आधार पर सामाजिक स्तरीकरण वहां देखा जा सकता है जहां एकाधिक प्रजातियां साथ-साथ रहती हैं। जिस प्रजाति के लोग शासन एवं सत्ता में होते हैं तथा संपन्न होते हैं, वह प्रजाति अपने को दूसरी प्रजातियों में श्रेष्ठ मानती है। अमरीका व अफ्रीका में गोरी प्रजाति ने काली प्रजाति से अपने को श्रेष्ठ घोषित किया है और उसे अनेक सुविधाएं एवं विशेषाधिकार प्राप्त हैं। अमरीका का राष्ट्रपति नीग्रो प्रजाति का कोई व्यक्ति नहीं बन सकता।

(2) **सामाजिक-सांस्कृतिक आधार** (Socio-cultural Basis)–सामाजिक स्तरीकरण प्राणीशास्त्रीय आधारों पर ही नहीं वरन् अनेक सामाजिक-सांस्कृतिक आधारों पर भी पाया जाता है। उनमें से प्रमुख इंस प्रकार हैं:

(i) **धार्मिक ज्ञान**–धर्म प्रधान समाजों में धर्म भी स्तरीकरण उत्पन्न करता है। जो लोग धार्मिक कर्मकाण्डों में संलग्न होते हैं, धार्मिक उपदेश देते हैं एवं धर्म के अध्ययन में रत रहते हैं, उन्हें सामान्य लोगों से ऊंचा माना जाता है। भारत में पण्डे-पुजारियों, धार्मिक गुरुओं, साधु-संतों एवं ब्राह्मणों की सामाजिक स्थिति उनके धार्मिक ज्ञान और धर्म से संबंधित होने के कारण ही ऊचीं रही है। वर्तमान में धर्म के महत्व के घटने के साथ-साथ स्तर निर्धारण में इसका प्रभाव भी कमजोर होता जा रहा है।

(ii) **राजनीतिक शक्ति**–सत्ता एवं अधिकारों के आधार पर भी समाज में संस्तरण पाया जाता है। जिन लोगों के पास सैनिक शक्ति, सत्ता

और शासन की बागडोर होती है, उनकी स्थिति उन लोगों से ऊची होती है जो सत्ता एवं शक्तिविहीन होते हैं। शासन और शासित का भेद सभी समाजों में पाया जाता है।

(iii) **संपत्ति**—संपत्ति के आधार पर भी समाज में स्तरीकरण किया जा सकता है। आधुनिक समाजों में ही नहीं वरन् आदिम समाजों में भी संपत्ति के आधार पर ऊंच-नीच का भेद पाया जाता है। समाज में वे लोग ऊंचे माने जाते हैं जिनके पास अधिक संपत्ति होती है। वे सभी प्रकार की विलासिता एवं सुख-सुविधाओं की वस्तुएं खरीदने की क्षमता रखते हैं। इसके विपरीत, गरीब तथा संपत्तिहीन की स्थिति निम्न होती है। संपत्ति के घटने एवं बढ़ने के साथ-साथ समाज में व्यक्ति का स्तर भी घटता-बढ़ता जाता है।

(iv) **व्यवसाय**—व्यवसाय भी सामाजिक स्तरीकरण का प्रमुख आधार है समाज में कुछ व्यवसास सम्मानजनक एवं ऊंचे माने जाते हैं तो कुछ निम्न एवं घृणित। डॉक्टर, इंजीनियर, प्रशासक, प्राध्यापक, आदि का पेशों को करने वालों की स्थिति भी सामाजिक संस्तरण में ऊंची होती है।

सामाजिक स्तरीकरण के स्वरूप (प्रकार)
(Forms of Social Stratification)

बोटोमोर ने मानव इतिहास में प्रचलित सामाजिक स्तरीकरण के प्रमुख चार स्वरूपों–दास प्रथा, जागीरें, जाति और सामाजिक वर्ग का उल्लेख किया है। कुछ विद्वान स्तरीकरण। खुले स्तरीकरण में आधुनिक वर्ग व्यवस्था वाले समाज आते हैं, जहा व्यक्ति अपने वर्ग परिवर्तन द्वारा एक वर्ग से दूसरे में आ जा सकते हैं। बन्द स्तरीकरण का उदाहरण भारतीय जाति-व्यवस्था है। जाति जन्म से निर्धारित होती है और कोई भी व्यक्ति अपने जीवन काल में जाति परिवर्तन नहीं कर सकता, अत: ऐसे समाज को बंद स्तरीकरण वाला समाज कहा जाता है। हम यहां स्तरीकरण के कुछ प्रमुख स्वरूपों का संक्षेप में विवेचन करेंगे।

(1) दास प्रथा (Slavery)

दास प्रथा असमानता के चरम रूप का प्रतिनिधित्व करती है जिसमें व्यक्तियों के कुछ समूह पूर्णरूप से अधिकारों से वंचित रहते हैं। अनेक कालों एवं स्थानों पर दास प्रथा का प्रचलन रहा है, किन्तु प्राचीन समय में यूनान और रोम में तथा 18वीं एवं 19वीं सदी में दक्षिणी अमेरिका में इसका प्रमुख रूप से प्रचलन रहा

है। दास को परिभाषित करते हुए एल.टी. हाबहाऊस लिखते हैं, "एक व्यक्ति जिसे कानून और प्रथा दूसरे की संपत्ति मानते हैं। चरम अवस्थाओं में वह पूर्णतया अधिकारों से वंचित रहता है तथा शुद्ध व्यक्तिगत संपत्ति की वस्तु है। दूसरी स्थितियों में उसकी कुछ रक्षा की जा सकती है, लेकिन एक बेल अथवा गधे की तरह ही है।" एच. जे. निवोर ने दास प्रथा में दास की सामाजिक दशा का वर्णन करते हुए लिखा है–प्रत्येक दास का एक स्वामी होता है, जिसके अधीन उसे रहना पड़ता है और यह अधीनता विशेष प्रकार की होती है। स्वामी को दास पर शक्ति प्रयोग करने की निर्बाध स्वतंत्रता होती है। दास स्वामी की संपत्ति होता है। दास को कोई राजनीतिक अधिकार नहीं होते। सामाजिक रूप से वह तिरस्कृत होता है। दास को अनिवार्य रूप से श्रम करना पड़ता है।

दास प्रथा औद्योगिक व्यवस्था के समान ही रही है। दास प्रथा के उदय के साथ-साथ कुलीनतंत्र भी प्रकट होता है जो दास के श्रम पर जीता है। आधुनिक युग में समाजवाद, मानव अधिकार एवं जनतंत्र के विचारों के विपरीत होने के कारण यह प्रथा सभी देशें में लगभग समाप्त हो गयी है।

(2) जागीरें (Estates)

जागीर प्रथा प्रचलन मध्ययुगीन यूरोप में रहा है जिसे प्रथा एवं कानून की मान्यता प्राप्त थी। जागीर प्रथा में तीन वर्ग प्रमुख थे–पादरी, सरदार एवं साधारणजन। प्रत्येक वर्ग की जीवन शैली एवं संस्कृति भिन्न थी। सामाजिक संस्तरण में सर्वोच्च स्थान पादरियों का था क्योंकि उस समय राज्य भी चर्च के अधीर था। नियमानुसार तो पादरी सर्वोच्च थे, किन्तु उनहें कोई पद प्राप्त नहीं था। इसलिए वे व्यावसायिक रूप से राजवंश के सरदारों से नीचे माने जाते थे। जिन पादरियों को उपाधियां दी गयी थीं, वे सरदारों से कोई संबंध नहीं रखते थे। कई पादरी अविवाहित थे, अतः उनका कोई परिवार नहीं था। परिवार जो कि सामाजिक स्तरीकरण की इकाई माना गया है, के अभाव में पादरियों की सामजिक स्थिति स्पष्ट नहीं थी। फिर भी उनके माता-पिता के परिवारों के आधार पर उनकी स्थिति का निर्धारण किया जा सकता है। बोटोमोर ने जागीर प्रथा की तीन विशेषताओं का उल्लेख किया है–

(i) प्रत्येक जागीर की एक वैधानिक परिभाषा थी, उनके अधिकार, कर्तव्य, विशेषाधिकार और दायित्वों के आधार पर समाज में उनकी एक निश्चित प्रस्थिति होती थी।

(ii) जागीरों में स्पष्ट श्रम-विभाजन पाया जाता था, जैसे कुलीन सबकी रक्षा करते, पुजारी सबके लिए प्रार्थना करते और जनसाधारण सबके लिए भोजन जुटाते।

(iii) जागीरें राजनीतिक समूह थीं। उनके पास राजनीतिक शक्ति थी। भारत में भी मौर्य काल, गुप्त काल एवं मुगल काल की सामन्ती व्यवस्था में यूरोपीय जागीर प्रथा के लक्षण पाये जाते हैं यद्यपि इसका स्वरूप आर्थिक व सैनिक रहा है और यह जाति की विशेषताओं से भी युक्त रही है। इस प्रकार हम देखते हैं कि जागीर प्रथा ने भी समाज में स्तरीकरण पैदा किया है।

(3) बंद स्तरीकरण : जाति प्रथा
(Closed Stratification : Caste System)

जब हम जातिगत संस्तरण की चर्चा करते हैं तो हमारा ध्यान भारतीय जाति व्यवस्था की ओर जाता है। इसका कारण यह नहीं है कि केवल भारत में ही जाति प्रथा पायी जाती है या इसका पूर्ण रूप यही विद्यमान है, वरन् इसका कारण यह है कि भारत में जाति प्रथा की पराकाष्ठा है। भारतीय जाति व्यवस्था का अनेक विद्वानों ने अध्ययन किया हैं जाति एक ऐसा सामाजिक समूह है जिसकी सदस्यता जन्मजात होती है, प्रत्येक जाति का एक नाम और एक व्यवसाय होता है। एक जाति के लोगों का एक वंशगत पेशा होता है और एक जाति के सदस्य अपनी ही जाति में विवाह करते हैं। इस प्रकार प्रत्येक जाति की एक जीवनशैली होती हैं एन. के. दत्ता, घुरिये, आदि ने जाति की विशेषताओं का उल्लेख इस प्रकार किया है :

(1) जाति की सदस्यता संपूर्ण जीवन के लिए होती है। कोई भी व्यक्ति प्रयत्न द्वारा जाति की सदस्यता बदल नहीं सकता।

(2) प्रत्येक जाति का एक वंशानुगत व्यवसाय होता है।

(3) जाति की सदस्यता जन्मजात होती है।

(4) जाति व्यवस्था में उच्चता एवं निम्नता का क्रम (Hierarchy) पाया जाता है।

(5) प्रत्येक जाति एक अंतर्विवाही (Endogamous) समूह है।

(6) जाति के सदस्य खान-पान एवं सामाजिक सहवास संबंधी नियमों का पालन करते हैं।

(7) प्रत्येक जाति का एक राजनीतिक स्वरूप होता है। इस रूप में जाति पंचायत जाति के नियमों का पालन करवाती है।

(8) जाति समाज का खण्डात्मक विभाजन है।

उपर्युक्त विशेषताओं के आधार पर ही भारत में जातियों ने संस्तरण की व्यवस्था पैदा की है और प्रत्येक जाति समाज के एक खण्ड का निर्माण करती हैं जाति व्यवस्था से पूर्व भारत में वर्ण व्यवस्था का प्रचलन था। वर्ण प्रमुख रूप से चार

थे–ब्राह्मण, क्षत्रिय वैश्य और शूद्र। वर्णों का निर्माण कर्म के आधार पर किया गया था। ब्राह्मण पठन–पाठन, पूजा, हवन एवं शिक्षा–दीक्षा का कार्य करते थे, क्षत्रिय शासन एवं युद्ध काय्र करते थे, वैश्य कृषि एवं व्यापार करते थे तथा शूद्र उपर्युक्त तीनों वर्णों की सेवा करते थे। प्रारंभ में वर्ण बदले जा सकते थे, किन्तु धीरे–धीरे इनमें कठोरता आयी और प्रत्येक वर्ण में कई उपजातियों बन गयीं अत: किसी समय वर्ण भी समाज में स्तरीकरण के प्रमुख आधार थे, लेकिन वर्णों के बाद जब जति अस्तित्व गें आयी तो जातीय आधार पर संस्तरण होने लगा। वर्तमान समय में नगरीकरण, औद्योगीकरण, यातायात एवं संचार के नवीन साधनों, नवीन शिक्षा, प्रजातंत्र, नवीन सामाजिक विधान, पाश्चात्य संसकृति के प्रभाव, समाज सुधार के आन्दोलन, आदि के कारण पुरातन जाति व्यवस्था में परिवर्तन आ रहे हैं। अब जातीय आधार पर बने छुआछूत, व्यवसाय एवं खान–पान के नियमों मं शिथिलता आयी है फिर भी जाति की तीन विशेषताएं अभी बनी हुई हैं :

(1) आज भी जात जन्म से ही निर्धारित होती है और यह व्यक्ति की सामाजिक स्थिति को तय करती है।

(2) आज भी व्यक्ति अपनी जाति नहीं बदल सकात है।

(3) व्यक्ति जीवन साथी का चुनाव साधारणत: अपनी जाति से ही करता है।

कई बार कुछ जातियों ने सामाजिक संस्तरण में सामूहिक रूप से ऊंचा उठने का प्रयास भी किया है। इस प्रयास को श्रीनिवास संस्कृतिकरण (Sanskritization) के नाम से पुकारते हैं। वर्तमान समय में सरकारी व गैर–सरकारी तौर पर जाति की निर्योग्यताओं को दूर करने के अनेक प्रयत्न हुए हैं। निम्न जातियों को आर्थिक, सामाजिक एवं राजनीतिक क्षेत्र में अनेक अधिकार एवं सुविधाएं प्रदान की गयी हैं। इतना सब होने पर भी जाति भारतीय समाज में संस्तरण उत्पन्न करने में महत्वपूर्ण भूमिका निभा रही है।

खुला स्तरीकरण : सामाजिक वर्ग (Open Stratification : Social Class)

वर्ग सामाजिक स्तरीकरण का एक प्रमुख स्वरूप है। लगभग सभी समाजों में वर्ग व्यवस्था पायी जाती है। एक–सी सामाजिक प्रस्थिति वाले व्यक्तियों के समूह को एक वर्ग कहा जाता है। *जन्म के अतिरिक्त किसी भी आधार पर समाज में समूहों का निर्माण वर्ग कहलाता है।* वर्गों का आधार आर्थिक ही नहीं वरन् सामाजिक–सांस्कृतिक भी है। वर्ग को परिभाषित करते हुए **ऑगबर्न** लिखते हैं, ''एक सामाजिक वर्ग ऐसे व्यक्तियों का योग है जिनकी एक दिये हुए समाज में अनिवार्य रूप से समाज सामाजिक स्थिति होती है।'' **मैकाइवर** एवं **पेज** के अनुसार, ''एक सामाजिक वर्ग समुदाय का वह भाग है जो सामाजिक स्थिति के आधार

पर दूसरों से पृथक किया जा सके।'' इस प्रकार समान सामाजिक प्रस्थितियों को धारण करने वाले व्यक्ति एक वर्ग का निम्र्पण करते हैं। वर्ग की विशेषताएं निम्नांकित हैं :

(1) एक वर्ग के लोगों का *जीवन जीने का तरीका लगभग समान होता है।*

(2) वर्ग **कम स्थिर** हैं, उनमें परिवर्तन होता रहता है तथा व्यक्ति के लिए वर्ग-सदस्यता बदलना भी संभव है।

(3) एक वर्ग को पहचानने एवं दूसरे वर्ग से भिन्न करने के लिए बाह्य लक्षणों जैसे पहनावा, मकान, शिक्षा, आय, बोलने का तरीका, खान-पान, आदि का सहारा लिया जा सकता है।

(4) प्रत्येक सामाजिक वर्ग के कई **उप-वर्ग** भी पाये जाते हैं।

(5) वर्ग में समूहों का उतार-चढ़ाव पाया जाता है, सभी वर्ग समान नहीं होते सरन् उनमें उच्चता एवं निम्नता का क्रम पाया जाता है।

(6) एक वर्ग के लोगों की सामाजिक प्रस्थिति समान होती है।

(7) वर्ग व्यवस्था जाति की भांति कठोर एवं बंद न होकर एक **मुक्त व्यवस्था** (Open System) है। एक व्यक्ति एक वर्ग से दूसरे वर्ग में आ जा सकता है।

(8) वर्ग में **जन्म का महत्व नहीं** होता है।

(9) एक वर्ग के लोगों को *जीवन के कुछ विशिष्ट अवसर एवं सुविधाएं* समान रूप से प्राप्त होते हैं।

(10) वर्ग की सदस्यता *पूर्णतया अर्जित* है।

(11) एक वर्ग के लोग दूसरे वर्ग के प्रति उच्चता या हीनता की भावना रखते हैं।

(12) प्रत्येक वर्ग में **'वर्ग चेतना'** (Class Consciousness) पायी जाती है। यह वर्ग चेतना उनके व्यवहारों एवं वर्गों के पारस्परिक संबंधों को भी तय करती हैं एक वर्ग के लोग अपने अधिकारों के प्रति सजग होते हैं।

(13) एक वर्ग के लोगों के **सामाजिक संबंध** प्राय: अपने ही वर्ग के लोगों तक **सीमित होते** हैं और अनय वर्गों से एक निश्चित सामाजिक दूरी बनाये रखते हैं।

वर्गों का निर्धारण एवं विभाजन अनेक आधारों पर किया जा सकता है। **बीरस्टीड** ने वर्गों के सात आधारों पर उल्लेख किया है–

(1) संपत्ति, धन ओर आय,

(2) परिवार एवं नातेदारी,

(3) निवास की स्थिति,

(4) निवास स्थान की अवधि,

(5) व्यवसाय की प्रकृति,

(6) शिक्षा,

(7) धर्म।

विश्व के सभी समाजों में वर्ग विभाजन में इनमें से किसी न किसी आधार को अपनाया जाता है। मेक्स वेबर तथा कार्ल मार्क्स तो वर्ग निर्धारण में आर्थिक आधार को ही महत्वपूर्ण मानते हैं। इस आधार पर वे समाज में प्रमुख दो वर्गों--पूंजीपति एवं श्रमिक का उल्लेख करते हैं। आधुनिक औद्योगिक समाजों मे वर्ग ही सामाजिक स्तरीकरण का प्रमुख आधार है।

सामाजिक स्तरीकरण के सिद्धांत
(Theories of Social Stratification)

क्या कारण है कि विश्व के सभी समाजों में स्तरीकरण विद्यमान है, तथा इसकी प्रक्रिया क्या है? ऐसे ही प्रश्नों का उत्तर देने के लिए समाजशास्त्रियों ने विभिन्न सिद्धांतों का प्रतिपादन किया है। उनमें से हम यहां कुछ का उल्लेख करेंगे।

(1) संघर्ष का सिद्धांत (Conflict Theory)

इस सिद्धांत के प्रतिपादकों में कार्ल मार्क्स अग्रणीय हैं। उन्होंने सामाजिक स्तरीकरण को समाज में पाये जाने वाले संघर्ष के आधार पर स्पष्ट किया है। इस सिद्धांत का उल्लेख उन्होंने अपनी कृति 'कम्युनिस्ट मैनिफेस्टो' (*Communist Manifesto*) में किया है। वे लिखते हैं, "आज तक जो भी समाज अस्तित्व में आये उनका इतिहास वर्ग-संघर्ष का इतिहास है।" इसका तात्पर्य है कि प्रत्येक युग में सामाजिक वर्ग मौजूद रहे हैं और उनमें परस्पर संघर्ष रहा है। प्राचीन समय में स्वतंत्र और दास, कुलीन व अकुलीन, सामन्त और अर्ध-दास, अत्याचारी व पीड़ित, आदि वर्ग रहे हैं। वर्तमान पूंजीवादी समय में बुर्जुआ (पूंजीपति) एवं सर्वहारा (श्रमिक) ये दो वर्ग प्रमुख हैं जो परस्पर संघर्षरत हैं। उच्च वर्ग ने सदैव ही निम्न वर्ग का शोषण किया है।

वर्गों का जन्म उत्पादन के साधनों पर स्वामित्व अथवा अस्वामित्व के आधार पर होता है। इस आधार पर समाज में दो प्रधान एवं विरोधी वर्गों का जन्म होता है–एक वह जिसका उत्पादन के साधनों पर स्वामित्व होता है और दूसरा वह जो इससे वंचित होता है। वर्गों का स्वरूप उत्पादन के ढंग पर निर्भर करता है। उत्पादन का ढंग भी इस बात पर निर्भर होता है कि वह समाज प्रौद्योगिकी के कौन से

स्तर पर है। शुम्पीटर का मत है कि मार्क्स की प्रमुख रुचि वर्गों के विकास में थी। बोटोमोर कहते हैं कि मार्क्स सामाजिक व राजनीतिक परिवर्तन लाने में वर्गों की भूमिका में रुचि रखता था। वर्तमान औद्योगिक एवं पूंजीवादी व्यवस्था में उत्पादन के साधनों पर स्वाम्ति की दृष्टि से दो वर्गों का उदय हुआ है–एक पूंजीपति वर्ग का (बुर्जुआ) और दूसरा श्रमिक वर्ग का (सर्वहारा)। पूंजीपति अधिकाधिक लाभ कमाने के लिए श्रमिक को कम से कम देना चाहते हैं।

श्रमिक-वर्ग इस शोषण का विरोध करता है, किन्तु पूंजीपति जो कि अपनी आर्थिक शक्ति के आधार पर राजनीतिक शक्ति भी धारण करते हैं, श्रमिकों के विरोध का थोड़े समय के लिए दमन कर देते हैं, किन्तु उद्योगों का एक स्थान पर केन्द्रीकरण होने, यातायात के साधनों का विकास होने, पूंजीपति एवं श्रमिकों के बीच आर्थिक एवं सामाजिक दूरी के बढ़ने, आदि के कारण श्रमिक वर्ग में एकता एवं चेतना की वृद्धि होती है।

वे एकजुट होकर पूंजीपतियों से संघर्ष करते हैं और अंततः सफलता प्राप्त करने हैं। इस प्रकार मार्क्स आर्थिक कारण को ही वर्ग का आधार मानता है। यद्यपि, वह इस बात से भली-भांति परिचित था कि सामाजिक विभेदीकरण से इन दो प्रधान वर्गों के अतिरिक्त विरोधी हितों वाले कई अन्य समूह भी उत्पन्न हो जाते हैं, किन्तु उसने इस तथ्य की अनदेखी की। इसका कारण यह था कि वह वर्ग-विहीन समाज के आदर्श एवं राजनीतिक प्रतिबद्धता से बंधा हुआ था। मार्क्स वर्गों के जन्म में आर्थिक कारण को ही प्रमुख और अन्य सभी कारणों को इससे प्रभावित मानते हैं। धर्म, कला, ज्ञान, विज्ञान, संस्कृति, दर्शन एवं साहित्य सभी कुछ समाज की अर्थव्यवस्था से ही प्रभावित होते हैं।

आर्थिक कारण ही प्रमुख हैं, नींव हैं जिस पर धर्म, सभ्यता, कला एवं संस्कृति की अधो-संरचना (Super-Structure) कायम है। मार्क्स श्रमिकों को अपने लक्ष्य की पूर्ति के लिए जागरूक एवं एकजुट होने का आमंत्रण देता हैं वह कहता है–'दुनिया के मजदूरों एक हो, तुम्हें तुम्हारी बेड़ियों के सिवा कुछ नहीं खोना है' (Workers of the world unite, you have to loose nothing except) ।

मार्क्स मजदूरों को धर्म से बचने के लिए भी कहता है क्योंकि उसके अनुसार धर्म अफीम है जिसका प्रयोग पूंजीपति अपने हितों की रक्षा के लिए करता है। वह पूंजीपतियों से किसी प्रकार का समझौता न करने की बात भी कहता है। मार्क्स श्रमिकों की विजय के प्रति काफी आशावादी रहे हैं।

आलोचना

मार्क्स के वर्ग-संघर्ष के सिद्धांत की अनेक आलोचनाएं की जाती हैं–

(1) मार्क्स ने अपने सिद्धांत में आर्थिक कारणों को आवश्यकता से अधिक महत्व दिया है और सामाजिक, धार्मिक एवं सांस्कृतिक कारकों की अवहेलना की है।

(2) आज तक का इतिहास यह बताता है कि सभी समाजों में वर्ग रहे हैं फिर मार्क्स द्वारा वर्ग-विहीन समाज का आदर्श एक कल्पना मात्र है, व्यवहार में ऐसा संभव नहीं है।

(3) मार्क्स ने यह भी नहीं बताया कि वर्ग-विहीन समाज में सामाजिक स्तरीकरण का क्या आधार होगा क्योंकि स्तरीकरण एक सार्वभौमिक तथ्य है।

(4) जिन समाजों में वर्ग-व्यवस्था है, वहां वर्ग-संघर्ष का सिद्धांत लागू हो सकता है, किन्तु भारत जैसे देश में जहां जाति-प्रथा विद्यमान है, यह पूरी तरह लागू नहीं होता है।

(5) जॉनसन कहते हैं कि उत्पादन के दौरान संघर्ष की बजाय सहयोग अधिक होता है। बिना सहयोग के उत्पादन ठप्प हो जाता है। अतः श्रमिकों व पूंजीपतियों में सदैव संघर्ष की बात उचित प्रतीत नहीं होती है।

(6) वर्तमान समय में सरकार एवं पूंजीपतियों ने श्रमिकों के कल्याण के लिए अनेक कार्य किये हैं। इससे उनमें संघर्ष के स्थान पर सहयोग बढ़ा है।

(7) मार्क्स की कई भविष्यवाणियां गलत सिद्ध हुई हैं और आज वर्गों का विकास उस प्रकार से नहीं हो रहा है जिस प्रकार की उसने कल्पना की थी।

(8) मार्क्स ने कुछ राजनीतिक उद्देश्यों की पूर्ति के लिए अपने सिद्धांत का प्रतिपादन किया था। यह आवश्यक नहीं कि समाज में वर्गों का निर्माण उसकी राजनीतिक प्रतिबद्धता के अनुसार ही हो। उसके विचारों में पक्षपात एवं अवैज्ञानिकता पायी जाती है।

(2) प्रकार्यावादी सिद्धांत (Functional Theory)

सामाजिक स्तरीकरण के प्रकार्यवादी सिद्धांत का प्रतिपादन **किंग्सले डेविस** तथा **विलबर्ट मूर** ने अपने लेख 'सम प्रिन्सिपल्स ऑफ स्ट्रैटीफिकेशन' (*Some Principles of Stratification*) में किया है। उन्होंने अपना लेख इस मान्यता से प्रारंभ किया है कि कोई भी समाज वर्ग-विहीन नहीं है; सभी समाजों में संस्तरण पाया जाता है। सभी समाजों में स्तरीकरण इसलिए पाया जाता है कि प्रत्येक समाज यह महसूस करता है कि सामाजिक संरचना में व्यक्तियों का कोई न कोई स्थान निश्चित होना चाहिए तथा विभिन्न पदों को प्राप्त करने की उन्हें प्रेरणा दी जानी चाहिए।

इस प्रकार सामाजिक विषमता समाज में अचेतन रूप में विकसित होती है। इसके द्वारा समाज ऐसी व्यवस्था करता है कि सबसे महत्वपूर्ण पदों पर सबसे महत्वपूर्ण व्यक्ति ही पहुंचें।

डेविस कहते हैं, ''समाज के विभिन्न पदों के लिए विभिन्न योग्यता एवं बुद्धि की आवश्यकता पड़ती है तथा कुछ व्यक्तियों का महत्व अधिक होता है।'' जो पद सामाजिक दृष्टि से अधिक महत्वपूर्ण होते हैं, ऐसे पदों के लिए अधिक पुरस्कार की व्यवस्था की जाती है। महत्वपूर्ण कार्यों को करने के लिए विशेष प्रतिभा एवं प्रशिक्षण की आवश्यकता होती है। कुछ प्रशिक्षण कठिन और खर्चीले होते हैं। अतः उन्हें सभी व्यक्ति प्राप्त नहीं कर सकते।

इसलिए इन पदों के लिए, समाज अधिक सुविधा एवं पुरस्कार की व्यवस्था करता है। उदाहरण के लिए, समाज में डॉक्टर, इंजीनियर, आई.ए.एस., आदि के पद महंगे और अधिक परिश्रम के बाद प्राप्त होते हैं बजाय एक अध्यापक या चतुर्थ श्रेणी कर्मचारी के पद के। अतः इन पदों के लिए समाज द्वारा अधिक वेतन एवं सुविधाओं की व्यवस्था की गयी है। प्रश्न उठता है कि विभिन पदों को धारण करने एवं उनके अनुसार कार्य करने की प्रेरणा देने के लिए समाज लोगों को क्या पुरस्कार देता है,

प्रथम, समाज वे वस्तुएं देता है जो व्यक्तियों के जीवन-धारण एवं आराम के लिए आवश्यक होती हैं, अर्थात् आर्थिक प्रोत्साहन।

द्वितीय, समाज मन बहलाव तथा सौन्दर्य तथा बोधात्मक प्रकृति की वस्तुएं प्रदान करता है।

तृतीय, समाज आत्म-सम्मान एवं अहं की तुष्टि करने वाली वस्तुएं प्रदान करता है अर्थात् प्रतीकात्मक प्रोत्साहन देता है। उदाहरण के लिए वीरता प्रदर्शित करने वाले सैनिकों को 'परमवीर चक्र' और 'महावीर चक्र' प्रदान किये जाते हैं। राष्ट्रपति द्वारा दी जाने वाली 'भारत रत्न', 'पदम विभूषण' तथा 'पद्मश्री', आदि उपाधियां सम्मानजनक पुरस्कार हैं।

इस प्रकार जब समाज में कुछ लोगों को अधिक अधिकार, पुरस्कार एवं सुविधाएं प्रदान की जाती हैं और कुछ को कम तो समाज में स्वतः ही स्तरीकरण पैदा हो जाता है। प्रश्न उठता है कि क्या यह सिद्धांत केवल मुक्त समाजों (Open societies) में ही होता है जहां व्यक्ति योग्यता एवं प्रशिक्षण के आधार पर प्राप्त होते हैं।

उदाहरण के लिए, भारत में अनेक पद जाति के आधार पर प्राप्त होते हैं। डेविस का मत है कि यह सिद्धांत बंद एवं मुक्त दोनों ही समाजों पर लागू होता है क्योंकि स्तरीकरण में व्यक्तियों का नहीं वरन् पदों का क्रम-विन्यास (Ranking)

होता है। भारत में भी पदों के महत्व एवं कार्यों की प्रकृति के अनुसार क्रम-विन्यास पाया जाता है। स्पष्ट है कि स्तरीकरण एक सार्वभौमिक तथ्य है।

आलोचना

प्रकार्यवादी सिद्धांत की कई समाजशास्त्रियों ने आलोचना की है। बोटोमोर ने इसकी कुछ आलोचनाएं निम्न प्रकार की हैं :

(1) यह सिद्धांत व्यक्तियों के पदों की अवधारणा पर आधारित है न कि सामाजिक समूह एवं वर्ग पर।

(2) यह सिद्धांत सामाजिक स्तरीकरण और राजनीतिक संघर्ष के बीच के संबंधों पर प्रकाश नहीं डालता।

(3) यह बात सही नहीं है कि स्तरीकरण एक सार्वभौमिक तथ्य है और सभी समाजों में पदों की एक सुनिश्चित व्यवस्था होती है।

(4) यह सिद्धांत सामाजिक स्तरीकरण के विभिन्न प्रकारों और एक प्रकार से दूसरे प्रकार में परिवर्तन की प्रक्रिया का भी विवरण प्रस्तुत नहीं करता, केवल उन्हें स्वीकार मात्र करता है।

(5) प्रकार्यवादियों द्वारा प्रयुक्त 'सर्वाधिक महत्वपूर्ण स्थितियां' और 'सर्वाधिक योग्य व्यक्तियों' दोनों ही शब्दावलियां स्पष्ट नहीं हैं। समाज में सभी पद एवं व्यक्ति अपने-अपने स्थान पर महत्वूपर्ण हैं क्योंकि समाज को सभी प्रकार के कार्यों की आवश्यकता होती है। क्या चमार, जुलाहा और हरिजन का कार्य राजा से कम महत्वपूर्ण है? फिर यह कहना भी सही नहीं है कि महत्वपूर्ण पदों पर योग्य व्यक्ति ही पहुंचते हैं। कई बार अयोग्य व्यक्ति भी घूस एवं सिफारिश के द्वारा महत्वपूर्ण पदों पर पहुंच जाते हैं। कई बार यह व्यक्तियों की रुचि पर भी निर्भर करता है कि वे महत्वपूर्ण प्रस्थितियां ग्रहण करें या नहीं।

बोटोमोर द्वारा प्रस्तुत उक्त आलोचनाएं, महत्वपूर्ण हैं, परंतु फिर भी उनकी इस आलोचना को स्वीकार नहीं किया जा सकता कि स्तरीकरण सार्वभौमिक नहीं है।

(3) मैक्स वेबर का सिद्धांत (Theory of Max Weber)

मैक्स वेबर भी मार्क्स की भांति स्तरीकरण उत्पन्न करने में वर्गों के महत्व को स्वीकार करते हैं। संपत्ति पर अधिकार कारकों के महत्व को स्वीकार करते हैं। संपत्ति पर अधिकार सामाजिक अवसर, जीवन संबंधी सुविधाओं एवं वर्ग निर्धारण के लिए महत्वपूर्ण मानता है, वहां वेबर आर्थिक के साथ-साथ सत्ता एवं शक्ति को भी महत्वपूर्ण मानते हैं। संपत्ति के आधार पर दो वर्ग बनते हैं-एक संपत्ति

के अधिकारी एवं दूसरा संपत्ति-विहीन। इसी प्रकार सत्ता एवं सम्मान भी समाज में स्तर पैदा करते हैं। संपत्ति पर अधिकार रखने वाले लोगों का समाज में विशिष्ट सम्मान होता है तथा वे सत्ता प्राप्त करने में भी सक्षम होते हैं। इस प्रकार संपत्ति, शक्ति एवं सम्मान समाज में स्तरीकरण पैदा करते हैं।

(4) अन्य सिद्धांत (Other Theories)

सामाजिक स्तरीकरण से संबंधित कुछ अन्य सिद्धांतों का हम यहां संक्षेप में उल्लेख करेंगे :

वेब्लन (Veblen) ने अपनी पुस्तक '*The Theory of Leisure Class*' में विलासी वर्ग का सिद्धांत प्रस्तुत किया। वह वर्ग जिसके पास व्यक्तिगत संपत्ति बहुत होती है और जो उत्पादन की प्रौद्योगिक प्रणाली अपनाता है, विलासी वर्ग के नाम से जाना जाता हैं यह वर्ग आर्थिक दृष्टि से सुरक्षित होता है। इसका अधिकार बड़े-बड़े उद्योगों, व्यापार, बैंक, कानून व्यवस्था एवं औद्योगिक संस्थानों पर होता है। आर्थिक बल के कारण ही यह वर्ग अन्य सभी लोगों से अधिक सुविधाएं और आराम भोगता है और दूसरों पर अपना प्रभुत्व कायम करता है। यह वर्ग किसी प्रकार का उत्पादन कार्य नहीं करता है। इस प्रकार वेब्लन समाज को दो वर्गों में विभक्त करता है–

प्रथम, वह जो अनुत्पादक होते हुए भी अपनी आर्थिक शक्ति के काण विलास की वस्तुओं का उपभोग करता है। एवं

द्वितीय, वह जो उत्पादन कार्य में लगा होने पर भी अपनी क्षीण आर्थिक स्थिति के कारण इच्छानुसार उपभोग के संबंध में यह भिन्नता आदिम काल से चली आयी है, किन्तु उस समय परंपराएं ही तय करती थीं कि कौन किस वस्तु का उपभोग करेगा। इस प्रकार समाज में ऊंचे एवं नीचे दो वर्ग बन जाते हैं जो स्तरीकरण पैदा करते हैं।

वारनर (Warner) ने अमेरिकन समाज में वर्ग बनने के आधारों का अध्ययन किया और कहा कि सम्मान और प्रस्थिति-समूह वर्ग निर्माण में सहायक हैं। उसने अमेरिकन समाज में छः वर्गों का उल्लेख किया जो समाज में स्तरीकरण पैदा करते हैं। वे हैं–

(1) उच्च उच्चतम वर्ग,

(2) निम्न उच्चतम वर्ग,

(3) उच्च मध्यम वर्ग,

(4) निम्न मध्यम वर्ग

(5) उच्च निम्न वर्ग, तथा

(6) निम्नतम वर्ग।

सी. राइट मिल्स (C. Wright Mills) ने स्तरीकरण के लिए शक्ति को महत्वपूर्ण माना है। आर्थिक दृष्टि से संपन्न व्यक्ति सेना के उच्चाधिकारियों से अपने संबंध कायम कर लेते हैं और समाज में आर्थिक, राजनीतिक एवं सामाजिक दृष्टि से प्रभावशाली बन जाते हैं। दूसरी तरफ वे लोग होते हैं जिनका आर्थिक, राजनीतिक व सामाजिक प्रभाव कम या नगण्य होता है। यह भिन्नता ही समाज में स्तरीकरण पैदा करती है।

पारसंस (Parsons) संपत्ति को व्यक्ति की सामाजिक प्रस्थिति के निर्धारण में महत्वपूर्ण मानते हैं। पारसंस प्रकार्यवादियों की इस बात को स्वीकार करते हैं कि समाज के महत्वपूर्ण पदों को योग्य व्यक्तियों द्वारा ही भरा जाता है। समाज में कौन-सा पद महत्वपूर्ण होगा, यह सामाजिक मूल्यों एवं उद्देश्यों पर निर्भर करता है। संतुलन एवं एकता में विश्वास करने वाले समाज के उद्देश्य संघर्ष में विश्वास करने वाले समाज से भिन्न होते हैं। इस कार सामाजिक मूल्य एवं उद्देश्य स्तरीकरण के प्रमुख आधार हैं।

गोल्डहैमर तथा **शिल्स** (Goldhamer and Shils) ने शक्ति को सामाजिक स्तरीकरण का आधार माना है। व्यक्ति की स्थिति उसे प्राप्त शक्ति की मात्रा के अनुसार ऊंची या नीची हो सकती है। प्रभाव की मात्रा और प्रभावित होने वाले लोगों की संख्या के घटने-बढ़ने के साथ-साथ व्यक्ति की स्थिति में भी उतार-चढ़ाव आ सकता है।

सामाजिक स्तरीकरण का महत्व (प्रकार्य)
[Importance (Functions) of Social Stratification]

सामाजिक स्तरीकरण सार्वभौमिक तथ्य है। इसका कोई-न-कोई रूप सभी समाजों एवं कालों में पाया जाता रहा है, इसी से इसका महत्व एवं उपयोगिता प्रकट होती है। ऐसा माना जाता है कि यदि किसी समाज में असमानता की संस्थागत पद्धति नहीं पायी जाती है तो वह समाज मुश्किल से ही जीवित रह सकता है।

प्रत्येक समाज में पदों के महत्व में अंतर होने एवं व्यक्तियों की योग्यता, बुद्धि एवं कुशलता में भेद होने के कारण कुछ व्यक्ति प्रगति कर जाते हैं और कुछ पिछड़ जाते हैं। इस कारण समाज में स्वत: ही स्तरीकरण पैदा हो जाता है। व्यक्ति एवं समाज के लिए स्तरीकरण का महत्व इस प्रकार है :

(I) व्यक्ति के लिए सामाजिक स्तरीकरण का महत्व (प्रकार्य)
(Importance of Functions of Social Stratification for Individual)

(1) **व्यक्ति की प्रस्थिति एवं भूमिका का निर्धारण**–स्तरीकरण द्वारा प्रत्येक व्यक्ति का समाज में स्थान निर्धारित किया जाता है और व्यक्ति की प्रस्थिति के अनुसार ही उसे कार्य भी सौंपे जाते हैं।

(2) **सहयोग को बढ़ावा**–स्तरीकरण में विभिन्न योग्यता वाले व्यक्तियों को पद प्रदान किये जाते हैं। इससे समाज में संघर्ष की स्थिति पैदा नहीं होती और सभी व्यक्ति परस्पर सहयोग द्वारा समाज को सुचारू रूप से चलाने में योग देते हैं।

(3) **मनोवृत्तियों का निर्धारण–ओलसन** मानते हैं कि स्तरीकरण मानव की मनोवृत्तियों को भी तय करता है। व्यक्ति जिस जाति, वर्ग एवं प्रस्थिति-समूह का सदस्य होता है उसके विचार, क्रियाएं एवं मनोवृत्तियां भिन्न-भिन्न होती हैं।

(4) **शक्ति-संतुलन**–स्तरीकरण समाज में शक्ति संतुलन कायम रखता है। स्तरीकरण में कुछ व्यक्तियों के पास महत्वपूर्ण पद होते हैं, उनके पास शक्ति भी अधिक होती है। दूसरी तरफ राजनीतिक अधिकार एवं शक्ति-विहीन लोगों की संख्या अधिक होती है। ये लोग शक्ति-संपन्न लोगों को शक्ति के दुरुपयोग करने से रोकते हैं। शक्तिशाली लोग सामान्य लोगों पर नियंत्रण रखते हैं और उन्हें निर्देशित करते हैं। इस प्रकार दोनों ही वर्ग परस्पर नियंत्रण रखकरर शक्ति-संतुलन बनाये रखते हैं।

(5) **अधिक कार्य के लिए प्रोत्साहन**–सामाजिक स्तरीकरण का एक महत्वूपर्ण प्रकार्य यह है कि वह व्यक्ति को अधिक कार्य करने की प्रेरणा देता है। समाज में महत्वपूर्ण पदों के लिए समाज द्वारा अधिक पुरस्कार की व्यवस्था की जाती है। प्रत्येक व्यक्ति में प्रसिद्धि पाने एवं बड़ा बनने की इच्छा होती है। इस इच्छा को पूरा करने एवं उच्च पद पाने के लिए स्तरीकरण द्वारा व्यक्ति को कठोर परिश्रम करने की प्रेरणा दी जाती है।

(6) **उत्तरदायित्व की भावना का विकास**–स्तरीकरण में जब एक व्यक्ति को एक निश्चित पद प्रदान कर दिया जाता है तो वह अपने पद को बनाये रखने के लिए अपने कर्तव्यों का निर्वाह निष्ठापूर्वक करता है। इससे व्यक्ति में उत्तरदायित्व की भावना का विकास होता है।

(7) **आवश्यकता पूर्ति में सहायक**–मानव की आवश्यकताएं असंख्य हैं। इनकी पूर्ति के लिए उसे विभिन्न व्यक्तियों का सहयोग लेना होता है।

स्तरीकरण द्वारा समाज में कार्यों का विभाजन कर दिया जाता है। प्रत्येक व्यक्ति अपने निश्चित कार्य को कुशलता से करके मानव की आवश्यकता पूर्ति में सहयोग प्रदान करता है।

(II) समूह के लिए महत्व (Importance for the Group)

ओलसन ने सामाजिक स्तरीकरण के समूह के लिए कुछ कार्यों एवं महत्व का उल्लेख इस प्रकार किया है :

(1) **सामाजिक संबंधों का निर्धारण**–एक स्तर एवं वर्ग के लोगों में परस्पर घनिष्ठ संबंध पाये जाते हैं क्योंकि उनके स्वार्थ एवं रुचियां समान होते हैं यही बात श्रमिकों में देखने को मिलती है। इसका कारण उनके उद्देश्यों की समानता है। इसकी प्रकार से एक ही जाति के लोगों में भी अन्य जातियों के लोगों की अपेक्षा घनिष्ठ संबंध पाये जाते हैं क्योंकि एक व्यक्ति के नाते-रिश्ते अपनी ही जाति में होते हैं एवं संकट में जाति के सदस्य ही सहायक होते हैं।

(2) **सामाजिक एकीकरण**–सामाजिक स्तरीकरण में कार्यों का विभाजन कर दिया जाता है और प्रत्येक व्यक्ति एवं समूह अपने कार्यों का निर्वाह कर सामाजिक एकता एवं संगठन को बनाये रखने में योग·देता है। इससे वे संघर्ष की स्थिति से बचे रहते हैं।

(4) **सामाजिक प्रगति**–सामाजिक स्तरीकरण में ऊंचे एवं नीचे पदों की व्यवस्था होती है। व्यक्ति उच्च पदों को प्राप्त करने के लिए आपस में प्रतिस्पर्द्धा करते हैं, कठिन परिश्रम करते हैं। इससे समाज में निर्माण का कार्य होता है, नवीन आविष्कार होते हैं और समाज प्रगति करता है।

(4) **सामाजिक परिवर्तन**–एक सामान्य धारणा यह है कि स्तरीकरण परिवर्तन विरोधी है, किन्तु इसके विपरीत स्तरीकरण परिवर्तन को प्रोत्साहन भी देता है। इसका कारण यह है कि प्रत्येक व्यक्ति अपनी योग्यता में वृद्धि करके उच्च प्रस्थिति प्राप्त करने का प्रयास करता है और उसके द्वारा रिक्त किये हुए स्थान को नये व्यक्ति ग्रहण करते हैं। साथ ही नये पदों के अनुरूप व्यक्ति अपने व्यवहार, संबंध, रहन-सहन, विचार एवं मनोवृत्तियों में भी परिवर्तन लाता है।

(5) **श्रम-विभाजन**–स्तरीकरण में समाज के कार्यों का विभिन लोगों में विभाजन कर दिया जाता है। श्रम-विभाजन एवं विशेषीकरण के कारण कार्यकुशलता बढ़ती है, विभिन्न कार्य करने वालों में पारस्परिक निर्भता एवं सहयोग बढ़ता है और अंततः यह सामाजिक एकता एवं संगठन को

सुदृढ़ बनाता है। स्तरीकरण में यह भी तय होता है कि एक इकाई का अन्य इकाइयों के साथ कैसा संबंध होगा।

(6) **सामाजिक संघर्षों से रक्षा**–सामाजिक स्तरीकरण में समाज के विभिन्न समूहों में अधिकारों एवं कार्यों का विभाजन कर दिया जाता है। इससे उनमें परस्पर संघर्ष नहीं हो पाता। विभिन्न व्यक्तियों में उनकी योग्यता के अनुरूप पदों, कार्यों, सुविधाओं एवं पुरस्कारों के वितरण के कारण भी संघर्ष की स्थिति से बचा जाता है। स्तरीकरण इस बात का विश्वास दिलाता है कि महत्वपूर्ण पदा योग्य व्यक्तियों को सौंपे जायेंगे।

(7) **अनावश्यक प्रतिस्पर्द्धा एवं संघर्ष से रक्षा**–स्तरीकरण में समूहों के कार्यों, अधिकारों एवं व्यवसाय, आदि का विभाजन होने के कारण प्रत्येक समूह अपना निर्धारित कार्य करता है। इससे अनावश्यक प्रतिस्पर्द्धा और संघर्षों से बचा जा सकता है।

(8) **सामाजिक मानदण्डों का पालन करने की प्रेरणा**–सामाजिक स्तरीकरण में प्रत्येक व्यक्ति अपने पद को बनाये रखने के लिए जागरूक होता है और पद से संबंधित सामाजिक मानदण्डों (Social Norms) का पालन करता है। ऐसा न करने पर उसकी प्रतिष्ठा गिरने का डर रहता है। अत: स्तरीकरण में स्वत: ही अचेतन रूप में सामाजिक मानदण्डों का पालन किया जाता है।

सामाजिक स्तरीकरण के अकार्य
(Dysfunctions of Social Stratification)

सामाजिक स्तरीकरण से जहां अनेक लाभ हैं और जहां यह व्यक्ति एवं समाज के लिए अनेक महत्वपूर्ण कार्य करता है, वहीं इसके अनेक दोष या अकार्य भी हैं जो निम्न हैं :

(1) **संघर्ष को जन्म**–स्तरीकरण के कारण समाज में विभिन्न वर्ग पनपते हैं। इन वर्गों में कुछ को कम और कुछ को अधिक अधिकार एवं सुविधाएं प्राप्त होती हैं। उच्च वर्ग निम्न वर्ग पर बोझ होता है और उसका शोषण करता है। इससे विभिन्न वर्गों में संघर्ष पनपता है तथा सामाजिक एकता खतरे में पड़ जाती है। विभिन्न वर्गों के बीच सामाजिक दूरी बढ़ती जाती है और उनमें विरोधी भावना पनपती है। ऐसी स्थिति में सामाजिक लाभ भी समाप्त हो जाते हैं। उच्च वर्ग के लोग धन संग्रह करने में लगे रहते हैं जबकि निम्न वर्ग के लोगों को उनके परिश्रम का उचित पुरस्कार भी नहीं मिल पाता।

(2) **निराशा का जन्म**–स्तरीकरण में कुछ व्यक्तियों को अधिक महत्वपूर्ण कार्य सौंपे जाते हैं और कुछ को कम। जिन लोगों को कम महत्वपूर्ण पद एवं कार्य सौंपे जाते हैं, उनमें निराशा एवं असंतोष पैदा होता है।

(3) **असुरक्षा**–स्तरीकरण में प्रतिस्पर्द्धा पायी जाती है, इसलिए व्यक्ति को सदैव असुरक्षा महसूस होती है। कई बार उच्च पद पर पहुंच जाने के बाद भी उस पद को बनाये रखना कठिन होता है और कभी-कभी तो वह पुनः निम्न वर्ग में आ जाता है और तब वह अपने पुराने मित्रों को खो बैठता है।

(4) **समानता का विरोधी**–स्तरीकरण का सिद्धांत असमानता पर आधारित है। अतः यह समानता का विरोधी है।

(5) **व्यक्तित्व के विकास में बाधक**–स्तरीकरण में निम्न वर्ग के लोगों में हीनता की भावना के पनपने से उनके व्यक्तित्व का ठीक से विकास नहीं हो पाता और व्यक्तित्व का विघटन तक होने लगता है।

(6) भारत जैसे बंद समाजों में जहां स्तरीकरण प्रमुखतः जाति प्रथा पर निर्भर है, स्तरीकरण अनेक बुराइयों को जन्म देता है। जाति ने ऊंच-नीच, छुआछूत, हीन भावना, सामाजिक सहवास पर प्रतिबंध एवं अंतर्जातीय विवाह पर रोक, आदि बुराइयों को जन्म दिया है।

(7) **निष्क्रयता**–स्तरीकरण में अक्सर व्यक्ति निश्चित पद प्राप्त कर लेने के बाद निष्क्रिय हो जाते हैं। ऐसी निष्क्रियता अधिकांशतः उन लोगों में देखी जा सकती है जो उच्च पद पर पहुंच जाते हैं।

(8) **वर्ग चेतना और पक्षपात**–स्तरीकरण में विभिन्न वर्ग बन जाते हैं। इन वर्गों में वर्ग चेतना पनपने लगती है और वे अपने वर्ग के प्रति पक्षपात तथा अन्य वर्गों के हितों की उपेक्षा करने लगते हैं।

इस प्रकार हम देखते हैं कि स्तरीकरण के कुछ कार्य और अकार्य दोनों हैं। इसके अकार्यों के बावजूद भी यह सभी समाजों में विद्यमान रहा है। स्तरीकरण के अभाव में सामाकजक विघटन एवं क्रांति होने के अवसर भी पैदा हो जाते हैं। स्तरीकरण एक ऐसी व्यवस्था है जिसके अंतर्गत प्रत्येक व्यक्ति को साधारणतः अपनी योग्यतानुसार पद एवं भूमिका प्राप्त होती है।

स्तरीकरण के प्रकार्यवादी एवं मार्क्सवादी सिद्धान्तों में अन्तर (Distiction between Functional and Marxian Theories of Stratification)

सामाजिक स्तरीकरण का प्रकार्यवादी एवं मार्क्सवादी सिद्धान्त अलग-अलग विचारधाराओं पर आधारित है। इनदोनों में पाए जाने वाले प्रमुख अन्तर निम्नलिखित हैं:

(1) प्रकार्यवादी सिद्धान्त के अनुसार सामाजिक स्तरीकरण सार्वभौम, अनिवार्य एवं अपरिहार्य है, जबकि मार्क्सवादी सिद्धान्त के अनुसार यह सार्वभौम होते हुए भी अनिवार्य या अपरिहार्य नहीं है।

(2) प्रकार्यवादी सिद्धान्त के अनुसार सामाजिक स्तरीकरण का रूप सामाजिक संगठन या सामाजिक व्यवस्था द्वारा निर्धारित होता है, जबकि मार्क्सवादी सिद्धान्त के अनुसार स्तरीकरण का रूप सामाजिक संगठन या सामाजिक व्यवस्था को निर्धारित करता है।

(3) प्रकार्यवादी सिद्धान्त के अनुसार स्तरीकरण की उत्पत्ति समाज की एकीकरण एवं समन्वयात्मक आवश्यकताओं की पूर्ति हेतु होती है, जबकि मार्क्सवादी सिद्धान्त के अनुसार विजय, प्रतियोगिता एवं संघर्ष स्तरीकरण की उत्पत्ति के लिए उत्तरदायी हैं।

(4) प्रकार्यवादी सिद्धान्त के अनुसार स्तरीकरण समाज को बनाए रखने में सहायक है, जबकि मार्क्सवादी सिद्धान्त के अनुसार स्तरीकरण समाज को बनाए रखने में बाधक है।

(5) प्रकार्यवादी सिद्धान्त के अनुसार आर्थिक पहलू समाज के अन्य पहलुओं के अधीन होता है, जबकि मार्क्सवादी सिद्धान्त के अनुसार आर्थिक पहलू सर्वाधिक महत्वपूर्ण होता है।

(6) प्रकार्यवादी सिद्धान्त के अनुसार स्तरीकरण की व्यवस्था में परिवर्तन उद्विकासवादी प्रक्रियाओं के परिणामस्वरूप होता है, जबकि मार्क्सवादी सिद्धान्त के अनुसार स्तरीकरण की व्यवस्था में परिवर्तन सामान्यत: क्रान्तिकारी प्रक्रियाओं के परिणामस्वरूप होता है।

टी.बी. बॉटोमोर का कहना है कि इन दोनों सिद्धान्तों में वह सार्वभौमिकता नहीं है जिसका ये दावा करते हैं। अनेक विद्वान आज इन दोनों सिद्धान्तों में समन्वय की बात करते है।

सामाजिक गतिशीलता (Social Mobility)

प्रत्येक समाज में व्यक्तियों के विभिन्न समूह एवं उपसमूह पाए जाते हैं जिनका समाजिक स्तर एक समान नहीं होता अर्थात इन स्तरों में ऊंच-नीच पाई जाती है। व्यक्ति सभी समूहों का सदस्य नहीं हो सकता और इसलिए कई बार वह एक समूह की सदस्यता त्याग कर दूसरे समूह की सदस्यता ग्रहण करने का प्रयास करता है। यह प्रयास व्यक्तिगत स्तर पर भी हो सकता है और सामूहिक स्तर पर भी। व्यक्तिगत स्तर पर एक व्यक्ति अथवा कुछ व्यक्ति एक समूह की सदस्यता छोड़कर

दूसरे समूह की सदस्यता ग्रहण करने का प्रयास करते हैं तथा यह प्रयास सामान्यतः प्रतिष्ठा बढ़ाने के लिए किया जाता है। सामूहिक स्तर पर सामाजिक गतिशीलता की यह प्रक्रिया सम्पूर्ण सामाजिक समूह द्वारा अपनाई जाती है। संस्कृतिकरण इस सामूहिक गतिशीलता का एक उदाहरण है। गतिशीलता से अभिप्राय विभिन्न प्रकार के समूहों के बीच लोगों के आने-जाने की अनवरत प्रक्रिया से है।

सामाजिक गतिशीलता की अध्ययन किसी भी समाज के विवेचन में आवश्यक अंग बन गया है क्योंकि समाज की संस्तरण की व्यवस्था को तभी ठीक तरीके से समझा जा सकता है जब हम यह जाने कि वहां सदस्यों को एक स्तर से दूसरे स्तर में जाने के लिए किनते अवसर प्राप्त हैं। यदि ऐसे अवसर न्यूनतम होते हैं, सदस्य प्रायः जन्म के समय ही एक विशेष स्तर पर स्थापित कर दिये जाते हैं और जिसमें वे प्रदत्त प्रस्थितियों या पदों (Ascribed statuses) को अपने प्रयासों से बदल नहीं सकते, तो ऐसी संस्तरण की व्यवस्था को **बन्द व्यवस्था** (Closed system) कहा जाएगा। उदाहरणार्थ–हम भारतीय समाज की परम्परागत सामाजिक व्यवस्था को ले सकते हैं जो जन्म पर आधारित जाति व्यवस्था पर टिकी हुई थी। दूसरी ओर, यदि सामाजिक संस्तरण इस प्रकार के अवसर प्रदान करता है कि व्यक्ति अपनी योग्यता या उपलब्धि के अनुसार एक समाजिक स्थिति से दूसरी सामाजिक स्थिति में स्थानान्तरण कर सकता है, तो ऐसी व्यवस्था को **मुक्त व्यवस्था** (Open system) कहा जाता है। उदाहरणार्थ–हमारे समाज में आजकल औद्योगिक व प्रजातान्त्रिक व्यवस्था इस प्रकार के अवसर प्रदान करती है। इसलिए **ग्राहम सार्जेण्ट** (Graham Sargent) के अनुसार सामाजिक गतिशीलता का अध्ययन सामाजिक परिर्वतन को समझने के लिए भी महत्वपूर्ण हो जाता है क्योंकि सामाजिक गतिशीलता के परिणाम न केवल गतिमान व्यक्ति या समूहों के लिए ही होते हैं बल्कि, स्वयं सामाजिक व्यवस्था के लिए भी इसके गम्भीर परिणाम हो सकते हैं।

सामाजिक गतिशीलता का अर्थ (Meaning of Social Mobility)

शाब्दिक दृष्टि से अंग्रेजी का शब्द 'मोबिलिटी' (Mobility) लैटिन भाषा की धातु 'मोवियर' (Movere) से बना है जिसका अर्थ है **'संचालित होना'** (To move) जब कोई वस्तु या व्यक्ति अपने स्थान से आगे, पीछे, नीचे, ऊपर गतिमान होता है तो उसके लिए **'गतिशीलता'** शब्द का प्रयोग होता है अर्थात् यह किसी इकाई की वह क्षमता है जिसके द्वारा यह गतिमान होती है। इस प्रकार, सामाजिक गतिशीलता से अभिप्राय किसी व्यक्ति अथवा समूहों द्वारा किसी अन्य स्थिति की ओर गतिमान होना है। उदाहरण के लिए–अगर एक क्लर्क, हैड क्लर्क बन जाता है तो इसे सामाजिक गतिशीलता कहा जाएगा। इसी प्रकार, अगर कोई प्राचार्य अथवा प्रोफेसर

उपकुलपति बन जाता है तो इसे भी सामाजिक गतिशीलता कहा जाएगा।

सामाजिक गतिशीलता की परिभाषाएं (Definitions of Social Mobility)

सामाजिक गतिशीलता की प्रमुख परिभाषाएं निम्नलिखित हैं :

(1) **सोरोकिन** (Sorokin) **के अनुसार :** "सामाजिक गतिशीलता का अभिप्राय किसी व्यक्ति, सामाजिक विषय अथवा सामाजिक मूल्य अथवा किसी भी उस वस्तु का जोकि मनुष्य के प्रयत्नों द्वारा निर्मित या संशोधित है, एक सामाजिक स्थिति से दूसरी में संक्रमण हैं।" इस परिभाषा के अनुसार किसी व्यक्ति या किसी सामाजिक विषय अथवा मूल्य का एक सामाजिक स्थिति से दूसरी स्थिति में चला जाना ही गतिशीलता है। दूसरे शब्दों में, हम कह सकते है कि सामाजिक गतिशीलता से समाजिक जीवन में पाए जाने वाले उस स्थानान्तरण की प्रक्रिया का बोध होता है जिसके अन्तर्गत समाज के सदस्य एक पद से दूसरे पद अथवा एक स्थान से दूसरे स्थान पर किसी अन्य पद पर स्थानान्तरित होते हैं।

(2) **फेयरचाइल्ड** (Fairchild) **के अनुसार :** "सामाजिक गतिशीलता से अभिप्राय प्रायः व्यक्तियों का एक समूह से दूसरे समूह की ओर गति से है।"

(3) **लाईट** एवं **कैलर** (Light and Keller) ने स्पष्ट करते हुए लिखा है कि– "सामाजिक गतिशीलता से हमारा तात्पर्य लोगों का एक सामाजिक स्थिति से दूसरी सामाजिक स्थिति में गतिमान हो जाना है।"

(4) **फैडरिको** (Federico) के अनुसार : "सामाजिक गतिशीलता–व्यक्ति का एक वर्ग से दूसरे वर्ग में स्थानान्तरण –विभिन्न मात्रा में सभी समाजों में पाई जाती है।"

इस भांति, वैज्ञानिक दृष्टि से सामाजिक गतिशीलता का अर्थ किसी व्यक्ति, परिवार, समूह या समुदाय का एक सामाजिक स्थिति से दूसरी सामाजिक स्थिति में स्थानान्तरण होना है। वस्तुतः सामाजिक स्तरीकरण की व्यवस्था में ही ऐसे चैनल उपलब्ध हैं जो यह निर्धारित करते हैं कि व्यक्ति किस प्रकार ऊपर की ओर नीचे की ओर गतिशील हो सकता है।

सामाजिक गतिशीलता की विशेषताएं (Characteristics of Social Mobility)

सामाजिक गतिशीलता की प्रमुख विशेषताएं निम्नलिखित हैं :

(1) **सार्वभौमिक प्रक्रिया** (Universal Process) : सामाजिक गतिशीलता एक सार्वभौमिक प्रक्रिया है जो प्रत्येक समाज में पाई जाती है। यह दूसरी बात है कि किसी समाज में इसके अवसर कम होते हैं और किसी में अधिक।

(2) **जटिल प्रघटना** (Complex Phenomenon) : सामाजिक गतिशीलता एक जटिल प्रघटना भी है क्योंकि इसमें दिशा, समय और सन्दर्भ तीनों के ही तत्व निहित हैं। दिशा (Direction) की दृष्टि से गतिशीलता ऊपर की ओर, नीचे की और या समानान्तर हो सकती है। समय (Time) की दृष्टि से, स्तर की भिन्नता एक पीढ़ी से दूसरी पीढ़ी में हो सकती है।

जैसे–पिता एक क्लर्क हो और पुत्र अफसर के पद पर नियुक्त हो जाए या एक ही व्यक्ति के जीवनकाल में इसे देखा जा सकता है कि उसने किस पद से अपनी जीविका प्रारम्भ की और आज किस पद पर पहुंचा है; या फिर यह भी देखा जा सकता है कि व्यक्तियों को एक स्थिति से दूसरी में जाने में कितना समय लगता है। सन्दर्भ (Context) की दृष्टि से यह देखना होगा कि यह गतिशीलता किस संस्था या क्षेत्र में घटित हुई है; जैसे–व्यवसाय में या शक्ति के क्षेत्र में या भौतिक साधनों के क्षेत्रों में। इस भांति, सामाजिक गतिशीलता एक सरल प्रक्रिया नहीं है तथा इसमें एक से अधिक आयाम जुड़े हैं।

(3) अनेक इकाइयां (Many Units) : सामाजिक गतिशीलता की इकाई व्यक्ति, परिवार, समूह, कोई एक स्तर या पूर्ण समाज भी हो सकता है। इकाई की दृष्टि से ही गतिशीलता का विश्लेषण सम्भव है।

(4) **वस्तुनिष्ठ एवं व्यक्तिनिष्ठ प्रकृति** (Objective and Subjective Nature) : सामाजिक गतिशीलता के दो पहलू हैं–वस्तुनिष्ठ तथा व्यक्तिनिष्ठ। वस्तुनिष्ठ दृष्टि से यह देखा जा सकता है कि एक व्यक्ति का पहले पद पर क्या वेतन था और उसे उसे नए पद पर कितना वेतन मिलता है? यदि अधिक वेतन वाले पर वह गया है तो कहा जाता सकता है किस उसने ऊपर की ओर सामाजिक गतिशीलता की है। परन्तु व्यक्तिनष्ठि दृष्टि से यह देखा जाना जरूरी है कि क्या वह भी इस नए पद से सन्तुष्ट है? क्या वह स्वयं भी यह समझता है कि वह स्तर में ऊपर या ऊंचा उठा है? यह भी हो सकता है कि पहले की तुलना में अब मंहगाई इतनी बढ़ गयी हो कि व्यक्ति यह समझता हो कि उसकी वास्तविक स्थिति में कोई परिर्वतन नहीं हुआ है।

(5) **माप में कठिनाई** (Difficulty in Measurement) : सामाजिक गतिशीलता की माप भी कठिन है क्योंकि इसमें तुलनात्मक विधि का ही प्रयोग हो सकता है और दो स्थितियों की तुलना करना काफी कठिन है।

(6) **सामाजिक संरचना का प्रतिफल** (Result of Social Structure) : सामाजिक गतिशीलता व्यक्तियों या समूहों के निजी प्रयास पर ही आधारित नहीं है अर्थात् यह सामाजिक संरचना का भी फल है क्योंकि समाजिक संरचना ही ऐसे अवसर प्रदान कर सकती है जहां गतिशीलता हो सके। एक पिछड़े हुए समाज में व्यवसाय के अवसर भी अपेक्षाकृत कम होते हैं। एक उन्नत और औद्योगिक समाज में ये अवसर अधिक होते हैं क्योंकि उसमें नित नए व्यवसाय या नौकरी के क्षेत्र पैदा होते जाते हैं।

(7) **राजनीति से सम्बन्धित** (Related to Politics) : सामाजिक गतिशीलता राजनीति से भी सम्बन्धित है। एक जनतान्त्रिक समाज में यह आशा की जाती है कि सामाजिक गतिशीलता के अवसर बिना भेदभाव के सभी को प्राप्त हो सकेंगे। दूसरी ओर, एक राजतन्त्र वाले सामन्ती समाज में स्वभावतः ही कुछ चुने हुए व्यक्तियों और वर्गों को ही गतिशीलता के अवसर प्राप्त हो सकेंगे।

(8) **कृत्रिम गतिशीलता** (Fictitious Mobility) : कभी-कभी कृत्रिम गतिशीलता के भी उदाहरण मिलते हैं। विभिन्न समाजों में और वृहद् कर्मचारियों में ऐसे तरीके निकाल लिये जाते हैं कि उनके सदस्यों की काम करने की प्रेरणा और नैतिक बल (Morale) ऊंचा बना रहे तथा उनमें असन्तोष की भावना न फैले; जबकि उनके सामाजिक पद या परितोषिकों में वास्तविक वृद्धि न की जाए। उदाहरणार्थ–लघु स्तर के कर्मचारियों के काम के महत्व की बार-बार सराहना करके तथा उनकी कभी-कभी पदों का नाम ही बदलकर अधिक लुभावना कर दिया जाता है। जैसे–ऑवरसियर के पद को अब जूनियर इन्जीनियर कहा जाता है जबकि इससे उनकी स्थिति में फर्क कुछ नहीं पड़ा।

(9) **विभिन्न तरीके** (Different Mechanisms) : सामाजिक गतिशीलता के तरीके भी भिन्न-भिन्न हो सकते हैं। संस्तरण के सोपान-क्रम में स्थानान्तरण के लिए आरोपण (Ascription), अर्जन (Achievement) या परिपक्वता (Maturation) तथा वैधीकरण (Validation) इसके यन्त्र कहे जा सकते हैं।

इस भांति, सामाजिक गतिशीलता से अनेक प्रश्न जुड़े हैं। वास्तविकता यह है कि प्रत्येक समाज अपनी व्यवस्था में स्थायित्व और निरन्तरता बनाए रखना चाहता

है, साथ-ही-साथ आवश्यक परिवर्तन भी चाहता है ताकि प्रगति न रूके और असन्तोष के रोष को रोका जा सके।

सामाजिक गतिशीलता के प्रकार (Types of Social Mobility)

विभिन्न विद्वानों ने सामाजिक गतिशीलता के विभिन्न स्वरूप या विभिन्न प्रतिमान (Patterns) बताए है। उनमें प्रमुख रूप से निम्नलिखित महत्वपूर्ण हैं :

(अ) लम्बवत् गतिशीलता एवं समानान्तर गतिशीलता (Vertical Mobility and Horizontal Mobility)

सोरोकिन ने सामाजिक गतिशीलता की दिशा के आधार पर इसके दो स्वरूपों का वर्णन किया है–लम्बवत् गतिशीलता एवं समानान्तर गतिशीलता। **लम्बवत् सामाजिक गतिशीलता** वह गतिशीलता है जिसमें एक सामाजिक स्थिति से दूसरी सामाजिक स्थिति में जाने से सोपानक्रम में व्यक्ति की प्रस्थिति या तो ऊपर उठती है या नीचे गिरती हैं इस प्रकार, लम्बवत् गतिशीलता के दो रूप हैं–एक, **आरोही** (Ascending) गतिशीलता तथा दूसरी **अवरोही** (Descending) गतिशीलता। उदाहरणार्थ–एक व्यक्ति ने प्रवक्ता पद पर कॉलेज में कार्य प्रारम्भ किया। वह बाद में विभागाध्यक्ष बना, फिर कॉलेज के प्राचार्य पद पर नियुक्त हुआ, वहां से विश्वविद्यालय के उपकुलपति पद पर पहुंचा। इस व्यक्ति का प्रत्येक बार एक सामाजिक स्थिति से दूसरी सामाजिक स्थिति में जाना आरोही गतिशीलता को प्रकट करता हैं इसके विपरीत एक व्यक्ति, जो एक नया व्यवसाय प्रारम्भ करता है, वित्तीय संस्था से दस लाख के प्रोजेक्ट से कार्य प्रारम्भ करता है, परन्तु परिस्थितिवश उसके व्यवसाय में घाटा होता है और उसे व्यवसाय बन्द कर किसी अन्य कारखाने में नौकरी करनी पड़ती है, तो अवरोही सामाजिक गतिशीलता कहा जाएगा।

सामान्तर (समकक्ष) सामाजिक गतिशीलता वह गतिशीलता है जिसमें जब एक समूह से दूसरे समूह में सदस्यता परिवर्तित करता है तो उसके पद-सोपान-क्रम में कोइ अन्तर नही पड़ता। जैसे–यदि कोई चौधरी चरण सिंह विश्वविद्यालय का प्रवक्ता वहां से नौकरी छोड़कर दिल्ली विश्वविद्यालय में प्रवक्ता पद ग्रहण कर लेता है तो इसे समानान्तर सामाजिक गतिशीलता कहा जाएगा क्योंकि इससे उसकी प्रस्थिति-क्रम में कोई अन्तर नहीं पड़ा।

(ब) अन्तर्पीढ़ी एवं अन्तरा-पीढ़ी सामाजिक गतिशीलता (Inter-generational Social Mobility)

विद्वानों ने सामाजिक गतिशीलता को उसमें निहित समय के आयाम की दृष्टि से दो प्रकार की गतिशीलता का वर्णन किया है–*अन्तर्पीढ़ी सामाजिक गतिशीलता*

एवं अन्तरा-पीढ़ी सामाजिक गतिशीलता। पहले प्रकार की गतिशीलता में पिता की सामाजिक प्रस्थिति और पुत्र की सामाजिक प्रस्थिति की तुलना की जाती है और यह देखा जाता है कि किस प्रकार की गतिशीलता हो रही है। यह भी आरोही, अवरोही या समानान्तर हो सकती है। इसी प्रकार एक ही व्यक्ति की उससे जीवनवृत्त में गतिशीलता का माप किया जा सकता है। यह देखा जा सकता है कि जब उसने व्यावसायिक जीवन प्रारम्भ किया तो वह किस पद पर नियुक्त हुआ था और आज उसका किस क्षेत्र में क्या पद है? इसे अन्तरा पीढ़ी सामाजिक गतिशीलता कहते हैं।

समुदाय के प्रकार
(Types of Community)

मानव निवास के स्थानों को विद्वानों ने उनकी जनसंख्या, मकानों की बनावट, प्रशासन तथा वैधानिक एवं सरकारी आधार पर कई भागों में विभक्त किया है जिनमें पुरवा, गांव, कस्बा, नगर, महानगर, मैगापोलिस, प्रदेश या क्षेत्र, आदि प्रमुख हैं। हम यहां गांव, कस्बा, नगर एवं क्षेत्र (प्रदेश) की अवधारणाओं का उल्लेख करेंगे। ग्राम और नगर मानव के सामाजिक जीवन के दो पहलू हैं नगर समाज से निर्मित एक ऐसा वातावरण है जिसमें सामुदायिक जीवन के उद्देश्यों के लिए प्राकृतिक पर्यावरण के अनेक पहलुओं का संपूर्ण संशोधन किया जाता है। गांवों का प्रकृति से प्रत्यक्ष और निकट संपर्क पाया जाता हैं जहां मानव और प्रकृति के बीच अंत:क्रिया का रूप अधिक निकट, प्रत्यक्ष और गहन है वह ग्राम और जहां इन दोनों के बीच अप्रत्यक्ष और क्षीण है वह नगर है। इन दोनों के पर्यावरण में पर्याप्त अंतर है। यह पर्यावरण संबंधी अंतर ही दो भिन्न प्रकार के सामाजिक जीवन को जन्म देता है। ग्रामीण सामाजिक जीवन के विशिष्ट लक्षणों को समझने के लिए ग्रामीण और नगरीय समुदाय के भेद को समझना आवश्यक है। इन दोनों प्रकार के जीवन की तुलना इस तथ्य को स्पष्ट करने में सहायक होगी कि ग्रामीण और नगरीय समाजों की विभिन्न सामाजिक संरचना तथा जीवन प्रक्रिया अधिकांशतः उनके विभिन्न पर्यावरणों का परिणाम है। ग्रामीण एवं नगरीय समुदाय को स्पष्टतः समझने हेतु हम यहां इनकी परिभाषा एवं विशेषताओं का पृथक्-पृथक् उल्लेख करेंगे।

गांव (Village)

गांव (ग्रामीण समुदाय) का अर्थ एवं परिभाषा
[Meaning and Definition of Village (Rural Community)]

विभिन्न विद्वानों ने गांव या 'ग्रामीण' शब्द की अनेक व्याख्याएं प्रस्तुत की है। कुछ व्यक्तियों का मत है कि जहां आर्थिक एवं सामाजिक दृष्टि से पिछड़े

हुए लोग रहते हों, उस क्षेत्र को गांव कहा जाय। दूसरी ओर कुछ विद्वानों ने गांव या 'ग्रामीण' शब्द उनके लिए उपयुक्त माना है, जहां कृषि को मुख्य व्यवसाय के रूप में अपनाया गया हो। इसी आधार पर कृषक और ग्रामीण को पर्याय के रूप में प्रयोग किया जाता है। 'ग्रामीण' की एक व्याख्या 'नगरीय' शब्द के विपरीत की गयी है अर्थात् नगरीय विशेषताओं के विपरीत विशेषताओं वाला क्षेत्र ग्रामीण है। 'ग्रामीण' को जनसंख्या के आधार पर भी परिभाषित किया जाता है। प्रत्येक देश में एक निश्चित जनसंख्या वाले क्षेत्र को ग्राम कहा गया है और उससे अधिक जनसंख्या होने पर वह नगर की श्रेणी में आ जाता हे। **श्रीवास्तव** ने 'ग्रामीण' एवं 'नगरीय' की व्याख्या मनुष्य और उसके प्राकृतिक पर्यावरण के बीच अंत:क्रिया के आधार पर की है।'' ग्रामीण अवस्था में मानव के प्रकृति के साथ निकट और प्रत्यक्ष संबंध होते हैं। **श्रीवास्तव** लिखते हैं ''एक ग्रामीण क्षेत्र वह है जहां लोग किसी प्राथमिक उद्योग में लगे हों, अर्थात् प्रकृति के सहयोग से वस्तुओं का प्रथम बार उत्पादन करते हों''

बरट्राण्ड ने 'ग्रामीणता' के निर्धारण में दो आधारों पर–

(1) कृषि द्वारा आय अथवा जीवन-यापन,

(2) कम घनत्व वाला जनसंख्या क्षेत्र, को प्रमुख माना है।

मैरिल और **एलरिज** लिखते हैं, ''ग्रामीण समुदाय के अंतर्गत संस्थाओं और ऐसे व्यक्तियों का संकलन होता है जो छोटे से केन्द्र के चारों ओर संगठित होते हैं तथा सामान्य प्राकृतिक हितों में भाग लेते हैं।'' ग्रामीण समुदाय में मानव के सभी हितों की पूर्ति होती है।

सिम्स के अनुसार, ''समाजशास्त्रियों में 'ग्रामीण समुदाय' को ऐसे बड़े क्षेत्रों में रखने की प्रवृत्ति बढ़ रही है, जिसमें समस्त अथवा अधिकतर प्रमुख मानवीय हितों की पूर्ति होती है।''

सेण्डसन ग्रामीण समुदाय को परिभाषित करते हुए लिखते हैं, ''एक ग्रामीण समुदाय में स्थानीय क्षेत्र के लोगों की सामाजिक अंत:क्रिया और उनकी संस्थाएं सम्मिलित हैं जिसमें वह खेतों के चारों ओर बिखरी झोंपड़ियों तथा पुरवा या ग्रामों में रहती हैं और जो उनकी सामान्य क्रियाओं का केन्द्र है।''

इन्साइक्लोपीडिया ऑफ सोशियल साइन्सेज के अनुसार, ''एकाकी परिवार से बड़ा संबंधित एवं असम्बन्धित लोगों का समूह जो एक बड़े मकान अथवा निवास के अनेक स्थानों पर रहता हो, घनिष्ठ संबंधों में आबद्ध हो तथा कृषि योग्य भूमि पर मूल रूप से संयुक्त रूप में कृषि करता हो, ग्राम कहलाता है।''

फेयररचाइल्ड के अनुसार, ''ग्रामीण समुदाय पड़ौस की अपेक्षा विस्तृत क्षेत्र है जिसमें आमने-सामने के संबंध पाये जाते हैं, जिसमें सामूहिक जीवन के लिए अधिकांशत: सामाजिक, शैक्षणिक, धार्मिक एवं अन्य सेवाओं की आवश्यकता होती है और जिसमें मूल अभिवृत्तियों (Attitudes) एवं व्यवहारों के प्रति सामान्य सहमति होती है।''

इस प्रकार *ग्राम या ग्रामीण समुदाय वह क्षेत्र है जहां कृषि की प्रधानता, प्रकृति से निकटता, प्राथमिक संबंधों की बहुलता, जनसंख्या की कमी, सामाजिक एकरूपता; गतिशीलता का अभाव, दृष्टिकोणों एवं व्यवहारों में सामन्य सहमति, आदि विशेषताएं पायी जाती हैं*। ग्रामीण समुदाय की विशेषताओं के अध्ययन से हम इनके बारे में स्पष्ट जानकारी प्राप्त कर सकते हैं।

गांव (ग्रामीण समुदाय) की विशेषताएं
(Characteristics of Village or Rural Community)

ग्रामीण विशेषताओं को हम ग्रामीण जीवन का अंग कह सकते हैं। इन विशेषताओं के आधार पर ही ग्रामों को पहचाना और नगरों से पृथक् किया जा सकता है। *हम यहां गांव अथवा ग्रामीण समुदाय की विशेषताओं का उल्लेख करेंगे।*

(1) **अशिक्षा** (Illiteracy)–गांवों की अधिकांश जनसंख्या अशिक्षित है। आजादी के करीब 56 वर्षों के बाद भी हमारी शिक्षा का प्रतिशत 64.8 से ऊंचा नहीं हो पया है। पुरुषों की तुलना में स्त्रियों में शिक्षा का प्रतिशत तो और भी निम्न है। उच्च और तकनीकी शिक्षा का प्रतिशत तो और भी निम्न है। उच्च औ तकनीकी शिक्षा का उनमें अभाव है। अज्ञानता और अशिक्षा के कारण उनका खूब शोषण हुआ है। वे अंधविश्वासों और जादू-टोने के चंगुल से मुक्त नहीं हुए हैं तथा अनेक बुराइयों से अब भी चिपके हुए हैं।

(2) **सरल एवं सादा जीवन** (Simple Living)–ग्रामीण लोगों का जीवन सरल और सादा होता है। वे नगर की तड़क-भड़क, चमक-दमक, आडम्बर और बनावटी जीवन से दूर होते हैं। उनके पास न तो साज-सज्जा और शृंगार की सामग्री ही होती है और न ही वे कृत्रिमता को पसंद ही करते हैं। उन लोगों की आय भी इतनी नहीं होती कि वे जरूरत की चीजों के अतिरिक्त फैशन और साज-सज्जा पर खर्च कर सकें। साधारण और पौष्टिक भोजन, शुद्ध हवा और मोटा वस्त्र तथा विनम्र और प्रेमपूर्ण व्यवहार ग्रामीण लोगों की पसन्द है। प्रकृति पर प्रत्यक्ष रूप से निर्भरता उन्हें सरल,

(3) **ग्राम पंचायत** (Village Panchayat)–प्रत्येक गांव में एक गांव पंचायत होती है। इसका मुखिया गांव का मुखिया होता है। ग्राम पंचायत अति प्राचीनकाल से भारत में विद्यमान रही है। ग्राम पंचायत का मुख्य कार्य गांव की भूमि का परिवारों में वितरण, सफाई, विकास कार्य और ग्रामीण विवादों का निपटाना है।

डॉ. राधाकमल मुखर्जी ने अपनी पुस्तक 'डेमोक्रेसीज ऑफ द ईस्ट' में पंचायत को मूलतः मुण्डा-द्रविड़ संस्था माना है। ब्रिटिश शासन से पूर्व ग्राम समुदाय राजनीतिक दृष्टि से आंतरिक मामलों में पूर्ण स्वतंत्र थे। **चार्ल्स मेटकाफ** ने इन्हें छोटे-छोटे गणराज्य कहा है। यद्यपि गांवों को केन्द्रीय शासक को कर देना होता था, किन्तु वह गांव के आंतरिक कार्यों में कोई हस्तक्षेप नहीं करता था। आंतरिक कार्यों को निपटाने का भार ग्राम-पंचायत पर ही था।

(4) **कम जनसंख्या** (Thin Population)–गांव में प्रति वर्ग मील जनसंख्या का अनुपात शहरों की अपेक्षा बहुत कम होता है। ग्रामीण लोगों के पास प्रति व्यक्ति भूमि अधिक होती है क्योंकि इसके बिना कृषि कार्य एवं पशु-चारण संभव नहीं हे। ग्रामीण लोग जीवन-यापन के विभिन्न स्रोतों के इर्द-गिर्द बिखरे रहते हैं। कम घनत्व के कारण ग्रामीण क्षेत्र घनी बस्ती की समस्याओं जैसे स्वास्थ्यपूर्ण वातावरण का अभाव, गंदगी, बीमारी, मकानों की कमी, आदि से बचे रहते हैं।

(5) **आत्म-निर्भरता** (Self & Sufficiency)–भारतीय गांवों को आत्म-निर्भर इकाई के रूप में परिभाषित किया गया है। यह आत्म-निर्भर इकाई के रूप में परिभाषित किया गया है। यह आत्म-निर्भरता केवल आर्थिक क्षेत्र में ही नहीं, वरन् सामाजिक, सांस्कृतिक और राजनीतिक दृष्टि से भी थी। जजमानी प्रथा द्वारा जातियां परस्पर एक-दूसरे के आर्थिक हितों की पूर्ति करती थीं।

राजनीतिक दृष्टि से ग्राम पंचायत और ग्राम का मुखिया सभी विवादों को निपटारा था। प्रत्येक गांव की अपनी एक संस्कृति और कुछ विशिष्टताएं पायी जाती थीं। जिन्हें स्वयं ग्रामवासी और दूसरे ग्राम के लोग जानते थे, किन्तु वर्तमान में यातायात के साधनों के विकास, केन्द्रीय शासन की स्थापना, औद्योगीकरण, आदि के कारण गांवों की आत्म-निर्भरता समाप्त हुई है। अब वे राष्ट्रीय अर्थव्यवस्था और राजनीतिक व्यवस्था के अंग बन गये हैं। दिनों-दिन अन्योन्याश्रितता बढ़ रही है।

(6) **जीवन-यापन प्रकृति पर निर्भर** (Living is Based on Nature)–गांव के लोगों का जीवन कृषि, पशुपालन, शिकार, मछली माने एवं भोजन संग्रह करने, आदि की क्रियाओं पर निर्भर है। इन सभी कार्यों के लिए व्यक्ति को प्रकृति के प्रत्यक्ष और निकट संपर्क में रहना होता है। भूमि, मौसम, जंगल सभी प्रकृति के ही अंग हैं मौसम के अनुरूप व्यक्ति अपने को ढालता है और व्यवसाय की प्रकृति को प्रभावित करने में प्राकृतिक कारकों का महत्वपूर्ण हाथ होता है। वर्षा, शीत, गर्मी, आदि भी कृषि को प्रभावित करते हैं और कृषि ग्रामीणों का मुख्य व्यवसाय है। नगर का जीवन आधार उद्योग है। इसलिए नगरवासियों का प्रकृति से अप्रत्यक्ष संपर्क होता है। वे मशीन, कोयला, कारखाने, लोहा, धातु, आदि निर्जीव पदार्थों के अधिक संपर्क में आते हैं।

(7) **समुदाय का छोटा आकार** (Small Size of the Community)–प्रकृति पर प्रत्यक्ष निर्भरता समुदाय के आकार को छोटा बनाती है क्योंकि कृषि कार्य अथवा पशुचारण में जीवन-यापन के लिए प्रति व्यक्ति भूमि की मात्रा अधिक चाहिए अन्यथा, सभी लोागों का जीवन-निर्वाह संभव नहीं हो पाता। नगर उद्योगों पर आश्रित होते हैं, जहां हजारों आदमी एक ही व्यवसाय अथवा कारखाने में काम करते हैं। उनके लिए अधिक भूमि की आवश्यकता नहीं होती। यही कारण है कि शहरों का आकार बढ़ता जाता है।

(8) **सामाजिक गतिशीलता का अभाव** (Lack of Social Mobility)–ग्रामीण समाज अपेक्षाकृत स्थिर समाज होते हैं उनमें सापेक्ष रूप से गतिशीलता का अभाव होता है। वे घड़े में भरे हुए पानी की तरह स्थिर और शांत होते हैं। वे परिवर्तन के प्रति उदासीन होते हैं तथा जीवन जैसा चल रहा है उसमें कोई हेर-फेर नहीं चाहते। ग्रामीण सामाजिक संस्तरण इतना कठोर और अनमनीय होता है कि उसे बदलना बड़ा कठिन है। जाति-व्यवस्था ही सामाजिक संस्तरण का मुख्य आधार है। जाति की अवहेलना करने का अर्थ है सामूहिक जीवन से पृथक् हो जाना। जातिगत व्यवसाय होने के कारण प्रत्येक व्यक्ति अपने ही परंपरागत व्यवसाय में लगा रहता है, उसे त्यागकर अन्य व्यवसाय की ओर गति करने का आकर्षण उनमें नहीं होता। आज विभिन्न कारकों के संयुक्त प्रभाव से उनके जीवन के विभिन्न क्षेत्रों में कुछ गतिशीलता दिखायी पड़ने लगी है।

(9) **सामाजिक समरूपता** (Social Homogeneity)–भारतीय ग्रामों में सामाजिक और सांस्कतिक समरूपता देखने को मिलती है। उनके जीवन-

स्तर में शहरों की भांति जमीन-आसमान का अंतर नहीं है। सभी लोग एक जैसी भाषा, त्यौहार-उत्सव, प्रथाओं और जीवन विधि का प्रयोग करते हैं। उनके सामाजिक, आर्थिक, सांस्कृतिक और राजनीतिक जीवन में गहरी खाई और विभेद नहीं पाये जाते। यहां अनेक प्रान्तों, वर्गों, प्रजातियों, भाषाओं और देशों के लोग निवास नहीं करते हैं। उनके जीवन में समानता और एकरूपता की अजस्र धारा बहती है।

(10) **प्राथमिक संबंधों की प्रधानता** (Importance of Primary Relations)– गांव का आकार छोटा होने से प्रत्येक व्यक्ति एक-दूसरे को व्यक्तिगत रूप से जानता है। उनमें निकट, प्रत्यक्ष और घनिष्ठ संबंध होते हैं। जैसे संबंधों का आधार परिवार, पड़ोस और नातेदारी है। ग्राम में औपचारिक संबंधों का अभाव होता है। वे कृत्रिमता से दूर होते हैं, तथा उनमें पारस्परिक सहयोग एवं प्राथमिक नियंत्रण पाया जाता है।

(11) **धर्म, प्रथा और रूढ़ियों का महत्व** (Importance of Religion, Customs and Mores)–ग्रामों में सामाजिक नियंत्रण के साधन अनौपचारिक होते हैं। धर्म, प्रथाएं और रूढ़ियां उनके जीवन को नियंत्रित करती हैं। धर्म ग्रामवासियों के जीवन का केन्द्र है। उनके दैनिक और वार्षिक जीवन की अनेक क्रियाएं धर्म से ही प्रारंभ होती हैं और धार्मिक विश्वासों एवं क्रियाओं के साथ ही समाप्त होती हैं। वे ईश्वरीय शक्तियों को आदर, भय और श्रद्धा की दृष्टि से देखते हैं और उनके सम्मुख नत-मस्तक होते हैं।

पाप-पुण्य, स्वर्ग नरक, धर्म-कर्म, अच्छाई-बुराई की भावनाएं उनके जीवन को प्रभावित करती हैं। उनका जीवन प्रथाओं और रूढ़ियों से बंधा होता है। वे उन्हें तोड़ने या उनके स्थान पर नवीन कानूनों की स्थापना की बात नहीं सोचते। प्रथाओं एवं रूढ़ियों के वे अंध-भक्ति होते हें। हर व्यक्ति इनका पालन करता है चाहे उसे इनके पालन से हानि ही उठानी पड़े। बाल-विवाह, मृत्यु-भोज, विधवा पुनर्विवाह का अभाव, छुआछूत, दहेज, आदि की प्रथाएं हानिकारक होते हुए भी अभी तक इनमें प्रचलित हैं।

(12) **प्रकृति से घनिष्ठ संबंध** (Close Contact with Nature)–ग्रामीण समुदाय का प्रकृति से घनिष्ठ संबंध होता है। ग्रामवासी प्रकृति की गोद में ही जन्म लेते और मरते हैं ग्रामीण लोग शुद्ध हवा, पानी, रोशनी, सर्दी, गर्मी, आदि का अनुभव करते हैं। खुला एवं स्वच्छ वातावरण, शीतल सुगंधित हवा, पेड़-पौधे, लताएं और पशु-पक्षियों, आदि से ग्रामीणों का

प्रत्यक्ष संपर्क होता है। वे ऋतुओं एवं प्राकृतिक दृश्यों का आनंद लेते हैं जिसके लिए नगरवासी तरसते हैं।

(13) **सामुदायिक भावना** (Community Feeling)–ग्राम शहर की अपेक्षा छोटा होता है, अत: वहां के लोगों में अपने गांव के प्रति लगाव और सभी में 'हम' की भावना पायी जाती है। शहरी लोगों में व्यक्तिगत स्वार्थ की प्रधानता होती है जबकि ग्रामीण लोग सारे गांव की भलाई की बात अधिक सोचते हैं। बाढ़ अकाल, महामारी और अन्य संकटकालीन अवसरों पर गांव के सभी लोग सामूहिक रूप से इन संकटों का मुकाबला करते हैं। वे ऐसे अवसरों पर देवताओं के यज्ञ, अनुष्ठान और पूजा कराते हैं। प्रत्येक व्यक्ति को इस बात का अभिमान होता है कि वह किसी एक गांव का सदस्य है।

(14) **संयुक्त परिवार** (Joint Family)–भारतीय गांवों की सर्वप्रमुख विशेषता है, संयुक्त परिवारों की प्रधानता। यहां पति-पत्नी व बच्चों के परिवार की तुलना में ऐसे परिवार अधिक पाये जाते हैं। जिनमें तीन या अधिक पीढ़ियों के सदस्य एक स्थान पर रहते हैं। इनका भोजन, संपत्ति और पूजा-पाठ साथ-साथ होता है। ऐसे परिवारों का संचालन परिवार के वयोवृद्ध व्यक्ति द्वारा होता है। वही परिवार के आंतरिक और बाह्य कार्यों के लिए निर्णय लेता है। परिवार के सभी सदस्य उसकी आज्ञा का पालन करते हैं, उसका आदर और सम्मान करते हैं। संयुक्त परिवार प्रणाली भारत में अति प्राचीन है।

(15) **कृषि मुख्य व्यवसाय** (Agriculture as the Main Occupation)–भारतीय ग्राम। में निवास करने वाले लोगों का मुख्य व्यवसाय कृषि है। तकरीबन 70 प्रतिशत तक लोग प्रत्यक्ष अथवा अप्रत्यक्ष रूप से कृषि द्वारा ही अपना जीवन-यापन करते हैं। इसका यह अर्थ नहीं कि गांवों में अन्य व्यवसाय नहीं हैं। चटाई, रस्सी, कपड़ा, मिट्टी के एवं धातु के बर्तन बनाना, वस्त्र बनाना, गुड़ बनाना, आदि अनेक व्यवसायों का प्रचलन गांवों में है। शिल्पकारी जातियों अपने-अपने व्यवसाय करती हैं तो सेवाकारी जातियां, कृषकों एवं अन्य जातियों की सेवा करती हैं।

(16) **जजमानी प्रथा** (Jajmani System)–जाति प्रथा की एक विशेषता यह है कि प्रत्येक जाति एक निश्चित परंपरागत व्यवसाय करती है। सभी जातियों परस्पर एक-दूसरे की सेवा करती हैं। ब्राह्मण विवाह, उत्सव एवं त्यौहार के समय दूसरी जातियों के यहां अनुष्ठान करवाते हैं तो नाई बाल काटने, धोबी कपड़े धोने, ढोली ढोल बजाने, चमार जूते बनाने, जुलाहा कपड़े

बनाने का कार्य करते हैं। जजमानी प्रथा के अंतर्गत एक जाति दूसरी जाति की सेवा करती है और उसके बदले में सेवा प्राप्त करने वाली जाति भी उसकी सेवा करती है अथवा वस्तुओं में भुगतान प्राप्त करती है। एक किसान परिवार में विवाह होने पर नाई, धोबी, ढोली, चमार, सुनार सभी अपनी-अपनी सेवाएं प्रदान करेंगे। बदले में उन्हें कुछ नकद, कुछ भोजन, वस्त्र और फसल के समय अनाज दिया जाता है। भारतीय जजमानी प्रथा का अध्ययन करने वालों में **ऑस्कर लेविस** प्रमुख हैं। जजमानी प्रथा में दो प्रकार की जातियां होती हैं। एक को 'जजमान' और दूसरे को 'कमीन' कहा जाता है। सेवा प्राप्त करने वाली जातियों जजमान हैं तो सेवा प्रदान करने वाली 'कमीन', किन्तु होता यह है कि जिस परिवार के घर पर विवाह, मृत्यु, जन्म और उत्सव, आदि के अवसर पर अन्य जातियों द्वारा सेवाएं प्रदान की जाती हैं, उस दौरान वह परिवार जजमान कहलायेगा, लेकिन सेवा प्रदान करने वाले परिवार के घर पर भी ऐसे ही अवसरों पर पहले वाले परिवार से सेवा प्राप्त करने पर वह उसका जजमान होगा। उदाहरणार्थ, एक नाई परिवार के घर विवाह होने पर यदि ढोली ढोल बजाने जाता है तो नाई जजमान कहलायेगा। इस प्रकार प्रत्येक परिवार जजमान भी है और सेवाकारी भी।

(17) **भाग्यवादी** (Fatalism)–भारतीय गांवों के निवासियों में शिक्षा का अभाव है। अत: वे अंधविश्वासी और भाग्यवादी हैं। उनका दृढ़ विश्वास है कि व्यक्ति चाहे कितना ही प्रयत्न करे, किन्तु उतना ही प्राप्त होगा जो उसके भाग्य में लिखा है। उनके इस विश्वास को हम तुलसीदास जी की इस पंक्ति द्वारा व्यक्त कर सकते हैं :

'होई सोई जो राम रचि राखा,
को करि तर्क बढ़ावहि साखा।'

अर्थात् वही होगा जो ईश्वर ने निर्धारित कर रखा है हम तर्क करके विवाद को क्यों बढ़ावा दें। भाग्यवादी होने के कारण ही ग्रामीण लोग सभी प्रकार के कष्टों, अत्याचारों एवं शोषण को बर्दाश्त करते रहे और कभी भी परिवर्तन और क्रान्ति की ओर अग्रसर नहीं हुए।

(18) **जनमत का अधिक महत्व** (Greater Importance of Public Opinion)–ग्रामवासी जनमत का सम्मान करते हैं और उससे डरते हैं। वे जनमत की शक्ति को चुनौती नहीं देते, वरन् उसके सम्मुख झुक जाते हैं। पंच लोग जो कुछ कह देते हैं उसे वे शिरोधार्य करते हैं। पंच के मुंह से निकला

वाक्य ईश्वर के मुंह से निकला वाक्य होता है। जनमत की अवहेलना करने वाले की निन्दा की जाती है। ऐसे व्यक्ति की समाज में प्रतिष्ठा गिर जाती है। कोई भी ग्रामीण इस प्रकार की स्थिति को पसन्द नहीं करेगा।

(19) **स्त्रियों की निम्न स्थिति** (Low Position of Women)–भारतीय ग्रामीण समुदायों में नारी की स्थिति अत्यंत निम्न है। उन्हें दासी के रूप में समझा जाता रहा है। कन्या वध, बाल-विवाह, पर्दा प्रथा, विधवा पुनर्विवाह का अभाव, आर्थिक दृष्टि से पुरुषों पर निर्भरता, पारिवारिक का अभाव, आर्थिक दृष्टि से पुरुषों पर निर्भरता, पारिवारिक संपत्ति में अधिकार न होना, विवाह विच्छेद का अभाव, आदि ऐसे अनेक कारण हैं जो भारतीय ग्रामीण नारियों की सामाजिक स्थिति को शहरी स्त्रियों की तुलना में निम्न बनाये रखने में योग देते हैं।

(20) **जाति प्रथा** (Caste System)–जाति प्रथा भारतीय संस्कृति की मुख्य विशेषता है। जाति के आधार पर गांवों में सामाजिक संस्तरण पाया जाता है। जाति एक सामाजिक संस्था और समिति दोनों ही है। जाति की सदस्यता जन्म से निर्धारित होती है। प्रत्येक जाति का एक परंपरागत व्यवसाय होता है। जाति के सदस्य अपनी ही जाति में विवाह करते हैं, जाति की एक पंचायत होती है जो अपने सदस्यों को नियंत्रित करती है। जाति अपने सदस्यों के लिए खान-पान एवं सामाजिक सहवास के नियम भी बनाती है। जाति के नियमों का उल्लंघन करने पर सदस्यों को जाति से बहिष्कार, दण्ड अथवा जुर्माना, आदि सजा भुगतनी होती है। जाति-व्यवस्था में सर्वोच्च स्थान ब्राह्मणों का है और सबसे नीचा स्थान अस्पृश्य जातियों का। इन दोनों के बीच क्षत्रिय और वैश्य जातियां हैं। जातियों के बीच परस्पर भेदभाव और छुआछूत की भावना पायी जाती है।

उपर्युक्त विशेषताओं के अतिरिक्ति भारतीय ग्रामीण समुदाय एक सामुदायिक एकता के रूप में विद्यमान रहे हैं। बाढ़, अकाल, क्रान्ति और अन्य संकटों के समय सभी लोग मिलकर उनका मुकाबल करते हैं। गांवों में सामाजिक गतिशीलता का अभाव रहा हैं वहां विशेषीकरण नहीं पाया जाता, वरन् हर व्यक्ति छोटा-छोटा सभी प्रकार का कार्य कर लेता है। यहां सीमित आय के कारण गरीबी एवं निम्न जीवन-स्तर पाया जाता है।

कस्बा (Town)

आकार के आधार पर नगरीय बस्तियों को कई भागों में बांटा गया है, उनमें से एक कस्बा भी है। सामान्यत: कस्बा उस बस्ती को कहा जाता है जिसकी आबादी

500 से 10,000 तक हो। कुछ विद्वान 40,000 तक ही आबादी वाली बस्ती को, तो कुछ 50,000 तक की आबादी वाली बस्ती को कस्बा एवं इससे अधिक आबादी होने पर उसे 'नगर' (City) कहते हैं भारत में गंगा-यमुना दोआब में ऐसे बहुत-से कस्बे हैं जिनकी आबादी 30,000 या 35,000 से अधिक है। कस्बे की अवधारणा भिन्न-भिन्न व्यक्तियों, सस्थाओं, देशों एवं समय के साथ-साथ बदलती रही है।

संयुक्त-राष्ट्र संघ द्वारा विश्व के 133 देशों का सर्वे कराया गया। इस सर्वेक्षण से ज्ञात हुआ कि 33 देशों ने गांव, कस्बा न नगर का भेद जनसंख्या के आधार पर, 20 देशों ने जनसंख्या व अन्य आधारों पर, 65 देशों ने वैधानिक, प्रशासनिक एवं सरकारी आधार पर एवं 15 ने कोई अन्य आधार मानकर यह भेद कर रखा था।

कस्बा भी नगरीय क्षेत्र ही है, किन्तु वह नगर की तुलना में छोटा होता है। कई बार अंग्रेजी के Town तथा City शब्द का प्रयोग समानार्थक शब्दों में होता है। ब्रिटेन में नगरीय क्षेत्रों के लिए आज भी Town शब्द का प्रयोग होता है। 'City' शब्द का प्रयोग रोमन साम्राज्य एवं ब्रिटेन में उन नगरों के लिए होता था जहां प्रधान गिरजाघर अथवा ईसाई पादरियों का स्थान (Christian Bishopric) होता।

रिचथोफेन ने कस्बे को परिभाषित करते हुए लिख है, "कस्बा एक संगठित समूह है और जिसमें सामान्यतया प्रमुख व्यवसाय, कृषि क्रियाओं के विपरीत वाणिज्य तथा उद्योग से संबंधित है।" **रेटजल** महोदय ने कस्बे की तीन विशेषताएं बताई हैं–

(1) कस्बे में व्यापार एवं उद्योगों की प्रधानता होती है,

(2) मकानों का केन्द्रीकरण, तथा

(3) निवासियों की एक न्यूनतम जनसंख्या (2,000 से अधिक) होती है।

भारत में 1891 से 1941 तक की अवधि में जनगणना में कस्बे (Town) की परिभाषा लगभग एक ही रही। 1951 में मामूली संशोधन हुआ। इस अवधि में कस्बे की परिभाषा इस प्रकार थी–सभी नगरपालिकाओं को, चाहे किसी भी जनसंख्या की हों, तथा मकानों के अन्य प्रत्येक सतत समूह को जिसमें कम-से-कम 5,000 व्यक्ति स्थायी रूप से निवास करते हों तथा जिसे जनगणना अधिकारी कस्बा घोषित करता हो।

1961 में इस पभाषा में कुछ परिवर्तन किया गया। 1971, 1981, 1991 एवं 2001 की जनगणना में निम्नांकित आधारों पर कस्बे का निर्धारण किया गया:

(1) अन्य कोई स्थान जो उपर्युक्त विशेषताओं में सीमावर्ती (Marginal) है, लेकिन प्रान्तीय जनगणना अधिकारी के अनुसार स्पष्ट नगरीय सुविधाएं एवं विशेषताएं रखता हो।

(2) जहां पुरुषों की कार्यशील जनसंख्या का कम से कम 75 प्रतिशत भाग कृषि के अतिरिक्त कार्यों में लगा हुआ हो।

(3) वे सभी स्थान कस्बे कहे जायेंगे जिनमें नगरपालिका, नगर निगम, छावनी, नोटीफाइड नगर क्षेत्र या इसके समकक्ष की कोई इकाई हो।

(4) जहां की न्यूनतम जनसंख्या 5,000 हो।

(5) जहां जनसंख्या का घनत्व कम से कम 400 व्यक्ति प्रति किलोमीटर (या 1,000 व्यक्ति प्रति वर्ग मील) हो।

गांव, कस्बा एवं नगर का भेद व्यक्त करने के लिए दो प्रकार की परिभाषाएं प्रधान रही हैं, एक वैधानिक एवं दूसरी भौगोलिक। वैधानिक परिभाषाओं में कस्बा वह है जिसे सकार कानून या सरकारी जनगणना के द्वारा कस्बे की मान्यता प्रदान करती है। भौगोलिक दृष्टि से कस्बे में वह संपूर्ण निर्मित क्षेत्र शामिल हैं जो सभी दिशाओं में उस सीमा तक फैला होता है जहां तक कृषि क्षेत्र, जंगल तथा अन्य नगरीय भूमि या जलाशय महत्वपूर्ण ढंग से कस्बे के फैलाव को अलग न करता हो। इस परिभाषा का प्रयोग अधिकांशतः भूगोलवेत्ता करते हैं। स्पष्ट है कि कस्बा भी नगरीय क्षेत्र ही है और कस्बे न नगर के लिए अंग्रेजी भाषा में प्रयुक्त 'Town' तथा 'City' शब्दों का समानार्थक रूप में प्रयोग होता है। अतः कई बार हमारे सामने यह कठिनाई आ जाती है कि कोई परिभाषा विशेष कस्बे के लिए है या नगर के लिए। कस्बे एवं नगर का भेद बहुत अधिक स्पष्ट नहीं है।

शहर (City)

शहर (नगरीय समुदाय) का अर्थ एवं परिभाषा (Meaning and Definition of City or Urban Community)

बर्गल ने उचित ही कहा है, "प्रत्येक व्यक्ति यह जानता है कि शहर या नगर क्या है, किन्तु, किसी ने संतोषजनक परिभाषा नहीं दी है।" नगर केवल एक निवास का स्थान ही नहीं, वरन् एक विशिष्ट पर्यावरण का सूचक भी है। यह जीवन जीने का एक विशिष्ट ढंग और एक विशिष्ट संस्कृति का सूचक भी है। नगरों की जनसंख्या अधिक होती है, वहां जनघनत्व भी अधिक पाया जाता है।

व्यवसायों की बहुलता एवं भिन्नता, औपचारिक व द्वैतीयक संबंधों की प्रधानता, भोगवाद, भौतिकवाद, कृत्रिमता, जटिलता, व्यस्तता, गतिशीलता, आदि नगरीय जीवन की प्रमुख विशेषताएं हैं। नगरों में हमें बेकारी, भिक्षावृत्ति, अपराधा, नशाखोरी एवं वेश्यावृत्ति की अधिकता देखने को मिलती है। वहां परिवार, नातेदारी एवं पड़ोस

का अधिक महत्व नहीं होता। वहां व्यक्ति अपनी विभिन्न आवश्यकताओं की पूर्ति के लिए अनेक द्वैतीयक संगठनों का सदस्य होता है।

कानूनी दृष्टिकोण से शहर या नगर वह स्थान है जिसे उच्च सत्ता के चार्टर द्वारा नगर (शहर) घोषित किया गया हो। नगर की यह परिभाषा आधुनिक संदर्भ में तो ठीक है, किन्तु प्राचीन समय में चार्टर द्वारा किसी निवास स्थान को नगर घोषित करने की प्रथा नहीं थी। यदि हम शब्द की रचना की दृष्टि से देखें तो 'शहर' या 'नगर' शब्द अंग्रेजी भाषा के 'सिटी' (City) का हिन्दी अनुवाद है। स्वयं 'सिटी' शब्द लैटिन भाषा के 'सिविटाज' (Civitas) से बना है जिसका तात्पर्य है नागरिकता। अंग्रेजी भाषा का 'Urban' शब्द लैटिन भाषा के 'Urbanus' से बना है जिसका अर्थ है 'शहर'। लैटिन भाषा के Urbs' का अर्थ भी 'City' अर्थात् ही है।

नगर की परिभाषा जनसंख्या के आधार पर भी की गयी है। अमरीका के जनगणना ब्यूरो ने नगर ऐसे स्थान को माना है जहां की जनसंख्या 25,000 य़ा उससे अधिक हो। फ्रांस में 2,000 तथा मिस्र में 11,000 जनसंख्या वाले क्षेत्र को नगर माना है। **विलकॉक्स** (Willcox) ने ऐसे क्षेत्र को जहां का जनघनत्व 1,000 व्यक्ति प्रति वर्ग मील तथा **जेफरसन** ने 10,000 प्रति वर्ग मील आबादी क्षेत्र को नगर कहा है।

व्यवहार के आधार पर भी नगर की परिभाषा की गई है। **विलकॉक्स** के अनुसार, ''जहां मुख्य व्यवसाय कृषि है, उसे गांव तथा जहां कृषि के अतिरिक्त अन्य व्यवसाय प्रचलित हैं, उसे शहर (नगर) कहेंगे।''

बर्गल लिखते हैं, ''नगर ऐसी संस्था है जहां के अधिकतर निवासी कृषि कार्य के अतिरिक्त अन्य उद्योगों में व्यस्त हों।''

कुछ विद्वान ऐसे क्षेत्र को नगर कहते हैं जहां अपरिचितता (Anonimity) अधिक हो, अर्थात् जहां लोग एक-दूसरे से परिचित कम हों।

लुईस वर्थ नगर को परिभाषित करते हुए लिखते हैं, समाजशास्त्रीय दृष्टिकोण से एक नगर की परिभाषा सामाजिक भिन्नता वाले व्यक्तियों के बड़े, घने बसे हुए एवं स्थायी निवास के रूप में की जा सकती है।''

ममफोर्ड के अनुसार, ''नगर स्पष्ट अर्थों में एक भौगोलिक ढांचा है, एक आर्थिक संगठन एवं एक संस्थात्मक प्रक्रिया, सामाजिक प्रक्रियाओं का मंच और सामूहिक एकता का एक सौंदर्यात्मक प्रतीक है।''

थियोडोरसन के अनुसार, ''नगरीय समुदाय एक ऐसा समुदाय है जिसमें उच्च जनघनत्व, गैर-कृषि व्यवसायों की प्रमुखता, जटिल श्रम-विभाजन से उत्पन्न उच्च

मात्रा का विशेषीकरण और स्थीय सरकार की औपचारिक व्यवस्था पायी जाती है। नगरीय समुदायों की विशेषता जनसंख्या की विभिन्नता, अवैयक्तिक एवं द्वैतीयक संबंधों का प्रचलन तथा औपचारिक सामाजिक नियंत्रण पर निर्भरता, आदि हैं।'' यह परिभाषा अन्य परिभाषाओं की अपेक्षा अधिक विस्तृत एवं उचित है।

इन परिभाषाओं से स्पष्ट है कि नगर वह क्षेत्र है जहां जनसंख्या की बहुलता एवं विविधता पायी जाती है। गैर-कृषि व्यवसाय, श्रम-विभाजन एवं विशेषीकरण, द्वैतीयक संबंधों की प्रधानता एवं औपचारिककता, आदि नगरीय केन्दों की प्रमुख विशेषताएं हैं।

शहर (नगरीय समुदाय) की विशेषताए
(Characteristics of City or Urban Community)

विभिन्न विद्वानों ने शहर अथवा नगरीय समुदाय एवं जीवन की विशेषताओं का उल्लेख किया है :

किंगसले डेविस (Kingsley Davis) ने नगर की सामाजिक संरचना की निम्न विशेषताएं बतायी हैं :

(1) सामाजिक भिन्नता,
(2) द्वैतीयक संघ,
(3) सामाजिक सहिष्णुता,
(4) द्वैतीयक नियंत्रण,
(5) सामाजिक गतिशीलता,
(6) एच्छिक संघ,
(7) व्यक्तिवादिता,
(8) स्थानीय अलगाव।

रोनाल्ड फ्रीडमैन ने नगरीय समुदाय की विशेषताएं इस प्रकार बतायी हैं :

(1) समूहों एवं व्यक्तियों के बीच कार्यात्मक अन्योन्यश्रितता,
(2) अधिक जनसंख्या एवं अधिक जनघनत्व,
(3) विभिन्नताएं,
(4) परिवारों के कार्यों में कमी,
(5) सदस्यों में अनजानापन,
(6) संदेशवाहन के साधनों की बहुलता,

(7) प्राथमिक संबंधों का अभाव,
(8) श्रम-विभाजन एवं विशेषीकरण,
(9) नगरीय संस्कृति की परिवर्तनशील प्रकृति।

पार्क, बर्गेस, नेल्स एण्डरसन, जिमरमैन एवं सोरोकिन, आदि विद्वानों द्वारा उल्लेख नगरीय समुदाय एवं जीव की विशेषताओं को हम इस प्रकार प्रकट कर सकते हैं :

(1) **स्वास्थ्य एवं मनोरंजन की सुविधा**–नगर में विभिन्न प्रकार की चिकित्सा एवं दवाओं की सुविधा उपलब्ध होने से लोगों को रोग की रोकथाम एवं मुक्ति में सहायता मिलती है। नगर में सिनेमा, रेडियो, टेलीविजन, नाट्य-शाला, संगीत, नृत्य एवं कला केन्द्रों के कारण लोगों को मनोरंजन की पर्याप्त सुविधाएं उपलब्ध होती हैं। जिससे कि वे दिन भर की थकान से मुक्ति पाकर ताजगी प्राप्त कर सकते हैं। नगर में ही बाग-बगीचे, उद्यान एवं विभिन्न प्रकार के खेलकूद की सुविधाएं उपलब्ध होती हैं जो स्वास्थ्य की दृष्टि से अत्यावश्यक हैं। आधुनिक वैज्ञानिक आविष्कारों ने मानव को रोगमुक्त करने में अभूतपूर्व सफलता प्राप्त की है और ये सुविधाएं नगरों में ही उपलब्ध हैं।

(2) फैशन के प्रति लगाव नगरों की विशेषता है। मकान, वस्त्र, केशविन्यास व कला के क्षेत्र में नगरों में कई प्रकार की फैशन देखी जा सकती है।

नेल्स एण्डरसन ने आधुनिक नगरीय समुदायों की पांच विशेषताओं का उल्लेख किया है।

(3) **मुद्रा अर्थव्यवस्था**–आधुनिक नगरों में मुद्रा अर्थव्यवस्था (Money Economy) पायी जाती है। इसके फलस्वरूप व्यापार का कार्य सुविधा से होता है। विनिमय के लिए सामान को लादकर एक स्थान से दूसरे स्थान पर नहीं ले जाना पड़ता। इसके कारण धन का संचय भी होने लगा जो व्यक्ति की शक्ति का परिचायक बना गया।

(4) **लिखित आलेख**–नगरों में मुद्रा के प्रचलन एवं व्यापार के प्रसार के साथ-साथ लेखन-कार्य व कागज का प्रचलन बढ़ा। अब मुनष्य अपने हस्ताक्षर और मोहर से जाना जाने लगा, कागज पर समझौते होने लगे। और आलेख (Documents) अस्तित्व में आये। पुलिस एवं न्यायालय लिखित आलेखों को अधिक विश्वसनीय मानते हैं। अतः नगों में अधिकांश कार्य लिखित रूप में ही होता है।

(5) **व्यवसायों की बहुलता एवं विभिन्नता**–नगर में कार्यों की बहुतलता होती है। वहां अनेक प्रकार के व्यवसाय पाये जाते हैं। सिगरेट, माचिस, दवाओं, कपड़ा, चमड़ा, ऊन, मशीन निर्माण, प्लास्टिक, बारूद, सीमेण्ट, लकड़ी, लोहा, ईंट, कागज, आदि से संबंधित एंव अन्य हजारां प्रकार के व्यवसाय शहरों में देखने को मिलते हैं।

(6) **श्रम-विभाजन एवं विशेषीकरण**–शहर में कार्य का बंटवारा देखने को मिलता है। यहां व्यक्ति अलग-अलग व्यवसायों में लगे होते हैं। साथ ही एक व्यक्ति किसी एक ही कार्य का विशेषज्ञ होता है। श्रम-विभाजन और विशेषीकरण के कारण पारस्परिक निर्भरता भी पैदा होती है।

(7) **द्वैतीयक संबंधों की प्रधानता**–चूंकि नगरों की जनसंख्या अधिक होती है अत: यहां सभी लोगों से प्राथमिक व आमने-सामने के घनिष्ठ संबंध कायम करना कठिन होता है। नगर के लोगों में औपचारिक एंव द्वैतीयक संबंधों की प्रधानता पायी जाती है।

(8) **कृत्रिमता**–नगरीय लोगों का जीवन बनावट एवं आडम्बरयुक्त होता है। वे दिखावे में अधिक विश्वास करते हैं।

(9) **गतिशीलता**–नगरों में सामाजिक एवं भौगोलिक गतिशीलता अधिक पायी जाती है। शहरी लोग एक स्थान छोड़कर लाभ के लिए अन्य स्थानों पर जाने के लिए तैयार होते हैं। उनमें स्थान के प्रति कम लगाव पाया जाता है।

(10) **विभिन्नता**–नगर विभिन्नताओं का केन्द्र होता है। धर्म, भाषा, संस्कृति, प्रथा, रीति-रिवाज, व्यवसाय, पहनावा, रुचि, हित, आदि के आधार पर नगर में अनेक भिन्नताएं पायी जाती हैं।

(11) **शिक्षा एंव संस्कृति के केन्द्र**–नगर में विभिन्न प्रकार की शिक्षण संस्थाएं, विद्यालय, महाविद्यालय तथा प्रशिक्षण संस्थान होने से सभी विषयों की शिक्षा एवं ज्ञान उपलब्ध होता है। कला, संगीत, चिकित्सा, विज्ञान, इंजीनियरिंग, प्रौद्योगिकी एवं मशीन से संबंधित ज्ञान देने वाली शिक्षण संस्थाएं नगरों में ही पायी जाती हैं। नगर विभिन्न प्रकार की भाषा, साहित्य एवं ज्ञान का प्रतिनिधित्व करते हैं। वे मानव सभ्यता के विकास की कहानी को प्रकट करते हैं। नगर का पर्यावरण व्यक्ति के व्यक्तित्व के विकास में सहायक है।

(12) **जनसंख्या की बहुलता**–ग्राम एवं नगर का भेद प्रमुखत: जनसंख्या के आधार पर किया जाता है। शहरों में जनसंख्या के आधार पर किया जाता

है। शहरों में जनसंख्या एवं जनघनत्व अधिक पाया जाता है। जनसंख्या की अधिकता के आधार पर ही नगरों का विभिन्न श्रेणियों में जैसे नगर एवं महानगर, आदि में वर्गीकरण किया जाता है। जनसंख्या की अधिकता ने शहरों में गंदी बस्तियों, अपराध, प्रशासन, आवास, बेकारी एवं गरीबी, आदि से संबंधित अनेक समस्याएं पैदा की हैं।

(13) **जनसंख्या की विभिन्नता**–नगरों में विभिन्न सम्प्रदायों, जातियों, वर्गों, प्रजातियों, भाषाओं एवं प्रान्तों से संबंधित लोग निवास करते हैं। अत: यहां की जनसंख्या में विभिन्नता पायी जाती है। इस कारण शहरी लोगों के रहन-सहन, प्रथाओं, परस्पराओं, वेश-भूषा एवं जीवन-स्तर, आदि में भिन्नताएं देखने को मिलती हैं।

(14) **राजनीतिक गतिविधियों के केन्द्र**–नगर राजनीतिक दृष्टि से भी महत्वपूर्ण हैं। नगर में ही सरकार के विभिन्न विभाग एवं कार्यालय होते हैं। वहां पर राज्यों की राजधानियां, सैनिक छावनियां एवं विभिन्न राजनीतिक दलों के मुख्यालय होते हैं। अत: सरकार एवं राजनीतिक दल भी अपनी नीति एवं भावी कार्यक्रमों का निर्धारण नगरीय महत्व को ध्यान में रखकर करते हैं। अधिकांश राजनीतिक आन्दोलन नगरों से ही प्रारंभ होते हैं। इस प्रकार नगर लागों को राजनीतिक प्रशिक्षण एवं जागरूकता प्रदान करते हैं।

(15) **सुरक्षा**–नगर में पुलिस, गुप्तचर, जेल, न्यायालय, आदि होने के कारण लोगाकं को जीवन के खतरों, चोरी, हत्या, लूट-पाट, आदि से सुरक्षा प्राप्त होती है। आर्थिक संकट में भी रोजगार के विभिन्न अवसर उपलब्ध होने के कारण वहां आर्थिक सुरक्षा एवं मानसिक संतोष प्राप्त होता है। अत: व्यक्ति अपना जीवन रचनात्मक कार्यों में लगा सकता है अैर जीवन के संकटों के प्रति निश्चित हो सकता है।

(16) **व्यक्तिवादिता**–नगर में सामूहिक एवं सामुदायिक जीवन की अपेक्षा व्यक्तिवादिता अधिक पायी जाती है। प्रत्येक व्यक्ति समुदाय की अपेक्षा स्वयं की अधिक चिंता करता है।

(17) **सामाजिक समस्याएं**–वर्तमान में नगर अपराध, बाल-अपराध, वेश्यावृत्ति, बेकारी, गंदी-बस्तियां, पागलपन, निम्न स्वास्थ्य, कुपोषण, वर्ग-संघर्ष, वायु प्रदूषण एवं बीमारी, आदि अनेक समस्याओं के केन्द्र बन गये हैं।

(18) **मानव सभ्यता के पोषक**–नगरों में विभिन्न प्रकार की शैक्षणिक एवं सांस्कृतिक संस्थाएं होने के कारण वहां सभ्यता का विकास होता रहा है। विश्व की उच्च एवं विकसित सभ्यताएं नगरों में ही फली एवं फूली हैं।

नगर ही सभ्यता के निर्माता एवं पोषक रहे हैं। अत: वे मानव-समाज के विकास के प्रतीक हैं। नगरों के विकास की कहानी सभ्यता के विकास की कहानी भी है।

(19) **नगरों में धर्म एवं परिवार का कम महत्व पाया जाता है।** शिक्षा के कारण लोग नगरों में कर्म-काण्ड, पूजा-पाठ, यज्ञ-हवन और अनुष्ठानों में अधिक रुचि नहीं रखते। वे ईश्वर के बजाय अपनी स्वयं की शक्ति में विश्वास करते हैं। परिवार की तुलना में वे व्यक्ति को अधिक महत्व देते हैं।

(20) **प्रतिस्पर्द्धा**—नगरों में गांवों की अपेक्षा जीवन के आर्थिक, सामाजिक, राजनीतिक, आदि सभी क्षेत्रों में प्रतिस्पर्द्धा दिखायी देती है। हर व्यक्ति जीवन की आगे बढ़ने की होड़ में भागता दिखाई देता है।

(21) **आर्थिक विषमता**—नगरों में हमें गरीब और अमीर के बीच गहरी खाई दिखाई देगी। एक तरफ ऐसे लोगों की बहुलता है जो भोजन, वस्त्र और मकान की सुविधाएं भी पूरी तरह नहीं जुटा पाते तो दूसरी तरफ बहुत संपन्न लखपति व करोड़पति नगरों में ही होते हैं। एक तरफ मजदूर वर्ग है तो दूसरी तरफ पूंजीपति वर्ग।

(22) **सांस्कृतिक आविष्कार**—नगर सांस्कृतिक आविष्कार के भी जनक हैं और वहाँ से नये-नये सांस्कृतिक परिवर्तन ग्रामों की ओर जाते हैं। नगरों में विभिन्न संस्कृतियों के सम्पर्क एवं पर-संस्कृति ग्रहण की प्रक्रिया के कारण संस्कृति में परिवर्द्धन, परिष्कार एवं परिवर्तन होते रहते हैं।

(23) **यातायात एंव संदेश की सुविधाओं की बहुलता** भी नगरों में ही पायी जाती है।

(24) **आविष्कार एवं तकनीकी**—नगरों में विकसित तकनीकी, शिक्षा एवं प्रशिक्षण पाया जाता है, फलस्वरूप वहाँ नित्य नये आविष्कार जन्म लेते हैं। अनेक प्रकार की समस्याओं का नगर के लोगों को सामना करना पड़ता है जिन्हें हल करने के लिए वे नये-नये आविष्कार एवं प्रतिधियों की खोज करते रहते हैं।

(25) **सुदृढ़ प्रशासन**—नगरीय जीवन की जटिलता एवं समस्याओं के समाधान के लिए वहाँ सुदृढ़ प्रशासन की आवश्यकता महसूस होती है। सुरक्षा, न्याय, पुलिस, पानी, बिजली, शिक्षा, व्यापार, स्वास्थ्य, यातायात, संचार, सफाई एवं सार्वजनिक कल्याण की देख-रेख, आदि के लिए सुदृढ़ प्रशासन का होना आवश्यक है।

ग्रामीण एवं नगरीय समुदायों के बारे में जानकारी प्राप्त कर लेने के बाद हम यहाँ इन दोनों प्रकार के जीवन की तुलना करेंगे इस प्रकार की तुलना में हमारे सम्मुख कुछ कठिनाइयाँ भी हैं।

ग्रामीण एवं नगरीय जीवन एवं समुदायों की तुलना में कठिनाइयां (Difficulties in Comparision Between Rural and Urban Life and Communities)

उपर्युक्त विशेषताओं का अध्ययन करने के बाद ग्रामीण एवं नगरीय जीवन एवं समुदायों के बीच तुलना की जा सकती है, किन्तु यह तुलना और अन्तर एक कठिन कार्य भी है, क्योंकि ग्रामीण व नगरीय जीवन एकदम एक-दूसरे से भिन्न नहीं है। आज हमें ग्राम-नगर नैरन्तर्य दिखायी देता है जिसके कारण ग्राम और नगर का भेद समाप्त होता जा रहा है। आज अनेक गांवों में नगरीय जीवन की सुविधाओं उपलब्ध हैं तथा नगरों में भी ग्रामीण जीवन के तत्वों को अपनाया जा रहा है। ग्राम और नगर में भेद प्रकट करने के दौरान आने वाली कुछ कठिनाइयों का **मैकाइवर** एवं **पेज** उल्लेख किया है जो ग्राम-नगर नैरन्तर्य की सूचक भी हैं।

(1) **नगर और ग्राम परिवर्तनशील प्रकृति** (The Changing Character of City and Village)–ग्राम और नगर का जीवन जीवन भी परिवर्तनशील है, ये दोनों एक-दूसरे को प्रभावित करते रहते हैं और एक-दूसरे से प्रभावित होते रहते हैं। औद्योगीकरण एवं नगरीकरण की प्रक्रिया, नगरों की संस्कृति, आचार-विचार, व्यवहार एवं व्यवसायों ने ग्रामों को प्रभावित एवं परिवर्तित किया है। गांवों में आधुनिक शिक्षा, बिजली तथा अन्य अनेक सुविधाएं उपलब्ध हो रही हैं। अतः गांवों का नगरीकरण हो रहा है और ग्राम तथा नगर का अन्तर कम होता जा रहा है। ग्राम तथा नगर के बीच परस्पर आदान-प्रदान की प्रक्रिया को ग्रामीण-नगरीकरण की संज्ञा दी गयी है। यदि यह प्रक्रिया निरन्तर चलती रही तो ग्राम एवं नगर का भेद भविष्य में काफी समाप्त हो जायेगा।

(2) **ग्रामीण और नगरीय जीवन में अंशों का अन्तर** (Rural and Urban Difference a Matter of Degree)–ग्रामीण और शहरी जीवन के बीच अंशों का ही अन्तर है। प्रत्येक नगर में कई ग्रामीण तत्व देखने को मिलेंगे और प्रत्येक ग्राम मे कई विशेषताएं नगर की भी देखने को मिलेंगी। **मैकाइवर** और **पेज** लिखते हैं, "परन्तु दोनों के बीच इतना स्पष्ट अन्तर नहीं है कि यह बताया जा सके कि वहाँ नगर समाप्त होता है और कहाँ ग्राम आरंभ होता है।"

(3) **सर्वमान्य परिभाषा का अभाव** (Lack of Universal Definition)–ग्रामीण एवं नगरीय जीवन में भेद करने में सबसे बड़ी कठिनाई इन दोनों की सर्वमान्य परिभाषा का अभाव है। कहीं जनसंख्या को आधार माना गया है तो कहीं पर्यावरण और सामाजिक-आर्थिक परिस्थितियों को। कहीं प्राथमिक संबंधों की प्रधानता को ग्राम और द्वैतीयक संबंधों की प्रधानता को नगर कहा गया है तो कहीं पर कृषि कार्य करने वाले क्षेत्र की ग्राम और औद्योगिक कार्य में लगे क्षेत्र को नगर कहा गया है। अतः स्पष्ट है कि ग्राम एवं नगर के बीच भेद स्पष्ट करने के लिए कोई सर्वमान्य पैमाना नहीं है। इस सन्दर्भ में **बर्गल** ने उचित ही कहा है कि "प्रत्येक व्यक्ति यह जानता है कि नगर क्या है ? किन्तु किसी ने भी सन्तोषजनक परिभाषा नहीं दी है।"

(4) **नगरों में विभिन्न पर्यावरण** (Heterogenous Environment in Cities)–ग्रामीण और नगरीय जीवन में भेद करने में एक कठिनाई यह है कि नगर में विभिन्न पर्यावरण पाये जाते हैं। अतः इन दोनों में तुलना किस आधार पर की जाय। नगर में विभिन्न प्रजातियों, भाषाओं, धर्मों, सम्प्रदायों, वर्गों एवं व्यवसायों से संबंधित व्यक्ति पाये जाते हैं जिसके परिणामस्वरूप नगर में विभिन्नता का पर्यावरण उत्पन्न हो जाता है।

अतः स्पष्ट है कि ग्रामीण और नगरीय जीवन में भेद करने में अनेक कठिनाइयां हैं। फिर भी अनेक ऐसे आधार हैं जैसे जनसंख्या का घनत्व, विस्तार, एवं सामाजिक पर्यावरण जिनके आधार पर दोनों प्रकार के जीवन में अन्तर किया जा सकता है। यह अन्तर शुद्ध ग्रामीण और शुद्धता नगरीय जीवन में ही पाया जाता है। व्यावहारिक की अपेक्षा यह अन्तर सैद्धान्तिक अधिक है जैसा कि **गिस्ट** और **हेलबर्ट** लिखते हैं, "अतः ग्रामीण और नागरिक जीवन का सुपरिचित विभाजन सामुदायिक जीवन के तथ्यों पर आधाररित होने की अपेक्षा अधिकांश रूप से एक सैद्धान्तिक धारणा है।"

ग्रामीण एवं नगरीय जीवन एवं समुदायों की तुलना (Comparison Between Rural and Urban Life and Communities)

ग्रामीण और नगरीय सामाजिक जीवन में भेद प्रकट करने के लिए विख्यात समाजशास्त्रियों ने अनेक कसौटियां निर्धारित की हैं।

डॉ॰ देसाई ने ग्रामीण एवं नगरीय जीवन एवं समुदायों में भेद करने के लिए निम्नांकित नौ आधारों का उल्लेख किया है–

(1) सामाजिक गतिशीलता संबंधी भेद,

(2) सामाजिक विभेदीकरण तथा स्तरीकरण संबंधी भेद तथा

(3) व्यवसाय संबंधी भेद,

(4) समुदायों के आकार संबंधी भेद,

(5) सामाजिक अन्त:क्रिया की पद्धति में भेद।

(6) जनसंख्या के घनत्व संबंधी भेद,

(7) जनसंख्या में समरूपता तथा विभिन्नता संबंधी भेद,

(8) पर्यावरण संबंधी भेद,

(9) आवास-प्रवास की दिशा में भेद,

प्रो. सोरोकिन और **जिमरमैन** ने ग्रामीण एवं नगरीय जीवन एवं समुदायों में भेद प्रकट करने के लिए एक तालिका दी है जो निम्नांकित है :

	तुलना का आधार	ग्रामीण जगत	नगरीय
1.	**व्यवसाय**	कृषि की प्रधानता	कृषि के अतिरिक्त व्यवसाय, वाणिज्य एवं मशीनों द्वारा उत्पादन
2.	**पर्यावरण**	प्राकृतिक पर्यावरण से घनिष्ठता	प्राकृतिक पर्यावरण से पृथकता एवं कृत्रिम पर्यावरण
3.	**समुदाय का आकार**	लघु आकार	बड़ा आकार
4.	**जन घनत्व**	कम घनत्व	जन घनत्व की अधिकता
5.	**जनसंख्या की समानता एवं भिन्नता**	जनसंख्या में समानता अधिक पायी जाती है।	विभिन्नता अधिक
6.	**सामाजिक विभेदीकरण एवं स्तरीकरण**	कम पाया जाता है	अधिक पाया जाता है
7.	**गतिशीलता एवं प्रव्रजन (आवास-प्रवास)**	कम	अधिक
8.	**अन्त:क्रिया का प्रकार**	कम सम्पर्क, समुचित क्षेत्र, प्राथमिक संबंधों की प्रधानता, सरल निष्कपट	विस्तृत सम्पर्क, द्वैतीयक संबंधों की प्रधानता, जटिलता, कृत्रिमता

विभिन्न कसौटियों के आधार पर हम यहाँ ग्रामीण एवं नगरीय समुदायों एवं जीवन में भेद स्पष्ट करेंगे।

(1) जनसंख्या के आधार पर अंतर

ग्रामीण एवं नगरीय समुदायों के बीच सबसे बड़ा अंतर जनसंख्या का है। गांवों की अपेक्षा नगरों में अधिक जनसंख्या पायी जाती है। यही कारण है कि गांवों का आकार छोटा व नगरों का बड़ा होता है। चूंकि नगरों में शिक्षा, व्यापार, व्यवसाय, बैंक, यातायात, मनोरंजन एवं सुरक्षा, आदि की सुविधाएं होती हैं, अत: गांवों से लोग नगरों की ओर गमन करते हैं और नगरों की जनसंख्या बढ़ती जाती है।

गांवों की अपेक्षा नगरों की जनसंख्या अधिक ही नहीं होती, वरन् वहां की जनसंख्या में विभिन्नता भी पायी जाती है। सभी धर्मों, जातियों, प्रान्तों, देशों, प्रजातियों एवं दलों से संबंधित व्यक्ति शहरों में निवास करते हैं। गांवों की जनसंख्या में एकरूपता और सजातीय पायी जाती है।

(2) सामाजिक संगठन में अंतर

ग्रामीण एवं नगरीय समुदायों की सामाजिक संगठन की प्रकृति एवं आधारों में भेद पाया जाता है :

(अ) परिवार–सामाजिक संगठन की एक महत्वपूर्ण इकाई है। गांवों में परिवार अधिकांशत: संयुक्त होते हैं जिनमें कर्ता की सत्ता सर्वोपरि एवं महत्वपूर्ण होती है। परिवार ही वहां व्यक्ति की सामाजिक स्थिति निर्धारित करता है, वही व्यक्ति की सामाजिक, आर्थिक, मनोरंजनात्मक, सांस्कृतिक, धार्मिक एवं शैक्षणिक क्रियाओं का केन्द्र होता है। गांवों में व्यक्ति पर परिवार के सदस्यों का प्रभाव एवं नियंत्रण अधिक होता है।

दूसरी ओर नगरों में व्यक्तिवाद की प्रबलता के कारण एकाकी परिवार की बहुलता पायी जाती है। पारिवारिक दबाव एवं नियंत्रण की अपेक्षा व्यक्तिगत स्वतंत्रता अधिक पायी जाती है। यहां अपने जीवन से संबंधित अनेक महत्वपूर्ण निर्णय व्यक्ति स्वयं ही लेता है। यहां पति-पत्नी एवं परिवार के नये सदस्यों के पारस्परिक संबंधों में भी अधिक घनिष्ठता नहीं होती, त्याग के स्थान पर व्यक्तिगत हितों को अधिक महत्व दिया जाता है। गांवों की अपेक्षा नगरों में वंश का महत्व भी कम होता है।

(ब) विवाह–गांवों में विवाह दो परिवार को जोड़ने वाली कड़ी होता है। विवाह के निर्धारण में परिवार के सदस्यों एवं रिश्तेदारों का महत्वपूर्ण हाथ होता है। गांव में अधिकांशत: व्यक्ति अपनी ही जाति में विवाह करता है। इसके विपरीत, नगरों में विवाह दो व्यक्तियों का व्यक्तिगत मामला समझा जाता हैं और विवाह तय करने में लड़के व लड़की की इच्छा को अधिक महत्व

दिया जाता है। नगरों में प्रेम विवाह, अंतर्जातीय विवाह, तलाक तथा विधवा पुनर्विवाह की संख्या गांवों की अपेक्षा अधिक हैं गांवों में बाल-विवाह अधिक होते हैं, जबकि शहरों में कम।

(स) **स्त्रियों की स्थिति**–गांवों में स्त्रियों की सामाजिक स्थिति निम्न होती है, वे पर्दा प्रथा का पालन करती हैं तथा उनकी दुनिया घर की चारदीवारी तक ही सीमित होती है। स्त्री-शिक्षा का गांवों में अभाव पाया जाता है। दूसरी ओर नगरों में स्त्रियां अधिक शिक्षित एवं स्वतंत्र होती हैं। स्वयं अर्जन करने के कारण वे आर्थिक रूप से आत्म-निर्भर होती हैं। अत: अपने जीवन के अनेक महत्वपूर्ण निर्णय लेने में वे समर्थ होती हैं। नगरों की स्त्रियों गांवों की स्त्रियों की तुलना में कम अंधविश्वासी होती हैं।

(द) **पड़ौस**–गांवों में पड़ौस का अधिक महत्व होता है। आपत्ति के समय पड़ोसी एम-दूसरे की सहायता करते हैं। नगरों में पड़ौस अधिक महत्वपूर्ण नहीं होता यहां तक कि कई पड़ौसी तो एक-दूसरे को जानते तक नहीं, नीचे की मंजिल में रहने वाले के घर में मुर्दा पड़ा है और ऊपर की मंजिल पर रहने वाले के यहां शादी की पार्टी हो रही है। नगरों में पड़ौसी के संबंध आत्मीय एवं घनिष्ठ न होकर औपचारिक होते हैं।

(य) **सामाजिक स्तरीकरण**--गांवों में सामाजिक स्तरीकरण का आधार जाति है। यहां अधिकांश लोग कृषि करते हैं। अत: स्तरीकरण का एक आधार कृषि-व्यवस्था भी है जिसमें एक तरफ किसान और दूसरी तरफ जमींदार होते हैं। शहरों में जाति अधिक महत्वपूर्ण नहीं है। वहां वर्ग-व्यवस्था के आधार पर स्तरीकरण पाया जाता है। एक तरफ श्रमिक एवं मजदूर वर्ग है तो दूसरी तरफ पूंजीपति वर्ग नगरों में विषमता अधिक है। **बोगार्डस** कहते हैं कि, ''अत्यधिक वर्ग-विषमताएं नगरा का लक्षण हैं।'' ग्रामों में नगरों की भांति वर्ग-विषमता नहीं है, अत: वहां आये दिन मालिक और मजदूर के बीच संघर्ष नहीं होते।

(3) सामाजिक संबंधों में अंतर

गांवों में जनसंख्या की कमी के कारण सभी लोग परस्पर एक-दूसरे को जानते हैं। उनमें प्रत्यक्ष, प्राथमिक, अनौपचारिक एवं वैयक्तिक संबंध पाये जाते हैं। वहां व्यक्ति को महत्व दिया जाता है। नगरों में स्थिति विपरीत है। **गिस्ट** और **हेलबर्ट** लिखते हें, ''नगरों वैयक्तिक संबंधों की अपेक्षा अवैक्तिक संबंधों को अधिक प्रोत्साहन देता है।'' नगरों में जनसंख्या की बहुलता के कारण व्यक्तिगत संपर्क का अभाव पाया जाता है, वहां व्यक्ति को महत्व नहीं दिया जाता। नगरीय जीवन

यंत्रवत् चलता है। अतः वहां अप्रत्यक्ष, औपचारिक, अवैयक्तिक एवं द्वैतीयक संबंध पाये जाते हैं। गांवों में संबंध सरल एवं सच्चे होते हैं, किन्तु नगरों में बनावटी एवं ऊपरी, गांवों में व्यक्ति का संबंध अधिकतर प्राथमिक समूहों, जेसे परिवार, पड़ोस, मित्र-मण्डली एवं नातेदारी समूहों से होता है, जबकि नगरों में प्रमुखतः द्वैतीयक समूहों से। गांवों में व्यक्ति अपनी आवश्यकताओं की पूर्ति के लिए प्राथमिक समूहों पर निर्भर होता है, जबकि नगरों में उसे अनेक द्वैतीयक समूहों एवं समितियों का सहारा लेना होता है।

(4) सामाजिक अंत:क्रिया में अंतर

गांवों एवं नगरों में सामाजिक अंत:क्रिया के आधार पर भी भेद पाया जाता है। गांवों में प्राथमिक एवं प्रत्यक्ष सहयोग अधिक पाया जाता है। नगरों में श्रम विभाजन एवं विशेषीकरण के कारण द्वैतीयक एवं अप्रत्यक्ष सहयोग पाया जाता है। गांवों में **प्रतिस्पर्द्धा** बहुत कम अथवा नहीं पायी जाती है क्योंकि वहां व्यक्ति का समाज में स्थान निर्धारण परिवार, जाति एवं वंश के आधार पर होता है। नगर में धन एवं काम का अधिक महत्व होने के कारण प्रत्येक व्यक्ति अपनी स्थिति को ऊंचा उठाने के लिए प्रतिस्पर्द्धा करता है। *गांवों में प्रत्यक्ष संघर्ष पाया जाता है* और लोग शीघ्र ही मारने-मरने पर उतारू हो जाते हैं। वहां भूमि, स्त्री व संपत्ति को लेकर संघर्ष अधिक होते हैं। कभी-कभी परिवार, जाति व ग्रामों में भी परस्पर संघर्ष देखने को मिलता है। *नगरों में अप्रत्यक्ष संघर्ष अधिक पाया जाता है।* अतः वहां मानसिक संघर्ष एवं शीत युद्ध की स्थिति अधिक देखने को मिलती है। *गांवों की अपेक्षा नगरों में सहिष्णुता अधिक होती है।* अतः वे नये कानून एवं परिवर्तन को शीघ्र स्वीकार नहीं करते हैं। नगरों में नये कानून एवं आविष्कार स्वीकार कर लिये जाते हैं। ग्रामों की अपेक्षा नगरों में **आत्मसात्** की प्रक्रिया तीव्र होती है। वहां विभिन्न सांस्कृतिक समूहों के बीच आदान-प्रदान एवं व्यवस्थापन की प्रक्रिया अधिक चलती है।

(5) सामाजिक नियंत्रण में अंतर

ग्रामीण एवं नगरीय समुदायों में सामाकि नियंत्रण के साधनों के प्रकारों एवं प्रकृति में भी अंतर पाया जाता है। गांवों में सामाजिक नियंत्रण बनाये रखने में अनौपचारिक साधनों जैसे परिवार, जाति, पंचायत, पड़ौस, प्रथा, जनरीति, धर्म, नैतिकता एवं जनमत, आदि की अधिक महत्वपूर्ण भूमिका होती है। व्यक्तिगत एवं आमने-सामने के संपर्क के कारण वहां हर व्यक्ति पुलिसमैन का कार्य करता है। **बीसेन्ज** और **बीसेन्ज** लिखते हैं, ''ग्रामीण समुदाय में प्रथा राजा है, रीति-रिवाज

और रूढ़ियां अधिकतर व्यवहार को नियंत्रित करती हैं।'' नगर में नियंत्रण बनाये रखने के लिए औपचारिक साधनों जैसे पुलिस, जेल, कानून, न्यायालय, गुप्तचर विभाग, सरकार, संविधान एवं द्वैतीयक समूहों, आदि का सहारा लिया जाता है। नगर अपरिचित लोगों का क्षेत्र है, भीड़-भाड़युक्त वातावरण में वहां कोई किसी की परवाह नहीं करती जैसाकि डेविस कहते हैं, वह (नगरवासी) जब भी चाहे अपरिचितों के सागर में विलीन होकर किसी प्राथमिक समूह के कठोर नियंत्रण से बच सकता है।

(6) सामाजिक दृष्टिकोण में अंतर

गांवों की तुलना में नगरों में सामाजिक विघटन अधिक पाया जाता है। गांव के लोग भाग्यवादी अधिक होते हैं। वे प्रकृति तथा ईश्वर में विश्वास करते हैं। नगरवासी अपने श्रम को अधिक महत्व देते हैं। जहां नगरवासी धर्म के स्थान पर बुद्धि एवं तर्क को अधिक महत्व देते हैं वहां ग्रामवासी धर्म को। गांव कृत्रिमता से दूर और आडम्बर-रहित होते हैं, जबकि नगरीय जीवन में बनावट और आडम्बर की भरमार है। **बोगार्डस** लिखते हैं, ''गांव के लोग स्पष्ट बोलने वाले निष्कपट और सत्यनिष्ठ होते हैं। वे नागरिक जीवन के बहुत से पक्षों की कृत्रिमता से घृणा करते हैं।'' नगरों में गांवों की अपेक्षा राजनीति में अधिक रुचि पायी जाती है। गांवा परिवर्तन विरोधी होते हें तो नगर प्रगतिशील। **न्यूमेयर** कहते हैं कि ''ग्रामीण संस्कृति रूढ़िवादिता की ओर झुकी रहती है।'' **रॉस** का मत है कि ''नगर जगत मित्र होता है, जबकि गांव राष्ट्रवादी और स्वदेशभिमानी होता है।''

(7) सामाजिक गतिशीलता और स्थायित्व में अंतर

ग्रामीण जीवन स्थायित्व का प्रतीक है तो नगरीय जीवन गतिशीलता का। **सोरोकिन** और **जिमरमैन** लिखते हें, ''ग्रामीण समुदाय एक घड़े में शान्त जल के समान है और नगरीय समुदाय केतली में उबलते पानी के समान.... स्थायित्व एक का विशेष लक्षण है, गतिशीलता दूसरे का गुण है।'' नगरवासी साहसी होते हैं और किसी भी प्रकार का जोखिम उठाने को तैयार होते हैं। अतः वे नवीनता, विकास एवं प्रगति के लिए एक स्थान से दूसरे स्थान पर गमन करते हैं, जबकि गांव के लोग स्थान त्यागना नहीं चाहते। बाढ़, भूकम्प, महामारी और प्राकृतिक विपदाओं के आने पर ही वे अपना स्थान छोड़ने को तैयार होते हैं।

(8) आर्थिक जीवन में अंतर

नगरीय एवं ग्रामीण आर्थिक जीवन में भी बहुत अंतर है। **सिम्स** लिखते हैं, जीविकोपार्जन की दो मौलिक रूप से भिन्न रीतियों ने ग्रामीण और नगरीय संसार

को अलग कर दिया है। गांव मुख्य रूप से कृषि पर निर्भर हैं तो नगर व्यवसायों परं गांववासियों का जीवन-स्तर नगरवासियों की तुलना में निम्न होता है। नगर के लोग गांव वालों की अपेक्षा अधिक खर्चीले होते हैं। **रॉस** ने सही कहा है कि ''ग्रामीण जीवन सुझाव देता है 'बचाओ', नागरिक जीवन सुझाता है 'खर्च करो'। नगर में ग्राम की अपेक्षा खर्च के अवसर भी अधिक हैं। आराम और विलासिता पर नगर वाले अधिक खर्च करते हैं तो ग्राम वालों की खर्च की सीमा आवश्यकताओं तक ही होती है। गांव की अपेक्षा नगरों में श्रम-विभाजन एवं विशेषीकरण अधिक पाया जाता है।

(9) सांस्कृतिक जीवन में अंतर

गांवों में सांस्कृतिक स्थिरता पायी जाती है, जबकि नगरा की संस्कृति परिवर्तनशील है। **नजमुल करीम** भारतीय गांवों के बारे में लिखते हैं, ''एक राजवंश के बाद दूसरा राजवंश खत्म होता गया, क्रान्ति के बाद क्रान्ति होती गयी... परंतु ग्रामीण समुदाय वैसे के वैसे ही हैं। सांस्कृतिक परिवर्तनशीलता प्रगति की परिचायक है। ग्रामीण संस्कृति में परस्पर का अधिक महत्व है, जबकि नगरों में नवीनता एवं फैशन को अधिक महत्व दिया जाता है।

(10) सामाजिक विघटन में अंतर

गांवों में वैयक्तिक विघटन कम है, जबकि नगरों में व्यक्ति मानसिक संघर्ष और निराशा से पीड़ित हैं। नगर में आये दिन आत्महत्याएं, हत्याएं, चोरी, डकैती, बलात्कार, विवाह-विच्छेद, पृथक्करण, आदि घटनाएं होती रहती हैं। ग्रामीण समाज में अपराध और बाल-अपराध नगरों की तुलना में कम ही पाये जाते हैं।

(11) मनोवैज्ञानिक अंतर

ग्रामीण लोग सामुदायिक भावना को अधिक महत्व देते हैं। उनमें सहनशीलता एवं प्रेम अधिक पाया जाता है। नगर के लोगों में व्यक्तिवादी भावना प्रबल होती है। वे सामूहिकता के स्थान पर व्यक्तिगत हितों को अधिक महत्व देते हैं।

(12) अन्य अंतर

इनके अतिरिक्त ग्रामीण एवं नगरीय समुदायों में कुछ अन्य अंतर इस प्रकार है:

(अ) गांव की अपेक्षा नगरों में फैशन का प्रचलन अधिक पाया जाता है।

(ब) गांवों में धर्म की प्रधानता होती है, नगरों में कर्म की।

(स) गांवों की अपेक्षा नगरों में तर्क एवं विज्ञान में अधिक विश्वास किया जाता है।

(द) गांवों में निरक्षरता अधिक है तो नगरों में साक्षरता।

(य) गांवों की अपेक्षा नगरों में रानीतिक चेतना अधिक पायी जाती है।

ग्रामीण एवं नगरीय समुदाय में इन विभिन्नताओं को देखकर ही कुछ विद्वान यह प्रश्न करते हैं कि *क्या गांव और नगर एक-दूसरे से बिल्कुल पृथक् समुदाय है?* किन्तु वास्तविकता यह है कि इनमें भेद मात्रा का है। ऐसा नहीं हो सकता है कि जो विशेषताएं गांवों में पायी जाती हैं, वे नगरों में नहीं होंगी। दोनों ही समुदाय परस्पर निकट आ रहे हैं और एक ही विशेषता दूसरे में फैल रही है। इस संदर्भ में **मैकाइवर** एवं **पेज** उचित ही लिखते हैं, "गांव एवं नगर दोनों ही समान हैं, इनमें से न तो कोई दूसरे से अधिक प्राकृतिक है और न ही कृत्रिम।"

ग्रामीण और नगरीय समुदायों में पारस्परिक अंत:क्रिया (Interaction Between Rural and Urban Communities)

गांव एवं नगर के बीच उपर्युक्त अंतरों के होने के बावजूद भी ये दोनों जीवन एक-दूसरे से पूर्णत: पृथक् नहीं हैं। इन दोनों में परस्पर आदान-प्रदान और अंत:क्रिया होती रहती है जिसके परिणामस्वरूप दोनों का ही जीवन परिवर्तित होता रहता है। ग्राम एवं नगर के पारस्परिक प्रभाव ने ग्रामीणीकरण, नगरीकरण, ग्राम्य-नगरीकरण (Urbanization) ग्राम-नगरीय नैरन्तर्य (Rural Urban Continuum), आदि प्रक्रियाओं को जन्म दिया है।

इन प्रक्रियाओं के परिणामस्वरूप ग्राम एंव नगर की विशेषताओं का मिला-जुला रूप प्रकट हुआ है। औद्योगीकरण एवं आर्थिक-सामाजिक विकास ने ग्रामों की आत्म-निर्भरता को समाप्त किया है। अब नगरों की कच्चे माल के लिए ग्रामों पर निर्भरता बढ़ी है। नगरों की प्रबलता और वहां उपलब्ध साधनों की विपुलता ने ग्रामवासियों को नगरों की ओर आकिर्षित किया है। ग्रामवासियों का नगरीकरण हो रहा है। दूसरी ओर नगरवासी भी ग्राम की अनेक विशेषताओं को अपना रहे हैं। इसे ग्रामीणीकरण कहते हैं।

ग्राम एवं नगर के संपर्क और अंत:क्रिया के परिणामस्वरूप, एक समन्वय-युक्त अवस्था उत्पन्न हो जाती है जिसमें ग्रामीण एवं नगरीय विशेषताओं की सह-उपस्थिति देखी जा सकती है। बड़े-बड़े नगरों के चारों ओर आसपास बसे उप-नगरों में दोनों का मिश्रित जीवन देखने को मिलेगा। शहर में लोग शहर से दूर खुली हवा में अपने बंगले बनाते हैं। वे बंगलों में बगीचा, आदि लगाकर प्राकृतिक वातावरण उपस्थित करने का प्रयास करते हैं। इनमें आधुनिक नगरों की सारी सुविधाएं उपलब्ध होती हैं। बिजली, फ्रिज, गैस का चूल्हा, टी. वी., सोफा, आधुनिक फर्नीचर, कार

सभी इनमें उपलब्ध होते हैं। इनमें निवास करने वाले लोग शहरी व्यवसाय पर निर्भर रहते हैं। इस प्रकार आज ग्राम एवं नगर आदर्श रूप में विद्यमान नहीं हैं वरन् गांव नगरों की विशेषताओं को ग्रहण करते जा रहे हैं और नगर भी ग्रामीण जीवन की कई बातों को नवीन रूप में स्वीकार कर रहे हैं। इन दोनों में परस्पर यह लेन-देन की प्रक्रिया की ग्राम-नगर नैरन्तर्य के नाम से जानी जाती है।

क्षेत्र (प्रदेश) (Region)

विद्वानों ने क्षेत्र या प्रदेश शब्द की व्याख्या कई अर्थों में की है। क्षेत्र या प्रदेश का तात्पर्य उसकी प्रकृति से लिया जाता है। एक क्षेत्र में लक्षणों की समरूपता (Homogeneity) होती है और वह अपने लक्षणों के द्वारा दूसरे क्षेत्रों में भिन्न होता है। क्षेत्र अनिश्चित, किन्तु एक समाज फैलाव वाला भू-भाग होता है। विभिन्न विद्वानों ने क्षेत्र की परिभाषाएं इस प्रकार दी हैं :

हेगेट (Heggett) के अनुसार, ''पृथ्वीतल का वह भाग जो अपने विशेष लक्षणों के कारण अपने समीपवर्ती अन्य भागों से भिन्न समझा जाता है, क्षेत्र या प्रदेश कहलाता है।''

हार्टशोर्न के शब्दों में, ''क्षेत्र एक ऐसा भाग होता है जिसकी विशिष्ट स्थति (Specific Location) होती है जो किसी प्रकार के दूसरे भागों में भिन्न होता है तथा जो उतनी ही दूर तक फैला होता है जितनी दूर तक वह भिन्नता या विशिष्टता (Distinctiveness) व्याप्त होती है।''

हरबार्टसन के अनुसार, ''क्षेत्र पृथ्वी तल का वह निश्चित भाग है जिसमें भौतिक तत्वों (भू-रचना, स्थल विन्यास, जलवायु एवं वनस्पति) तथा जीवधारियों (पशु एवं मानव) में विशेष प्रकार का संबंध होता है।'' इस प्रकार भौतिक तथा मानवीय संबंधों में समरूपता होती है।

क्षेत्र या प्रदेश में केवल भौतिक लक्षणों की ही समरूपता नहीं होती, वरन् उसमें सांस्कृतिक लक्षण तथा आर्थिक व्यवसायों में भी समरूपता होती है। **डिकिन्सन** के अनुसार, क्षेत्र वह भाग है जहां विशेष प्रकार की भौतिक दशाओं एवं आर्थिक क्रियाओं को प्रोत्साहित किया जाता है। इस प्रकार एक क्षेत्र में भौतिक व सांस्कृतिक क्रियाकलापों के पारस्परिक संबंधों को सामानय रूप से प्रदर्शित किया जाता है।

विभिन्न परिभाषाओं के आधार पर क्षेत्र या प्रदेश की निम्नांकित विशेषताओं का उल्लेख किया जा सकता है :

(1) क्षेत्र की व्याख्या व वर्गीकरण तथ्यों एवं सिद्धांतों के आधार पर किया जाता है।

(2) एक क्षेत्र के संपूर्ण भाग में भौगोलिक तत्वों की समरूपता पायी जाती है।

(3) एक क्षेत्र के लक्षण एक जैसे होते हैं, अतः वह अन्य क्षेत्रों से भिन्न होता है।

(4) सभी क्षेत्र समान विचार एवं समानुरूप (Coherent and Accordant) होते हैं।

(5) क्षेत्र की एक विशिष्ट स्थिति (Specific location) होती है।

(6) क्षेत्र परिवर्तनशील होते हैं।

विद्वानों ने भौगोलिक, आर्थिक एवं सांस्कृतिक विशेषताओं के आधार पर क्षेत्रों का वर्गीकरण किया है। हम भौगोलिक क्षेत्र, भाषायी क्षेत्र सांस्कृतिक क्षेत्रों की सामान्यतः चर्चा करते हैं। भारत में भाषायी आधार पर ही प्रान्तों का निर्माण किया गया है। एक क्षेत्र में निवास करने के कारण ही क्षेत्रवाद की भावना पनपी है जिसने राष्ट्रीय एकता को गहरा आघात पहुंचाया है।

6

लोकाचार एवं प्रथाएं
(Mores and Customs)

प्रस्तावना (Introduction)

जनरीतियां, प्रथाएं एवं रूढ़ियां कुछ ऐसे सामाजिक प्रतिमान है जिनका विकास मानव समाज में व्यवस्था एवं नियन्त्रण बनाये रखने के लिए किया जाता है। अन्य शब्दों में, सामाजिक प्रतिमान समाज मे व्यवस्था स्थिरता एवं एकरूपता कायम रखते हैं। ये हमें समाज एवं संस्कृति से अनुकूलन करने में सहयोग देते हैं। समाज में अनेक प्रकार के प्रतिमान पाये जाते हैं जिनमें से कुछ अधिक महत्वपूर्ण हैं तो कुछ कम। इनका महत्व बताते हुए **बीरस्टीड** लिखते हैं, "समाज स्वयं एक व्यवस्था है जिसका अस्तित्व सामाजिक प्रतिमान ही सामाजिक संगठन का निचोड़ है।" सामाजिक शिक्षण, अभ्यस्तता, उपयोगिता, समूह तादात्मीकरण तथा दण्ड और पुरस्कार के द्वारा हम प्रतिमानों का अनुपालन करते हैं और धीरे-धीरे ये हमारे व्यक्तित्व के अंग बन जाते हैं तथा व्यक्ति के सामने इनके अनुरूप आचरण करने के अलावा और कोई विकल्प नहीं होता है। प्रतिमानों के पालन से व्यक्ति अपने को समूह में घुला-मिला देता है। **डेविस** कहते हैं, "यही वह स्थिति है जिसके अन्तर्गत एक व्यवस्थित सामाजिक ढांचे का निर्माण होता है जिसके अन्तर्गत एक व्यवस्थित सामाजिक ढांचे का निर्माण होता है और सामूहिक जीवन को एक व्यवस्थित रूप प्राप्त होता है।" यहां हम जनरीतियों, रूढ़ियों एवं प्रथाओं पर विचार करेंगे।

जनरीतियां (लोकरीतियां) (Folkways)

इस शब्द का सर्वप्रथम प्रयोग अमरीका के प्रोफेसर ग्राह्म समनर ने 1906 में अपनी पुस्तक 'फोकवेज' (Folkways) में किया था। यदि हम शाब्दिक दृष्टि से देखें तो यह शब्द दो शब्दों 'Folk' तथा 'Ways' का योग है (Folk + Ways = Folkways) जिसका क्रमशः अर्थ है-जन या जनता तथा रीतियां (जन + रीतियां

= जनरीतियां) अर्थात् कार्य करने के तरीके या रीतियां जो समाज के लोगों द्वारा अपनायी जाती हैं, जनरीतियां कहलाती हैं। अन्य शब्दों में, जनरीतियां समूह की आदतों (Group habits) को कहते हैं। हमारे अधिकाश दैनिक व्यवहार जनरीतियों द्वारा प्रभावित होते हैं। *जनरीतियां अपेक्षाकृत स्थायी व्यवहार हैं* जिनका पालन करना एक परिस्थिति में आवश्यक माना जाता है।

साहित्यिक दृष्टि से जनरीति का अर्थ लोगों द्वारा अपनी इच्छाओं व आवश्यकताओं की पूर्ति के लिए अपनाये गये तरीकों से लिया गया है। जिस प्रकार से प्रत्येक समाज की संस्कृति एवं विचारों में भिन्नता होती है, उसी प्रकार से प्रत्येक समाज की जनरीतियों का पालन मनुष्य अचेतन रूप से करता रहता है, इनका *विकास स्वत: एवं मानव अनुभवों के आधार पर होता है।* इनका निर्माण योजनाबद्ध तरीकों से नहीं होता, अत: ये **अनियोजित होते हैं।** सभी युगों तथा संस्कृति की सभी अवस्थाओं में मनुष्यों के समस्त जीवन पर प्रारम्भिक नियंत्रण जनरीतियों के विशाल समूह द्वारा ही होता रहा है और ये मानव समाज के साथ ही चली आयी हैं। जनरीतियां मानव की किसी न किसी *आवश्यकता की पूर्ति अवश्य करती है*, अत: आवश्यकताओं में परिवर्तन होने पर इनमें भी परिवर्तन होता रहता है। इस प्रकार जनरीतियों का उपयोगी पक्ष भी है।

जनरीतियों में केवल ऊपरी सतह में ही परिवर्तन होते रहते हैं फिर भी मानव-दर्शन, आचार-शास्त्र, धर्म और अन्य प्रकार के बौद्धिक चिन्तन से जनरीतियों में संशोधन होते रहते हैं। जनरीतियां अपेक्षाकृत स्थायी इसलिए हैं कि इनका हस्तान्तरण पीढ़ी-दर-पीढ़ी होता रहता है और इनमें परिवर्तन के लिए संघर्ष करना होता है। कई जनरीतियां तो हम अनुकरण के द्वारा बचपन में ही सीख लेते हैं और वे हमारे व्यवहार की स्थायी अंग बन जाती हैं।

हम दैनिक जीवन में हजारों प्रकार की जनरीतियों का पालन करते हैं और उनके द्वारा ही सामाजिक वातावरण में रहते हैं। खाना खाने, नहाने, सोने, उठने-बैठने, अभिवादन करने, वस्त्र पहनने, मेहमानों का सत्कार करने, आदि के लिए समाज में जनरीतियां प्रचलित हैं। जनरीतियों का पालन कराने के लिए औपचारिक दण्ड की व्यवस्था तो नहीं होती, वरन् अनौपचारिक तरीकों जैसे हंसी-मजाक, निन्दा, व्यंग, आदि का सहारा लिया जाता है। ऐसे कोई कानून नहीं है जो हमें जूते पहनने, सुबह नाश्ता करने, बिस्तर पर सोने, पत्र पर हस्ताक्षर करने, करने, गिलास से पानी एवं कप से चाय पीने व हिन्दी बोलने को बाध्य करें। फिर भी हम यह सब करते हैं क्योंकि जनरीतियां हमें ऐसा करने को कहती हैं।

जनरीतियों की परिभाषा एंव अर्थ
(Definition and Meaning of Folkways)

विभिन्न विद्वानों ने जनरीतियों या लोकरीतियों की परिभाषा इस प्रकार से की है:

गिलिन व **गिलिन** के अनुसार, "जनरीतियां दैनिक जीवन के व्यवहार के वे प्रतिमान हैं जो अनियोजित अथवा बिना किसी तार्किक विचार के ही सामान्यत: समूह में अचेतन रूप में उत्पन्न हो जाते हैं।"

मैकाइवर व **पेज** के अनुसार, "जनरीतियां समाज में मान्यता प्राप्त अथवा स्वीकृत व्यवहार की प्रणलियां हैं।"

ग्रीन के अनुसार, "जनरीतियां कार्य (व्यवहार) करने की वे विधियां है जो एक समाज या समूह में समान रूप में पायी जाती हैं तथा जो एक पीढ़ी को हस्तान्तरित होती रहती हैं।"

मैरिल व **एलरिज** के अनुसार, "शाब्दिक अर्थ में जनरीतियां जनता की रीतियां है अथवा सामाजिक आदतें हैं जो समूह द्वारा अपेक्षित हैं तथा दैनिक जीवन में व्यवहार के फलस्वरूप विकसित हुई हैं।"

मार्टिण्डेल तथा **मोनाचैसी** ने लिखा है, "जनरीतियां कार्य करने के वे अभ्यस्त तरीके हैं जो एक व्यक्ति का दूसरे व्यक्तियों और व्यक्ति का अपने स्थान संबंधी परिस्थितियों से अनुकूलन करने के फलस्वरूप उत्पन्न होते हैं।"

उपर्युक्त परिभाषाओं के आधार पर हम जनरीतियों की कुछ सामान्य विशेषताओं का उल्लेख कर सकते हैं।

जनरीतियों की विशेषताएं (Characteristics of Folkways)

(1) *एक समाज की जनरीतियां प्राय: दूसरे समाज की जनरीतियों से भिन्न होती हैं।*

(2) *जनरीतियां मानव के लिए उपयोगी हैं।* इनके आधार पर ही व्यक्ति सामाजिक मूल्यों एवं पर्यावरण से अपना अनुकूलन स्थापित करता है।

(3) *जनरीतियां समय के साथ परिवर्तित होती हैं*, यद्यपि वे परिवर्तन का विरोध करती हैं। उदाहरण के लिए अभिवादन, भोजन, वस्त्र पहनने, आदि से संबंधित जनरीतियां जो वैदिक युग में थीं, वे आज नहीं हैं।

(4) जनरीतियां **अनियोजित एवं असंगठित होती हैं।**

(5) जनरीतियां **अलिखित** होती हैं, अत: ये कानून की भांति स्पष्ट नहीं होतीं।

(6) चूंकि **एक समाज** की अपनी जनरीतियां होती हैं, अत: उनमें संबंधित दण्ड *व्यवस्था भी उसी समूह तक सीमित होती है।* इसलिए एक व्यक्ति जिस

समूह का सदस्य नहीं है, उसकी जनरीतियों का उल्लंघन करने पर या तो उसकी सामाजिक आलोचना होती हीं नहीं है और यदि होती भी है तो उसका उस पर कोई प्रभाव पड़ता है। उदाहरण के लिए, गांवों में पति–पत्नी हाथ में हाथ डालकर नहीं चलते, किन्तु कोई विदेशी यदि ऐसा करते हैं और गांव वाले उनकी आलोचना भी करते हैं तो इसका विदेशी दंपति पर सामान्यत: कोई प्रभाव नहीं पड़ता है।

(7) जनरीतियां समाज में *व्यवहार करने की स्वीकृत तथा मान्यता प्राप्त विधियां हैं।*

(8) जनरीतियां हमारे स्वभाव में इतनी घुल-मिल जाती हैं कि हम *अनजाने ही उनका पालन करते हैं।* समनर ने इसी ओर संकेत करते हुए लिखा है कि जनरीतियां प्राकृतिक शक्तियों के समान होती हैं जिनका पालन व्यक्ति अचेतन रूप में करता है।

(9) जनरीतियों का *पालन कराने के लिए औपचारिक संगठन नहीं होता है*, वरन् अनौपचारिक साधनों जैसे हंसी–मजाक, व्यंग, आलोचना, आदि की शक्ति इनके पीछे होती है।

(10) जनरीतियों का *जन्म स्वत: होता है* तथा बार–बार दोहराने से इनका रूप विकसित हो जाता है। कानूनी की तरह इनका निर्माण किसी विधान–निर्मात्री सभा द्वारा नहीं किया जाता।

(11) **बीरस्टीड** कहते हैं कि किसी समाज की जनरीतियों की सूची बनाना बड़ा कठिन है क्योंकि प्रत्येक समाज में इनकी संख्या असंख्य है। समाज के विकास के साथ-साथ जनरीतियों की संख्या भी बढ़ती जाती है।

(12) जनरीतियां *मानव व्यवहार पर नियंत्रण रखती हैं* तथा समाज के सभी सदस्यों के *व्यवहारों मे एकरूपता उत्पन्न करती हैं।*

(13) जनरीतियां *पीढ़ी–दर–पीढ़ी हस्तान्तरित की जाती हैं।* प्रत्येक पीढ़ी के अपने अनुभव उसमें जुड़ते जाते हैं और उनमें परिपक्वता आती जाती है।

(14) जनरीतियों में व्यवस्था एवं *समूह–कल्याण की भावना निहित होती है।*

(15) समाज में *कुछ जनरीतियां अधिक महत्वपूर्ण मानी जाती हैं तो कुछ कम महत्वपूर्ण।* महत्वपूर्ण जनरीतियों का उल्लंघन करने पर समाज में तीव्र प्रतिक्रिया होती है, जबकि कम महत्वपूर्ण के उल्लंघन पर हल्की निन्दा या आलोचना की जाती है।

जनरीतियों का महत्व (Importance of Folkways)

जनरीतियों को हमारे जीवन में बहुत महत्व है। वे हमें सामाजिक-सांस्कृतिक वातावरण में रहने की कला सिखाती हैं। वे जीवन की संभावनाओं से हमारे मस्तिष्क को स्वतन्त्र करके हमारी कार्यक्षमता को बढ़ाती हैं। बार-बार दोहराने के कारण जनरीतियां हमारे कार्य करने और विचार करने की आदत बन जाती हैं तथा वे हमारे मानसिक जीवन की अकथनीय सीमाओं का निर्माण करती हैं। वे हमारे व दूसरों के बारे में *भविष्यवाणी करने की क्षमता प्रदान करती हैं* जिससे हम जीवन में सुरक्षा तथा व्यवस्था महसूस करते हैं। जनरीतियों का उल्लंघन करने पर व्यक्ति अपने को सामाजिक संपर्क से पृथक् पाता है। ऐसी अवस्था में समाज में उसका जीवन अत्यधिक कठिन हो जाता है। **प्रो. डेविस** कहते हैं, "यदि मानव जीवन के आधारभूत तथ्य कहीं दिखाई देते हैं तो समाज की लोकरीतियों में, क्योंकि हम लोकरीतियों से अपना जीवन आरंभ करके उन्हीं तक सीमित रहते हैं।"

बीरस्टीड जनरीतियों का महत्व बताते हुए कहते हैं, "कोई भी समाज इनके बिना नहीं रह सकता। ये सामाजिक संरचना की अंग है और सामाजिक संबंधों एवं व्यवस्था को स्थिरता प्रदान करती हैं।" इस प्रकार जनरीतियां-

(1) जनरीतियों के अध्ययन से हमें किसी समाज के बारे में जानकारी प्राप्त होती है।

(2) समाज में एकरूपता लाने का कार्य करती हैं,

(3) एक पीढ़ी का ज्ञान एवं अनुभव दूसरी पीढ़ी तक पहुंचाती हैं,

(4) मानव समाज में नियन्त्रण रखने का कार्य करती हैं, तथा

(5) मानव की आवश्यकता-पूर्ति में सहायता करती हैं,

(6) मानव व्यवहार को सरल बनाती हैं,

लोकाचार (रूढ़ियां) (Mores)

'Mores' शब्द लैटिन भाषा के 'Mos' शब्द का बहुवचन है जिसका अर्थ प्रथा से है। इस शब्द का प्रयोग समूह द्वारा अपेक्षित परंपरागत व्यवहारों के लिए किया गया है। 'Mores' शब्द की एक व्याख्या यह भी है कि इसकी उत्पत्ति 'Moral' शब्द से हुई है, अत: इसका प्रयोग नैतिकता के पर्यायवाची के रूप में किया गया है। समाजशास्त्र में 'Mores' शब्द का प्रयोग करने का श्रेय अमरीकन समाजशास्त्री **समनर** को है। 'Mores' शब्द का हिन्दी रूपान्तरण लोकाचार एवं रूढ़ियां दोनों ही हैं। सामान्यत: रूढ़ि शब्द का प्रयोग दकियानूसी, पिछले एवं बिगड़े हुए प्रथागत व्यवहारों के लिए किया जाता है, जबकि 'मूर्स' (Mores) का अर्थ ऐसे व्यवहारों

से है जिनमें समूह-कल्याण की भावना होती है। अतः हम 'Mores' के लिए रूढ़ियां शब्द के स्थान पर **'लोकाचार'** शब्द का ही प्रयोग करेंगे।

लोकाचार को स्पष्ट करते हुए **समनर** लिखते हैं–लोकाचार से मेरा तात्पर्य ऐसी लोकप्रिय रीतियों और परंपराओं से है जिनमें जनता के इस निर्णय का समावेश हो चुका है कि वे सामाजिक कल्याण में सहायक है और वे व्यक्ति पर यह दबाव डालती हैं कि वह अपना व्यवहार उनके अनुरूप रखे यद्यपि, कोई सत्ता उसे ऐसा करने के लिए बाध्य नहीं करती।

लोकाचार मानव व्यवहार के वे प्रतिमान हैं जिन्हें समूह कल्याणकारी समझता है तथा उनका उल्लंघन करना समाज का अपमान करना समझा जाता है। वे एक पीढ़ी से दूसरी पीढ़ी को हस्तान्तरित होते है। जिन्हें बिना किसी विचार अथवा तर्क के स्वीकार कर लिया जाता है।" इस प्रकार लोकाचार वे सामाजिक व्यवहार हैं जिनकी समूह द्वारा अपेक्षा की जाती है तथा ये नैतिकता की भावना पर आधारित होते हैं। लोकाचारों में समूह-कल्याण की भावना निहित होती है। इसलिए इन्हें अधिक दृढ़तापूर्वक स्वीकृति प्रदान की जाती है।

जनरीतियां ही आगे चलकर लोकाचार में परिवर्तित हो जाती हैं। जब कोई जनरीति समाज में लंबे समय से प्रचलित हो, जिसे समूह के लिए आवश्यक माना जाता हो और जिसका पालन करना समूह के हित में हो तो वह लोकाचार का रूप ले लेती है। लोकाचार के अनेक उदाहरण दिये जा सकते हैं, जैसे एक विवाह की प्रथा, सती प्रथा, बाल-विवाह की प्रथा, विधवा-विवाह निषेध, संपत्ति उत्तराधिकार के नियम, पत्नी का पति के प्रति बफादार होना, आदि। इनका पालन समूह के हित में माना जाता है और उल्लंघन करने पर तीव्र सामूहिक प्रतिक्रिया होती है। एक व्यक्ति को अधिकार है कि वह अपने द्वारा अर्जित संपति को न देकर किसी वेश्या को दे दे तो यह व्यवहार अनैतिक एवं साथ ही प्रचलित लोकाचारों का उल्लंघन भी माना जायेगा। अतः ऐसा करने पर तीव्र आलोचना की जाती है।

लोकाचार की परिभाषा एवं अर्थ
(Definition and Meaning Mores)

लोकाचार की अनेक विद्वानों ने परिभाषा की है। उनमें से हम कुछ का यहां उल्लेख करेंगे :

समनर के अनुसार, "जब जनरीतियों में औचित्यपूर्ण जीवनयापन का दर्शन एवं कल्याणकारी जीवन की नीति का समावश हो जाता है तब वे लोकाचार हो जाती हैं।"

मैकाइवर एवं **पेज** के अनुसार, "जब जनरीतियां अपने साथ समूह के कल्याण की भावना एवं उचित-अनुचित का विचार जोड़ लेती हैं तो लोकाचार में परिणित हो जाती हैं।

डासन और **गेटिस** ने लिखा है, "लोकाचार वे जनरीतियां हैं, जिन्होंने अपने साथ इस निर्णय का समावेश कार लिया है कि उन पर समूह का कल्याण मुख्यत: निर्भर करता है।"

लम्ले के अनुसार, "जब एक जनरीति में समूह-कल्याण की भावना जुड़ जाती है तो वही लोकाचार बन जाती है।"

सापिर के अनुसार, "लोकाचार शब्द का उपयोग उन प्रथाओं के लिए किया जाता है तो व्यवहार के तरीकों को सही अथवा गलत बताने में एक दृढ़ भावना व्यक्त करते हैं।"

ग्रीन के अनुसार, "कार्य करने के वे सामान्य तरीके जो जनरीतियों की अपेक्षा अधिक निश्चित व उचित समझे जाते हैं तथा जिनका उल्लंघन करने पर गंभीर व निर्धारित दण्ड दिया जाता है, लोकाचार कहलाते हैं।"

मैरिल तथा **एलरिज** के अनुसार, "उचित रूप में लोकाचार समूह की वे प्रत्याशाएं (Expectations) हैं जो समूह कल्याण के लिए महत्वपूर्ण मानी जाती हैं।"

बोगार्डस ने लिखा है, "वे जनरीतियां जो एक समूह के सदस्यों द्वारा अपने समूह के कल्याण के लिए आवश्यक समझी जाती हैं, लोकाचार कहलाती हैं।

उपर्युक्त परिभाषाओं से स्पष्ट है कि *लोकाचार एसे व्यवहार हैं जिनमे समूह कल्याण की भावना निहित होती है, जिनका पालन करना समूह द्वारा उचित माना जाता है और जिनका उल्लंघन करने पर समूह द्वारा दण्ड की व्यवस्था की जाती है।* लोकाचार को अधिक स्पष्टत: समझने के लिए हम यहां उनकी विशेषताओं का उल्लेख करेंगे।

लोकाचार की विशेषताएं (Characteristics of Mores)

(1) **लोकाचार सर्वव्यापी नहीं होते**—सभी समय एवं सभी स्थानों पर समान रूप से लागू होने वाले लोकाचार नहीं होते हैं। प्रत्येक समूह के अपने लोकाचार होते हैं। कोई अन्तर्राष्ट्रीय न्यायालय नहीं है जो विभिन्न समूहों के लोकाचारों को रद्द घोषित कर दे। एक विवाह, निकटाभिगमन निषेध अर्थात् एक व्यक्ति अपने निकट के रिश्तेदारों, जैसे माता, बहन, पुत्री, आदि से यौन संबंध स्थापित न करे (Incest), ईश्वर की पूजा, संपत्ति- अधिकार, आदि कुछ मौलिक लोकाचार है। फिर भी इनमें समय व स्थान के आधार

पर भिन्नता पायी जाती है क्योंकि ये समाज विशेष की संस्कृति के अंग होते हैं।

(2) **लोकाचार का प्रभाव कानून से अधिक होता है**—लोकाचारों के पीछे राज्य, न्यायालय, पुलिस, जेल एवं गुप्तचर विभाग, आदि की शक्ति नहीं होती फिर भी इनका प्रभाव एवं दबाव कानून से अधिक होता है। इनकी रक्षा करने वाला स्वयं समाज का प्रत्येक व्यक्ति इनका पालन कराने में सिपाही की भूमिका निभाता है। व्यक्ति, पुलिस, सरकार और न्यायालय की निगाह से बचकर कानून करके लोकाचारों का उल्लंघन करना बहुत कठिन है क्योंकि लोकाचारों की प्रकृति शक्तिशाली होती है। इन्हें प्रभावपूर्ण बनाने के लिए समाज में अनेक अनुष्ठानों, सरकारों और प्रथाओं को जन्म दिया जाता है।

(3) **स्वतः विकास**—लोकाचारों का विकास स्वतः होता है। कानून की भांति उनका जान-बूझकर किसी संगठन विशेष के द्वारा निर्माण नहीं किया जाता। ये तर्क या भविष्य की कल्पना के आधार पर नहीं बनाये जाते, वरन् इनके विकास में संयोग और आकस्मिकता का बहुत बड़ा हाथ होता है।

(4) **अनुदार (रूढ़िवादी) प्रवृत्ति**—लोकाचारों अनुदार प्रवृत्ति के होते हैं। चूंकि उनके निर्माण में समूह का अनुभव जुड़ा होता है, अतः एक समूह के लोग अपने लोकाचारों को परिवर्तित करने के प्रति अनिच्छा प्रकट करते हैं।

लोग यथावस्थिति को ही बनाये रखना चाहते हैं यहां तक कि वैधानिक प्रयत्न भी उन्हें बदलने में असफल होते हैं। उदाहरणर्थ, बाल-विवा एवं दहेज प्रथा को समाप्त करने के लिए भारत में कानून बना दिये गये हैं फिर भी इन लोकाचारों का पालन किया जाता है, किन्तु इसका यह तात्पर्य नहीं कि उनमें परिवर्तन की नहीं होता है।

(5) **स्वाभाविक**—चूंकि लोकाचार समाज में एक लंबे समय से स्थापित होते हैं, अतः वे स्वाभिक होते हैं। एक बच्चा स्वतः ही सीखता और आत्मसात् कर लेता है क्योंकि ये उसके समाज की नैतिक-संहिता का निर्माण करते हैं **समनर** कहते हैं कि लोकाचार हमें अतीत के द्वारा प्राप्त होते हैं तथा प्रारंभ से ही लोकाचारों के मध्य जीवन व्यतीत करने के कारण ये अत्यधिक स्वभाविक प्रतीत होते हैं। इस प्रकार लोकाचार कठिनता से ही आलोचना का विषय बन पाते हैं। धीरे-धीरे लोकाचारा व्यक्तित्व के अंग बन जाते हैं और अचेतन रूप में व्यक्ति इनका पालन करता है।

(6) **नैतिकता का अंश**–लोकाचारों में नैतिकता का काफी अंश होता है, अत: उनका पालन धार्मिक शब्द का प्रयोग यौन संबंधी नियमों के संबंध में किया जाता है, उसे अनैतिक माना जाता है, किन्तु लोकाचारों का उल्लंघन भी अनैतिक माना जाता है। गरीबों की सहायता करना, जीवन पर दया करना एवं उनकी सेवा करना आदि सभी ऐसे लोकाचार है जिनका पालन हम नैतिकता के कारण करते हैं।

(7) **समूह-कल्याण की भावना**–लोकाचार में समूह-कल्याण की भावना निहित होती है। स्त्री एवं बच्चों की रक्षा एवं पालन-पोषण करना पुरुष वाला कोई विशिष्ट औपाचारिक संगठन नहीं होता, वरन् इनका पालन करना पुरुष का कर्तव्य है। ऐसा न करने पर परिवार एवं समाज का हित खतरे मे पड़ सकता है।

(8) **लोकाचार अनौपचारिक सामाजिक प्रतिमान हैं**–इनका निर्माण करने एवं पालन करने वाला कोई विशिष्ट औपचारिक संगठन नहीं होता, वरन् इनका पालन करना व्यक्ति स्वयं अपना दायित्व समझते हैं। इनकी सहायता से ही वे सामाजिक वातावरण में रहते हैं।

(9) **सामाजिक नियन्त्रण**–लोकाचार सामाजिक नियन्त्रण का एक सशक्त साधन हैं। इनके पीछे जनमत का दबाव होता है। कोई भी व्यक्ति लोकाचारों का उल्लंघन करने का साहस नहीं कर सकता। उनकी आलोचना करने वाले को समाज की ओर से कठोर दण्ड दिया जाता है।

(10) **समूह द्वारा अपेक्षित व्यवहार**–लोकाचार समूह द्वारा अपेक्षित व्यवहार है। प्रत्येक समूह अथवा अपने सदस्यों से एक विशिष्ट प्रकार का व्यवहार करने की अपेक्षा करता है क्योंकि वे व्यवहार प्रथागत होते हैं, उनमें भूतकाल का अनुभव जुड़ा होता है और वे समूह-कल्याण के लिए आवश्यक माने जाते हैं। उदाहरण के लिए, प्रत्येक समाज अपने सदस्यों से यह आशा करता है कि वे अपने शरीर को ढके अर्थात् वस्त्र पहनें।

(11) **किसी व्यवहार की वैधता व अवैधता का निर्णय लोकाचार करते हैं**–किसी भी व्यवहार को वैध या अवैध लोकाचारों के आधार पर ही माना जाता है। यही वह मापदण्ड है जो किसी व्यवहार को गलत व सही ठहराता है। जो व्यवहार लोकाचार के अनुरूप होते हैं, वे सही एवं वैध माने जाते हैं, उनके विपरीत व्यवहार अवैध एवं गलत माने जाते हैं। औसत आदमी के पास लोकाचारों के अतिरिक्त अपने व्यवहार की वैधता को जांचने का अन्य कोई तरीका नहीं होता है, यहां तक कि वे दूसरे समूह

के लोगों के व्यवहार का मूल्यांकन भी अपने लोकाचारों के आधार पर करते हैं।

(12) **लोकाचार ही किसी व्यवहार को सही ठहरा सकते हैं**–समनर लिखते हैं कि लोकाचार ही किसी वस्तु को सही ठहरा सकते हैं और किसी वस्तु की आलोचना रोक सकते हैं। प्रत्येक समूह अपने लोकाचारों में विश्वास करता और उनका पालन करता है। ये लोकाचार ही हैं जिन्होंने सती-प्रथा, दहेज-प्रथा, बाल-विवाह, दास-प्रथा, जौहर-प्रथा, आदि को उचित ठहराया।

लोकाचारों के प्रकार (Types of Mores)

महत्व की दृष्टि से लोकाचार दो प्रकार के हो सकते हैं–*एक वे जो समूह के लिए अधिक महत्वपूर्ण होते हैं और दूसरे वे जो अपेक्षतया कम महत्वपूर्ण होते हैं।* महत्व का मूल्यांकन उनकी उपयोगिता एवं समूह के लिए की जाने वाली आवश्यकता पूर्ति के आधार पर किया जाता है। अधिक महत्वपूर्ण समझे जाने वाले लोकाचारों के उल्लंघन करने पर कम महत्वपूर्ण लोकाचारों की अपेक्षा दण्ड भी अधिक दिया जाता है।

लोकाचारों का एक वर्गीकरण **सकारात्मक एवं नकारात्मक** (Positive and Negative) **लोकाचार** भी है। **सकारात्मक लोकाचार** यह बताते हैं कि हमें समाज में किस प्रकार करा व्यवहार करना चाहिए; जैसे पत्नी को पति के प्रति यौनिक रूप से विश्वसनीय होना चाहिए। माता-पिता एवं बड़ों का आदर करना चाहिए, सदा सत्य बोलना चाहिए, व्यक्ति को ईमानदार होना चाहिए, आदि। **नकारात्मक लोकाचार** हमें एक विशेष प्रकार के व्यवहार करने से रोकते हैं, किन्तु वे यह नहीं बताते कि किस प्रकार का व्यवहार होना चाहिए, स्त्री को पर-पुरुष के साथ व्यभिचार नहीं करना चाहिए, चोरी नहीं करनी चाहिए, झूठ नहीं बोलना चाहिए, जुआ नहीं खेलना चाहिए, आदि सभी नकारात्मक लोकाचार के उदाहरण हैं।

लोकाचारों का एक अन्य वर्गीकरण उनकी *विशिष्ट एवं सामान्य प्रकृति के आधार पर* किया जाता है। **विशिष्ट लोकाचार** किसी परिस्थिति विशेष में दो व्यक्तियों के बीच संबंध की ओर संकेत करते हैं; जैसे पति-पत्नी का संबंध, चिकित्सक एवं रोगी का संबंध, धर्म गुरू तथा अपने पाप को स्वीकार करने वाले व्यक्ति का संबंध, आदि। **सामान्य लोकाचारों** का संबंध अनेक प्रकार की परिस्थितियों एवं संबंधों से होता है। उदाहरणार्थ, ईमानदार होने का उपदेश, साहसी अथवा अच्छा व्यवसायी होने का उपदेश, आदि। कभी-कभी नियम इतनी सामान्य प्रकृति के होते हैं कि लोकाचार के पालन का सिर्फ उपदेश दिया जाता है, चाहे परिस्थितियां कैसी भी क्यों न हों। उदाहरणार्थ, हमें अच्छा जीवन बिताना चाहिए,

पापों से बचना चाहिए, दूसरों की बुराई से बचना चाहिए, मध्यम मार्ग का अनुसरण करना चाहिए, इत्यादि।

इस प्रकार हम जीवन में विभिन्न प्रकार के लोकाचारों का पालन करते हैं। लोकाचार अपने पालन के उत्तरदायित्व को स्वयं संभालने को प्रयत्न करते हैं।

सामाजिक जीवन में लोकाचारों का महत्व
(Importance of Mores in Social Life)

सामाजिक जीवन में लोकाचारों के महत्व एवं उपयोगिता को हम इस प्रकार प्रकट कर सकते हैं :

(1) लोकाचार समाज में *नियन्त्रण रखने का कार्य करते* हैं क्योंकि इनके पीछे पितृत्माओं एवं अलौकिक शक्ति का भय होता है।

(2) लोकाचार हमारे तथा दूसरों के व्यवहारों के बारे में भविष्यवाणी करने की क्षमता प्रदान करते हैं जिससे *हम जीवन में सुरक्षा तथा व्यवस्था का अनुभव करते हैं।*

(3) लोकाचारों द्वारा आवश्यकताओं *पूर्ति में आने वाली बाधाओं को दूर किया जा सकता है।*

मैकाइवर एवं **पेज** ने लोकाचारों के महत्व को इस प्रकार प्रकट किया है:

(4) लोकाचार हमारे अधिकांश *निजी व्यवहारों को निश्चित करते हैं।* ये समाज के सदस्यों को एक विशेष प्रकार का व्यवहार करने को बाध्य करते हैं और कुछ व्यवहारों को करने पर रोक लगाते हैं।

(5) *लोकाचार सामाजिक सुदृढ़ता के संरक्षक हैं।* प्रत्येक सामाजिक इकाई अथवा समूह के अपने लोकाचार होते हैं। लिंग, आयु, वर्ग और प्रत्येक समूह के लिए तथा परिवार से लेकर राष्ट्र तक और उससे परे सभी समूहों के लिए भिन्न-भिन्न लोकाचार पाये जाते हैं। इनमें से प्रत्येक के लोकाचार समूह की सुदृढ़ता को बनाये रखने का कार्य करते हैं। नगरीय समुदायों की अपेक्षा ग्रामीण समुदायों में लोकाचार अधिक बाध्यतापूर्ण एवं एकता पैदा करने वाले होते हैं।

(6) लोकाचार *व्यक्ति तथा समूह में एकरूपता स्थापित करते हैं।* लोकाचार व्यक्ति को अपने समुदाय, सामाजिक वर्ग अथवा लिंग के अनुसार आचरण करने के लिए बाध्य करते हैं। समाज द्वारा स्वीकृत व्यवहारों के अनुसार आचरण करके व्यक्ति समूह तथा अपने अन्य साथियों के साथ एकरूपता स्थापित कर लेता है।

(7) लोकाचार नवीन पीढ़ी को समाज की कार्य-विधियों का ज्ञान कराते हैं तथा उनके समाजीकरण में योग देते हैं।

(8) लोकाचार समाज में मूल्यों और नैतिकता को प्रोत्साहन देते हैं।

(9) लोकाचार सामाजिक कल्याण का कार्य करते हैं।

जनरीति तथा लोकाचार में अंतर
(Distinction Between Folkways and Mores)

कई बार लोकाचार एवं जनरीतियों में अंतर इतना सीमांत होता है कि उन्हें पृथक् करना कठिन होता है। इन दोनों में यह समानता है कि दोनों की उत्पत्ति अति प्राचीन है, दोनों ही अनियोजित, अतार्किक तथा तुलनात्मक रूप से अपरिवर्तनीय हैं। दोनों इस दृष्टि से भी समान हैं कि इनके पालन की स्वीकृति अनौपचारिक तथा सामुदायिक होती है और इनका पालन कराने वाला कोई विशेष अधिकारी नहीं होता। फिर भी इनमें निम्नांकित भेद पाये जाते हैं :

(1) लोकाचारों का विकास जनरीतियों से होता है, लेकिन जनरीतियों का विकास लोकाचार से नहीं होता। जनरीतियां ही आगे चलकर लोकाचार में बदल जाती हैं।

(2) जनरीतियों की अपेक्षा लोकाचार में परिवर्तन धीमी गति से होता है। अक्सर लोकाचार परिवर्तन का विरोध करते हैं और समाज की आवश्यकता की पूर्ति के लिए अनुरूप कम ही बदलते हैं। इसलिए कई लोकाचार अनुदार-वादी (रूढ़िवादी) व्यवहार के रूप में परिवर्तित हो जाते हैं।

(3) जनरीतियां व्यवहार के सामान्य नियम हैं, जबकि लोकाचारों को समाज के लिए अधिक आवश्यक माना जाता है।

(4) जनरीतियों की अपेक्षा लोकाचार अधिक स्पष्ट, दृढ़ एवं कठोर होते हैं।

(5) जनरीतियों की प्रकृति वैयक्तिक है अर्थात् इनका पालन करना व्यक्ति के हित में होता है, जबकि लोकाचार प्रकृति सामूहिक होती है अर्थात् इनका पालन करना समूह के लिए कल्याण के लिए आवश्यक समझा जाता है। जनरीतियों के उल्लंघन से व्यक्ति को जबकि लोकाचारों के उल्लंघन से समूह को हानि होती है। इसलिए लोकाचारों का उल्लंघन करने पर अधिक दण्ड दिया जाता है।

(6) जनरीति की अपेक्षा लोकाचारों को व्यापक सामाजिक स्वीकृति प्राप्त होती है। जनरीति का संबंध व्यक्ति की रुचि से, जबकि लोकाचार का संबंध सामाजिक पर्यावरण से होता है। व्यक्ति लोकाचारों की अपेक्षा जनरीतियों

के प्रति अधिक सजग होता है।

(7) जनरीतियों एवं लोकाचारों में उचित एवं अनुचित की मात्रा में भिन्नता पायी जाती है। उदाहरण के लिए, एक विशेष ढंग से कपड़े पहनना लोकाचार है। यदि हम एक समाज के अनुकूल वस्त्र नहीं पहनेंगे तो हमारी हंसी होगी, लेकिन यदि हम वस्त्र ही नहीं पहनें तो यह एक गंभीर बाता होगी तथा इसे अशिष्टता समझा जायेगा।

प्रथा (Custom)

प्रथाएं भी अनौपचारिक सामाजिक प्रतिमान हैं। प्रथा शब्द का प्रयोग ऐसी जनरीतियों के लिए होता है जो समाज में बहुत समय से प्रचलित हों। प्रथा में भी समूह-कल्याण के भाव निहित होते हैं। यही कारण है कि कई बार प्रथा एवं लोकाचार का प्रयोग पर्यायवाची के रूप में किया जाता है। जब जनरीतियों को पीढ़ी-दर-पीढ़ी हस्तांतरित किया जाता है तो ये प्रथाओं के नाम से जानी जाती हैं। प्रथाएं नवीनता की विरोधी होती हैं और ये कार्य करने के परंपरागत ढंग पर ही जोर देती हैं।

प्रो. डेविस लिखते हैं, ''प्रथा शब्द विशेषकर उन व्यवहारों की ओर संकेत करता है जो पीढ़ी-दर-पीढ़ी होते चले आये हैं, अथवा प्रथाएं वे व्यवहार हैं जिनका पालन केवल इसलिए किया जाता है कि बीते हुए समय में उनका पालन किया गया था। इस प्रकार ये लोकाचारों की अपेक्षा लोक-रीतियों के अधिक निकट हैं, लेकिन ये दोनों के परंपरागत, स्वचालित तथा सामूहिक चरित्र को स्पष्ट करती हैं।'' प्रथाएं हमारी सांस्कृतिक धरोहर हैं, उनमें तर्क का होना आवश्यक नहीं है।

प्रथाओं को परिभाषित करते हुए **मैकाइवर** एवं **पेज** लिखते हैं, ''सामाजिक मान्यता-प्राप्त व्यवहार ही समाज की प्रथाएं हैं।'' **सापिर** के अनुसार, ''प्रथा का उपयोग व्यवहार के तरीकों की उस संपूर्णता के लिए किया जाता है जो परम्राओं द्वारा अस्तित्व में आकर समूह में स्थायी रूप ग्रहण कर लेते हैं।''

बोगर्डस लिखते हैं, ''प्रथाएं समूह के द्वारा स्वीकृत नियंत्रण की ऐसी विधियां हैं जो इतनी सुदृढ़ हो जाती हैं कि उन्हें बिना विचारे ही मान्यता दे दी जाती है और इस प्रकार ये एक पीढ़ी से दूसरी पीढ़ी को हस्तांतरित होती रहती हैं।'' **लुण्डबर्ग** एवं **अन्य** इसे परिभाषित करते हुए लिखते हैं,

''प्रथाएं वे जनरीतियां हैं जो एक पीढ़ी तक निरंतर प्रचलन में रहते हुए औपचारिक मान्यता प्राप्त कर लेती हैं।'' इन परिभाषाओं के आधार पर *प्रथा की कुछ विशेषताएं* प्रकट होती हैं।

प्रथा की विशेषताएं (Characteristics of Custom)

(1) प्रथाओं का पालन कराने वाली कोई औपचारिक संस्था या संगठन नहीं होता और न ही इनकी व्याख्या व देख-रेख करने वाला कोई अधिकारी ही। समाज ही प्रथा का न्यायालय है।

(2) प्रथाएं कठोर एवं अपरिवर्तनशील होते हुए भी समय के साथ-साथ कुछ बदलती रहती हैं।

(3) प्रथाएं समाज में व्यवहार करने की विधि है।

(4) प्रथाएं व्यक्ति के व्यवहार पर नियंत्रण रखती हैं। ये सामाजिक नियंत्रण का अनौपचारिक साधन हैं। इनकी प्रकृति बाध्यता-मूलक होती है।

(5) प्रथाएं अलिखित एवं अनियोजित होती हैं।

(6) प्रथाएं वे जनरीतियां हैं जो पीढ़ी-दर-पीढ़ी हस्तांतरित की जाती हैं।

(7) प्रथाओं को समाज की स्वीकृति प्राप्त होती है, इसलिए इनमें स्थायित्व पाया जाता है।

(8) प्रथाओं का निर्माण नहीं होता, वरन् ये समय के साथ धीरे-धीरे विकसित होती हैं। इस प्रकार ये इतिहार की देन हैं।

(9) प्रथाओं का उल्लंघन करने पर समाज द्वारा प्रतिक्रिया व्यक्त की जाती है। ऐसा करने वालों की निन्दा की जाती तथा हंसी उड़ाई जाती है।

पिता की आज्ञा का पालन करना, अपनी ही जाति में विवाह करना, मुत्यु भोज, छुआछूत, बाल विवाह, दहेज, आदि अनेक प्रथाएं हमारे समाज में प्रचलित हैं। प्रश्न उठता है कि *लोग प्रथाओं का पालन क्यों करते हैं ? उनकी क्या उपयोगिता या महत्व है ? समाज में उनके स्थायित्व के क्या कारण हैं ? उनके पीछे कौन-सी शक्तियां हैं ?* इन प्रश्नों का उत्तर निम्नांकित आधारों पर दिया जा सकता है :

(1) प्रथाएं समाजीकरण के द्वारा व्यक्ति के व्यक्तित्व का विकास करने में सहयोग प्रदान करती हैं। ये सीखने की प्रक्रिया को सरल बना देती हैं।

(2) प्रथाएं समूह अथवा समाज के व्यवहार में एकरूपता लाती है।

(3) प्रथाओं का पालन करना लोग अपना कर्तव्य समझते हैं। उनसे वे अपना मनोवैज्ञानिक संबंध मानते हैं। लोगों का विश्वास है कि प्रथाओं का पालन करने का अर्थ है--पूर्वजों के प्रति सम्मान प्रकट करना क्योंकि उनका निर्माण उनके पूर्वजों द्वारा ही तो किया गया है।

(4) प्रथाओं का पालन करने पर व्यक्ति अपने आप को सुरक्षित महसूस करता है।

(5) समाज के सभी व्यक्तियों में पहल करने की क्षमता नहीं होती, अतः किसी नये व्यवहार को प्रारंभ करने के बजाय वे परंपरा से चले आ रहे व्यवहार को ही स्वीकार कर लेते हैं।

(6) प्रथाओं का पालन नहीं करने पर समाज द्वारा व्यक्ति की आलोचना व निंदा की जाती है और इसे समाज से बहिष्कृत भी कि जा सकता है। इन स्थितियों से बचने के लिए भी व्यक्ति प्रथाओं का पालन करता है।

(7) एक लंबे समय से समाज में प्रथाओं का प्रचलन होने से हे हमारे व्यवहार का अंग बन जाती हैं। अतः स्वाभाविक रूप से उनका पालन किया जाता है।

(8) प्रथाएं व्यक्ति को सामाजिक अनुकूलन में सहायता देती हैं।

प्रथा तथा जनरीति में अंतर
(Difference Between Customs and Folkways)

प्रथा और जनरीति में यह समानता है कि दोनों ही समाज के अनौपचारिक सामाजिक प्रतिमान हैं, दोनों ही समाज में नियंत्रण रखने का कार्य करती हैं। फिर भी इन दोनों में निम्नांकित अंतर हैं :

(1) जनरीतियों का संबंध समूह की आदतों से है, जबकि प्रथा का समूह के विश्वासों से। प्रथाओं के पालन से सामूहिक हित की रक्षा होती है, जबकि जनरीति के पालन से ऐसा हो ही, यह आवश्यक नहीं है।

(2) जनरीति सामूहिक व्यवहार का पहला चरण है, जबकि जनरीतियां ही विकसित होकर प्रथा का रूप ग्रहण करती हैं।

(3) जनरीतियों का संबंध वर्तमान समय से होता है। वर्तमान समय में प्रचलित समूह की आदतें ही जनरीतियां कहलाती हैं, जबकि प्रथाओं का प्रचलन लम्बे समय से होता है। प्रथाएं पीढ़ी-दर-पीढ़ी हस्तांतरित होती रहती हैं और इनमें पूर्वजों का अनुभव जुड़ा होता है।

(4) जनरीतियों का महत्व प्रथाओं की अपेक्षा कम है। अतः उनका उल्लंघन करने पर उतना दण्ड नहीं दिया जाता जितना प्रथाओं का उल्लंघन करने पर दिया जाता है।

(5) एक प्रथा के पालन में अनेक जनरीतियों का सहारा लिया जाता है, जबकि किसी एक जनरीति के पालन में कई प्रथाएं नहीं होती हैं।

(6) प्रथाएं जनरीतियों की तुलना में अधिक स्थायी एवं शक्तिशाली होती हैं।

7

जाति और वर्ग
(Caste and Class)

प्रस्तावना (Introduction)

जाति व्यवस्था (Caste System)

जाति प्रथा न्याय व समृद्धि दोनों की ही प्राप्ति में बाधक रही हैं। किंगस्ले डेविस (1951: 216) का यह कथन सत्य था कि आनुवंशिक व्यवसाय का विचार, मुक्त अवसरों के विचार, मुक्त प्रतिस्पर्द्धा, बढ़ती हुई विशेषता, तथ व्यक्ति की गतिशीलता जो गतिशील औद्योगिक अर्थव्यवस्था से संबंधित है, के बिल्कुल विपरीत है।

विकास योजनाओं के विशेष रूप से ग्रामीण क्षेत्रों में असफल होने के कारण गुटबाजी भी होता है। गुटों की रचना का आधार जाति या उपजाति की सदस्यता होता है। कई क्षेत्रों में जहां कृषक एक जाति के होते हैं, दूसरी जाति के लोग उनके साथ कोई सहयोग नहीं करते क्योंकि उन्हें किसी लाभ की आशा नहीं रहती है। उन क्षेत्रों में जहां कृषक सत्ताधारी हैं वहां भी विकास कार्यक्रम विस्तृत स्वीकृत प्राप्त करने में असफल रहते हैं। कोई भी कार्यक्रम जो एक जाति की सहायता क लिए होता है दूसरी जातियों द्वारा उसका विरोध किया जाता है जो समाज में उनकी स्थिति से ईर्ष्या करते हैं या दूसरों की कीमत पर अपनी स्थिति के हित के लिए उत्सुक होते रहते हैं। जाति की तरह ही अन्त: जाति गुटबाजी भी सामाजिक परिवर्तन में बाधक होती है।

प्रारम्भ में अन्य जातियों के लोगों के साथ अन्तर्क्रिया में जाति प्रथा के बन्धन गतिशीलता तथा औद्योगीकरण की अनुमति प्रदान नहीं करते थे, और आज राजनीति में इसके प्रयोग से शासक रचनात्मक दिशा में कार्य नहीं करते हैं। विलियम कैप (1963 : 64) ने भी संकेत दिया है कि हिन्दू संस्कृति तथा हिन्दू सामाजिक संगठन

भारत में विकास की कम दर के निर्णायक कारक हैं। मिल्टन सिंगर (1966 : 505) इस दृष्टिकोण को स्वीकार नहीं करते। उनकी मान्यता है कि ऐसा कोई पर्याप्त साक्ष्य नहीं है जो यह दर्शाता हो कि हिन्दू संस्कृति तथा जाति व्यवयस्था ने भारत के विकास में कोई बाधा उत्पन्न की है। उन्होंने कैप (Kapp) ग्रन्थों में निहित विचारों को गलत समझकर लिए हैं।

डॉ. सक्सेना का मत है कि जाति हिन्दू सामाजिक संरचना का एक मुख्य आधार रहा है। जिससे हिन्दू सामाजिक संरचना का एक मुख्य आधार रहा है जिससे हिन्दुओं का सामाजिक, सांस्कृतिक, आर्थिक और राजनीतिक जीवन प्रभावित होता रहा है। हिन्दुओं के सामाजिक जीवन के किसी भी क्षेत्र का अध्ययन बिना जाति के विश्लेषण के अपूर्ण ही रहता है। **श्रीमती कर्वे** का भी मत है कि यदि हम भारतीय संस्कृति के तत्वों को समझना चाहते हैं तो जाति-प्रथा का अध्ययन नितान्त आवश्यक है। यही कारण है कि समय-समय पर इतिहासकारों, जनगणना-आयुक्तों, समाजशास्त्रियों, मानवशास्त्रियों एवं अन्य देशी तथा विदेशी विद्वानों ने जाति-प्रथा का अध्ययन किया है। भारत में जाति की व्यापकता एवं महत्व को बनाते हुए **डॉ. मजूमदार** लिखते हैं, *''जाति-व्यवस्था भारत में अनुपम है। सामान्यत: भारत जातियों एवं सम्प्रदायों की परंपरात्मक स्थली माना जाता है। ऐसा कहा जाता है कि यहां की हवा में भी जाति घुली हुई है और यहां तक कि मुसलमान तथा ईसाई भी इससे अछूते नहीं बचे हैं।''*

जाति का शाब्दिक अर्थ एवं परिभाषा
(Meaning and Definition of Caste)

जाति शब्द अंग्रेजी भाषा के कास्ट 'Caste' का हिन्दी अनुवाद है। अंग्रेजी के Caste शब्द की व्युत्पत्ति पुर्तगाली भाषा के 'Casta' शब्द से हुई है जिसका अर्थ मत, विभेद तथा जाति से लिया जाता है। जाति शब्द की उत्पत्ति का पता सन् 1665 में **ग्रेसिया-डी ओरेटा** नामक विद्वान ने लगाया। उसके बाद फ्रांस के **अब्बे डुब्बॉय** ने इसका प्रयोग प्रजाति के संदर्भ में किया। विभिन्न विद्वानों ने जाति को परिभाषित करने का प्रयास किया है।

मजूमदार एवं **मदान** के अनुसार, ''जाति एक बन्द वर्ग है।''

कूले के शब्दों में, ''जब एक वर्ग पूर्णत: आनुवंशिकता पर आधारित हो, तो हम उसे जाति कहते हैं।''

इन दोनों परिभाषाओं में इस बात पर जोर दिया गया है कि जाति की सदस्यता जन्म पर आधारित होती है। कोई भी व्यक्ति अपने गुणों, सम्पत्ति एवं शिक्षा में

वृद्धि करके या व्यवसाय परिवर्तन करके जाति नहीं बदल सकता है। व्यक्ति जिस जाति में जन्म लेता है, जीवनपर्यन्त उसी का सदस्य बना रहता है।

सर रिजले के अनुसार, ''जाति परिवारों या परिवारों क समूहों का एक संकलन है जिसका कि सामान्य नाम है, जो एक काल्पनिक पूर्वज–मानव या देवता से सामान्य उत्पत्ति का दावा करता है, एक ही परंपरात्मक व्यवसाय करने पर बल देता है और एक सजातीय समुदाय के रूप में उनके द्वारा मान्य होता है जो अपना ऐसा मत व्यक्त करने के योग्य है।'' हट्टन ने रिजले की परिभाषा की आलोचना करते हुए लिखा है कि रिजले ने जाति एवं गोत्र में भेद नहीं किया है। एक काल्पनिक पूर्वज से उत्पत्ति गोत्र की मानी जाती है जाति की नहीं।

जे. एच. हट्टन के अनुसार, ''जाति एक ऐसी व्यवस्था है जिसके अंतर्गत एक समाज अनेक आत्म–केन्द्रित एवं एक–दूसरे से पूर्णत: पृथक् इकाइयों (जातियों) में विभाजित रहता है। इन इकाइयों के बीच पारस्परिक संबंध ऊंच–नीच के आधार पर सांस्कृतिक रूप से निर्धारित होते हैं।''

केतकर के अनुसार, ''जाति एक सामाजिक समूह है जिसकी दो विशेषताएं हैं–

(i) सदस्यता केवल उन व्यक्तियों तक सीमित है जिन्होंने उसी जाति में जन्म लिया हो, और इस प्रकार से पैदा हुए व्यक्ति ही इसमें सम्मिलित होते हैं,

(ii) सदस्य एक कठोर सामाजिक नियम द्वारा अपने समूह से बाहर विवाह करने से रोक दिये जाते हैं।'' केतकर ने जाति की दो विशेषताओं–जन्मजात सदस्यता एवं जाति अन्तर्विवाह का उल्लेख किया है, किन्तु इसमें जाति की अन्य विशेषताओं का उल्लेख नहीं किया गया है।

ब्लण्ट के अनुसार, ''जाति एक अन्तर्विवाही समूह अथवा अन्तर्विवाही समूहों का संकलन है, जिसका एक सामान्य नाम होता है जिसकी सदस्यता आनुवंशिक होती है, जो सामाजिक सहवास के क्षेत्र में अपने सदस्यों पर कुछ प्रतिबंध लगाता है, इसके सदस्य या तो एक सामान्य आधार पर अपनी उत्पत्ति का दावा करते हैं और इस प्रकार एक समरूप समुदाय के रूप में मान्य होते हैं।'' अब तक की परिभाषाओं में ब्लण्ट की परिभाषा अधिक सही है, किन्तु इसमें एक त्रुटि यह है कि जाति की उत्पत्ति एक सामान्य पूर्वज से बतायी गयी है, जबकि कोई भी जाति अपनी उत्पत्ति किसी एक पूर्वज से नहीं मानती है। **इरावती कर्वे** ने जाति अंतर्विवाह को इतना अधिाक महत्व दिया है कि वे जाति को मूलत: एक अंतर्विवाही समूह मानती हैं। वे कहती हैं, ''जाति वस्तुत: एक विस्तृत नातेदारी समूह है।''

इन परिभाषाओं से स्पष्ट है कि *जाति एक ऐसा सामाजिक समूह है जिसकी सदस्यता जन्म पर आधारित होती है और जो अपने सदस्यों पर खान–पान, विवाह,*

पेशा और सामाजिक सहवास संबंधी अनेक प्रतिबंध लागू करता है। भारत में जाति का स्वरूप इतनी विभिन्नता लिये हुए है कि इसकी कोई भी सर्वमान्य परिभाषा करना कठिन है। यही कारण है कि कई विद्वानों ने जाति की परिभाष देने के बजाय उसकी विशेषताओं का उल्लेख किया है। ऐसे विद्वानों में हट्टन, दत्ता, घुरिये, आदि प्रमुख हैं।

जाति-प्रथा की विशेषताएं
(Characteristics of Caste-System)

एन.के. दत्ता ने जाति की निम्नांकि संरचनात्मक एवं सांस्कृतिक विशेषताओं का उल्लेख किया है :

(1) जातियों में ऊंच-नीच का एक संस्तरण होता है जिसमें ब्राह्मणों की सिंथति सर्वमान रूप से शिखर पर है।

(2) व्यक्ति की जाति जन्म के आधार पर ही जीवन-भर के लिए निश्चित होती है। केवल जाति के नियमों को तोड़ने पर ही उसे जाति से बहिष्कृत किया जा सकता है, अन्यथा एक जाति से दूसरी जाति की सदस्यता ग्रहण करना संभव नहीं है।

(3) एक जाति के सदस्य जाति के बाहर विवाह नहीं कर सकते।

(4) प्रत्येक जाति में दूसरी जातियों के साथ खान-मान के संबंध में प्रतिबंध होते हैं।

(5) आधिकांश जातियों के पेशे निश्चित होते हैं।

(6) संपूर्ण जाति-व्यवस्था ब्राह्मणों की प्रतिष्ठा पर आधारित है।

डॉ. घुरिये ने जाति की निम्नांकत छः विशेषताओं का उल्लेख किया है:

(1) **नागरिक एवं धार्मिक निर्योग्यताएं एवं विशेषाधिकार** (Civil and Religious Disabilities and Privileges)—जाति-व्यवस्था में उच्च जातियों को कई सामाजिक एवं धार्मिक विशेषाधिकार प्राप्त हैं, जबकि निम्न एवं अछूत जातियों को उनसे वंचित किया गया है। खास तौर से दक्षिणी भारत में अछूत जातियों पर अनेक निर्योत्यताएं लादी गयी हैं। मालावार के इजावाह लोगों को जूते पहनने, छाता लगाने एवं गाय का दूध निकालने की मनाही थी। पेशवाओं के राज्य में पूना में महर एवं मंग अछूत जातियों को सायंकाल तीन बजे से प्रातः नौ बजे तक शहर में प्रवेश की इजाजत इसलिए नहीं थी कि उस समय परछाई के लंबी होने से किसी द्विज पर पड़ जाने से वह अपवित्र हो जाता था। पंजाब में हरिजन शहर

में चलते समय लकड़ी के गट्टे बजाता था जिससे कि लोगों को ज्ञात हो जाय कि अछूत आ रहा है और वे मार्ग से दूर हट जायें। उन्हें सड़क पर थूकने की मनाही थी, अत: वे थूकने के लिए गले में एक बर्तन लटकाया करते थे। अछूतों को स्कूल, मंदिर, तालाब, कुओं एवं सार्वजनिक स्थानों एवं बगीचों के उपयोग की मनाही थी। अछूतों की बस्तियां गांव से दूर होती थीं। इस प्रकार उच्च जातियों को सामाजिक एवं धार्मिक विशेषाधिकार प्राप्त रहे हैं और अछूतों को अनेक निर्योग्यताओं से पीड़ित रहना पड़ा है।

(2) **विवाह संबंधी प्रतिबंध** (Restriction of Marriage)–जाति की एक प्रमुख विशेषता यह है कि प्रत्येक जाति अपनी ही जाति अथवा उपजाति में विवाह करती है। जाति या उपजाति से बाहर विवाह करने वाले को जाति से बहिष्कृत कर दिया जाता है। **वेस्टमार्क ने तो जाति अंतर्विवाह** (Caste Endogamy) को जाति का सार तत्व (The essence of caste system) माना है। यद्यपि, कुछ पर्वतीय जातियों एवं दक्षिण के नम्बूद्री ब्राह्मणों में अपने से निम्न जातियों की लड़कियों से विवाह करने की प्रथा भी पायी जाती है, किन्तु इसे अपवाद ही कहा जायेगा।

उपर्युक्त विशेषताओं के अतिरिक्त *जाति की कुछ अन्य विशेषताएं* निम्न प्रकार हैं :

(3) **समाज का खण्डात्मक विभाजन** (Segmental Division of Society)– जाति व्यवस्था ने भारतीय समाज को विभिन्न खण्डों में विभाजित कर दिया है और प्रत्येक खण्ड के सदस्यों की स्थिति, पद तथा कार्य निश्चित हैं। **घुरिये** कहते हैं कि खण्ड-विभाजन से तात्पर्य है–एक जाति के सदस्यों की सामुदायिक भावना संपूर्ण समुदाय के प्रति न होकर अपनी ही जाति तक सीमित होती है। व्यक्ति की निष्ठा एवं श्रद्धा समुदाय के बजाय अपनी जाति के प्रति होती है। प्रत्येक जाति की एक जाति पंचायत होती है जो जाति के सदस्यों पर नियंत्रण रखती है और उनसे जातीय नियमों का पालन करवाती है। जाति के नियमों का उल्लंघन करने वाले पर जुर्माना किया जाता है और कभी-कभी उसे जाति से बहिष्कृत कर दिया जाता है।

(4) **संस्तरण** (Hierarchy)–समाज में सभी जातियों की सामाजिक स्थिति समान नहीं है, वरन् उनमें ऊंच-नीच का एक संस्तरण अथवा उतार-चढ़ाव पाया जाता है। ऊंच-नीच की इस व्यवस्था में ब्राह्मणों का स्थान सबसे ऊंचा है और शूद्रों का सबसे नीचा। क्षत्रिय एवं वैश्य उनके मध्य में हैं।

जन्म पर आधारित होने के कारण इस संस्तरण में स्थिरता एवं दृढ़ता पायी जाती है। यही कारण है कि निम्न जातियां साधारणतः उच्च जातियों की तुलना में ब्राह्मणों एवं शूद्रों की स्थिति अधिक स्थिर है क्योंकि ब्राह्मणों का और अधिक ऊपर एवं शूद्रों का और अधिक नीचे जाना असंभव है, जबकि मध्यवर्ती जातियां अपने पास वाली जातियों से अपने को अधिक श्रेष्ठ एवं उच्च होने का दावा पेश करती रही हैं।

(5) **भोजन तथा सामाजिक सहवास पर प्रतिबंध** (Restrictions on Fooding and Social Intercourse)–जाति व्यवस्था में जातियों के परस्पर भोजन एवं व्यवहार से संबंधित अनेक निषेध पाये जाते हैं। प्रत्येक जाति के ऐसे नियम हैं जो यह बताते हैं कि उनके सदस्य किस जाति के यहां कच्चा, पक्का तथा फलाहारी भोजन कर सकते हैं, किनके हाथ का बना भोजन व किनके यहां पानी पी सकते हैं, किनके साथ बैठकर हुक्का-बीड़ी पी जा सकती है, किनके यहां धातु या मिट्टी के बर्तनों का उपयोग किया जा सकता है, आदि। ब्राह्मणों के हाथ का बना कच्चा व पक्का खाना सभी जातियों के लोग ग्रहण कर लेते हैं, किन्तु शूद्रों के हाथ का बना किसी भी प्रकार का भोजन उच्च जातियों के द्वारा बनाया भोजन निम्न जातियां स्वीकार कर लेती हैं, किन्तु निम्न जातियों के लोगों द्वारा बनाया गया कच्चा व कभी-कभी पक्का भोजन भी उच्च जातियों द्वारा ग्रहण नहीं किया जाता है।

(6) **पेशे के अप्रतिबन्धित चुनाव का अभाव** (Lack of Unrestrieted Choice of Occupation)–प्रायः प्रत्येक जाति का एक परंपरागत व्यवसाय होता है जो पीढ़ी-दर-पीढ़ी हस्तान्तरित होता रहता है। प्रत्येक जाति यह चाहती है कि उसके सदस्य निर्धारित जातिगत व्यवसाय ही करें। अन्य जातियों के लोग भी एक व्यक्ति को अपना जातीय व्यवसाय ही करें। अन्य जातियों के लोग भी एक व्यक्ति को अपना जातीय व्यवसाय बदलने से रोकते हैं। किन्तु कुछ व्यवसाय ऐसे हैं, जैसे, कृषि, व्यापार एवं सेना में नौकरी जिसमें सभी जातियों के व्यक्ति काम करते हैं। मुगलकाल में ही जाति पर पेशे संबंधी नियंत्रण शिथिल हो गये थे। **बेन्स** का मत है कि "जाति का पेशा परंपरागत होता है, परंतु यह किसी भी अर्थ में आवश्यक नहीं है किसी के द्वारा सब या अधिकतर जातियां आज अपनी जीविका निर्वाह करती हैं।"

(7) **जन्मजात सदस्यता** (Inborn Membership)–जाति की सदस्यता जन्मजात होती है। एक व्यक्ति जिस जाति में जन्म लेता है, मृत्युपर्यन्त उसी में बना रहता है। शिक्षा, धर्म, व्यवसाय एवं गुणों में वृद्धि करने से जाति परिवर्तित नहीं की जा सकती, किन्तु हट्‌टन ने कुछ ऐसे उदाहरण भी दिये हैं जिनमें जाति की सदस्यता पूर्णतः जन्मजात नहीं है, ये जातियां हैं : माछाबार की अम्लावासी तथा उड़ीसा की शागिर्द–पेशा, चासा और करन।

(8) **जाति का राजनीतिक रूप** (Political Form of Caste)–**डॉ. सक्सेना** का मत है कि जाति एक राजनीतिक इकाई भी है क्योंकि प्रत्येक जाति व्यावहारिक आदर्श के नियम प्रतिपादित करती है और अपने सदस्यों पर उनको लागू करती है। जाति–पंचायत, उसके कार्य और संगठन जाति के राजनीतिक पक्ष के ही प्रतीक हैं। जाति के द्वारा विधायिक, न्यायिक और निष्पादिक कार्य भी संपन्न होते हैं जिनके कारण उसे राजनीतिक इकाई का रूप मिलता है। उच्च जातियों की अपेक्षा निम्न जातियों में जाति पंचायत का संगठन अधिक सुदृढ़ होता है। जाति पंचायत के सदस्य साधारणतः वंशानुगत होते हैं। **ब्रिग्स** (Briggs) ने लिखा है कि जाति के कल्याण और सुरक्षा संबंधी सभी कार्य जाति पंचायत के अधिकार क्षेत्र में आते हैं। वर्तमान में जाति पंचायतों का क्षेत्र सीमित हो गया है। कुछ समय पूर्व तक ग्रामीण सामाजिक–आर्थिक प्रणाली में राजनीतिक सत्ता और विशेषाधिकार प्रभु–जातियों (Dominant castes) के पास रहे हैं जिनके पास गांव की अधिकतम भूमि रही है और जो सामाजिक संस्तरण में भी उच्च स्थान पर रही हैं।

जाति–प्रथा के कार्य (भूमिका) अथवा महत्व
[Functions (Role) or Importance of Caste-System]

वर्तमान में जाति–प्रथा को एक निरर्थक एवं हानिप्रद संस्था कहना एक फैशन–सा बन गया है, विशेषकर समाज–सुधारकों, शिक्षितों एवं राजनेताओं में जाति की आलोचना करना एक रिवाज–सा हो गया हो। आज दिनोंदिन जाति–प्रथा के विरोधी भावों में वृद्धि होती जा रही है। वर्तमान में जाति का स्वरूप विघटित हो रहा है, किन्तु प्राचीनाकाल में जाति ने व्यक्ति, समाज और राष्ट्र के लिए महत्वपूर्ण कार्य किये हैं **हट्‌टन** ने जाति द्वारा किये जोने वाले कार्यों को तीन भागों में विभक्त किया है–

(I) व्यक्तिगत जीवन से संबंधित कार्य,

(II) जातीय समुदाय के लिए कार्य,

(III) समाज और संपूर्ण राष्ट्र के लिए जाति द्वारा किये जाने वाले कार्य।

(I) सदस्यों के व्यक्तिगत जीवन में जाति के कार्य या लाभ

जाति व्यक्ति के जीवन पर अमिट प्रभाव डालती है और उसका अन्य लोगों से संबंध निर्धारण करती है। व्यक्ति के लिए जाति निम्नांकित कार्य करती है :

(1) **मानसिक सुरक्षा**–जाति प्रत्येक व्यक्ति का पद और कार्य जन्म से ही निश्चित कर देती है। प्रत्येक व्यक्ति यह जानता है कि उसे किस समूह में विवाह करना है, किस प्रकार के सामाजिक, धार्मिक एवं राजनीतिक कार्यों में भाग लेना है। यह सब पूर्व-निर्धारित होने से व्यक्ति को मानसिक संतोष एवं सुरक्षा प्राप्त होती है।

(2) **व्यवसाय का निर्धारण**–प्रत्येक जाति का एक परंपरागत व्यवसाय होता है। इसलिए व्यक्ति के सामने व्यवसाय चुनने की समस्या नहीं होती और न ही व्यावसायिक प्रतिस्पर्द्धा ही पायी जाती है। बचपन से व्यक्ति को जातीय व्यवसाय का प्रशिक्षण मिलने से वह उसमें दक्ष भी हो जाता है।

(3) **सामाजिक सुरक्षा**–प्रत्येक जाति की एक जाति पंचायत एवं जाति संगठन होता है। व्यक्ति पर किसी भी प्रकार का संकट आने, बीमारी, बुढ़ापा एवं दुर्घटना के समय जाति के सदस्य व्यक्ति की सहायता करते हैं।

(4) **सामाजिक स्थिति का निर्धारण**–जाति के आधार पर ही व्यक्ति की समाज में स्थिति निर्धारित होती है जिसे संपत्ति, निर्धनता, सफलता, असफलता और व्यक्तिगत गुण-दोष के आधार पर बदला नहीं जा सकता। यह सामाजिक स्थिति तब तक बनी रहती है जब तक कि वह जाति के नियमों का उल्लंघन न करे।

(5) **वैवाहिक समूह का निर्धारण**–जाति ही यह तय करती है कि व्यक्ति अपना जीवन-साथी किस समूह में से चुनेगा, इस संदर्भ में व्यक्ति को जातीय नियमों का पालन करना होता है।

(6) **व्यवहारों पर नियंत्रण**–प्रत्येक जाति के अपने कुछ नियम एवं प्रतिबंध होते हैं जिनके द्वारा व्यक्ति के व्यवहारों को नियंत्रित किया जाता है। जातीय नियमों का उल्लंघन करने वाले को जाति से बहिष्कृत कर दिया जाता है।

व्यक्ति के लिए जाति का महत्व बताते हुए **मजूमदार** एवं **मदान** लिखते हैं, "एक स्थायी वातावरण या अवस्था के अंतर्गत सामाजिक व आर्थिक सुरक्षा प्रदान

करने के लिए जाति, व्यक्तियों की प्रतिरक्षा की प्रमुख व्यवस्था है जो कि उनकी परिवर्तनशील क्षमताओं पर आधारित नहीं है।''

(II) जाति समुदाय से संबंधित कार्य या लाभ

जाति व्यक्ति के लिए ही नहीं वरन् संपूर्ण जाति समुदाय के लिए भी अनेक कार्य करती है :

(1) **सामाजिक स्थिति का निर्धारण**–प्रत्येक जाति अपने समुदाय के लिए जाति संस्तरण में निश्चित सामाजिक स्थिति को निर्धारित करती है। **मजूमदार** एवं **मदान** लिखते हैं कि सामूहिक प्रयत्न और आन्दोलन के लिए एक सामान्य संगठन के निर्माण द्वारा स्वयं की जाति के व्यक्ति के लिए गतिशीलता के अवसर बढ़ाती है। इस प्रकार कायस्थ, जो अब उत्तर भारत में ब्राह्मणों के बाद ही समझे जाते हैं, 18वीं शताब्दी में केवल एक परिष्कृत शूद्र जाति थी।''

(2) **संस्कृति की रक्षा–हट्टन** कहते हैं कि प्रत्येक जाति की अपनी एक सामान्य संस्कृति रही है जिसके अंतर्गत उस जाति विशेष का ज्ञान, कार्य-कुशलता, व्यवहार, आदि आते हैं। ये सब जाति में एक पीढ़ी से दूसरे पीढ़ी में हस्तान्तरित होते रहते हैं, वयस्क अपने नये सदस्यों को ये सब सिखा देते हैं। इस प्रकार प्रत्येक जाति अपनी संस्कृति स्थिरता को बनाये रखती है।

(3) **जातीय एकता को प्रोत्साहन**–जाति अपने सदस्यों को एकता के सूत्र में बांधती है, आवश्यकता के समय सदस्य एक-दूसरे की सहायता करते हैं, जाति के सदस्यों की भलाई के लिए जाति-विद्यालय, धर्मशालाएं, चिकित्सालय, छात्रावास, आदि का निर्माण किया जाता है।

(4) **धार्मिक भावना की रक्षा**–प्रत्येक जाति के देवी-देवता एवं धार्मिक विधि-विधान होते हैं जिनकी जाति के सदस्य प्राण-पण से रक्षा करते हैं। सामान्य मान्यता यह है कि यह जाति ही है जो जनता के धार्मिक जीवन से अपने सदस्यों की स्थिति को निश्चित करती है।

(5) **रक्त की शुद्धता बनाये रखना**–एक जाति के व्यक्ति अपनी ही जाति में विवाह करते हैं और इससे रक्त की शुद्धता बनी रहती है और अन्य जातियों के रक्त दोष नहीं हा पाते हैं।

(III) संपूर्ण समाज या राष्ट्र के लिए कार्य या लाभ

जाति-प्रथा ने संपूर्ण समाज और राष्ट्र के लिए भी कई महत्वपूर्ण कार्य किये हैं। हट्टन कहते हैं कि जाति द्वारा व्यक्ति एवं समुदाय के लिए किये जाने वाले

कार्य तो अन्य समितियों द्वारा भी किये जा सकते हैं, वे किसी अन्य समिति अथवा संस्था द्वारा नहीं किये जाते हैं। वे कार्य निम्नलिखित हैं :

(1) जाति ने ही संपूर्ण संस्कृति को एक पीढ़ी से दूसरी पीढ़ी को हस्तान्तरित कर उसे स्थिरता प्रदान की है।

(2) **धार्मिक सहिष्णुता एवं उदारता**–धर्म के आधार पर विश्व के विभिन्न भागों में समय-समय पर अनेक क्रांन्तियां हुई हैं। भारत में भी अनेक धार्मिक सम्प्रदायों का प्रचलन रहा है, किन्तु सभी संप्रदाय हिन्दू जाति-व्यवस्था में ही आत्मसात हो गये। इसका प्रमुख कारण जाति-व्यवस्था में पायी जाने वाली सहिष्णुता एवं उदारता है।

(3) **समाज का विकास और रक्षा में सहायक**–जाति-व्यवस्था ने हिन्दू समाज की रक्षा की है और सदस्यों को एकता के सूत्र में बांधने का कार्य भी किया है। **फरनीवाल** के अनुसार, "जाति-प्रथा के कारण भारत में एक बहु समाज (A Plural Society) स्थिर रह पाया है। जाति-व्यवस्था ने समाज को ऐसी व्यवस्था प्रदान की है जिससे कोई भी समुदाय, चाहे वह प्रजातीय हो या सामुदायकि, सामाजिक हो, व्यावसायिक हो या धार्मिक, अपनी विशिष्ट प्रकृति और पृथक् सत्ता को बनाये रखते हुए अपने को समग्र समाज के एक सहयोगी अंग के रूप में उपयुक्त बना सका है।" समय-समय पर भारत में बाह्य आक्रमणकारी आते रहे, उनसे सारे समाज के ही अंग बनकर रह गये। **हट्टन** लिखते हैं कि "जाति-प्रथा का सबसे महत्वपूर्ण कार्य, जो कि उसे एक अद्वितीय संस्था बना देता है, यह है या रहा है कि यह भारतीय समाज को अखण्ड बनाती है और प्रतिद्वन्द्वी समूहों को एक समुदाय में जोड़ती है।" **जोड** (Joad) के अनुसार, "जाति-प्रथा अपने सर्वोत्कृष्ट रूप में इस विशाल देश में निवास करने वाले विभिन्न विचार, विभिन्न धार्मिक विश्वास, रीति-रिवाज और परंपराएं रखने वाले विविध वर्गों को एक सूत्र में पिरोने का एक सफलतम प्रयास था।"

(4) **राजनीतिक स्थिरता**–किसी भी देश में जब बाह्य आक्रमणकारियों का शासन स्थापित होता है तो वे वहां राजनीतिक एवं सांस्कृतिक परिवर्तन लाते हैं, किन्तु भारत इसका अपवाद है। यहां समय-समय पर कई आक्रमणकारी आये, लेकिन जाति ने इन आक्रमणकारियों से भारत की राजनीतिक एवं सांस्कृतिक रक्षा की है। **अब्बे डुब्बॉय** लिखते हैं, "मैं हिन्दुओं की जाति-प्रथा को उनके अधिनियम का सबसे सुखमय प्रयास

समझता हूं। मुझे इस बात का पूरा विश्वास है कि यदि भारत की जनता उस समय भी बर्बरता के पंक में नहीं डूबी, जबकि सारा यूरोप डूबा हुआ था, और यदि भारत ने सदा अपना सिर ऊंचा रखा, विविध विज्ञानों, कलाओं तथा सभ्यता का संरक्षण और विकास किया तो इसका पूर्ण श्रेय उसकी उस जाति-प्रथा को है जिसके लिए वह बहुत प्रसिद्ध है।'' जाति की राजनीतिक भूमिका आज भी बहुत महत्वपूर्ण है।

(5) **श्रम-विभाजन**–जाति-व्यवस्था के अंतर्गत विभिन्न जातियों के बीच कार्य-विभाजन किया गया है, इससे उनमें दक्षता एवं विशेषीकरण पनपा है। पुनर्जन्म एवं कर्म की धारणा के कारण जाति के कार्यों की पुष्टि की गयी है। व्यक्ति यह सोचता है कि पिछले जन्म के आधार पर इस जन्म में जाति एवं व्यवसाय विशेष प्राप्त हुआ है, यदि इसे ठीक ढंग से किया गया तो अगले जन्म में उच्च जाति मिलेगी। **हट्टन** लिखते हैं, ''सामाजिक जीवन के लिए आवश्यक विभिन्न कार्यों जिनमें शिक्षा से लेकर सफाई, सरकारी से लेकर पारिवारिक कार्य सुचारू रूप से चलते हैं और ये सभी कार्य धार्मिक विश्वास या कर्म की धारणा के आधार पर किये जाते हैं।''

(6) **दायित्व निर्वाह की प्रेरणा**–जाति-व्यवस्था ने लोगों को अपने-अपने कर्तव्य एवं दायित्व निर्वाह की प्रेरणा दी है। कर्म के सिद्धांतों ने लोगों में यह विश्वास पैदा किया कि ऊंची एवं नीची जाति में जन्म पूर्व-जन्म के कर्म पर निर्भर है। यदि हम इस जन्म में अपने कर्तव्यों का समुचित रूप से पालन नहीं करेंगे तो अगले जन्म में निम्न जाति में जन्म लेना पड़ेगा। पुनर्जन्म एवं कर्म के सिद्धांत ने भारतीय समाज को आर्थिक एवं सामाजिक संघर्षों से छुटकारा दिलाया तथा समाज में एकता बनाये रखी।

उपर्युक्त कार्यों के अतिरिक्त जाति ने रक्त की शुद्धता बनाये रखने का कार्य भी किया है। इसलिए ही हट्टन लिखते हैं कि जाति-प्रथा ही एक ऐसी सामाजिक प्रथा है जिसका आधार दैवीय शक्ति से भी दृढ़ है।

जाति-प्रथा के दोष अथवा हानियां
(Demerits of Caste-System)

जाति-प्रथा ने अनेक महत्वपूर्ण कार्य किये हैं, किन्तु समय के साथ इसमें अनेक दोष उत्पन्न हो गये और अधिकांश लोग जाति के उन्मूलन की बात करने लगे हैं। **रिजले** का मत है कि जाति एक निम्न स्तर का संगठन है जो विकास के मार्ग में बाधक है। **डॉ. राधाकृष्णन** का मत है कि ''दुर्भाग्यवश वही जाति-प्रथा जिसे सामाजिक संगठन को नष्ट होने से रक्षा करने के साधन के रूप में विकसित

किया गया था, आज उसी की उन्नति में बाधक बन रही है।'' **प्रो. वाडिया** लिखते हैं, ''उपनिषदों का उच्च कोटि का तत्व दर्शन और गीता का कर्म-ज्ञान इस व्यवस्था में अत्याचारों के कारण केवल वाग्जाल बन गया। तरफ तो भारत संपूर्ण विश्व को एकता का उपदेश देता है और दूसरी ओर उसने एक ऐसी सामाजिक व्यवस्था को अपनी छाती से चिपटा रखा है जिसने उसकी संतानों का निर्ममतापूर्वक अलग-अलग गुटों में विभाजन कर रखा है, उनको अनन्त शताब्दियों के लिए एक-दूसरे से पृथक् कर दिया है।'' जाति-प्रथा की हानियां अथवा दोष निम्नांकित हैं:

(1) **धर्म परिवर्तन**—आर्थिक एवं सामाजिक शोषण से मुक्ति पाने के लिए निम्न जातियों के कई लोग ईसाई एवं मुसलमान बन गये। निम्न जातियों को हिन्दू समाज में हेय दृष्टि से देखा जाता रहा है, किन्तु जब वे धर्म परिवर्तन कर ईसाई या मुसलमान बन जाते हैं तो उनकी सामाजिक प्रतिष्ठा में वृद्धि हो जाती है। इस प्रकार धर्म-परिवर्तन को प्रोत्साहन मिलता है।

(2) **समाज का विभाजन**—जाति-व्यवस्था ने हिन्दू समाज को अनेक छोटी-छोटी इकाइयों में बांट दिया है और प्रत्येक इकाई अपने ही हित साधन की चिन्ता करती है, संपूर्ण समाज की नहीं।

(3) **सामाजिक समस्याओं का जन्म**—जाति-व्यवस्था के विवाह सबंधी नियमों ने समाज में बाल-विवाह, दहेज, विधवा-विवाह निषेध, बेमेल बेमेल विवाह, कुलीन विवाह, आदि की समस्याओं को जन्म दिया है जो आज भी हिन्दू समाज को घुन की तरह खाये जा रही हैं।

(4) **श्रमिक की गतिशीलता में बाधक**—चूंकि प्रत्येक जाति का एक परंपरागत व्यवसाय होता है और व्यक्ति को जाति के बाहर के व्यवसायों को चुनने की मनाही होती है, अत: दूसरे व्यवसायों में दक्ष होने पर भी व्यक्ति अपने जातीय व्यवसाय को बदल नहीं सकता।

(5) **आर्थिक विकास में बाधक**—जाति-प्रथा के कारण उद्योगों में श्रम-विभाजन उचित रूप से लागू नहीं हो पाता। उच्च जातियों के लोग कारखानों में निम्न कार्य नहीं करना चाहते। वे जातीय आधार पर विरोधी गुट बनाते हैं, जातिवाद के कारण योग्य व्यक्तियों को आगे बढ़ने का अवसर नहीं मिलता है और अयोग्य व्यक्ति उच्च पदों पर पहुंच जाते हैं। ये सभी स्थितियां देश के आर्थिक विकास में बाधक हैं।

(6) **राष्ट्रीय एकता में बाधक**—जाति-व्यवस्था के अंतर्गत संपूर्ण समाज छोटे-छोटे भागों में बंटा होता है। प्रत्येक जाति राष्ट्रीय हितों के स्थान पर जातीय हितों को प्राथमिकता देती है, जाति-प्रथा ने ही समाज में छुआछूत एवं

ऊंच-नीच की भावना पैदा की है और विभिन्न जातियों के लोगों को परस्पर मिलने नहीं दिया है। इस कारण लोगों में राष्ट्रीय एवं हम की भावना का विकास नहीं हो पाया है। जातिवाद की भावना ने राष्ट्रीय एकीकरण में बाधा उपस्थित की है।

(7) **श्रमिक की कुशलता में बाधक**–जाति-प्रथा में खान-पान संबंधी अनेक निषेध हैं जिनका कुप्रभाव लोगों के शारीरिक एवं मानसिक दक्षता पर पड़ता है। इसके अतिरिक्त, जाति-अन्तर्विवाह के कारण कई बार वंशानुक्रम में अनेक दोष उत्पन्न हो जाते हैं। इससे भी लोगों के स्वास्थ्य पर बुरा प्रभाव पड़ता है।

(8) **प्रजातंत्र विरोधी**–जाति प्रजातंत्र विरोधी है। प्रजातंत्र स्वतंत्रता, समानता एवं भाईचारे की भावना पर आधारित है, जबकि जाति जन्म से ही ऊंच-नीच एवं असमानता पर जोर देती है। अतः ये दोनों एक-दूसरे के विरोधी हैं। आज लोग जाति के नाम पर वोट मांगते हैं और देते हैं, विभिन्न पदों पर जातीय आधार पर नियुक्तियां की जाती हैं। ये सभी स्थितियां स्वस्थ प्रजातंत्र के विकास के मार्ग में बाधक हैं।

(9) **निम्न जातियों का शोषण**–जाति-प्रथा के अंतर्गत निम्न-जातियों से कठोर श्रम कराया गया और उन्हें गंदे एवं घृणित कार्य सौंपे गये तथा बदले में बहुत ही कम पारिश्रमिक दिया गया। कई बार तो उच्च जातियों के लोग इनसे बेगार तक लेते रहे हैं।

(10) **स्त्रियों की गिरी हुई दशा**–स्त्रियों की समाज में निम्न प्रतिष्ठा एवं गिरी हुई दशा के लिए जाति-प्रथा की उत्तरदायी है। बाल-विवाह के प्रचलन, विधवा पुनर्विविाह के अभाव तथा स्त्रियों को शिक्षा एवं अन्य अनेक अधिकारों से वंचित कर दिये जाने के कारण समाज में उनकी दशा निम्न रही है।

(11) **अस्पृश्यता**–जाति-व्यवस्था ने हिन्दू समाज में अस्पृश्यता को जन्म दिया हे। कई जातियों को छूने से ही नहीं, वरन् उनकी परछाई पड़ने मात्र से ही उच्च जाति का व्यक्ति अशुद्ध हो जाता है। अस्पृश्य जातियों को कई सामाजिक, धार्मिक एवं राजनीतिक अधिकारों से भी वंचित किया गया है।

(12) **प्रगति में बाधक**–जाति-प्रथा व्यक्ति एवं समाज की प्रगति में भी बाधक रही है। जाति संबंधी नियमों का उल्लंघन करने पर जाति से बहिष्कृत होने के भय के कारण लोग परंपराओं से चिपके रहते हैं और नवीन आविष्कारों को अपनाने से डरते हैं। अतः वे अपना विकास नहीं कर पाते और संपूर्ण

देश अन्य देशों की तुलना में पिछड़ जाता है। यहां जाति-व्यवस्था ने लोगों को अकर्मण्य एवं भाग्यवादी बनाने में भी योग दिया है।

जाति-व्यवस्था के उपर्युक्त दोषों को देखकर ही कई व्यक्ति इसे समूल नष्ट करने की बात करते हैं, किन्तु जाति-व्यवस्था अनेक दृष्टियों से लाभदायक संस्था रही है। इसलिए इसे नष्ट करने के बजाय इसमें सुधार किया जाना चाहिए। **मजूमदार** व **मदान** ने उचित ही लिखा है, "इस व्यवस्था की हानिकारक सहवर्तीप्रथाओं-अस्पृश्यता, एक जाति द्वारा दूसरी का शोषण और ऐसी ही अन्य को समाप्त कर देना चाहिए न कि संपूर्ण व्यवस्था को; टूटी हुई विषैली अंगुली को काटना चाहिए न कि पूरे हाथ को।"

जाति-व्यवस्था की उत्पत्ति (Origin of Caste System)

जाति जैसी जटिल एवं विचित्र व्यवस्था की उत्पत्ति कब और कैसे हुई, इस बात को लेकर विद्वानों में मतभेद पाया जाता है। जाति सदैव परिवर्तनशील संस्था रही है, अत: इसकी उत्पत्ति के संबंध में निश्चिततापूर्वक कुछ भी नहीं कहा जा सकता है। कितने ही भारतीय एवं विदेशी विद्वानों ने जाति-प्रथा के उद्भव के प्रश्न को सुलझाने के लिए अपने-अपने सिद्धांतों को जन्म दिया है। जाति-व्यवस्था की ऐतिहासिकता को समझने के लिए इसकी उत्पत्ति संबंधी प्रमुख सिद्धांतों का उल्लेख करना यहां

आवश्यक है :

(1) **परंपरागत सिद्धांत** (Traditional Theory)-इस सिद्धांत की उत्पत्ति का स्रोत वेद, शास्त्र, उपनिषद्, स्मृतियां एवं धर्मशास्त्र रहे हैं। ऋग्वेद के अनुसार ब्राह्मणों का जन्म ब्रह्मा के मुख से, क्षत्रियों का भुजाओं से, वैश्यों की उदर के निम्न भाग से तथा शूद्रों का पैरों से हुआ। महाभारत के शान्ति पर्व में एक कथा के अनुसार कृष्ण ने 100 ब्राह्मणों, 100 क्षत्रियों, 100 वैश्यों एवं 100 शूद्रों को जन्म दिया और इन्हीं से सारी सृष्टि की रचना हुई। गीता में भी कृष्ण ने कहा है कि मैंने चारों वर्णों की रचना व्यक्तियों के गुण एवं कर्म के आधार पर की है। मनुस्मृति में भी ऋग्वेद के पुरुष सूक्त के अनुसार ही वर्णों की उत्पत्ति मानी गयी है, किन्तु जातियों की उत्पत्ति के लिए मनु प्रतिलोम विवाह और वर्णसंकरता को उत्तरदायी मानते हैं महाभारत एवं गीता में भी वर्णसंकरता को जाति की उत्पत्ति के लिए उत्तरदायी ठहराया गया है।

समालोचना-यह सिद्धांत जाति की नहीं वरन् वर्ण की उत्पत्ति को नष्ट करता है। वर्तमान वैज्ञानिक एवं तार्किक युग में कोई भी इस बात को

स्वीकार नहीं करता है कि ब्रह्मा के विभिन्न अंगों से जातियों की उत्पत्ति हुई है। अतः सिद्धांत अवैज्ञानिक एवं अतार्किक है।

(2) **प्रजातीय सिद्धांत** (Racial Theory)–अनेक विद्वानों की मान्यता है कि जाति प्रथा का उद्‌गम प्रजातीय भिन्नता एवं मिश्रण के कारण हुआ, इनमें घुरिये, रिजले, मजूमदार, एन. के. दत्ता, राय, आदि प्रमुख हैं। **हर्बर्ट रिजले** ने प्रजाति मिश्रण एवं अनुलोम विवाह को जाति की उत्पत्ति के लिए उत्तरदायी ठहराया है। उनका मत है कि जाति-प्रथा आर्यों की देन हैं आर्य लोग फारस से जब भारत में आए तो अपने साथ वहां की समाज व्यवस्था भी लाऐ। वहां समाज चार भागों में बंटा हुआ था। उन्होंने उसी व्यवस्था को भारत में भी लागू किया। इसके अतिरिक्त आर्य भारत में आक्रमणकारी के रूप में आये, जब उन्होंने यहां के मूल निवासी द्रविड़ों को परास्त किया तो उनमें विजेता होने से श्रेष्ठता के भाव पैदा हुए। उन्होंने यहां के मूल निवासियों की प्रजाति, शारीरिक रचना एवं संस्कृति से अपने को श्रेष्ठ समझा। चूंकि आर्य बाहर से आए तथा अपने साथ स्त्रियों को नहीं लाए थे, अतः उन्होंने यहां के मूल निवासियों की लडकियों से विवाह किया, इससे अनुलोम विवाह आरंभ हुए, किन्तु बदले में उन्होंने आर्य लड़की का विवाह द्रविड़ लड़के से करने पर रोक लगा दी, इससे प्रतिलोम विवाह निषिद्ध हुए। जब आर्य लोगों में स्त्रियों की आवश्यकता पूरी हो गयी तो उन्होंने अनुलोम विवाह पर भी रोक लगा दी। किन्तु जब कभी भी अनुलोग एवं प्रतिलोम विवाह के नियमों की अवहेलना हुई तो ऐसे विवाहों से उत्पन्न संतानों का वर्णसंकर माना गया और इस समूह को एक नवीन जाति का दर्जा दिया गया। इस प्रकार जातियों की संख्या में निरंतर वृद्धि होती गयी तथा विभिन्न समूहों में वर्ग भेद भी उत्पन्न हुआ। इस प्रकार रिजले के अनुसार प्रजाति-संघर्ष ने अनुलोम विवाह को, अनुलोम विवाह ने प्रजातीय मिश्रण को, प्रजातीय मिश्रण ने वर्णसंकरता एवं वर्ण भेद को जन्म दिया। **डॉ. घुरिये** ने भी रिजले के प्रजातीय सिद्धांत को स्वीकार किया है। वे आर्यों तथा अनार्यों के प्रजातीय एवं सांस्कृतिक संपर्क को जाति-व्यवस्था के लिए उत्तरदायी मानते हैं। रक्त-शुद्धता की भावना के कारण ही आर्यों एवं अनार्यों में उच्च एवं निम्न समूह बनें इस प्रकार जाति-व्यवस्था का आदि स्रोत आर्य व द्रविड़ों के बीच पाया जाने वाला प्रजातीय भेद था। **डॉ. मजूमदार** भी रिजले के प्रजाजीय सिद्धांत से सहमति व्यक्त करते हैं। उनका मत है कि आर्य जब भारत में आए, उससे पूर्व ही उनमें तीन वर्ग थे जो परस्पर विवाह नहीं करते थे। भारत में आने पर द्रविड़ों को

उन्होंने निम्न श्रेणी में रखा। आर्यों के आने के बाद भी समय-समय पर अनेक अन्य प्रजातीय समूह आक्रमणकारी के रूप में आते रहे जिसके परिणामस्वरूप, विभिन्न प्रजातीय समूहों के पारस्परिक संपर्क और सांस्कृतिक संघर्षों के कारण भारत में विभिन्न सामाजिक समूहों का निर्माण हुआ जिन्होंने जातियों का रूप ग्रहण कर लिया।

समालोचना–जाति की उत्पत्ति में प्रजाति मिश्रण एक महत्पूर्ण कारण रहा है, किन्तु इसका एकमात्र कारण प्रजाति मिश्रण एवं सांस्कृतिक संपर्क को ही नहीं माना जा सकता। ऐसा करके हम अन्य कारकों की अवहेलना करते हैं। हट्टन कहते हैं कि प्रजातियों में खान-पान एवं छुआछूत संबंधी कोई निषेध नहीं पाए जाते हैं जबकि जाति में पाए जाते हैं। यदि प्रजाति ही जाति की उत्पत्ति का आधार है तो जाति में छुआछूत व खान-पान के निषेध क्यों पनपे ? प्रजाति से ही जाति का जन्म हुआ तो दुनिया के दूसरे भागों में भी प्रजातीय संपर्क होने पर जाति-प्रथा क्यों पनपी, ऐसा भारत में ही क्यों हुआ ?

(3) **धार्मिक सिद्धांत** (Religious Theory)–जाति-प्रथा की उत्पत्ति में धर्म को प्रमुख आधार मानने वालों में होकार्ट तथा सेनार्ट प्रमुख हैं। **होकार्ट** का मत है कि धार्मिक क्रियाओं अथवा कर्मकाण्डों के कारण ही जाति-प्रथा का उदगम हुआ। प्राचीन भारत में धर्म का अत्यधिक महत्व था। धार्मिक कार्यों की अभिव्यक्ति यज्ञ-हवन एवं देवताओं को बलि चढ़ाकर की जाती थी। इन कर्मकाण्डों को करने वाले विभिन्न समूह थे, जैसे, ब्राह्मण मंत्रोच्चारण एवं हवन का कार्य करवाते, माली पुष्प लाते तथा नाई हजामत एवं निमंत्रण देने का कार्य करते। इन भिन्न-भिन्न समूहों की सामाजिक स्थिति उनके कार्यों की पवित्रता के अनुसार ऊंची या नीची थी। यह स्थिति समूहों के सदस्यों को पीढ़ी-दर-पीढ़ी हस्तांतरित होती रही और ऐसे समूह बाद में चलकर जाति के रूप में विकसित हुए। इस प्रकार धार्मिक क्रियाओं ने ही जाति को जन्म दिया। **सेनार्ट** ने होकार्ट के सिद्धांत की कमी को दूर करने का प्रयास किया। उन्होंने भोजन, विवाह और सामाजिक सहवास से संबंधित निषेधों के आधार पर जाति की उत्पत्ति को स्पष्ट किया है। आपका मत है कि पारिवारिक पूजा तथा कुल देवता को चढ़ाये जाने वाले भोजन में भिन्नता एवं निषेधों के कारण ही जाति-प्रथा का जन्म हुआ।

समालोचना–होकार्ट एवं सेनार्ट ने जाति की उत्पत्ति के लिए धर्म को ही उत्तरदायी माना है, यह सिद्धांत एकांगी है। इसमें अन्य पक्षों की अवहेलना की गयी है।

(4) **व्यावसायिक सिद्धांत** (Occupational Theory)–इस सिद्धांत के जन्मदाता नेसफील्ड हैं। दहलमन्न तथा ब्लण्ट भी इस सिद्धांत के समर्थकों में से हैं। नेसफील्ड प्रजाति एवं धर्म के स्थान पर व्यवसाय को ही जाति-प्रथा की उत्पत्ति के लिए उत्तरदायी मानते हैं। आपके अनुसार, "व्यवसाय और केवल व्यवसाय ही जाति-प्रथा की उत्पत्ति के लिए उत्तरदायी है।" एक व्यवसाय-विशेष के करने वाले लोगों ने अपने को एक जाति का घोषित किया। व्यवसायों की उच्चता एवं निम्नता उनकी पवित्रता एवं अपवित्रता के आधार पर तय होती है। जिन व्यवसायों को समाज में ऊंचा एवं पवित्र माना जाता है, उन्हें अपनाने अपनाने वाली जाति भी समाज में ऊंची मानी गयी। अपवित्र एवं निम्न समझे जाने वाले व्यवसायों को करने वाली जाति की सामाजिक स्थिति भी निम्न समझी गयी।

समालोचना–हट्टन कहते हैं कि व्यवसायिक संघ दुनिया के दूसरे भागों में भी रहे हैं फिर वहां जातियों क्यों नहीं बनीं, भारत में ऐसा क्यों हुआ? डॉ. मजूमदार कहते हैं कि इस सिद्धांत में प्रजातीय तत्वों की अवहेलना की गयी है जबकि प्रजातीय भी जातीय की उत्पत्ति में एक महत्वपूर्ण कारक रहा है।

(5) **ब्राह्मणों की चतुर युक्ति का सिद्धांत या राजनीतिक सिद्धांत** (Theory of Clever of Brahmins or Political Theory)--इस सिद्धांत के प्रतिपादकों में घुरिये एवं अब्बे डुब्बॉय प्रंमुख हैं। अब्बे डुब्बॉय का मत है कि जाति-प्रथा ब्राह्मणों की चतुर युक्ति और राजनीतिक योजना का फल है जो उन्होंने अपनी सत्ता को बनाये रखने के लिए निर्मित की। घुरिये का मत है कि ब्राह्मणों ने अपने कुल और सम्मान को बनाये रखने के लिए जाति-प्रथा को जन्म दिया।

आपकी मान्यता है कि आर्य संस्कृति में ब्राह्मणों का प्रमुख स्थान था। यह संस्कृति मुख्यतः गंगा के मैदान में ही पनपी और जाति के मुख्य आधार भी इसी क्षेत्र में पनपे। यदि हम ब्राह्मणों को दिये गये अधिकारों को देखें तो यह सिद्धांत कुछ सीमा तक सही प्रतीत होता है।

समालोचना–जाति-प्रथा की उत्पत्ति को केवल ब्राह्मणों की चतुर युक्ति के आधार पर स्वीकार नहीं किया जा सकता। जाति-प्रथा भारत में प्राचीन काल से चली आ रही है और ब्राह्मणों की इस चतुर योजना को किसी

ने भी न समझा हो। ऐसी बात नहीं है। वास्तव में, इसकी उत्पत्ति के लिए अन्य कारण भी उत्तरदायी रहे हैं।

(6) **आदिम संस्कृति या माना का सिद्धांत** (Theory of Primitive Culture or Mana)–इस सिद्धांत का प्रतिपादन हट्टन ने 1869 की जनगणना रिपोर्ट में प्रजातीय सिद्धांत की आलोचना के दौरान किया। विभिन्न जातियों के बीच पाये जाने वाले विवाह एवं खान-पान संबंधी निषेधों को समझने के लिए हट्टन ने 'माना' का सहारा लिया। 'माना' एक रहस्यमयी, अलौकिक एवं अवैयक्तिक शक्ति है जो प्रत्येक व्यक्ति एवं वस्तु में भिन्न-भिन्न मात्रा में पायी जाती है। यह स्पर्श से एक व्यक्ति से दूसरे व्यक्ति में आ-जा सकती है, इसका प्रभाव अच्छा एवं बुरा दोनों ही हो सकता है। इसलिए 'माना' में विश्वास करने वाले लोग अपरिचित व्यक्तियों के स्पर्श से डरते हैं। अन्य शक्तियों एवं समूहों के 'माना' से बचने के लिए ही अन्तर्विवाह, खान-पान एवं सामाजिक सहवास संबंधी निषेध लागू किये गए। आर्य जब भारत में आये तो उनके सामाजिक एवं राजनीतिक प्रभाव ने भारत में ऊंच-नीच के भेदभाव को अपनाया। आर्यों में पहले से ही सामाजिक वर्गों की निश्चित श्रेणियां थीं और भारत के मूल निवासियों में भी 'माना' की शक्ति के आधार पर अनेक निषेध पाये जाते थे एवं समूह-विभाजन भी था। किन्तु यहां के मूल निवासियों में ऊंच-नीच का भेदभाव नहीं था, यह आर्यों के प्रभाव के कारण ही पैदा हुआ। हट्टन ने जाति-प्रथा की उत्पत्ति के लिए अनेक कारकों जैसे, भौगोलिक पृथक्करण, खान-पान संबंधी निषेध, माना में विश्वास, विभिन्न प्रजातियों एवं संस्कृतियों का संघर्ष, वर्णों का विकास तथा प्रशासकों की आर्थिक एवं प्रशासकीय नीतियों, आदि के प्रभाव को भी स्वीकार किया है।

समालोचना–मजूमदार एवं मदान कहते हैं कि 'माना' की धारणा विश्व की सभी जनजातियों में पायी जाती है, फिर भारत में ही उसके आधार पर जाति की उत्पत्ति क्यों हुई। जब हट्टन स्वयं यह मानते हैं कि जाति की उत्पत्ति में अनेक कारकों का योग रहा है। तो फिर 'माना' या आदिम संस्कृति के आधार पर ही इस संस्था के उद्गम को स्पष्ट नहीं किया जा सकता।

(7) **बहु-कारक सिद्धांत** (Multifactor Theory)–जाति-प्रथा की उत्पत्ति को प्रकट करने के लिए अनेक सिद्धांतों का प्रतिपादन किया गया है और अनेक अन्य कारकों की अवहेलना की गयी है। जाति-प्रथा एक जटिल

संस्था है, इसके उद्गम एवं विकास में अनेक तत्व उत्तरदायी रहे हैं। जाति-प्रथा एक लंबे विकास का परिणाम है जिस पर धर्म, प्रजाति, भौगोलिक तथा राजनीतिक कारकों, सांस्कृतिक संपर्क, रक्त की शुद्धता की भावना, व्यवसाय एवं कर्मकाण्ड, आदि सभी का प्रभाव रहा है। **हट्टन** ने इसी बात को स्पष्ट करते हुए लिखा है, *"यह बात जोर देकर कही जाती है कि भारतीय जाति-प्रथा कई भौगोलिक, सामाजिक, राजनीतिक, धार्मिक और आर्थिक कारकों की अंत:क्रिया का स्वाभाविक परिणाम है जो अन्यत्र कहीं भी इस प्रकार सम्मिलित रूप में नहीं पाए जाते।"* अत: स्पष्ट है कि जाति-प्रथा को जन्म देने में किसी एक कारक का नहीं वरन् अनेक कारकों का योग रहा है। वास्तव में, इसकी उत्पत्ति नहीं वरन् उद्विकास हुआ।

जाति-व्यवस्था में परिवर्तन लाने वाले कारक (Factors Responsible for Changing Caste-System)

वर्तमान समय में जाति में अनेक परिवर्तन हुए हैं और उसका परंपरागत स्वरूप विघटित हुआ है। जाति में परिवर्तन, विघटन या उसे निर्बल बनाने वाले कारक इस प्रकार हैं :

(1) **धन का बढ़ता महत्व**–वर्तमान समय में जन्म के स्थान पर व्यक्तिगत गुणों एवं धन का महत्व बढ़ा है। व्यक्ति का मूल्यांकन अब जाति के आधार पर ही नहीं, वरन् उसकी संपत्ति एवं गुणों के आधार पर होने लगा।

(2) **स्वतंत्रता आंदोलन**–अंग्रेजों से मुक्ति पाने के लिए स्वतंत्रता आंदोलन के दौरान हमारे राष्ट्रीय नेताओं ने सभी देशवासियों को भेदभाव भुलाकर आंदोलन में भाग लेने का आह्वान किया जिसके फलस्वरूप, विभिन्न प्रांतों, धर्मों, जातियों एवं भाषाओं से संबंधित लोगों ने एक झण्डे के नीचे एकत्रित होकर सत्याग्रह एवं आंदोलन किए। सभी जातियों के लोग जेलों में साथ-साथ रहते, खाते-पीते एवं उठते-बैठते। इससे जातीय भेदभाव समाप्त हुए।

(3) **पाश्चात्य शिक्षा एवं सभ्यता**–अंग्रेजों के आने से पूर्व भारत में धार्मिक शिक्षा का प्रचलन था, जिसमें केवल ब्राह्मणों को ही शिक्षा प्राप्त करने का अधिकार था, शेष जातियों को शिक्षा से वंचित किया गया था। वे अपने जातीय व्यवसाय की शिक्षा परिवार-जनों से घर में ही प्राप्त करती थीं। अंग्रेजों ने भारत में धर्म-निरपेक्ष एवं सार्वभौमिक शिक्षा प्राप्त की। इस शिक्षा ने भारतीयों को रूढ़िवादिता एवं संकीर्णता से मुक्ति दिलायी एवं लोगों ने स्वतंत्रता, समानता तथा भाईचारे की भावना पैदा की। वैज्ञानिक

शिक्षा ने लोगों में तार्किक दृष्टिकोण का विकास किया। फलस्वरूप जाति व्यवस्था निर्बल हुई।

अंग्रेजों ने 150 वर्षों के राज्य के कारण भारत का पश्चिमी सभ्यता एवं संस्कृति से संपर्क हुआ। पश्चिम के व्यक्तिवाद, उदारवाद, भौतिकवाद एवं उपयोगितावाद ने यहां नवीन विचारों को बढ़ावा दिया। धन एवं व्यक्ति के गुणों का महत्व बढ़ा। प्रेम विवाह एवं अंतर्जातीय विवाह के कारण जातीय बंधन शिथिल हुए तथा खान-पान एवं छुआछूत संबंधी कठोरता कम हुई।

(4) **औद्योगीकरण एवं नगरीकरण**–औद्योगीकरण के कारण भारत में बड़े-बड़े कारखानों की स्थापना हुई। जिसमें सभी जातियों के लोग साथ-साथ काम करने लगे। इससे पूर्व प्रत्येक जाति का अलग-अलग व्यवसाय था। औद्योगीकरण में यह संभव न था कि चमड़े के कारखाने में केवल चमार या सूती कपड़े के कारखाने में केवल जुलाहे ही कार्य करें। सभी जातियों के लोगों द्वारा एक ही कारखाने में साथ काम करने से उनमें पारस्परिक समझ बढ़ी तथा जातीय भेदभाव दूर हुए। सभी जातियों के मजदूरों ने मिलकर ट्रेड यूनियन बनाई, वे एक ही दल, झण्डे एवं कार्यक्रम के अंतर्गत संघर्ष करने लगे। नगरों में सभी जातियों के लोग साथ-साथ रहने लगे, इससे भी उनके बीच व्याप्त जातीय भेदभाव कम हुए।

(5) **प्रजातंत्र की स्थापना**–स्वतंत्रता-प्राप्ति के बाद देश में प्रजातंत्र की स्थापना की गयी। नवीन संविधान में रंग, लिंग, जन्म, धर्म, आदि के आधार पर किसी के प्रति भेदभाव न बरतने का उल्लेख किया गया है। साथ ही अपने देशवासियों को समान मौलिक अधिकार प्राप्त किए गए हैं। प्रजातांत्रिक विचारों के कारण भी जाति-प्रथा निर्बल हुई।

(6) **यातायात एवं संचार साधनों में उत्पत्ति**–यातायात एवं संचार के नवीन साधनों के कारण लोगों में गतिशीलता बड़ी, विभिन्न प्रांतों, धर्मों एवं जातियों के लोग रेल, बस एवं वायुयान में सहयात्री बन यात्रा करने लगे। इससे उनमें संपर्क बढ़ा समानता के भाव पनपे, छुआछूत कम हुई और खान-पान के नियमों में शिथिलता आयी।

(7) **स्त्री-शिक्षा का प्रसार**–स्त्रियों में शिक्षा के अभाव ने जातीय नियमों के पालन में योग दिया, किन्तु जब स्त्रियों में शिक्षा का प्रसार हुआ तो उन्होंने जातीय बंधन को तोड़ा और जाति-प्रथा के कारण उनको जिन यातनाओं को बर्दाश्त करना पड़ रहा था, उनके प्रति विद्रोह किया। उन्होंने भी जाति

से संबंधित विवाह एवं खान-पान के नियमों को चुनौती दी। नवीन शिक्षा प्राप्त स्त्रियां जातीय बंधनों को स्वीकार नहीं करती हैं।

(8) **धार्मिक आंदोलन**–ब्रह्म समाज, आर्य समाज, प्रार्थना समाज, रामकृष्ण मिशन तथा नानक, नामदेव, तुकाराम, कबीर, आदि संतों ने जाति के दोषों की कटु आलोचना की और जातीय छुआछूत एवं ऊंच-नीच को समाप्त करने में योग दिया है।

(9) **जजमानी प्रथा की समाप्ति**–जजमानी प्रथा में एक जाति दूसरी जाति की सेवा करती थी, उनमें पारस्परिक निर्भरता थी, किन्तु जब औद्योगीकरण हुआ एवं नवीन व्यवसायों की स्थापना हुई तो जजमानी प्रथा टूटी, लोग अपने जातीय व्यवसाय के स्थान पर अन्य व्यवसाय भी करने लगे। इससे जातीय व्यवसाय संबंधी बाध्यता समाप्त हुई और जाति-व्यवस्था का आर्थिक आधार कमजोर हुआ।

(10) **नवीन कानूनों का प्रभाव**–ब्रिटिश काल से ही कई ऐसे कानून बने जो जाति-प्रथा के विरुद्ध थे। हिन्दू विवाह वैधकरण अधिनियम, 1949, विशेष विवाह अधिनियम, 1954; हिन्दू विवाह अधिनियम, 1955; आदि ने विभिन्न धर्मों एवं जाति जाति के स्त्री-पुरुषों के विवाह को वैध घोषित किया। इससे जाति अन्तर्विवाह के नियम में शिथिलता आयी। 1955 के 'अस्पृश्यता अपराध अधिनियम' द्वारा छुआछूत को समाप्त कर दिया गया। भारतीय संविधान के अनुच्छेद 15 के अनुसार राज्य किसी भी नागरिक के प्रति धर्म, मूलवंश, जाति, लिंग, ज़न्म-स्थान, आदि के आधार पर भेदभाव नहीं बरतेगा। अनुच्छेद 17 के अनुसार अस्पृश्यता का अन्त कर दिया गया है। संविधान में भारत को एक धर्मनिरपेक्ष राज्य घोषित किया गया है, धर्म ने ही जाति को स्थायित्व प्रदान किया है। धर्म का महत्व घटने के साथ-साथ जाति-व्यवस्था का महत्व भी घटा है।

(11) **संयुक्त परिवारों के विघटन** ने भी जाति-प्रथा को विघटित किया। संयुक्त परिवार में जातीय नियमों का पोषण होता था। एकाकी परिवारों की स्थापना के कारण जातीय का पोषण करने वाले विचारों में कमी आयी।

(12) **जाति पंचायतों का ह्रास**–जाति-प्रथा को दृढ़ता प्रदान करने में जाति पंचायतो एवं ग्राम पंचायतों ने महत्वपूर्ण भूमिका निभायी। जातीय नियमों का उल्लंघन करने वालों को जाति पंचायतें दण्ड देती थीं। उनके डर से भी लोग जाति-नियमों का पालन करते थे, किन्तु जब जाति पंचायतें समाप्त

हुई और उनके पालयन करते है, किन्तु जब जाति पंचायतें समाप्त हुई और उनके स्थान पर नवीन अदालतें स्थापित हुई तो जाति-प्रथा भी कमजोर हुई।

जाति-व्यवस्था में आधुनिक परिवर्तन (Recent Changes in Caste-System)

उपर्युक्त कारकों के परिणामस्वरूप जाति-व्यवस्था की संरचना एवं कार्यों में अनेक परिवर्तन आये हैं और जाति में नवीन प्रवृत्तियों का उदय हुआ है :

(1) **जातीय समितियों का निर्माण**–विभिन्न जातियों ने वर्तमान में प्रान्तीय एवं राष्ट्रीय स्तर के संगठन बनाये हैं जो उनके जातीय हितों की रक्षा करते हैं। ये जातीय समितियां जाति को सामाजिक एवं राजनीतिक गतिशीलता तथा शक्ति प्रदान करने एवं अर्थिक लाभ पहुंचाने का कार्य करती हैं।

(2) **जातियों के बदलते हुए संबंध**–वर्तमान में जातियों के पारस्परिक संबंधों में भी परिवर्तन आया है। पहले दो जातियों के बीच जजमानी संबंध पाये जाते थे और एक जाति दूसरी जाति की अपने व्यवसाय द्वारा सेवा करती थीं अब जजमानी संबंध टूटे हैं तथा राजनीतिक शक्ति को लेकर टकराव होने लगा हे। शक्ति के नवीन समीकरण पनपे हैं, सत्ता अब प्रभु जाति एवं उच्च जातियों के हाथ से निम्न बहुसंख्यक जातियों के हाथ में आयी है। यह बात पंचायतों के चुनावों से स्पष्ट है।

(3) **ब्राह्मणों की स्थिति में गिरावट**–जाति प्रथा के अन्तर्गत सामाजिक, धार्मिक आर्थिक एवं राजनीतिक क्षेत्र में ब्राह्मणों का एकाधिकार एवं प्रभुत्व रहा है, किन्तु वर्तमान में व्यक्तिगत गुणों एवं धन का महत्व बढ़ जाने के कारण निम्न जातियों के व्यक्ति भी शिक्षा ग्रहण कर, धन संचय कर एवं चुनाव में विजय प्राप्त कर अपनी सामाजिक, आर्थिक एवं राजनीतिक स्थिति को ऊंचा उठाने में सफल हुए हैं, यहाँ तक कि कई बार तो ब्राह्मणें को निम्न जातियों के अधिकारियों के अधीन कार्य करना पड़ता है। धार्मिक क्रियाओं एवं पूजा-पाठ का महत्व घटने के कारण भी ब्रह्मणों की परम्परागत प्रभुता को ठेस पहुंची है।

(4) **जातीय संस्तरण में परिवर्तन**–जाति-प्रथा मे विभिन्न जातियों का एक संस्तरण पाया जाता है। प्रत्येक जाति यह जानती है कि कौन-कौन-सी जातियां उससे ऊंची एवं नीची हैं। सभी जातियां इस संस्तरण को स्वीकार करती हैं, किन्तु वर्तमान में इस संस्तरण में परिवर्तन आया है और निम्न जातियां अपनी सामाजिक, आर्थिक एवं राजनीतिक स्थिति में सुधार करके जातीय संस्तरण में ऊंचा उठने का प्रसास कर रही हैं। **डॉ. श्रीनिवास** ने

इस प्रक्रिया के लिए 'संस्कृतीकरण' (Sanskritization) शब्द का प्रयोग किया है। पहले जाति ही व्यक्ति का समाज में स्थान निर्धारित करती थी, किन्तु अब गुण, योग्यता, शिक्षा, संपत्ति एवं राजनीतिक शक्ति के आधार पर सामाजिक स्थिति तय होने लगी है। बड़े-बड़े नगरों में अपरिचितता का लाभ उठाकर निम्न जातियों के व्यक्ति अपने को उच्च जाति का घोषित करने लगे हैं।

(5) **पेशे के चुनाव में स्वतंत्रता**–परंपरागतिजाति-व्यवस्था में प्रत्येक जाति का एक निश्चित व्यवसास होता था जिसे बदला नहीं जा सकता था, किन्तु अब व्यक्ति अपनी क्षमता एवं योग्यता के अनुसार व्यवसाय चुनने लगा। आज हमें शर्मा शू स्टोर, अग्रवाल पान भण्डार, बर्मा टेलरिंग हाउस देखने को मिलेंगे। इसके अतिरिक्त, वर्तमान में कई नये व्यवसाय जैसे, डॉक्टरी, इंजीनियरिंग, वकालत एवं सरकार के विभिन्न विभागों में सेवा कार्य, आदि खुले हैं जिनसे सभी जातियों के व्यक्ति कार्य करते हैं। कृषि कार्य में अनेक जातियां लगी हुई हैं। इस प्रकार आज एक जाति अनेक व्यवसायों तथा एक व्यवसाय में अनेक जातियां लगी हुई हैं। फिर भी ब्राह्मणों एवं हरिजनों के कार्यों को अन्य जातियों ने नहीं अपनाया है।

(6) **भोजन संबंधी प्रतिबंधों में परिवर्तन**–परंपरागत जाति-प्रथा में खान-पान संबंधी अनेक निषेध थे। शाकाहारी, मांसाहारी, कच्चे एवं पक्के भोजन के बारे में पवित्रता एवं अपवित्रता की धारणा प्रचलित थी, किन्तु अब ब्राह्मण भी मांसाहारी भोजन करते हैं। कच्चे एवं पक्के भोजन का भेद समाप्त हुआ है, होटल, रेस्तरां एवं क्लब में सभी जातियों के व्यक्ति साथ-साथ खाने-पीने लगे हैं। धातु एवं मिट्टी के बर्तनों को लेकर पवित्रता एवं अपवित्रता की जो धारणा थी, वह समाप्त हुई है। अब उच्च जातियां निम्न जातियों के यहां भोजन एवं पानी ग्रहण करने लगी हैं।

(7) **जन्म से महत्व में कमी**–जाति-व्यवस्था में जन्म का अधिक महत्व था। ब्राह्मण के परिवार में जन्म लेने वाला व्यक्ति इसलिए श्रेष्ठ समझा जाता था कि उसने ऊंची जाति में जन्म लिया है, किन्तु वर्तमान में जन्म के बजाय व्यक्ति के कर्म एवं गुणों का महत्व बढ़ा है। आज योग्य, कुशल एवं साहसी व्यक्ति को श्रेष्ठ माना जाता है, चाहे वह निम्न जाति का ही क्यों न हो।

(8) **विवाह संबंधी प्रतिबंधों में परिवर्तन**–जाति-व्यवस्था का मूल आधार जाति अंतर्विवाह (Caste endogamy) रहा है। प्रत्येक व्यक्ति को अपनी

जाति में ही विवाह करना होता था। यही नहीं, जाति-प्रथा ने बाल-विवाह, कुलीन-विवाह एवं विधवा-विवाह निषेधों को जन्म दिया, किन्तु वर्तमान में जाति के विवाह संबंधी नियंत्रण शिथिल हुए हैं, अब अंतर्जातीय विवाह, विलम्ब-विवाह एवं विधवा पुनर्विवाह होने लगे हैं।

(9) **अस्पृश्य जातियों के अधिकारों में वृद्धि**–परंपरागत जाति-व्यवस्था में शूद्र एवं अस्पृश्य जातियों को अनेक सामाजिक, धार्मिक, आर्थिक एवं राजनीतिक अधिकारों से वंचित किया गया था, किन्तु समाज-सुधारकों एवं सरकारी प्रयत्नों के कारण आज उन्हें उच्च जातियों के समकक्ष ही सभी अधिकार एवं सुविधाएं प्राप्त हैं। उन्हें आर्थिक एवं राजनीतिक संरक्षण प्रदान किया गया है। विधान मण्डलों, संसद, सरकारी नौकरियों एवं अन्य क्षेत्रों में उनके लिए स्थान सुरक्षित रखे गये हैं। कानूनी रूप में अस्पृश्यता का अंत कर दिया गया है।

क्या जाति वर्ग में परिवर्तित हो रही है (Is Caste Changing into Class)

जाति-व्यवस्था में होने वाले विभिन्न परिवर्तनों को देखकर कई विद्वान यह निष्कर्ष देते हैं कि भारत में जातियां वर्ग का रूप ले रही हैं। उनका मत है कि औद्योगीकरण एवं नगरीकरण के प्रभाव के कारण जाति संरचना में परिवर्तन हुए हैं, जन्म का महत्व घटा है और व्यवसाय एवं जाति के आर्थिक आधारों में परिवर्तन हुआ है। जाति के अन्दर ही वर्ग पैदा होने लगे हैं और विभिन्न जातियों के व्यक्ति एवं वर्ग में सम्मिलित हो रहे हैं। जाति ने अपना जातीय संगठन बनाकर वर्ग की विशेषताएं ग्रहण की हैं। उदाहरण के लिए, शहरों में हरिजनों की अपनी ट्रेड यूनियन है जो अपने हितों के लिए उसी प्रकार से संघर्ष करती है, जैसे मजदूर वर्ग मालिक वर्ग से। इसी प्रकार के उद्योगों में पाये जाने वाले श्रमिक संगठनों में सभी जातियों के सदस्य होते हैं। इन संगठनों के निमार्ण का आधार जाति नहीं, वरन् समान व्यवसाय है। एक व्यवसाय में लगे विभिन्न जातियों के लोगों में **वर्ग चेतना** पैदा हुई है। वे अपनी मांगों को मनवाने के लिए एक ही झण्डे, मंच एवं राजनीतिक दल के अन्तर्गत सम्मिलित होते हैं। देश के विभिन्न भागों में बनने वाले जातीय संगठनों में एकाधिक जातियों के सदस्य पाये जाते हैं। विशेष तौर पर निम्न जातियां मिलकर संगठन का उल्लेख करते हुए कहा है कि इस संगठन में एकाधिक जातियों के सदस्य हैं। *इस प्रकार जाति जोकि पहले एक बन्द व्यवस्था थी, में अब वर्ग की भांति ही खुलापन (Openness) आता जा रहा है।* उद्योगों में ही नहीं वरन् कृषि में भी यही स्थिति है। औद्योगिकरण के कारण ग्रामीण व्यवसायों के नष्ट होने जाने

से ग्रामीण दस्तकारी जातियां अपने व्यवसाय को छोड़कर कृषि कार्य करने लगी हैं और वे भूमिहीन कृषक के रूप में सर्वहारा वर्ग में बदल रही है। निम्न जातियों को वर्ग के रूप में बदलने में प्रजातंत्रीय व्यवस्था एवं उन्हें दिये गये आर्थिक-राजनीतिक अधिकारों ने महत्वपूर्ण भूमिका निभायी है। सरकारी नौकरियां, विधान मंडलों, संसद, आदि में निम्न जातियों को दी गयी सुविधा के कारण वे राजनीतिक सप्ताह द्वारा अपने आर्थिक हितों की रक्षा के लिए एकजुट होती है तब भी वे वर्ग की विशेषता ग्रहण कर लेती हैं।

ब्राइस रेन (Bryce Ryan) का मत है कि जाति-व्यवस्था का आधार विभिन्न जातियों के बीच सांस्कृतिक विभिन्नता का पाया जाना है, किसी प्रकार के संघर्ष का पाया जाना नहीं। आज एक ओर विभिन्न जातियों के बीच सांस्कृतिक अन्तर कम हुआ है अर्थात् विवाह, खान-पान एवं सामाजिक सहवास के नियमों में शिथिलता आयी है, किन्तु दूसरी ओर उनके बीच पारस्पिरिक प्रतिस्पर्द्धा एवं संघर्ष में दिनोंदिन वृद्धि होती जा रही है। इसका अर्थ यह हुआ कि जाति में वर्ग की विशेषताएं आती जा रही है और जाति वर्ग का रूप ले रही है। उपर्युक्त विश्लेषण से ऐसा प्रतीत होता है कि भारत में जाति वर्ग के रूप में परिवर्तित होने की प्रक्रिया में है। इतना सबकुछ पर भी हम यह स्वीकार नहीं कर सकते कि जाति वर्ग का रूप ग्रहण कर लिया है या भविष्य में कर लेगी। जाति का आधार सामाजिक है और वर्ग का आर्थिक। इन दोनों की प्रकृति एवं मौलिक विशेषताओं में काफी अन्तर है। इतना अवश्य है कि समय के साथ जाति के वर्ग की कुछ विशेषताएं आने लगी हैं। फिर भी वह अपनी पृथकता को बनाये रखेगी।

भारत में जाति का भविष्य (Future of Caste in India)

जाति-व्यवस्था में होने वाले परिवर्तनों एवं नवीन शक्तियों के संघात के कारण कई बार यह प्रश्न किया जाता है कि क्या भविष्य में भारत में जातियां समाप्त हो जायेंगी, यदि नहीं तो उनके भविष्य का स्वरूप क्या होगा अथवा क्या होना चाहिए। स्वतंत्रता के पश्चात् भारत में धर्म-निरपेक्ष राज्य की स्थापना की गयी, जाति, रंग एवं लिंग पर आधारित भेदभाव एवं अस्पृश्यता को कानून द्वारा समाप्त कर दिया गया, प्रजातंत्र की स्थापना की गयी जिसमें देश के सभी नागरिकों को समान मौलिक अधिकार प्रदान किये गये। औद्योगीकरण, नगरीकरण, सुधार आन्दोलनों, पाश्चात्य सभ्यता एवं संस्कृति के प्रभावों, आदि के कारण जाति के संरचना एवं प्रकार्यों में अनेक नवीन स्थितियां पैदा हुई है, जाति में वर्गगत विशेषताएं पनपने लगी है। इन सब कारणों से प्रगतिवादी लेखकों एवं राजनीतिज्ञों ने कई वार जाति के समाप्त होने की बात कई है। कुछ लोग मानते हैं कि जाति-प्रथा अपने

आप ही समाप्त हो जायेंगी; किन्तु ऐसा मानना निराधार है। **डॉ॰ शर्मा** का मत है कि जाति में समय के साथ अनुकूलन करने एवं समुत्थान की शक्ति निहित है जो जाति-व्यवस्था के समाप्त होने के झूठे व्यय को अप्रमाणित सिद्ध करती है। **डॉ॰ श्रीनिवास** ने गुजरात, उड़ीसा, मद्रास, आंध्र मैसूर, बिहार तथा उत्तर प्रदेश में जाति में उभरती हुई जागरूकता और नवीन संगठनों के निर्माण के कारण जाति के शक्तिशाली होने की बात कही है। **डॉ॰ घुरिये** एवं **डा॰ श्रीनिवास** का मत है कि जहां एक ओर अंग्रेजी शासन काल में होनै वाले परिवर्तनों ने जाति-प्रथा के बंधन ढ़ीले किये, वहां उन्होंने जाति-प्रथा को प्रोत्साहन भी दिया।

अछूतोद्धार आन्दोलन में जाति की जड़ों को मजबूत करने में सहयोग दिया। जाति संगठनों के निर्माण भी जाति को सुदृढ़ बनाया है। **डॉ॰ योगेन्द्र सिंह** का मत है कि जाति में होने वाले परिवर्तन को समुत्थान एवं लचीलेपन की दृष्टि से देखा जाना चाहिए। लंबे समय तक जाति राजनीति, अर्थव्यवस्था तथा संस्कृति के क्षेत्र में आधुनिकीकरण करने वाली सामाजिक संरचनाओं के संचालन के लिए संस्थात्मक आधार प्रदान करती रहेगी। यह कहना वैज्ञानिक दृष्टि से तार्किक नहीं है कि जाति-व्यवस्था समाप्त हो रही है।

डॉ॰ श्रीनिवास कहते हैं कि भारत में कुछ व्यक्ति ऐसे हैं जो संख्या में थोड़े हैं, किन्तु शक्तिशाली है, उनका मत है कि जाति-प्रथा समाप्त हो जानी चाहिए। दूसरी ओर अधिकांश जनता विशेषत: हिन्दू लोग ही केवल जाति प्रथा को समाप्त करने के विरोधी हैं, वरन् वे किसी ऐसी समाज-व्यवस्था की भी कल्पना नहीं कर सकते जिसमें जाति-व्यवस्था न हो। ग्रामों में निवास करने वाली 70 प्रतिशत जनता के लिए जाति आज भी वे सारे कार्य करती है जो पाश्चात्य औद्योगिक नगरों के लिए कल्याणकारी राज्य करता है। जाति-व्यवस्था को समाप्त करने के लिए अनेक कानून भी बनाये गए हैं, किन्तु प्रस्ताव पास कर देने एवं कानून बनाने से ही कोई कार्य नहीं हो जाता है।

श्रीनिवास कहते हैं, "मैं आपको स्पष्ट शब्दों में कह देना चाहता हूँ कि यदि आप सोच रहे है कि आप जाति से सरलता से मुक्ति पा सकते हैं तो आप गम्भीर त्रुटि कर रहे हैं। जाति बहुत ही शक्तिशाली संस्था है और यह समाप्त होने के पूर्व बहुत ही खून खराबा करेगी।"

स्पष्ट है कि भारत में जाति-व्यवस्था एक गतिशील संस्था है जो समय एवं परिस्थितियों के साथ सदैव परिवर्तित होती रहती है और आने वाले समय में भी वह आवश्यकता के अनुरूप अपने को ढालने में समर्थ है। अतः इसके समाप्त होने के कोई आसार नजर नहीं आते हैं।

सामाजिक वर्ग (Social Class)

वर्गों की उपस्थिति सार्वभौमिक है। विश्व में कोई भी समाज ऐसा नहीं है, जिसमें वर्ग न पाये जाते हों। आधुनिक समाजों में तो स्तरीकरण का यह प्रमुख आधार है। इसलिए **मार्क्स** कहते हैं कि मनुष्य एक सामाजिक प्राणी है, परन्तु अधिक स्पष्टतया आधारभूत रूप में वह एक 'वर्ग प्राणी' है। आदिकाल से ही आयु, लिंग, शिक्षा, आय, व्यवस्था एवं धर्म, आदि के आधार पर वर्गों का निर्माण होता रहा है और समाज का स्तरीकरण बालक, युवा, प्रौढ़ एवं वृद्ध, स्त्री-पुरुष, शिक्षित-अशिक्षित, गरीब-अमीर, किसान, व्यापारी, शिक्षक, क्लर्क, आदि वर्गों में किया जाता रहा है। वर्ग ऐसे व्यक्तियों का समूह है जिनकी समान सामाजिक प्रस्थिति (Status) होती है। प्रत्येक समाज में अनेक प्रस्थितियां पायी जाती हैं, इसलिए उनके अनुसार अनेक प्रस्थितियां पायी जाती हैं, इसलिए उनके अनुसार अनेक वर्ग भी पाये जाते हैं।

अब जन्म को छोड़कर अन्य किसी आधार पर समाज को विभिन्न समूहों में विभाजित किया जाता है तो ऐसे प्रत्येक समूह को सामाजिक वर्ग कहते हैं। **बोटोमोर** लिखते हैं, "वर्ग तथ्यत: समूह होते हैं। वे अपेक्षाकृत उन्मुक्त होते हैं बंद नहीं। उनका आधार निर्विवाद रूप से आर्थिक है, लेकिन वे आर्थिक समूहों से अधिक हैं। वे औद्योगिक समाजों के लाक्षणिक समूह हैं।" समाजशास्त्र में वर्ग का अध्ययन स्तरीकरण एवं सामाजिक विभेदीकरण के संदर्भ में किया गया है। 19वीं सदी में सामाजिक वर्गों के अध्ययन में रुचि प्रजातंत्र एवं राजनीतिक शक्ति के कारण रही है। इस समय विभिन्न वर्गों और विशेषत: माध्यम वर्ग का विस्तार से अध्ययन किया गया। वर्ग के बारे में *सी.राइट मिल्स, पैरेटो, मैक्स वेबर एवं कार्ल मार्क्स* के अध्ययन महत्वपूर्ण हैं।

जन्म के अतिरिक्त किसी भी आधार पर समाज में समूहों का निर्माण वर्ग कहलाता है, किन्तु इस बात को लेकर मतभेद हैं कि क्या वर्गों का आधार ही है या सामाजिक-सांस्कृतिक भी। वर्ग का सामाजिक आधार मानने वाली कुछ परिभाषाएं इस प्रकार हैं:

ऑगबर्न एवं **निमकॉफ** के अनुसार, "एक सामाजिक वर्ग ऐसे व्यक्तियों का योग है, जिनकी एक दिये हुए समाज में अनिवार्य रूप से समान सामाजिक स्थिति होती है।"

मैकाइवर एवं **पेज** के शब्दों में, "एक सामाजिक समुदाय का वह भाग है जो सामाजिक वर्ग समुदाय का वह भाग है जो सामाजिक स्थिति के आधार पर दूसरों से पृथक् किया जा सके।"

जिसबर्ट (Gisbert) के अनुसार, "एक सामाजिक वर्ग व्यक्तियों का समूह अथवा एक विशेष श्रेणी है, जिनकी समाज में एक विशेष स्थिति होती है। यह विशेष स्थिति ही अन्य समूहों से उनके संबंध को निर्धारित करती है।"

ये सभी परिभाषाएं इन बात को स्पष्ट करती हैं कि समान सामाजिक प्रस्थिति वाले समूह ही समाज में वर्गों का निर्माण करते हैं।

दूसरी परिभाषाएं वे हैं जो वर्ग के आर्थिक आधार को स्वीकार करती हैं। **गुल्डनर** (Gouldner) लिखते हैं, "एक सामाजिक वर्ग उन व्यक्तियों अथवा परिवारों का योग है, जिनकी आर्थिक स्थिति लगभग समान होती है।" **मैक्स बेवर** कहते हैं, "हम एक समूह को तब तक वर्ग कहते हैं, तब तक उस समूह के लोगों को जीवन के कुछ अवसर समान रूप से प्राप्त हों, जहां तक कि यह समूह वस्तुओं पर अधिकार या आमदनी की सुविधाओं से संबंधित आर्थिक हितों द्वारा पूर्णतया निर्धारित तथा वस्तुओं या श्रमिक बाजारों की अवस्थाओं के अनुरूप हो" इस प्रकार बेवर यह मानते हैं कि प्रत्येक वर्ग को एक-सी आर्थिक सुविधाओं के अवसर प्राप्त होते हैं, प्रत्येक वर्ग का एक आर्थिक हित होता है और उसे वस्तुओं पर अधिकार व आमदनी के संबंध में कुछ निश्चित अवसर प्राप्त होते हैं जो वस्तुओं एवं श्रमिकों के बाजार भाव के अनुसार बदलते रहते हैं।

मार्क्स कहते हैं कि "जीविका-उपार्जन के विभिन्न साधनों के कारण मनुष्य पृथक-पृथक वर्गों में विभाजित हो जाते हैं। उनके अनुसार एक सामाजिक वर्ग को उसके उत्पादन के साधनों और संपत्ति के वितरण के साथ होने वाले संबंधों के संदर्भ में ही परिभाषित किया जा सकता है।"

वर्ग के सांस्कृतिक आधारों का उल्लेख करने वालों में गिन्सबर्ग, लेपियर, ओल्सन; आदि समाजशास्त्री प्रमुख हैं।

गिन्सबर्ग (Ginsberg) के शब्दों में, "एक सामाजिक वर्ग ऐसे व्यक्तियों का समूह है जो व्यवसाय, धन, शिक्षा, जीवनयापन, की विधियों, विचारों भावनाओं, मनोवृत्तियों और व्यवहारों में एक-दूसरे के समान होते हैं अथवा इनमें से कुछ आधारों पर एक-दूसरे से समानता अनुभव करते हुए अपने को एक समूह का सदस्य समझते हैं।"

लैपियर (Lapiere) के अनुसार, "सामाजिक वर्ग एक सांस्कृतिक समूह है, जिसे संपूर्ण जनसख्या में एक विशेष स्थिति अथवा पद प्रदान किया जाता है।"

ओल्सन लिखते हैं, "सामाजिक वर्गों का निर्माण उन व्यक्तियों के द्वारा होता है, जिन्हें लगभग समान मात्रा में शक्ति, सुविधाएं और सम्मान मिला है।" इस

प्रकार वर्ग का सांस्कृतिक आधार मानने वाली परिभाषाओं में इस बात को स्पष्ट किया गया है। कि एक वर्ग के लोगों की सांस्कृतिक विशेषताएं समान होती हैं।

सामाजिक वर्ग की विशेषताएं
(Characteristics of Social Class)

वर्ग की अवधारणा को और अधिक स्पष्टत: समझने के लिए हम यहां वर्ग की विशेषताओं का उल्लेख करेंगे:

(1) **ऊंच-नीच की भावना** (Feeling of Superiority Inferiority)–एक वर्ग के लोग दूसरे वर्ग के प्रति उच्चता या हीनता की भावना रखते हैं तथा अपने वर्ग के प्रति उनमें हीन भावना पायी जाती है। शासक एवं संपन्न वर्गों के लोग शासिनों एवं गरीब वर्गों को अपने से हीन समझते हैं तथा निर्धन लोग धनी वर्ग को अपने से ऊंचा।

(2) **वर्ग-चेतना** (Class Consciousness)–प्रत्येक वर्ग के लोगों में वर्ग-चेतना पायी जाती है, प्रत्येक वर्ग की सामाजिक प्रतिष्ठा दूसरे से भिन्न होती है। उनमें उच्चता, निम्नता या समानता की भावना पायी जाती है। एक वर्ग के लोगों की जीवन-शैली, खान-पान, सुख-सुविधाएं समान होने एवं बचपन से ही उसके सदस्यों को समाजीकरण उस वर्ग के अनुरूप होने से उस वर्ग के लोगों में अपने वर्ग के प्रति चेतना का निर्माण होता है। यह वर्ग-चेतना उनके व्यवहारों एवं वर्ग के पारस्परिक संबंधों को भी तय करती है। वर्ग-चेतना के आधार पर ही एक वर्ग दूसरे वर्गों से प्रतिस्पर्द्धा करता है। वे अपने अधिकारों के प्रति भी सजग होते हैं। मजदूर वर्ग के लोग अपना चेतन, मंहगाई भत्ता, बोनस, मकान किराया, काम के घंटे, भर्ती पद्धति, आदि मांगों को लेकर एकजुट होकर हड़ताल एवं प्रदर्शन, आदि करते हैं। वे अपने हितों की रक्षा के लिए परस्पर सहयोग करते हैं।

(3) **सीमित सामाजिक संबंध** (Restricted Social Relations)–एक वर्ग के लोगों के सामाजिक संबंध प्राय: अपने ही वर्ग के लोगों तक सीमित होते हैं और वे अन्य वर्गों से एक निश्चित सामाजिक दूरी बनाये रखते हैं। वे अपने ही वर्ग में से संगी-साथी, आदि का चुनाव करते हैं। आर्थिक सामाजिक एवं सांस्कृतिक समानता के कारण एक वर्ग के लोगों के संबंध अपने ही वर्ग में अधिक पाये जाते हैं।

(4) **मुक्त-द्वार** (Openness)–वर्ग-व्यवस्था जाति की भांति कठोर एवं बंद न होकर एक मुक्त व्यवस्था है। इसका अर्थ है कि एक व्यक्ति एक वर्ग

से दूसरे वर्ग में आ-जा सकता है। एक व्यक्ति परिश्रम करके धनी बन सकता तथा उच्च वर्ग की सदस्यता ग्रहण कर सकता है और दूसरी ओर संपन्न व्यक्ति दिवाला निकलने पर गरीब वर्ग में सम्मिलित हो जाता है। अतः यह आवश्यक नहीं है कि एक व्यक्ति जीवनपर्यन्त उसी वर्ग का सदस्य रहेगा जिस वर्ग में उसने जन्म लिया है।

(5) **जीवन-अवसर** (Life-chances)–मैक्स वेबर का मत है कि वर्ग के लोगों को जीवन के कुछ विशिष्ट अवसर एवं सुविधाएं समान रूप में प्राप्त होते हैं। मजदूरी करने के अवसर वर्ग को तथा नये उद्योग-धन्धे खोलने एवं उच्च जीवन-स्तर बनाये रखने के अवसर पर संपन्न लोगों को समान रूप से प्राप्त होते हैं।

(6) **पूर्णतया अर्जित** (Completely Achieved)–चूंकि वर्ग की सदस्यता जाति की भांति जन्म से निर्धारित नहीं होती है, अतः यह अर्जित है। एक व्यक्ति अपने गुण, शिक्षा एवं धन में वृद्धि करके उच्च वर्ग की सदस्यता ग्रहण कर सकता है।

(7) **समूहों का उतार-चढ़ाव** (Hierarchy of Groups)–समाज में वर्गों की एक श्रेणी होती है जिसमें कुछ वर्ग ऊपर एवं कुछ वर्ग मध्यम एवं कुछ निम्नतम स्थान पर होते हैं। उच्च वर्ग के लोगों की सामाजिक प्रतिष्ठा एवं शक्ति अन्य वर्गों की तुलना में सर्वाधिक होती है और उनके सदस्यों की संख्या भी कम होती है। निम्न वर्ग के सदस्यों की संख्या अधिक होती है, इनकी सामाजिक प्रतिष्ठा एवं शक्ति भी कम होती है तथा आर्थिक स्थिति कमजोर होने के कारण वे कई सुविधाओं को प्राप्त नहीं कर पाते हैं।

(8) **समान प्रस्थिति** (Equal Status)–एक वर्ग के लोगों की सामाजिक प्रस्थिति एक-समान होती है। प्रस्थिति निर्धारण के कई आधार हैं। यदि शिक्षा को आधार मानें तो शिक्षितों एवं अशिक्षितों की सामाजिक प्रस्थिति निर्धारण नहीं करता है, उनमें अन्य आधार जैसे, व्यवसाय, जाति की सदस्यता, व्यवसाय की प्रतिष्ठा, आदि भी महत्वपूर्ण हैं।

(9) **वर्ग की वस्तुपरक विशेषता** (Objective Aspect of Class)–एक वर्ग को पहचानने एवं एक को दूसरे से भिन्न करने के लिए वर्ग की कुछ, विशेषताओं को देखा जाता है, जैसे, मकान का प्रकार, मोहल्ले की प्रतिष्ठा, शिक्षा, आय रहन-सहन, बोलने का तरीका, आदि। संपन्न एवं प्रतिष्ठित लोग पक्के एवं अच्छे मकानों व प्रतिष्ठित कालोनी में रहते हैं, उनकी आय व शिक्षा ऊंची होती है तथा व्यवहार का एक प्रतिमान पाया जाता

है। निम्न वर्ग के लोग झोंपड़ियों, कच्चे मकानों व गन्दी बस्तियों में रहते हैं, उनकी आय एवं शिक्षा एक वर्ग की पहचान की जा सकती है।

(10) **जन्म का महत्व नहीं** (No Emphasis on Birth)–यह आवश्यक नहीं है कि एक व्यक्ति उसी वर्ग का सदस्य होगा जिसमें उसका जन्म हुआ है। वर्ग की सदस्यता को तय करने में व्यक्ति की शिक्षा, योग्यता, संपत्ति तथा कुशलता की महत्वपूर्ण पक्ष हैं। वर्ग जाति की भांति सदैव के लिए जन्म के आधार पर निर्धारित नहीं होते हैं।

(11) **कम स्थिरता** (Less Stable)–वर्ग व्यवस्था में अपेक्षाकृत कम स्थिरता पायी जाती है क्यों शिक्षा, व्यवसाय, धन एवं शक्ति, आदि जिनके आधार पर वर्गों का निर्माण होता है, परिवर्तनशील हैं। एक वर्ग को त्यागकर दूसरे की सदस्यता ग्रहण की जा सकती है, अत: यह परिवर्तनशील व्यवस्था है, किन्तु वर्ग परिवर्तन में भी एक समय लगता है, कुछ ही घंटों में यह कार्य नहीं होता है।

(12) **उप-वर्ग** (Sub-classes)–प्रत्येक सामाजिक वर्ग में भी कई उप-वर्ग पाये जाते हैं। उदाहरण के लिए, मध्यम वर्ग में भी सभी एक जैसे नहीं हैं, उनमें भी उच्च-मध्यम वर्ग, मध्य-मध्यम वर्ग एवं निम्न-मध्यम वर्ग, आदि पाये जाते हैं। इसी प्रकार से सभी प्रकार से सभी धनी वर्ग के लोग भी समान नहीं हैं।

(13) **सामान्य जीवन** (Common Mode of Life)–एक वर्ग के लोगों का जीवन जीने का तरीका लगभग समान होता है। उच्च वर्ग के लोग विशिष्ट वस्तुओं का उपभोग करने, अपव्यय करने एवं दिखावा करने में अधिक विश्वास करते हैं, जबकि मध्यम वर्ग के लोग रूढ़ियों एवं प्रथाओं के पालन में। निम्न वर्ग का जीवन अभावग्रस्त होता है।

(14) **वर्गों की अनिवार्यता** (Essentiality of Classes)–चूंकि समाज में सभी व्यक्ति शिक्षा, व्यवसाय, धन, योग्यता, आदि की दृष्टि से समान नहीं होते हैं, अत: व्यक्तियों में पायी जाने वाली इन भिन्नताओं के आधार पर समाज में स्वत: ही वर्ग व्यवस्था आवश्यक रूप में से पैदा हो जाती है और एक विशेषता से संबंधित समूह के लोग एक वर्ग का निर्माण करते हैं।

वर्ग-विभाजन (निर्धारण) के आधार (Bases of Class Division)

रॉबर्ट बीरस्टीड ने वर्ग-विभाजन के सात आधारों का उल्लेख किया है जो कि निम्नलिखित हैं:

(1) **निवास-स्थान की अवधि** (Duration of Residence)–एक व्यक्ति की वर्ग स्थिति तय करने में यह बात भी देखी जाती है कि उसका संबंध किसी ऐसे पुराने परिवार से है या नहीं जो भूतकाल में प्रतिष्ठित रहा है और कहीं वह घुमक्कड़ परिवार का सदस्य तो नहीं है। भारत में एक व्यक्ति के गतिशील न होने का एक कारण यह भी है कि अपने पूवर्जों के निवास-स्थान को छोड़ना नहीं चाहता, उसके साथ उसके भावात्मक संबंध होते हैं तथा नवीन स्थान पर जाने में उसकी वर्ग स्थिति खतरे में पड़ जाती है। जो लोग सदा इधर-उधर घूमते रहते हैं उनकी वर्ग स्थिति भी ऊंची नहीं होती।

(2) **संपत्ति, धन और आय** (Property, Wealth and Income)–वर्ग-निर्धारण के आधारों में संपत्ति, धन और आय प्रमुख हैं। अधिक आय के द्वारा ही संपत्ति एवं धन का संकलन किया जाता है और धन के सहारे ही सुख-सुविधाओं की वस्तुएं खरीदी जाती हैं, उच्च शिक्षा प्राप्त की जाती है और जीवन का स्तर ऊंचा उठाया ज़ात सकता है। **मार्क्स** तथा **मार्टिण्डेल** एवं **मौनाचैसी** की मान्यता है कि उत्पादन के साधनों एवं उत्पादित वस्तुओं पर व्यक्ति का कितना नियंत्रण है, इसी आधार पर उसकी वर्ग स्थिति की जा सकती है। बुर्जुआ वर्ग का उत्पादन के साधनों पर सर्वाधिक नियंत्रण होता है। व्यक्तिगत संपत्ति की वृद्धि और आर्थिक शक्तियों के वितरण में असमानता ने ही विभिन्न वर्गों के निर्माण में योग दिया है।

इस संदर्भ में एक बात यह भी महत्वपूर्ण है कि केवल संपत्ति एवं धन का स्वामित्व ही सब कुछ नहीं है वरन् वर्ग-निर्धारण में यह भी देखा जाता है कि संपत्ति एवं आय के स्त्रोत क्या हैं। जिस व्यक्ति के व्यापार एवं उद्योग में ईमानदारी से पैसा कमाया है, उसकी वर्ग स्थिति चोरी, मिलावट, तस्करी, कालाबाजारी, आदि अनैतिक तरीकों से धन होने पर भी उसकी सामाजिक प्रस्थिति ऊंची मानी जाती है, किन्तु सभी समाजों में मात्र संपत्ति एवं धन ही व्यक्ति की वर्ग-स्थिति निर्धारित नहीं करते हैं, वरन् संस्कृति, शिक्षा, व्यवसाय की प्रकृति, प्रजाति की सदस्यता, आदि भी वर्ग-निर्धारण के प्रमुख आधार हैं।

(3) **परिवार एवं नातेदारी** (Family and Kinship)–भारत में ही नहीं वरन् अन्य देशों में भी व्यक्ति की वर्ग स्थिति निर्धारित करने में व्यक्ति की पारिवारिक स्थिति एवं उसके नातेदारों की सामाजिक प्रस्थिति भी महत्वपूर्ण मानी जाती है। टाटा, बिड़ला, डालमिया एवं नेहरू खानदान में पैदा हुए

लोगों को स्वत: ही उच्च वर्ग में सम्मिलित कर लिया जाता है तथा इन परिवारों के विवाह संबंधियों की स्थिति भी उच्च समझी जाती है। भारत जैसे देश में जहां प्रदत्त प्रस्थिति का अधिक महत्व है, परिवार एवं नातेदारी के संबंध व्यक्ति की वर्ग सदस्यता तय करने में निर्णायक भूमिका निभाते हैं। सामन्तवादी व्यवस्था में एक राजा के पुत्र की वर्ग स्थिति इसलिए ही ऊंची होती है कि उसका संबंध राजघराने से है।

(4) **निवास की स्थिति** (Location of Residence)–व्यक्ति का निवास-स्थान कहां है और उसके पड़ोसी कौन हैं, यह भी वर्ग स्थिति को तय करता है। शहरों में विकसित कॉलोनियां में रहने वाले लोगों की प्रतिष्ठा गंदी बस्तियों में रहने वालों से ऊंची होती है। प्राचीन भारत में राजा एवं उससे संबंधित व्यक्ति शहर के केन्द्र में रहते थे तथा निम्न एवं पिछड़े वर्ग के लोगों का निवास गांव के बाहर कच्ची झोपड़ियों में हुआ करता था। आज भी अनेक गांवों में यही स्थिति है।

8

सामाजिक प्रतिमान
(Social Norms)

प्रस्तावना (Introduction)

सामाजिक जीवन को व्यस्थित बनाये रखने के लिए ही मानव अनेक प्रथाओं, रीति-रिवाजों, परिपाटियों, रूढ़ियों एवं कानूनों, आदि की रचना करता है, जिन्हें हम सामाजिक प्रतिमान कहते हैं। यही कारण है कि मानव को 'प्रतिमान निर्मित करने वाला प्राणी' (Norm-making Animal) कहा जाता है। सामाजिक नियम ही सामाजिक प्रतिमान कहलाते हैं। समाज व्यवस्था को सुचारू रूप से चलाने एवं समाज में नियन्त्रण बनाये रखने के लिए प्रतिमानों का होना आवश्यक एवं अनिवार्य है। इनके अभाव में समाज का अस्तित्व संभव नहीं होगा। इसी बात की ओर संकेत करते हुए **बीरस्टीड** लिखते हैं, 'बिना प्रतिमानों के सामाजिक जीवन असंभव होगा और समाज में कोई व्यवस्था नहीं रह पायेगी।" **डेविस** ने भी लिखा है, "आदर्श-नियमों के अभाव में मानव समाज की कल्पना भी नहीं की जा सकती।"

यदि हम सामाजिक जीवन पर दृष्टि डालें तो पायेंगे कि सामाजिक संबंधों में आश्चर्यजनक व्यवस्था एवं स्थिरता पायी जाती है। परिवार के सदस्यों, कारखाने के कर्मचारियों, किसी संगठन के पदाधिकारियों, आदि के निश्चित कर्त्तव्यों एवं दायित्वों के बीच एक व्यवस्था देखने को मिलती है। वे एक-दूसरे के प्रति निरंकुश एवं मनमाना आचरण नहीं करते। ऐसा इसलिए संभव हो पाता है कि सामाजिक नियम (प्रतिमान) मानव व्यवहार को नियमित एवं नियन्त्रित करते हैं। वे समाज के मेरुदण्ड (Backbone) के समान हैं जिनके अभाव में कोई भी समाज व्यवस्थित रूप से खड़ा नहीं हो सकता।

सामाजिक प्रतिमान को सामाजिक मानदण्ड अथवा सामाजिक आदर्श नियम भी कहते हैं। समाजशास्त्र में सामाजिक प्रतिमानों के अध्ययन का विशेष महत्व

है क्यों ये सामाजिक संबंधों को नियमित प्रतिमानों के अध्ययन के द्वारा किसी समाज व्यवस्था का ज्ञान प्राप्त कर सकते हैं। सामाजिक प्रतिमानों के आधार पर ही हम किसी मानवीय व्यवहार को उचित या अनुचित ठहरा सकते हैं। मानव में मूल रूप में वे सभी प्रवृत्तियां पायी जाती हैं जो पशुओं में पायी जाती हैं, किन्तु पशुओं का व्यवहार केवल शारीरिक आवश्यकताओं से प्रभावित होता है जबकि मानव का व्यवहार अंशत: शारीरिक और अंशत: सांस्कृतिक व्यवहार द्वारा भी मानव अपनी आवश्यकताओं की पूर्ति के लिए समाज द्वारा स्वीकृत तरीकों की अपनाता है। इन्हें ही हम सामाजिक प्रतिमान द्वारा स्वीकृत तरीकों को अपनाता है। इन्हें ही हम सामाजिक प्रतिमान जीवन अस्त-व्यस्त हो जायेगा।

सामाजिक प्रतिमान का अर्थ एवं परिभाषा (Meaning and Definition of Social Norms)

सामाजिक प्रतिमान समाज के वे नियम हैं जो समाज द्वारा स्वीकृत होते हैं, जिनका पालन समाज के अधिकांश व्यक्ति करते हैं, जो हमारे व्यवहारों पर नियन्त्रण रखते हैं और जो हमें उचित-अनुचित का भेद बताते हैं जिनका पालन करने पर समाज उचित पुरस्कार देता है और उल्लंघन करने पर दण्ड की व्यवस्था की जाती है। सरल शब्दों में, *समाज में आचरण के नियम ही सामाजिक प्रतिमान कहलाते हैं* (Rules of behaviour are norms)। सामाजिक प्रतिमानों को परिभाषित करते हुए **किंग्सले डेविस** लिखते हैं, "आदर्श नियम एक प्रकार के नियन्त्रण हैं। मानव समाज इन्हीं नियन्त्रणों के बल पर अपने सदस्यों के व्यवहार पर इस प्रकार अंकुश रखता है जिससे वे सामाजिक आवश्यकताओं की पूर्ति के साधन के रूप में कार्य करते रहें, भले ही उनकी प्राणीशास्त्रीय आवश्यकताओं में इससे बाधा पहुंचती हो।"

प्रो. डेविस की परिभाषा के स्पष्ट होता है कि सामाजिक प्रतिमान या आदर्श-नियम मानव व्यवहारों को नियन्त्रित करने वाले साधन हैं, इनके द्वारा मानव की मूल प्रवृत्तियों पर अंकुश रखा और उन्हें समाज के अनुकूल कार्य करने के लिए प्रेरित किया जाता है।

वुड्स (Woods) के अनुसार "सामाजिक प्रतिमान वे नियम हैं जो मानव व्यवहार को नियन्त्रित करते हैं, व्यवस्था में सहयोग देते हैं तथा किसी विशेष स्थिति में व्यवहार की भविष्यवाणी करना संभव बनाते हैं।" वुड्स की परिभाषा में भी सामाजिक प्रतिमानों को नियंत्रक के रूप में स्वीकार किया गया है। नियन्त्रण के द्वारा ही समाज को व्यवस्थित करने में सामाजिक प्रतिमान सहयोग देते हैं। चूंकि समान में प्रतिमान पूर्व निश्चित होते हैं, इसलिए हम इनके आधार पर मानव व्यवहार की भविष्वाणी भी कर सकते हैं। उदाहरण के लिए, बड़ों को नमस्कार करना

सामाजिक प्रतिमान है। अतः दिन में पहली बार जब एक छात्र अपने गुरू से, पुत्र अपने पिता से, बाबू अपने अधिकारी से मिलेगा तो केसा व्यवहार करेगा, हम इसकी भविष्यवाणी कर सकते हैं।

किम्बाल यंग (Kimball Young) लिखते हैं, "सामाजिक प्रतिमान समूह की अपेक्षाएं हैं।" इस परिभाषा से स्पष्ट है कि प्रत्येक समूह या समाज अपने सदस्यों से कुछ आशाएं एवं अपेक्षाएं रखता है कि उन्हें किन परिस्थितियों में क्या करना चाहिए। ये अपेक्षाएं समाज द्वारा मान्य होती हैं, इन्हीं के अनुसार मानव के व्यवहार नियमित एवं सचालित होते हैं। समाज स्वीकृत इन अपेक्षाओं को ही सामाजिक प्रतिमान कहते हैं।

राबर्ट बीरस्टीड लिखते हैं, "सामाजिक प्रतिमान, संक्षेप में कार्य-प्रणालियों की प्रमाणित विधियां हैं। कार्य संपन्न करने का एक तरीका है जो हमारे समाज द्वारा स्वीकृत है।" वे पुनः लिखते हैं कि प्रतिमानों की श्रेणी में तीन बातों-नियमों, अपेक्षाओं और प्रमाणित कार्य-प्रणालियों (Rules expectation and standardized procedures) को सम्मिलित करते हैं। सामाजिक प्रतिमान एक प्रकार के आदर्श-नियम हैं जो एक परिस्थिति विशेष में हमारे व्यवहार का मार्गदर्शन करते हैं। सामाजिक प्रतिमानों के अनुसार ही समाज हमसे कुछ अपेक्षाएं करता है, अतः सामाजिक प्रतिमान सामाजिक अपेक्षा (Social expectation) भी है। यह हमारे व्यवहार को मापने का एक पैमाना भी है जिसके आधार पर हम यह देख सकते हैं कि हमारा व्यवहार कितना सामाजिक है और कितना समाज-विरोधी? सामाजिक प्रतिमान हमारे आचरण को मार्ग-दर्शन देने वाला सांस्कृतिक निर्देश (Cultural specification) भी है। यह कार्यों को पूरा करने का समाज द्वारा नियोजित तरीका है और सामाजिक नियंत्रण का एक अनिवार्य साधन भी है।

हारालाम्बोस के अनुसार, "प्रत्येक संस्कृति में ऐसे निर्देश बड़ी संख्या में पाये जाते हैं जो विशिष्ट परिस्थितियों में व्यवहार को निर्देशित करते हैं। ऐसे निर्देशों को ही मानदण्ड कहते हैं।"

उपर्युक्त परिभाषाओं से *स्पष्ट है कि सामाजिक प्रतिमान समाज में व्यवहार करने के वे निश्चित एवं प्रमापित तरीके हैं जो समाज द्वारा स्वीकृत और साथ ही जो हमारे जीवन के हर क्षेत्र में विद्यमान हैं*। उदाहरण के लिए, पत्र लिखने का एक तरीका है कि हम सर्वप्रथम अपना नाम, स्थान व दिनांक, आदि लिखते हैं, उसके बाद अभिवादन के लिए 'डियर सर', डियर मेडम', 'पूज्य पिताजी', 'प्रिय बंधु', 'मान्यवर', आदि शब्दों का प्रयोग करते हैं और अन्त में हस्ताक्षर करते हैं। यदि हम पत्र लिखने के इन नियमों का पालन न करें तो असुविधा होगी। भाषा को

बोलने एवं लिखने के भी व्याकरण के नियम हैं। इसी तरह से लेखन के भी नियम हैं कि विराम, पूर्ण विराम एवं संदर्भ का प्रयोग कहां और केसे होगा। यदि कोई प्रश्नों का पाठ से पहले लिख दे, शीर्षक को अन्त में लिखे और संदर्भ पृष्ठ के ऊपर दे तो पाठकगण कहेंगे कि पुस्तक लिखने में स्वीकृत प्रतिमानों का पालन नहीं किया गया है। सामाजिक प्रतिमान जीवन के प्रत्येक क्षेत्र में पाये जाते हैं, इनकी संख्या अनगिनत है, इनकी सूची बनाना कठिन है। खाने-पीने, उठते-बैठने, नृत्य करने, वस्त्र पहनने, हंसने, रोने, सोने, लिखने, गाने, बोलने, स्वागत करने, सत्कार करने, विदा करने आदि सभी से संबंधित सामाजिक प्रतिमान पाये जाते हैं। ये हमारे व्यवहार के पथ-प्रदर्शक हैं। इसके अभाव में मानव जीवन अव्यवस्थित हो जायेगा। इनके पालन से हम परिष्कृत होते हैं। इनका पालन करने पर समाज प्रशंसा करता है और इनके विपरीत आचरण करने पर निन्दा। ये हमारे व्यवहार को नियन्त्रित करते हैं, सामाजिक संबंधों को नियमित करते हैं एवं समाज व्यवस्था को स्थिरता प्रदान करते हैं।

सामाजिक प्रतिमान की विशेषताएं
(Characteristics of Social Norms)

सामाजिक प्रतिमानों की प्रकृति को और अधिक स्पष्ट रूप से समझने के लिए हम यहां उनकी विशेषताओं का उल्लेख करेंगे:

(1) *सामाजिक प्रतिमानों का संबंध समाज की वास्तविक परिस्थितियों से होता है।* उदाहरण के लिए, यदि समाज यह प्रतिमान बना दे कि प्रत्येक व्यक्ति के पास अपनी कार होनी चाहिए, लेकिन कार खरीदने के लिए पैसे एवं सुविधाओं के अभाव प्रतिमान व्यर्थ होगा।

(2) *सामाजिक प्रतिमान सामाजिक नियन्त्रण के वे साधन हैं,* जो मानवीय व्यवहारों को नियन्त्रित एवं व्यवस्थित करते हैं। ये सामाजिक आवश्यकताओं की पूर्ति के साधन के रूप में कार्य करते हैं।

(3) सामाजिक प्रतिमान भिन्न-भिन्न मानव समूहों के बीच उत्पन्न होने वाले संघर्षों में सामाजिक अस्तित्व की रक्षा करते हैं।

(4) *सामाजिक प्रतिमानों का पालन बाह्य दबाव के कारण ही नहीं किया जाता* वरन् इसलिए भी किया जाता है कि लंबे समय से उनका पालन करने के कारण *वे मानव-व्यवहार के अभिन्न अंग बन चुके हैं* और मानव स्वचालित रूप से अपने व्यवहार में आजीवन उनका पालन करता है।

(5) सामाजिक प्रतिमान सापेक्ष होते हैं अर्थात् सामाजिक प्रतिमान *सभी व्यक्तियों पर अथवा सभी परिस्थितियों में समान रूप से लागू नहीं होते।* उदाहरण

के लिए, जो प्रतिमान स्त्रियों के लिए उचित हैं, वे सदैव ही पुरुष के लिए भी उचित हों, यह जरूरी नहीं है। सैनिक से संबंधित प्रतिमान डॉक्टर के प्रतिमानों से भिन्न होते हैं। इसी प्रकार से विवाह के प्रतिमान जन्मोत्सव के प्रतिमान से भिन्न होते हैं।

(6) *सामाजिक प्रतिमानों का संबंध सामाजिक उपयोगिता एवं आवश्यकताओं से है।* अत: आवश्यकताओं के बदलने के साथ-साथ सामाजिक प्रतिमानों में भी परिवर्तन आता है। समय के साथ यदि उनमें परिवर्तन नहीं होता है तो वे सामाजिक कुरीतियों एवं रूढ़ियों के रूप में परिवर्तित हो जाते हैं।

(7) *सामाजिक प्रतिमान मानव का पथ-प्रदर्शन करते हैं* तथा उसके अपने व अन्य व्यक्तियों के बारे में निर्णयों को निर्धारित करते हैं। सामाजिक प्रतिमानों के पालन तथा उल्लंघन से ही व्यक्तित्व तथा समाज की बहुत-सी समस्याएं उत्पन्न होती हैं।

(8) सामाजिक प्रतिमान नैतिक *कर्तव्य की भावना से संबंधित होते हैं* अर्थात् वे यह बताते हैं कि किसी भी व्यक्ति को विद्यमान परिस्थितियों के अनुसार ही कुछ विशेष प्रकार के व्यवहार करने चाहिए, अवश्य करने चाहिए अथवा अनिवार्य रूप से करने चाहिए। इसमें कर्तव्यपालन की भावना निहित है।

(9) *सामाजिक प्रतिमानों में विकल्प भी होते हैं।* वे यह संकेत करते हैं कि किसी एक प्रतिमान की तुलना में दूसरा कौन-सा प्रतिमान चुनना चाहिए, लेकिन पूर्णतया किसी एक प्रतिमान को चुनने के लिए व्यक्ति को बाध्य नहीं किया जाता। उदाहरण के लिए, सभ्य समाज में यह अपेक्षा की जाती है कि व्यक्ति अपनी दाढ़ी बनाये, किन्तु यह व्यक्ति की इच्छा पर निर्भर है कि वह सेफ्टीरेजर, उस्तरा या बिजली की मशीन में से किस का प्रयोग करे। किसी एक का प्रयोग करने के लिए उस पर दबाव नहीं डाला जाता है।

(10) सामाजिक प्रतिमान *व्यक्ति को प्रभावित करते हैं, साथ ही उससे प्रभावित भी होते हैं।*

(11) सामाजिक प्रतिमान का अर्थ उन सामाजिक नियमों से है जिनके *पालन की अपेक्षा उस समाज के सभी सदस्यों से की जाती है।*

(12) *सामाजिक प्रतिमानों में अनेक छोटे एवं बड़े नियम और उपनियम होते हैं।*

(13) सामाजिक प्रतिमान *सभी समाजों में अनिवार्य रूप से पाये जाते हैं।* हम ऐसे मानव समाज की कल्पना नहीं कर सकते हैं जिसके कोई आदर्श नियम न हों।

(14) *मानव समाज की आदर्श व्यवस्था लाखों वर्ष पुरानी है।* इसका विकास मानव समाज के एक अंग के रूप में हुआ है क्योंकि यह *मौलिक सामाजिक आवश्यकता की पूर्ति में सहायक है।* सामाजिक प्रतिमान मानव समाज के साथ ही उत्पन्न हुए हैं।

(15) *सामाजिक प्रतिमान लिखित एवं अलिखित दोनों प्रकार के होते हैं।* प्रथा, परम्परा, रूढ़ियां एवं फैशन अखिलित सामाजिक प्रतिमान हैं तो कानून लिखित प्रतिमान हैं।

सामाजिक प्रतिमानों का वर्गीकरण (Classification of Social Norms)

सामाजिक प्रतिमानों का विस्तृत विवेचन करने के लिए उनका वर्गीकरण करना आवश्यक है, किन्तु उनका व्यवस्थित वर्गीकरण करना एक कठिन कार्य है। सभी समाजशास्त्रियों ने अपनी-अपनी सूची प्रस्तुत की है और उनमें एकमतता का अभाव है सामाजिक प्रतिमानों के वर्गीकरण के लिए अपनाये गये कुछ प्रमुख आधार इस प्रकार हैं:

(1) नियमों की परिवर्तनशीलता की तीव्रता के आधार पर अर्थात् वे प्रतिमान जो धीमी गति से बदलते हैं, जैसे रूढ़ियां व प्रथाएं और वे प्रतिमान जो तेज गति से बदलते हैं जैसे फैशन एवं धुन (Fashion and Fad)।

(2) सामाजिक प्रतिमानों का एक वर्गीकरण *औपचारिकता एवं अनौपचारिकता के आधार पर* किया जाता है। प्रथा, जनरीति, रूढ़ि आदि अनौपचारिक प्रतिमान हैं, जबकि कानून औपचारिक प्रतिमान हैं, जबकि कानून औपचारिक प्रतिमान है।

(3) *मान्यता के आधार पर*—कुछ प्रतिमान ऐसे होते हैं जिनका पालन करने से समाज उस व्यक्ति की थोड़ी-बहुत निंदा कर देता है, जबकि कुछ प्रतिमानों का पालन बलपूर्वक करवाया जाता है।

(4) *महत्व की मात्रा के आधार पर*—कुछ प्रतिमान समाज में अधिक महत्वपूर्ण होते हैं, जबकि कुछ कम महत्वपूर्ण।

(5) *नियमों को क्रियान्वित करने की विधि के आधार पर*—कुछ प्रतिमानों का पालन कानून द्वारा कराया जाता है, जबकि कुछ पालन लोग अचेतन रूप में करते हैं क्योंकि वे व्यवहार के अंग बन चुके होते हैं।

(6) स्वेच्छा या स्वाभाविकता की मात्रा (Degree of spontaneity) के आधार पर।

(7) **बीरस्टीड** ने सामाजिक प्रतिमानों का वर्गीकरण इस आधार पर भी किया है कि वे किन-किन लोगों पर लागू होते हैं। इस आधार पर आपने प्रतिमानों को दो भागों में बांटा है: प्रथम, **सामुदायिक प्रतिमान** एवं द्वितीय, **संघात्मक प्रतिमान** (Communal Norms and Associational Norms)। जिन प्रतिमानों का संबंध सारे समाज या समुदाय से है, उन्हें सामुदायिक प्रतिमान कहते हैं, जैसे दांतुन करना, अभिवादन करना, वस्त्र पहनना। दूसरी और जिन प्रतिमानों का संबंध किसी समूह विशेष से ही होता है, उन्हें संघात्मक प्रतिमान कहते हैं। उदाहरण के लिए, शिक्षक को अच्छी तरह पढ़ाना आना चाहिए, यह केवल शिक्षकों तक सीमित है। 'परीक्षा में नकल नहीं करना चाहिए' यह प्रतिमान छात्रों तक ही सीमित है।

(8) सामाजिक प्रतिमानों का एक वर्गीकरण **सकारात्मक व नकारात्मक** है। जिन कार्यों को करने के लिए कहा जाता है, वे सकारात्मक प्रतिमान हैं, जैसे सदा सच बोलना चाहिए'। जिन व्यवहारों को करने की मनाही की जाती है, वे नकारात्मक प्रतिमान हैं, जैसे 'कभी चोरी नहीं करनी चाहिए'।

बीरस्टीड ने सभी प्रकार के प्रतिमानों को तीन श्रेणियों में बांटा है:

(1) जनरीतियां (Folkways),

(2) रूढ़ियां (Mores), तथा

(3) कानून (Laws)।

सामाजिक प्रतिमानों का एक वर्गीकरण इस प्रकार है–

(1) निर्धारित प्रतिमान (Prescribed Norms),

(2) अधिमान्य प्रतिमान (Preferred Norms),

(3) स्वीकृत प्रतिमान (Permitted Norms),

(4) निषेधात्मक प्रतिमान (Restrictive Norms)।

समाज द्वारा जिस प्रकार के व्यवहार की अपेक्षा की जाती है, उसे निर्धारित प्रतिमान कहते हैं, जैसे सड़क के बायीं ओर चलना चाहिए, पुत्र को पिता की और छात्र को गुरु की आज्ञा का पालन करना चाहिए। अधिमान्य प्रतिमानों में विकल्प होता है और एक की तुलना में दूसरे को अच्छा माना जाता है, जैसे माता-पिता को चाहिए कि वे अपने बच्चों को शिक्षा दिलाएं। इस प्रकार के प्रतिमानों का पालन करने पर प्रशंसा की जाती है। स्वीकृत प्रतिमान ऐसे व्यवहार हैं जिन्हें सहन कर लिया जाता है, जैसे प्राध्यापक के पढ़ाते समय छात्र द्वारा चुपचाप उठकर बाहर आ जाना, किसी भाषण के दौरान खांसी आने पर पर हल्का खांस लेना। निषेधात्मक

प्रतिमान वे हैं जो हमारे किसी व्यवहार पर रोक लगाते हैं जैसे माता-पिता यह ध्यान रखें कि बच्चे गली में नंगे नहीं घूमें, मेहमानों के आने पर हम तौलिया लपेट कर नहीं बैठें आदि।

किंग्सले डेविस ने सामाजिक प्रतिमानों का वर्गीकरण इस प्रकार किया है: जनरीतियां, रूढ़ियां, प्रथा, परंपरा, नैतिकता और धर्म, कानून, संस्थाएं, परिपाटी एवं शिष्टाचार, फैशन एवं धुन। हम यहां कुछ प्रमुख सामाजिक प्रतिमानों का उल्लेख करेंगे।

जनरीतियां (लोकरीतियां) (Folkways)

जनरीतियां अपेक्षाकृत स्थायी व्यवहार हैं जिनका पालन करना एक परिस्थिति में आवश्यक माना जाता है। जनरीति का अर्थ लोगों द्वारा अपनी इच्छाओं व आवश्यकताओं की पूर्ति के लिए अपनाये गये तरीकों से लिया गया है। जिस प्रकार समाज की संस्कृति एवं विचारों से लिया गया है। जिस प्रकार समाज की संस्कृति एवं विचारों में भिन्नता होती है, उसी प्रकार से समाज की जनरीतियां भी भिन्न-भिन्न होती हैं। जनरीतियों का पालन मनुष्य अचेतन रूप से करता रहता है, इनका *विकास स्वत: एवं मानव अनुभवों के आधार पर होता है।* इनका निर्माण योजनाबद्ध तरीकों से नहीं होता, अत: ये **अनियोजित होती हैं।** सभी युगों तथा संस्कृति की सभी अवस्थाओं में मनुष्यों के समस्त जीवन पर प्रारम्भिक नियंत्रण जनरीतियों के एक विशाल समूह से होता है और यह मानव समाज के साथ ही चली आयी हैं। जनरीतियां मानव की किसी न किसी *आवश्यकता की पूर्ति अवश्य करती हैं,* अत: आवश्यकताओं मे परिवर्तन होने पर इनमें भी परिवर्तन होता रहता है। इस प्रकार जनरीतियों का उपयोगी पक्ष भी है। सामाजिक प्रतिमान के विभिन्न प्रकारों में जनरीतियों का अपना एक प्रमुख स्थान है।

लोकाचार (रूढ़ियां) (Mores)

सामन्यत: रूढ़ि शब्द का प्रयोग दकियानूसी, पिछड़े एवं बिगड़े हुए प्रथागत व्यवहारों के लिए किया जाता है, जबकि 'मूरस (Mores) का अर्थ ऐसे व्यवहारों से है जिनमें समूह-कल्याण की भावना होती है। इसलिए हम 'Mores' के लिए रूढ़ियां शब्द के स्थान पंर 'लोकाचार' शब्द का ही प्रयोग करेंगे। लोकाचार को स्पष्ट करते हुए **समनर** लिखते हैं–"लोकाचार से मेरा तात्पर्य ऐसी लोकप्रिय रीतियों और परंपराओं से है जिनमें जनता के इस निर्णय का समावेश हो चुका है। कि वे सामाजिक कल्याण में सहायक हैं और वे व्यक्ति पर यह दबाव डालती हैं कि वह अपना व्यवहार उनके अनुकूल रखे यद्यपि कोई सत्ता उसे ऐसा करने के लिए

बाध्य नहीं करती। लोकाचार मानव व्यवहार के वे प्रतिमान हैं जिन्हें समूह कल्याणकारी समझता है तथा इनका उल्लंघन करना समाज का अपमान करना समझा जाता है। ये एक पीढ़ी से दूसरी पीढ़ी को हस्तांतरित होते हैं जिन्हें बिना किसी विचार अथवा तर्क के स्वीकार कर लिया जाता है" इस प्रकार लोकाचार वे सामाजिक व्यवहार है जिनकी समूह द्वारा अपेक्षा की जाती है और वे सामाजिक व्यवहार हैं जिनकी समूह द्वारा अपेक्षा की जाती है और नैतिकता की भावना पर आधारित होते हैं। लोकाचारों में समूह-कल्याण की भावना निहित होती है। इसलिए उन्हें अधिक दृढ़तापूर्वक स्वीकृति प्रदान की जाती है। समूह द्वारा किसी लोकाचार की भावना के उल्लंघन को बहुत गंभीर समझा जाता है। लोकाचार का संबंध समूह की आधारभूत आवश्यकताओं से होता है। ये सामाजिक नियन्त्रण का एक अनौपचारिक साधन हैं। जनरीतियां ही आगे चलकर लोकाचार में परिवर्तित हो जाती हैं। सामाजिक प्रतिमान के एक प्रकार के रूप में इनका काफी महत्व है।

प्रथा (Custom)

प्रथा शब्द का प्रयोग ऐसी जनरीतियों के लिए होता है जो समाज में बहुत समय से प्रचलित हों। प्रथा में भी समूह-कल्याण के भाव निहित होते हैं। यही कारण है कि कई बार प्रथा एवं लोकाचार का प्रयोग पर्यायवाची के रूप में किया जाता है। जब जनरीतियों को पीढ़ी-दर-पीढ़ी हस्तान्तरित किया जाता है तो वे प्रथाओं के नाम से जानी जाती हैं। प्रथाएं नवीनता की विरोधी होती हैं और ये कार्य करने के परंपरागत तरीके पर ही जोर देती हैं। **डेविस** लिखते हैं, "प्रथा शब्द विशेषकर उन व्यवहारों की ओर संकेत करता है जो पीढ़ी-दर-पीढ़ी होता चला आया है, अथवा प्रथाएं वे व्यवहार हैं जिनका पालन केवल इसीलिए किया जाता है कि बीते हुए समय में उनका पालन किया गया था। इस प्रकार यह लोकाचारों की अपेक्षा लोकरीतियों के अधिक निकट हैं, लेकन यह दोनों के परंपरागत, स्वचालित तथा सामूहिक चरित्र को स्पष्ट करती हैं।" प्रथाएं हमारी सांस्कृतिक धरोहर हैं, उनमें तर्क होना आवश्यक नहीं हैं सामाजिक प्रतिमान के एक प्रकार के रूप में प्रथाएं काफी महत्वपूर्ण हैं।

परम्परा (Tradition)

मानव को अपने जीवनकाल में दो प्रकार की विरासत मिलती है-एक प्राणीशास्त्रीय (Biological), जो कि उसे शारीरिक रचना व लक्षण प्रदान करती है और यह माता-पिता के वाहकाणुओं (Genes) के द्वारा मिलती है। इसे हम वंशानुक्रमण (Heredity) कहते हैं। दूसरी समाज द्वारा प्रदत्त सामाजिक विरासत (Social Heritage) है। व्यक्ति को जीवनयापन करने के लिए अनेक भौतिक और

अभौतिक वस्तुओं की जरूरत होती है जो समाज ही उसे प्रदान करता है। घड़ी, पेन, रेडियो, टेलीविजन, पंखा, वस्त्र, आदि हजारों प्रकार की वस्तुएं भौतिक विरासत हैं। धर्म, विचार, दर्शन, प्रथाएं, नियम, रीति-विाज, आदि अभौतिक सामाजिक विरासत हैं।

सामाजिक विरासत का अभौतिक पक्ष ही 'परंपरा' कहलाता है।

'Tradition' शब्द की उत्पत्ति '*Tradera*' शब्द से हुई है जिसका अर्थ है, '**हस्तान्तरित करना**' (Handing down or transmission)। 'Tradition' का संस्कृत शब्द '**परम्परा**' है जिसका अर्थ है '**ऐतिह**' अर्थात् विरासत में मिलना। इस प्रकार परंपरा का संबंध उन बातों से है जो अत्यंत प्राचीनकाल से चली आ रही हों और जो पीढ़ी-दर-पीढ़ी हस्तान्तरित होती रही हों। इस संदर्भ में एक बात उल्लेखनीय है कि परम्परा लम्बे समय से संरक्षित हो होती है, किन्तु यह पूर्णत: अपरिवर्तनशील या नितान्त रूढ़िवादी नहीं होती वरन् सामूहिक अनुभवों के अनुरूप इसमें आंशिक रूप में परिवर्तन होता रहता है।

परंपरा को परिभाषित करते हुए **गिन्सबर्ग** (Ginsberg) लिखिते हैं, "परंपरा का अर्थ उन संपूर्ण विचारों, आदतों और प्रथाओं के प्रयोग से है जो एक समूह की विशेषता है तथा जो एक पीढ़ी से दूसरी पीढ़ी को हस्तान्तरित होती रहती है।"

रॉस (Ross) के अनुसार, "परंपरा का अर्थ है, चिन्तन और विश्वास करने की विधि का हस्तान्तरण।"

ज़ेम्स ड्रीवर (James Drever) के अनुसार, "परमपरा कानून, प्रथा, कहानी और पौराणिक कथाओं का वह संग्रह है जो मौखिक रूप से एक पीढ़ी द्वारा दूसरी पीढ़ी को हस्तान्तरित किया जाता है।"

उपर्युक्त परिभाषाओं से स्पष्ट है कि परम्पराएं किसी भी समाज में प्रचलित प्रथाओं व जनरीतियों का संपूर्ण योग है जो एक पीढ़ी से दूसरी पीढ़ी को हस्तान्तररित होती रहती हैं। परंपराओं का पालन लोगों द्वारा बिना किसी तर्क-वितर्क के स्वत: ही किया जाता है। *परम्परा की विशेषताएं इस प्रकार हैं :*

(1) परंपराओं में परिवर्तन धीमी गति से होता है।

(2) परंपराओं में कठोरता पायी जाती है।

(3) परम्पराएं लम्बे समय की देन होती हैं, उनमें निरन्तरता होती है।

(4) परंपराओं का पालन अचेतन रूप से एवं बिना विचारे किया जाता है।

(5) परंपराओं का हस्तांतरण लिखित व मौखिक–किसी भी प्रकार से हो सकता है।

(6) परंपराएं पीढ़ी-दर-पीढ़ी हस्तान्तरित की जाती हैं।

परंपराओं का महत्त्व (Importance of Traditions)

परंपरा में दृढ़ता की प्रबल शक्ति है। **सिसरो** ने कहा था, ''यदि पूर्व की घटनाओं की स्मृतियां वर्तमान को अतीत के साथ संबंध न करें तो फिर मानव जीवन है ही क्या? परंपरा के बिना मानव जीवन विश्रृंखलित हो जायेगा।'' **मैक्डूगल** ने लिखा है।'' समस्याओं को सुलझाने एवं परिस्थितियों का सामना करने के पुराने ढंगों के आधार पर नये ढंगों की खोज की जा सकती है। परंपराएं हमें धैर्य, साहस एवं आत्मविश्वास प्रदान करती हैं, हम परंपराओं का महत्व इस प्रकार प्रकट कर सकते हैं:

(1) परंपराएं राष्ट्रीय भावना के विकास में सहायक होती हैं। **गिन्सबर्ग** लिखते हैं, ''परंपराएं राष्ट्रीयता के विकास में महत्वपूर्ण योगदान देती हैं। परंपराएं सामाजिक तनाव को कम करके सामाजिक विकास की एक दिशा निर्धारित करती हैं। परंपराओं से सामाजिक व धार्मिक संस्थाओं का अस्तित्व बना रहता है।''

(2) परंपराएं सामाजिक जीवन में एकरूपता लाती हैं।

(3) परंपराएं व्यक्ति के व्यवहार को नियंत्रित करती हैं।

(4) परंपराएं सामाजिक जीवन को सरल बनाती हैं, हमारे व्यवहार का मार्गदर्शन करती हैं तथा समाजीकरण में योग देती हैं

(5) ये व्यक्ति को सामाजिक सुरक्षा प्रदान करती हैं।

(6) परंपराओं में भूतकाल का अनुभव निहित होता हे, अत: हम उनके सहारे नवीन संकटों एवं परिस्थितियों का मुकाबला आसानी से कर सकते हैं।

नैतिकता तथा धर्म (Morality and Religion)

नैतिकता शब्द कर्तव्य की आंतरिक भावना पर बल देता है अर्थात् इसका संबंध सद् और असद्, उचित और अनुचित से है। आचार संबंधी नियमों का पालन चरित्र की दृढ़ता और पवित्रता से संबंधित है। नैतिकता का पालन व्यक्ति इसलिए नहीं करता है कि उसके पूर्वज भी प्राचीनकाल से ऐसा करते रहे हैं या उसके आसपास के लोग भी उसका पालन कर रहे हैं वरन् इसलिए करता है कि इसके पीछे न्याय, पवित्रता और सच्चाई के भाव होते हैं। नैतिकता का संबंध व्यक्ति के स्वयं के अच्छे और बुरे महसूस करने पर निर्भर करता है। नैतिकता प्रथा की अपेक्षा आत्मचेतना से अधिक प्रेरित होती है। नैतिकता लोकाचारों के अधिक निकट है क्योंकि उनमें भी उचित-अनुचित के भाव होते हैं। नैतिकता जनरीतियों व लोकाचारों की अपेक्षा

अधिक स्थायी होती है। इसमें तार्किकता पायी जाती है। **गुरविच** लिखते हैं, "नैतिकता, अत्यधिक गत्यात्मक (Dynamic), रचनात्मक तथा रूढ़िवादी तत्वों का विरोध करने वाली होती है।" न्याय, ईमानदारी, सच्चाई, निष्पक्षता, कर्तव्यपरायणता, अधिकार, स्वतंत्रता, दया और पवित्रता, आदि नैतिक धारणाएं ही हैं।

नैतिकता का संबंध किसी विशिष्ट वर्ग के सामाजिक प्रतिमानों से भी है। जैसे हम कहते हैं, न्यायाधीश की नैतिकता, डॉक्टर की नैतिकता, आदि। बौद्धिक एवं दार्शनिक स्तर पर नैतिकता नीतिशास्त्र या आचारशास्त्र (Ethics) बन जाती है। 'नीति' शब्द असाधारण विचारकों के अमूर्त चिंतन का विषय भी रहा है, जैसे हम कहते हैं–अरस्तू का नीतिशास्त्र, आदि। नैतिकता का संबंध सामाजिक मूल्यों से भी है। प्रत्येक समाज के मूल्य एक-दूसरे से भिन्न होते हैं इसलिए नैतिकता के नियमों में भी अंतर पाया जाता है।

धर्म का संबंध अलौकिक शक्ति से है। अलौकिक शक्ति में विश्वास ही धर्म को जन्म देता है। *नैतिकता का संबंध धर्म से भी है।* प्रत्येक धर्म में हमें नैतिक नियम देखने को मिलते हैं। हम नैतिक नियमों का पालन धार्मिक भय के कारण भी करते हैं क्योंकि कुछ नैतिक नियमों की उत्पत्ति ईश्वरीय एवं अलौकिक मानी जाती हैं उनका पालन न करने का अर्थ है–ईश्वर को नाराज करना। ऐसा माना जाता है कि ईश्वरीय शक्तियों ही नैतिक सिद्धांतों की पुष्टि एवं उनका पोषण करती हैं। धार्मिक नियमों का पालन करने पर ईश्वर प्रसन्न आचरण करने के लिए प्रोत्साहन देना और उसे सही रास्ते पर ले जाना है। धर्म में स्वर्ग एवं नरक की कल्पना की गयी हैं इनके भय से भी व्यक्ति धार्मिक नियमों का पालन करता है। धार्मिक नियमों को मानना पुण्य है और उससे मुक्ति एवं स्वर्ग प्राप्त होता है जबकि इनके उल्लंघन पर पाप लगता है, नरक में जाना होता है। धर्म में तर्क का कोई स्थान नहीं है, वह विश्वास तथा भावनाओं पर जोर देता है।

धर्म सामाजिक जीवन को नियंत्रित एवं निर्देशित करता है। प्रत्येक धर्म में कुछ आदर्श होते हैं, उनके अनुसार आचरण करने की धर्मावलब्यिों से अपेक्षा की जाती है। धर्म के महत्व को प्रकट करते हुए **डासन** (Dawson) लिखते हैं, "मानवता के संपूर्ण इतिहास में धार्मिक नियम सदैव एक महान् शक्ति का कार्य करते रहे हैं। मानस के भाग्य का निर्माण करने, उसे परिवर्तित करने और व्यक्ति तथा समाज को घनिष्ठ रूप से संबंध करने में यह नियम सदैव महत्वपूर्ण रहे हैं। धार्मिक नियमों का इतिहास उतना ही पुराना है जितनी कि मानव की सामाजिक चेतना।" **फ्रायड** यह मानते हैं कि धम का मानव के अचेतन मस्तिष्क से संबंध है। धर्म नैतिकता को शक्ति प्रदान करता है और उसका संबंध दैवी शक्ति से जोड़ता है, किन्तु सभी

नैतिक नियम धर्म में सम्मिलित नहीं होते हैं, कुछ कम महत्वपूर्ण नैतिक नियम धर्मनिरपेक्ष भी होते हैं।

नैतिकता व धर्म अंतर (Distinction Between Morality and Religion)

नैतिकता एवं धर्म में घनिष्ठ संबंध होते हुए भी इनमें निम्नांकित अंत हैं :

(1) नैतिक नियमों का पालन करने पर उसका फल हमें इसी जीवन में ‌‌मिलता है, लेकिन धर्म यह विश्वास दिलाता है कि धार्मिक नियमों का पालन करने पर उसका फल अगले जीवन में मिलेगा।

(2) नैतिकता का संबंध व्यक्ति के आचरण से है, जबकि धर्म का संबंध सामाजिक व्यवहारों से है, यद्यपि कुछ धार्मिक नियम व्यक्तिगत व्यवहारों को भी निर्देश देते हैं।

(3) धार्मिक नियम अधिक पुराने होने पर रूढ़िवादी हो जाते हैं। वे समय के साथ परिवर्तित होने की क्षमता खो देते हैं एवं प्रगति में बाधक होते हैं, किन्तु नैतिक नियमों में परिवर्तन की क्षमता होने के कारण ऐसी स्थिति नहीं आती और ये व्यक्ति कोअपने कर्तव्य का बोध कराते रहते हैं।

(4) नैतिकता एक आंतरिक पक्ष है जिसका पालन व्यक्ति स्वेच्छा से करता है, जबकि धर्म की अभिव्यक्ति कभी-कभी बाह्य व्यवहारों, कर्मकाण्डों एवं रीति-रिवाजों द्वारा भी की जाती है, जब किसी व्यक्ति पर धर्म थोपा जाता है तो उसे इन बाह्य वक्षों को स्वीकार करने को बाध्य किया जाता है।

(5) नैतिकता की स्वीकृति समाज द्वारा प्राप्त होती है, नैतिकता का पालन व्यक्ति अपनी आत्मा की पुकार के आधार पर करता है। दूसरी ओर धर्म को अलौकिक शक्ति एवं ईश्वरीय स्वीकृति प्राप्त होती है। एसो माना जाता है कि धार्मिक नियमों का पालन न करने पर ईश्वर दण्ड देता है।

(6) धर्म में तर्क का कोई स्थान नहीं है। यह आस्था और विश्वास पर टिका होता है, जबकि नैतिकता तर्क और विवेक पर आधारित होती है।

(7) नैतिकता में समय व परिस्थितियों के अनुसार परिवर्तन हो सकता है, किन्तु धर्म साधारणत: अपरिवर्तनीय है।

कानून (Law)

सामाजिक प्रतिमानों में कानून सर्वाधिक शक्तिशाली है। कानून वे नियम हैं जिनके पीछे राज्य की शक्ति होती है। **डेविस** ने कानूनों को दो भागों में बांटा है–प्रथागत कानून और वैधानिक कानून।

प्रथागत कानून (Customary Law)

प्रथागत कानून उन समाजों में पाये जाते हैं जिनमें सामाजिक नियमों का पालन करवाने के लिए विशिष्ट संगठन नहीं होते हैं। जहां न तो आधुनिक समाजों की तरह विधान-निर्मात्री सभा होती है और न ही कानून, न्यायाधीश, पुलिस, जेल, एवं गुप्तचर संस्था, किन्तु ऐसे समाजों में प्रचलित नियमों की प्रकृति कानूनों की तरह ही होती है। वहां पर भी न्याय के लिए एक परिषद् होती है जो वादी और प्रतिवादी दोनों पक्षों को सुनती है, गवाही लेती है, दोनों पक्षों को सुनने के बाद दोषी व्यकित को दण्ड देती है जो हर्जाने के रूप में या शारीरिक दण्ड के रूप में हो सकता है। इस प्रकार के नियमों को प्रथागत कानून इसलिए कहते हैं क्योंकि वे समुदाय की अमर परंपरा के अंग होते हैं। इन्हें लागू करने के लिए कोई वैधानिक संस्था नहीं होती और ये सांस्कृतिक विरासत के भाग होते हैं। इन्हें हम जनरीतियों एवं पूर्णत: विकसित कानूनों के बीच की अवस्था कह सकते हैं। **प्रो. डेविस** कहते हैं कि ''आरंभ में यदि मानव समाज में कोई विधियां थीं तो वे ऐसी ही प्रथागत विधियां थीं। केवल बड़े-बड़े राजनीतिक संगठनों के विकास, व्यापक विशेषीकरण तथा लेखन-कला के विकास के बाद ही पूर्ण विधियों का प्रादुर्भाव हुआ।'' प्रथागत कानून हमें आदिम जातियों एवं कृषक समाजों में देखने को मिलते हैं। इसका सर्वश्रेष्ठ उदाहरण अफ्रीका की 'बुशमैन' तथा 'होटेण्टोट' जनजातियां हैं।

होटेण्टोट जनजाति में वयोवृद्ध लोगों की एक परिषद् (Council of Elders) होती है जो हत्या, मनुष्यों का शिकार, राजविरोध, चोरी, सगोत्र यौन संबंध, व्यभिचार तथा गुदा मैथुन, आदि मामलों पर विचार करती है। वहां समुदाय का प्रत्येक व्यक्ति पुलिसमैन की तरह कार्य करता है। अपराधी को जनजाति-परिषद के सामने लाया जाता है। पंच लोग गोलाकर रूप में बैठते हैं और अपराधी को बीच में बैठाया जाता है। वादी-प्रतिवादी एवं गवाहों को सुनने के बाद पंच लोग निर्णय करते हैं। झूठा अभियोग लगाने वाले से हर्जाने के रूप में पशु लिए जाते हैं। दोषी व्यक्ति को मृत्यु-दण्ड तक दिया जाता है। सरपंच किर्री (Kirri) नामक हथियार से दोषी व्यक्ति पर गहरा बार करता है और अन्य एकत्र व्यक्ति भी उसे तब तक पीटते रहते हैं जब तक कि उसकी मृत्यु न हो जाय।

वैधानिक कानून (Enacted Law)

जब लोकाचारों के प्रवर्तन के लिए किसी विशेष संगठन का जन्म होता है तब हम उन्हें विधि कहते हैं। आधुनिक जटिल समाजों में केवल जनमत, अनौपचारिक शक्ति और नैतिक चेतना के द्वारा ही व्यवस्था स्थापित नहीं की जा सकती, बल्कि, वहां किसी प्रकार का राजनैतिक संगठन आवश्यक हो जाता है। जब जनसंख्या

एवं राज्य के कार्य-क्षेत्र में वृद्धि होती है तो सारे समुदाय से यह अपेक्षा नहीं की जा सकती कि वह अपराधियों को पकड़ने के लिए स्वयं दौड़ पड़े तथा उन्हें दण्ड दे। इस कारण हमें समाज के नियमों को लागू करने एवं व्यवस्था बनाये रखने के लिए किसी विशिष्ट संस्था की आवश्यकता पड़ती है। इसके लिए पुलिस की व्यवस्था की जाती है। सामाजिक जीवन में जटिलता एवं विभिन्नता के बढ़ने पर नवीन परिस्थितियों में प्राचीन लोकाचार अनुपयुक्त होते जाते हैं, तब समुदाय के लिए कानून के रूप में नये नियम बनाये जाते हैं। विधान मण्डल द्वारा यह कार्य किया जाता है। कानूनों को औपचारिक रूप से लागू किया जाता है, उनकी व्याख्या के लिए वकील होते हैं, उनके उल्लंघन को रोकने के लिए पुलिस एवं जेल व्यवस्था होती है, उनकी रक्षा तथा निर्णय करने के लिए न्यायालय होता है, ये कानून लिखित एवं पूर्णतः परिभाषित होते हैं।

कानून को परिभाषित करते हुए **मैकाइवर** लिखते हैं, ''कानून नियमों की वह व्यवस्था है जिन्हें राज्यों के न्यायालयों द्वारा मान्यता प्राप्त होती है, न्यायालयों द्वारा इनकी विवेचना होती है और किसी विशेष परिस्थिति के अनुसार ही इन्हें लागू किया जाता है।''

रॉस (Ross) के अनुसार, ''कानून मानव व्यवहार को नियंत्रित करने वाले औपचारिक विशिष्ट नियमों का वह स्वरूप है, जो इन लोगों द्वारा बनाये जाते हैं जिन्हें राज्य में राजनीतिक शक्ति प्राप्त होती है और उन्हीं सत्ताधारियों द्वारा कानून लागू किये जाते हैं।''

हॉबल के अनुसार, ''कानून एक सामाजिक नियम है जिसका उल्लंघन होने पर धमकी देने या वास्तव में शारीरिक बल प्रयोग करने का एकाधिकार एक समूह को होता है, जिसे ऐसा करने का समाज द्वारा मान्य विशेषाधिकार प्राप्त है।''

उपर्युक्त परिभाषाओं से स्पष्ट है कि *कानून वे नियम हैं जिन्हें बनाने, लागू करने एवं उनका उल्लंघन करने पर दण्ड देने की शक्ति समाज के लिए संगठित समूह में होती है, जिसे हम सरकार कहते हैं*। इस अर्थ में आदिम एवं निरक्षर समाजों में कानून नहीं होते क्योंकि कानून लिखित होते हैं और उनका किसी-न-किसी रूप में लेखा-जोखा रखा जाता है। कुछ विद्वान इस बात को स्वीकार नहीं करते कि आदिम समाजों में कानून नहीं होते, वे आदिम समाजों में प्रचलित नहीं होते, वे आदिम समाजों में प्रचलित लोकाचारों एवं जनरीतियों आदि को ही 'आदिम कानून' की संज्ञा देते हैं, किन्तु यदि हम लोकाचारों, जनरीतियों एवं कानून में भेद करना चाहते हैं तो हमें कानूनों को लिखित एवं औपचारिक नियमों के रूप में स्वीकार करना होगा।

लोकाचार एवं जनरीतियों का विकास होता है, जबकि कानूनों का निर्माण किसी विधिनिर्मात्री सभा द्वारा किया जाता है। कई बार कानूनों का निर्माण लोकाचारों के आधार पर ही किया जाता है। कानून लिखित एवं सुपरिभाषित होते हैं, जबकि लोकाचार प्रथाएं अलिखित, अनियोजित एवं अस्पष्ट होती हैं। लोकाचार एवं प्रथाओं में परिवर्तन स्वतः ही आते हैं, जबकि कानून में परिवर्तन जान-बूझकर लाया जाता है। प्रथाओं एवं लोकाचारों के पीछे समाज की औपचारिक शक्ति होती है, जबकि कानून के पीछे राज्य की बाध्यतामूलक शक्ति होती है तथा दण्ड की मात्रा निश्चित होती हैं कई बार हमें कानून एवं लोकाचारों में टकराव देखने को मिलता है। उदाहरणार्थ, कानून दहेज एवं बाल-विवाह का विरोधी है, जबकि लोकाचार उन्हें स्वीकार करते हैं। इसका यह अर्थ नहीं कि सदैव ही वे एक-दूसरे के विरोधी होते हैं। हम देखते हैं कि कानूनों का निर्माण प्रथा एवं लोकाचारों के आधार पर ही किया जाता है। वे कानून सफल नही हो सकते जिन्हें लोकाचार व प्रथाओं का समर्थन नहीं मिलता। इस प्रकार कहीं ये परस्पर विरोधी होते हैं तो कहीं एक-दूसरे के पूरक। नवीन परिस्थितियां पैदा होने पर जब उनसे संबंधित कोई लोकाचार एवं प्रथाएं न हों अथवा वे अपर्याप्त हों तो कानूनों का निर्माण आवश्यक हो जाता है। उदाहरण के लिए, भारत में जब औद्योगीकरण हुआ एवं नवीन यातायात के साधनों का विकास हुआ तो हमें मजदूरों एवं उद्योगों से संबंधित एवं सड़क के कानूनों का निर्माण करना पड़ा। इस प्रकार कानून नवीन परिस्थितियों से अनुकूलन में सहयोग देते हैं। कानून द्वारा सामाजिक परिवर्तन एवं नियंत्रण का कार्य किया जाता है। समाज के विकास के साथ-साथ कानून पर निर्भरता भी बढ़ती जाती है।

प्रथा व कानून का पारस्परिक संबंध
(Mutual Relationship Between Custom and Law)

प्रथा एवं कानून के संबंध कहीं सहयोगी एवं परस्पर पूरक हैं तो कहीं इन दोनों में संघर्ष भी देखने को मिलता है। आदिम समाजों में प्रथा ही कानून होती है तो दूसरी ओर आधुनिक समाजों में कानूनों में प्रथाओं के तत्व पाये जाते हैं। इस संदर्भ में **वेस्टरमार्क** कहते हैं कि स्वयं कानूनों का पालन भी अधिक होता है कि वे प्रथा होते हैं न कि कानून। कानून की तुलना में प्रायः प्रथा की जीत होती हैं। कई बार हमें प्रथा एवं कानून में **संघर्ष** अथवा **टकराव** देखने को मिलता है। प्रथा परंपरात्मक व्यवहार की पुष्टि करती है और कानून नयी परिस्थितियों के अनुसार नये आचरण की आशा करता है, तब इन दोनों में विरोधाभाषा पैदा हो जाता है। उदाहरण के लिए, भारत में जाति-प्रथा के अंतर्गत छुआछूत को स्वीकार किया गया है, किन्तु अस्पृश्यता निवारण अधिनियम इसका विरोधी है। इसी प्रकार

से प्रथाएं बाल-विवाह, दहेज एवं विधवा पुनर्विवाह निषेध के पक्ष में हैं, जबकि कानून इन सभी प्रथाओं का विरोध करता हैं इस प्रकार के विरोधाभास में अक्सर प्रथाओं की ही जीत होती है क्योंकि वे समाज में लंबे समय से स्थापित होती हैं और उन्हें लोगों का व्यापक समर्थन प्राप्त होता है। लोग कानून द्वारा प्रदत्त दण्ड भूगत कर भी प्रथाओं का पालन करते हैं, फिर भी समाज में किसी एक से ही काम नहीं चलता, दोनों का अस्तित्व आवश्यक है। प्रथा एवं कानून कई बार एक-दूसरे पर निर्भर (अन्योन्याश्रित) होते हैं। प्रथाएं सहज की उत्पन्न होकर अपनी जड़े जमा लेती हैं, जबकि कानून का जन्म होता है और इसके इर्द-गिर्द कई प्रथाएं पनप जाती हैं। कानूनों से कई प्रथाओं का जन्म होता है, ये प्रथाएं ही कानून को संबल प्रदान करती हैं। इनके अभाव में समुदाय पर कानून का अधिकार शिथिल ही रहता है। प्रथाओं के आधार पर ही कानून का निर्माण की स्रोत हैं। कुछ कानून व्यवहारों की पूर्ण व्याख्या नहीं करते, इस अभाव की पूर्ति प्रथाओं द्वारा की जाती है। जब संविधान में ही कई बातें पूरी तरह लिखी हुई एवं स्पष्ट नहीं होती हैं तो उनके लिए प्रथाएं ही मार्गदर्शन करती हैं। इंग्लैण्ड का संविधान कानून की अपेक्षा प्रथाओं पर अधिक निर्भर है। इस प्रकार हम देखते हैं कि कानून एवं प्रथाओं के संबंध मिश्रित प्रकार के हैं। जब प्रथाएं निरर्थक हो जाती हैं तो कानून उनका स्थान लेते हैं।

प्रथा व कानून में अंतर (Distinciton between Custom and Law)

प्रथा व कानून में निम्नांकित अंतर (भेद) हैं :

(1) प्रथाओं की अपेक्षा कानून अधिक सार्वभौमिक होते हैं।

(2) कानून औपचारिक नियंत्रण का साधन है, जबकि प्रथा नियंत्रण का अनौपचारिक साधन है।

(3) कानून का उल्लंघन करने पर राज्य दण्ड की व्यवस्था करता है, जबकि प्रथा का उल्लंघन करने पर समाज निंदा, आलोचना एवं खिल्ली उड़ाने के रूप में अनौपचारिक दण्ड देता है।

(4) कानून की व्याख्या एवं रक्षा के लिए न्यायालय, न्यायाधीश एवं वकील, आदि होते हैं, जबकि प्रथाओं की व्याख्या करने वाले न तो कोई विशिष्ट व्यक्ति होते हैं और न कोई संस्था ही।

(5) प्रथाएं कम परिवर्तनशील होती हैं, जबकि कानून समय, परिस्थिति एवं आवश्यकता के अनुरूप बदले जा सकते हैं। कानून परिवर्तित परिस्थितियों के प्रति अधिक समायोजनीय होते हैं।

(6) कानून का निर्माण एक राजनीतिक सत्ता द्वारा विचारपूर्वक एक निश्चित समय में किया जाता है, जबकि प्रथा इतिहास की देन होती है, उसका निर्माण नहीं विकास होता है। उसके पीछे कोई योजनाबद्ध क्रिया नहीं होती, वरन् वह स्वतः स्फूर्त होती है।

(7) कानून का संबंध एक निश्चत भू-भाग से है, उस भू-भाग में रहने वाले सभी लोगों पर कानून समाज रूप से लागू होता है। दूसरी ओर प्रथा का स्थानीय वितरण कानून की तरह नहीं होता।

(8) प्रथाओं का संबंध भावनाओं से है, जबकि कानून का तर्क एवं विवेक से। प्रथा व कानून में अंतर होते हुए भी दोनों में कुछ **समानताएं** भी हैं जैसे–

(i) प्रथा व कानून दोनों ही समाज की नैतिकता एवं सामाजिक-कल्याण से संबंधित हैं।

(ii) प्रथा व कानून दोनों ही व्यक्ति के लिए बाध्यतामूलक होते हैं।

(iii) दोनों ही व्यक्ति के बाह्य व्यवहार को नियंत्रित करते हैं, भावनाओं एवं मानसिक क्रियाओं को नहीं।

(iv) दोनों ही एक-दूसरे के पूरक हैं। मैकाइवर लिखते हैं, ''ऐसा कोई कानून सफल नहीं हो सकता, जिसका समर्थन करने वाली सामाजिक प्रथा प्रचलित न हो। दूसरी ओर प्रथा-विरोधी कानून का अस्तित्व भी खतरे में पड़ जाता है।''

संस्थाएं (Institutions)

समाजशास्त्रीय साहित्य में 'संस्था' शब्द का सर्वप्रथम प्रयोग **स्पेन्सर** ने अपनी पुस्तक '*First Principles*' में किया था। संस्था का अर्थ बताते हुए **समनर** लिखते हैं, ''संस्था वह अंग (Organ) है जिसके माध्यम से समाज के कार्यों को क्रियान्वित किया जाता है।'' स्पेन्स के बाद **समनर** ने अपनी पुस्तक '*Folkways*' मे संस्था शब्द का व्यापक रूप में प्रयोग किया। समाज में निश्चित और सुस्थापित कार्य प्रणालियों (Procedures) को संस्थाओं के नाम से जाना जाता है। संस्था को परिभाषित करते हुए **प्रो. डेविस** लिखते हैं, ''संस्था को परस्पर संबंधित लोकरीतियों, लोकाचारों तथा वैधानिक नियमों की समग्रता कहकर परिभाषित किया जा सकता है, जो एक अथवा अधिक कार्यों के लिए बनायी गयी हो।'' **मैकाइवर** के अनुसार, ''संस्था कार्य-प्रणाली के उन प्रतिष्ठित स्वरूपों अथवा स्थिति को कहते हैं जो समूह की क्रियाओं की विशेषता स्पष्ट करती हो।'' **गिलिन** और **गिलिन** के अनुसार, ''एक

सामाजिक संस्था प्राकृतिक प्रतिमानों (जिनमें क्रियाएं, विचार, मनोवृत्तियां तथा सांस्कृतिक उपकरण सम्मिलित हैं) का वह क्रियात्मक स्वरूप है जिसमें कुछ स्थायित्व होता है तथा जिसका कार्य सामाजिक आवश्यकताओं को संतुष्ट करना है।''

इस प्रकार संस्थाएं समाज में कार्य करने की सुनिश्चित विधियों (Ways) को कहा जाता है जिनका प्रयोग मानव अपनी आवश्यकताओं की पूर्ति के लिए करता है और इसमें अनेक सामाजिक प्रतिमानों का समावेश होता है। परिवार, विवाह, धर्म, सरकार, आदि समाज की प्रमुख संस्थाएं हैं। प्रत्येक संस्था में अनेक प्रथाएं, जनरीतियां एवं कानून पाये जाते हैं; उदाहरणार्थ, विवाह एक संस्था है जिसमें अनेक जनरीतियों हैं जैसे विवाह की अंगूठी देना, मंगनी करना, चावल फेंकना, सुहागरात मनाना, वधू को कंधे का सहारा देना, आदि। इसमें कुछ लोकाचार भी सम्मिलित हैं जैसे विवाह के पूर्व स्त्री व पुरुष द्वारा ब्रह्मचर्य जीवन व्यतीत करना, विवाह के बाद स्त्री-पुरुष का एक-दूसरे के प्रति विश्वास की प्रतिज्ञा करना, पत्नी की रक्षा एवं भरण-पोषण का पति द्वारा दायित्व लेना, आदि। अंत में समें कुछ वैधानिक नियम भी सम्मिलित हैं, जैसे कानूनी मान्यता, उचित कारण पर विवाह-विच्छेद का अधिकार, धोखे के विरुद्ध संरक्षण, उचित आय, निषेधात्मक संबंधों का पालन, आदि। ये सभी सामाजिक प्रतिमान मिलकर सामाजिक संरचना का निर्माण करते हैं। **डेविस** कहते हैं कि ''जितनी राजनीतिक, आर्थिक, धार्मिक तथा मनोरंजनकारी संस्थाएं हैं, वे सभी भिन्न-भिन्न प्रकार की अंतर्संबंधित लोकरीतियों, लोकाचारों तथा वैधानिक नियमों के उस ढांचे का प्रतिनिधित्व करती हैं जो परस्पर संगठित हैं तथा विभिन्न प्रकार के कार्य करने योग्य हैं।'' सामाजिक संस्थाओं के अध्ययन से हम किसी समाज के सामाजिक संगठन को समझ सकते हैं।

परिपाटी एवं शिष्टाचार (Convention and Etiquette)

परिपाटी एवं शिष्टाचार विशिष्ट प्रकार की लोकरीतियां हैं। इनका कोई गूढ़ अर्थ नहीं होता। ये हमारे सामाजिक संबंधियों में सरलता उत्पन्न करती है।

परिपाटी

परिपाटी किसी भी कार्य को करने का एक परंपरात्मक तरीका है। ये व्यवहार के अपेक्षाकृत एक निश्चित स्वरूप को प्रकट करती हैं जिसका किसी एक विशेष परिस्थिति में पालन किया जाना चाहिए। उदाहरण के लिए, भारत में सड़क के बायीं ओर तथा अमरीका में सड़क के दायीं ओर चलना एक परिपाटी है। कोई व्यक्ति यह नहीं सोचना कि यह एक पवित्र नियम है, या इसके पीछे कोई रहस्यवादी सिद्धांत निहित है। प्रत्येक व्यक्ति इस नियम का पालन इसलिए करता है, क्योंकि इसे समाज ने स्वीकार कर लिया है और ऐसा पहले से होता आया है। वह यह

भी जानता है कि यदि इस नियम का पालन नहीं किया गया तो सड़क पर चलना खतरनाक हो सकता है। परिवाटी के पालन से एक व्यक्ति दूसरे व्यक्ति के कार्यों में बाधा डालने से बच जाता है। यह हमारे 'प्रयत्न और भूल' को दूर करती है और मानवीय अंत:क्रियाओं के भ्रम समाप्त हो जाते हैं परिपाटी का पालन से एक व्यक्ति दूसरे व्यक्ति के कार्यों में बाधा डालने से बच जाता है। यह हमारे 'प्रयत्न और भूल' को दूर करती है और मानवीय अंत:क्रियाओं के भ्रम समाप्त हो जाते हैं। परिपाटी का पालन नैतिक आधार पर नहीं किया जाता वरन् इसलिए किया जाता है कि विभिन्न परिस्थितियों में यह हमारे व्यवहार को सुगम बना देती है, हमारा निर्देशन करती है। परिपाटी हमें पारस्परिक तनावों एवं संघर्षों से भी बचाती है। उदाहरण के लिए, हम किसी आदमी के मुंह पर ऐसी बात नहीं कहते जो उसके मित्रों से कह देते हैं। कभी-कभी व्यक्ति हंसी में कोई सत्य बात इसलिए कह देता है कि इसको असत्य मान लिया जाय। यदि हम इन बातों को खुले रूप में कहें तो तनाव एवं खिंचाव पैदा हो सकता है। इस प्रकार परिपाटियां हमारे सामाजिक जीवन को रहने योग्य बनाती हैं। यदि इन परिपाटियों का पालन नहीं किया जाय तो हमारे सामाजिक संबंध अशोभनीय तथा असहनीय हो जायेंगे। परिपाटी सभी लोगों को एक-सा व्यवहार करने को प्रेरित कर व्यवहार में एकरूपता लाने में सहायक होती है।

शिष्टाचार

शिष्टाचार का तात्पर्य किसी कार्य को करने के उचित ढंग से है। समाज में व्यवहार करने के कई तरीके हो सकते हैं, उनमें से एक अच्छा तरीका चुन लेते हैं। इस प्रकार एक कार्य को करने में व्यक्ति के सामने कई विकल्प (alternatives) होते हैं। इनमें प्राथमिक (Priority) का क्रम होता है और व्यक्ति सबसे उत्तम तरीके को ही चुनता है। उदाहरण के लिए, हम अभिवादन केसे करते हैं, भोजन किस तरह से करते हैं, वस्त्र किस प्रकार से पहनते हैं, अपने मित्रों का परिचय केसे करवाते हैं ये सभी शिष्टाचार को प्रकट करते हैं, शिष्टाचार में व्यक्ति के इरादे (Intention) को भी देखा जाता है। **बीरस्टीड** कहते हैं कि शिष्टाचार के तीन उद्देश्य है :

(1) यह उन लोगों से एक निश्चत सामाजिक दूरी बरतता है जहां अधिक परिचय व घनिष्ठता की अपेक्षा नहीं की जाती है। शिष्टाचार में औपचारिकता अधिक होती है और यह उन लोगों के साथ अधिक प्रयुक्त होता है जिनसे घनिष्ठता न हो। शिष्टाचार के आधार पर एक व्यक्ति के एवं सामाजिक प्रस्थिति का निर्धारण कर सकते हैं। शिष्टाचार एक साधन है जिससे समाज

के विभिन्न स्तर के व्यक्तियों की पहचान हो जाती है। शिष्टाचार दूसरों के प्रति हमारी बाह्य सद्‌भावना को भी व्यक्त करता है जैसे नमस्कार करना, शुभ-कामनाएं देना तथा विनम्रता के अन्य व्यवहार करना, आदि।

(2) अन्य प्रतिमानों की तरह यह भी कुछ व्यवहारों को स्वीकृत (Prescribe) करता है जिनका विशेष अवसरों पर प्रयोग किया जाना चाहिए।

(3) यह महत्वपूर्ण सामाजिक विशेषताओं को प्रकट करता है।

फैशन तथा धुन (Fashion and Fad)

मानव सदैव ही पूर्ण स्थायित्त्व नहीं चाहता वह नवीनता व भिन्नता के लिए परिवर्तन भी चाहता है। वह प्राचीन आदर्शों का अन्धानुकरण करता हुआ भी नवीनता व परिवर्तन का प्रेमी है। इस विरोधाभास की पूर्ति वह इस प्रकार के सामाजिक प्रतिमान द्वारा करता है जो यद्यपि थोड़े समय तक प्रचलन में रहते है, किन्तु जितने समय तक चलते हैं उतने समय तक मनुष्य उनके प्रति पूरी निष्ठा दिखाता है। ऐसे सामाजिक प्रतिमानों को फैशन, धुन या सनक (Craze) कहते हैं। जनरीतियां, लोकाचार, प्रथा, परंपरा, नैतिकता, परिपाटी एवं शिष्टाचार में अपेक्षाकृत स्थायित्व पाया जाता है जबकि फैशन पूर्णत: अस्थायी प्रकृति की होती है। स्पेंसर ने फैशन को प्रथाओं के बीच पाये जाने वाले भेदों को दूर करने वाला माना है। आपने बताया कि जब प्रथाओं का पतन होता है तो फैशन का अधिक प्रचलन होता है। आपका मत था कि औद्योगीकरण की वृद्धि के साथ-साथ फैशन का प्रचलन भी बढ़ा है। वह कहता है– प्रथा 'पूर्वजों का अनुकरण' है और फैशन 'समकालीनों का अनुकरण'।

फैशन (Fashion)

फैशन आचरण के उन पहलुओं तथा अभिव्यक्तियों को नियंत्रित करता है जो प्रथा की पकड़ से अलग होते हैं। नवीनता एवं अनुरूपता नामक दो विरोधी मनोवैज्ञानिक तत्वों का समन्वय हम फैशन में देख सकते हैं। फैशन को परिभाषित करते हुए **मैकाइवर** एवं **पेज** लिखते हैं, "फैशन से हमारा तात्पर्य किसी प्रथागत विषय पर समाज स्वीकृत भिन्नता के क्रम से है।" **जेम्स ड्रीवर** के अनुसार, "फैशन सामाजिक परिपाटी का एक ऐसा प्रकार या पहलू है जिसकी मुख्य विशेषता उसकी बदली हुई प्रतियोगी प्रकृति है।" **रॉस** लिखते हैं, "फैशन किसी भी जनसमूह की पसंद में होने वाले क्रमिक परिवर्तनों को कहते हैं जो उपयोगिता द्वारा निर्धारित नहीं होते यद्यपि उनमें उपयोगिता का तत्व भी सम्मिलित हो सकता है।" **किम्बाल यंग** के अनुसार, "फैशन वह प्रचलन या फैली हुई रीति, तरीका, कार्य करने का

ढंग अभिव्यक्ति विशेषता या सांस्कृतिक लक्षणों को प्रस्तुत करने की विधि है। जिसे बदलने की आज्ञा स्वयं प्रथा देती है।"

फैशन की इन परिभाषा से स्पष्ट है कि "*फैशन का संबंध मानवीय व्यवहार से संबंधित एक समाज अथवा समूह की पसंद से है। यह समय के साथ परिवर्तित होती रहती है और यह परिवर्तन समाज एवं संस्कृति द्वारा स्वीकृत होता है।*"

फैशन की प्रकृति (विशेषताएं)
(Nature or Characteristics of Fashion)

विभिन्न परिभाषाओं के आधार पर हम फैशन की कुछ विशेषताओं को इस प्रकार प्रकट कर सकते हैं:

(1) *फैशन का पालन तार्किक या वैज्ञानिक तरीकों से नहीं किया जाता*, वरन् भीड़-व्यवहार की तरह अतार्किक रूप से किया जाता है। यह मानव की प्रदर्शन की इच्छा, अहमवाद, व्यक्तिवाद एवं नवीनता की चाह की सूचक है।

(2) *अधिकांशत: फैशन परिवर्तन एक चक्रीय दशा में होता है।* हम घूम-फिरकर पुनः उसी पुराने फैशन पर आ जाते हैं।

(3) *फैशन का संबंध केवल परिवर्तन से ही है, किसी विशेष परिवर्तन से उनका कोई तात्पर्य नहीं है।* यह तो प्रचलित तरीकों से परिवर्तन चाहती है चाहे वह वह कैसा ही हो। यह मानव की नवीनता की इच्छा को सामाजिक व्यवहार में परिणत करती है, नवीनता को ही समूह के लिए सही व उचित वस्तु बना देती है।

(4) *फैशन का संबंध एक वर्ग विशेष से भी है।* अक्सर विलासी वर्ग (Leisure Class) के लोग जिनके पास, समय, धन एवं भौतिक साधनों की प्रचुरता होती है, नये-नये फैशन को जन्म देते हैं। वेब्लेन (Veblen) का मत है कि विलासी वर्ग फैशन के विभिन्न स्तर प्रस्तुत करता है। फैशन को अपनाने के लिए धन चाहिए। अत: संपन्न वर्ग के लोग ही अधिक फैशन करते हैं। निम्न वर्ग के व्यक्ति अनुकरण के द्वारा इन व्यवहारों को सीखकर उच्च वर्ग से एकरूपता लाने का प्रयत्न करते हैं। *जितना ऊंचा जीवन-स्तर होगा फैशन का प्रचलन की उतना ही अधिक होगा।*

(5) *फैशन का प्रयोग विभिन्न वर्गों वाले समाजों में भी अधिक होता है* क्योंकि ऐसे समाजों में व्यक्ति का पद-निर्धारण प्रथाओं की बजाय अनुकरण की प्रवृति और परिवर्तनशीलता द्वारा होता है। ऐसी स्थिति में फैशन अधिक

महत्वपूर्ण होती है। द्वारा से पूर्णतया पृथक होने पर व्यक्ति अपना सम्मान खो भी सकता है।

(6) *फैशन का संबंध हमारे सामाजिक जीवन के बाह्य पक्षों* से अधिक है। हम मोटर, मकान, वस्त्र, आदि की बाह्य आकृति में ही परिवर्तन कर सकते हैं। फैशन का संबंध उन बातों से अधिक है जो बदलती हैं, जबकि प्रथाओं का संबंध उन वस्तुओं से है जो अधिक महत्वपूर्ण होने के कारण परिवर्तित नहीं हो सकतीं।

(7) *फैशन का उपयोगी होना आवश्यक नहीं है।*

(8) *फैशन का समय घनिष्ठ संबंध है।* जिस प्रकार की पोशाक हम आज से पांच वर्ष पूर्व पहनते थे, इसे यदि आज पहने तो हास्यास्पद लग सकते हैं। हम अपने बचपन के फोटो को देखकर इसलिए हंस सकते हैं कि हम उस समय अजीब-से वस्त्र पहनते थे। आज जिसे हम फैशन कहते हैं, कुछ समय बाद् वह भी पुरानी हो जायेगी। इस प्रकार *फैशन में परिवर्तन की गति तीव्र होती है।* समाज का प्रत्येक व्यक्ति सर्वसम्मति से इसे नहीं अपनाता, कुछ लोग फैशन को अपनाना आरंभ करते हैं तो कुछ अपनाकर छोड़ रहे होते हैं।

(9) *फैशन का प्रचलन आदिम व कृषक समुदायों की तुलना में आधुनिक, सभ्य औद्योगीकृत एवं नगरीय समाजों में अधिक पाया जाता है* क्योंकि आधुनिक समाजों में आदित की बजाय सहिष्णुता की मात्रा अधिक होती है, परिवर्तन एवं गतिशीलता को स्वीकार किया जाता है। इन समाजों में व्यक्ति की सामाजिक प्रस्थिति का निर्धारण बाह्य आडम्बर के द्वारा होता है। उसका मूल्यांकन, उसके जन्म वंश, चरित्र एवं गुणों से उतना नहीं होता जितना उसके कपड़ों, उसकी भाषा, बोलने के ढंग, मकान, कार, भौतिक वस्तुओं एवं शिष्टाचार से होता है। यदि वह इन क्षेत्रों में आगे तो समाज में उसे सम्मान प्राप्त हो जाता है।

(10) *फैशन के क्षेत्र में प्रतियोगिता पायी जाती है।* अधिकाधिक लोग इस अपनाने के लिए प्रतियोगिता करते हैं।

(11) *फैशन प्रचलन विभिन्न क्षेत्रों में देखा जा सकता है* फिर भी मत, विश्वास, पोशाक, मनोरंजन, अलंकरण, गृह-सज्जा, भाषा, साहित्य एवं कला, आदि के क्षेत्र में इसका प्रचलन अधिक है। इसका यह अर्थ नहीं कि इन सभी क्षेत्रों में फैशन प्रथाओं का अतिक्रमण करती है, यह तो उनकी सहायक होती है।

(12) *फैशन में नियमहीनता नहीं होती*, वरन् वह समाज और संस्कृति द्वारा स्वीकृत होती है।

(13) फैशन का प्रसार दबाव व शक्ति के कारण नहीं होता, *वरन् व्यक्ति स्वेच्छा से इसका अनुकरण करता है।*

(14) *फैशन में उन्मादी प्रवृत्ति पायी जाती है।* कभी-कभी तो लोग फैशन के पीछे पागलों की तरह भागते हैं और प्रत्येक व्यक्ति फैशन को अपनाकर अपनी प्रतिष्ठा बढ़ाना चाहता है।

(15) *फैशन का संबंध समाज अथवा समूह की पसंद से होता है* न कि व्यक्ति विशेष की पसंद से। जब समूह की पसंद बदल जाती है तो नयी फैशन अस्तित्व में आती है।

फैशन का प्रसार करने में आधुनिक युग में कई कारकों ने योग दिया है, जैसे–

(1) समृद्धि एवं विश्राम की वृद्धि भी इसमें सहायक है, क्योंकि फैशन का संबंध जीवन की अनावशक वस्तुओं एवं आवश्यकताओं की ऊपरी साज-सज्जा से है, अतः जीवन-स्तर ऊंचा उठाने पर फैशन का प्रचलन भी बढ़ता है।

(2) यातायात एवं संचार के साधनों ने विभिन्न संस्कृतियों के संपर्क को सरल बना दिया है।

(3) नवीन आविष्कार की फैशन के प्रसार एवं वृद्धि में सहयोग देते हैं। विशेषज्ञ अपनी प्रतिभा का उपयोग नवीन वस्तुओं के निर्माण में करते हैं।

(4) पूंजीवाद की वृद्धि, वर्ग परिवर्तन की सुविधा एवं औद्योगीकरण ने भी फैशन के प्रसार में योग दिया है।

(5) अधिनायकवादी व सैनिक समाज की तुलना में प्रजातन्त्रीय समाज में व्यक्ति को स्वतन्त्रता अधिक होती है। अतः वहां फैशन का प्रसार अधिक होता है।

फैशन का समाज में विशेष महत्व है क्योंकि–

(1) वह व्यक्ति की रुचि को पोषित करती है।

(2) नवीन आविष्कारों को प्रोत्साहित करती है।

(3) व्यक्ति को ऊब से मुक्ति दिलाती है और जीवन में ताजगी एवं रंगीनी लाती है। इसके बिना जीवन में नीरसता आ जाती है। फैशन के साथ चलने में व्यक्ति अपने आपको जागरूक महसूस करता है। वह व्यक्ति की सुरुचि की परिचायक है।

(4) फैशन व्यक्ति के सामाजिक जीवन को सरल बनाती है, एक-दूसरे के बीच भ्रातृत्व का विकास करती है।

(5) फैशन समाज में एकरूपता पैदा करती है।

(6) फैशन जीवन में प्रेरणा प्रदान करती है।

(7) कई बार फैशन विकासशील समाजों में प्रथाओं का स्थान ग्रहण कर लेती है।

(8) फैशन वर्ग संबंध भी बनाती है, विभिन्न वर्गों के व्यक्तियों को जो एक ही फैशन का प्रयोग करते हैं, एक-दूसरे के समान बनने की प्रेरणा मिलती है। फैशन विभिन्न स्वार्थों के व्यक्तियों को समान आधार पर मिलने के योग्य बनाती है।

(9) यह सामाजिक दृढ़ता की पुष्टि करती है।

जब फैशन बाह्य आडम्बर से आगे बढ़ जाती है तो यह निरर्थक हो जाती है तथा स्थायित्व से अलग भी हो जाती है। कई बार फैशन का प्रयोग करने वाले व्यक्ति की सामाजिक स्थिति खतरे में भी पड़ जाती है।

फैशन (Fad)

जो बात फैशन के लिए कही गयी है वह धुन के लिए भी सही है। धुन भी फैशन ही है परन्तु यह फैशन से भी अधिक तीव्रता (Quickness) को व्यक्त करती है। धुन का प्रयोग फैशन की तुलना में कम लोगों द्वारा किया जाता है। जब कोई भी नयी डिजायन निकलती है तो पहले कुछ लोग ही उसे अपनाते हैं उसे धुन कहते हैं और यदि इसे अधिक लोग अपनाने लग जायें तो वह फैशन का रूप धारण कर लेती है। उदाहरण के लिए, जब पहली बार 'वैलबोटम' पहनता और हिप्पी कट बाल रखना शुरू हुआ तो वे धुन माने जाते थे, किन्तु धीरे-धीरे जब उन्हें कई लोगों ने अपनाया तो ऐसा करना फैशन हो गया है। धुन फैशन की अपेक्षा अधिक परिवर्तनशील, आडम्बरपूर्ण अतार्किक तथा अस्थायी होती है। फैशन की तुलना में धुन बहुत कम लोगों द्वारा अपनायी जाती है। फैशन की तुलना में धुन बहुत कम लोगों द्वारा अपनायी जाती है। इसलिए इसका सामाजिक महत्व भी कम है इसे हम सामाजिक प्रतिमान न कहकर भीड़ व्यवहार मात्र कह सकते हैं। धुन शीघ्र फैलती है और शीघ्र ही समाप्त हो जाती है। **किम्बाल यंग** कहते हैं कि अमरीकन समाज में प्राय: धुनें एक वर्ष से अधिक नहीं चलतीं। धुन का संबंध पोशाक और सजा-सज्जा से अधिक है। उच्च वर्ग के लोग इसे सस्ती मनोवृत्ति का सूचक मानते हैं। आधुनिक छात्र समाज में हम पोशाक से संबंधित अनेक प्रकार की धुन देख सकते हैं।

हम सामाजिक प्रतिमानों से अनुरूपता क्यों रखते हैं (Way We Conform to Social Norms)

प्रश्न उठता है कि हम सामाजिक प्रतिमानों से अनुरूपता क्यों रखते हैं ? उनके अनुरूप आचरण क्यों करते हैं ? इसका एक कारण है–जनमत का दबाव। प्रतिमानों के अनुरूप आचरण न करने पर हमें अपने मित्रों के क्रोध का पात्र बनना पड़ता है। समाज से बहिष्कृत होने का डर रहता है और साथ ही उनके पालन से समाज में हमारा सम्मान बढ़ता है, हमें पुरस्कृत किया जाता है, किन्तु सदैव ही दण्ड एवं पुरस्कार के कारण ही सामाजिक प्रतिमानों का पालन नहीं किया जाता है। **बीरस्टीड** ने सामाजिक प्रतिमानों के पालन के चार कारणों का उल्लेख है, वे निम्न प्रकार हैं:

(1) **उपयोगिता** (Utility)–सामाजिक प्रतिमानों की उपयोगिता के कारण भी हम उनका पालन करते हैं। सामाजिक प्रतिमान हमें समाज के अन्य व्यक्तियों के साथ अंत:क्रिया करने में सहयोग प्रदान करते हैं, हमें कठिनाइयों एवं खतरों से बचाते हैं। उदाहरण के लिए, हम टिकट लेने में 'क्यू' एवं यातायात में सड़क के नियमों का पालन करने में सुविधा महसूस करते हैं।

(2) **समूह तादात्मीकरण** (Group Identification)–सामाजिक प्रतिमानों का पालन करने का एक कारण यह भी है कि प्रतिमान व्यक्ति को समूह से एकरूपता या तादात्मीकरण करने में सहायक होते हैं। हम अन्य समूहों की तुलना में अपने ही समूह के प्रतिमानों का पालन करते हैं। इसका कारण यह नहीं है कि हमारे प्रतिमान दूसरों से श्रेष्ठ हैं, या उनकी हमें आदत पड़ गयी है या प्रारंभ से ही उनकी शिक्षा दी गयी है, वरन् इसलिए भी कि ऐसा करके हम अपने समूह के साथ अपनी पहचान को दर्शाते हैं। एस्किमो लोगों के जूते हमसे अच्छे होने पर भी हम उनको इसी कारण से नहीं पहनते हैं कि वे हमें अपने ही समूह से भिन्न कर देंगे। कई जनरीतियों के अतार्किक होने पर भी हम उनका पालन इसलिए करते हैं कि वे हमारा अपने समूहों एवं समाज से परिचय कराती हैं, जैसी भी हैं वे हमारी अपनी हैं और अपनों के प्रति मानसिक लगाव होता है।

(3) **सामाजिक शिक्षण** (Indoctrintion)–हमें अपने बचपन से ही अपने समाज के प्रतिमानों का पालन करने की शिक्ष दी जाती है। संस्कृति के अन्य तत्वों की तरह वे भी समाज में पहले ही मौजूद होते हैं और हम उन्हें स्वीकार करते जाते हैं। उदाहरण के लिए, हमें सिखाया जाता है कि दिन में कितनी बार एवं कब भोजन करना चाहिए, अपने से बड़ों का संमान

केसे करना चाहिए, बायें से दायें को पढ़ना व लिखना चाहिए, छोटे बच्चों को पीटना नहीं चाहिए, आदि। इस प्रकार समाजीकरण की प्रक्रिया द्वारा बच्चे को अपने समाज के प्रतिमान सिखाये जाते हैं। कुछ समय बाद वह देखता है कि कार्य करने का यही तरीका है और उसके पास अन्य कोई विकल्प नहीं है।

(4) **अभ्यस्तता** (Habituation) – सामाजिक प्रतिमानों का पालन करने का एक कारण यह है कि एक लंबे समय से उनका पालन करने के कारण हम उनके आदी हो जाते हैं। हमें एक निश्चित प्रकार के चाकू, कांटे एवं चम्मच का प्रयोग करने की शिक्षा दी जाती है, कुछ समय के बाद इनका प्रयोग करना हमारी आदत जाती है। एक बार जब कोई आदत पड़ जाती है तो व्यक्ति स्वत: ही उनका पालन करता है, उसके लिए विशेष प्रयत्न की आवश्यकता नहीं होती। तब प्रतिमानों के पालन में हमें उतनी कठिनाइयां नहीं आती जितनी उनके उल्लंघन में आती हैं। स्पष्ट है कि अभ्यस्तता प्रतिमानों की शक्तिशाली बनाती है और उनकी नियमितता को सुरक्षा प्रदान करती है।

सामाजिक प्रतिमानों का समाजशास्त्रीय महत्व: सामाजिक नियंत्रण में भूमिका
(Sociological Importance of Social Norms: Role in Social Control)

प्रत्येक समाज में सामाजिक प्रतिमान पाये जाते हैं। हम ऐसे मानव समाज की केवल कल्पना ही कर सकते हैं जिसके कोई आदर्श नियम न हों। हॉब्स ने ऐसे समाज की चर्चा की थी जिसमें प्रत्येक व्यक्ति दूसरे व्यक्ति के साथ संघर्षरत था और प्रत्येक व्यक्ति का जीवन एकाकी, दरिद्र, निरर्थक एवं जगली था, किन्तु आज मानव ऐसे समाज में रहने का अभ्यस्त है, जिसमें आदर्शात्मक नियंत्रण होते हैं। आदर्शात्मक व्यवस्था ने मानव समाज को संगठन की अपूर्व क्षमता प्रदान की है, यही कारण है कि मानव की आदर्शात्मक व्यवस्था करोड़ों वर्ष पुरानी है। हम यहां व्यक्ति के जीवन में सामाजिक प्रतिमानों के महत्व तथा व्यक्ति और सामाजिक प्रतिमानों के पारस्परिक संबंधों की चर्चा करेंगे।

(1) **बीरस्टीड** कहते हैं कि बिना सामाजिक प्रतिमानों के सामाजिक संबंध अनियमित, गड़बड़ और संभवत: खतरनाक हो जायेंगे। *वे प्रतिमान ही हैं जो सामाजिक जीवन को व्यवस्थित, स्थिर एवं भविष्यवाणी करने योग्य बनाते हैं* जो कि सामाजिक संरचना के महत्वपूर्ण तत्व हैं। अप्रतिमानता

व नियमहीनता की स्थिति में कोई समाज अधिक समय तक नहीं चल सकता। अत: जहां प्रतिमान नहीं है वहां समाज भी नहीं है।

(2) सामाजिक प्रतिमानों का एक महत्व यह है कि *ये सामाजिक सीख की प्रक्रिया को सरल बना देते हैं।* सामाजिक प्रतिमानों के अभाव में प्रत्येक व्यक्ति प्रत्येक अधिकार का दावेदार बन जायेगा, इससे समाज में संघर्ष पैदा हो जायेगा और व्यक्ति का अस्तित्व ही खतरे में पड़ जायेगा। सामाजिक प्रतिमान सामाजिक सीख के लिए उपयुक्त वातावरण बनाते हैं और उन तरीकों को भी स्पष्ट करते हैं जिनके द्वारा व्यक्ति अपने कार्यों को भली प्रकार से कर सकता है।

(3) सामाजिक प्रतिमान बाह्य दबाव एवं बंधन के कारण स्वीकार नहीं किये जाते वरन् *इनके व्यक्तित्व के अंग बन जाने के कारण व्यक्ति स्वत: ही अचेतन रूप में उनका पालन करता है।* ये व्यक्ति का पथ-प्रदर्शन करते हैं और उनके पालन से व्यक्ति में आत्म-चेतना, आत्म-विश्वास और कर्तव्य पालन की भावना में वृद्धि होती है।

(4) सामाजिक़ प्रतिमान *व्यक्ति के निर्णय को सरल बना देते हैं।* प्रारंभ से ही सामाजिक प्रतिमानों के शिक्षण एवं अभ्यस्तता के कारण व्यक्ति को किसी परिस्थिति में निर्णय लेने के लिए उलझना नहीं पड़ता वरन् वह प्रतिमानों के अनुरूप ही कार्य करता है। उदाहरण के लिए, हम कक्षा में कैसे बैठें, जूते कैसे पहनें, वस्त्र केसे धारण करें, पानी की कठिनाई पैदा हो जायेगी। प्रतिमानों से व्यक्ति को प्रत्येक परिस्थिति में कार्य करने का एक सरल तरीका प्राप्त होता है जो समाज द्वारा स्वीकृत होता है। सामाजिक प्रतिमान एक दृढ़ नींव प्रदान करते हैं जिसके आधार पर एक व्यक्ति दूसरे के साथ व्यवहार कर सकता है। वे मनुष्य जाति की अंतीत व भविष्य की निरंतरता में उसके भागीदार होने का भाव तथा समाज के प्रति उसके योगदान, आदि से संबंधित विचार पैदा करते हैं।

(5) सामाजिक प्रतिमान व्यक्ति में समूह के प्रति निष्ठा, उत्साह एवं आकांक्षाओं को जाग्रत करते हैं लोग सामाजिक नियमों के प्रति कर्तव्य-परायणता दिखाते हैं। सामाजिक प्रतिमानों का पालन करके हम सामाजिक बने रहते हैं, जिसका अर्थ है सामाजिक रूप समें उत्तरदायी बने रहना।

(6) *सामाजिक प्रतिमान हमारे व्यवहारों एवं विचारों को प्रभावित करते हैं।* इन्ही के माध्यम से हम अपने व्यवहार को व्यवस्थित तथा समाज के अन्य सदस्यों के अनुकूल बनाते हैं। इनके द्वारा ही समाज एवं संगठित संरचना

प्राप्त करता है तथा सामाजिक जीवन के कार्य व्यवस्थित होते हैं।

(7) *किसी समाज का अध्ययन* करने का सबसे अच्छा तरीका उसके सामाजिक प्रतिमानों का विश्लेषण करना है। जब हम किसी समाज की जनरीतियों, लोकाचारों, प्रथाओ, कानूनों परंपराओं एवं संस्थाओं को जान जाते हैं, तब हम उस समाज के बारे में काफी जान लेते हैं। इस प्रकार प्रतिमान समाज के अध्ययन में सहायक होते हैं।

उपर्युक्त विवेचन से स्पष्ट है कि प्रतिमान समाज में व्यवस्था, स्थिरता एवं एकरूपता कायम रखते हैं। ये हमें समाज एवं संस्कृति से अनुकूलन में सहयोग देते हैं। समाज में अनेक प्रकार के प्रतिमान पाये जाते हैं जिनमें से कुछ अधिक महत्वपूर्ण होते हैं तो कुछ कम। इनका महत्व बताते हुए **बीरस्टीड** लिखते हैं, "समाज स्वयं एक व्यवस्था है जिसका अस्तित्व सामाजिक प्रतिमानों से ही संभव हो पाता है। इस प्रकार सामाजिक प्रतिमान ही सामाजिक संगठन का निचोड़ है।" सामाजिक शिक्षण अभ्यस्तता, उपयोगिता, समूह तादात्मीकरण तथा दण्ड और पुरस्कार के द्वारा हम प्रतिमानों का अनुपालन करते हैं और धीरे-धीरे ये हमारे व्यक्तित्व के अंग बन जाते हैं तथा व्यक्ति के सामने इनके पालन के सिवाय और कोई विकल्प ही नहीं होता है। प्रतिमानों के पालन से व्यक्ति अपने को समूह में घुला-मिला देता है। ये सामाजिक नियन्त्रण के सशक्त साधन हैं।

प्रो. डेविस कहते हैं, "यही वह स्थिति है जिसके अंतर्गत एक व्यवस्थित सामाजिक ढांचे का निर्माण होता है और सामूहिक जीवन को एक व्यवस्थित रूप प्राप्त होता है।"

9

समिति एवं संस्था
(Association and Institution)

समिति (Association)

मनुष्य एक सामाजिक प्राणी है, और इस रूप में उसकी असंख्य आवश्यकताएं हैं। अपने अस्तित्व को बनाये रखने और समुदाय में अपने जीवन को ठीक प्रकार से चलाने के लिए इन आवश्यकताओं की पूर्ति अत्यंत आवश्यक है। अपनी इन विभिन्न प्रकार की आवश्यकताओं की पूर्ति के लिए व्यक्ति कई तरीके अपना सकता है। वह अपनी आवश्यकताओं की पूर्ति के लिए अन्य व्यक्तियां की सहायता प्राप्त कर सकता है, उनके साथ सहयोग कर सकता है।

यह पारस्परिक सहयोग के आधार पर अन्य लोगों के साथ मिल-जुलकर अपनी आवश्यकताओं को पूर्ण कर सकता है, अपने उद्देश्यों की पूर्ति में सफल हो सकता है। एक सामाजिक प्राणी होने के नाते मनुष्य साधारणत: इस तरीके को अपनाकर ही अपने हितों, उद्देश्यों या आवश्यकताओं की पूर्ति करता है। इस विधि को अपनाकर वह समिति का निर्माण करता है। यहीं से समिति की स्थापना होती हैं इस विधि में सामान्य उद्देश्यों की प्राप्ति के लिए प्रयत्न कर रहे लोगों के साथ मिलकर, सहयोग करके किसी संगठन की स्थापना कर कार्य करना ही समिति को जन्म देना है। इस प्रकार स्पष्ट है कि जब कुछ लोग मिलकर अपनी आवश्यकताओं या उद्देश्यों की पूर्ति के लिए सहयोग करते हैं, संगठन बनाकर प्रयत्न करते हैं, तो ऐसे संगठन को ही समिति कहा जाता है।

समिति की परिभाषा एवं अर्थ
(Definition and Meaning of Association)

मैकाइवर एवं **पेज** के अनुसार, ''समिति मनुष्यों का एक समूह है जिसे किसी सामान्य उद्देश्य या उद्देश्यों को प्राप्त करने के लिए संगठित किया गया है।''

इस परिभाषा से ज्ञात होता है कि समिति मनुष्यों का एक संगठित समूह है। इस समूह की स्थापना कुछ सामान्य हितों या लक्ष्यों की पूर्ति के लिए की जाती है।

फेयरचाइल्ड के अनुसार, "समिति एक संगठनात्मक समूह है जिसका निर्माण सामान्य उद्देश्यों की पूर्ति के लिए किया गया है और जिसका अपना आत्मनिर्भर प्रशासकीय ढांचा तथा कार्यकर्ता होते हैं।" इस परिभाषा में संगठन के स्वयं के प्रशासकीय ढांचे तथा कार्यकर्ता की बात कही गयी है। जब कभी भी संगठन का निर्माण किया जाता है तो उसकी गतिविधियों को चलाने के लिए कुछ पदाधिकारियों को चुनना अथवा नियुक्त करना होता है। साथ ही उचित तरीके से कार्य चलाने हेतु कुछ नियम भी बनाने होते हैं। इन्हीं से मिलकर प्रशासकीय ढांचा बनाता है। किसी संगठन के पदाधिकारियों–जैसे अध्यक्ष, सचिव, कोषाध्यक्ष तथा कुछ अन्य सदस्यों से मिलकर समिति की कार्यकारिणी बनती है। इस प्रकार प्रत्येक समिति का एक प्रशासकीय ढांचा होता है।

मोरिस गिन्सबर्ग के अनुसार, "समिति एक-दूसरे से संबंध सामाजिक प्राणियों का समूह है जो इस सत्य पर आधारित है कि उन्होंने किसी निश्चित हित या हितों को पूरा करने के लिए एक सामान्य संगठन बनाया है।" गिन्सबर्ग ने अन्यत्र लिखा है कि समिति लोगों के समूह से मिलकर बनती है जो किसी विशिष्ट उद्देश्य की पूर्ति हेतु संगठित हुए हों, जैसे व्यापारिक संघ, राजनीतिक दल, विद्वत् समाज। **गिन्सबर्ग** के उपर्युक्त कथन से स्पष्ट है कि समिति का निर्माण एक व्यक्ति के द्वारा नहीं बल्कि, कुछ व्यक्तियों के द्वारा मिलकर एक या कुछ उद्देश्यों की पूर्ति के लिए किया जाता है। इसका निर्माण एक संगठन के रूप में होता है।

ऑगबर्न एवं **निमकॉफ** के अनुसार, "समिति एक ऐसा संगठन है, जो प्राय: विशेष स्वार्थों की पूर्ति के लिए बनाया जाता है। इसका उद्देश्य अपने सदस्यों की विशेष या सामान्य इच्छाओं की संतुष्टि के अतिरिक्त और कुछ नहीं है।" आपने शिक्षक समिति, व्यायामशाला एवं प्रार्थना-समाज को समिति के उदाहरणों के रूप में बताया है। आपके अनुसार समिति की प्रकृति अस्थायी और कार्य-क्षेत्र सीमित होता है। यह एक अथवा कुछ उद्देश्यों की पूर्ति के लिए बनायी जाती है। एक समिति के द्वारा मनुष्य के सभी उद्देश्यों की पूर्ति नहीं की जाती और इसी कारण उसके द्वारा भिन्न-भिन्न उद्देश्यों की पूर्ति के लिए अलग-अलग समितियां बनायी जाती हैं।

अत: समिति को मनुष्यों के विचारपूर्वक बनाये गये एक ऐसे संगठन के रूप में परिभाषित किया जा सकता है जिसके एक या कुछ उद्देश्य होते हैं और साथ ही जिसकी अपनी एक कार्यकारिणी भी होती है।

समिति की विशेषताएं (लक्षण) (Characteristics of Association)

समिति की उपर्युक्त परिभाषाओं के आधार पर इसकी प्रमुख विशेषताओं या लक्षणों को निम्न प्रकार से स्पष्ट किया जा सकता है :

(1) **औपचारिक संबंध** (Formal Relations)–समिति के सदस्यों के बीच पाये जाने वाले संबंधों औपचारिक होती है। व्यक्ति अपने विभिन्न उद्देश्यों की पूर्ति के लिए भिन्न-भिन्न समितियों की सदस्यता ग्रहण करता है और इन समितियों में सभी सदस्यों के साथ वह घनिष्ठता के संबंध स्थापित नहीं कर पाता। इसका एक कारण तो यह है कि वह किसी उद्देश्य विशेष के कारण ही अन्य सदस्यों के सम्पर्क में आता है और वह भी कभी-कभी। दूसरा कारण यह है समय की सीमा के कारण वह सबके साथ घनिष्ठ संबंध स्थापित कर भी नहीं पाता है।

(2) **ऐच्छिक सदस्यता** (Voluntary Membership)–किसी भी समिति का सदस्य बनना या नहीं बनना व्यक्ति की स्वयं की इच्छा पर निर्भर करता है। वह अपने हित या रुचि के अनुसार किसी भी समिति का सदस्य बन सकता है और जब जाहे तब सदस्यता से त्यागपत्र भी दे सकता है। समिति का सदस्य बनने के लिए व्यक्ति को बाध्य नहीं किया जा सकता।

(3) **साध्य न होकर साधन** (Means and not an End)–कोई भी समिति साधारणतः कुछ उद्देश्यों की पूर्ति का साधन मात्र होती है, अपने आप में साध्य नहीं। जब कोई व्यक्ति किसी क्लब का सदस्य मनोरंजन के उद्देश्य की पूर्ति के लिए बनता है तो क्लब उसके मनोरंजन का साधन है, न कि अपने आप में साध्य। समिति व्यक्ति के विभिन्न उद्देश्यों की पूर्ति का माध्यम होती है।

(4) **व्यक्तियों का समूह** (Group of Individuals)–समिति का निर्माण कुछ व्यक्ति मिलकर करते हैं और क्योंकि व्यक्ति मूर्त प्राणी है, अतः समिति एक मूर्त संगठन है। व्यक्तियों के अभाव में किसी भी समिति की कल्पना नहीं की जा सकती है।

(5) **विचारपूर्वक स्थापना** (Consciously Established)–समिति एक विचारपूर्वक स्थापित किया हुआ। संगठन माना जाता है। जब कुछ लोग सामूहिक रूप से मिलकर अपने किसी उद्देश्य या कुछ उद्देश्यों को पूरा करना चाहते हैं तो वे एक संगठन का निर्माण करते हैं जिसे समिति कहा जाता है। समिति का समुदाय की भांति स्वतः विकास नहीं होता, बल्कि,

इसे जान-बूझकर और काफी सोच-विचार के बाद बनाया जाता है।

(6) **एक निश्चत संगठन** (Definite Organization)–प्रत्येक समिति का एक निश्चित संगठन होता है। संगठन के अभाव में कोई भी समिति अपने उद्देश्यों को ठीक से प्राप्त नहीं कर सकती। किसी भी भीड़ को संगठन के अभाव में समिति नहीं कहा जाता सकता। संगठन के आधार पर ही एकता और सहयोग की भावना पनपती है।

(7) **निश्चित उद्देश्य** (Definite Aims)–समिति के एक या कुछ निश्चित उद्देश्य होते हैं। कुछ व्यक्ति अपने सामान्य हितों को लेकर ही एक समिति का गठन करते हैं। निश्चित उद्देश्यों के अभाव में कोई भी समिति अपने कार्यों के ठीक से नहीं कर सकती। किसी भी उद्देश्यहीन समूह को समिति नही कहा जा सकता।

(8) **नियमों पर आधारित** (Based on Rules)–प्रत्येक समिति के कुछ नियम, उपनियम, आदि होते हैं जिनके माध्यम से सदस्यों के आचरण को निर्देशित एवं नियमित किया जाता है। ऐसे नियमों में सदस्यता संबंधी योग्यता, सदस्यता शुल्क, कार्य-प्रणाली, आदि आते हैं। नियम लिखित या अलिखित दोनों ही प्रकार के हो सकते हैं। नियमों के विरुद्ध आचरण करने वालों को समिति दण्डित कर सकती है और यहाँ तक कि सदस्यता भी छीन सकती है।

(9) **अस्थायी प्रकृति** (Temporary Nature)–समिति साधारणतः कुछ उद्देश्यों की प्राप्ति के लिए विचारंपूर्वक बनायी जाती है। उदाहरण के रूप में, शिक्षण-संस्थाओं में कुछ मांगों को लेकर विद्यार्थी संघर्ष-समिति का गठन करते हैं और अपना आंदोलन चलाते हैं। इन मांगों के पूरा हो जाने पर संघर्ष-समिति भंग कर दी जाती है। इसी दृष्टि से समिति की प्रकृति अस्थायी होती है।

समिति के प्रकार (Types of Association)

समिति और हित या उद्देश्य के बीच गहरा संबंध है। समान हितों या उद्देश्यों को लेकर समिति की जान-बूझकर स्थापना की जाती है। समिति के निर्माण का आधार व्यक्तियों के भिन्न-भिन्न प्रकार के हित हैं। हितों, रूचियों या उद्देश्यों की भिन्नता के कारण ही अनेक प्रकार की समितियां देखने को मिलती हैं। सभी समितियां मुख्यतः निम्न प्रकारों के अन्तर्गत वर्गीकृत की जा सकती हैं :

(1) **सेवा एवं सामान्य-कल्याण समितियां** (अनाथालय, हरिजन सेवक संघ, कानूनी सलाहकार समिति, आदिवासी-कल्याण परिषद्)।

हित (Interest)	समितियां (Association)
अ. अविशेषीकृत (Unspecialize)	वर्ग एवं जातीय संगठन, जनजातीय तथा सरल समाजों के अर्द्ध-राजनीतिक संगठन, आयु-समूह और लिंग-समूह, पितृसत्तात्मक परिवार।
ब. विशेषीकृत (Specialized)	
I. द्वैतीयक (सभ्यता संबंधी या उपयोगितावादी)	
(अ) आर्थिक हित	**प्रकार**–व्यापारिक तथा औद्योगिक, वित्तीय तथा कृषि संबंधी संगठन, व्यावसायिक एवं रोजगार संबंधी संगठन, रक्षात्मक एवं बीमा समाज, दान एवं मानवोपकारी समाज।
(ब) राजनीतिक हित	**प्रकार**–राज्य, नगरपालिका, दल, मण्डल, प्रचारवादी समूह।
(स) तकनीकी हित	**प्रकार**–तकनीकी अनुसंधान तथा विभिन्न किस्म की व्यावहारिक समस्याओं के सामाधान हेतु समितियां।
II. मध्यस्थ शैक्षणिक हित	**प्रकार**–स्कूल, महाविद्यालय विश्वविद्यालय, अध्ययन-समूह, सुधार-गृह, आदि।
III. प्राथमिक (सांस्कृतिक)	
(अ) सामाजिक संपर्क या सहवास	**प्रकार**–क्लब, अन्य हितों की पूर्ति के लिए विभिन्न संगठन।
(ब) स्वास्थ्य एवं मनोरंजन	**प्रकार**–खेल-कूद, नृत्य, व्यायाम, आदि से संबंधित समितियां।
(स) यौन तथा प्रजनन	**प्रकार**–परिवार।
(द) धर्म	**प्रकार**–चर्च, धार्मिक प्रचारवादी समितियां, मठ, आदि।
(य) सौन्दर्यात्मक हित, कला, संगीत, साहित्य, आदि।	**प्रकार**–इनसे संबंधित समितियां।
(र) विज्ञान एवं दर्शन	**प्रकार**–विद्वत (विद्वान) समाज।

(2) **सांस्कृतिक समितियां** (धार्मिक समाज, रामकृष्ण मिशन),

(3) **आर्थिक समितियां** (व्यापारिक समितियां, मजदूर संघ, व्यावसायिक समितियां, आदि),

(4) **शैक्षणिक समितियां** (समाजशास्त्र) परिषद्, वैज्ञानिक संघ, शिक्षा-मण्डल),

(5) **राजनीतिक समितियां** (राजनीतिक दल),

(6) **मनोरंजनात्मक समितियां** (व्यायामशाला, क्लब, नाट्य-मण्डली, खेल-कूद, परिषद्),

मैकाइवर तथा **पेज** ने हितों के आधार पर समितियों का वर्गीकरण निम्न प्रकार से किया है :

समिति के कुछ उदाहरण (Few Examples of Association)

समितियों के विभिन्न प्रकार पाये जाते हैं, जैसे आर्थिक, राजनीतिक, धार्मिक, शैक्षणिक, सांस्कृतिक एवं मनोरंजनात्मक समितियां, आदि। समिति के उदाहरणों के रूप में व्यापारिक समितियों, मजदूर संगठनों, व्यावसायिक समितियों, सहकारी समितियों, सुधार-आंदोलन संगठनों, राजनीतिक दलों, पंचायतों, विभिन्न समाज-कल्याण समितियों, धार्मिक समाज, प्रार्थना-समाज, रामायण मण्डल, कॉलेज, वैज्ञानिक समाज, कलात्मक समाज, संगीत मण्डल, व्यायामशाला, परिवार महिला-संगठन, साहित्य परिषद्, आदि का उल्लेख किया जा सकता है।

यहां हमें यह भी ध्यान में रखना है कि एक ही समुदाय में अनेक समितियाँ पायी जाती हैं, जैसे गांव एक समुदाय है, उसमें आर्थिक संघ, राजनीतिक संगठन, मनोरंजन-संघ, महिला संगठन तथा पंचायत, आदि कई समितियां दिखाई पड़ती हैं। *मैकाइवर ने बताया है कि समिति एक समुदाय नहीं है बल्कि समुदाय के अन्तर्गत ही एक संगठन है।*

संस्था (Institution)

समिति और संस्था दोनों ही एक-दूसरे से घनिष्ठ रूप से संबंधित हैं और दोनों को एक-दूसरे के संदर्भ में ठीक प्रकार से समझा जा सकता है। समिति व्यक्तियों का समूह है जो एक या कुछ उद्देश्यों की पूर्ति के लिए बनायी जाती है, जबकि संस्था इन्हीं उद्देश्यों को पूरा करने हेतु नियमों एवं कार्य-प्रणाली की एक व्यवस्था है। संस्था को कार्य करने का समाज द्वारा मान्यता प्राप्त एक निश्चित ढंग भी कहा जा सकता है। जिन उद्देश्यों को लेकर समिति बनायी जाती है, उन्हीं की पूर्ति के लिए अपनायी जाने वाली कार्य-प्रणाली को संस्था कहा जाता है। उदाहरण के रूप में, परिवार एक समिति है जिसका मुख्य लक्ष्य यौन इच्छाओं की पूर्ति, सन्तानोत्पत्ति, बालकों का पालन-पोषण और सदस्यों की विभिन्न आवश्यकताओं को पूरा करना है। इन लक्ष्यों की पूर्ति के लिए विवाह नामक संस्था रूप पाया

जाता है। सदस्यों के संबंधों को नियमित करने, प्रस्थिति के अनुरूप कार्यों का निर्धारण करने तथा विभिन्न आवश्यकताओं की पूर्ति हेतु एक-दूसरे के साथ सहयोग करने संबंधी निश्चित नियम तथा तरीके पाये जाते हैं। इन्हीं से मिलकर संस्था बनती है।

महाविद्यालय एक समिति और संस्था दोनों ही है। जब महाविद्यालय पर आचार्य, विभागाध्यक्षों, प्राध्यापकों के समूह के रूप में विचार करते हैं तो वह एक समिति है जिसके कुछ लक्ष्य हैं। इन्हीं लक्ष्यों की पूर्ति के लिए महाविद्यालय में शिक्षण की एक पद्धति अपनानी होती है, एक टाइम-टेबुल बनाना होता है, कई नियम एवं आचरण संबंधी बातें निश्चित करनी पड़ती है। परीक्षा की किसी प्रणाली का सहारा लेना पड़ता है। ये सब मिलकर महाविद्यालय को एक संस्था का रूप प्रदान करते हैं।

संस्था की परिभाषा एवं अर्थ
(Definition and Meaning of Institution)

मैकाइवर एवं **पेज** के अनुसार, "संस्थाएं सामूहिक क्रिया की विशेषता व्यक्त करने वाली कार्य-प्रणाली के स्थापित स्वरूप अथवा अवस्था को कहते हैं।" इस परिभाषा से ज्ञात होता है कि संस्था सामूहिक क्रिया या जीवन का परिणाम है। यह व्यक्तियों का समूह नहीं होकर व्यक्तियों के समूह द्वारा स्थापित संगठन के द्वारा किये जाने वाले कार्य के ढंग या प्रणाली का एक स्वरूप है। संस्था किसी समिति अथवा संगठन को चलाने के लिए विधि-विधानों की एक व्यवस्था है, समूह द्वारा मान्यता प्राप्त कार्य करने की एक विशिष्ट प्रणाली है। **मैकाइवर** एवं **पेज** के अनुसार मंदिर, मस्जिद, चर्च तथा राज्य, आदि का मूर्त स्वरूप समिति है, जबकि इनमें से प्रत्येक से संबंधित नियमों, विधि-विधानों एवं कार्य प्रणालियों की व्यवस्था संस्था है। इस प्रकार समिति मूर्त है, जबकि संस्था अमूर्त। इसी कारण हम समिति के सदस्य होते हैं न कि संस्थाओं (We belong to associations and not to institutions)। हम किसी क्लब, कमेटी, संघ, राजनीतिक दल, आदि के सदस्य तो हो सकते हैं, परन्तु शिक्षा प्रणाली, परीक्षा प्रणाली अथवा विवाह संस्था के नहीं।

गोल्डनर तथा **गोल्डनर** के अनुसार, "एक संस्था विभेदीकृम व्यवहार की समाज द्वारा निश्चित की गयी एक प्रणाली है जिसकी सहायता से समाज में बराबर बनी रहने वाली समस्याओं का समाधान किया जाता है।" इस परिभाषा से स्पष्ट है कि समाज द्वारा स्वीकृत व्यवहार करने की एक निश्चित प्रणालीी या व्यवस्था ही संस्था है जिसकी सहायता से विभिन्न समस्याएं हल की जाती हैं, अनेक प्रमुख आवश्यकताओं की पूर्ति की जाती है।

ऑगबर्न तथा **निमकॉफ** के अनुसार, "कुछ आधारभूत मानवीय आवश्यकताओं की संतुष्टि हेतु संगठित एवं स्थापित प्रणालियां सामाजिक संस्थाएं हैं।" मनुष्य की कुछ मौलिक आवश्यकताओं की पूर्ति हेतु निर्मित विधि-विधानों एवं प्रणालियों की व्यवस्था ही सामाजिक संस्था है।

बोगार्डस के अनुसार, "एक सामाजिक संस्था समाज की एक ऐसी संरचना है जिसे मुख्यत: सुस्थापित प्रणालियों के द्वारा लोगों की आवश्यकताओं को पूरा करने के लिए संगठित किया गया है।" स्पष्ट है कि संस्थाओं का संबंध प्रमुखत: लोगों की मौलिक आवश्यकताओं की पूर्ति से है।

इसी उद्देश्य की पूर्ति हेतु निश्चित कार्य-प्रणालियां विकसित की जाती हैं जिन्हें संस्थाओं के नाम से पुकारते हैं। **गिलिन** और **गिलिन** ने लिखा है, "सामाजिक संस्था कुछ सांस्कृतिक विशेषताओं को प्रकट करने वाले वे नियम हैं जिनमें काफी स्थायित्व होता और जिनका कार्य सामाजिक आवश्यकताओं की पूर्ति करना होता है।"

मोरिस गिन्सबर्ग के अनुसार, "ये (संस्थाएं) व्यक्तियों या समूहों के बीच संबंधों को संचालित करने वाली मान्य कार्य-प्रणालियों को ही संस्थाओं का नाम दिया है। संस्थाएं समुदाय में ही विकसित होती हैं और समुदाय में ही बनी रहती हैं। मैकाइवर तथा पेज और मोरिस गिन्सबर्ग दोनों ने ही विधि-विधानों, कार्य-प्रणालियों एवं नियमों के स्थापित स्वरूप को संस्था माना है।

प्रो. डेविस के अनुसार, "एक संस्था को किसी एक या अधिक प्रकार्यों के चारों ओर निर्मित अन्तर्संबंधित जनरीतियों (लोकाचारों), रूढ़ियों और कानूनों के समुच्चय (Set) के रूप में परिभाषित किया जा सकता है।"

उपर्युक्त परिभाषाओं से स्पष्ट है कि *सामाजिक संस्थाएं मनुष्यों की मौलिक आवश्यकताओं की पूर्ति के साधन के रूप में विकसित नियमों, विधि-विधानों एवं कार्य-प्रणालियों का वह संगठित रूप है जो समाज द्वारा मान्य है।*

संस्था की विशेषताएं (Characteristics of Institution)

गिलिन एवं **गिलिन** नामक विद्वानों ने संस्था की निम्नांकित विशेषताओं का उल्लेख किया है :

(1) **परम्परा** (Tradition)–प्रत्येक संस्था की कुछ लिखित या अलिखित परंपराएं होती हैं जिनके द्वारा व्यक्तियों के व्यवहारों में अनुरूपता या समानता लाने में भी योग देती हैं, परंपराओं के अन्तर्गत प्रथाएं, जनरीतियां, नियम तथा धार्मिक संस्कार, आदि आते हैं।

(2) **संपूर्ण सांस्कृतिक व्यवस्था में संस्था का एक इकाई के रूप में कार्य** (Function as an Unit in the Cultural)–**हैमिल्टन** ने संस्था को सामाजिक रीति-रिवाजों का एक गुच्छा कहा है। जब जनरीतियां, प्रथाएं और रूढ़ियां अधिक विकसित हो जाती हैं, तब इन्हें समाज स्वीकृति प्रदान कर देता है और इनसे संबंधित कई नियम बन जाते हैं तो ये ही कालान्तर में संस्था का रूप ग्रहण कर लेते हैं। प्रत्येक सांस्कृतिक व्यवस्था में अनेक संस्थाएं पायी जाती हैं जिनके माध्यम से संस्था की मौलिक आवश्यकताओं की पूर्ति होती है। प्रत्येक संस्था सांस्कृतिक व्यवस्था की एक मौलिक इकाई के रूप में कार्य करती है।

(3) **अधिक स्थायित्व** (Greater Permanence)–संस्थाओं का विकास एक लंबी अवधि के बाद होता है और वह भी उस समय जब कार्य के विशिष्ट तरीके अपनी उपयोगिता प्रमाणित कर देते हैं। इसी कारण संस्थाएं काफी लंबे समय तक चलती हैं, इनका शीघ्रता से विनाश नहीं होता। उदाहरण के रूप में, सैकड़ों वर्षों से चली आ रही जाति-व्यवस्था का अस्तित्व भारतीय समाज में आज भी बना हुआ है। इसी प्रकार विवाह की संस्था आज विश्व के प्राय: प्रत्येक समाज में देखने को मिलता है।

(4) **सांस्कृतिक उपकरण** (Cultural Equipments)–प्रत्येक संस्था से संबंधित कुछ अभौतिक तथा भौतिक उपकरण होते हैं जो संस्था के उद्देश्यों की दृष्टि से उपयोगी होते हैं। उदाहरण के रूप में भवन, फर्नीचर, औजार, मशीन, आदि संस्था के भौतिक और विचार, आदर्श-मूल्य तथा कार्य-प्रणाली, आदि अभौतिक उपकरण हैं। हिंदू-समाज में होम-वेदी, मण्डप, कलश, धूप, नैवेद्य, चावल, जप तथा मंत्र आदि विवाह-संस्था से संबंधित भौतिक एवं अभौतिक तत्व हैं।

(5) **एक या अनेक सुस्पष्ट उद्देश्य** (Well-defined Object or Objectives)–प्रत्येक संस्था के एक या कुछ निश्चित उद्देश्य होते हैं। ये उद्देश्य प्रमुख मानवीय आवश्यकताओं से संबंधित होते हैं। उदाहरण के रूप में, विवाह की संस्था के कुछ सुस्पष्ट उद्देश्य हैं, यद्यपि विभिन्न समाजों में इनमें कुछ अन्तर अवश्य पाये जाते हैं।

(6) **प्रतीक** (Symbol)–प्रत्येक संस्था का अपना एक प्रतीक होता है जो कि भौतिक अथवा अभौतिक हो सकता है। उदाहरण के रूप में, 'क्रास' चर्च का और 'ओउम्' आर्य समाज का प्रतीक है। हिंदुओं में मंगल कलश विवाह संस्था का प्रतीक है। संस्थाएं इन प्रतीकों के माध्यम से पहचानी जाती हैं।

संस्था की कुछ अन्य विशेषताएं या आवश्यक तत्व

(1) **विरासत** (Heritage)–प्रत्येक संस्था का विकास काफी लंबी अवधि के बाद होता है। संस्था समाज या समूह द्वारा स्वीकृत एक कार्य-प्रणाली के रूप में होती है। चूंकि संस्था मानवीय आवश्यकताओं की पूर्ति का एक साधन है और ये आवश्यकताएं बनी रहती हैं, अतः संस्था पीढ़ी-दर-पीढ़ी हस्तान्तरित होती है।

(2) **अभिमति एवं अधिकार** (Sanction and Authority)–संस्था का एक आवश्यक तत्व समूह या समाज की स्वीकृति (अभिमति) है और इसी स्वीकृति के आधार पर संस्था मनुष्यों के व्यवहारों को नियन्त्रित कर पाती है और उन्हें निश्चित प्रकार से व्यवहार करने का निर्देश देती है।

(3) **एक विचार** (An Idea)–संस्था के लिए प्रथम आवश्यक तत्व एक विचार का किसी मनुष्य के मस्तिष्क में आना है। किसी आवश्यकता की पूर्ति के साधन के रूप में यह विचार उत्पन्न हो सकता है। धीरे-धीरे यही विचार विभिन्न स्तरों से गुजरकर एक संथा का रूप ग्रहण कर लेता है।

(4) **विशिष्ट उद्‌देश्य** (Specific Purpose)–प्रत्येक संस्था की उत्पत्ति का आधार कोई न कोई आवश्यकता होती है जिसके अभाव में इसका विकास संभव नहीं है तात्पर्य यह है कि उद्‌देश्य के कारण ही प्रत्येक प्रकार की संस्था का विकास होता है।

(5) **संरचना** (Structure)–प्रत्येक संस्था की अपनी एक संरचना होती है जो जो कि अन्य समाजों में उसी उसी प्रकार की संस्था की संरचना से भिन्नता लिए हुए होती है। उदाहरण के रूप में, विवाह की संस्था सभी समाजों में पायी जाती है, परन्तु विभिन्न समाजों में इसकी संरचना में अन्तर हो सकता है। संरचना में नियम विधिविधान तथा कार्य-प्रणाली, आदि आते हैं।

(6) **स्थायित्व** (Permanency)–संस्थाएं साधारणतः स्थायी होती हैं क्योंकि इनका विकास मानवीय आवश्यकताओं की पूर्ति के साधन के रूप में होता है और ये आवश्यकताएं काफी लंबे समय तक बनी रहती हैं, परन्तु स्थायित्व का यह तात्पर्य नहीं है कि संस्थाएं कभी परिवर्तित होती ही नहीं। जैसे ही मनुष्य की आवश्यकताओं में परिवर्तन आता है, उसके साथ ही साथ संस्थाओं का रूप भी बदल जाता है।

(7) **प्रतीक** (Symbol)–प्रत्येक संस्था का अपना एक प्रतीक होता है जो भौतिक या अभौतिक हो सकता है। प्रतीक पर पहले भी प्रकाश डाला जा चुका है।

संस्थाओं के प्रकार (Types of Institutions)

जहां कुछ विशिष्ट हितों को लेकर समितियां बनायी जाती हैं, वहां उनके कार्य-संचालन की दृष्टि से कुछ संस्थाएं भी विकसित हो जाती हैं। **मैकाइवर** व **पेज** के अनुसार प्रत्येक समिति का एक संस्थापक पक्ष होता है जिसके अभाव में कोई भी समिति अपने लक्ष्य की प्राप्ति नहीं कर सकती। इन विद्वानों ने तालिका के माध्यम से यह स्पष्ट करने का प्रयत्न किया है कि विभिन्न प्रकार की समितियों के साथ-साथ उनसे संबंधित संस्थाएं भी होती हैं। उनके द्वारा दी गयी तालिका अग्र प्रकार है :

समिति	विशिष्ट संस्थाएं	विशेष हित
परिवार	विवाह, घर, उत्तराधिकार	यौन-संबंध, घर, वंशावली, शिक्षण, व्यावसायिक तैयारी
महाविद्यालय	व्याख्यान, परीक्षा-प्रणाली स्नातकत्व	शिक्षण, व्यावसायिक तैयारी
व्यापार	हिसाब-किताब की प्रणाली, संस्थापन, अंश पूंजी	लाभ
व्यापारिक-संघ (मजदूर संघ)	सामूहिक सौदेबाजी, हड़ताल, धरना।	नौकरी की सुरक्षा, मजदूरी-दरें, कार्य की दशाएं
चर्च (गिरजाघर) (धार्मिक समिति)	सम्प्रदाय, धर्म, भ्रातृत्व, उपासना के तरीके	धार्मिक विकास
राजनीतिक दल	प्राथमिक इकाइयां, दल-यंत्र, राजनीतिक मंच	कार्यालय, शक्ति, सरकारी नीति
राज्य	विधान, वैधानिक संहिता सरकार के स्वरूप	सामाजिक व्यवस्था का सामान्य नियमन।

उपर्युक्त तालिका से स्पष्ट है कि जहां विभिन्न प्रकार की समितियां पायी जाती हैं, वहां साथ ही विभिन्न प्रकार की संस्थाएं भी। विभिन्न संस्थाओं को प्रमुखत: निम्नलिखित श्रेणियों में वर्गीकृत किया जा सकता है :

(1) सामाजिक संस्थाएं,

(2) आर्थिक संस्थाएं,

(3) राजनीतिक संस्थाएं,

(4) धार्मिक संस्थाएं,

(5) शैक्षणिक संस्थाएं,

(6) मनोरंजनात्मक संस्थाएं।

ये संस्थाएं मनुष्य के विभिन्न हितों या उद्दयों की पूर्ति के माध्यम के रूप में कार्य करती हैं। इनमें से प्रत्येक प्रकार की संस्था के अन्तर्गत नियम, विधि-विधान और कार्य-प्रणाली की व्यवस्था आती है।

संस्था का विकास (Evolution of Institution)

अमरीकन समाजशास्त्री समनर ने संस्था के उद्विकास को प्रकट किया है। वे लिखते हैं, "संस्थाएं जनरीतियों से प्रारंभ होती हैं। ये प्रथाएं बन जाती हैं। जब प्रथाओं में कल्याण का दर्शन जुड़ जाता है तो वे लोकाचारों के रूप में विकसित होती हैं। इसके पश्चात् व्यवहार में लाये जाने वाले नियमों, निर्धारित कार्यों एवं उपकरणों द्वारा लोकाचार और भी निश्चित और विशिष्ट बन जाते हैं। इससे एक ढांचा निर्मित होता है और इस प्रकार एक संस्था का प्रारंभ मानव की आवश्यकता को पूरा करने के विचार से होता है और जब उस विचार को कार्यरूप में परिणत किया जाता है तो उसे हम क्रिया कहते हैं। किसी भी क्रिया को बार-बार दुहराने पर वह व्यक्ति की आदत बन जाती है। यही आदत जब सारे समूह की आदत बन जाती है तब उसे जनरीति या लोकरीति कहते हैं। जब जनरीति में भूतकाल का सफल अनुभव जुड़ जाता है और समाज उसको मान्यता प्रदान कर देता है तो वह प्रथा का रूप धारण कर लेती है।

1. आवश्यकतापूर्ति से संबंधित एक उपाय	विचार या धारणा (Idea or Concept)
	↓
2. विचार + क्रिया की पुनरावृत्ति = व्यक्तिगत आदत	आदत (Habit)
	↓
3. आदत + सामूहिक पुनरावृत्ति = जनरीति	जनरीति (Folkways)
	↓
4. जनरीति + सामूहिक अनुभव + मान्यता = प्रथा	प्रथा (Custom)
	↓
5. प्रथा + समूह की स्वीकृति + जनकल्याणकारी भावना + बाध्यता = लोकाचार	लोकाचार या रूढ़ि (Mores) लोकाचार
	↓
6. लोकाचार + निश्चित नियम या कार्य-प्रणाली + एक निश्चित ढांचा = संस्था	संस्था (Institution)

जब इस प्रथा में सामूहिक स्वीकृति और सामूहिक कल्याण की भावना जुड़ जाती है तब उसे रूढ़ि या लोकाचार कहते हैं और लोकाचारों के चारों ओर जब एक ढांचा या कार्य-प्रणाली विकसित हो जाती है तो वह एक संस्था का रूप धारण कर लेती है। संस्था के उद्‌विकास को हम निम्न प्रकार व्यक्त कर सकते हैं :

(1) **विचार या धारणा** (Idea or Concept)–मनुष्य की अनेक प्रकार की आवश्यकताएं हैं जिनकी पूर्ति के लिए वह कुछ-न-कुछ विचार साधनों को ढूंढ़ने का प्रयत्न करता ही रहता है। इस प्रकार आवश्यकता की पूर्ति मानव को साधन ढूंढ़ने हेतु विचार करने को प्रेरित करती है।

(2) **वैयक्तिक आदत** (Individual Habit)–आवश्यकता पूर्ति से संबंधित विचारों को जब व्यक्ति कार्यरूप में परिणत करता है तो उसे क्रिया कहते हैं। जब व्यक्ति किसी भी क्रिया या कार्य को बार-बार दुहराता है अथवा प्रयोग में लाता है तो उससे आदत का निर्माण होता है। इस प्रकार जब आवश्यकता की पूर्ति के लिए वह किसी कार्य द्वारा सफलता प्राप्त करता है और भविष्य में भी वैसी ही आवश्यकता महसूस होने पर उसी कार्य को दुहराता है तो वह व्यक्ति की आदत बन जाती है। इस प्रकार आदत का निर्माण विचार और क्रिया को दुहराने से होता है।

(3) **समूह की आदत या जनरीति** (Group Habit or Folkways)–जब लोग किसी एक तरीके द्वारा व्यक्ति को अपनी आवश्यकता पूर्ति में सफल होते हुए देखते हैं तो उस तरीके को समाज के अन्य लोग भी अपना लेते हैं। जब समाज के अनेक व्यक्ति उस तरीके की बार-बार पुनरावृत्ति करते हैं तो वह क्रिया समूह की आदत या जनरीति बन जाती है। इस प्रकार *जनरीति समूह की आदत का ही दूसरा नाम है।*

(4) **प्रथा** (Custom)–जब जनरीति को एक पीढ़ी से दूसरी पीढ़ी को हस्तान्तरित किया जाता है और उसमें भूतकाल का सफल अनुभव जुड़ा होता है तथा उसे समाज द्वारा मान्यता प्राप्त हो जाती है तो वह प्रथा का रूप में धारण कर लेती है।

(5) **रूढ़ि या लोकाचार** (Mores)–जब प्रथा में सामूहिक कल्याण की भावना जुड़ी होती है और उसे सारे समूह की स्वीकृति मिल जाती है। तथा समाज के अधिकांश लोग उसका पालन करने लगते हैं तो वह रूढ़ि या लोकाचार का रूप धारण कर लेते है।

(6) **ढांचा** (Structure)–चूंकि रूढ़ियों और लोकाचारों को समाज के लिए कल्याणकारी माना जाता है, इसलिए उनकी रक्षा हेतु, उनके चारों ओर

कई छोटे-छोटे नियमों, उपनियमों, कानूनों एवं कार्य-विधियों का एक ढांचा खड़ा कर दिया जाता है, फलस्वरूप संस्था का जन्म होता है।

(7) **संस्था** (Institution)–संस्था विचार, आदत, जनरीति, प्रथा एवं लोकाचारों से निर्मित एक व्यवस्थित संरचना है जिसका उद्देश्य मानवीय आवश्यकताओं की पूर्ति करना है। संस्था नियमों की एक व्यवस्था अथवा कार्य-प्रणाली होती है।

संस्था के उद्‌विकास से हम विवाह संस्था के उद्‌विकास के उदाहरण द्वारा स्पष्ट कर सकते हैं। प्रारंभ में मनुष्य को यौन-इच्छा पूर्ति की आवश्यकता महसूस हुई होगी, किन्तु उस समय इस आवश्यकता की पूर्ति के लिए विवाह रूपी कोई संस्था नहीं थी। कोई भी पुरुष किसी भी स्त्री के साथ अपनी यौन इच्छाओं की पूर्ति कर लिया करता होगा, किन्तु इस प्रकार के व्यवहार से कई असुविधाएं व कठिनाईयां हुई होगी। इस समस्या को हल करने के लिए मानव के मन में यौन संबंधों की निश्चित व्यवस्था स्थापित करने का विचार उत्पन्न हुआ होगा और किसी व्यक्ति ने विवाह द्वारा यौन संबंध स्थापित किये होंगे तथा उसने अपने परिवारजनों के संबंध भी संबंध भी विवाह द्वारा ही कायम किये होंगे। इस आदत को सफल होते देख समूह के अन्य लोगों ने भी इसे अपनाया होगा और समूह की आदत जनरीति बन गयी होगी। जब इन जनरीति को पीढ़ी-दर-पीढ़ी हस्तान्तरित किया गया तो उसने प्रथा का रूप धारण कर लिया। विवाह की यह प्रथा सारे समूह के लिए महत्वपूर्ण एवं कल्याणकारी सिद्ध हुई तो समूह ने उसे मान्यता प्रदान की और वह लोकाचार या रूढ़ि बन गयी। इस रूढ़ि अथवा लोकाचार की रक्षा हेतु कई नियम, उपनियम, कानून, कार्य-प्रणालियां जैसे मंगनी, तिलक, लग्न, बारात, दहेज, भोज, आदि का एक ढांचार निर्मित किया गया तो विवाह ने एक संस्था का रूप धारण कर लिया। यह विवाह संस्था सभी सभ्य समाजों की एक महत्वपूर्ण विशेषता है जो स्त्री-पुरुष के यौन संबंधों को नियमित व नियन्त्रित करती है।

संस्था के कार्य व महत्व
(Functions and Importance of Institutions)

(1) **संस्कृति की वाहक** (Vehicle of Culture)–संस्था संस्कृति को एक पीढ़ी से दूसरी पीढ़ी को हस्तान्तरित करने का महत्वपूर्ण कार्य करती है। संस्थाओं के माध्यम से ही संस्कृति की रक्षा होती है, उसे स्थायित्व प्राप्त होता है। परिवार संस्कृति के हस्तारण का एक प्रमुख साधन है। परिवार ही बच्चों को समाज की परंपराओं, प्रथाओं, आचार-व्यवहार, खान-पान, धर्म, आदि से परिचित कराता है और संस्कृति को स्थायित्व प्रदान करता

है। समाज की धार्मिक, राजनीतिक, आर्थिक, पारिवारिक एवं शैक्षणिक संस्थाएं भी संस्कृति को हस्तान्तरित करने का कार्य करती हैं।

(2) **सामाजिक परिवर्तन में सहायक** (Helpul in Social Change)–संस्थाएं प्रकृति से ही रूढ़िवादी होती हैं और इनमें शीघ्रता से कोई परिवर्तन नहीं आ पाता, लेकिन जब परिस्थितियां काफी कुछ बदल जाती हैं तो परिवर्तित परिस्थितियों के अनुसार संस्थाओं में बदलाव आना भी आवश्यक हो जाता है। ऐसी दशा में संस्थाएं बदलती हैं। समय के साथ-साथ संस्थाओं को बदलने का प्रयत्न भी किया जाता है। कभी-कभी संस्थाएं प्रगति में बाधक सिद्ध होती हैं। जब सामाजिक संस्थाओं को बदलना भी आवश्यक हो जाता है, परन्तु रूढ़िवादिता के कारण ये साधारणतः नहीं बदलती हैं।

(3) **मानवीय आवश्यकताओं की पूर्ति एवं कार्य की दिशा** (Institution Fulfils Human needs and Directs His Functions)–प्रत्येक संस्था का विकास किसी-न-किसी मानवीय आवश्यकता को लेकर होता है। इसी कारण संस्थाओं को मानवीय आवश्यकताओं की पूर्ति के साधन के रूप में देखा जाता है। जब संस्थाएं आवश्यकताओं को पूरा करने का कार्य बन्द कर देती हैं तो उनका अस्तित्व भी समाप्त हो जाता है। यही बात स्पष्ट करते हुए **मैकाइवर** एवं **पेज** ने लिखा है कि सामाजिक संस्थाएं मनुष्य को पराजित करने के अपने अधिकार पर जीवित नहीं हैं, अपितु, केवल उनकी सेवा करने के लिए हैं और जब वे सेवा करना बन्द कर देती हैं तो कोई भी प्राचीनता और कोई भी पवित्रता उन्हें मरने से नहीं बचा सकती। शिक्षण-संस्था, विवाह-संस्था एवं परिवार नामक संस्था मनुष्यों की कुछ आवश्यकताओं की पूर्ति करती हैं।

(4) **व्यक्तियों के कार्य को सरल बनाती है** (Simplify the Work of Individuals)–संस्था मानव व्यवहार के सभी आचरणों को एक सुव्यवस्थित रूप में प्रस्तुत करके यह स्पष्ट करती है कि व्यक्तियों को क्या कार्य करना है अथवा उनके कार्यों की दिशा क्या होनी चाहिए। इस प्रकार संस्था कार्य करने की एक निश्चित विधि या प्रणाली का निर्धारण कर देती है। व्यक्ति साधारणतः इसी मार्गदर्शन करती हैं, उनके कार्य को सरल बनाती हैं और उन्हें हर समय यह सोचने की आवश्यकता नहीं पड़ती कि उन्हें क्या करना और क्या नहीं करना है।

(5) **प्रस्थिति एवं भूमिका का निर्धारण** (Determination of State and Role)–संस्था व्यक्ति को स्थिति (पद) प्रदान करने और इससे संबंधित

कार्य (भूमिका) का निर्धारण करती है। विवाह-संस्था के द्वारा एक पुरुष को पति की और स्त्री को पत्नी की प्रस्थिति प्राप्त होती है तथा साथ ही इनसे संबंधित कार्य भी निर्धारित होते हैं। एक महाविद्यालय में किसी को आचार्य की, किसी को व्यवस्थापक की, तो किसी को पुस्तकालयाध्यक्ष की स्थिति प्राप्त होती है और साथ ही इनसे संबंधित कार्य भी।

समिति और संस्था में अन्तर

	समिति	संस्था
1.	समिति व्यक्तियों का एक संगठित समूह है।	संस्था नियमों, विधि-विधानों और कार्य-प्रणालियों की एक व्यवस्था है।
2.	व्यक्तियों के समूह के रूप में समिति को देखा जा सकता है। अतः यह मूर्त है।	संस्था अमूर्त है क्योंकि यह नियमों, कार्य प्रणाली, आदि की व्यवस्था है जिसे देखा नहीं जा सकता।
3.	समिति स्थापित की जाती है। यह बताया जा सकता है कि किस समिति की स्थापना किसने की।	संस्था का धीरे-धीरे स्वतः ही विकास होता है और इसलिए यह नहीं कहा जा सकता कि इसकी कब किसने उत्पति की या विकास किया।
4.	समिति अस्थायी होती है।	संस्था अपेक्षाकृत स्थायी होती है।
5.	समिति का अपना एक नाम होता है।	संस्था का अपना एक प्रतीक होता है जैसे चर्च का प्रतीक क्रास तथा किसी शिक्षण-संस्था का जलती हुई मशाल।
6.	समिति व्यक्तिगत हित का कल्याण पर जोर देती है।	संस्था सामूहिक कल्याण पर जोर देती है।
7.	समिति के कुछ औपचारिक नियम होते हैं जो साधारणतः लिखित रूप में होते हैं।	संस्था के अलिखित–अनौपचारिक नियम–जनरीतियों, प्रथाओं परंपराओं और रूढ़ियों के रूप में होते हैं।
8.	समिति की नियन्त्रण-शक्ति अपेक्षाकृत कमजोर या शिथिल होती है।	संस्था की नियन्त्रण-शक्ति अधिक होती है संस्था द्वारा मान्य रीति-नीति के विरुद्ध आचरण करना अनुचित और असामाजिक समझा जाता है।
9.	समिति विशेष हितों या उददेश्यों की पूर्ति करती है।	संस्था सामान्यतः मौलिक आवश्यकताओं की पूर्ति में योग देती है, जैसे यौन, सन्तानोत्पत्ति, भोजन, आदि।

10.	हितों की भिन्नता के कारण समितियों के कई प्रकार पाये जाते हैं। समिति के हितों की पूर्ति के लिए किसी-न-किसी प्रकार की संस्था का होना आवश्यक है।	संस्थाएं विभिन्न समितियों के हितों की पूर्ति हेतु साधन के रूप में काम करती हैं।
11.	समिति एक पीढ़ी से दूसरी पीढ़ी को हस्तान्तरित नहीं होती है।	संस्था एक पीढ़ी से दूसरी पीढ़ी को हस्तान्तरित होती है।
12.	मनुष्य समितियों के सदस्य होते हैं।	मनुष्य संस्थाओं के सदस्य नहीं हो सकते हैं क्योंकि संस्था नियमों और कार्य-प्रणालियों की व्यवस्था है।

(6) **व्यवहारों में अनुरूपता** (Conformity in Behaviour)–संस्थाओं से संबंधित एक निश्चित कार्य-प्रणाली, कुछ नियम एवं परंपराएं होती हैं। व्यक्ति अपनी आवश्यकताओं की पूर्ति के लिए इन्हीं का सहारा लेता है। जब एक समूह के लोग अपनी कुछ विशिष्ट संस्थाओं के नियमों एवं परंपराओं को ध्यान में रखते हुए व्यवहार करते हैं तो उनके व्यवहारों में अनुरूपता या समानता होना स्वाभावित है। अन्य शब्दों में, संस्थाएं व्यक्तियों के व्यवहारों में अनुरूपता उत्पन्न करने में योग देती हैं।

(7) **व्यवहारों पर नियन्त्रण** (Control Over the Behaviour)–संस्थाएं सामाजिक नियन्त्रण का प्रमुख साधन हैं। प्रत्येक संस्था व्यक्तियों के कार्य की दिशा अथवा व्यवहार का एक तरीका निश्चित कर उन्हें उसी के अनुरूप कार्य करने का आदेशी देती है। जो व्यक्ति किसी संख्या के अन्तर्गत मान्य व्यवहार प्रतिमानों के विरुद्ध आचरण करता है, उसे दण्डित भी किया जा सकता है। परिवार और जाति नामक संस्थाएं हजारों वर्षों से अनेक रूपों में अपने सदस्यों को नियन्त्रित करती रही हैं।

उपर्युक्त विवरण से इतना स्पष्ट है कि सामाजिक संस्थाएं अनेक उपयोगी कार्य करती हैं। ये कार्य व्यक्ति, समाज और संस्कृति की दृष्टि से काफी महत्वपूर्ण हैं।समिति और संस्था दोनों की अपने आप में साध्य नहीं होकर मानवीय हितों या उद्देश्यों की पूर्ति के माध्यम या साधन हैं।

हम समितियों के सदस्य होते हैं, संस्थाओं के नहीं
(We Belong to Associations and not to Institutions)

समिति और संस्था के उपर्युक्त विवेचन से यह भली-भांति स्पष्ट है कि हम समितियों के सदस्य होते हैं, न कि संस्थाओं के। इस संबंध में भ्रम का मूल कारण यह है कि समिति और संस्था शब्दों का साधारणतः पर्यायवाची शब्दों के रूप में

प्रयोग किया जाता है। समाजशास्त्रीय शब्दावली में समिति और संस्था का भिन्न-भिन्न अर्थ है जैसा कि इनकी परिभाषित से स्पष्ट है। इन दोनों के अर्थ और विशेषताओं पर थोड़ा-सा ध्यानपूर्वक विचार करने से भ्रम का निवारण स्वत: ही हो जाता है। फिर भी विद्यार्थियों की सुविधा के लिए यहां उपर्युक्त कथन को प्रमाणित करने की दृष्टि से कुछ तर्क दिये जा रहे हैं:

मैकाइवर एवं **पेज** के इस कथन से कि "हम समितियों के सदस्य होते हैं, न कि संस्थाओं के" लेखक पूरी तरह सहमत है। समिति से मनुष्यों के एक संगठित समूह का बोध होता है, जबकि संस्था से एक कार्य-प्रणाली का। परिवार, महाविद्यालय, धार्मिक संगठन, राजनीतिक दल, आदि व्यक्तियों के समूह के रूप में समितियां हैं और नियमों, विधि-विधानों और कार्य-प्रणालियों के ढांचे के रूप में संस्थाएं। जब समितियां बनायी जाती हैं तो उनके कार्य-संचालन के कुछ नियम, विधि-विधान और कार्य-प्रणालियां भी विकसित हो जाती हैं जो संस्थाओं के नाम से जानी जाती हैं। *मैकाइवर और पेज के अनुसार 'यदि किसी व्यवस्था पर संगठित-समूह (Organized group) के रूप में विचार करते है तो वह एक समिति है, और यदि कार्य-प्रणाली (Procedure) के रूप में तो वह संस्था है। समिति से सदस्यता का पता चलता है, संस्था से कार्य-प्रणाली या सेवा के तरीके या साधन का।"*

हम यहां कुछ उदाहरणों द्वारा उपर्युक्त कथन को स्पष्टः समझने का प्रयत्न करेंगे। *महाविद्यालय एक समिति और संस्था दोनों ही है।* जब हम महाविद्यालय पर एक संगठित समूह के विचार करते हैं अर्थात् प्राचार्य, विभागाध्यक्षों, प्राध्यापकों, अन्य कर्मचारियों एवं विद्यार्थियों की दृष्टि से सोचते हैं तो यह एक समिति है जिसके कुछ उद्देश्य हैं। इन्हीं उद्देश्यों की पूर्ति के लिए महाविद्यालय की शिक्षण की एक पद्धति, टाइम-टेबुल, नियम एवं आचरण संबंधी बातें तथा परीक्षा की एक पद्धति की एक प्रणली, आदि हाते हैं। ये सब मिलकर महाविद्यालय को एक संस्था का रूप प्रदान करते हैं। अन्य शब्दों में, यह कहा जा सकता है कि जब हम महाविद्यालय पर नियमों, कार्य-प्रणाली, अर्थात् कार्य के ढंग, शिक्षण-पद्धति, परीक्षा-प्रणाली, आदि के रूप में विचार करते हैं तो वह एक संस्था है। स्पष्ट है कि समिति मनुष्यों का एक संगठित समूह है, जबकि संस्था नियमों एवं कार्य-प्रणाली की एक व्यवस्था। हम मनुष्यों के समूह के ही सदस्य हो सकते है, नियमों एवं कार्य-प्रणाली की व्यवस्था के नहीं। हम महाविद्यालय रूपी समिति के प्राचार्य, प्राध्यापक, अन्य कर्मचारी या विद्यार्थी के रूप में तो सदस्य हो सकते हैं, परन्तु महाविद्यालय रूपी संस्था अर्थात् नियमों, शिक्षण-पद्धति, परीक्षा-प्रणाली या संपूर्ण

कार्य-प्रणाली के सदस्य नहीं बन सकते। हम मानव के रूप में मूर्त हैं, समिति भी संगठित समूह के रूप में मूर्त है। अतः मूर्त मानव मूर्त संगठित समूह अर्थात् समिति का सदस्य तो बन सकता है, परन्तु वह अमूर्त नियमों, विधि-विधानों एवं कार्य-प्रणाली अर्थात् संस्था (जो अमूर्त है) का सदस्य नहीं बन सकता।

महाविद्यालय की तरह ही परिवार, आर्थिक संघ, धार्मिक संघ, राजनीतिक दल, राज, अस्पताल, लोकसभा, आदि में से प्रत्येक समिति और संस्था दोनों ही हैं। ये सब संगठित समूह भी हैं और इनके सबके अपने-अपने नियम, विधि-विधान एवं कार्य-प्रणालियां भी हैं। संगठित समूह के रूप में इनमें से प्रत्येक समिति है और नियमों व कार्य-प्रणाली की व्यवस्था के रूप में संस्था। हम समिति (संगठित समूह) के सदस्य तो हो सकते हैं और होते हैं, परन्तु नियमों एवं कार्य-प्रणाली की व्यवस्था (संस्था) के नहीं। इस प्रकार स्पष्ट है कि हम समितियों के सदस्य होते हैं, संस्थाओं के नहीं।

10

व्यक्ति एवं समाज
(Individual and Society)

प्रस्तावना (Introduction)

मानव शिशु जन्म के समय किसी भी मानव समाज में भाग लेने योग्य नहीं होता है। वह केवल एक प्राणीशास्त्रीय इकाई के रूप में इस संसार में आता है जो केवल रक्त, मांस एवं हड्डियों से बना एक जीवित पुतना मात्र होता है। उसमें किसी प्रकार के सामाजिक गुण नहीं होते। वह न तो सामाजिक होता है न असामाजिक और न समाज-विरोधी ही। समाज के रीति-रिवाजों, प्रथाओं, मूल्यों एवं संस्कृति से वह अनभिज्ञ होता है। वह यह नहीं जानता कि किसके प्रति केसा व्यवहार किया जाना चाहिए और समाज उससे क्या अपेक्षाएं रखता है, किन्तु वह कुछ शारीरिक क्षमताओं के साथ पैदा होता है; इन क्षमताओं के कारण ही वह बहुत कुछ सीख लेता है, समाज का क्रियाशील सदस्य बन जाता है और संस्कृति को ग्रहण करता है, लेकिन सीखने की क्षमता सामाजिक संपर्क से ही विकसित होती है। उदाहरणार्थ, मानव में भाषा का प्रयोग करने की क्षमता होती है जो समाज के संपर्क से ही व्यावहारिक रूप धारण करती है। सामाजिक संपर्क के कारण ही व्यक्ति समाज के रीति-रिवाजों, प्रथाओं, मूल्यों, विश्वासों, संस्कृति एवं सामाजिक गुणों को सीखता है और एक सामाजिक प्राणी का दर्जा प्राप्त करता है। सामाजिक सीख की इस प्रक्रिया को प्राणीशास्त्रीय प्राणी को सामाजिक प्राणी में बदल देती है; मानव को पशु स्तर से ऊंचा उठाकर मानव समाज में सम्मिलित करती है। अत: यह मानव को मानव की संज्ञा प्रदान करने वाली प्रक्रिया है।

समाजीकरण की प्रक्रिया (Process of Socialization)

क्या आपने कभी सोचा है कि प्रत्येक चूहा तैरना जानता है, जबकि प्रत्येक मानव तैरना नहीं जानता है। ऐसा क्यों है? चूहों को तैरना कौन सिखाता है? मानव

को तैरना क्यों नही आता है? इन प्रश्नों का सम्बन्ध संस्कृति एवं समाजीकरण से है। पशु समाज संस्कृतिविहीन समाज माना जाता है तथा इनमें गुण वंशानुक्रमण क्षरा एक पीढ़ी से दूसरी पीढ़ी को हस्तान्तरित होते हैं। चूहे तैरना इसलिए जानते हैं क्योंकि उन्होंने तैरने का गुण जन्म से ही प्राप्त किया है। संस्कृति मानव समाज का एक अनुपम गुण है। मानव समाज में व्यवहार सम्बन्धी कोई भी गुण जन्म से हस्तान्तरित नहीं होता है, अपितु, मानव व्यवहार सीखा हुआ व्यवहार होता है। प्रत्येक मानव इसलिए नहीं तैर पाता क्योंकि उसने तैरना नहीं सीखा है। संस्कृति सीखा हुआ व्यवहार है तथा इसको एक पीढ़ी से दूसरी पीढ़ी में हस्तान्तरित करने का कार्य समाजीकरण की प्रक्रिया द्वारा सम्भव होता है। इसलिए समाजीकरण मानव समाज में होने वाली एक प्रमुख प्रक्रिया मानी जाती है। वस्तुतः शिशु जन्म के समय एक शारीरिक ढांचा अर्थात् अस्थि-मांस का ढांचा मात्र होता है क्योंकि उसे न तो अपने बारे में कुछ पता होता है और नही वह समाज के बारे में कुछ जानता है। जैसे-जैसे वह बड़ा होता जाता है वह प्रत्यक्ष एवं अप्रत्यक्ष रूप में सभी सम्पर्क में आने वाले लोगों एवं समूहों (जैसे माता-पिता, अन्य परिजन, पड़ौसी, मित्र, विद्यालय इत्यादि) से कुछ-न-कुछ सीखता रहता है। सीखने की इसी प्रक्रिया को समाजशास्त्र में समाजीकरण कहा जाता है।

समाजीकरण का अर्थ (Meaning of Socialization)

समाजीकरण एक ऐसी प्रक्रिया है जो नवजात शिशु को सामाजिक प्राणी बनाती है। इस प्रक्रिया के अभाव में व्यक्ति सामाजिक प्राणी नहीं बन सकता। इसी से सामाजिक व्यक्तित्व का विकास होता है। सामाजिक-सांस्कृतिक विरासत के तत्वों का परिचय भी इसी से प्राप्त होता है। समाजीकरण से न केवल मानव जीवन का प्रभाव अखण्ड सतत् रहता है, वरन् इसी से मानवोचित गुणों को विकास होता है और व्यक्ति सुसभ्य व सुसंस्कृत भी बनता है। इसीलिए **किम्बल यंग** (Kimball Young) ने समाजीकरण को व्यक्ति सामाजिक-सांस्कृतिक क्षेत्र में प्रवेश करने की प्रक्रिया कहा है। इसी प्रक्रिया से व्यक्ति समूह के आदर्श-नियमों को सीखता है। समाजीकरण नवजात शिशु को सामाजिक बनाने की एक प्रक्रिया है। बच्चे को सामाजिक मान्यताओं के बारे में अवगत कराना, समाज में रहना सिखाना तथा व्यक्तित्व का निर्माण करना ही समाजीकरण है।

समाजीकरण की परिभाषाएं (Definitions of Socialization)

प्रमुख विद्वानों ने समाजीकरण की परिभाषाएं इस प्रकार दी हैं :

(1) **जॉनसन** (Johnson) **के अनुसार :** समाजीकरण एक प्रकार का सीखना है, जो सीखने वाले को सामाजिक कार्य करने के योग्य बनाता है।"

(2) **बोगार्डस** (Bogardus) **के अनुसार** : "समाजीकरण वह प्रक्रिया है जिसके द्वारा व्यक्ति सामाजिक कल्याण हेतु एक दूसरे पर निर्भर रहकर व्यवहार करना सीखते हैं और जिसके द्वारा सामाजिक आत्म--नियन्त्रण, सामाजिक उत्तरदायित्व तथा सन्तुलित व्यक्तित्व का अनुभव प्राप्त करते हैं।"

(3) **डेविस** (Davis) **के अनुसार** : "परिवर्तन करने की इस प्रक्रिया के बिना, जिसे हम समाजीकरण कहते हैं, समाज एक पीढ़ी से भी आगे स्वयं को सन्तुलित नहीं रख सकता और न ही संस्कृति जीवित रह सकती है। इसके बिना व्यक्ति सामाजिक प्राणी भी नहीं बन सकता है।"

समाजीकरण का अर्थ एवं परिभाषा
(Meaning and Definition of Socialization)

समाजशास्त्र में समाजीकरण नामक अवधारणा का प्रयोग उन प्रक्रियाओं के लिए किया जाता है जिनके द्वारा व्यक्ति को सामाजिक–सांस्कृतिक संसार से परिचित कराया जाता है। इस अर्थ में समाजीकरण वह विधि है जिसके द्वारा संस्कृति को एक पीढ़ी से दूसरी पीढ़ी को हस्तान्तरिक किया जाता है। इसके द्वारा व्यक्ति अपने समूह एवं समाज के मूल्यों, जनरीतियों, लोकाचारों, आदर्शों एवं सामाजिक उद्देश्यों को सीखता है। समाजीकरण की विभिन्न परिभाषाओं से यह बात और भी स्पष्ट हो जायेगी।

ग्रीन के शब्दों में, "समाजीकरण वह प्रक्रिया है, जिसके द्वारा बच्चा सांस्कृतिक विशेषताओं, आत्मपन (Selfhood) और व्यक्तित्व को प्राप्त करता है। इस परिभाषा से स्पष्ट है कि समाजीकरण के द्वारा बच्चा संस्कृति की विशेषताओं को सीखता है, उसके अनुसार अपने आचरण को ढालता है और व्यक्तित्व का विकास करता है।

गिलिन और **गिलिन** लिखते हैं, "समाजीकरण से हमारा तात्पर्य उस प्रक्रिया से है जिसके द्वारा व्यक्ति, समूह में एक क्रियाशील सदस्य बनात है, समूह की कार्यविधियों से समन्वय स्थापित करता है, उसकी परंपराओं का ध्यान रखता है और सामाजिक परिस्थियों से अनुकूलन करके अपने साथियों के प्रति सहनशक्ति की भावना विकसित करता है। इस परिभाषा में समाजीकरण को एक ऐसी प्रक्रिया के रूप में दर्शाया गया है जिसके द्वारा व्यक्ति समूह का सक्रिय सदस्य बनता है।

किम्बाल यंग के अनुसार, "समाजीकरण वह प्रक्रिया है जिसके द्वारा व्यक्ति सामाजिक और सांस्कृतिक क्षेत्र में प्रवेश करता तथा समाज के विभिन्न समूहों का सदस्य बनता है और जिसके द्वारा उसे समाज के मूल्यों और मानकों को स्वीकार करने की प्रेरणा मिलती है।

जॉनसन के अनुसार, "समाजीकरण सीखने की वह प्रक्रिया है जो सीखने वाले को सामाजिक भूमिकाओं का निर्वाह करने के योग्य बनाती है। इस प्रकार जॉनसन समाजीकरण को सीखने की प्रक्रिया मानते हैं जिसके द्वारा व्यक्ति समाज में अपनी भूमिकाओं को निभाना सीखता है।

स्टीबर्ट एवं **गिलन** के अनुसार, "समाजीकरण वह प्रक्रिया है जिसके द्वारा लोग अपनी संस्कृति के विश्वासों, अभिवृत्तियों, मूल्यों और प्रथाओं को ग्रहण करते हैं।

फिचर (Fitcher) के अनुसार, "समाजीकरण वह प्रक्रिया है जिसके द्वारा व्यक्ति सामाजिक व्यवहारों को स्वीकार करता है और उनसे अनुकूलन करना सीखता है। फिचर भी जॉनसन की तरह समाजीकरण को सीखने की एक प्रक्रिया मानते हैं।

न्यूमेयर (Neumeyer) के अनुसार, "एक व्यक्ति के सामाजिक प्राणी के रूप में परिवर्तित होने की प्रक्रिया का नाम ही समाजीकरण है।"

ब्रूम तथा **सेल्जनिक** के अनुसार, "समाजीकरण के दो पूरक अर्थ हैं–"संस्कृति का हस्तातंरण और व्यक्तित्व का विकास।" इससे स्पष्ट है कि समाजीकरण द्वारा एक व्यक्ति अपनी संस्कृति को सीखता है। संस्कृति पुरानी पीढ़ी नयी पीढ़ी को हस्तांतरित होती है। संस्कृति को सीखने से ही बच्चे के व्यक्तित्व का विकास होता है।

टालकॉट पारसन्स (Talcott Parsons) व्यक्ति द्वारा सामाजिक मूल्यों को सीखने और उन्हें आंतरीकृत (Internalized) करने को ही समाजीकरण कहते हैं।

हारालाम्बोस के अनुसार, "वह प्रक्रिया जिसके द्वारा व्यक्ति अपने समाज की संस्कृति को सीखते हैं, समाजीकरण के नाम से जानी जाती है।"

उपर्युक्त परिभाषाओं से स्पष्ट है कि *समाजीकरण सीखने की एक प्रक्रिया है जिसके द्वारा व्यक्ति समूह अथवा समाज की सामाजिक-सांस्कृतिक विशेषताओं को ग्रहण करता है, अपने व्यक्तित्व का विकास करता है और समाज का क्रियाशील सदस्य बनता है। समाजीकरण द्वारा बच्चा सामाजिक प्रतिमानों को सीखकर उनके अनुरूप आचरण करता है, इससे समाज में नियंत्रण बना रहता है।*

ब्रूम तथा **सेल्जनिक** का मत है कि समाजीकरण की प्रक्रिया के तीन प्रमुख पहलू हैं–सावयव (Organism), व्यक्ति (Individual), तथा समाज (Society)। **सावयव** या शरीर रचना ही व्यक्ति को वह क्षमता प्रदान करती है जिसकी सहायता से मानव अन्य लोगों के व्यवहारों को सीखता है और भाषा द्वारा उन्हें व्यक्त करता है। **व्यक्ति** समाजीकरण की प्रक्रिया का वास्तविक आधार है क्योंकि व्यक्ति में 'आत्म' (Self) का विकास हुए बिना समाजीकरण की प्रक्रिया आगे नहीं बढ़ सकती। **समाज** ही वह क्षेत्र है जिसके अंतर्गत व्यक्ति विभिन्न प्रकार से अंत:क्रिया करता है।

स्टीवर्ट एवं **गिलिन** ने समाजीकरण के तीन आवश्यक तत्व माने हैं–

(i) अंत:क्रिया,

(ii) भावात्मक स्वीकृति,

(iii) संचार या भाषा।

दूसरे व्यक्तियों के साथ अंत:क्रिया करने के दौरान ही व्यक्ति सही व्यवहार करना सीखता है। वह यह भी सीखता है कि किस प्रकार के व्यवहार समाज द्वारा स्वीकृत हैं और किस प्रकार के निषिद्ध। वह अपने अधिकारों, दायित्वों एवं कर्तव्यों को भी सीखता है। सीखने का कार्य संचार एवं भाषा के द्वारा सरलता से किया जाता है। चूंकि मानव एक भावात्मक और बौद्धिक प्राणी है, अत: वह प्रेम पाने व प्रेम प्रदान करने का अनुभव भी प्राप्त करता है। भावात्मक वातावरण में समाजीकरण शीघ्र होता है। इस प्रकार समाजीकरण के लिए ये तीनों तत्व आवश्यक एवं अपृथकनीय हैं।

समाजीकरण की विशेषताएं (Characteristics of Socialization)

(1) **'आत्म' का विकास** (Cultural Transmission)–समाजीकरण के द्वारा व्यक्ति के 'आत्म' का विकास होता है, व्यक्ति में अपने प्रति जागरूकता आती है और वह यह जानने लगता है कि दूसरे व्यक्ति उसके बारे में क्या सोचते हैं।

(2) **सांस्कृतिक हस्तांतरण** (Cultural Transmision)–समीकरण के द्वारा समूह अथवा समाज अपनी संस्कृति को एक पीढ़ी से दूसरी पीढ़ी तक पहुंचाता है। नयी पीढ़ी पुरानी पीढ़ी से संस्कृति ग्रहण करती है। डेविस कहते हैं कि हस्तातंरण की इस प्रक्रिया के बिना अपन निरंतरता बनाये नहीं रख सकता और न ही संस्कृति जीवित रह सकती है।

(3) **सीखने की प्रक्रिया** (Process of Learning)–समाजीकरण सीखने की एक प्रक्रिया है, किन्तु सभी प्रकार की बातें सीखने समाजीकरण नहीं हैं वरन् उन व्यवहारों को जो सामाजिक प्रतिमानों, मूल्यों एवं समाज द्वारा स्वीकृत हैं, को सीखना ही समाजीकरण है। उदाहरण के लिए, एक व्यक्ति चोरी करना, कक्षा से भाग जाना व गाली देना, आदि सीखता है तो उसे हम समाजीकरण नहीं कहेंगे क्योंकि ये क्रियाएं समाज द्वारा स्वीकृत नहीं हैं और न ही इन्हें सीखकर व्यक्ति समाज का क्रियाशील सदस्य बनता है।

(4) **समय व स्थान सापेक्ष** (Related to Time and Space)–समाजीकरण की प्रक्रिया समय व स्थान सापेक्ष है। समय सापेक्ष का अर्थ है कि दो

भिन्न समयों में समाजीकरण की अंतर्वस्तु (Content) अलग-अलग हो सकती है। उदाहरण के लिए, प्राचीन भारत में स्त्रियों को पर्दा व घूंघट रखना सिखाया जाता था, एक व्यक्ति को अपनी जाति के खान-पान के नियम से परिचित कराया जाता था, किन्तु वर्तमान समय में ये व्यवहार अपेक्षित नहीं हैं। इसी प्रकार से बड़ों का अभिवादन करने के लिए बच्चों का प्रणाम करना, 'धोक देना', आदि सिखाया जाता था, किन्तु अब वे गुडमार्निंग, टाटा, बाय-बाय, गुड नाइड, ओके, हेलो, आदि शब्दों का प्रयोग करते हैं।

समाजीकरण स्थान सापेक्ष भी है। इसका अर्थ यह है कि एक स्थान पर एक समाज में जो व्यवहार प्रशंसनीय माना जाता है, वही दूसरे समाज में निन्दनीय भी माना जा सकता है। **डेविस** कहते हैं कि अफ्रीका की मसाई जनजाति में एक-दूसरे के प्रति सम्मान प्रकट करने के लिए एक-दूसरे पर थूकना सिखाया जाता है, किन्तु यह व्यवहार भारत में अनुचित एवं निन्दनीय माना जाता है।

(5) **आजन्म प्रक्रिया** (Life-long Process)—समाजीकरण की प्रक्रिया बच्चे के जन्म से लेकर मृत्यु तक चलने वाली प्रक्रिया है। बचपन से लेकर वृद्धावस्था तक वह अनेक प्रस्थितियां धारण करता है और उनके अनुसार अपनी भूमिकाओं का निर्वाह करना सीखता है। बचपन में वह पुत्र, भाई, मित्र, आदि के रूप में अन्य लोगों से व्यवहार करना सीखता है। युवावस्था में वह पति, पिता, व्यवसायी, किसी संगठन में पदाधिकारी एवं अन्य अनेक पदों को ग्रहण करता है। वृद्धावस्था में दादा, नाना, श्वसुर, आदि पद धारण करता है और इन सभी पदों के अनुरूप भूमिका निर्वाह करना सीखता है। इस प्रकार व्यक्ति के सामने नयी-नयी प्रस्थितियां एवं पद आते हैं और वह उनके अनुसार समाज द्वारा मान्य व्यवहारों को सीखता जाता है। इस प्रकार समाजीकरण की प्र.िया आजीवन चलती रहती है।

(6) **संस्कृति को आत्मसात् करने की प्रक्रिया** (Process of Culture Assimilation)—इस प्रक्रिया के द्वारा एक व्यक्ति सांस्कृतिक मूल्यों, मानकों एवं समाज स्वीकृत व्यवहारों को सीखता है तथा संस्कृति के भौतिक तथा अभौतिक तत्वों को आत्मसात करता है। धीरे-धीरे संस्कृति व्यक्ति के व्यक्तित्व का अंग बन जाती है।

(7) **समाज का प्रकार्यात्मक सदस्य बनने की प्रक्रिया** (Process of Becoming a Functioning Member of Society)—समाजीकरण की

प्रक्रिया के द्वारा व्यक्ति सामाजिक कार्यों में भाग लेने योग्य बनता है। इसी के द्वारा वह प्राणीशास्त्रीय प्राणी से सामाजिक प्राणी में बदल जाता है। किस पद पर रहकर किस परिस्थिति में कैसा व्यवहार करना चाहिए, यह सब सामाजिक संपर्क से ही सीखा जाता है। संपर्क से ही व्यकित लोगों की अपेक्षाओं के अनुरूप व्यवहार करना सीखता है। **हारालाम्बोस** कहते हैं कि समाजीकरण के अभाव में कोई मनुष्य समाज का सामान्य सदस्य नहीं बन सकता।

समाजीकरण के उद्देश्य (Aims of Socialization)

समाजीकरण के द्वारा समाज बच्चे को यह सिखाता है कि समुदाय में घुलने-मिलने के लिए उसे किन बातों की आवश्यकता है। उसकी क्षमताओं का विकास करने और स्थायी तथा अर्थपूर्ण संतुष्टियों को प्राप्त करने के लिए उसे क्या जानना और सीखना चाहिए। **ब्रूम** तथा **सेजनिक** ने समाजीकरण के चार प्रमुख उद्देश्यों का उल्लेख किया है जो इस प्रकार हैं :

(1) **क्षमताओं का विकास** (Development of Skill)–समाजीकरण का उद्देश्य व्यक्ति में ऐसी क्षमताएं पैदा करना है जिससे कि वह अपने को समाज के अनुकूल बना ले। सरल समाजों के परंपरागत व्यवहार पीढ़ी-दर-पीढ़ी हस्तातंरित होते रहते हैं और सामान्यत: अनुकरण के द्वारा उन्हें सीखा एवं दैनिक जीवन में प्रयोग में लाया जाता है, किन्तु उच्च तकनीकी ज्ञान के परिपूर्ण समाजों में औपचारिक शिक्षा द्वारा सामाजिक क्षमताओं का विकास करना समाजीकरण का प्रमुख कार्य है।

(2) **आधारभूत नियमबद्धता का विकास** (Inculcates Basic Disciplines)–सामाजिक जीवन को सुचारू रूप से चलाने के लिए अनुशासन एवं नियमबद्धता आवश्यक है। मानव की प्राकृतिक प्रेरणाएं उसे नियमहीन व्यवहार करने को प्रोत्साहित करती हैं। समाजीकरण के द्वारा व्यक्ति में नियमबद्धता और अनुशासन उत्पन्न किया जाता है। समाजीकरण की प्रक्रिया व्यक्ति को अपने लक्ष्यों की प्राप्ति तत्काल ही करने पर जोर नहीं देती वरन् परिस्थिति के अनुसार लक्ष्यों को आगे के लिए स्थगित करना, छोड़ देना अथा संशोधित करना भी सिखाती है। इसका उद्देश्य भावी लक्ष्यों और सामाजिक मूल्यों को ध्यान में रखते हुए व्यवहार करना सीखता है।

(3) **आकांक्षाओं की पूर्ति** (To Fulfil Aspiration)–समाजीकरण नियमबद्धता के साथ ही आकांक्षाओं की पूर्ति भी करता है। अनुशासन स्वयं ही व्यक्ति

को कोई पुरस्कार नहीं देकर आकांक्षाओं की पूर्ति में सहायक होता है। समाज सामान्य सांस्कृतिक मूल्यों का ही संचारण नहीं करता है वरन् विशिष्अ आकांक्षाएं भी पैदा करता है। उदाहरण के लिए, धर्म कुछ लोगों में पुरोहित बनने की इच्छा पैदा करता है। उच्च एवं विकसित अर्थव्यवस्था लोगों में व्यापारी, वैज्ञानिक एवं इंजीनियर बनने की इच्छा जाग्रत करती है।

(4) **सामाजिक भूमिकाओं को निभाने की सीख** (To Teach Performance of Social Roles)–समाजीकरण द्वारा व्यक्ति को अपनी सामाजिक भूमिका निभाने और उससे संबंधित अभिवृत्तियों को सिखाने का कार्य भी किया जाता है। समूह की सदस्यता की मांग है कि व्यक्ति सामान्य योग्यता के साथ-साथ विशिष्ट भूमिकाओं को निभाने की योग्यता भी प्राप्त करे। व्यक्ति समाज में अनेक पद ग्रहण करता है और कई लोगों के संपर्क में आता है। प्रत्येक पद एवं व्यक्ति के संदर्भ में उसे एक विशेष प्रकार की भूमिका निभानी होती है जो समाजीकरण के द्वारा ही सीखी जाती है।

मनुष्य एक सामाजिक प्राणी के रूप में (Man as a Social Animal)

मानव एक सामाजिक प्राणी है। वह जन्म से मृत्यु तक समाज में रहता है। अरस्तू ने कहा था कि देवता या पशु ही समाज से पृथक् रह सकता है, किन्तु पशु भी शायद समाज के अभाव में जीवित न रहे। मानव को अपनी रक्षा, भरण-पोषण, शिक्षा, मनोरंजन, व्यक्तित्व के विकास, सुख-सुविधाओं की प्राप्ति एवं अनेक उपलब्धियों के लिए समाज पर ही निर्भर रहना होता है। इस प्रकार मानव अपनी प्रकृति एवं आवश्यकता के कारण एक सामाजिक प्राणी है। समाज के अभाव में उसका जीवन कितना कठिन और कष्टमय हो जाता है, यह तो रॉबिनसन क्रूसो जैसे अभागे व्यक्ति ही जान सकते हैं जिन लोगों को आजीवन कारावास मिलता है, वे कभी-कभी पागल तक हो जाते हैं। समाज से पृथक् रहने वाले साधु-संन्यासी कई बार असाधारण व्यवहार करते हैं। यदि मानव समाज से पृथक् रहता तो आज उसे अपनी गौरवमयी सभ्यता एवं संस्कृति पर गर्व करने का अवसर नहीं मिलता। समाज के संपर्क से मानव का समाजीकरण होता है और वह समाज का क्रियाशील सदस्य बनता है। सामाजिक संपर्क के अभाव में मानव की शरीर रचना कितनी ही सुंदर क्यों न हो वह विकसित नहीं हो सकती। समाजीकरण के द्वारा ही शरी रचना सामाजिक-सांस्कृतिक विशेषताओं को ग्रहण करने एवं उनसे अनुकूलन करने की क्षमता का विकास कर पाती है। असामाजिक व्यक्ति का व्यवहार जंगली जानवरों जैसा ही होता है। **डेविस** ने कुछ **वन्य बालकों** (Feral children) का उदाहरण

देकर यह स्पष्ट करने का प्रयास किया है कि व्यक्ति का विकास समाज के अभाव में किस प्रकार अवरुद्ध हो जाता है।

समाज से पृथक् किये गये बच्चों के पूर्व अध्याय में वर्णित सभी उदाहरणों से ज्ञात होता है कि मानव एक सामाजिक प्राणी है और उस पर पर्यावरण का अधिक प्रभाव पड़ता है। समाज के अभाव में वह न तो संस्कृति को ही सीख सकता है और न अपने व्यक्तित्व का विकास ही कर सकता है। असमाजीकृत मनुष्य का व्यक्तित्व अविकसित और विकृत रहता है।

समाजीकरण के स्तर एवं प्रक्रिया
(Stages and Process of Socialization)

समाजीकरण की प्रक्रिया बच्चे के जन्म के बाद से ही प्रारंभ हो जाती है। मानव शरीर की रचना अन्य प्राणियों से श्रेष्ठ है। विकसित मस्तिष्क, केन्द्रित की जाने वाली दृष्टि, घुमायी जा सकने वाली गर्दन, हाथ की रचना और अंगूठे की विशिष्ट स्थिति, आदि के कारण मानव में ही सभ्यता एवं संस्कृति के निर्माण की क्षमता है। उसकी इस विशिष्ट संरचना के कारण ही उसमें सीखने के गुण पाये जाते हैं और सामाजिक सीख के द्वारा वह अपने व्यक्तित्व का विकास करता है। सीखने का कार्य केवल समाज में ही संभव है, इसलिए ही **पारसन्स** कहते हैं कि बच्चा उस पत्थर के समान है जिसे जन्म के समय सामाजिक तालाब में फेंक दिया जाता है, जिसमें रहकर वह अपना समाजीकरण करता है और समाज का अंग बन जाता है। **लुण्डबर्ग** ने समाजीकरण को एक सूत्र द्वारा प्रकट किया है जो इस प्रकार है :

व्यक्ति × समाज = सामाजिक व्यवहार = समाजीकरण।

बच्चे का मस्तिष्क इतना कोमल होता है कि उसे किसी भी दिशा में मोड़ा जा सकता है, कोई भी बात सिखायी जा सकती है। विभिन्न समयों में बच्चा विभिन्न प्रकार की बातें सीखता है और यह कार्य परिवार, पड़ौस, मित्र-मण्डली, स्कूल एवं द्वैतीयक संस्थाओं द्वारा किया जाता है। बच्चे द्वारा सीखने की अवस्था को मनोवैज्ञानिक **पियाजे** ने छः भागों में बांटा है :

प्रथम अवस्था में स्तनपान करते समय बच्चा माता के वक्ष एवं स्तनों में सनसनी महसूस करता है।

दूसरी अवस्था में बच्चा किसी वस्तु को एक कोण से देखता है और जब वह वस्तु आंखें से ओझल हो जाती है तो उसे ढूंढ़ता नहीं है।

तीसरी अवस्था में शिशु जो देखता है यदि वह उसकी पहुंच में है तो उसे पकड़ने का प्रयास करता है। वह ज्ञानेन्द्रियों जैसे आंख, कान, नाक एवं त्वचा से

प्राप्त सूचनाओं को समायोजित करने लगता है। यह अवस्था तीन से छः माह के बीच की है।

चौथी अवस्था (नौ से दस माह के बीच) बच्चा छिपी हुई चीज को ढूंढ़ने का प्रयास करता है। यदि कपड़े के नीचे कुछ छिपा दिया जाता है तो वह कपड़े को हटा देगा, किन्तु वह स्थान परिवर्तन के क्रम को नहीं समझ पाता। यदि एक खिलौने को उसके सामने ही दूसरे कपड़े के नीचे छिपा दें, फिर भी वह पहले वाले कपड़े के नीचे ही उसे ढूंढ़ता है।

पांचवीं अवस्था में (बारह से अठारह माह मे बीच) वह स्थान परिवर्तन के **क्रम** को जानने लगता है।

छठी अवस्था में (पन्द्रह से उन्नीस माह के बीच) वह पदार्थ का 'चित्रण' करने लगता है ताकि वह उसकी अनुपस्थिति में भी उसकी कल्पना कर सके। अब बच्चा इस स्थिति में होता है कि वह बाह्य जगत की वस्तुओं को 'आंतरीकृत' (Internalise) कर सकता है। जब बालक बार-बार किसी वस्तु को छूता है, देखता है तो उसके मस्तिष्क में उस वस्तु के चिन्ह अवशेष के रूप में रह जाते हैं और उस वस्तु के सामने आने पर वह उसे पहचान लेता है, इसे ही वस्तु का आन्तरीकरण करना कहते हैं। सीखने की यह प्रक्रिया यहीं समाप्त नहीं होती वरन् जीवनपर्यन्त चलती है और उसी के द्वारा बच्चे का समाजीकरण होता है।

समाजीकरण का कार्य विभिन्न स्तरों या सोपानों (Stages) में होता है। इन सोपानों की संख्या के बारे में मनोवैज्ञानिकों एवं समाजशास्त्रियों में मतभेद है। फ्रॉयड ने सात एवं जॉनसन ने चार सोपानों का उल्लेख किया है। इन सोपानों में बच्चे को सामाजिक दायित्वों का निर्वाह करना, अन्य व्यक्तियों के समान व्यवहार करना, आत्म का विकास करना एवं व्यक्तित्व का निर्माण करना सिखाया जाता है। *यहां हम समाजीकरण के विभिन्न स्तरों या सोपानों का उल्लेख करेंगे।*

(1) **शौच अवस्था** (Anal Stage)–समाजीकरण का दूसरा स्तर विभिन्न प्रकार के परिवारों एवं समाजों में भिन्न-भिन्न आयु में प्रारंभ होता है। अमरीकन समाज में यह अवस्था पहले वर्ष से प्रारंभ होकर तीसरे वर्ष में समाप्त हो जाती है। हमारे समाज में यह डेढ़-दो वर्ष की आयु से प्रारंभ होकर तीन-चार वर्ष की आयु तक चलती है। इस अवस्था में बच्चे से यह अपेक्षा की जाती है कि वह अपने आपको थोड़ा बहुत स्वयं संभाले। इस समय उसे शौच प्रशिक्षण दिया जाता है। बच्चे को कब और कहां शौच प्रशिक्षण दिया जाता है। बच्चे को कब और कहां शौच करना चाहिए, का उसे ज्ञान कराया जाता है। हाथ साफ करना, कपड़े मैले न करना, आदि की भी

उसे शिक्षा दी जाती है। इस अवस्था में बच्चा अपनी और अपनी मां की भूमिका को आंतरीकृत करता है। वह मां से प्यार पाया है और उसे प्यार करता है। सही व्यवहार करने पर उसे मां से प्यार मिलता है और गलत व्यवहार करने पर दण्ड। सभी समाजों में बच्चे को गलत व सही में भेद करना सिखाया जाता है। सही व्यवहार के लिए उसे पुरस्कृत एवं गलत के लिए दण्डित किया जाता है।

इस अवस्था में मां की दोहरी भूमिका होती है। एक तरफ वह बच्चे को शौच प्रशिक्षण देती है और दूसरी तरफ वह परिवार के सभी कार्यों में भी भाग लेती है। इस अवस्था में मां बच्चे के लिए, **'एक साधक नेता'** (Instrumental Leader) होती है क्योंकि बच्चे की आवश्यकताओं की पूर्ति के लिए वह अभी भी मुख्य रूप से उत्तरदायी होती है। बालक इस प्रणाली में सहयोग और प्यार देकर भावात्मक योगदान देता है। इस अवस्था में बच्चा अपने परिवार व समाज के सामान्य मूल्यों से परिचित होता है, उनके अनुसार आचरण करता है और उसमें अनुकरण की प्रवृत्ति का उदय होता है। इस अवस्था में बच्चा परिवार के अन्य सदस्यों के संपर्क में आता है और उनके व्यवहार से प्रभावित होता है। सदस्यों द्वारा क्रोध, स्नेह, विरोध और सहयोग प्रदर्शित करने पर बच्चे में भी तनाव और प्रेम की स्थिति पैदा होती है। इसी अवस्था में बच्चे में व्यक्तित्व के विविध गुण उत्पन्न हैं। समाजीकरण की यह अवस्था मां व बच्चे दोनों के लिए असुखकर होती है। बच्चे को दूध छुड़ाते समय, शौच प्रशिक्षण देते समय तथा उसे कष्ट उठाते देखकर मां को आनंद नहीं मिलता, फिर भी उसके अंतिम परिणामों को सोचकर वह अपने को सांत्वना देती है। माता की दुहरी भूमिका होने के कारण वह कुछ हद तक बालक को परिवार के अन्य सदस्यों के दबाव से बचा पाती है और वह अपनी **भावात्मक भूमिका** निभाती है। इस अवस्था में बच्चा थोड़ा-बहुत बोलने व चलने-फिरने लगता है और उसके सामाजिक संबंधों का विकास हो जाता है क्योंकि जब वह मां के अतिरिक्त अन्य सदस्यों के भी संपर्क में आता है।

(2) **ईडिपल या तादात्मीकरण अवस्था** (Oedipal or Identification Stage)–यह अवस्था लगभग चार वर्ष की आयु से प्रारंभ होकर बारह-तेरह वर्ष की आयु तक चलती है। इस अवस्था में बच्चा पूरे परिवार का सदस्य हो जाता है। इस अवस्था में बच्चा लड़के व लड़की के यौनिक भेद और शारीरिक भिन्नताओं को देख भले ही ले, परंतु उनके यौन संबंधी प्रकार्यों

का उसे ज्ञान नहीं होता है। उसके लिए न तो मां की स्त्री होती है और न पिता ही पुरुष, किन्तु धीरे-धीरे उसमें यौन भावना अव्यक्त रूप से विकसित होने लगती है। बालक से यह अपेक्षा की जाती है कि वह अपने लिंग के अनुसार अपने को ढाले। लड़कों को उस व्यवहार के लिए पुरस्कृत किया जाता है जो लड़कों के लिए उचित हो और लड़कियों को लड़कियों की तरह व्यवहार करने पर पुरस्कृत किया जाता है। लड़कों को दिये जाने वाले खिलौने लड़कियों के खिलौने से भिन्न होते हैं। इस अवस्था में बच्चा लिंग भेद सीखता है और अपने लिंग के बारे में पूर्णतः जागरूक हो जाता है। विपरीत लिंग के प्रति उसकी रुचि बढ़ने लगती है। बच्चे में यौन कल्पना को स्पष्ट करने में कुछ सांस्कृतिक तत्वों का भी योगदान होता है, जैसे लड़के व लड़की को भिन्न-भिन्न प्रकार के वस्त्र पहनाये जाते हैं।

इस आयु में बालकों में यौन भावना का विकास इस सीमा तक हो जाता है कि वे अपने माता-पिता तक से ईर्ष्या करने लगते हैं। बालक का मां व पिता के प्रति प्रेम अचेतन रूप से उन्हें इडिपस काम्पलेक्स (Oedipus Complex) अर्थात् पुत्र का मां के प्रति प्यार और इलेक्ट्रा काम्पलेक्स (Electra Complex) अर्थात् पुत्री को पिता के प्रति प्यार की ओर उन्मुख कर देता है। मन के इस अंतरंग संकट से बचने के लिए तथा अपने स्वतंत्र अस्तित्व की नयी मांगों को पूरा करने के लिए बच्चा अपने हम जोलियों के समूहों में जाता है।

तादात्मीकरण स्थापना दो रूपों में होती है—एक सामाजिक भूमिका से तादात्मीकरण और दूसरा सामाजिक समूह से तादात्मीकरण। सामाजिक भूमिका से तादात्मीकरण करने के लिए वह अपनी भूमिका को आंतरीकृत करता है, उससे संबंधित योग्यता को प्राप्त करने का प्रयत्न करता है। उदाहरण के लिए, बालक पिता, भाई, संबंधियों तथा परिवार क अन्य सदस्यों की आशाओं के अनुरूप भूमिका निभाना सीखता है। समूह से तादात्मीकरण करने के लिए वह परिवार, अपने लिंग के साथियों, स्कूल के साथियों व मित्रों के अनुरूप कार्य करता है। **जॉनसन** के अनुसार बालक अपने समाजीकरण के तीसरे सोपान में तीन प्रकार के तादात्म्य स्थापित करता है। प्रथम, वह अपने पिता और भाइयों के साथ तादात्म्य स्थापित करता है (लिंग भूमिका तादात्म्य स्थापन), द्वितीय, वह अपने भाई-बहनों के साथ तादात्म्य स्थापित करता है (परिवार में संतान की भूमिका); और अंत में वह पूरे परिवार के साथ एक सदस्य के रूप में तादात्म्य स्थापित

करता है। इस प्रकार इस अवस्था में बच्चे में विभेदीकरण की प्रवृत्ति का विकास होता है, वह यह समझने लगता है कि पिता का स्थान मां से भिन्न है। सफल तादात्म्य स्थापित करने के लिए जॉनसन ने परिवार में निम्नांकित परिस्थितियों का होना आवश्यक माना है–

(i) लड़के को पिता एवं लड़की को मां का पूरा स्नेह मिले;

(ii) बच्चा परिवार या समूह में जिस सदस्य को अपना आदर्श (Model) मानता है, उसका बच्चे से घनिष्ठ संबंध हो;

(iii) अन्य महत्वपूर्ण व्यक्ति विशेष रूप से माता लड़के को अपने पिता को आदर्श मानने के लिए प्रोत्साहित करे, तथा

(iv) पिता का मां से सम्मानपूर्ण व्यवहार हो; ये परिस्थितियां बच्चे में भावात्मक सुरक्षा उत्पन्न करेंगी और उसे कुण्ठा तथा तनावों से बचायेंगे जो कि सफल समाजीकरण के लिए आवश्यक है।

(3) **मौखिक अवस्था** (Oral Stage)–गर्भ में भ्रूण गर्म और आरामपूर्वक रहता है। जन्म के समय शिशु प्रथम संकट का सामना करता है–उसे सांस लेनी होती है। उसे पेट भरने के लिए काफी श्रम करना पड़ता है, उसे सर्दी, गीलेपन और अन्य असुविधाओं से पीड़ा होती है, वह रोता चिल्लाता है। समाजीकरण का यह प्रथ चरण है जिसमें बच्चा मौखिक रूप से दूसरों पर निर्भर रहता है। बच्चा अपने भोजन के समय के बारे में निश्चित अपेक्षाएं बनाने लगता है और वह अपनी देखभाल के लिए संकेत देना सीखता है। *शिशु अपना सुख-दुख मुंह के माध्यम से वह मुंह के हाव-भाव से प्रकट करता है, इसीलिए इसे मौखिक अवस्था कहते हैं*। इस अवस्था में बच्चा परिवार में अपनी मां के अतिरिक्त और किसी को नहीं जानता। **पारसंस** कहते हैं कि परिवार के अन्य सदस्यों के लिए बच्चा एक 'संपदा' से थोड़ा ही अधिक होता है। पिता या परिवार का अन्य सदस्य माता के साथ-साथ बालक की देखभाल करने लगे तो भी भूमिका विभेद नहीं होता, वह भी माता की भूमिका ही निभाता है। इस अवस्था में बच्चा अपनी व अपनी मां की भूमिका में अंतर नहीं कर पाता। अतः वह अपनी मां को पृथक नहीं समझाता। माता और शिशु 'मिले हुए' रहते हैं। इस स्थिति को फ्रायड ने 'प्राथमिक परिचय' (Primary identification) कहा है। इस अवस्था में बच्चा धीरे-धीरे भूख पर नियंत्रण करना सीखता है। उसे मां के शारीरिक संपर्क से आनंद अनुभव होने लगता है। इस सोपान की अवधि एक-डेढ़ वर्ष तक ही होती है।

(4) **किशोरावस्था** (Adolescence)–किशोरावस्था जो कि प्राय: यौवनारंभ (Puberty) के समय से शुरू होती है, एक ऐसी अवस्था है जिसमें युवा बालक अथवा बालिका अपने माता-पिता के नियंत्रण से अधिकाधिक स्वतंत्रता चाहते हैं, विशेष रूप से यौन संबंधी गतिविधियों में। इस अवस्था में बालक के शरीर में कुछ स्पष्ट शारीरिक परिवर्तन होने लगते हैं। यदि यौन-कर्म की पूरी छूट दी जाय तो कोई समस्या खड़ी नहीं होगी, किन्तु ऐसी छूट नहीं दी जाती है। इसलिए इन शारीरिक परिवर्तनों के कारण किशोर के मन में एक तरफ स्वतंत्रता की कामना तीव्र होती जाती है और दूसरी तरफ वह स्वतंत्रता से भयभीत होने लगता है।

किशोरावस्था भारी तनाव का काल है क्योंकि भावी वयस्क को प्राय: स्वयं ही कई आवश्यक निर्णय लेने होते हैं, जैसे जीवन साथी का चुनाव और अपने व्यवसाय का चुनाव, आदि के निर्णय उसे स्वयं ही लेने हों तो उसके सामने दुविधा अवश्य आ जाती है क्योंकि उसके बाद उसे नयी स्थिति के अनुसार नये कार्य करने होते हैं। उससे यह भी अपेक्षा की जाती है कि वह निर्णय करते समय पारिवारिक परंपराओं और सांस्कृतिक मूल्यों को ध्यान में रखे। किशोर पर लगाये गये इस प्रकार के नियंत्रण उसके मनोभावों के प्रतिकूल होते हैं, अत: बच्चे को तनावों का शिकार होना पड़ता है।

किशोरावस्था में बच्चा परिवार के अतिरिक्त पड़ोस, विद्यालय, खेल के साथियों और नवागंतुकों के संपर्क में आता है। इन सभी के विचारों एवं व्यवहारों से उसे समायोजन करना होता है। वह अपनी संस्कृति के अनेक निषेधों (Taboos) एवं यौन संबंधी निषेधों (Incest) का पालन करना सीखता है। इस अवस्था में उसे अनेक नयी परिस्थितियों का सामना करना पड़ता है और उसे कई नये-नये अनुभव होते हैं। कई समाजों में तो किशोर को आर्थिक क्रियाओं में भी भाग लेना होता है। अपने आर्थिक जीवन में सफलता बहुत कुछ उसके समाजीकरण पर निर्भर है। इस अवस्था में उसमें परा अहम् (Super ego) अर्थात् नैतिकता की भावना भी पैदा होती है। इस प्रकार इस अवस्था में सांस्कृतिक मूल्यों एवं व्यक्तिगत अनुभवों के द्वारा किशोर में आत्म-नियंत्रण की क्षमता पैदा होती है।

समाजीकरण के अन्य सोपान–समाजीकरण की प्रक्रिया उपर्युक्त चार अवस्थाओं में ही समाप्त नहीं हो जाती है वरन् यह आजीवन चलती रहती है, किन्तु व्यक्तित्व निर्माण की दृष्टि से ये सोपान अधिक महत्वपूर्ण हैं। बाद की अवस्था में यह प्रक्रिया सरल हो जाती है क्योंकि तब तक व्यक्ति भाषा का अच्छी तरह से ज्ञान प्राप्त कर चुका होता है। वह अपनी क्रियाओं को उद्देश्यमूलक बना लेता

है और नयी भूमिकाएं प्रत्यक्ष या परोक्ष रूप से पहले पूरी की गयी भूमिकाओं के अनुरूप ही होती हैं। अतः बाद की अवस्था में समाजीकरण की प्रक्रिया स्वचालित हो जाती है। किशोरावस्था के बाद भी समाजीकरण की प्रक्रिया तीन प्रमुख सोपानों–युवावस्था, प्रौढ़ावस्था एवं वृद्धावस्था से गुजरती है।

युवावस्था में व्यक्ति को अनेक नये पद प्राप्त होते हैं। और उनसे संबंधित भूमिकाओं को उसे निभाना होता है। उसे एक पति, पिता, दामाद, अधिकारी, आदि की प्रस्थितियां प्राप्त होती हैं और उनके अनुरूप भूमिकाएं भी निभानी होती हैं। इस अवस्था में वह परिवार तथा बाह्य जगत में कई महत्वपूर्ण दायित्वों को निभाता है, कभी-कभी उसे भूमिका-संघर्ष (Role-conflict) की स्थिति का भी सामना करना पड़ता है।

प्रौढ़ावस्था में व्यक्ति पर सामाजिक दायित्व और बढ़ जाते हैं। उस पर अपने बच्चों की शिक्षा-दीक्षा एवं विवाह, आदि का भार पड़ता है। उसे मां-बाप के रूप में एवं ऑफिस में वरिष्ठ अधिकारी या सेवक के रूप में नये उत्तरदायित्व संभालने होते हैं। **जॉनसन** कहते हैं कि कम-से-कम तीन कारणों से वयस्कों का समाजीकरण बच्चों के समाजीकरण से सरल होता है–

(i) वयस्क साधारणतया उस लक्ष्य की प्राप्ति के लिए कार्य करने को प्रेरित होता है जो स्वयं देख चुका है,

(ii) जिस नयी भूमिका को वह आंतरीकृत करने का प्रयास करता है, उसमें और उसके व्यक्तित्व में पहले से उपस्थित भूमिकाओं में काफी समानता होती है, तथा

(iii) समाजीकरण करने वाला भाषा के माध्यम से सरलता से सीख लेता है।

वृद्धावस्था में व्यक्ति शारीरिक, मानसिक व सामाजिक दृष्टि से कई परिवर्तन आ जाते हैं। अब वह दादा, परदादा, ससुर, नाना, आदि के रूप में कई नये पद ग्रहण करता है और उसके अनुरूप भूमिकाएं भी निभाता है। यदि वह नौकरी कर रहा है तो सेवा-निवृत्त कर दिया जाता है। अब वह आर्थिक रूप से कमाने योग्य नहीं रहता। अतः उसे पराश्रित होना पड़ता है, अनेक इच्छाओं का दमन करना पड़ता है। नयी परिस्थितियों से अनुकूलन न कर पाने की अवस्था में उसे कई तनावों को सहन करना होता है। पुत्र, पौत्रों एवं स्वयं के विचारों में पीढ़ीगत भेद (Generation gap) के कारण कई बार उसे लगता है कि उसके अनुभवों की अवहेलना की जा रही है और तब वह कुण्डाग्रस्त हो जाता है। इस प्रकार हम देखते हैं कि व्यक्ति का समाजीकरण जीवनपर्यन्त चलता रहता है और वह कुछ न कुछ सदैव सीखता ही रहता है।

समाजीकरण के अभिकरण, माध्यम या संस्थाएं (Agencies, Means or Institutions of Socialization)

समाजीकरण एक जटिल प्रक्रिया है। इसमें विभिन्न अभिकरणों, संस्थाओं और माध्यमों का योगदान रहता है। इसके प्रमुख अभिकरण, साधन या माध्यम निम्नलिखित हैं :

(1) **परिवार** (Family) : परिवार प्राथमिक समूह है। सी. एच. कूले ने स्वीकार किया है कि आदर्शों तथा सामाजिक स्वभाव के निर्माण में परिवार प्राथमिक होते हैं। मनुष्य सर्वप्रथम जिस समूह के सम्पर्क में आता है वह परिवार ही है। इसलिए इसका प्रभाव काफी स्थायी होता है। मां उसे दूध पिलाती है तथा उसकी रक्षा करती है। पिता व परिवार के अन्य सदस्य शिशु के साथ स्नेहपूर्ण व्यवहार करते हुए उसकी आवश्यकताओं को पूर्ण करने का प्रयत्न करते हैं। इससे शिशु के मन में सुरक्षा की भावना पनपती है। वह जानने लगता है कि किस प्रकार के कार्य व व्यवहार करने से उसे किस प्रकार का सम्मान प्राप्त होगा। इसके साथ-साथ, उसे भाषा का ज्ञान भी परिवार से ही होता है। परिवार के प्रत्येक सदस्य के अपने विचार, व्यवहार के ढंग आदि होते हैं। लेकिन बच्चे के साथ घनिष्ठ सम्बन्ध होने के कारण सभी उसके साथ घनिष्ठता से रहते हैं। इस प्रकार बच्चा उससे अनुकूलन करना सीखता है। कुछ बड़ा होने पर वह नियम एवं परम्पराओं के अनुसार कार्य करना सीखता है। अगर परिवार में कोई कमी है या समाजीकरण त्रुटिपूर्ण रहा है तो उस दशा में व्यक्ति का व्यक्तित्व विघटित हो जाता है। परिवार के माध्यम से बच्चा अपने सामाजिक व्यवहार, भाषा, कपड़े पहनने का ढंग, भोजन का तरीका तथा अपनी संस्कृति के अनुरूप व्यवहार करना सीखता है।

कुछ विद्वानों ने परिवार की समाजीकरण में महत्वपूर्ण भूमिका को ध्यान में रखते हुए इसे संस्कृति और परम्पराओं को वाहक कहा है। काफी सीमा तक यह बात ठीक भी है। अपनी संस्कृति के बारे में बच्चे को ज्ञान सर्वप्रथम परिवार में ही होता है। परिवार ही समाजीकरण की प्रक्रिया द्वारा संस्कृति को एक पीढ़ी से दूसरी पीढ़ी में हस्तान्तरित करने का एक प्रमुख माध्यम है।

(2) **क्रीड़ा समूह** (Play Group) : बच्चा जब कुछ बड़ा होता है तो वह क्रीड़ा समूह के सम्पर्क में आते है। इसके अधिकतर सदस्य उसकी उम्र के ही होते हैं। क्रीड़ा समूह में यह खेलता है। विभिन्न बालकों की रुचि, विचारधारा आदि का प्रभाव उस पर निरन्तर पड़ता है और जिसमें वह आकर्षण पाता

है उसे अपना लेता है। क्रीड़ा समूह में सामाजिक सम्बन्धों से अनुकूलन आदि बातें भी बच्चा जान जाता है। एक ही आयु समूह होने के कारण क्रीड़ा समूह समाजीकारण माना जाता है।

(3) **पड़ौस** (Neighbourhood) : पड़ौस के कार्यों को दो रूपों में देखा जा सकता है : प्रथम, पड़ौसियों के व्यवहार तथ विचारों के ढंग का प्रभाव बालक पर पड़ता है और वह उनका अनुकरण प्रारम्भ कर देता है। दूसरे, उसके व्यवहार पर भी नियन्त्रण पड़ोस ही रखता है। इस प्रकार, बालक उचित कार्यों को करने का प्रयत्न करता है।

(4) **शिक्षा संस्थाएं** (Educational institutions) : विद्यालयों या शिक्षण संस्थाओं में मनुष्य का बौद्धिक विकास होता है। वहां वह पढ़ाई व पाठ्य-पुस्तकों को पढ़ने के अतिरिक्त अपनी संस्कृति का ज्ञान प्राप्त करता है तथा उसका अन्य संस्कृतियों से परिचय होता है। अनुशासन एवं आज्ञापालन जैसी बातें भी बच्चा शिक्षा संस्थाओं में ही सीखता है। यदि स्कूल के अध्यापकगण एवं सहपाठी ठीक नहीं है तो बच्चा अनुशासनहीन बन जाता है। अगर वातावरण अनुकूलन एवं प्रजातान्त्रिक है तो बच्चे का विकास पूर्णरूप से होता है। शिक्षण संस्थाओं में वह नए मित्रों एवं शिक्षकों के सम्पर्क में आता है और उनसे वार्तालाप व विचारों का आदान-प्रदान करता है। इससे उसके विचारों व व्यवहार में सामाजिकता आ जाती है।

(5) **अन्य संस्थाएं** (Other institutions) : व्यक्ति के समाजीकरण में महत्वपूर्ण भूमिका निभाने वाली अन्य संस्थाओं को दो वर्गों में विभाजित किया जा सकता है :

(अ) **अनिवार्य संस्थाएं** (Compulsory Institutions) : इसके अन्तर्गत ऐसी संस्थाएं आती हैं जिनमें व्यक्ति को अनैच्छिक रूप से प्रवेश करना पड़ता है। कुछ ऐसी प्रमुख संस्थाएं निम्नांकित हैं :

(i) **धार्मिक संस्थाएं** (Religious Institutions) : व्यक्ति का धर्म से परिचय उस आयु में ही करा दिया जाता है जब वह धर्म को समझता भी नहीं हैं। धार्मिक संस्थाओं से व्यक्ति में नैतिकता, सच्चरित्रता, पवित्रता, कर्त्तव्यपरायणता, त्याग व बलिदान और शान्ति तथा न्याय के प्रति अनुराग विकसित होता है। दूसरों के प्रति सहिष्णुता व सभी प्राणी समान हैं इस तरह के विचारों को बच्चा इन्हीं संस्थाओं से ग्रहण करता है। धर्म व्यक्ति को उचित और अनुचित का ज्ञान देता है। इस प्रकार, धर्म के द्वारा मनुष्य के समाजीकारण में सबसे बड़ी

सहायता मिलती है।

(ii) **आर्थिक संस्थाएं** (Economic institutions) : आर्थिक संस्थाओं का सम्बन्ध मुख्यतः मनुष्य के जीविकोपार्जन से होता है। इन संस्थाओं के माध्यम से व्यक्ति परिश्रम, प्रतिस्पर्द्धा, उद्देश्यपूर्णता, सहयोग व भविष्य की चिन्ता आदि परमावश्यक गुणों की प्राप्ति करता है। आर्थिक संस्थाएं व्यक्ति को विभिन्न व्यवसायों तथा व्यापारिक संघों में बांटती हैं। इनका प्रभाव उसके व्यक्तित्व पर निरन्तर पड़ता रहता है।

(iii) **राजनीतिक संस्थाएं** (Political Institutions) : व्यक्ति ज्यों-ज्यों अपने जीवन की अनेक समस्याओं से जूझता है त्यों-त्यों उसके जीवन में राजनीतिक संस्थाओं का प्रवेश होता है। इन संस्थाओं के द्वारा वह अपने वास्तविक विचारों का निर्माण करता है। राजनीतिक संस्थाएं व्यक्ति को शासन, कानून, अधिकार, कर्तव्य व अनुशासन से परिचित कराती हैं। राजनीतिक प्रशासन का प्रकार तथा व्यक्ति को मिली स्वतन्त्रता भी उसके व्यक्तित्व को काफी सीमा तक प्रभावित करती है। व्यक्ति विभिन्न राजनीतिक दलों की विचार-धाराओं में से किसी एक विचारधारा को (जिसे वह अपने विचारों के अधिक नजदीक समझता है) समर्थन करना शुरू कर देता है। साथ ही, नेताओं का अनुकरण करके तथा चुनाव इत्यादि राजनीतिक गतिविधियों में हिस्सा लेकर व्यक्ति काफी कुछ सीखता है।

(ब) **ऐच्छिक संस्थाएं** (Optional Institutions) : इसके अन्तर्गत ऐसी संस्थाएं आती हैं जिनमें व्यक्ति का प्रवेश स्वाभाविक रूप से नहीं होता वरन् वह अपनी इच्छा अथवा अन्य व्यक्तियों के आग्रह पर ऐसी संस्थाओं के सम्पर्क में आता है जिनका निर्माण व्यक्तियों द्वारा अपनी सांस्कृतिक गतिविधियों के संचालन और पूर्ति के लिए स्वयं किया जाता है। इनसे व्यक्ति का समाजीकरण और अधिक पुष्ट तथा विस्तृत होता जाता है। ऐच्छिक संस्थाएं हमें प्रथा, परम्परा, आचार-विचार के ढंग, व्यवहार के तौर-तरीके, आपसी संगठन व किसी त्रुटिपूर्ण परम्परा अथवा विचार का संगठित विरोध करना सीखाती हैं।

ऐच्छिक संस्थाओं में विवाह का प्रमुख स्थान है। कुछ समाजशास्त्रियों का मत है कि विवाह व्यक्ति के समाजीकरण को काफी हद तक पूर्णता की प्राप्ति कराने वाला माध्यम है। इसके कारण व्यक्ति में इतने उच्च सामाजिक मूल्यों का समावेश

होता है कि वह पूर्ण व्यक्तित्व को प्राप्त करता है और समाज को नई इकाइयां प्रदान करता है। विवाह के द्वारा वह उत्तरदायित्व, धैर्य, त्याग, पारिवारिक कल्याण, परोपकार और दूरदर्शिता के पाठ ग्रहण करता है।

समाजीकरण का महत्व तथा आवश्यकता (Importance and Need of Socialization)

समाजीकरण की प्रक्रिया मनुष्य के जीवन की सर्वाधिक महत्वपूर्ण प्रक्रिया है। समाजीकरण के महत्व अथवा इसकी आवश्यकता को निम्नांकित रूप में स्पष्ट किया जा सकता है :

(1) **व्यक्तित्व का विकास** (Development of Personality) : मनुष्य के व्यक्तित्व का समग्र विकास समाजीकरण द्वारा ही होता है। समाजीकरण द्वारा व्यक्ति जिन गुणों का आन्तरीकरण कर लेता है उन्हीं से उसके व्यक्तित्व की आधारशिला बनती है। क्योंकि सीख व गुणों का आन्तरीकरण विभिन्न मनुष्यों में भिन्न-भिन्न रूपों में होता है आतः सबका व्यक्तित्व अलग-अलग ही विकसित होता है।

(2) **'स्व' का विकास** (Development of 'Self') : समाजीकरण का दूसरा महत्व 'स्व' के विकास के प्रतिबिम्बित होता है। कूले का कहना है कि सामाजिक आत्म-चेतना सम्प्रेषण पर आधारित होती है। इसका अर्थ यह है कि व्यक्ति जब दूसरों के सम्पर्क में आता है तभी अन्यता के विचार का सम्प्रेषण उसमें होता है। तभी वह 'अपने' को पहचानने का प्रयत्न करता है। इससे अपनेपन के भाव का उदय होता है और 'स्व' का विकास होता है। बिना दूसरों के सम्पर्क में आए उसमें आत्म-चेतना का बोध नहीं होता और न ही 'स्व' का विकास होता है।

(3) **सामाजिक विकास** (Social Development) : समाज के योग्य बनना ही सामाजिक बनना हैं। व्यक्ति समाज में दूसरों के साथ जो व्यवहार करता है वही सामाजिकता है और यह सामाजिकता उसमें कहां से आती है? यह उसमें समाजीकरण के माध्यम से ही आती है। केवल समाजीकरण द्वारा ही एक व्यक्ति सामाजिक प्राणी बन सकता है।

(4) **अनुशासनिक शिक्षा** (Disciplinary Education) : व्यक्ति के जीवन में सर्वाधिक महत्व अनुशासन का होता है। व्यक्ति काा आन्तरिक स्वरूप विद्रोहात्मक होता है। समाजीकरण से प्राप्त अनुकूलन के पश्चात् उसमें सामाजिक व्यवस्थाओं के प्रति अनुशासनात्मक प्रवृत्ति का उदय होता है।

उससे वह समाज में सम्मान और जीवन में प्रगति की उपलब्धि करता है। यह समाजीकरण के महत्व को और अधिक स्पष्ट करता है।

(5) **सामाजिक नियन्त्रण** (Social Control) : सामाजिक नियन्त्रण भी समाजीकरण का रूप है किन्तु यह ऐसी सीख है जिसका प्रभाव व्यक्ति पर बाध्यकारी होता है। अन्य बातें वह स्वेच्छा से सीखता है और अपने अन्दर सन्निहित कर लेता है। इनसें उसका सामान्य व्यवहार निर्धारित होता हैं किन्तु नियन्त्रण व्यक्ति के बलात् सीखना पड़ता है भले ही वह उसकी इच्छा के अनुरूप न हो।

(6) **आंकाक्षाओं की पूर्ति** (Fulfilment of Aspiratiopns) : समाजीकरण से व्यक्ति को वे उपाय भी पता चलते हैं जो समाज द्वारा मान्य हैं और जिनके द्वारा वह अपनी इच्छाओं का निर्धारण और उनकी पूर्ति कर सकता है।

(7) **सामाजिक समायोजन** (Social Adjustment) : यह समाजीकरण का महत्वपूर्ण उद्देश्य है। व्यक्ति अपनी इच्छाओं, दुराशाओं को भुलाकर कैसी भी विकट परिस्थिति में लोगों के साथ जिस प्रकार सहिष्णुतापूर्ण व्यवहार करके निर्वाह करना सीखता है उसे 'समायोजन' कहते हैं। यही उसमें धैर्य और कुशलता का समावेश करता है जो आगे चलकर व्यक्ति के विशिष्ट गुण बनते हैं।

समाजीकरण के सिद्धान्त (Theories of Sociallzation)

समाजीकरण की प्रक्रिया किस प्रकार होती है तथा इसमें क्या-क्या प्रेरणाएं कार्य करती हैं? इसका उत्तर देने के लिए समाजशास्त्रियों तथ मनोवैज्ञानिकों ने कुछ सिद्धान्तों का प्रतिपादन किया है। इन सभी सिद्धान्तों ने 'स्व' (Self) के विकास को प्रमुख आधार माना है। 'स्व' के विकास का अर्थ व्यक्ति का स्वयं के बारे में ज्ञान है जो व्यक्ति को समाज में अन्तर्क्रियाएं करने हेतु समर्थ बनता है। इसके कुछ प्रमुख सिद्धान्त न्मिनलिखित हैं :

(अ) दुर्खीम का सामूहिक प्रतिनिधान का सिद्धान्त

(Durkheim's Theory of Collective Representation)

दुर्खीम ने समाजीकरण की प्रक्रिया को सामूहिक प्रतिनिधान (प्रतिनिधित्व) के आधार पर समझाने को प्रयास किया है। डनका सिद्धान्त पूर्णत: सामाजिक है तथा यह व्यक्ति ओर समाज के परस्पर सम्बन्धों में समाज को अधिक महत्व देता

है। इनके अनुसार सामूहिक प्रतिनिधानों का आन्तीकरण अर्थात् सामूहिक मान्यताओं को आत्मसात करना ही समाजीकरण है। समाज में व्यवहार के जो मान्यता प्राप्त प्रतिमान, मूल्य, विश्वास एवं आदर्श होते हैं, उन्हीं को सामूहिक प्रतिनिधान कहा जाता है। ये सामाजिक विरासत के रूप में पीढ़ी-दर-पीढ़ी हस्तानंरित होते रहते हैं तथा जैविक व्यक्ति द्वारा इन सामूहिक प्रतिनधानों को सीखना एवं इनके अनुकूल व्यवहार करने के लिए प्रेरित करना ही समाजीकरण कहलाता है।

सामूहिक प्रतिनिधान, क्योंकि सम्पूर्ण अथवा समाज द्वारा बनाऐ जाते हैं एवं स्वीकृत होते हैं, इसलिए वे सामाजिक तथ्य (Social facts) होते हैं। दुर्खीम ने सामूहिक प्रतिनिधानों को सामाजिक तथ्यों की दोनों प्रमुख विशेषताओं-

(i) ये व्यक्ति से बाहर हैं तथा

(ii) इनमें बाध्यता पाई जाती है-से युक्त बताया है।

सामूहिक प्रतिनिधान के आन्तरीकरण को दुर्खीम ने सामूहिक या सामाजिक अन्तःकरण (Collective or social Conscience) सें जोड़ा है। सामूहिक चेतना का विकास यद्यपि व्यक्तिगत चेतनाओं से होता है, फिर भी यह न तो व्यक्तिगत चेतना ही है और न ही व्यक्तिगत चेतनाओं का संकलन मात्र। यह तो बहुत-सी व्यक्तिगत चेतनाओं क सम्मिश्रण (Fusion or Integration) द्वारा विकसित एक ऊंचे एवं श्रेष्ठ स्तर की चेतना होती है। सामूहिक प्रतिनिधान; समूह अथवा समाज द्वारा स्वीकृत होने के कारण; प्रत्येक व्यक्ति की आत्मा (व्यक्तिगत आत्मा) में विलीन हो जाते हैं। सभी लोगों द्वारा स्वीकार कर लेने पर ये सामूहिक अन्तःकरण (चेतना) का रूप ले लेते हैं। इसलिए समाज का प्रत्येक व्यक्ति इन्हें बिना प्रश्न चिन्ह्न या चुनौती दिए स्वीकार कर लेते हैं। दुर्खीम के अनुसार, सामूहिक प्रतिनिधान सामाजिक एकता बनाए रखने में सहायक हैं।

संक्षेप में, कहा जा सकता है कि सामूहिक प्रतिनिधानों को सामूहिक अन्तःकरण के रूप में व्यक्ति द्वारा आन्तरीकरण व आत्मसात करना ही समाजीकरण है। जैसे-जैसे इनको आत्मसात करता जाता है वैसे-वैसे उसका समाजीकरण भी होता रहता है।

(ब) कूले का दर्पण में आत्मदर्शन का सिद्धान्त (Cooley's Theory of Looking Glass Self)

समाजीकरण का दूसरा प्रमुख सिद्धान्त चार्ल्स कूले द्वारा प्रतिपादि किया गया है। इन्होंने Social Organization , एवं Human Nature and the Social Order नामक अपनी पुस्तकों में यह स्पष्ट करने का प्रयास किया है कि एक जैविक प्राणी किस प्रकार से सामाजिक प्राणी बनता है।

यह सिद्धान्त भी सामाजिक है क्योंकि इसका आधार भी व्यक्ति और समाज के परस्पर सम्बन्ध और इनका मूल्यांकन है। कुले के अनुसार बच्चा तीन बातों के बारे में सोचता है:

(1) दूसरे की राय में क्या सोचते हैं?

(2) दूसरों की राय के सन्दर्भ में मैं अपने बारे में क्या सोचता हूं?

(3) मैं अपने बारे में सोचकर अपने को कैसा मानता हूं ?

कूले का कहना है कि व्यक्ति समाज रूपी दर्पण में अपना बिम्ब देखता है। इससे वह यह जानने का प्रयास करता है कि दूसरे उसके बारे में क्या सोचते हैं। यह जान लेने के पश्चात् कि दूसरे उसके बारे में क्या सोचते है, वह अपने बारे में राय बनता है। इस राय के परिणामस्वरूप, बच्चे में हीनता या श्रेष्ठता के भाव विकसित होते है। अर्थात् यदि उसे लगता है कि दूसरे उसके बारे में अच्छे विचार रखते हैं तो उसमें श्रेष्ठता की भावना आ जाती है और इसके विपरीत यदि उसे लगता है कि दूसरे उसके बारे में अच्छी राय नहीं रखते, तो उसमें हीन-भाव आ जाते हैं। हम निरन्तर समाज रूपी दर्पण में अपना बिम्ब देखते रहते हैं। अतः 'स्व' के बारे में हमारी धारणा स्थायी नहीं है अपतु समय-समय पर बदलती रहती है।

संक्षेप में, यह कहा जा सकता है कि बच्चा समाज रूपी दर्पण में आत्मदर्शन द्वारा अपना मूल्यांकन करता है और इस मूल्यांकन के परिणामस्वरूप जो भाव (श्रेष्ठता या हीनता के भाव) उसमें विकसित होते हैं, उसी से उसकी समाजीकरण की दिशा निर्धारित होती है। अतः इन्होनं समाजीकरण एवं 'स्व' क विकास को प्रत्यक्ष रूप से सम्बन्धित किया है।

(स) फ्रायड का समाजीकरण का सिद्धान्त (Freud's Theory of Socializtion)

फ्रायड ने कामवृत्तियों (Sex insicncts) को मानव व्यवहार के संचालन में प्रमुख स्थान दिया है तथा यौन-भेद में **ऑडिपस कॉम्पलैक्स** (Oedipus Complex) तथा **इलेक्ट्रा कॉम्पलैक्स** (Electra Complex) के रूप में समझाने का प्रयास किया है। इतना हीं नही, इन्होंने सम्पूर्ण समाजीकरण की प्रक्रिया को **इड** (Id), **इगो** (Ego) तथा **सुपर-इगो** (Super-ego) की अवधारणाओं द्वारा समझाने का प्रयास किया है।

फ्रायड ने समाजीकरण की प्रक्रिया द्वारा 'व्यक्तित्व' या 'स्व' के विकास में 'इड', 'इगो' तथा 'सुपर-इगो' को महत्वपूर्ण माना है। **'इड'** हमारी मूल प्रेरणाओं, इच्छाओं एवं स्वार्थों से सम्बन्धित है तथा हमारी सभी इच्छाएं 'इड' द्वारा ही प्रेरित होती हैं। **'इगो'** (जिसे 'अहम' कहा जा सकता है) 'स्व' का चेतन व तार्किक

रूप होने के हारण वास्तविकता है जो यह निश्चित करता है कि व्यक्ति को अमुक कार्य करना चाहिए या नहीं। यह एक प्रकार से व्यक्ति का अन्त:करण हैं '**सुपर-इगो**' (जिसे 'पराहम्' कहा जा सकता है) सामाजिक मूल्यों एवं सामाजिक आदर्शों का योग है जिसे कि व्यक्ति ने आत्मसात कर रखा है और जो उसके अन्त:करण का निर्माण करता है। 'इड' (अपनी इच्छाओं) का 'सुपर-इगो' से सांमजस्य बैठाने या 'इड' और 'सुपर-इगो' के अन्तर्द्वन्द्व की प्रक्रिया से ही समाजीकरण होता है

'इड', 'इगो' तथा 'सुपर-इगो' का सम्बन्ध हम एक उदाहरण द्वारा समझ सकते हैं। मान लीजिए कि कोई व्यक्ति बिना पैसे दिए मिठाई खाना चाहता हैं। मिठाई खाना हमारी इच्छा है जोकि 'इड' द्वारा संचालित एवं प्रेरित होती है। 'सुपर-इगो' उस व्यतक्त को यह बतलाता है बिना पैसे मिठाई खाने का कोई नियम समाज द्वारा स्वीकृत नहीं है। 'इड' तथा 'सुपर-इगो' क्षरा व्यक्त विचारों का 'इगो' तार्किक विश्लेषण करता है तथा मिठाई खाने के बारे में निर्णय देता है। यदि 'सुपर-इगो' के रोकने के बावजूद 'इड' से संचालित व्यक्ति जबरदस्ती मिठाई उठा कर खा लेता है तो इसका अभिप्राय यह है कि 'इगो' और 'सुपर-इगो' में सामंजस्य नहीं है और इसी कारण अनेक व्यक्ति समाज विरोधी कार्य करते हैं। यदि 'इगो'; 'सुपर-इगो' का कहना मानकर 'इड' को नियन्त्रित कर लेता है तो व्यक्ति सामाजिक मान्यताओं के अनुकूल व्यवहार करने के लिए प्रेरित होता है। यह सिद्धान्त एक मनौवैज्ञानिक सिद्धान्त है जिसमें इस बात को मान्यता दी गई है कि मानव व्यवहार का अधिकांश भाग अनदेखा है तथा अचेतन शक्तियों द्वारा संचलित होता है।

(द) मीड का समाजीकरण का सिद्धान्त (Mead's Theory of Socialization)

समाजीकरण की एक अन्य मनोवैज्ञानिक व्याख्या मीड द्वारा प्रस्तुत की गई है। 'स्व' के विकास सम्बन्धी इनके विचार इनकी पुस्तक Mind, Self and Society में मिलते हैं मीड फ्रायड के विचारों से सहमत नहीं थे। इनके अनुसार 'स्व' का विकास अनुकरण (Imitation) की प्रक्रिया के परिणामस्वरूप होता है। शिशु अपने प्रारम्भिक जीवनकाल में जिस किसी व्यक्ति के सम्पर्क में आता है वह उनके व्यवहार का अनुकरण करने का प्रयास करता है। इस प्रकार मीड ने अपने सिद्धान्त में 'स्व' के विकास में बालक द्वारा अपने प्रति जागरूकता तथा दूसरों की दृष्टि से अपने मूल्यांकन को महत्वपूर्ण माना है। इसे इन्होने दो भागों **मैं** (I) तथा '**मुझे**' (Me) शब्दों द्वारा व्यक्त किया है। 'मैं' दूसरों के व्यवहार का प्रत्युत्तर है, जबकि 'मुझे' मेरे द्वारा किया गया व्यवहार है। 'मै' और 'मुझे' एक ही चीज के दो पहलू (अर्थात् विषय व वस्तु) हैं जिनसे समाजीकरण होता है। दूसरों की दृष्टि से वह अपना

मूल्यांकन इसलिए करता है क्योंकि वह जानता है दूसरों को सन्तुष्ट करके ही उसकी अपनी इच्छाएं पूरी हो सकती है और उसे स्वयं को सन्तुष्टि मिल सकती है।

मीड ने इस सिद्धान्त को **'सामान्यीकृत अन्य'** (Generalized Other) की अवधारणा द्वारा समझाने का प्रयास किया है। 'सामान्यीकृत अन्य' शब्द से अभिप्राय व्यक्ति की दूसरों के मूल्यांकन द्वारा अपने बारे में बनी धारणा है जिसका कि वह आन्तरीकरण कर लेता है। वह अपनी भूमिका निभाने के साथ-साथ अपनी तुलना 'सामान्यीकृत अन्य' से करता है और इसी से उसका समाजीकरण होता है। जब कोई व्यक्ति 'स्व' को समझने के लिए दूसरों की भूमिका को ग्रहण नहीं कर पाता है तो उसके व्यक्तित्व के विकास में बाधा उत्पन्न होने लगती है। मीट के अनुसार समाजीकरण की प्रक्रिया में भूमिका ग्रहण करना एक अत्यावश्यक प्रक्रिया है।

समाजीकरण में सहायक कारक
(Factors Conducive to Socialiazation)

समाजीकरण की प्रक्रिया में निम्नलिखित कारकों द्वारा भी महत्वपूर्ण योगदान प्राप्त होता है :

(1) **पालन-पोषण** (Social Traininig) : पालन-पोषण के माध्यम से मानव उचित तथा अनुचित व्यवहार का भेद ज्ञात करता है। परिवार के सदस्य पालन-पोषण करते समय, आवश्यकताओं को पूरा करते समय, बालक को यह बतलाते हैं कि इन आवश्यकताओं को पूरा करने का सही ढंग क्या है।

(2) **सामाजिक प्रशिक्षण** (Social Training) : शिशु परिवार तथा अन्य समूहों (क्रीड़ा समूह, शिक्षण समूह) के सम्पर्क में आता है तथा उनसे समाज के आदर्शों, मान्यताओं, नियमों आदि के बारे में प्रशिक्षण पाता है और उन्हें आत्मसात करता है। इस अवस्था में आत्मसात करने की क्षमता अधिक तीव्र होती है। **मिलर एवं डोलार्ड** (Miller and Dollard) का कहना है कि सामाजिक प्रशिक्षण चार बातों पर आधारित होता है : (i) **प्रेरक** (Drive), (ii) **संकेत** (Cue), (iii) **प्रत्युत्तर** (Response) तथा (iv) **पारितोषण** (Reward) ।

समाजीकरण के अन्य अभिकरण
(Major Agencies or Institutios of Socialization)

मानव के समाजीकरण की प्रक्रिया बड़ी लंबी एवं जटिल है। इस कार्य में अनेक संस्थाओं एवं समूहों का योगदान होता है। ये संस्थाएं समय-समय पर विभिन्न

बातें सिखाती हैं। कभी तो ये एक-दूसरे की पूरक एवं सहयोगी होती हैं तो कभी परस्पर स्वतंत्र एवं संघर्षकारी। बच्चे का समाजीकरण करने में अनेक प्राथमिक संस्थाओं, जैसे परिवार, पड़ोस, मित्रमण्डली, विवाह एवं नातेदारी समूह तथा द्वैतीयक संस्थाओं, जैसे विद्यालय, धार्मिक, आर्थिक, राजनीतिक, सांस्कृतिक एवं व्यावसायिक संगठनों, आदि का योगदान होता है। व्यक्ति इन संस्थाओं एवं समूहों से जितना अनुकूलन करता है, समाजीकरण भी उतना ही सफल माना जाता है। यहां हम समाजीकरण की प्रमुख संस्थाओं व समूहों का उल्लेख करेंगे :

(1) **नातेदारी समूह** (Kinship group)–नातेदारी समूह में रक्त एवं विवाह से संबंधित सभी रिश्तेदार आ जाते हैं। भाई-बहन, पति-पत्नी, साले-साली, सास-श्वसुर, देवर-भावी और अन्य सभी संबंधियों के संपर्क से व्यक्ति कुछ-न-कुछ सीखता ही है। इन सभी के प्रति उसे भिन्न-भिन्न प्रकार की भूमिकाएं निभानी होती हैं। किसी के साथ घनिष्ठ और हंसी-मजाक के संबंध होते हैं तो किसी से परिहार या दूरी बरती जाती है। विभिन्न रिश्तेदार भी बच्चे पर अपना प्रभाव डालते हैं जिसे वह आत्मसात् कर लेता है।

(2) **परिवार समाजीकरण करने वाली एक संस्था के रूप में** (Family as a Socializing)—समाजीकरण करने वाली संस्थाओं में परिवार सर्वाधिक महत्वपूर्ण है क्योंकि बालक परिवार में ही जन्म लेता है और सर्वप्रथम परिवार के सदस्यों के ही संपर्क में आता है। परिवार में ही उसे समाज के रीति-रिवाजों, लोकाचारों, प्रथाओं एवं संस्कृति का ज्ञान कराया जाता है। समय और महत्व की दृष्टि से परिवार समाजीकरण करने वाली प्राथमिक संस्था है। बच्चा यदि मूल परिवार का सदस्य है तो उसे चार प्रकार की भूमिकाओं का ज्ञान होता है। वे हैं : पति-पिता, पत्नी-माता, पुत्र-भाई और पुत्री-बहन। चूंकि परिवार एक सार्वभौमिक संस्था है, अत: विश्व के सभी समाजों में समाजीकरण की यह आधारभूत संस्था है।

जेल्डिच ने छप्पन (56) समाजों का मानवशास्त्रीय अध्ययन करके समाजीकरण में माता एवं पिता की भूमिका का पता लगाया। सभी समाजों में पिता **'साधक नेतृत्व'** (Instrumental Leadership) और माता **'भावात्मक नेतृत्व'** (Expressive Leadership) प्रदान करते हैं। साधक नेता के रूप में पिता ही खेत खेत एवं व्यवसाय का मालिक होता है, आखेट में अगुआ होता है। सभी शिकायतें उसी के पास आती हैं, वही उनका निर्णय करता है और बच्चों को दण्ड देता है, उन्हें अनुशासन एवं

नियंत्रण में रखता है। परिवार में माता बच्चे के लिए भावात्मक भूमिका निभाती है। वही परिवार में मध्यस्थता करती हे, समझौता करने का कार्य करती है। परिवार में झगड़ों को शान्त करती है, और वैमनस्य को दूर करती है। माता का व्यवहार बच्चे के प्रति स्नेहमय, घनिष्ठ, हितैषी और भावपूर्ण होता है, वह उदार एवं दण्ड न देने वाली होती है। सभी समाजों में पत्नी पति से भावात्मक दृष्टि से बढ़कर होती है। रौब जमाने वाली औरतें समाज में अच्छी नहीं मानी जातीं। पुत्र सदैव पिता के समान और पुत्री मां के समान बनना चाहती है। इस प्रकार बच्चे पर माता-पिता का सर्वाधिक प्रभाव होता है।

परिवार के अन्य सदस्यों एवं भाई-बहनों का भी बच्चे के समाजीकरण पर गहरा प्रभाव पड़ता है। सदस्यों के पारस्परिक प्रेम, सहयोग, त्याग, अधिकार, बलिदान, सेवा, कर्तव्यनिष्ठा, आदि से बच्चे में भी सद्गुण जन्म लेते है। परिवार में आयु, लिंग एवं पद की दृष्टि से विभिन्न प्रकार के व्यक्ति होते हैं जिनके संपर्क से बच्चा उनके आचरणों का अनुकरण करता है। वह मां, बहन तथा पिता और भाई में लिंग भेद होने से विषम लिंगियों के प्रति सामज में प्रचलित व्यवहारों एवं मूल्यों को ग्रहण करता है। इसी प्रकार से परिवार में छोटी एवं बड़ी सभी आयु के व्यक्ति होते हैं। बड़े छोटों के प्रति अधिकारों का एवं छोटे बड़ों के प्रति कर्तव्यों का निर्वाह करते हैं जितसे बच्चा भी ग्रहण करता है। अधिकारों एवं दायित्वों का परिवार में सुंदर समन्वय पाया जाता है। परिवार का सहयोग एवं भावात्मक पर्यावरण बच्चे के व्यक्तित्व निर्माण में महत्वपूर्ण भूमिका निभाता है। अनेक महापुरुषों के उदाहरणों से स्पष्ट है कि उनके महान बनने में परिवार का प्रमुख हाथ रहा है। परिवार में बच्चा जो कुछ सीखता है, से पुनः गुड़िया के खेल के दौरान प्रकट करता है। माता-पिता जब उसकी क्रियाओं को अनुरूप पाते हैं तो उसे स्नहे से पुरस्कृत करते हैं और विपरीत क्रिया करने पर डांटते हैं। पुरस्कार एवं दण्ड के आधार पर बच्चा *उचित एसं अनुचित में भेद करना सीखता है, उसमें नैतिकता के भाव पैदा होते हैं* और वह सही कार्यों को ग्रहण करता है। परिवार में बच्चा जो कुछ सीखता है, वह उसके जीवन की स्थायी पूंजी होती है। परिवार के सदस्यों में से ही वह किसी को अपना **आदर्श** (Model) चुन लेता है और अपने व्यवहार को उसी प्रकार बनाने का प्रयास करता है। **भाषा का प्रयोग** भी बच्चा परिवार में ही सीखता है। परिवार में भिन्न-भिन्न स्वभाव एवं रुचि वाले व्यक्ति होते हैं, बच्चा उन सभी के साथ *अनुकूलन करना सीखता है।*

अनुकूलन के दौरान उसमें सहिष्णुता का गुण पैदा होता है। परिवार में सबसे छोटा होने के कारण शिशु को दूसरों के व्यवहारों को सहन करना पड़ता है। इससे उसमें सहनशीलता पैदा होती है जो एक महत्वपूर्ण सामाजिक गुण है। छोटा होने के कारण उसे बड़ों की **आज्ञा का पालन** करना पड़ता है, इससे उसमें आज्ञाकारिता का गुण पैदा होता है। परिवार में ही बच्चा खान-पान, वस्त्र धारण करने, अभिवादन करने, पूजा-पाठ एवं आचरण के अन्य नियमों को सीखता है। **पारिवारिक आदर्श और मूल्य** बच्चे के भी आदर्श और मूल्य बन जाते हैं। परिवार ही **उसे आदर्श नागरिंकता** का पाठ पढ़ाता है। वही उसमें प्रेम, त्याग, बलिदान, सहयोग, दया, क्षमा, परोपकार, देश-प्रेम, सहिष्णुता, आज्ञाकारिता, अनुकूलन, आदि गुण भरता है। अत: कहा जाता है कि **परिवार शिशु की प्रथम पाठशाला है।** बच्चा परिवार का ही प्रतिरूप होता है।

किन्तु परिवार का बच्चे के समाजीकरण पर विपरीत प्रभाव भी पड़ता है। यदि परिवार विघटित है, माता-पिता में अनबन एवं तनावपूर्ण संबंध हैं, माता-पिता या भाई-बहन अपराधी व्यवहारों में संलग्न हैं तो बच्चे पर विपरीत प्रभाव पड़ता है। बाल-अपराध एवं अपराध से संबंधित अनेक अध्ययन इस बात की पुष्टि करते हैं कि माता-पिता व भाई-बहन अपराधी हैं तो बच्चा उनसे अपराधी प्रवृत्ति शीघ्र सीख लेता है। कई अपराधी विघटित परिवारों के सदस्य पाये गये जिन्हें बचपन में माता-पिता का स्नेह नहीं मिल सका और जिनकी शिक्षा-दीक्षा उचित प्रकार से नहीं हुई। **टरमन** का तो मत है कि 'केवल वे ही बच्चे विवाह को सुखपूर्ण बना सकते हैं जिनके माता-पिता का पारिवारिक जीवन सुखी था।' असंयमी व झगड़ालू माता-पिता का पारिवारिक जीवन सुखी था।' असंयमी व झगड़ालू माता-पिता का बच्चों पर बुरा प्रभाव पड़ता है। पति-पत्नी की एक-दूसरे के प्रति अनुदारता, घृणा अथवा असहयोग का बच्चों पर अस्वास्थ्यकर प्रभाव पड़ता है। अधिक दण्ड देने पर बच्चे भयभीत, विरोधी एवं विद्रोही हो जाते हैं, उनमें आत्म-ग्लानि और हीनता के भाव पैदा होते हैं। अधिक स्नेह से भी बच्चे बिगड़ जाते हैं। माता-पिता और परिवार-जनों के सामाजिक, राजनीतिक और आर्थिक विचारों का भी बच्चे के व्यक्तित्व पर गहरा प्रभाव पड़ता है। दरिद्र व आर्थिक दृष्टि से असुरक्षित परिवार में व्यक्ति घुटन व वेदना महसूस करता है। संक्षेप में, परिवार का परिवेश बालक के व्यक्तित्व निर्माण में बहुत महत्वपूर्ण है। उसके विचारों, दृष्टिकोणों, आदर्शों एवं मूल्यों पर परिवार की छाप अमिट होती है। यही

कारण है कि व्यक्ति के समाजीकरण में परिवार की भूमिका सर्वाधिक महत्वपूर्ण होती है।

(3) **आर्थिक संस्थाएं** (Economic Institutions)–आर्थिक संस्थाएं व्यक्ति को जीवन-यापन के लिए समर्थ बनाती हैं। इनके द्वारा हम यह सीखते हैं कि बाजार, बैंक व दुकान में किस प्रकार से व्यवहार करें ? ये संस्थाएं ही व्यक्ति को व्यावसायिक संघों से परिचित कराती हैं, व्यक्ति में सहयोग, प्रतिस्पर्द्धा एवं समायोजन के भाव पैदा करती हैं। बेईमानी व ईमानदारी के लक्षण भी व्यक्ति इन्हीं संस्थाओं के द्वारा सीखता है। मार्क्स एवं बेवलिन का मत है कि आर्थिक संस्थाएं ही व्यक्ति के जीवन और सामाजिक ढांचे को निर्धारित करती हैं।

(4) **क्रीड़ा समूह (Play-Ground)**–समाजीकरण की दृष्टि से बच्चे के लिए *'मित्रों का समूह'* (Peer Group) अथवा 'खेल समूह' एक महत्वपूर्ण प्राथमिक समूह है। परिवार के बाद वह अपने हम-जोलियों एवं खेल के साथियों के संपर्क में आता है जो उसके हम उम्र होते हैं। ये लोग उसे अपनी प्रस्थिति एवं वर्ग के मूल्यों से परिचित कराते हैं। खेल-समूह में बच्चा खेल के नियमों का पालन करता सीखता है, वह दूसरों के नियंत्रण में रहना और अनुशासन का पालन करना भी सीखता है। उसमें नेतृत्व के गुण विकसित होते हैं तथा लोगों को नियंत्रण व अनुशासन में रखना भी सीखता है। वह खेल में हार और जीत होने पर परिस्थितियों से अनुकूलन करना भी सीखता है। खेल के दौरान ही वह पारस्परिक सहयोग, प्रतिस्पर्द्धा और स्वस्थ संघर्ष की भावनाएं भी ग्रहण करता है। समय आने पर बच्चा कानून और व्यवस्था का प्रतीक बन जाता हे। जब कोई खेल के नियमों को तोड़ता है तो वह उसका विरोध करता है तथा स्वयं नियमों का रक्षक बन जाता है। अन्य समूहों की भांति क्रीड़ा-समूह भी पुरस्कार एवं दण्ड के द्वारा अपने सदस्यों के व्यवहार को स्वीकृत या अस्वीकृत करता है। **रिजमैन** यह मानते हैं कि खेल समूह वर्तमान समय में समाजीकरण करने वाला एक महत्वपूर्ण समूह है। क्योंकि आजकल व्यक्ति मार्गदर्शन एवं दिशा निर्देश के लिए अपने हम-उम्र के लोगों पर अधिक निर्भर करता है, इसलिए व्यक्ति अपने निर्णयों के लिए मित्रों की सलाह को अधिक महत्व देता है। रिजमैन का मत है कि आज का व्यक्ति दूसरों द्वारा अधिक निर्देशित (Others Directed) होता है जबकि ग्रामीण एवं आदिम समाजों के लोग परंपरा व स्व-निर्देशित (Tradition or inner-directed) होते हैं।

मित्रों का समूह मिलने-जुलने के अधिक अवसर प्रदान करता है, इसमें बच्चा वह ज्ञान प्राप्त करता है जो परिवार के सदस्य नहीं दे पाते क्योंकि उनका ज्ञान पुराना हो चुका होता है। इस प्रकार खेल समूह में वह नवीन मूल्यों को ग्रहण करता है।

(5) **सांस्कृतिक संस्थाएं** (Cultural Institutions)–आधुनिक समाज में अनेक सांस्कृतिक संस्थाएं जैसे संगीत अकादमी, नाटक-मण्डली, कवि सम्मेलन एवं क्लब, आदि व्यक्ति के विकास में योग देती हैं। ये संस्थाएं व्यक्ति को अपनी संस्कृति से परिचित कराती हैं। इनके द्वारा व्यक्ति अपनी प्रथाओं, परंपराओं, वेश-भूषा, साहित्य, संगीत, कला, भाषा, आदि से परिचित होता है और ये संस्थाएं उसके व्यक्तित्व के विकास में योग देती हैं।

(6) **पड़ौस** (Neighbourhood)–पड़ोस का भी बच्चे के समाजीकरण में महत्वपूर्ण योगदान होता है। बच्चों के ही नहीं वरन् युवकों के समाजीकरण में भी पड़ौस का विशेष योगदान होता है। शहरों की तुलना में गांवों में पड़ौस का अधिक प्रभाव होता है। बच्चे अनजाने में ही पड़ौसी से कई बातें सीख जाते हैं। पड़ोस के लोग बच्चे को स्नेह एवं प्यार में कई नयी बातों का ज्ञान कराते हैं, उसकी प्रशंसा एवं निन्दा के द्वारा उसे समाज-सम्मत व्यवहार करने को प्रेरित करते हैं। पड़ौसी समय-समय पर उसे यह बताते रहते हैं कि उससे किस प्रकार के आचरण की अपेक्षा की जाती है।

(7) **विवाह** (Marriage)–विवाह का भी व्यक्ति के जीवन पर महत्वपूर्ण प्रभाव पड़ता है। विवाह के बाद लड़के व लड़की को पति व पत्नी की भूमिका निभानी होती है। विवाह के बाद लड़के-लड़की को नये दायित्वों का निर्वाह करना होता है। उन्हें एक-दूसरे के लिए त्याग करना होता है, निष्ठा रखनी होती है। पति-पत्नी ही आगे चलकर पिता-माता, दादी-दादा व नानी, आदि की प्रस्थिति ग्रहण करते हैं। इस प्रकार विवाह के बाद बालक को नयी प्रस्थितियां एवं भूमिकाएं ग्रहण करनी होती हैं, उन्हें आंतरीकृत करना होता है।

उपर्युक्त प्राथमिक संस्थाओं के अतिरिक्त वर्तमान समय में अनेक द्वैतीयक संस्थाएं भी समाजीकरण में महत्वपूर्ण भूमिका निभाती है। द्वैतीयक संस्थाएं किसी विशिष्ट उद्देश्य की पूर्ति के लिए निर्मित की जाती हैं। हम यहां प्रमुख *द्वैतीयक संस्थाओं के योगदान का उल्लेख करेंगे।*

(8) **शिक्षण संस्थाएं** (Educational Institutions)–शिक्षण संस्थाओं में हम स्कूल, कॉलेज एवं विश्वविद्यालय, आदि सभी को गिनते हैं। शिक्षण

संस्थाओं में बच्चा प्रमुख रूप से गुरुजनों, पाठय-पुस्तकों एवं साहित्य तथा कक्षा के साथियों से अनेक बातें सीखता है। कोई-न-कोई अध्यापक उसका मॉडल अवश्य होता है, जिसके अनुरूप वह अपने आपको ढालना सीखता है। अध्यापक के आदर्श, विचार, आचरण तथा रहन-सहन के ढंग छात्र भी अपनाता है। छात्रवास में एवं कक्षा में वह अन्य सहपाठियों के संपर्क से अनेक बातें सीखता है। पुस्तकों एवं साहित्य से भी वह नवीन ज्ञान अर्जित करता है, उसकी मानसिक क्षमता का विकास होता है, अज्ञान से ज्ञान की ओर तथा अंधकार से प्रकाश की ओर बढ़ता है। वह देश-विदेश के समाजों एवं संस्कृति कें बारे में ज्ञान प्राप्त करता है। इस प्रकार शिक्षण संस्थाएं व्यक्ति के व्यक्तित्व का विकास करने में महत्वपूर्ण भूमिका निभाती है।

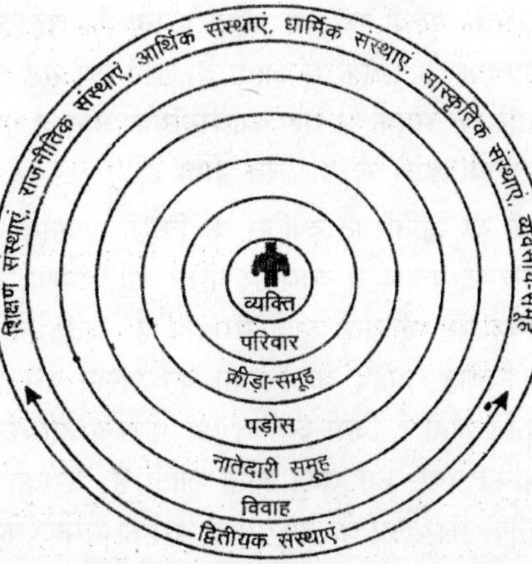

चित्र 1 : व्यक्ति का समाजीकरण करने वाली संस्थाएं।

(9) **राजनीतिक संस्थाएं** (Political Institutions)–व्यक्ति के समाजीकरण में राजनीतिक संस्थाओं का योगदान भी महत्वपूर्ण है। ये संस्थाएं व्यक्ति को आत्मबोध कराती हैं। तानाशाही एवं प्रजातंत्रीय शासन में भिन्न-भिन्न प्रकार का समाजीकरण होता है। तानाशाही सरकार में व्यक्ति के जीवन में सुरक्षा की भावना कम होती है, अत उसके स्वाभाविक विकास में बाधा पड़ती है। प्रजातंत्रीय एवं कल्याणकारी राज्य में सरकार लोगाकं की भलाई, शिक्षा एवं कल्याण के लिए अनेक कार्य करती है, इससे व्यक्ति को व्यक्तित्व निर्माण के सुअवसर प्रापत होते हैं। राजनीतिक दलों द्वारा भी जनता को राजनीतिक प्रशिक्षण दिया जाता है।

(10) **धार्मिक संस्थाएं** (Religious Institutions)–व्यक्ति के जीवन पर धर्म का गहरा प्रभाव होता है। ईश्वरीय भय एवं श्रद्धा के कारण वह नैतिकता तथा अन्य गुणों को ग्रहण करता है। व्यक्ति में पवित्रता, न्याय, शक्ति, सच्चरित्रता, कर्तव्य-परायणता, दया, ईमानदारी, आदि गुणों का विकास करने में धर्म प्रमुख भूमिका निभाता है। मंदिर, मस्जिद, गुरुद्वारे एवं चर्च में हम किस प्रकार का आचरण करेंगे, यह धार्मिक संस्थाएं ही बताती हैं। धर्म ग्रंथ, उपदेश एवं साधु-संतों का प्रभाव भी लोगों के आचरण पर पड़ता है। पाप-पुण्य तथा स्वर्ग एवं नरक की धारणा लोगों को सामाजिक प्रतिमानों के अनुरूप आचरण करने पर बल देती है। धार्मिक भय के कारण ही कई अपराधी, डाकू, हत्यारे एवं क्रूर व्यक्ति अपने व्यवहार को नियंत्रित करते हैं।

(11) **व्यवसाय समूह** (Occupational Group)–व्यक्ति जिस व्यवसाय में लगा होता है, उसके मूल्यों को भी ग्रहण करता है। वह व्यवसाय के दौरान अनेक व्यक्तियों के संपर्क में आता है। छोटे एवं बड़े अधिकारी, एजेण्ट, मैनेजर, आदि के संपर्क से वह व्यावसायिक ज्ञान व गुण ग्रहण करता है। तथा प्रशासनिक ढांचे से परिचित होता है।

इन सभी संस्थाओं के अतिरिक्त व्यक्ति के किसी अजनबी के संपर्क में आने पर भी उससे एक विशिष्ट प्रकार से व्यवहार करने की अपेक्षा की जाती है। भारत में व्यक्ति जातीय समूह से भी कई बातें सीखता है, जाति के अनुसार ही उसे खान-पान, छुआछूत, विवाह, आदि के नियमों का पालन करना होता है। प्रत्येक जाति की अपनी संस्कृति होती है जिसे व्यक्ति को सीखना आवश्यक है। इस प्रकार हम देखते हैं कि व्यक्ति ज्यों-ज्यों बड़ा होता जाता है, उसका सामाजिक दायरा बढ़ता जाता है और अनेक संस्थाओं के माध्यम से उसका समाजीकरण होता जाता है।

व्यक्ति का समाजीकरण करने में अनेक कारकों का योगदान होता है। **प्रो. डेविस** का मत है कि व्यक्ति दो भिन्न प्रकार के संचरण (Transmission) की उपज है–आनुवंशिक तथा सामाजिक। माता-पिता के वाहकागुओं (Genes), गुणसूत्रों (Chromosoms) एवं प्रजनन (Reproduction) की क्रिया द्वारा व्यक्ति को शरीर एवं शारीरिक क्षमताएं प्राप्त होती हैं। जीवविज्ञान की एक शाखा आनुवंशिकी (Genetics) मानव की इस जैविक विरासत का अध्ययन करती है। दूसरी ओर सामाजिक-सांस्कृतिक सीख तथा प्रतीकात्मक संवहन द्वारा व्यक्ति को सामाजिक विशेषताएं प्राप्त होती हैं। यह कार्य विभिनन प्राथमिक व द्वैतीयक संस्थाओं द्वारा किया जाता है। जैविकीय विशेषताएं ही व्यक्ति की सामाजिक-सांस्कृतिक पर्यावरण

अनुकूलन क्षमता को तय करती हैं। व्यक्ति क आनुवंशिक एवं सामाजिक संचरण को चित्र 2 द्वारा प्रकट कर सकते हैं।

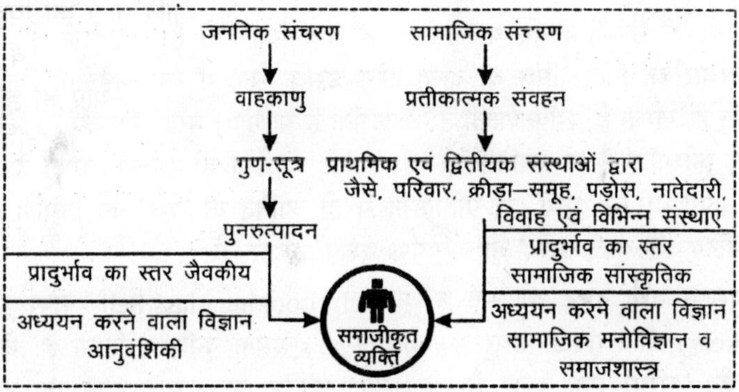

चित्र 2 : व्यक्ति के समाजीकरण को प्रभावित करने वाले कारक।

समाजीकरण के सिद्धांत (Theories of Socialization)

विभिन्न विद्वानों ने अपने सिद्धांत प्रतिपादित कर यह दर्शाने का प्रयास किया कि व्यक्ति का समाजीकरण किस प्रकार से होता है? उसकी मानसिक स्थिति क्या होती है? मनोवैज्ञानिकों एवं समाजशास्त्रियों ने समाजीकरण के सिद्धांत को' आत्म या स्व के विकास' (Development of the self) के आधार पर समझाने का प्रयत्न किया है। 'आत्म' कोई शारीरिक न होकर एक मानसिक तथ्य है। व्यक्ति के समाजीकरण में 'आत्म' या 'स्व' का उद्‌भव और विकास केन्द्र–बिन्दु है।

हम यहां *आत्म के विकास एवं समाजीकरण से संबंधित कुछ सिद्धांतों का उल्लेख करेंगे।*

(1) कूले का सिद्धांत (Cooley's Theory)

अमरीकरन समाजशास्त्री कूले ने अपनी पुस्तक '*Human Nature and the Social Order*' में अपने समाजीकरण संबंधी सिद्धांत को प्रस्तुत किया है। उनका सिद्धांत का प्रतिपादन व्यक्ति और समाज के संबंधों को स्पष्ट करने के संदर्भ में किया। उनका मत है कि समाज के संपर्क में आने पर ही व्यक्ति के 'आत्म' का विकास होता है। समाज व्यक्ति के लिए दर्पण का कार्य करता है, वह उसमें अपनी छवि देखता है और समाज के लोग उसके बारे में क्या कहते हैं, इसी आधार पर वह अपने बारे में अपनी धारणाएं बनाता है। जिस प्रकार से हम आइना देख कर यह ज्ञान करते हैं कि हम अमु पोशाक पहनने पर कैसे लगते हैं, बाल ठीक

से संवारे हुए हैं या नहीं, मेकअप कैसा लग रहा है, आदि। इसी प्रकार से बालक भी समाज रूपी आइने में अपने आपको देखता है। समाज के लोग उसके बारे में क्या कहते हैं, इसी आधार पर वह अपने बारे में राय बनाता है। इसी राय के आधार पर ही उसमें हीनता या श्रेष्ठता के भाव पैदा होते हैं। उदाहरण के लिए, जब परिवार के लोग, मित्र या अन्य लोग उसके बारे में यह कहते हैं कि वह बुद्धिमान है, लम्बा है, शक्तिशाली है, आकर्षक है या गंदा; मूर्ख, कमजोर या ठिगना, लड़ाकू, क्रोधीला है तो व्यक्ति भी अपने बारे में वैसा ही सोचने लगता है। इस प्रकार अपने बारे में दूसरों की प्रतिक्रिया से ही व्यक्ति के 'स्व' का निर्माण होता है। इसलिए ही कूले इसे 'आत्म-दर्पण दर्शन' कहते हैं।

हारटन तथा **हण्ट** का मत है कूले ने 'Looking glass Self' शब्द थेकरे (Thackery) की 'वेनिटी फेयर' (*Vanity Fair*) नामक कृति से लिया है। **थेकरे कहते हैं**, 'संसार एक दर्पण है जो प्रत्येक व्यक्ति को उसक स्वयं का चेहना प्रतिबिम्बित करता है। आप भौंहें चढ़ाइये तो इसमें आप चिड़चिड़े दिखायी देंगे, आप इसकी ओर तथा इसके साथ हंसिये तो यह आपको खुशमिजाज व कृपालु साथी होगा।''

कूले ने 'आत्म दर्पण दर्शन' प्रक्रिया के तीन चरणों का उल्लेख किया है–

(1) व्यक्ति यह सोचता है कि दूसरे उसके बारे में क्या सोचते हैं,

(2) दूसरों के निर्णय के आधार पर वह स्वयं अपने बारे में क्या सोचता है,

(3) मैं अपने बारे में सोचकर अपने को कैसा मानता हूं अर्थात् गर्व अनुभव करता हूं या ग्लानि।

इन तीनों बातों को स्पष्ट करने के लिए हॉर्टन व हण्ट ने एक उदाहरण दिया है–मान लीजिए आप एक कमरे में प्रवेश करते हैं जहां कुछ व्यक्ति एक समूह में परस्पर बातें कर रहे हैं। आपके आते ही वे बहाना बनाकर वहां से चले जाते हैं और ऐसा कई बार होता है तो आपको अपने बारे में हीनता की भावना महसूस होगी। इसके विपरीत, आपके कमरे में प्रवेश करने पर सभी व्यक्ति आपको घेर लेते हैं और आपसे चर्चा करना चाहते हैं तो आपको गर्व महसूस होगा। इस प्रकार दूसरे व्यक्ति हमारे प्रति जिस प्रकार की प्रतिक्रिया व्यक्त करते हैं हम अपने बारे में वैसी धारणा बनाते हैं। इसे हम एक अन्य उदाहरण द्वारा भी स्पष्ट कर सकते हैं। हम किसी स्त्री को बार-बार यह कहें कि तुम सुंदर या असुंदर हो तो वह अपने को सुंदर या असुंदर महसूस करने लगेगी और वैसा ही आचरण करने लगेगी। इस प्रकार दूसरों के द्वारा व्यक्ति प्रतिक्रिया के आधार पर ही व्यक्ति अपने को

सुंदर-असुंदर, मिलनसार-झगड़ालू, मूर्ख-बुद्धिमान तथा हीन व श्रेष्ठ समझने लगता है।

किन्तु कई बार ऐसा भी होता है कि दूसरे हमारे बारे में जो राय बनाते हैं, उसे जिस रूप में हम सोचते हैं उसमें तथा वास्तव में दूसरों द्वारा हमारे प्रति बनायी गयी धारणा में अंतर होता है। कई बार हम दूसरों द्वारा हमारे बारे में बनायी गयी राय को गलत समझ लेते हैं। अक्सर हम अपने बारे में दूसरों की वैसी धारणा बना लेते हैं जो समूह के प्रति हमारे मन में होती है। अत: कभी-कभी 'स्व' निर्माण गलत धारणा पर भी आधारित होता है। उदाहरण के लिए, हमारा अपने मित्रों के प्रति अधिक स्नेह होता है, हमारे मित्र कभी हमारी प्रशंसा करते हैं तो हम यह सोचने लगते हैं कि हम प्रशंसनीय है जबकि वास्तविकता यह होती है कि हमारे मित्र हमें इतना योग्य नहीं समझते। इस प्रकार हमारे द्वारा अपने बारे में मित्रों की प्रशंसा के आधार पर बनायी गयी धारणा त्रुटिपूर्ण है।

इस प्रकार कूले के अनुसार व्यक्ति का दूसरों से संपर्क होने से ही 'स्व' का निर्माण होता है जोकि समाजीकरण का प्रमुख आधार है। स्व के निर्माण के आधार पर ही व्यक्ति अपना मूल्यांकन करता है, वह अपने को हीन या श्रेष्ठ समझता है और समाजीकरण की दिशा तय करता है। व्यक्ति समाज का ही प्रतिबिम्ब है।

स्वीवर्ट एवं ग्लिन ने कूले के 'आत्म दर्पण दर्शन' सिद्धांत को निम्न चित्र में इस प्रकार प्रकट किया है :

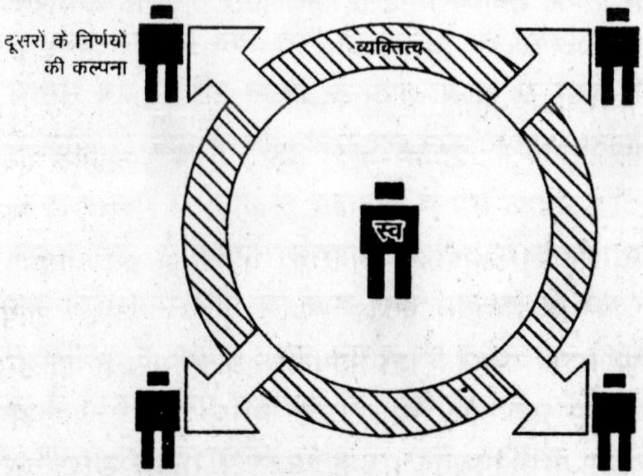

चित्र 3 : कूले का आत्म-दर्पण दर्शन सिद्धांत।

(2) मीड का सिद्धांत (Mead's Theory)

मीड ने समाजीकरण संबंधी अपने विचार '*Mind, Self and Society*' नामक अपनी कृति में प्रकट किये हैं। मीड यह मानते हैं कि व्यक्ति ही समाज का निर्माता

है जिसमें दिमाग और 'स्व' होता है। 'स्व' मौलिक रूप से एक सामाजिक संरचना है और यह सामाजिक अनुभवों के कारण ही पैदा होता है। 'स्व' के जन्म के बाद ही व्यक्ति सामाजिक अनुभव करता है। मीड ने उस प्रक्रिया का भी उल्लेख किया है जिसके द्वारा 'स्व' का विकास होता है और व्यक्ति तब दूसरों के विचारों को ग्रहण करता है। जन्म के समय बच्चा एक जैविकीय व्यक्ति होता है सिमें बुद्धि का अभाव होता है। अत: वह आंतरिक प्रेरणाओं से प्रेरित होकर ही क्रियाएं करता है। धीरे-धीरे परिवार एवं अन्य समूहों संपर्क के कारण बच्चे को यह समझ पैदा होने लगती है कि उससे लोग किस प्रकार के व्यवहार की अपेक्षा करते हैं और उसके व्यवहारों का क्या अर्थ लगाया जाता है। इव प्रकार बच्चे का 'स्व' व्यवहार से प्रभावित होने लगता है। इसे ही वह 'सामान्यकृत अन्य' (Generalized others) कहता है। *'सामान्यकृत अन्य' का अर्थ है–किसी व्यक्ति की स्वं के बारे में वह धारणा जो दूसरे लोग उसके बारे में रखते हैं।* अन्य शब्दों में, *दूसरे व्यक्ति उसके बारे में जो निर्ण लेते हैं और उससे जो अपेक्षाएं करते हैं और उसका वह आंतरीकरण करता है, उसे ही 'सामान्यकृत अन्य' कहते हैं।*

व्यक्ति में 'आत्म-चेतना' का विकास किस प्रकार से होता है, इसे स्पष्ट करने के लिए मीड ने **'मैं'** (I) तथा **'मुझे'** (Me) शब्दों का प्रयोग किया है। इसलिए इस सिद्धांत को **'मैं'** और **'मुझे' का सिद्धांत** भी कहते हैं। 'मैं' का अर्थ व्यक्ति द्वारा दूसरों के प्रति किये जाने वाले व्यवहार से है, तथा 'मुझे' का अर्थ है व्यक्ति द्वारा किये गये व्यवहार पर दूसरों की प्रतिक्रिया जिसे व्यक्ति आंतरीकृत करता है। 'मैं' और 'मुझे' में अंत:क्रिया के कारण ही 'स्व' का विकास होता है। प्रारंभ में ये दोनों धारणाएं एक-दूसरे से अलग होती हैं, किन्तु परिवार एवं समाज के संपर्क के कारण उनमें समानता स्थापित होने लगती है और वे एक ही चीज के दो पहलू हो जाते हैं।

समाज के संपर्क के कारण बच्चा जो कुछ सीखता है, उसे वह पुन: गुड़ियों के खेल के दौरन प्रकट करता है। चोर, डाकू व पुलिसमैन तथा माता-पिता व भाई-बहनों की भूमिका वह खेल के दौरान प्रकट करता हैं आपस में ही बच्चे मम्मी-पापा या चोर-पुलिस बनकर वैसा ही व्यवहार प्रकट करते हैं जैसा उन्होंने वास्तव में उन दोनों को व्यवहार करते देखकर सीखा है। अनुकरण, संकेत एवं भाषा के माध्यम से बच्चा दूसरों के व्यवहारों को ग्रहण करता है और उसमें विभिन्न प्रकार की भूमिकाएं निभाने की क्षमताएं पैदा हो जाती हैं। इसी स्थिति को मीड 'आत्म का विकास' कहते हैं। मीड के इस सिद्धांत को हम संक्षेप में इस प्रकार प्रकट कर सकते हैं–

(1) व्यक्ति का समाजीकरण उसी मात्रा में होता है जिस मात्रा में उसके सामाजिक व्यवहार उसके जैविकीय एवं संवेगात्मक व्यक्तित्व के प्रभाव को कम कर दें,

(2) समाजीकरण का अर्थ व्यक्ति के 'आत्म' के समुचित विकास से है,

(3) स्वयं में तथा अन्य व्यक्तियों में भेद करने की चेतना पैदा होना ही आत्म का विकास है और इसी आधार पर वह दूसरों के प्रति अपने व्यवहार को निश्चित करता है, तरह-तरह की आदतें सीखता है अर्थात् अपना समाजीकरण करता है।

(4) 'आत्म' का विकास दूसरे लोगों क 'सामान्यकृत व्यवहार' को अपने व्यवहार में समावेश करने से होता है,

(5) 'आत्म' के विकास के बाद व्यक्ति जैविकीय प्राणी से 'सामाजिक रूप' से आत्म चेतन के रूप में बदल जाता है,

स्वीवर्ट एवं **ग्लिन** ने मीड के 'सामान्यकृत अन्य' के सिद्धांत को निम्न चित्र द्वारा प्रकट किया है।

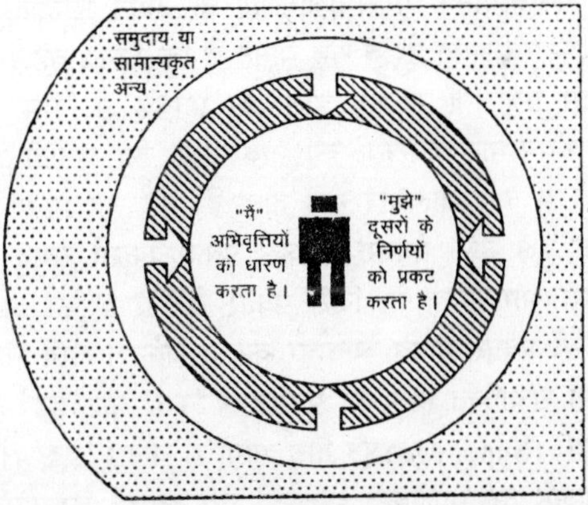

चित्र 4 : मीड का 'सामान्यीकृत अन्य' का सिद्धांत'।

कूले व मीड के सिद्धांत में अंतर
(Difference between Cooley and Mead's Theories)

कूले व मीड के सिद्धांत में पर्याप्त समानता होते हुए भी निम्नांकित अंतर है:

(1) कूले 'आत्म' के विकास में व्यक्ति एवं समाज को समान रूप से महत्वपूर्ण मानते हैं क्योंकि जब तक व्यक्ति दूसरों के विचारों एवं दृष्टिकोण के प्रति

जागरूक न हो तब तक उसके विचारों का कोई मूलय नहीं है। दूसरी ओर मीड समाज को इस रूप में अधिक महत्व देता है कि समाज के सामान्यीकृत व्यवहार प्रतयेक व्यक्ति की आत्म चेतना को प्रभावित करते हैं।

(2) कूले ने 'आत्म' के विकास के चरणों का उल्लेख नहीं किया है जबकि मीड ने 'मैं' और 'मुझे' में भेद करके विकास के चरणों को बताया है। पहले 'मैं' और फिर 'मुझे' की धारणा का विकास होता है।

(3) कूले 'आत्म' को एक धारणा मानते हैं जिसके बारे में स्पष्ट रूप से कुछ नहीं कह सकते जबकि मीड 'आत्म' को स्वयं के बारे में चेतना मानते हैं।

(4) मीड के अनुसार 'आत्म' का निर्माण बहुत से व्यक्तियों के व्यवहारों अर्थात् 'सामान्यीकृत व्यवहारों' से होता है, किन्तु कूले के अनुसार व्यक्ति किसी एक या दो व्यक्तियों से भी अपने आत्म का निर्माण कर सकता है।

(5) कूले की अपेक्षा मीड का सिद्धांत अधिक स्पष्ट एवं व्यवस्थित है।

(3) फ्रायड का सिद्धांत (Freud's Theory)

फ्रायड नामक मनोवैज्ञानिक ने समाजीकरण के अपने सिद्धांत को मानसिक क्रियाओं के आधार पर समझाया है। वे यह मानते हैं कि मानव का समस्त व्यवहार लिबिडो अर्थात् काम-प्रवृत्तियों से तय होता है। फ्रायड ने 'समाजीकृत आत्म' (Socialized Self) की समाजशास्त्रियों की अवधारणा को चुनौती दी और कहा कि 'स्व' एवं समाज में कोई तालमेल नहीं होता है। वह यह मानते हैं कि मानव व्यवहार का तार्किक पक्ष उसी प्रकार है जिस प्रकार किसी समुद्र में हिमखण्ड (Ice berg) का बाहरी भाग होता है, जिस प्रकार हिमखण्ड का अधिकांश भाग पानी में रहता है, उसी प्रकार मानव व्यवहार का अधिकांश भाग भी अनदेखा व अचेतन शक्तियों द्वारा संचालित होता है। फ्रायड ने 'स्व' को 'इड' (Id), 'अहम्' (Ego) और 'पराअहम्' (Super ego) इन तीन भागों में बांटा। 'इड' (Id) अहम् की मूल-प्रवृत्तियों, प्रेरणाओं, असमाजीकृत इच्छाओं एवं स्वार्थों का योग है। इड के सामने नैतिक-अनैतिक, अच्छे-बुरे का कोई प्रश्न नहीं होता है। यह पाशविक प्रवृत्ति के निकट है जो किसी न किसी प्रकार संतुष्टि चाहता हैं **'अहम्'** (Ego) स्व का चेतन एवं तार्किक पक्ष है जो व्यक्ति को सामाजिक परिस्थितियों के अनुकूल व्यवहार करने का निर्देश देता है और 'इड' पर नियंत्रण रखता है। 'अहम्' भी 'इड' के समान नैतिक-अनैतिक, प्रेम व घृणा को अधिक महत्व तो नहीं देता फिर भी यह अधिक व्यावहारिक है क्योंकि यह 'इड' को परिस्थितियों के अनुकूल होने पर

ही अपनी इच्छा की पूर्ति की स्वीकृति देता है। '**पराअहम्**' (Super ego) सामाजिक मूल्यों एवं आदर्शों का संयोग है जिसे व्यक्ति ने आत्मसात् कर रखा है और जो उसकी अंतरात्मका का निर्माण करते हैं। एक उदाहरण द्वारा हम फ्रायड की 'इड', 'अहम' एवं 'पराअहम्' की अवधारणा को स्पष्ट करेंगे। मान लीजिए कि एक व्यक्ति बहुत भूखा हे और उसे मिठाई खाने की इच्छा है। यह भूख 'इड' कहलाती है। 'अहम्' कहेगा कि यदि मिठाई खानी है और भूख शांत करनी है तो मेहनत करो, पैसा कमाओ या अगर परिस्थिति अनुकूल हो तो चोरी कर लो, चुपके से उठा कर खा लों इस प्रकार 'अहम् व 'इड' सामाजिक परिस्थितियों में सामंजस्य स्थापित करने का प्रयत्न करते हैं, किन्तु 'पराअहम्' व्यक्ति को कहेगा चोरी करना पाप है, अनैतिक है, सामाजिक मूल्यों के विपरीत है। अत: ऐसा मत करो। इस प्रकार 'पराअहम्' विवेक और सामाजिक मूल्यों को प्रकट करता है। यह व्यक्ति के समाजीकरण का प्रमुख आधार है।

इड, अहमृ और पराअहम् को हम एक अन्य उदाहरण द्वारा भी समझ सकते हैं। 'इड' एक घोड़े के समान है जो किसी भी दिशा में भागना चाहता है। 'अहम्' घोड़े पर बैठे सवार की तरह है जो उसे दिशा बताता है। 'पराअहम्' सड़क पर खड़े ट्राफिक इन्सपेक्टर की तरह है जो सवार के त्रुटि करने पर उसे भी सही दिशा बताता है। इस प्रकार पराअहम् 'इड' तथा 'अहम्' दोनों पर नियंत्रण रखता है और उन्हें समाज के मूल्यों के अनुरूप आचरण करने का निर्देश देता है। फ्रायड का मत है कि इड और पराअहम् में सदैव संघर्ष पाया जाता है, किन्तु कभी-कभी वह पराअहम् की अवहेलना भी कर देता है एेर व्यक्ति समाज विरोधी कार्य कर बैठता है। इस प्रकार फ्रायड सव और समाज को एक-दूसरे के पूरक न मानकर परस्पर विरोधी मानता है। फ्रायड के अनुसार 'इड' व 'पराअहम्' के पारस्परिक संघर्ष की प्रक्रिया से ही व्यक्ति का समाजीकरण होता है तो 'इड' से प्रभावित होकर व्यवहार क़रता है। दूसरे लोगों के संपर्क में आने पर उसे इस बात का ज्ञान होता है कि अपनी आवश्यकता किस प्रकार पूरी की जानी चाहिए, यही अहम् के विकास की स्थिति है। अन्य व्यक्ति के संपर्क से ही वह सामाजिक मूल्यों एवं आदर्शों से परिचित होता है, वह यह जानने लगता है कि समाज किस प्रकार के व्यवहार को स्वीकार व अस्वीकार करता है, नैतिक व अनैतिक समझता हैं वह 'इड' और 'अहम' की बात को ठुकरा कर जितना पराअहम् के अनुसार आचरण करता है, उतना ही उसका समाजीकरण सफल माना जाता है।

जहां कूले व मीड के सिद्धांत परस्पर पूरक हैं, वहीं फ्रायड का सिद्धांत उन दोनों का विरोधी है। वे दोनों 'आत्म' को सामाजिक अंत:क्रिया का परिणाम मानते

हैं, किन्तु फ्रायड इसे मानसिक क्रियाओं का परिणाम मानते हैं। फ्रायड ने मानव व्यक्तित्व को 'इड', 'अहम्' और 'पराअहम्' में जिस प्रकार विभाजित किया है, उसे हम आनुभविक प्रयोग (Empirical Test) के आधार पर सिद्ध नहीं कर सकते। अत: यह सत्यता से परे एवं काल्पनिक अधिक लगता है। फिर भी समाज वैज्ञानिक, फ्रायड की इस बात को स्वीकार करते हैं कि मानव की प्रेरणाएं (Human Motives) अचेतन और मानव के तार्किक नियंत्रण से बाहर होती हैं तथा सदैव ही व्यवस्थित समाज की आवश्यकताओं के अनुरूप नहीं होती। फ्रायड समाजीकरण में मानसिक तत्वों पर अधिक जोर देकर अतिवादी (Extremist) हो गये हैं।

(4) दुर्खीम का सिद्धांत (Durkheim's Theory)

दुर्खीम ने समाजीकरण संबंधी अपने विचार अपनी कृति '*Sociology and Philosophy*' में प्रकट किये हैं। आपने समाजीकरण संबंधी अपने विचारों को **'सामूहिक प्रतिनिधित्व'** (Collective Representation) तथा **'सामूहिक चेतना'** (Collective Consciousness) के आधार पर स्पष्ट किया है। अत: इन दोनों अवधारणाओं को समझे बिना दुर्खीम के समाजीकरण के सिद्धांत को नहीं समझा जा सकता।

दुर्खीम के अनुसार, प्रत्येक समाज में कुछ विचार, धारणाएं एवं भावनाएं ऐसी होती है जिन्हें समाज के सभी सदस्य स्वीकार करते हैं। क्योंकि ये सभी द्वारा मान्य हो होते हैं, इसलिए ये सारे समूह का प्रतिनिधित्व करते हैं। प्रारंभ में इनका संबंध व्यक्तित्व चेतना से होता है, किन्तु सभी लोगों की पारस्परिक अंत:क्रिया के कारण सामूहिक चेतना का निर्माण होता है जो सामूहिक प्रतिनिधियों को जन्म देती है। सामाजिक परंपराएं, धर्म, रीति-रिवाज, प्रथाएं, मूल्य एवं आदर्श सामूहिक प्रतिनिधान के उदाहरण हैं। इन सभी का निर्माण किसी व्यक्ति विशेष द्वारा नहीं होता वरन् समूह अथवा समाज के सभी या अधिकांश लोगों द्वारा होता है। अत: समूह के सभी लोग इनका पालन करते हैं, मानते हैं एवं उनके अनुसार आचरण करते हैं। सामूहिक प्रतिनिधियों का पालन करना व्यक्ति अपना दायित्व समझते हैं। इनके पीछे नैतिकता का दबाव होता है, समाज इन्हें मानने के लिए व्यक्तियों को बाध्य करता है। इनकी अवहेलना करने पर सामूहिक प्रतिक्रिया होती है, दण्ड की व्यवस्था की जाती है। इस प्रकार समाज के रीति-रिवाजों, प्रथाओं, कानूनों, संस्थाओं, धर्म एवं आदर्शों, आदि को सामूहिक जीवन के द्योतक होने के कारण ही 'सामूहिक प्रतिनिधान' कहा गया है।

व्यक्ति इन सामाजिक प्रतिनिधियों को सीखता है, आत्मसात् करता है और उनके अनुरूप आचरण करता है, इससे उसका समाजीकरण होता है। अन्य शब्दों

में व्यक्ति द्वारा सामाजिक प्रतिनिधानों का आन्तरीकरण करना ही समाजीकरण है। व्यक्ति ज्यों-ज्यों सामाजिक प्रतिनिधानों को आत्मसात करता जाता है त्यों-त्यों उसका समाजीकरण होता जाता है।

सामूहिक विचारों एवं धारणाओं को व्यक्ति किस प्रकार मानता है और उनके अनुसार आचरण करता है, इसे हम एक उदाहरण द्वारा इस प्रकार स्पष्ट कर सकते हैं। व्यक्ति जब भीड़ में होता ह तो वैसा ही व्यवहार करते लगता है जैसा दूसरे व्यक्ति कर रहे होते हैं। यदि भीड़ तोड़-फोड़ हिंसा व अनैतिकता पर उतारू है तो उसमें सम्मिलित साथी व्यक्ति वैसा ही करने लगते हैं। भीड़ में व्यक्ति की व्यक्तिगत इच्छा बदल जाती है और उस पर सामूहिक इच्छा हावी हो जाती है। यही स्थिति समाज में भी होती है। समाज की प्रथाएं, रीति-रिवाज, आदर्श और मूल्य जोकि सामाजिक प्रतिनिधान हैं, व्यक्ति को पूरी तरह से प्रभावित करते हैं और उसे अपनी व्यक्तिगत इच्छाओं का दमन करके भी उन्हें मानने को बाध्य करते हैं इनके अनुरूप आचरण करने के अतिरिक्त उसके सामने कोई अन्य चारा नहीं होता। सामाजिक प्रतिनिधानों का दबाव उसमें सामाजिक गुणों का विकास करता है, उसे समाज के अनुरूप बनाकर उसका समाजीकरण करता है।

समाजीकरण से संबंधित अवधारणाएं (Concepts Related to Socialization)

समाजीकरण से संबंधित कुछ अवधारणाओं को हम यहां स्पष्ट करेंगे :

(1) नकारात्मक समाजीकरण (Negative Socialization)

समाजीकरण का तात्पर्य समाज-सम्मत व्यवहारों सामाजिक मूल्यों, आदर्शों एवं प्रतिमानों को सीखने से है, किन्तु कई बार व्यक्ति समाज द्वारा अस्वीकृत व्यवहारों को भी सीखता है, उसे ही नकारात्मक समाजीकरण कहते हैं। उदाहरण के लिए, एक बच्चा चोरी करना, गाली देना, आज्ञा का उल्लंघन करना, कानून की अवहेलना करना सीखता है तो उसे हम समाज-विरोधी करार देते हैं, यही नकारात्मक समाजीकरण कहलाता है। नकारात्मक समाजीकरण समाज में अपराध और विपथगामी व्यवहार के लिए उत्तरदायी है।

(2) वि-समाजीकरण (De-socialization)

वि-समाजीकरण का तात्पर्य पहले से सीखे हुए व्यवहारों को भुला देना अर्थात् व्यक्ति का पहले जो समाजीकरण हुआ है, उसे समाप्त कर देना है। व्यक्ति को उसके पहले हुए समाजीकरण की त्रुटियां व हानियां बताकर पहले वाले समाजीकरण में सीखे हुए व्यवहारों को छोड़ने व भुलाने को कहा जाता है। उदाहरण के लिए,

एक व्यक्ति चोरी व अपराध करने में संलग्न हो जाता है या कक्षा से भागने की प्रवृत्ति सीख लेता है, तो उसे इन बुरी आदतों को छोड़ते को कहा जाता है, इनसे होने वाली हानियों से उसे परिचित कराया जाता है और जब व्यक्ति उन्हें छोड़ देता है तो इसे वि-समाजीकरण कहते हैं। कई बार काफी समय पूर्व सीखे हुए व्यवहार का प्रयोग एक लम्बे समय तक नहीं करने पर हम स्वत: ही उसे भूल जाते हैं, यह भी वि-समाजीकरण है। वि-समाजीकरण जान-बूझकर, चेतन रूप से एवं प्रयत्नपूर्वक भी किया जा सकता है तथा अनजाने व अचेतन रूप से भी।

(3) पुनर्समाजीकरण (Re-socialization)

पुनर्समाजीकरण का कार्य वि-समाजीकरण के बाद ही संभव है। किसी व्यक्ति द्वारा पहले सीखे गये व्यवहार को भुलाकर उसे नया व्यवहार सिखाना ही पुनर्समाजीकरण है। एक व्यक्ति अपने संपूर्ण जीवनकाल में अपने विचारों, मूल्यों, अभिवृत्तियों एवं व्यवहारों में नयी भूमिकाएं ग्रहण करने के साथ-साथ परिवर्तन लाता जाता है—इसे हम सतत्-समाजीकरण (Continuing Socialization) कहते हैं, किन्तु यह परिवर्तन एकदम पेज व मौलिक हो तो उसे पुनर्समाजीकरण कहते हैं। **ब्रूम** एवं **सेल्जनिक** ने इसे सपष्ट करते हुए लिखा है—पुनर्समाजीकरण मौलिक व तीव्र परिवर्तन की ओर संकेत करता है। इसमें पहले वाली जीवन-विधि के स्थान पर दूसरी जीवन-विधि अपनायी जाती है, जो कि पहले वाली से भिन्न एवं विरोधी होती है। मत आरोपण (Brain washing), अपराधियों का पुनर्वास (Rehabilitation), पापी व्यक्ति द्वारा धार्मिक जीवन व्यतीत करने की ओर अग्रसर होना, आदि इसके कुछ उदाहरण हैं।

चर्च में पादरी या नन (Nun) का जीवन व्यतीत करने के लिए भी व्यक्ति को धार्मिक नियमों को सीखना होता है। कम्युनिष्ट चीन में मत आरोपण द्वारा लोगों को साम्यवाद से परिचित कराया गया, यह भी पुनर्समाजीकरण ही है। जेल में अपराधी व्यक्ति को अपराधी प्रवृत्ति छोड़ने को कहा जाता और अच्छी बातें सिखाकर उसका पुनर्समाजीकरण किया जाता है। **ब्रूम** तथा **सेल्जनिक** ने पुनर्समाजीकरण के लिए छ: बातों को आवश्यक माना है—

(i) व्यक्ति पर पूर्ण नियंत्रण,

(ii) पुनर्समाजीकरण किये जाने वाले व्यक्ति की पुरानी प्रस्थिति का त्याग करना,

(iii) उस व्यक्ति के पुराने 'स्व' को अनैतिक घोषित करना,

(iv) व्यक्ति द्वारा स्वयं की आलोचना, समीक्षा तथा गलतियों को स्वीकार कर पुनर्समाजीकरण में भाग लेना,

(v) पुनर्समाजीकरण करने वाले व्यक्ति या संस्था का पुनर्समाजीकरण कराने वाले व्यक्ति को दण्ड देने, पृथक् रखने एवं प्यार करने, आदि का पूरा अधिकार होना,

(vi) पुनर्समाजीकरण कराने वाले व्यक्ति के मित्र-समूह (Peer-group) का उस पर दबाव एवं सहयोग प्राप्त होना।

ब्रूम तथा **सेल्जनिक** ने पुनर्समाजीकरण के मार्ग में आने वाली कुछ कठिनाइयों का भी उल्लेख किया है, जैसे–

(1) दबाव के कारण किया जाने वाला पुनर्समाजीकरण व्यक्ति की पहले वाली प्रस्थिति के मूल्यों के अनुरूप न होने पर कठिनाई आती है,

(2) पुनर्समाजीकरण करने वाला व्यक्ति इस कार्य को सुधार की भावना से ले अन्यथा वह अपने को हीन व अपराधी महसूस करेगा,

(3) पुनर्समाजीकरण सिर्फ पुनर्समाजीकरण के लिए ही न हो वरन् व्यक्ति को सामाजिक एवं मनोवैज्ञानिक समर्थन भी दिया जाना चाहिए।

(4) पूर्वाभ्यासी समाजीकरण (Anticipatory Socialization)

भविष्य में जो स्थिति आने वाली है, उसके लिए पहले से अभ्यास या तैयारी करना या उन व्यवहारों को सीखना ही पूर्वाभ्यासी समाजीकरण है। उदाहरण के लिए, यदि एक व्यक्ति पति, पिता अफसर, आदि बनने से पूर्व ही उनसे संबंधित व्यवहारों को सीखता है तो वह व्यक्ति पूर्वाभ्यासी समाजीकरण की स्थिति में है। पुजारी या पादरी बहुत पहले से ही इन भूमिकाओं को सीख लेते हैं। मेडिकल कॉलेज का छात्र अपने छात्र जीवन में ही डॉक्टर की भूमिका को सीख लेता है। वह यह सीख लेता है कि रोगी उससे किस प्रकार के व्यवहार की अपेक्षा रखता है। इसके लिए वह चेतन प्रयास करता है और कभी-कभी संकेत भी ग्रहण करता है।

प्रो. पी.एस. मुहार ने भ्रष्टाचार को परिभाषित करते हुए लिखा है, "भ्रष्टाचार कई रूप धारण कर सकता है। इसका आशय राजनैतिक या अन्य प्रकार के किसी अनुचित प्रभाव (Undue Influence) का उपयोग सार्वजनिक कार्यतंत्र अधिकारी (Public Functionary) पर करना मात्र भी हो सकता है अथवा यह कुछ अदृष्ट पारिवारिक या जातिगत बन्धनों (Bonds) का परिणाम भी हो सकता है और यह कुछ आर्थिक प्रलोभनों (Financial Inducements) के कारण भी हो सकता है। इसका स्वरूप कोई भी हो सकता है किन्तु इसका आवश्यक तत्त्व उचित या साधारण प्रक्रिया (Due Process) को बाहरी अ.र से प्रभावित करने का प्रयास होता है। इसका परिणाम अल्प होता है, भले ही यह प्रभाव सुधार (Correction), कार्य-साधन (Expedition) या पृथक्करण (Deprivation) की दिशा में ही क्यों न हो।"

भ्रष्टाचार को परिभाषित करते हुए इलियट एवं मेरिल (Elliott and Merril) ने कहा है, "किसी प्रत्यक्ष अथवा अप्रत्यक्ष लाभ प्राप्त करने के लिए जान-बूझकर कर्त्तव्य का पालन न करना भ्रष्टाचार है। भ्रष्टाचार सदैव किसी स्पष्ट अथवा अस्पष्ट लाभ के लिए कानून तथा समाज के विरोध में किया जाने वाला कार्य है।" इस परिभाषा से यह पता चलता है कि अपने लाभ के लिए कर्त्तव्य का पालन न करना भ्रष्टाचार है। भ्रष्टाचार में समाज एवं कानून दोनों के नियमों का उल्लंघन होता है।

भ्रष्टाचार की परिभाषा जे.पी. मिन्टरो ने भी दी है। इन्होंने भ्रष्टाचार को भारतीय सन्दर्भ में परिभाषित किया है। मिन्टरो के अनुसार, "भ्रष्टाचार वह कार्य है जिसमें अधिकार सम्पन्न व्यक्ति अपने पद, स्तर या प्रभाव का प्रयोग अनुचित लाभ की प्राप्ति के लिए अनुपयुक्त एवं स्वार्थपूर्ण ढंग से करता है।" इस परिभाषा से पता चलता है कि भ्रष्टाचार अधिकार-सम्पन्न व्यक्तियों द्वारा किया जाता है। ऐसे व्यक्ति अपने पद का प्रयोग अनुचित लाभ के लिए करते हैं।

भारतीय दण्ड संहिता की धारा 161 के अनुसार "कोई भी सार्वजनिक कर्मचारी वैध पारिश्रमिक के अतिरिक्त अपने या किसी दूसरे व्यक्ति के लिए जब कोई लाभ इसलिए लेता है कि सरकारी निर्णय पक्षपात ढंग से किया जाए तो यह भ्रष्टाचार है तथा इससे सम्बन्धित व्यक्ति भ्रष्टाचारी है।" इस विचार से पता चलता है कि किसी भी सरकारी कर्मचारी का अपने वैध वेतन के अलावा कुछ भी ग्रहण इस उद्देश्य से करना कि सरकारी निर्णय में पक्षपात किया जाए भ्रष्टाचार कहलाता है।

फ्रीमैन तथा जोन्स ने भ्रष्टाचार के सम्बन्ध में लिखा है, "वे समस्त कार्य जो लोक सेवकों, प्रशासनिक कर्मचारियों तथा आम नागरिकों की ईमानदारी एवं सत्यनिष्ठा का नाश करते हैं और जो प्रभुता एवं अधिकार-सम्पन्न व्यक्तियों को

अपने सम्मान-कर्त्तव्यपरायणता तथा निष्ठापूर्वक दायित्व निभाने की भावना को त्यागकर घूस एवं अन्य प्रकार के अनुचित लाभों को प्राप्त करने का अवसर या प्रेरणा प्रदान करते हैं।"

उपर्युक्त परिभाषाओं का निहितार्थ यह है कि भ्रष्टाचार एक गंभीर सामाजिक समस्या है। यह अक्सर अधिकार-सम्पन्न व्यक्तियों द्वारा किया जाता है। ऐसे व्यक्ति अपने अधिकार एवं पद का दुरुपयोग अपने अनुचित लाभ के लिए करते हैं। ये घूस इत्यादि लेकर अवैध तरीकों से दूसरों को लाभ पहुँचाते हैं। ऐसे व्यक्ति समाज एवं कानून दोनों के नियमों का उल्लंघन करते हैं तथा समाज एवं कानून को भी बहुत हद तक प्रभावित करने की क्षमता रखते हैं। भ्रष्टाचार में डूबा व्यक्ति अपने निजी स्वार्थों के लिए समाज एवं राष्ट्र को भूल जाता है। उसका इससे कोई वास्ता नहीं रहता है कि उसके द्वारा किए गये कार्यों से समाज एवं राष्ट्र की कितनी अपूरणीय क्षति होगी। वह सिर्फ अपने हितों को देखता है।

यौन अपराध (वेश्यावृत्ति)

वेश्यावृत्ति की समस्या भारत की प्रमुख समस्याओं में से एक है। आज भारत इस समस्या से ग्रसित है एवं अपने यौवन की तरफ उन्मुख है। विवाह की संस्था की उत्पत्ति से पहले वेश्यावृत्ति की समस्या नहीं थी। इसका कारण यह था कि उस समय यौन-संबंधों की स्थापना पर कोई प्रतिबन्ध नहीं था। विवाह की संस्था की उत्पत्ति के साथ-साथ कुछ यौन निषेध (Sex taboo) विकसित हुए और सभ्यता के विकास के साथ-साथ विवाह पूर्व एवं विवाह के अतिरिक्त यौन-संबंधों (Premarital and Extra-marital Sex Relations) को अवैध समझा जाने लगा। इसी के कारण वेश्यावृत्ति का जन्म हुआ। इस संबंध में पुणेकर (Punekar) ने लिखा है, "While marriage is a product of Civilization, Prostitution is its by-product." वेश्यावृत्ति को व्यक्तिगत विघटन का अत्यन्त ही घृणित स्वरूप कहा जा सकता है। यह किसी-न-किसी रूप में प्राचीन काल से ही समाज में विद्यमान रही है। भले ही इसे वेश्यावृत्ति के रूप में इसे सामाजिक मान्यता नहीं मिली हो। वर्तमान समय में यह एक प्रमुख सामाजिक समस्या माना जा रहा है। इस संबंध में जियोफ्रे ने 'Encyclopaedia of the Social Sciences' में लिखा है कि "वेश्यावृत्ति विश्व का सबसे पुराना व्यवसाय है और यह तभी से चला आ रहा है जब से किसी समाज के लोगों की काम-भावनाओं को विवाह और परिवार में सीमित किया गया है" यौन-इच्छा की सन्तुष्टि को मानव की मूलभूत आवश्यकताओं में

शामिल किया जा सकता है। यौन-इच्छाओं की सन्तुष्टि के दो साधन हैं जिन्हें समाज-स्वीकृत साधन और समाज-अस्वीकृत या नैतिक साधन तथा अनैतिक साधन कहा जा सकता है। जब व्यक्ति समाज-स्वीकृत साधनों के द्वारा अपनी यौन-इच्छाओं की सन्तुष्टि करता है तो उसे नैतिक रूप से मान्यता मिली रहती है। नैतिक रूप से व्यक्ति विवाह एवं परिवार की संस्था में ही अपनी इस आवश्यकता की पूर्ति कर सकता है। लेकिन जब व्यक्ति समाज द्वारा अस्वीकृत साधनों यानि अनैतिक साधनों द्वारा अपनी यौन-इच्छाओं की सन्तुष्टि करना चाहता है तब वह वेश्यागामी होकर ही इसको पूरा कर सकता है। निष्कर्षतः हम कह सकते हैं कि जब समाज द्वारा यौन इच्छा की पूर्ति के लिए अस्वीकृत साधनों को स्वीकार करना ही वेश्यावृत्ति है।

वेश्यावृत्ति समाज पर एक कलंक है, धब्बा है। इसे समाज में किसी रूप में मान्यता प्राप्त नहीं है। जहाँ तक इसकी परिभाषा का प्रश्न है अनेक विद्वानों ने अपने-अपने दृष्टिकोण से इसे परिभषित किया है। विद्वानों द्वारा प्रस्तुत वेश्यावृत्ति की कुछ परिभाषाएँ निम्नलिखित हैं–

वेश्यावृत्ति को परिभाषित करते हुए इलियट एवं मेरिल (Elliott and Merrill) ने पुस्तक 'Social Disorganization' में लिखा है, "वेश्यावृत्ति एक भेदरहित तथा धन की प्राप्ति के लिए स्थापित किया गया अवैध योन-संबंध है जिसमें भावात्मक उदासीनता पाई जाती है।" ("Prostitution is defined as an illicit sex-relation of a promiscuous and mercenary basis accompanying emotional indifference.") इस परिभाषा से यह पता चलता है कि वेश्यावृत्ति एक ऐसा यौन-संबंध है जो बिना किसी भेदभाव के स्थापित किया जाता है। यह एक अवैध यौन-संबंध है जो नियम या व्यवहार के विरुद्ध होता है। वेश्यावृत्ति एक ऐसा व्यवसाय है जो धन-प्राप्ति के उद्देश्य से किया जाता है। साथ ही इसमें प्रेम एवं स्नेह का अभाव पाया जाता है। अर्थात् वेश्याएँ अपने शरीर को मात्र धन-प्राप्ति के उद्देश्य से बेचती हैं। इसलिए इसमें प्रेम एवं स्नेह नाम की कोई चीज नहीं होती है और इसके भावनात्मक लगाव का भी अभाव पाया जाता है।

'Suppression of Immoral Traffic in women and Girl's Act, 1956' ने वेश्या एवं वेश्यावृत्ति (Prostitute and Prostitution) को परिभाषित करते हुए लिखा है, "Prostitute means a female who offers her body for promiscuous sexual intercourse for hire, whether in money or kind." इसी Act ने वेश्यावृत्ति को परिभाषित किया है और लिखा है, "Prostitution means the act of a female offering her body for promiscuous sexual intercourse for hire, whether in money or in kind." इस परिभाषा से

स्पष्ट होता है कि का मतलब आर्थिक लाभ के लिए एक स्त्री का विभिन्न व्यक्तियों के साथ यौन-संबंध स्थापित करना है। यह आर्थिक लाभ मुद्रा के रूप में भी हो सकता है। अर्थात् वेश्यावृति में धन की महत्ता होती है।

ज्योफ्रे (Geoffrey) ने 'Encyclopaedia of the Social Sciences' में वेश्यावृत्ति को परिभाषित करते हुए लिखा है, "वेश्यावृत्ति आदतन या कभी-कभी बिना किसी भेदभाव के हर व्यक्ति के साथ धन के लिए किया गया यौन-संबंध है।" ("Prostitution is the practice of habitual intermittent sexual union, more or less promiscuous for mercenary inducement.") इस परिभाषा के अनुसार वेश्यावृत्ति आदतन भी किया जाता है एवं कभी-कभी भी किया जाता है। धन की प्राप्ति इसमें मुख्य उद्देश्य रहता है। इसमें किसी व्यक्ति के साथ कोई भेदभाव नहीं किया जाता है। अर्थात् निर्धारित रकम देकर कोई भी व्यक्ति वेश्या के साथ यौन-संबंध स्थापित कर सकता है।

वेश्यावृत्ति की परिभाषा स्कॉट ने भी है। उन्होंने 'A History of Prostitution' में वेश्यावृत्ति को परिभाषित करते हुए लिखा है, "एक व्यक्ति (पुरुष अथवा स्त्री) जो किसी प्रकार की (आर्थिक अथवा किसी अन्य प्रकार की) आय के लिए अथवा और किसी प्रकार के व्यक्तिगत संतोष के लिए, पूर्ण समय अथवा अर्द्ध-समय के व्यवसाय के रूप में, बहुत-से व्यक्तियों के साथ, जो उसी लिंग के हों, सामान्य अथवा असामान्य यौन-संबंध स्थापित करने में व्यस्त हों, उसे वेश्या कहते हैं। ("An individual (Male or Female) who for some kind of new and (monetary or otherwise) or for some other form of personal satisfaction and as a part of full time profession, engages in normal or abnormal sexual intercourse with various persons who may be of the same sex, or of the opposite sex, is a Prostitue.") इस परिभाषा से पता चलता है कि वेश्यावृत्ति न केवल स्त्रियाँ करती हैं बल्कि पुरुष भी करते हैं। इसमें आर्थिक आय होती है जो नगद पैसे के रूप में भी हो सकती है तथा वस्तु के रूप में भी हो सकती है। स्कॉट का यह भी कथन है कि वेश्यावृत्ति व्यक्तिगत संतोष के लिए भी की जाती है। वेश्यावृत्ति पूर्ण समय के लिए ही नहीं की जाती है बल्कि अर्द्ध-समय के लिए भी की जाती है। शर्त यह है कि इसका रूप व्यावसायिक होना चाहिए। वेश्यावृत्ति में समलिंगीय यौन-संबंधों को भी शामिल किए जाने का विचार स्कॉट ने दिया है।

बोंगर (Bonger) ने 'Criminality and Economic Conditions' में वेश्यावृत्ति को परिभाषित करते हुए लिखा है, "वे स्त्रियाँ वेश्याएँ हैं जो अपने शरीर

को यौन-क्रियाओं के लिए बेचती हैं और इसे एक व्यवसाय बना लेती हैं।" (Those women are prostitutes who sell their bodies for excercise of sexual acts and make this a profession.") इस परिभाषा वेश्याओं द्वारा किया गया कार्य अर्थात वेश्यावृति को एक व्यवसाय कहा गया है। इसके माध्यम से व्यक्ति धन देकर अपने यौन-आवश्यकताओं की सन्तुष्टि करता है।"

वेश्यावृत्ति को परिभाषित करते हुए एलेक्जर ने लिखते हैं—"वेश्यावृत्ति वह यौन-संबंध है जो खरीद, संकरता और संवेगात्मक उदासीनता के अर्थ में समझाया जा सकता है।" (Prostitution is sexual intercourse characterized by barter, promiscuity and emotional indifference.) इस परिभाषा से पता चलता है कि वेश्यावृत्ति यौन-संबंध स्थापित करना है। यह धन-प्राप्ति के लिए मोल-भाव पर आधारित यौन-संबंध है। साथ ही यह यौन-संबंध गड़बड़ मिश्रण पर आधारित होता है। इसका कारण यह है कि यह बिना किसी भेदभाव के अनेक व्यक्तियों के साथ स्थापित किया जाता है। इस तरह के यौन-संबंधों में प्रेम एवं स्नेह का अभाव रहता है।

एलिस (Ellis) ने 'Sex in Relation to Society' में वेश्यावृत्ति को परिभाषित करते हुए लिखा है, "वेश्या वह है जो अपने शरीर को बिना किसी विकल्प के धन के लिए कई लोगों को मुक्त रूप से उपलब्ध कराती है।" ("Prostitute is one who openly abandones her body to a number of men without choice for money."). इस परिभाषा से पता चलता है कि एक वेश्या धन की प्राप्ति के लिए किसी को भी स्वच्छन्द होकर अपना शरीर अर्पित करती है। अर्थात् वेश्या के लिए धन-प्राप्ति मुख्य उद्देश्य होता है।

वेश्यावृत्ति को परिभाषित करते हुए 'Report of the Advisory Committee on Social and Moral Hygrene, 1954 में कहा गया है, "वेश्यावृति के प्रमुख तीन आधार हैं : धन से सम्भोग का विनिमय, यौन-स्वच्छन्दता तथा भावात्मक उदासीनता।" इस परिभाषा से पता चलता है कि वेश्यावृत्ति में धन से सम्भोग को खरीदा जाता है या आदान-प्रदान किया जाता है। इसमें यौन-स्वच्छन्दता रहती है। साथ ही भावना का इसमें कोई स्थान नहीं रहता है।

क्लीनार्ड (Clinard) ने अपनी पुस्तक 'Sociology of Deviant Behaviour' में वेश्यावृत्ति को परिभाषित करते हुए लिखा है, "वेश्यावृत्ति एक भेद रहित और धन के लिए किया गया यौन-संबंध है, जिसमें उद्वेगात्मक उदासीनता होती है।" ("Prostitution is sexual intercourse on a promiscuous and mercenary basis, with emotional indifference.") इस परिभाषा के आधार पर निम्नलिखित बातें स्पष्ट होती हैं–

(क) वेश्यावृत्ति का संबंध यौन-संबंधों की स्थापना से है।

(ख) इस तरह का यौन-संबंध धन की प्राप्ति के लिए किया जाता है।

(ग) इन यौन-संबंधों की स्थापना में प्रेम और स्नेह का अभाव रहता है।

(घ) यह यौन-संबंध बिना किसी भेदभाव के किसी भी व्यक्ति के साथ स्थापित हो सकता है।

❑❑❑